启东年鉴

2016

中共启东市委、启东市人民政府　主办

启东市地方志编纂委员会办公室　编

方志出版社

图书在版编目(CIP)数据

启东年鉴 . 2016 / 启东市地方志编纂委员会办公室编 .
—北京：方志出版社， 2016. 9
ISBN 978-7-5144-2131-6

Ⅰ . ①启… Ⅱ . ①启… Ⅲ . ①启东—2016—年鉴
Ⅳ . ① Z525.34

中国版本图书馆 CIP 数据核字(2016)第 236541 号

启东年鉴(2016)

编　　者：启东市地方志编纂委员会办公室
责任编辑：张　颢

出 版 人：冀祥德
出 版 者：方 志 出 版 社
地址　北京市朝阳区潘家园东里 9 号(国家方志馆 4 层)
邮编　100021
网址　http://www.fzph.org
发　　行：方志出版社发行中心
电话(010)67110500
经　　销：各地新华书店
印　　刷：南京四彩印刷有限公司

开　　本：889 × 1194　　1/16
印　　张：24
字　　数：1018 千字
版　　次：2016 年 9 月第 1 版　　2016 年 9 月第 1 次印刷
印　　数：0001 ~ 1000 册

ISBN 978-7-5144-2131-6　　定价：198.00 元

启东市地方志编纂委员会

《启东年鉴(2016)》编审人员

主　　编　黄翠芳

副 主 编　钮伟钢　沈冬云　黄亦美

文案编辑　(以姓氏笔画为序)
　　　　　沈冬云　陈广辉　陆金红　钮伟纲　唐　玲
　　　　　徐　婷　黄亦美

彩页编辑　(以姓氏笔画为序)
　　　　　陈广辉　钮伟钢　施建平　曹军华

校　　对　陈思品

中共启东市委党史办公室、启东市地方志办公室

地址:启东市世纪大道1288号行政中心　　邮编:226200

电话:0513—83313432　68205800　　电子信箱:jsqddsb@163.com

部门和单位主审人员

（排名以首次出现文稿先后为序）

沈向东	顾永辉	沈衍冰	黄翠芳	张革新	孙　林	郁丽春
赵男男	顾明霞	茅炎生	周红丹	陈张贤	陈晓燕	施启兵
朱柳柳	张建昌	汤　枫	张东霞	唐海兵	秦启明	陆建新
黄　坤	薛　峰	朱海荣	龚海勇	樊　燕	许瑞华	王裕兵
陈素伟	朱　静	张燕峰	朱咏梅	钮永能	邓金涛	李新勇
施正辉	钱菁菁	蔡建平	赵建辉	郭海健	邢　健	周柳柳
周东瑞	朱小东	陈延祥	杨新超	张海兵	施建伟	王振宇
王建康	吴永东	曹文伟	高红宇	陆　杰	王春华	倪凯权
徐永辉	高广军	董　波	丁晓明	吴胜昔	顾文权	黄红春
郭鉴辉	龚　卫	戴建秋	倪晓晖	刘　浩	黄　浩	张　杰
陈如海	刘　伟	陈建忠	周惠锋	陆　辉	季远全	曾卫民
龚　军	施俊英	杜文华	季建新	沈春慧	金志坚	王　忠
陆　辉	王能斌	龚炳康	宋卫军	谢忠涛	陈洪伟	周钰虹
单卫红	陈卫兵	钱银江	刘俊武	沈　健	沈　霞	高文凯
王春健	陆凯兵	马东华	朱学清	瞿鸣辉	张天安	周　兵
刘东波	王　虹	陈爱东	邓卫星	施伯新	蔡　兵	张革新
赵凯旋	郁锦标	许锦飞	沈　杰	彭红辉	沈俊涛	周　超
李伟彬	陈　玲	周嘉生	沈俊涛	徐　菊	田　磊	袁裕丽
朱卫忠	陈红飞	施建辉	吴佐海	李红燕	任松德	王峰华
汤　辉	陈　利	陈凯健	陆红琴			

保密专审：徐建军

2015年12月28日，中共启东市委十二届十次全体(扩大)会议在市党员干部学习教育中心举行。 （徐 昕/摄）

市委书记徐锋作讲话。 （徐 昕/摄）

2016年全市工作的总体思路：

按照“五位一体”总体布局和“四个全面”战略布局，牢固树立和贯彻落实创新、协调、绿色、开放、共享的发展理念，适应经济发展新常态，坚持改革开放，坚持稳中求进工作总基调，统筹推进转型升级、沿海开发、城乡一体、生态建设、民生改善、深化改革和依法治市等各项工作，努力实现“十三五”时期经济社会发展良好开局，为率先全面建成小康社会奠定坚实基础。

2016年1月11日，启东市第十六届人大第五次会议在市会议中心召开。 （徐 昕/摄）

市委副书记、市长黄卫锋作政府工作报告。 （徐 昕/摄）

2016年政府工作的总体思路

坚持稳中求进工作总基调，突出创新、协调、绿色、开放、共享的发展理念，加快转型升级，强化创新引领，统筹城乡发展，推进民生改善，确保市十六届人大五次会议确定的各项工作任务全面完成，奋力建设经济强、百姓富、环境美、社会文明程度高的新启东。

2016年1月10日，政协启东市第十四届委员会第五次会议在市会议中心召开。（徐　昕 / 摄）

市政协主席顾云峰作政协常委会工作报告。（徐　昕 / 摄）

2016年市政协常委会主要工作

突出思想武装，提升履职原动力；
突出民意功能，扩大社会影响力；
突出关键环节，强化工作推动力；
突出团结民主，增强政协凝聚力；
突出责任担当，提高队伍战斗力。

2016 年 2 月 3 日，全市综合表彰大会在市党员干部学习教育中心举行，表彰 2015 年度先进单位和个人。（徐　昕 / 摄）

受表彰单位上台领奖。（徐　昕 / 摄）

2015 年 4 月 10 日，创建国家卫生城市总结表彰暨争创全国文明城市动员大会在市党员干部学习教育中心举行。（徐　昕 / 摄）

2015 年 3 月，启东市荣膺 “国家卫生城市” 称号，图为揭牌仪式。（徐　昕 / 摄）

2015年10月18日，国家卫生计生委主任李斌（右五）率国家调研组、国家督查组到启东，督查调研启东市深化医药卫生体制改革工作情况。（黄燕鸣/摄）

2015年4月30日，2014年度“启东好人”见面会在市党员干部学习教育中心举行。（郁卫兵/摄）

2015 年 6 月 17 日，江苏省道德模范与身边好人现场交流活动在启东市举行。（郁卫兵 / 摄）

2015 年 9 月，中国南通江海国际旅游节在黄金海滩举行。
（潘 杨 / 摄）

2015 年 10 月，市公安局启隆派出所守岛民警黄建生荣登中国好人榜，获评“敬业奉献好人”，图为黄建生接受南通市级媒体集中采访。
（张 以 姜新春 / 摄）

市第一中学新校园投入使用。 （潘　杨 /2015 年 9 月摄）

宁启铁路启东段首座施工便桥建成，该便桥地处王鲍镇二厂村。 （郁卫兵 /2015 年 3 月摄）

市第一中学。 （徐　昕/2015年12月摄）

宁启铁路建设进展顺利。图为全线最高墩，高12.7米。（郁卫兵　时　洋/2015年10月摄）

2015 年 5 月 22 日，2015 中国・启东国际经贸洽谈会在启东恒大国际会议中心举行。洽谈会吸引 200 多位客商参加。签约总投资超 265.6 亿元。其中 44 个项目集中签约。

洽谈会上，上海自贸区启东生物科技创新协作园揭牌。（徐　昕 / 摄）

集中签约仪式。（潘　杨 / 摄）

2015 中国・启东国际经贸洽谈会开幕。（潘　杨 / 摄）

2015 年 10 月 20 日，2015 中国・启东科技节暨国际经贸洽谈会在环球大厦博圣酒店举行，吸引 180 多位客商，159 位专家教授参加。洽谈会共签约项目 57 个，总投资 74.6 亿元。

洽谈会上 16 家企业获颁证照。 （徐 昕 / 摄）

集中签约仪式。
（潘 杨 / 摄）

10 月 21 日，2015 中国高端装备制造业发展论坛暨智能装备制造企业家峰会在启东恒大会议中心举行。
（钱爱仁 / 摄）

元旦期间，市公安局特警支队组织警力在市区重点地段武装巡逻，提高人民群众的安全感。
（郁卫兵　潘　杨/2015年1月摄）

“南京银行杯”广场健身舞大赛在市区广电广场举行。
（潘　杨/2015年2月摄）

市三上明珠艺术团的16位文艺爱好者，完成央视2015年中老年春晚的节目录制。图为节目排练。
（徐冰沁/2015年1月摄）

2015 年庆元宵万众健步走暨第十八届全民健身节开幕式在市区广电广场举行。
（潘　杨 /2015 年 3 月摄）

争当青年新雷锋、传递青春正能量——北城区街道青年志愿者开展社区服务日活动。
（姜新春　杨春梅 /2015 年 3 月摄）

华联新村社区举办插花比赛。
（张　群　姜新春 /2015 年 6 月摄）

启东市举行“世界无车日”绿色骑行活动。

（姜雨蒙　王婷婷 /2015 年 9 月摄）

市空竹运动协会会员在黄金海滩进行抖空竹训练。（郁卫兵 /2015 年 7 月摄）

市总工会和市文广新局联合组织的首届职工文化节文艺节目调演比赛在市少年宫举行。（郁卫兵 /2015 年 11 月摄）

2015 年度“正能量加油站”举行成果展示。
（市委宣传部 供稿 /2015 年 12 月摄）

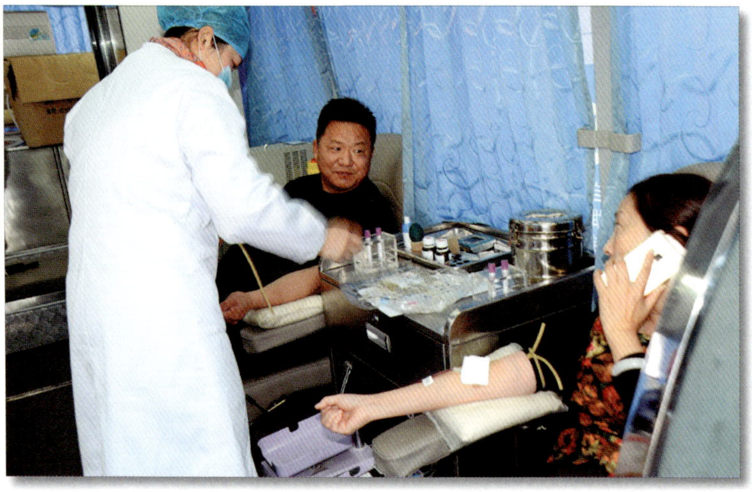

市民积极参加义务献血活动。
（郁卫兵 潘 杨 /2015 年摄）

市中医院三维智能自动化药房。
（市新闻信息中心 供稿 /2015 年 7 月摄）

正能量志愿者在网格进行宣讲。　　（市委宣传部 供稿 /2015 年 12 月摄）

东海镇星宏村退休教师袁鸣飞在自己的家庭普法站内，向村里的 20 多名孩子讲解法律知识。　　（张晓浩 /2015 年 1 月摄）

汇龙镇中心敬老院的工作人员将企业捐赠的冬装和毛毯发放给老人们。
（王婷婷 /2015 年 1 月摄）

市供电公司对华石路北延中央大道西延线路进行改造。 （市新闻信息中心 供稿 /2015 年 12 月）

中央路西延头兴港大桥和路面衔接处施工现场。 （潘　杨 /2015 年 1 月摄）

吕四海事所确保桥梁挂篮拆除作业安全。（范　荣　姜新春 /2015 年 1 月摄）

北新镇绿洲嘉园安置房施工建设。　　（王婷婷 /2015 年 10 月摄）

位于松花江路南侧、惠阳路西侧的北上海花园农贸市场地下室加紧建设。　　（姜新春 /2015 年 7 月摄）

水稻机械化插秧。
（郁卫兵 /2015 年 6 月摄）

海复镇滨海渔家乐。

位于北新镇永丰村的新田蔬果专业合作社，该合作社占地300多亩，韭菜种植面积60多亩，每年收割两次，亩产达3500多斤，主要销往苏锡常等地。

（王婷婷/2015年12月摄）

（徐　昕/2016年7月摄）

惠萍镇水果小镇。

（徐　昕 /2016 年 4 月摄）

王鲍镇奥林苗木基地枫树林。　　（郁卫兵　潘　杨 /2015 年 12 月摄）

启隆镇嘉仕有机现代农业园，总投资超 1 亿元，规划总用地 3000 亩。　　（徐　昕 /2015 年 9 月摄）

吕四新渔港，渔民忙着做出海前的准备工作。 （潘 杨/2015年3月摄）

亲家公水产公司建设的启东特产展销中心，位于汇龙镇大陆村。
（徐 昕/2015年11月摄）

沿海滩涂养殖。

（徐　昕/2015年11月摄）

南通润邦海洋工程装备有限公司，占地近 50 万平方米，总投资 15 亿元，利用长江岸线 800 米。

（郁卫兵 /2015 年 3 月摄）

海工船舶工业园。　　（徐　昕 /2015 年 4 月摄）

中远船务（启东）海洋工程有限公司建造的半潜式生活平台“Axis Nova”。
（潘　杨 /2015 年 4 月摄）

建设中的碧水银沙工程。　　（钱爱仁 /2015 年 5 月摄）

吕四港环抱式港池南港池建设。 （郁卫兵 /2015 年 12 月摄）

胜狮集团启东集装箱制造基地。　　（郁卫兵　潘　杨 /2015 年 3 月摄）

位于吕四港经济开发区的华峰超纤项目，由华峰集团投资建设，共分两期，其中一期建设为年产 7500 万米产业用非织造布超纤材料项目。

（郁卫兵 /2015 年 3 月摄）

广汇能源水域建设工程，主要有 1 个 10 万吨级 LNG 卸船泊位和 1 座 3890 米引桥组成。

（郁卫兵 /2015 年 2 月摄）

东岳药业有限公司生产车间。
（潘 杨 /2015 年 6 月摄）

江苏飞虎针业有限公司生产车间。
（潘 杨 /2015 年 7 月摄）

韩华新能源公司太阳能组件全自动生产车间。 （王婷婷 /2015 年 11 月摄）

南方润滑液压设备有限公司生产车间。
（市新闻信息中心 供稿 /2015 年 12 月摄）

启东乾朔电子有限公司生产车间。
（市新闻信息中心 供稿 /2015 年 11 月摄）

江苏林洋照明科技有限公司装配车间。
(潘　杨/2015年6月摄)

崇启大桥。　（徐　昕 /2015 年 8 月摄）

启东新城区。

启东经济开发区。

（郁卫兵 /2015 年 10 月摄）

南苑中学。（郁卫兵 /2015 年 10 月摄）

（徐　昕 /2015 年 8 月摄）

启隆镇绿地长岛。
（徐　昕/2016年9月摄）

紫薇公园夏景。
（徐　昕 /2015 年 8 月摄）

吕四鹤城公园新景。 （徐 昕/2015年10月摄）

启隆生态科技产业园。

圆陀角旅游度假区恒大海上威尼斯一景。（郁卫兵 /2015 年 7 月摄）

（徐　昕 /2015 年 3 月摄）

江苏南通二建集团有限公司

JIANG SU NAN TONG ER JIAN JI TUAN YOU XIAN GONG SI

江苏南通二建集团有限公司是一家具有国家房屋建筑工程施工总承包特级资质、市政公用工程施工总承包一级和机电设备安装、建筑装饰装修、钢结构工程3个专业承包一级资质，拥有水利水电、隧道、环保、铁路、公路、桥梁等12个关联资质，集科研、施工、投资于一体，跨行业、跨地区、多元化经营的大型建筑企业集团。共创鲁班奖工程14项、国家优质工程奖11项，主编国家标准和行业标准各1项，创6项国家级工法、9项发明专利、52项实用新型专利，荣获国家级科技进步奖1项，省级科技进步奖1项。2015年完成企业总产值446亿元、承建施工面积5200万平方米，年末拥有施工总合同额1258亿元。8次荣列江苏省建筑业综合实力百强企业第一名，连续5年排名中国建筑业竞争力百强企业前20位；11次上榜中国企业500强（2015年列288位）、中国民营企业500强（2015年列第70位）、中国承包商80强/60强（2015年列第15位）；荣膺全国“重合同、守信用”企业，中国建设银行总行、中国银行总行AAA级资信企业和重点客户。项目公司化管理模式唱响全国工程建设领域。党和国家领导人多次视察南通二建承建的项目。2013年，经江苏华信资产评估有限公司评估，南通二建品牌价值达36.6亿元。2015年，南通二建注册商标荣获“中国驰名商标”。

集团公司董事长：杨晓东

集团公司董事长杨晓东、党委书记、名誉董事长陈建年率10万员工，愿与各界朋友携手共赢，同创更加辉煌灿烂的明天。

公司地址：江苏省启东市人民中路683号
电　话：0513-83316463
传　真：0513-83357608

2014年度国家优质工程：南京鼓楼医院仙林国际医院基本医疗区

住建部绿色施工科技示范工程：南京航空航天大学将军路校区

董事长杨晓东（左六）出席2015南通"三名"人物颁奖典礼

2015国家优质工程奖：苏州中央景城二期

2014年度国家优质工程：石家庄阿尔卡迪亚16-19号楼

2015鲁班奖工程：新疆维吾尔自治区人民医院门诊病房综合楼（东北立面）

江苏启安建设集团有限公司
Jiangsu Qi'an Construction Group Co.,Ltd.

集团公司党委书记、董事长：殷炜东

2015年5月25日，习近平总书记视察公司参建的舟山国家石油储备基地扩建项目

举行年度表彰会，汇聚发展正能量

2015年，江苏启安奋进之履坚定铿锵、创获成果丰硕骄人。连续6年跻身江苏建筑百强企业专业安装类第一名、赓续12年获评全国优秀施工企业；再度进入中国建筑业成长性百强企业。参建的重庆国际博览中心、新疆维吾尔自治区人民医院门诊病房综合楼双双荣获中国建设工程“鲁班奖”。

这一年，启安坚守“稳中求进”发展方略，经营业绩逆势上扬，在同行业中竞显卓越；石化、外资、机电安装、医疗净化、光伏建设等领域持续精彩，特色鲜明；创优创安成果丰硕，品牌靓丽出彩，一批工法成果、QC课题、国家专利、科技大奖尽收囊中；建造师数量在全国同类企业中堪称翘楚；石化工程管道安装信息化管理软件荣获国家层面科技进步二等奖；企业管理严谨规范，企业文化建设立意高远，防范风险成效显著，被执行案件实现零记录。财务NC、OA办公系统、BIM设计等走在行业前头，“和于团队”精神得到不断弘扬，集团再次荣膺“最具爱心捐赠企业”称号。

光伏建设领跑行业，年业绩总量超500兆瓦

新疆维吾尔自治区人民医院门诊、病房综合楼机电安装项目获鲁班奖

重庆国际博览中心机电安装项目获鲁班奖

江苏骅东投资有限公司

江苏骅东投资有限公司成立于2005年7月，注册资本金1.7亿元。

董事长：董雪平

公司成立后，一方面即出资9655.98万元收购了南通二建集团100%的国有股份，从而完成了南通二建集团产权制度改革，由原来国有集体企业转为民营企业，力推建筑主业发展，实现南通二建集团的做大做强，2015年，集团公司完成企业总产值446亿元，分别荣获全国优秀施工企业和江苏省建筑业竞争力百强企业。另一方面投资成立江苏骅东房地产开发有限公司，着力实施以房地产开发为特色的资本经营，秉承“建筑、人居与环境和谐统一”的品牌开发理念，坚持以市场为导向，积极寻求投资商机，强化企业经营管理，不断营造与放大企业资本、人才、技术等方面优势。十多年来，公司先后投资开发的房产项目涉及上海、青岛、临沂、辽阳和启东等地，开发面积达150多万平方米，取得了较好的社会和经济效益。管理从业人员也从公司成立之初的六、七人，发展到能独立开发百万平米以上楼盘的项目管理团队，有力地提升了企业在困难形势下的竞争力。

公司先后被授予“启东市金牌企业”、“启东市十强建筑企业”、“南通市诚信企业”、“江苏省建筑业优秀企业”，被省和中国建筑文化中心评为“江苏省明星企业”和“中国房地产品牌企业”，被江苏农业银行信用评估机构授信AAA级企业，被启东市委、市政府授予“慈善明星企业”。

面对新形势，公司在新一届董事会的领导下，坚持做强主业、做精专业、多元经营、稳健发展的经营理念，不断开拓创新，奋力谱写公司新一轮跨越发展的新篇章。

公司地址：江苏省启东市人民中路888号
电　话：0513-83100366
传　真：0513-83300977
邮　箱：Email:jshthewei@163.com

骅东·启东“名仕豪庭”项目

骅东·辽阳“京都城”项目

骅东·临沂“名仕温泉国际城”项目

骅东·临沂“江南映象”项目

骅东·上海“世华锦城”项目

林洋 LINYANG

江苏林洋能源股份有限公司

JIANGSU LINYANG ENERGY CO.,LTD

中共中央政治局常委、全国政协主席俞正声（右）视察林洋

国务院原总理温家宝亲切接见林洋能源董事长陆永华（左一）

江苏林洋能源股份有限公司成立于1995年，是国内知名的智能电表及用电信息管理系统终端产品、系统解决方案提供商之一。历经20年的磨砺、蜕变、腾飞，现已成为拥有60多家子公司，集团化运作的上市企业。公司产品及解决方案包括智能电表及AMI系统、LED及智能照明系统、能效管理平台及节能服务、光伏组件及分布式光伏电站系统、分布式电站运营平台、微电网系统等，涵盖了智能、节能、新能源三大领域。

林洋以“打造绿色环境，创造美好生活”为使命，本着“永无止境，永攀高峰，永不言败”的企业精神，不断创新，高效经营。在持续的市场挑战和竞争浪潮中，公司将不断发掘自身优势，有效整合资源，提升可持续竞争力。铸剑磨砺二十载，蓄势飞扬创未来，林洋正向“创世界品牌 树百年林洋”的美好愿景不断迈进！

林洋LED照明产品

分布式光伏电站案例图

林洋能源通过国家级企业技术中心认定

林洋能源多家子公司荣获高新技术企业证书

振龍建設集團

zhen long construction group

振龙建设集团是集建筑安装、房产开发、生态农业、商贸流通、盈丰劳务、金融投资、物业管理、环保设备为一体的综合性企业。

集团坚持“以建筑业为主体、房产业并举、多元化产业共存、更多地打造名优品牌”的发展战略，组织企业的生产经营，产业门类不断拓展，经济总量持续攀升。近两年来，建筑安装业取得的成绩尤为突出。承接的建筑安装项目除启东、崇明市县的以外，还远涉上海、沈阳、广东等地，施工面积达70多万平方米。其中，启东市城东村52万平方米的安置房工程，施工质量、安全在多次检查中名列前茅，先后被评为“江苏省文明工地”、“南通市优质工程”；近来承接的地处本市、崇明等地的安置房项目，合同额高达6亿多元。

在新的一年里，集团将秉承“团结、敬业、创新、奉献”的企业精神，围绕“创建一流企业、造就一流人才、作出一流贡献”的目标，突出主业，多元拓展，再接再厉，奋力拼搏，争创更好的业绩！

公司地址：江苏省启东市紫薇西路899号

公司网址：www.zhenlongcn.com

联系电话：0513-83118788　　传真：0513-83307199

集团董事长：顾正康

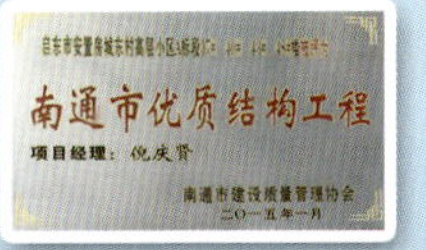

城东村鸟瞰图

公司承接的52万平方米城东村安置房新区

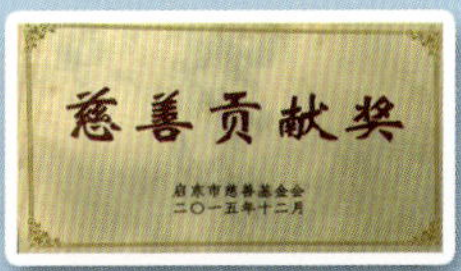

TongQi Company

南通市通启公路工程有限公司

董事长：袁克

南通市通启公路工程有限公司座落于美丽富饶的黄海之滨-启东市。

公司成立于2002年，拥有公路工程总承包、市政公用工程总承包二级资质。

公司自成立以来，先后承建了启东市沿江公路、南海公路、临海公路以及南通市、盐城市、宁波市等一大批有影响的公路工程。

南通市通启公路工程有限公司始终贯彻“质量第一，安全第一”的企业宗旨，历年来，公司承建的公路工程、市政工程的施工、项目质量和进度获得了各届人士和众多专家的好评。

目前，公司已成长为南通地区较有影响的公路工程、市政工程施工企业。公司董事长袁克竭诚欢迎各届人士前来公司考察、参观、洽谈业务。

地址：启东市汇龙镇人民中路1060号

电子信箱：nttqgl@163.com

电话：0513-83240291 83240288

邮编：226200

临海高等级公路施工现场

公司承建的临海公路施工现场

公司大型机械正在进行沥青摊铺作业

临海高等级公路（启东段）风景

启东市胶鞋厂有限公司

QI DONG SHI JIAO XIE CHANG YOU XIAN GONG SI

道德讲堂

启东市胶鞋厂有限公司创建于1984年，公司占地面积17816㎡，建筑面积达到9000多㎡，固定资产1500多万元，拥有员工近400人。本公司是中国橡胶工业协会胶鞋分会理事成员单位，专业生产各类胶鞋，并具有自营进出口权，产品主要销往美国、欧洲、日本、南美、中东等国家和地区，是美国SEARS/KMART、TRU/BRU、HASBRO（孩之宝）及英国MOTHERCARE公司认证企业，致力于达欧美环保标准硫化鞋的开发和生产。

公司多年来一直是启东市重点企业、定报企业，并多次荣获南通市、启东市“文明单位”、“重合同守信用企业”、“劳动保障诚信示范企业”、“南通市最佳信贷企业”、“安全生产先进企业”、“信用AAA级企业”、“启东市最具发展活力30强企业”、“启东市铜牌企业”、“江苏省民营科技企业”、“启东市慈善之星企业”、“南通市职业卫生管理示范企业”、“先进基层党组织”、“党建工作示范点”，公司技术开发科获南通市、江苏省“模范职工小家”等荣誉称号。

公司已通过ISO9001—2008质量管理体系认证，有一套完整的质量管理网络，并拥有技术雄厚的研发中心及设备先进的测试中心。

胶鞋厂之夜-纳凉晚会

公司坚持“诚信创伟业”的经营理念，以“创一流企业，上名优产品”为宗旨，不断提升软实力，全面提高员工素质，不断提高产品档次，引进新技术，开发新产品。

公司凭借高质量的产品，良好的信誉，优质的服务，竭诚与国内外客商双赢合作，共同发展，共创辉煌！

联系电话：0513-83461256
传真：0513-83462861
电子邮箱：qidong200@126.com
地址：启东市近海镇东进村8号(向阳镇南首)

公司产品

职工健身舞表演

启东市人民武装部

领导关怀，心系群众

党的指示，忠诚于党

2015年，市人武部以认真学习党中央的会议精神为指导方针，以部队改革为重点，坚持走习主席所讲的“强国梦，强军梦”的道路。抓好军事斗争准备，健全民兵组织建设，坚持对所有专武干部进行常规考核，力争人人合格通过。严把征兵责任关，大学生参军比例比2014年有大幅度增加，达到 33% 。11月9日-11月10日南通军分区在启东导弹营进行重要目标协防演练。

基础建设：新人民武装部位于建设路与长龙街相交处，始建于2013年5月，完工于2015年9月，2015年10月8日正式启用。占地13159平方米，建筑面积9467平方米，拥有多功能会议室一个，可容纳117人开会。新建图书室一个，藏书1647本，订阅报刊26种，杂志43种。新购进多功能军事指挥车一部，在2015年7月台风来临之际，做好在野外应急指挥工作，上级领导给予肯定。

双拥共建：2015年，启东市人民武装部协调驻启部队开展送温暖行动，走访慰问困难群众，慰问五保户6户，与贫困学子结对6个。与市政府慰问革命老区盐城 宁县冒港街道，累计金额6.72万元。

走强军梦，岗位练兵

新机关，新气象

岗位练兵

江苏省启东吕四港经济开发区
启 东 市 吕 四 港 镇

吕四港区镇综合工作会议

2015年，吕四港经济开发区、吕四港镇在市委市政府的正确领导下，牢固确立“打造上海北翼第一海港、建设沿海开发第一强镇”两个奋斗目标，聚焦“港口开发与开放、产业招商与升级、城市建设与管理、社会服务与治理”四大工作重点，较好地完成了全年各项目标任务。全年实现地区生产总值158.55亿元，同比增长8.9%；实现规模工业产值381亿元，同比增长11.3%；工业应税销售106.7亿元，同比增长13.2%；工业入库税收9.5亿元，同比增长9.2%；公共财政预算收入5.21亿元，其中国税2.8亿元，地税2.41亿元。

港口开发。环抱式港池控规编制完成；小庙洪10万吨航道疏浚一期工程，环抱式港池10万吨进港支航道一期工程竣工；与中交合作总投资20亿元的PPP项目开始实施。渔港经济区“中国吕四国际水产品交易中心”获批；渔港经济区配套项目全面实施，三岛膜结构卸鱼棚、品牌体验馆、海鲜一条街土建施工全面展开。新材料产业园供汽、供电、公共管廊及污水处理等公辅设施加紧推进，港区承载能力不断增强。

招商引资。成功举办中国•启东天汾第十六届科技五金交易会，累计成交额70亿元。强化招商信息捕捉，重点拜访了北京京能集团、上海浦东新区国资委、上海水产总公司、中农批集团、广州东凌集团、厦门港务集团等多家机构、企

“千人百团连民心、凝心聚力促发展”政情通报会

大唐吕四港电厂

吕四港海运综合码头

吕四风情区

业。积极推进在手在谈项目，重点跟踪PHA降解性树脂、碳纤维新材料、新型建材等重大项目。美国史丹利公司与国强公司完成产权交割，实现引进世界五百强外商独资企业的新突破。全年累计签约大项目5只，其中超10亿元项目3只；新注册项目8只，协议总投资89.3亿元；新增工商注册外资4796万美元。

修缮后的鹤城公园

项目推进。华峰项目基础设施完成，全面开始设备安装;广汇能源项目海上打桩工程结束，平台建设基本完成，陆域储罐开始内罐安装；东凌粮油完成公司注册，地块吹填基本结束，报批工作全面展开；东成兆民工业园完成土地平整和100亩土地挂牌等开工前准备工作。区镇共有续建、新开工1000万元以上项目121只，其中新开工5000万元以上重点项目32只，东成（东扩）、彭氏激光、能杨工具、南田工机、合昌机电、新亚新型建材等20只项目竣工投产。全年累计完成全社会固定资产投资108亿元，同比增长2.5%。完成工业投入工作量72亿元，同比增长10%。

城乡建设。2015年完成商品房、安置区建设18.5万平方米，新（改）建道路5.5千米，城市品质持续提升。城建前期工作全力推进，共签约489户、腾房526户、交净地16块。香堂路改造完成，菜园路开工建设，环城西路即将完成，欣乐鹤城苑三期、新吕翰林苑、福港公寓等一批精品楼宇加快建设，农民集居区建设持续推进，百源基业五星级酒店加快建设；吕四进士府加快规划修编，张謇挡浪墙遗址公园规划方案初步确定。

人大代表视察全镇道路建设座谈会

弘扬新风尚 凝聚正能量主题活动

启东市电动工具展销中心

吕四港环抱式港池南港池疏浚工程

吕四渔港

启东市近海镇
启东滨海工业园

"三严三实"专题党课

2015年，滨海工业园（近海镇）以科学发展观为指导，紧紧围绕"打造上海北郊现代化工业新城"的总体要求，以创建"省级高新技术产业区"为目标，坚持招商引资和项目建设并重，总量扩张和转型升级并举，抢抓机遇、锐意进取，攻坚克难、奋勇争先，区镇经济社会保持了良好的发展态势。

转型升级。坚持以调高、调强、调优为导向，持续推动产业结构优化。浦东祝桥启东产业园、启东淘金创谷众创空间等落户滨海工业园，促进了产业转型升级和结构调整，进一步提升地区产业优势。2015年实现全部规模工业产值110.8亿元，其中高新技术产业产值为54.1亿元。

招商引资。全方位挖掘潜力，畅通信息渠道，以上海为主攻方向，不断吸引重大项目早签约、快落户。2015年共组织哈工大校友（启东）投资环境推介会、上海祝桥（启东）投资环境推介会、尚华医药论坛等招商活动13批次，为项目入驻打下坚实基础。2015年共

滨海博士创业园

签约项目19个，签约总投资55亿元，其中总投资亿元以上项目13个，包括总投资15亿元的浦东祝桥启东产业园、总投资3.6亿元的尚华医药项目，总投资3亿元的北欧生态人模块项目。

民生民事。2015年，区镇继续推进“八大全覆盖”工程。实现了路网建设全覆盖、路灯亮化全覆盖、天网工程全覆盖、沟河畅通全覆盖、便民乐民全覆盖、关爱老人全覆盖、环境美化全覆盖、社会保障全覆盖，切实解决了人民群众最关心、最直接、最现实的问题。

四海家园

南通大学启东校区

上海外高桥集团（启东）产业园

“直通滨海”公交

园区绿化实景

园区总览

启东海工船舶工业园
启东市寅阳镇

党风廉政考核动员大会

流动党员主题活动

2015年，区镇实现规模工业总产值208亿元，同比增长9%。实际到账外资6065万美元，完成年计划151.6%。完成新批工商注册外资8463万美元。完成高新产业产值175亿元。规模工业应税销售88.9亿元，一般公共预算收入2.2亿元，其他经济指标也完成良好。

工业经济。2015年，通过增资入股方式，实现了中集安瑞科、法国雅凯集团、武船重工均等成功入股园区企业，推动了太平洋海工、华滋海工、顺恒船舶等成功转型。引导宏强重工、丰顺重工等企业，依靠独立研发、合作和引进、重组等方式，加快技术改造，加强产品研发和升级换代，将生产领域重点转向特种船舶等。依托太平洋海工、中远海工等骨干企业研发团队，使太平洋海工液化气罐船系列、中远船务圆筒型浮式生产储油船等技术领先的优势产品继续做大做强。

农业经济。2015年，新扩建现代都市项目11个，新建、扩建农业龙头企业5家，农业园区5个，水产养殖园区1个；新增设施农业3052亩，新增连片露地蔬菜840亩；全镇12个村的高标准水利建设通过市验收；完成成片造林1155亩；15个村土地确权登记颁证工作稳步推进。

项目建设。围绕京沪重工、胜狮能源、华滋海工等重特大项目抓好跟踪服务，重点做好胜狮二期、海工大道东延段的拆迁让地工作，在两个月内完成了胜狮二期450亩用地区域258户拆迁安置工作，及时解决企业用地问题。京沪重工大型特种钢结构制造项目做开工前的准备，胜狮全球技术教育基地项目正吹沙平整，华滋海工船用装备（船用液罐）制造项目8万平方米液罐联合车间、钢结构厂房正在建设，即将投产。江苏启泰食品、江苏天宇定安建材等项目也正同步快速推进。

党员教育培训活动

省委宣传部副部长司锦泉在海工园视察

招商引资。立足优势产业做好资源整合，吸引优质海工制造、重型装备制造的龙头企业参与拍卖重组入驻，先后促成中集安瑞科对太平洋海工的收购、法国雅凯集团和华滋奔腾的合作、武船重工对顺恒船舶的股权收购。紧紧抓住上海产业转移带来的契机，招引项目落户。先后引进总投资上海秋乐实业、中易碳素科技、上海中之锦实业等6个项目落户。

园区建设。2015年，投入资金3.6亿，实施项目40多个，办理各类工程招标68项。重点抓好中心功能区、西功能区、集镇改造、污水管网改造及海工大道、海工中路等重大工程项目建设。中心功能区海欣花苑项目一二期安置房正竣工验收，消防站主体结构封顶。西功能区的江欣家园项目商铺、白领公寓、蓝领公寓即将交付使用。海工大道西段、海工中路、人民东路等绿化、亮化工程已完成。

东疆艺术团

青年志愿者合影

中远海工

新农村建设

文明创建活动

启东市发展和改革委员会

发改委专题党课

“十三五”规划编制推进会议

2015年，在市委、市政府的正确领导下，发改委按照省委“八项工程”、南通市委“八个领先”的总体部署和启东市委“领跑沿海、融入上海、包容四海”的战略定位，充分发挥部门职能，进一步突出顺应新常态，谋求新跨越，努力推动全市经济又好又快发展。

一、工业经济运行稳中有升。全年完成规模工业产值1674亿元，同比增长10%；实现工业应税销售629亿元，同比增长6.5%。新兴产业完成产值681亿元，同比增长22.5%，在规模工业产值中的占比达40.7%，比去年年底提高3.4个百分点。五大产业集群完成应税销售252.1亿元，在工业应税销售中的占比达到40.1%。制定出台了《中国制造2025启东实施计划》、《全市工业经济转型升级若干政策意见》等文件，加快推进产业提升、企业转型。成功举办2015中国高端装备制造业发展论坛暨智能装备制造企业家峰会。

二、项目建设推进有力。全年完成全社会固定资产投资539亿元，同比增长11.5%；其中工业投资329亿元，同比增长9.1%；服务业投资210亿元，同比增长15.7%。百个重大项目全力推进，全年新开工亿元以上项目48个，新竣工亿元以上项目50个。省、南通市重大项目完成投资115亿元，实现年初目标翻番以上。华峰超纤一期工程、广汇LNG分销转运站、华滋海洋LEG海工等项目加快建设；神通阀门环保及核电项目、国凯机电等项目竣工投产。

三、服务业提档升级不断加快。全年实现服务业增加值348.6亿元，增长10.8%，占地区生产总值比重达43.4%。实现服务业应税销售600亿元，同比增长62%，比去年年底提高35个百分点。集聚效应日益凸显，4家南通市级以上服务业集聚区入住企业1100多家，实现营业收入210亿元，实现税收3亿元。企业培育力度不断加大，新增重点服务业企业53家，其中生产性服务业和新兴服务业重点企业20家。

四、两化融合深入实施。出台了扶持软件与信息服务业发展、促进企业两化融合的政策措施。通

企业信用管理贯标培训会议

节能专项执法工作会议

化工整治会议

廉政讲座

人大在发改委调研

过有效抓好示范企业典型带动，引导全市企业加快实现两化深度融合，组织开展两化融合重点企业诊断、省两化深度融合创新（互联网与工业融合创新）示范工程、南通市级两化融合创新示范培育工程、启东市两化融合重点项目计划申报等工作，目前，林洋电子是南通地区唯一入选江苏省两化融合重点诊断的企业，太平洋海工是南通地区唯一被评为省两化深度融合创新（互联网与工业融合创新）示范工程的企业，两企业又同时入选2015年工信部信息化和工业化融合管理体系贯标试点企业。

五、加快对接上海步伐。深入实施对接上海三年行动计划，融入上海11类37项重点任务扎实推进。深化启东发展战略研究，依托上海市政府发展研究中心，积极跟进启东对接上海大交通、启东物流业对接上海自贸区、沪启产业协同发展机制等方面的研究。沪崇启铁路通道有望纳入国家中长期铁路网规划。沪启合作共建园区快速推进，上海自贸区启东生物科技创新协作园成立，尚华医药签约落户；浦东祝桥启东产业园成功签约；江海产业园、上海自贸区（启东）产业园加快建设。科技、人才、教育、旅游等领域对接得到进一步加强。

六、物价、粮食工作扎实开展。一是做好价格管理。2015年，发改委先后贯彻落实了国家和省市关于明确电价执行政策、放开部分服务价格、改进中药饮品价格管理、降低部分涉房经营服务性收费标准、调整水资源费、规范救护收费管理等一系列价费调控政策。调整了高污染企业污水处理费征收标准和热力销售价格。开展了我市涉企行政审批前置服务收费清理和规范。对经营服务性收费项目和涉房收费项目进行了清理，形成了《启东市政府制定价格的经营服务性收费项目目录》和《启东市市级涉及房地产收费项目目录》。二是开展价格检查。开展了商品房销售明码标价专项检查，并先后对17家房地产开发企业楼盘的商品住房销售价格进行了备案管理。对启东市卫生和计划生育委员会、6所中小学等单位进行了收费专项整治价格检查，受理并办结12345和12358举报咨询件122起。三是开展价格调查。开展了水价基本情况、八家公立医院2014年度救护收费及成本运行情况、农村饮水安全工程管网改造收费和农户接水安装收费情况、价格工作服务现代农业建设和农村发展调研。分别对2家县级公立医院和6家中心卫生院医药价格综合改革实施情况开展绩效评估工作。四是确保粮食安全。完成了地方小麦出库拍卖、新增地方储备验收确认、19万吨粮食购销工作。落实了300吨储备油、600吨成品粮工作。完成9000吨的地方储备小麦轮入工作。

东疆大讲坛

省军融办在启调研

启东市市场监督管理局

全市市场监督管理暨党风廉政建设工作会议

全市食品安全暨质量强市工作会议

启东市市场监督管理局成立于2014年12月29日，由原启东工商、质监、食药三局合并而成，设置13个内设机构和13个市场监督管理分局。2015年，该局在完成机构整合的基础上，有序、有力、有效推进各项工作，实现了职能整合与工作落实的两手抓、两不误。

深入实施商标品牌战略。南通二建商标被认定为“中国驰名商标”，新认定江苏省著名商标7个、南通市知名商标14个；新获评江苏省名牌产品1个，新获评南通市名牌产品17个。加快实施质量信用建设。将质量强市工作纳入政府年度重点工作，组织开展“守重”企业评定，完成了15家省级重守企业的年度复查，新申报AAA级重守企业11家。积极实施技术标准引领。全年共指导帮助70家企业完成网上备案249个产品标准，有5家工业企业7个标准申报立项，协助农业局组织申报农业地方标准6个，申报省高新技术创新标准化试点2家，实施电动工具联盟标准化试点项目1项。狠抓食品安全监管。2015年，与食品经营主体签订责任状8523份，发出行政提示书1085份、责令整改通知书386份，立案查处食品案件181件；加快推进农残快检室建设，至2015年底共投入使用自检室10个，全年全市检测蔬菜样本5000批次。狠抓药品医疗器械安全监管。全年完成药品不良反应监测上报报告654例、器械不良事件136例，有效防范了药品风险。狠抓特种设备安全监管。全年共检查特种设备使用单位1154家，共排查出存在特种设备安全隐患单位139家，设备244台，各类隐患303条，发放特种设备安全监察指令书118份，立案查处特种设备案件52起。狠抓不正当竞争执法。全年查处各类经济违法案件533件，办结417件，案值1200万元，罚没款入库金额680.33万元。全面开展并完成了对全市集贸市场、农村医疗机构计量“两免费”检定建档工作。共检定医疗计量器具1012件、集贸市场计量器具2350台，收缴作弊电子秤41台。消保维权水平不断提升。全年共分流投诉1358件，举报531件，处置数字化城管平台信息171件。开展“3•15”、食品安全宣传周、“5•20计量日”等活动，在全社会营造了良好的消费环境。

市长黄卫锋视察食品安全工作

启东首张一照一码营业执照

市场监督管理局东海分局揭牌仪式

“三严三实”专题党课暨专题教育部署会议

集中销毁假冒伪劣商品

特种设备检查

3·15广场宣传活动

全国安全用药月广场宣传活动

南通县级首张三证合一营业执照

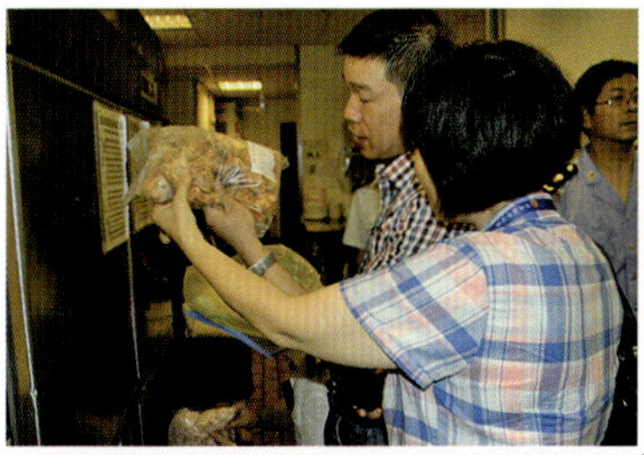

食品抽检

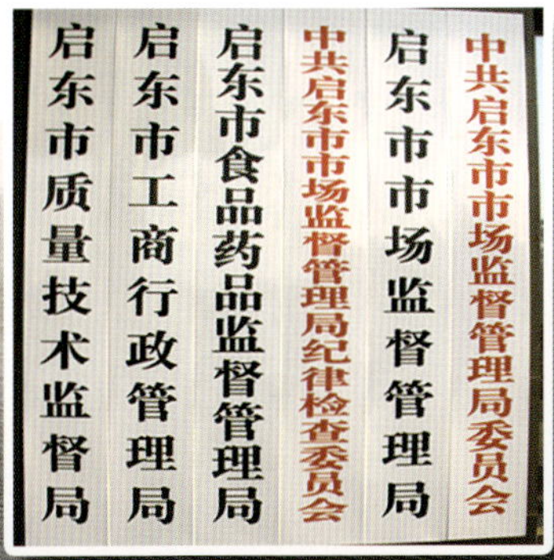

市场监督管理局正式挂牌成立

启东市住房和城乡建设局

局长：杨新超

住建系统“5.10”思廉日主题教育大会

市政协视察城建工作

2015年，市住房和城乡建设局紧紧围绕建设“江苏沿海开发先导区、接轨上海港口城、江海交汇宜居地”的目标，进一步拉开城市框架、完善城市功能、提升城市品位、统筹城乡发展，着力把启东塑造成宜居、宜业的临海滨江城市。全市住建工作扎实推进、富有成效。

城乡规划体系进一步完善。城市基础设施加快建设，累计投入25亿元。公共服务设施不断健全。住房建设和拆迁安置秩序井然。安置房施工总面积达212万平方米。人防设施建设加速推进，全年人防工程新立项8个计7万平方米。建筑业稳步发展，实现总产值744亿元。2015年，住建局获得南通市建设工程抗震防灾先进集体、市人大建议和政协提案办理工作先进集体、创建国家卫生城市工作先进单位、城市建设工作先进集体、启东市文明单位、先进书香单位等荣誉称号，在市效能考评中获五星级机关，并夺得重点突破性工作银杯奖。

住建系统三严三实专题教育大会

住建局机关支部换届选举大会

住建系统捐款现场

世纪大道绿化

丁仓港滨河公园

惠阳路两侧北上海花园

城市一品东侧小游园

长龙一村停车位改造

文汇新村

启东市国土资源局

全市国土资源管理工作会议

2015年，是“十二五”时期国土工作承受最大压力和挑战的一年，同时也是斩获可喜工作业绩的“丰收年”。市国土系统坚决落实市委、市政府和南通市局的工作部署，同心合力，攻坚克难，以优异的成绩为“十二五”收官画上圆满一笔。

全力服务保障经济增长 主动服务重大项目，为京沪重工项目争取重大产业项目用地计划305亩。积极向上争取未利用地追加计划，为我市增加未利用地指标2102亩。完成建设用地报批9个批次、28个单独选址项目，报批总面积7688亩。完成我市土地利用总体规划调整修改，将9500多亩土地从有条件或限制建设区调整为允许建设区。共计完成挂牌出让土地150宗379.51公顷（5692.6亩）。

强效强力落实资源保护 完成2015年度耕地保护责任书签订，对各镇开展耕地保护目标责任考核，我市12个镇全部达到标准，达标率达到100%。全面组织开展涉及南阳、北新、寅阳等镇62个项目城乡建设用地增减挂钩工作，分解落实2015年度耕地占补平衡工作补充耕地2500亩，合作镇、东海镇两土地整理项目完成并顺利通过省厅专家组验收，耕地占补平衡项目入库完成向南通市申报验收。

迎难而进通过督察检查 全面完成2014年度土地变更调查工作，“一上”成果一次性通过国土部、省厅内外业核查，城镇地籍汇总上报数据成功通过国土部、省厅核查。全力以赴开展例行督察迎查整改工作，成功通过国家土地督察南京局土地例行督察。

节约集约完成省级创建 大力开展存量建设用地清理盘活，对已供地项目用地开工、竣工和土地闲置情况实施清查，对全市已供建设用地建设情况进行全面梳理，严把供地准入关口，在容积率、投资强度等方面设定规范和准入门槛，引导企业开展内部挖潜和建设高标准厂房。7月我市荣膺“2014年度江苏省国土资源节约集约利用模范县（市、区）”称号，并赢得500亩用地奖励指标。

土地整理项目验收会

尽心尽力维护涉土权益 推进国土业务“四全服务”试点工作，深化落实“保姆式”服务，再次压缩国土业务23项行政审批办理承诺时限，提升服务效率。向南通市局、我市政府报送信访复查佐证材料11件，向省厅报送信访复核佐证材料9件。严格按照规定及时受理各类信息公开申请，共受理办理信息公开74 件。共发放国有土地使用权证3224宗，发放他项权证1944宗，无一宗出现差错。

尽责履职推进法治建设 在“4•22世界地球日”、“6•25国土日”、“8•29全国测绘法宣传日”、“12•4国家宪法日和全国法制宣传日”等时间节点，全面开展国土法律、法规、政策宣传活动。办理处理涉土行政复议案件1件，涉土行政诉讼案件15件，无一起发生败诉。

全市重点突破性工作金杯奖

机关作风建设、精神文明建设实现“满堂红” 推行以考促绩，以严增效，强化制度刚性约束，扎实践行“严实”要求，工作效率和服务满意度得到进一步提升。我局政务窗口在市政务中心季度评优中全年蝉联“红旗窗口”称号，被授予年度人民满意服务示范窗口，我局被授予年度市级机关星级评定五星级单位，各国土所在所在镇年度工作考核中全部名列前三名。我局被南通市委、市政府授予南通市文明单位荣誉称号，被我市市委、市政府授予2015年度启东市文明单位称号，我局启隆所、惠萍所、南阳所也在所属镇荣获上述荣誉。

结对帮扶

服务对象赠送锦旗

高标准厂房建设验收

启东市交通运输局

交通运输局党委召开民主生活会

2015年，是"十二五"规划的收关之年，市交通部门认真落实市委十二届八次全体（扩大）会议精神，围绕适应经济发展新常态，全力推进交通重点工程建设，各项工作按照预定目标全面完成。

一、宁启铁路、海启高速全力推进。宁启铁路启东段加快建设，2015年上半年，市委、市政府召开拆迁工作动员大会，各镇、相关部门协同作战，在较短的时间内基本完成了沿线914户拆迁工作，拆迁安置工作完成了70%。铁路施工紧张有序推进，施工便道全线贯通，累计完成投资7亿元。海启高速开工建设。按照省、市要求，会同各镇乡全力推进拆迁工作，全线866户拆迁户，完成签约96%，拆迁90%。同时，积极抓好铁路的规划沟通，配合上级部门做好北沿江城际铁路的规划工作，力争高铁经启东过江至上海。

二、重点交通工程建设加快推进。加快推进志圩公路中段、天江公路和永兴路东段等工程建设前期工作，拆迁工作进入尾声，施工队伍进场。完成天汾大道和头兴港河护岸工程建设；完成了临海公路南段绿化工程；北段绿化工程全力推进。完成汇大线等5条道路、18公里县乡公路大中修工程。县乡公路重点路段亮化工程全力推进，采用市镇合办的形式完成了30公里亮化工程。完成了1000公里农村公路安保工程和8座交通危桥改造工程。重大项目报批工作加快推进，国道345、省道335绕城段即将进入初步设计阶段。同时，完成了"十三五"交通规划的编制工作。

三、港口建管工作有序推进。完成了小庙洪5万吨级航道疏浚工程。小庙洪10万吨级进港航道工程倾倒区选划工作积极推进。

四、运输行业管理工作稳步推进。增密105路城东至城西站班线、调整103路公交班线、新开通306路上和合至三阳镇班线和大学城班线。开通北新、王鲍两镇镇村公交。抓好出租汽车管理工作，开展出租汽车专项整治活动。城东客运站年初正式开通。启沪快线日发班次达187班，停靠上海12个站点。

交通运输服务更加贴近于民

宁启铁路建设高歌猛进

城乡公路环境整治基本完成

新落成的城东客运站

临海高速公路绿化加快推进

小庙洪五万吨级航道疏浚工程竣工通航

启东市城市综合管理局

全市物业管理工作座谈会

城管局2015年广告企业代表座谈会

城市环境综合整治。牵头组织实施三年（2013－2015年）城市环境综合整治行动，着力对老旧小区、城郊结合部、背街小巷、占道经营、车辆停放、户外广告等群众反映强烈的热点、难点问题和管理薄弱环节进行整治和规范。定期召开城市环境综合整治成员单位工作推进会，在与各责任部门相互沟通、协调的基础上，共同构建城市精细化、长效化管理机制。列入2015年度整治目标责任书的36个“九整治”项目和114个“三规范”（户外广告、占道经营、车辆停放规范）项目全面完成。

市容市貌管理。组织开展户外广告、违章建筑、渣土运输、车辆停放等专项整治。制定《启东市户外广告设施设置管理办法》，于2015年8月1日起施行，完成江海北路商业街店招提档升级工程，完成了市区候车亭广告位整治出新项目，开展灯杆广告和“牛皮癣”集中清理，拆除灯杆广告近800对，清理违法广告5000多次。2015年现场拆违5600多平方米，整改约2100平方米。

环卫管理。对市区重点区域、重点路段延长保洁时间，城区环卫保洁实现全覆盖。全面推行大中型扫路车普扫、小型电瓶车巡回清扫保洁、高压冲洗车冲刷、洒水车降温除尘，人行道、绿化带人工捡扫相结合的环卫作业新模式。成立建筑垃圾清运队，对城区内建筑垃圾实行及时自主清运。建立了城乡一体化的垃圾收集、中转和无害化处理体系。2015年，日清扫城市道路面积450万平方米、清运城区和农村生活垃圾760多吨、保洁公厕63座，设置道路果壳箱1000多只。

城管志愿者服务站成立

春节值守
保障市容秩序

物业管理。完善物业属地管理职能，建立乡镇物业管理网络，健全规范物业管理行业进出机制，自2016年1月1日起在全市范围内正式实施《启东市前期物业管理招投标监管程序》。制定《启东市住宅专项维修资金管理实施细则（试行）》，全面规范物业维修资金的交存、使用、管理。

人大代表调研数字化城管建设工作

“数字城管”建设。数字化城管项目于2015年6月正式通过省住建厅验收，集信息采集、事件处置、综合评价为一体的长效管理机制日趋完善，城市管理实现从单一执法向综合管理转型，为“大城管”管理框架提供政策支撑。“数字城管”投入运用以来，总计受理案件已突破6万件（次），处置率达到98.5%，结案率实现99.5%。

道路清扫

耐心劝导　严格执法

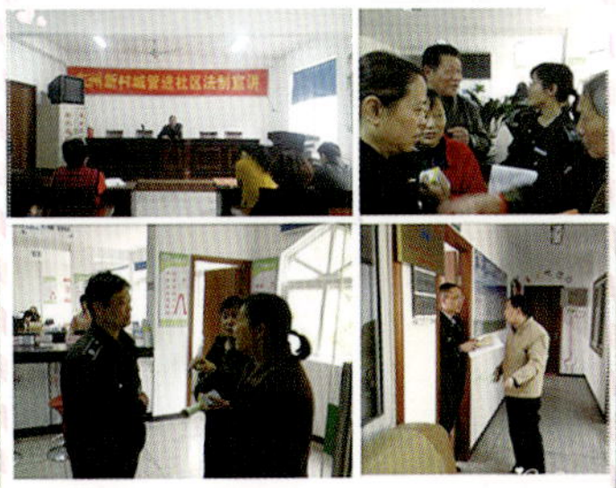

开展普法宣讲　搭建互动平台

启东市环境保护局

2015年，市环保局以改善环境质量为主线，强化环境调控，深化污染治理，严格环境监管，着力解决危害群众健康、影响可持续发展的突出问题，全市环境保护工作稳步推进，为打造“强富美高”新启东提供有力的环境支撑。

通过国家生态市验收。生态亮点不断涌现，创建氛围愈加浓烈，创建工作不断推向新的高潮，7月19日，我市顺利通过国家环保部组织的全国生态市验收，获得了这块难得的国家级生态环保“金牌”。

积极实施污染减排。发放新版排污许可证15家，对43家已持证企业进行年度审核。150家企业完成环境统计。对24个新项目实施了总量指标核定。23家企业通过了清洁生产评估审核。7家企业完成挥发性有机物污染治理。

稳步推进污染整治。17家重金属排放企业、9家印染企业完成整治任务。51家化工园区企业“五个必须”治理水平得以保证。园区远程监控“天网”全覆盖。150家企业纳入危险废物规范化管理监控范围。全市所有医院重新通过辐射环评和安全许可证审批。牵头组织南通市环境应急演练，得到上级环保部门高度肯定。40多家重点化工和电镀企业参加了环境污染责任险，列南通市前列。

有效提升服务水平。开通绿色通道，全力做好重特大项目服务工作，受到广大服务对象的广泛好评。规范行政审批行为。共审批及预审建设项目385个。

局领导在滨江化工园调研

南通市突发环境污染事件应急演练

严厉打击环境违法　深化环保执法“亮剑行动”，对79家排污单位进行了立案查处，共计罚款金额485万元。其中，用新《环保法》四个配套办法处罚10起，包括按日计罚1起，移交公安机关3起，查封扣押2起，限产停产4起。受理环境信访2000多件，信访案件的调处率、按期办结率均达100%。

不断夯实环保基础。1587家企业按要求完成了“一企一档”网上填报。加强排污费征收，对330家企、事业单位征收排污费1230万元。做好各项环境监测。共取得各类环境质量监测数据151230个。全市环境空气质量优良率达78.1%，PM2.5浓度较2013年下降11.5%。

着力抓好队伍建设。切实加强机关效能和党风廉政建设，深入开展窗口服务创建活动，内强素质，外树形象，努力提升环保工作人员在人民群众心目中的地位。

环保局宣传、现场咨询

水源地水质监测

南通市突发环境污染事件应急演练在启举行

清洁能源利用情况调研

执法人员现场检查

滨江医药化工园环保检查

启东市安全生产监督管理局

市委书记徐锋一行检查安全生产工作

市长黄卫锋检查安全生产工作

2015年，市安监局深入贯彻落实中央、省、南通市关于安全生产一系列部署，以推进“依法治安”为主线，以深化安全生产“三项行动”为抓手，坚持依法行政、严格监管、狠抓落实，确保了全市安全生产形势持续稳定。2015年，全市工商贸企业共发生生产安全亡人事故8起、死亡8人，事故起数、死亡人数较去年同期分别下降25%和37.5%，未发生较大以上事故，亡人事故起数、亡人数同比已连续三年实现两位数下降。

全市安全生产消防工作会议

全市建立健全了“党政同责、一岗双责、齐抓共管”责任体系，切实做到管行业必须管安全、管业务必须管安全、管生产经营必须管安全。通过采取领导带队检查、企业全面自查、属地政府复查复核、行业主管部门抽查检查、安委办巡查督查相结合的办法，全面开展安全生产“三项行动”。严厉打击非法生产经营建设行为，严肃查处事故和拒不整改事故隐患等违法行为，行政处罚实现了全市各镇乡园区全覆盖。基层安监机构能力建设切实加强，南阳、东海、寅阳、北新、吕四、汇龙、王鲍、近海、经济开发区等9个镇乡园区通过了江苏省基层安监机构能力建设项目达标验收。连续三年采取送教下乡的方式，自编教材，根据实际需要确定相应的教育培训内容，逐个镇乡、逐个园区对企业主要负责人、安全管理人员进行拉网式轮训。

落实企业安全生产主体责任专项行动动员会

11月18日，国家安监总局法规司支同祥司长一行专程来启东，对启东的安全生产工作给予了充分肯定。《中国安全生产》、《江苏安全生产》杂志和《中国安全生产报》对启东安全生产综合监管工作经验和安全生产教育培训工作经验进行了专题报道。

上级领导在启检查安全生产工作

密闭空间生产安全事故应急演练

中广有线
CHINA CABLE
付费频道
专业节目 个性专享
影视剧场、体育竞技、法制财经、
文化教育、健康时尚、各类专业
节目精彩纷呈，任你挑选！
热点频道推荐
四海钓鱼、天元围棋、七彩戏剧、风云足球、
卫生健康、新视觉高清(欢笑剧场、全纪实、
体育、魅力音乐)、DOX高清(映画、剧场、
新知、新艺)

中广有线
CHINA CABLE
高清电视
1920×1080高清晰画面，获得前所未有的视觉体验
5.1声道的环绕音响效果，享受天籁之音的音效感受
16：9的电视画面，宽屏幕显示更符合人的正常视野
全新体验
品质享受
高清机顶盒高清电视机的最佳伴侣

中广有线
CHINA CABLE
互动点播
昨天电视今天看
早上直播晚上看
烦人广告不用看
海量影视任我看
影视点播 新闻时移 频道回看
生活资讯 卡拉OK 电视游戏

中广有线
CHINA CABLE
广电云宽带
装广宽 选广电
消费更明白 服务更精彩

启东市人力资源和社会保障局

人社系统党风廉政建设和机关效能建设会议

业务交流

就业创业。2015年，全市新增就业8078人，促进城镇失业人员再就业3500人，其中援助困难人员再就业510人；城镇登记失业率控制在3%以下；新增转移农村劳动力4050人；新增发放小额担保贷款1605万元，帮助1301名群众实现创业。全年共开展就业技能培训4760人，其中新成长劳动力技能培训1400人，创业培训1100人，参加青年职业见习260人；职业技能鉴定取证14000人，其中新增高技能人才4000人。成功创建首批“省级创业型城市”，1人获评“全国优秀农民工”，2人获评“全国技术能手”，1个养殖基地获评省“引进国外智力成果示范推广基地”，金凤凰科技创业园获评“省级创业示范基地”。

重温入党誓词

招聘会

大学生社会实践基地

社会保险。2015年，各项社会保险参保率均达96%以上，城乡居民基础养老金标准提高到每月105元，享受人数达25.3万人；企业职工养老保险享受人数达5.2万人，工伤、生育、失业等各项社会保险待遇均按时足额支付，基金运行安全可控。完善各项社会保险政策，城乡居民养老保险出台鼓励连续缴费政策，并启动丧葬补助金制度；职工医疗保险全面实施自费补充保险暂行办法，减轻参保人员个人医疗负担；被征地农民养老保险工作全面启动，所有符合条件的被征农民实行刚性进保。

劳动关系。加大劳动关系协调力度，开展了农民工工资支付情况专项检查；清理整顿人力资源市场秩序专项行动；劳动保障书面审查及女职工劳动保护专项检查等活动。全年共处理劳动争议案件504件；各类劳动保障违法案件249件，群体性欠薪和未参保案件30件，讨要劳动报酬2366.78万元，案件按期结案率100%；认定工伤1034件，组织劳动能力鉴定480人次；完成行政复议、行政诉讼55件；受理书面信访87件；办理市长信箱来信164件；受理12345办件单226次。

人事管理。2015年，市人社局规范机关事业单位公开招聘工作，公开选调公务员、事业人员22名，为教育、卫生等事业单位公开招聘工作人员179人。通过继续教育、职称评审考试等方式提高事业单位队伍素质，全市共1万多人参加培训及考试。做好机关事业单位养老保险制度改革、公务员职务与职级并行等多项专题工作。

长三角十佳HR

人力资源管理协会活动

工伤预防

启东市公证处

QI DONG SHI GONG ZHENG CHU

主任：蔡今菁

2015年，启东市公证处根据省、南通市的公证工作目标及启东司法行政工作思路，全体人员精诚团结，努力工作，秉承“真实、合法、客观、公正”的工作原则，全面贯彻落实党的十八大精神，按照年初工作计划，以拓展和规范公证法律服务为首任，紧紧围绕“学好理论、强化素质、做好服务”的工作思路，务实创新，扎实工作，积极发挥公证工作证明、监督、服务、沟通的职能作用，为构建和谐平安启东，促进启东经济发展提供了优质高效的公证法律服务。全年共办理各类公证7100件，其中国内民事公证3100件，国内经济公证2100件，涉外公证1900件，比去年增加了15%，无一错证。接待、解答当事人法律咨询10000余人次，为当事人起草、修改各类法律文书2000余份，圆满完成全年的工作任务。启东市公证处获得了“2014-2015”年度南通市文明单位称号，进一步在不同的平台更好地提升自身形象。12月份通过了南通政法委的首批“公正司法示范点”的检查验收工作。

2015年，启东市公证处紧紧围绕政府中心工作，在重点工程建设、旧城改造、政府重点引进等事项中继续担当重要角色，积极为经济建设保驾护航，发挥了不可替代的监督保障职能作用；为自然人办理了财产继承、房屋赠与、析产等公证，服务了群众，促进了启东经济建设的有序健康发展。强化检查，严格把好公证质量关。强化管理，建立健全公证诚信体系。优化服务，开展便民利民活动。开展了“公证助残月”活动。活动期间，共办理助残公证事项6件，涉及继承、委托、协议书等公证事项（为当事人减免公证费用1000元），维护了残疾人的合法权益和公证之需。开民展了“公证敬老月”活动，为老所人办理遗嘱公证二十余件，并按规定减免了相关的费用。

解答法律咨询

为企业办理公证

法律咨询活动

法律志愿者活动

送法下乡

启东市残疾人联合会

QI DONG SHI CAN JI REN LIAN HE HUI

残疾人自主创业先进典型座谈会

市领导助残日慰问

2015年，市残疾人工作以“保障残疾人民生，全力推进残疾人小康进程”为纲领和指导，继续深化“两个体系”建设，始终坚持为残疾人办好事、办实事、解难事。至年底，全市共有持证残疾人24093人，专门协会5个。

残联领导看望康复班儿童

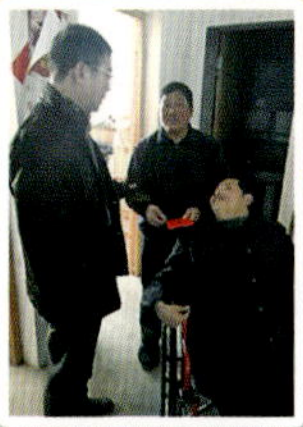

残联领导慰问贫困残疾人

第二届残疾人才艺表演赛

残疾人趣味运动会

残疾人插花培训班

启东市畜禽屠宰行业协会

QI DONG SHI XU QIN TU ZAI HANG YE XIE HUI

会长：曹云

启东市畜禽屠宰行业协会是以在启东市范围内取得畜禽定点屠宰资格的屠宰场和规模化畜禽养殖企业为主体，自愿结成的全市性行业组织，是具有法人资格的非营业性的社会团体。

协会以为政府管理部门和会员单位双向服务为宗旨。遵守国家法律法规，贯彻执行国务院《畜禽屠宰管理条例》，执行畜禽屠宰行业政策；发挥沟通政府间的桥梁和纽带作用；当好政府部门的参谋，反映畜禽屠宰企业、生猪养殖企业的愿望和要求，维护畜禽定点屠宰企业的合法权益，努力为企业的整体利益服务；加强行业自治自律，规范畜禽屠宰行为，保障政府“放心肉”工程的实施；促进企业团结协作、规范管理和技术进步，发挥行业群体优势，推进全行业健康发展。

协会属启东市农业委员会领导，接受政府社团登记管理机关的业务指导和监督管理。

协会会址：启东市江海南路476号（城南菜场北二楼）。

启东市畜禽屠宰 行业协会

吕四屠宰场

屠宰车间

启东市审计局

局领导为审计干部上党课

启东审计干部为全国计算机审计培训班学员作AO案例讲座

2015年，市审计局坚持“揭示问题、剖析原因、提出建议、促进发展”的工作方针，按照“公共资金、国有资产、国有资源和领导干部履行经济责任情况四个审计全覆盖”要求，加大工作力度，切实履职尽责，全年共完成本级预算执行审计、地方税收征管情况审计、44个党政领导经济责任审计、县属国有粮食企业运行情况、地方储备粮专项资金、全市农桥专项资金、农业保险政策执行情况等4个专项审计调查项目在内的财务类审计和审计调查项目93个；完成工程类审计项目539个（其中500万元以上工程项目75个）。审计查出违规金额和管理不规范金额59968.74万元，促进增收节支11250.78万元；审计政府项目核减投资1.04亿元。审计发现并移送案件线索7件，检察院立案1件，纪检监察机关立案6件，13人分别受到党纪政纪处分。2015年度，市审计局荣获了“2013-2014年度南通市文明单位”、启东市“五星级机关”、启东市文明单位等荣誉称号，在南通市审计系统综合考核中获一等奖。

志愿服务活动现场

慰问优抚军人

审计工作现场

编辑说明

一、《启东年鉴》是由中共启东市委、启东市人民政府主办，启东市地方志办公室组织编纂的年度综合性资料文献，以马列主义、毛泽东思想、邓小平理论、“三个代表”重要思想、科学发展观为指导，按照国务院《地方志工作条例》，客观真实地记载启东市在社会主义经济建设、政治建设、文化建设、社会建设、生态文明建设及开启基本现代化建设进程中的新成就、新经验、新情况，为各界人士了解启东、宣传启东、建设启东提供翔实、准确的地情资料。

二、《启东年鉴(2016)》资料收录范围以现行启东市行政区域为界，凡在启东市境内的机关、团体、企业、事业单位等，不论其归属，均在记述范围之内；资料收录时间为2015年度，图片根据实际情况适当追溯、下延，先进集体、先进个人收录时间延至2016年4月底，领导人物变更截至2016年6月底。

三、《启东年鉴(2016)》按篇目、分目、条目3个层次编排，设篇目35个、分目236个、条目1135个，以条目为主要载体。全书所有资料可通过目录、书眉、索引等检索渠道查找。

四、《启东年鉴(2016)》根据市年度特点，新设若干分目。如“启东概览”篇新设“旅游景点”分目，“综合管理”篇新设“城市投资经营管理”分目。调整有关篇目设置，原“镇 街道”篇中“寅阳镇”“北新镇”“近海镇”分目由于镇区合一，统一设置在“开发区(园区)”篇。强化年鉴表格记述，全书共采用表格74张。公益版图片设“重要会议”“大事要闻”“社会事业与民生工程”“现代农业”等6个板块，多角度全方位展示启东经济社会发展成就。

五、《启东年鉴(2016)》除转录资料外，采用记述体。文风力求严谨朴实、简洁流畅。文字、称谓、数字、标点等按国家有关规定书写、应用，有些农业用地计量单位如“亩”顺从习惯，文中“上年”均指“2014年”。

六、《启东年鉴(2016)》“附录”篇中“统计资料”部分，由市统计局提供。由于统计口径不同的缘故，某些数据与有关业务部门使用的不尽一致，采用时请予注意。

七、《启东年鉴(2016)》采用全彩版印刷。全书有随文图片164幅。文稿由专人撰写，经领导审核确定。公益版及部分随文图片由市新闻信息中心和《启东通讯》杂志社提供。

八、《启东年鉴(2016)》的编纂出版，得到全市各部门、单位和社会各界人士的关心、帮助和支持，在此一并表示感谢。同时希望广大读者提出改进意见，以便进一步提高《启东年鉴》质量。

总目

目 录

特 载

媒体聚焦

启东概览

组织机构及负责人

年度大事

中共启东市委员会

启东市人民代表大会

启东市人民政府

政协启东市委员会

纪律检查与行政监察

人民团体　工商联

法　治

人民武装　人民防空

农村工作　农业

工 业

开放型经济

开发区(园区)

港口 口岸

建 筑 业

城建　交通　环保

邮政　信息服务

现代商贸

财政　税收

金　　融

综合管理

科学技术

教　育

文化　体育

卫 生

社会生活

镇　街道

人 物

年度荣誉

附 录

索　引

彩页专题图片

重要报告

在市委十二届九次全体（扩大）会议上的讲话

徐 锋

2015 年 7 月 30 日

同志们：

这次市委十二届九次全体（扩大）会议的主要任务是，深入贯彻党的十八大、十八届三中四中全会以及习近平总书记系列重要讲话特别是视察江苏重要讲话精神，按照省委十二届十次全会和南通市委十一届九次全会的部署要求，总结上半年工作，明确下半年任务，对推动全面从严治党迈上新台阶作出部署，动员全市各级党组织和广大党员干部，自觉践行“三严三实”，团结带领全市人民，奋力完成全年和“十二五”规划各项目标任务，为“十三五”发展奠定坚实基础。

现在，根据市委常委会讨论的精神，我讲三个方面的意见。

一、上半年工作情况

今年以来，全市上下深入学习贯彻习近平总书记系列重要讲话精神，深刻把握“四个全面”战略布局、“强富美高”发展定位、“五个迈上新台阶”重点任务，主动适应和引领经济发展新常态，以改革创新为动力，以法治建设为基石，以从严治党为保障，统筹推进深化改革、沿海开发、产业转型、城乡统筹、民生改善、生态建设等各项重点工作，全市经济社会呈现平稳健康发展的良好态势。先后荣获国家卫生城市、省园林城市称号，第六次获评省文明城市，顺利通过国家生态市考核验收。在中国县域经济竞争力百强县中排名 27 位，列南通各县市区之首；在全国工业百强县市中排名 55 位。

*一是坚持稳增长、调结构，综合实力不断提升。*面对复杂多变的宏观经济环境和艰巨繁重的改革发展任务，我们坚决落实中央、省委、南通市委的决策部署，始终坚持稳中求进工作总基调，切实在稳的基础上持续推进经济结构调整，在调的过程中保持经济平稳运行，全市经济发展稳中有进。上半年，全市实现地区生产总值 379.5 亿元，增长 9.4%。实现一般公共预算收入 37.6 亿元，增长 11.8%。完成全社会固定资产投资 246.4 亿元，增长 16%；其中工业投资 163.7 亿元，增长 11.6%，服务业投资 82.5 亿元，增长 26.1%。实现规模工业产值 857.2 亿元，增长 9.2%。完成全社会消费品零售总额 141.5 亿元，增长 9.1%。实现外贸进出口总额 15 亿美元，增长 8.5%。在顺应新常态、谋求新跨越的总体工作部署中，我们始终突出转方式调结构这一主线，专门召开市委工作会议，对创新转型作出全面部署，制定出台《关于依托“一带一路”、长江经济带和上海自贸区发展战略推进我市经济转型升级的意见》《关于深入实施创新驱动战略促进科技进步和创新创业的意见》《中国制造 2025 启东实施计划》《大众创业万众创新启东行动计划》《关于加快推进“互联网+”行动计划的实施意见》《关于进一步深化陆海统筹发展推进金融改革创新的实施意见》等系列文件，更深层面、更广领域、更大力度推进经济结构加快调整、优化升级。上半年，全市高新技术产业产值、新兴产业产值分别增长 16.5%、20.9%；在规模工业产值中的占比达 47.3%、42%，比 2014 年底提高 2.1 个百分点、4.7 个百分点。每度电产生的工业应税销售和入库税收分别比南通市平均水平高 35.2%、83%，单位 GDP 能耗南通最低。业扩报装完成额、设备抵扣额分别增长 28.4%、43.1%，位居南通各县市区前列。全市新增扩建农业项目 64 个，其中农产品加工项目 32 个；

新增高效农业面积8.6万亩。实现服务业增加值150.7亿元,增长9.2%,在地区生产总值中的占比达39.7%;服务业应税销售、入库税收增幅均列南通各县市区第一。国动产业园一期入驻电子信息企业20多家,博士创业园入驻高科技项目10个。

二是坚持扩开放、攻项目,沿海开发不断深化。我们坚定不移地实施“领跑沿海、融入上海、包容四海”的发展战略,积极策应“一带一路”、长江经济带和上海自贸区建设,按照省沿海开发“六大行动”、南通陆海统筹发展的部署要求,持续推进基础设施和平台载体建设,全力打造沿海开发升级版。国家一类口岸开放验收准备工作和综合保税区申报工作稳步开展,吕四港区10万吨级进港航道一期工程扎实推进,宁启铁路启东段开工建设,海启高速启东段前期工作有序推进。八大园区加快提档升级,启东经济开发区申报国家级开发区加强对上衔接,滨海工业园争创省高新技术产业园,圆陀角旅游度假区获批省级旅游度假区。江海产业园、上海自贸区(启东)产业园等沪启合作园区加快建设,上海自贸区启东生物科技创新协作园正式签约。我们始终把招商引资作为全局工作的重中之重,坚持用前瞻性思维、开放性眼光和战略性定位谋划招商引资工作,全力招引与我市产业特点相匹配的龙头型、基地型、税源型项目,以大项目带动大投入,以大投入推动大发展。上半年,“上海招商大会战”成效显著,2015中国·启东国际经贸洽谈会成功举办,新增工商登记注册外资2.97亿美元,实际利用外资1.34亿美元。我们牢固确立“项目为王”的发展理念,不断完善市四套班子领导分工挂钩联系园区、推动项目建设工作机制,扎实开展重点工作“听看考”活动,引领全市上下聚焦聚神聚力项目建设,全市项目建设、绩效产出“双百工程”有力实施,项目质量和效益实现双提升。上半年,5个省级重点项目进展顺利,12个南通市级重大项目完成投资54.4亿元,完成年计划的104.6%。神通阀门二期、远驰自动化、通宇机电等重大项目顺利竣工,华峰超纤、华滋海工、国动产业园二期等重大项目相继开工,广汇能源、卓达新材料、“上海长岛”等重大项目加快建设,胜狮全球技术教育基地、东凌粮油、新湖体育文化综合开发等重大项目稳步推进。

三是坚持促改革、强法治,发展活力不断增强。我们切实把全面深化改革作为适应新常态的关键之举、根本之策,统筹谋划既有年度特点、又有利于长远制度安排的改革举措,扎实推进各项改革任务落地见效,重点改革有声势、出实效。围绕深化经济体制改革等七个领域,制定出台全面深化改革工作责任分解表,明确150项工作要点,定期听取进展汇报,全力推进落实。上半年,简政放权力度持续加大,同步衔接上级部门取消行政审批事项12项,衔接省、南通下放事权47项,向北新、近海、寅阳三地下放经济社会管理权限196项。率先推行“先照后证”和“三证合一”登记制度改革,并核发南通县市首张“三证合一、一照三号”营业执照。综合医改省级试点工作推进有力,公立医院改革稳步实施,两大医疗管理集团规范运行,分级诊疗制度全面推行,市人民医院晋级三级综合医院,中医院晋级三级乙等中医院,医改成效得到上级充分肯定。陆海统筹发展综合配套改革深入推进,养殖用海管理制度改革实施方案制定出台,海域使用权证制度全面推行。陆海统筹发展金融服务创新启东示范区加快打造,金融服务机构对中小微企业和新型农业经营主体的信贷支持力度持续加大。农村土地承包经营权确权登记颁证工作有序推进,农村社区股份合作制改革指导意见制定出台,基层“三集中、三置换”加快实施。我们坚持用法治思维、法治精神、法治方式引领社会治理实践,扎实推进维护社会大局稳定、促进社会公平正义、保障人民群众安居乐业等重点工作。“三强化三提升”群众工作机制不断完善,社情民意分析会、“三议”工作法深入实施。权责统一、权威高效的依法行政体制不断健全,行政机关主要负责人出庭应诉率达89.1%,在全省领先。现代化社会治安防控体系不断完善,始终保持对各类违法犯罪活动的严惩态势,人民群众的安全感不断提升。安全生产“党政同责、一岗双责”责任制严格落实,安全生产形势持续稳定。

四是坚持抓统筹、惠民生,社会事业不断进步。我们准确理解和把握中央、省关于新型城镇化和城乡发展一体化的战略部署,统筹推进中心城区、新型城镇和美丽乡村建设,现代宜居型城市加速崛起。城市品质功能不断提升,南苑东路、紫薇东路等道路竣工通车,文峰二期商业中心即将竣工营业,城市污水处理厂三期工程运营在即。城镇定位更加明晰,特色发展步伐加快,全市镇乡、园区总体规划基本完成修编,镇区专项规划、控制性详细规划和村庄建设规划抓紧编制。村庄环境综合整治成果不断巩固,“六位一体”管理深入推进,河道清障和生态保洁工作取得显著成效。深入推进节约集约用地,荣获省国土资源节约集约模范县市称号;狠抓大气污染和水污染防治,完成造林绿化面积4.26万亩,生态环境不断优化。我们始终把保障和改善民生作为一切工作的出发点和落脚点,紧扣民生建设“七个更”目标,以十大类为民实事工程为抓手,扎扎实实推进一批群众看得见、摸得着、感受得到的实事好事,让群众看到更大变化、得到更多实惠。上半年,城乡居民人均可支配收入分别增长8.6%、10%。全市新增城镇就业4300人,城镇登记失业率控制在3%以内。城市低保和农村低保标准分别提高7.4%、24.3%,城乡基本医疗保险参保人数完成率100%。安置房累计新开工82.6万平方米、竣工26.5万平方米,保障房新建1352套、竣工892套。进一步加快教育现代化建设,汇龙中学成功晋升省四星级普通高中,折桂中学一期投入使用,市第一中学、滨海实验学校秋季启用。突出培育和践行社会主义核心价值观,“正能量加油站”被评为南通市核心价值观主题教育活动优秀创新项目,《半月谈》等媒体关注报道。涌现出一批以周浩同志为代表,在南通、江苏乃至全国有影响的先进典型,省道德模范与身边好人现场交流活动成功承办。大力发展文化事业,着力完善现代公共文化服务体系,文化惠民工程深入实施,全民阅读和书香启东建设大力推进,文化体育中心完成初步设计。启东版画院建院三十周年作品展在省美术馆成功举办,抗大九分校纪念馆开馆运行。

五是坚持从严管、从实抓,党的建设不断加强。我们牢固树立“抓好党建就是最大政绩”的理念,不断巩固拓展党的群众路线教育实践活动成果,全面推进从严治党“五个四”工程，确保管党治党主体责任落到实处。从严落实“四议四述”工作机制，议党建述党建、议廉述廉、议法述法、议事述职活动扎实开展，抓党建的主角意识、主动精神不断强化。明确理论学习“四学”重点，学深学透政治理论、党章党史、法律法规、道德规范，党员干部的理论水平、党性修养、法律素养、道德境界不断提升。积极构建党内思想交流、组织沟通、党员互动、党群连心等“四大平台”，以严格的政治生活营造良好的政治生态。坚持以“四严”要求管理干部，强化干部日常监督，努力打造高素质干部队伍。进一步突出抓队伍、抓服务、抓机制和抓阵地等“四抓”重点，“千人百团连民心”活动常态化开展，一刻钟党员服务圈、党员服务日、“微心愿大家帮” 等为民服务新机制积极探索，基层党组织教育引导群众工作深入推进。我们按照中央统一部署，扎实开展“三严三实”专题教育，以“六查六看六整治”为主线，确立“三比三争”目标导向，引导党员干部争当“三严三实”好干部。市委常委带头上好专题党课、带头开展专题调研、带头开展专题学习研讨，市委中心组成员赴淮安集体瞻仰周恩来纪念馆，带动专题教育有力有序开展。我们持之以恒推进作风建设，持续抓好党的群众路线教育实践活动后续整改工作，不断完善系统完备、务实管用、执行有力的作风建设长效机制，党员干部作风持续转变。我们坚定不移推进党风廉政建设和反腐败斗争，严格落实“两个责任”，坚持抓早抓小，制定出台对市管领导干部实施廉政约谈暂行办法，严格执行党政主要负责人“四个不直接分管”规定，严厉查处违纪违法案件。与此同时，人大及其常委会依法行使职权、政府依法行政、政协推进协商民主建设不断加强，党的统一战线工作、人民团体工作、人民武装工作水平进一步提升，政通人和、风清气正、干事创业的氛围持续巩固。

在看到成绩的同时，我们也清醒地看到，启东的发展还面临着不少困难和问题，主要表现为：部分企业生产经营困难，经济增长动力不足、下行压力较大；创新转型任务艰巨，传统经济增长点发展趋缓，新经济增长点、新支撑力量正在培育之中；财政收入增长放缓，民生保障与群众期盼还有差距，社会治理面临一些新情况新问题；违反中央八项规定和省委、南通市委及我市十项规定的问题仍有发生，少数党员干部担当意识和进取精神有所减弱，存在不严不实的现象。对此，我们必须高度重视，坚持问题导向，采取更为有效的措施切实加以解决。

二、下半年重点工作安排

做好下半年工作，对“十二五”发展收好官、“十三五”发展开好局，具有十分重要的意义。全市上下要牢固树立目标意识，坚定信心、主动作为，轧紧节点、明确责任，以“钉钉子”精神抓好各项工作的落实，确保全面完成全年目标任务。

（一）突出转型升级，保持经济平稳健康可持续发展

保持中高速增长和迈向中高端水平，仍然是下半年工作的首要任务。要始终增强信心、保持定力、积极作为，深入研究稳增长、调结构的举措和办法，挖掘增长潜力，培育发展动力，厚植发展优势，推动全市经济行稳致远。

一要全力以赴稳增长。“稳”的重点是稳住经济运行，稳住关键指标。当前，要紧盯不放、狠抓重抓地区生产总值、一般公共预算收入、规模工业增加值、工业应税销售、实际到账外资等重点指标，确保经济运行在合理区间。继续发挥消费的基础作用、投资的关键作用、出口的支撑作用，重点抓好5个省级、12个南通市级重大项目建设，稳住海工船舶、电动工具等外贸重点行业，培育电子商务、养老服务、休闲旅游等新的消费热点，促进“三驾马车”均衡拉动增长。全面落实国家针对小微企业“银行定向降准、税收定向优惠、财政定向补贴”等政策措施，进一步激发微观经济活力，促进企业平稳健康发展。

二要持之以恒促转型。全面落实市委工作会议精神，抢抓“一带一路”、长江经济带和上海自贸区发展战略机遇推进经济转型升级，加快打造国家战略互联互通双向开放的桥头堡、全面融入上海的新天地、先进制造业集聚的新高地和“四新”经济发展的主阵地。积极推进中国制造2025启东实施计划，深入实施智能制造等六大工程，着力打造海洋经济、电力及能源装备、精密机械及电子三大支柱产业集群和新材料、新医药、通用航空三大新兴产业集群。充分发挥互联网在生产要素配置中的优化和集成作用，组织实施互联网+工业、农业、服务业、城市、公共服务等五大行动计划，推进互联网与经济社会各领域的深度融合。围绕全产业链的整合优化，大力发展科技服务、信息技术服务、金融服务等重点生产性服务业，推动制造业服务化。深入实施大众创业万众创新启东行动计划，鼓励支持“新四军”创新创业，加快构建一批便利化、开放式的众创空间，以创新创业热潮汇聚发展新动能。深入实施“两化”深度融合战略，积极培育神通阀门、海四达电源等南通市级“两化”融合发展示范企业。抢抓资本市场战略机遇，全力推进企业上市、新三板挂牌融资，提升企业市场竞争力。

三要坚定不移攻项目。更加注重项目培育，积极寻找优质项目，提前储备一批大项目，形成“在建一批、开工一批、储备一批”的滚动发展格局。切实加大招商引资力度，以举办中国·启东科技节暨国际经贸洽谈会为契机，组织好上海、深圳、北京等地的产业专题招商活动，开展好韩国、泰国、澳大利亚等国家及中国台湾地区的产业对接活动，重点跟踪推进一批引领型、基地型、龙头型重大产业项目。紧紧围绕项目建设、绩效产出“双百工程”目标，进一步完善重大项目挂钩联系机制，推动大唐电厂二期、江海产业园通用机场、环抱式港池港务码头等项目加快报批服务进度，力争东凌粮油、姚记扑克生产基地等项目实质性开工建设，华峰超纤、广汇能源、京沪重工、胜狮全球技术教育基地等项目快出形象，华滋海工、中海阔港务等项目竣工投产。突出关注重点行业、重点企业的要素需求，确保资金、土地等资源要素向新兴产业、优势企业、重点项目倾斜配置。

（二）深化改革开放，增强经济发展内生动力和活力

今年是全面深化改革关键之年，“关键” 体现在重大改革事项能不能稳步推进、重点难点改革任务能不能取得突

破性进展。要围绕我市全面深化改革七大类150项改革任务,一步一步向前推进,确保改有所进、改有所成。

一要深化重点领域改革。围绕"简政放权、放管结合、优化服务"的目标,以落实"五张清单"为重点,探索相对集中行政审批权试点改革,继续完善"一窗式"受理模式,扩大并联审批服务范围,着力构建市、镇、村三级联动便民服务网络。深入贯彻落实省、南通深化医改综合试点工作要求,进一步巩固公立医院改革成果,完善分级诊疗体系,优化医疗卫生资源配置,全力打造百姓满意、面上可复制可借鉴、走在全省乃至全国前列的医改工作启东特色。加快探索将海域资源纳入公共资源交易中心,通过市场化配置推进海域资源资产保值增值,为全省海域综合管理探索新路、积累经验、提供示范。加大金融支持产业升级力度,鼓励新兴金融业态集聚,拓展多元化融资渠道,加快打造陆海统筹发展金融服务创新示范区。推进农村产权制度改革,积极稳妥开展农村土地承包经营权确权登记颁证工作,加快组建市级农村产权交易市场,促进农村产权流转交易公开透明、规范运行。

二要加快融入上海步伐。依托上海市政府发展研究中心启东基地,找准我市在上海城市群规划中的方向定位,明确启东与上海在功能构成、功能布局、功能载体等方面的差异性和联动性,加快打造全面融入上海的新天地。继续深化对接上海"139工程",探索港口开发、产业发展、城镇建设、外向拓展等与上海融合的新路径。重点对接上海"具有全球影响力的科技创新中心"建设,深化与上海各类高校、科研院所、园区的交流合作,着力打造启东经济升级版、加强版。加快推进江海产业园、上海自贸区(启东)产业园、上海自贸区启东生物科技创新协作园和"上海长岛"项目建设,充分发挥一类口岸开放优势,深化综保区规划研究,力争成为上海自贸区的"分区""分园"。

三要推动平台提档升级。八大园区要坚持高端化转型、特色化发展,把现有资源优势盘活用好,加快从投资驱动向创新驱动、资源依赖向科技依托、生产制造向研发设计转变。启东经济开发区要加快复旦大学科技园互联网产业园等"区中园"建设,推动中德大数据产业研究院和中德工业4.0培训中心实质性运作。吕四港经济开发区要加快完成吕四港区10万吨级进港航道一期工程,扎实开展吕四港区专用铁路及海进江方案研究,加速粮油储运、冷链物流等港口物流产业集聚。圆陀角旅游度假区要加快恒大、新湖等重大项目建设,尽快成为长三角江海休闲度假旅游人气旺盛的新热点。滨海工业园、海工船舶工业园、滨江医药化工园等园区要充分发挥各自资源优势,着力做好重点项目报批、创新资源集聚、重大项目落地转化、配套设施提升等文章,形成特色发展、错位竞争的良好态势。

(三)注重城乡统筹,加快城乡一体化发展

推进城乡统筹发展是推动社会结构调整的有效抓手,是创新区域发展的有力支撑。要坚持以人为本,协调推进新型城镇化和农业现代化,加快形成城乡一体新格局。

一要加快新型城镇化进程。继续推进启东经济开发区控规、城北工业园控规等规划研究和编制,完成地下管线普查及系统平台建设。加快灵秀公园、蝶湖景区等大型公园绿地建设,全面推进欣乐城、大润发等项目,打造一批城区精品工程。推进城区重点道路建设,力争年内灵秀路、新安江路等路段竣工通车,民乐路、惠阳北路等路段改造完成,松花江路东延、世纪大道东延开工建设。坚持改造旧城和繁荣新城并举,推进老小区雨污水分流,完成阳光花苑等10个小区改造。扎实推进智慧城市建设,依托"数字城管"平台,提升精细化管理水平。进一步强化全国重点镇、南通市级中心镇、"区镇合一"镇建设,突出抓好功能完善和产业集聚,做好产城融合发展文章,全力放大辐射带动效应。

二要扎实推进农业现代化。全面落实我市加快发展都市农业推动现代农业建设迈上新台阶的意见,加快建立完善现代农业产业体系、新型农业经营体系、现代农业保障体系,不断提升现代农业发展水平。推进启东市现代农业示范区基础设施建设和功能配套完善,加快重大农业项目建设进程,大力发展家庭农场和农业生产"全托管"。因地制宜发展资源开发型、为农服务型、休闲观光型等集体经济模式,增强村级集体经济实力。稳步推进美丽乡村建设,探索构建村庄管理长效机制,确保年内创建2家南通市级美丽乡村。

三要提高生态文明水平。坚持生态优先,积极发展循环经济、低碳技术、环保产业,加速绿色发展。注重管控并举,严格执行节能减排、环境保护等方面的投资项目管理规定,把好项目入口关。继续推进"环保大检查",深入开展"亮剑行动",重点抓好重金属污染防治和印染、化工、电镀企业整治等工作,努力实现污染排放强度和总量"双下降"。加快完善基础设施,推进城市河道水闸建设,抓好疏浚整治和生态修复工程,确保江海污水处理厂、滨海污水处理厂竣工验收。切实加强农村环境综合整治,提升"六位一体"长效管护质态,巩固水环境综合整治成果,努力打造天蓝、水清、岸绿、景美的美好家园。

(四)坚持民生优先,提升人民群众的满意度和幸福感

做好保障和改善民生工作,对增强群众信心、形成良好预期意义重大。要继续按照"守住底线、突出重点、完善制度、引导舆论"的思路,扎实办好各项民生实事,让群众更多更好地享受改革发展的成果。

一要办好民生实事。加大十大类44项为民实事项目推进力度,切实把群众最盼、最急、最忧的事情办好办实。抓紧完成宁启铁路、海启高速启东段让地工作,开工建设志圩公路、天江公路等道路,进一步畅通城市交通网络。不断深化创业培训、创业孵化等"四位一体"创业模式,形成一人创业带动多人就业的倍增效应。按照广覆盖、保基本、可持续、多层次的方针,组织实施"全民参保登记计划",进一步健全社会保障体系,筑牢民生幸福底线。加快社会养老服务体系建设,稳步试行医养融合发展,拓展政府、社会多层面推进养老事业的路子。积极推进教育现代化建设,加快建设省学前教育改革发展示范区、省义务教育发展优质均衡县市,吕四中学启动省四星级高中创建工作。加强食品药品监管,健全基层监管网络,年内组建食品检验检测中心,着力解决人民群众重点关注的食品药品安全问题。

二要加强文化建设。围绕文化建设“三强两高”新目标，研究我市文化建设迈上新台阶的思路举措，着力提升江海文化的竞争力、影响力和凝聚力。扎实推进全国文明城市创建，积极培育和践行社会主义核心价值观，拓展深化“传递正能量、共建好家园”主题活动，引导广大市民弘扬传统美德、恪守社会公德、遵从职业道德、培育家庭美德。充分发挥“正能量加油站”作用，加大对“启东好人”等优秀典型的选树宣传力度，深入开展向周浩同志等先进典型学习的活动，在全市上下大力营造学习先进、崇尚先进、争当先进的浓厚氛围。推进文化惠民工程，加快文化体育中心筹建工作，精心组织“书香启东”“村村乐”等活动，努力为人民群众提供更多健康向上、丰富多彩、喜闻乐见的文化服务。

三要创新社会治理。巩固深化“三强化三提升”工作机制，进一步做实做优社情民意分析会、“三议”工作法等群众工作特色品牌，提升社会治理整体水平。常态化开展“三解三促”，继续实施领导干部接访下访、重大矛盾领导包案等制度，进一步化解社会矛盾、密切干群关系。以创建法治建设先进县市为契机，深入推进法治启东建设，着力构建办事依法、遇事找法、解决问题用法、化解矛盾靠法的法治良序。加强社会治安防控体系建设，不断构建完善人防、物防、技防网络，实现人员素质、设施保障、技术应用的整体协调。进一步严格落实安全生产“党政同责、一岗双责”的有关规定，健全安全生产责任体系，继续深化“四防”工作专项行动，组织开展好各类安全生产大检查。

科学精心编制“十三五”规划，时间紧、任务重、要求高、涉及面广。起草部门要集思广益、群策群力，制定出一份高质量的规划，形成提神鼓劲的目标安排和战略举措，凝聚全市上下方方面面力量为之奋斗。要明大势，就是要把“十三五”时期的发展环境和阶段特征分析透，对国际国内发展基本走势、前进的方向和目标、面临的机遇和挑战，都要理清楚、搞明白，清醒认识风险和困难，做到趋利避害、统筹兼顾。要看大局，就是要在全国、江苏、南通的发展大局下思考谋划。要把握一个总领，就是以习近平总书记系列重要讲话特别是视察江苏重要讲话精神为引领，努力建设“强富美高”新启东；要把握一个大纲，就是协调推进“四个全面”战略布局；要把握一个关键，就是主动适应和引领经济发展新常态，在转方式调结构中实现经济长期平稳健康发展。要谋实事，就是以“三严三实”作风开展调查研究，广开言路，广纳良策，既要针对当前存在的突出矛盾和问题，重点推进、补齐短板，解决好“十二五”规划执行中的“最后一公里”问题；又要对经济社会发展长期性、深层次重大问题作出安排，拿出真正管用的实招硬招，抢先一步争取重大工程和项目进入国家、省总体规划及专项规划的笼子，赢得未来发展更大的政策空间。要争作为，就是结合启东实际，既确定合理发展速度，更追求有质量、有效率、可持续的发展，确保明年全面完成小康社会建设目标。继续瞄准“南通创一流、全省争位次、全国有影响”的目标，统筹做好改革开放、产业转型、城乡一体、社会治理、民生改善、党的建设等各项工作，发扬“马上就办、真抓实干”的工作作风，确保各项工作抓紧抓实抓出成效。

三、推动全面从严治党迈上新台阶

党的建设是党领导的伟大事业不断取得胜利的重要法宝，从严治党是我们党巩固执政地位、始终走在时代前列、肩负历史使命的关键所在。党的十八大以来，以习近平同志为总书记的党中央站在党和国家前途命运的战略高度，对从严治党作出了一系列重要部署。特别是2014年12月，习近平总书记在视察江苏时首次提出了“四个全面”的战略布局。坚持全面从严治党，是全面建成小康社会、全面深化改革、全面依法治国的根本保障。准确把握全面从严治党的主基调，必须紧紧抓住三个关键词。“全面”，就是做到党建领域全方位、对象全覆盖、过程全周期，体现了党对自身建设规律的认识和拓展；“从严”，就是做到真管真严、敢管敢严、长管长严，体现了党对自我约束的清醒与自觉；“治理”，就是针对党内存在的突出问题，找准病根、对症下药、务求实效。7月13—14日召开的省委十二届十次全会、7月28日召开的南通市委十一届九次全会，对推动全面从严治党迈上新台阶作了专题部署，讨论了《关于推动全面从严治党迈上新台阶的意见》等文件，明确了工作要求、工作重点和重大举措，具有很强的思想性、针对性和实践性，对切实加强党的建设、提高管党治党水平具有重要指导作用。

近年来，面对宏观经济下行、产业结构调整、多重压力叠加的复杂局面，市委深入实施党建工作创新工程，为推动全市经济社会持续健康发展提供了坚强保证。特别是市委十二届八次全体(扩大)会议以来，市委认真贯彻全面从严治党的部署要求，以“五个四”工程为主抓手，严格落实管党治党责任，扎实推进“三严三实”专题教育，营造了良好的政治生态。新形势下，广大党员干部要适应发展环境、发展条件的客观变化，清醒认识全面从严治党的极端重要性和现实紧迫性，切实把思想和行动统一到中央、省委和南通市委的决策部署上来。

本次会议印发了《中共启东市委关于推动全面从严治党迈上新台阶的意见(讨论稿)》等5个文件提交讨论，文件的起草工作是在市委常委会的统一部署和直接领导下进行的。省委十二届十次全会召开后，市委常委会相关成员围绕全面从严治党开展专题调研，形成了5个文件初稿。7月23日，市委党建工作领导小组会议传达学习了省委十二届十次全会精神，并就我市5个文件初稿进行了认真研究。在进一步征求市委常委、市委委员及有关方面意见，并作修改完善之后，经7月29日市委常委会进一步充分讨论，形成了今天提交会议的5个文件讨论稿。我们一定要站在推动全面从严治党迈上新台阶的全局高度，认真讨论，既提出建设性意见和建议，把文件修改完善好，又加深理解、统一思想，以利于更好贯彻落实。

《中共启东市委关于推动全面从严治党迈上新台阶的意见(讨论稿)》明确了我市推动全面从严治党迈上新台阶的指导思想、总体要求和工作举措。指导思想是：深入学习贯彻党的十八大、十八届三中四中全会和省委十二届十次全会、南通市委十一届九次全会精神，认真贯彻落实习近平总书记系列重要讲话特别是视察江苏重要讲话精神，紧紧围绕协调推进“四个全面”战略布局，以全面从严为主基调，以密切党同人民群众的血肉联系为核心，以落实管党治党责任为关键，以深入实施党建工作创新工程为抓手，切实加强党的思想、组织、作风、反腐倡廉和制度建设，在全面从严治党上做到管理更严格、纪律更严明、干部更清正、政治更清明，为建设经济强、百姓富、环境美、社会文明程度高的新启东提供坚强保证。总体要求是做到“四个坚持、八个切实从严”：坚持思想建党和制度治党紧密结合、统筹推进和突出重点相互统一、改进作风和锤炼党性同步加强、严明纪律和严惩腐败同向发力，在抓好思想建党和制度治党、规范党内政治生活、选好管好干部、改进作风、抓基层打基础、执行党的纪律规矩、加强反腐倡廉建设、落实管党治党责任做到切实从严，整体提升管党治党水平。

市委常委会提出这样的指导思想和总体要求，就是为了坚决贯彻习近平总书记关于推动全面从严治党迈上新台阶的新思想，认真落实“更强意识、更多举措、更大作为”的工作要求，牢牢把握“迈上新台阶”的工作定位，以强烈的责任感、使命感和问题导向意识，进一步明确从严管党治党的具体举措。

（一）从严抓好思想建党和制度治党，提高管党治党实效

思想建党是制度治党的前提和基础，制度治党是思想建党的有力保障。既靠教育，也靠制度，二者同向发力、同时发力，全面从严治党的各项任务和要求才能落到实处。

*一要始终把思想建党放在全面从严治党的首位。*着眼固本培元、补钙铸魂，结合“三严三实”专题教育，加强马克思主义基本理论和中国特色社会主义理论体系的学习，深入开展中国梦宣传教育，进一步坚定“三个自信”。要把学习贯彻习近平总书记系列重要讲话特别是视察江苏重要讲话精神作为最重要的政治任务，开展“四个全面”宣讲基层行活动，增强党员干部协调推进“四个全面”战略布局的思想自觉。将党章作为各级党组织经常性学习内容和理论培训主干课程，不断强化党史国史、省情市情的学习教育，切实增强党员意识和遵章守纪意识，始终做到在党爱党、在党言党、在党忧党。用好用活抗大九分校纪念馆、王鲍烈士纪念馆、顾民元烈士史料陈列室等教育基地和平台，传承红色基因，提高党性修养。大力弘扬理论联系实际的优良学风，全面推行领导干部述学制度，定期组织领导干部深入基层调研，开展市委中心组学习交流会、“三学三跟进”读原著等活动，做到真学真懂、真信真用。充分发挥市委党校干部教育主渠道作用，办好启吾“大讲堂”“巡讲堂”“微课堂”，实现对党员干部教育培训的日常化、全覆盖。加强对主流媒体、网络媒体等舆论阵地的建设和管理，办好以“启东发布”为龙头的政务类微信公众平台，推动新媒体理论学习宣传常态化。

*二要始终把制度治党作为全面从严治党的关键举措。*要突出制度的针对性、指导性与可操作性，本着于法周延、于事简便的原则，着力构建内容协调、程序严密、配套完备、有效管用的制度体系，扎紧制度的笼子。要增强制度的执行力，坚持用刚性制度管权、管事、管人，以踏石留印、抓铁有痕的毅力和魄力将制度执行到位。坚持制度面前人人平等、执行制度没有例外，不留“暗门”、不开“天窗”。

（二）从严规范党内政治生活，不断增强党的凝聚力战斗力

党内政治生活是党组织教育管理党员和党员进行党性锻炼的主要平台，全面从严治党必须从党内政治生活严起。严肃党内政治生活，贵在经常、重在认真、要在细节。

*一要严格规范领导班子民主生活会。*各级党组织要充分运用党的群众路线教育实践活动的成功经验，经常性拿起批评和自我批评的有力武器，建立健全保证领导班子民主生活会质量的长效机制。严把审查审核关，健全上级党组织对下级党组织民主生活会方案、班子和个人对照检查材料审核制度。严把批评和自我批评关，完善上级党组织派员参加下级党组织民主生活会指导督导和点评制度。严把整改落实关，加强民主生活会批评意见和整改事项清单管理，确保查摆问题整改到位。

*二要坚持和完善党内生活制度。*广大党员干部要严格执行双重组织生活等各项规定，推动党内政治生活常态化、制度化。按照坚持、加强、创新的要求，认真落实基层党组织“三会一课”、党员活动日、警示教育等制度，坚持一月一主题，确保党内生活内容丰富，质量不断提高。完善党员定期评议基层党组织领导班子、党员党性定期分析和民主评议等制度，定期检查党内生活有关规定落实情况，确保制度真正落地。

*三要完善领导决策的运行机制。*坚持民主基础上的集中和集中指导下的民主相统一，“三重一大”事项必须由领导班子按民主集中制原则讨论决定。不断完善和严格执行领导班子议事规则，把决策前调研、专家论证、征求意见、可行性研究、合法性审查、社会稳定风险评估作为决策必经程序。规范党政正职职责分工，严格执行主要领导“四个不直接分管”规定，探索领导班子对人财物和工程项目科学分工管理的办法措施。全面推行领导班子讨论重大事项一把手末位表态制度，探索建立领导班子重大事项决策全程纪实、责任倒查追究及纠错纠偏制度。

（三）从严选好管好干部，建设忠诚干净担当的干部队伍

按照“20字”好干部标准和从严管理干部“五个要”新要求，把全面从严治党要求贯彻到干部选任、考核、监督各个环节，着力建设一支对党忠诚、个人干净、敢于担当的干部队伍。

*一要突出选贤任能。*围绕协调推进“四个全面”战略布局，结合启东经济社会发展实际，大力选拔能够推动“两个率先”的干部、想改革谋改革善改革的干部、尊法学法守法用法的干部、自觉履行全面从严治党责任的干部。认真落实《党政领导干部选拔任用工作条例》及省委、南通市委有关配套制度，从严从实坚持原则、执行标准和履行程序。严格执行干部选拔任用职数预审、干部选拔任用工作全程纪实、“一报告两评议”等制度，坚持并完善拟提拔人选征求执纪执法部门意见制度，提高选人用人公信度。落实党委(党组)

在选人用人上的领导和把关责任，坚持选贤任能、知人善任、用当其时，严禁任人唯亲、任人唯利、任人唯圈。规范干部选拔任用工作动议环节，探索并推行实名制推荐干部办法。认真落实市委《关于加强和改进全市干部教育培训工作的实施意见》，深入实施干部素质提升工程，加大对干部专业化能力的培训力度，切实加强年轻干部培养选拔工作。

二要严格德政考核。改进干部考察工作，采取提前介入、改进程序、查看档案、延伸考察等办法，防止干部“带病提拔”“带病上岗”。强化对干部政德、官德、品德的考察，研究制定干部德的考核办法，准确掌握干部德的表现。探索加强和改进干部政绩考核评价工作的办法，积极推行差异化考核，突出考核领导干部在经济社会发展新常态下推动改革发展的实际成效。加强对领导班子和领导干部的综合研判，既重视考察干部的业务素养、工作能力，又重视考察其政治表现、作风养成；既用好组织部门考核的结果，又注重用好纪检、审计、信访等方面反馈的信息，更好地掌握领导干部的思想作风和履职情况。

三要强化监督管理。认真落实中央《关于推进领导干部能上能下的若干规定》和省委《关于落实从严管理干部“五个要”的若干规定》，构建管理全面、标准严格、环节衔接、措施配套、责任分明的干部管理体系。严格落实“三责承诺”“三责联审”、离任经济责任事项交接制度，不断完善干部关爱提醒、谈心谈话制度。更加注重对干部“八小时之外”监督管理，严格规范干部的社会交往、生活交往，净化干部的“社交圈”“生活圈”。健全领导干部个人有关事项报告及抽查核实制度，严格执行领导干部从政行为和离任从业限制规定以及在企业、行业协会兼职规定，加强领导干部出国(境)管理监督工作。

四要坚持党管人才。充分发挥党的政治优势、组织优势和思想政治工作优势，科学规划人才发展战略，制定落实人才发展政策，协调各方资源力量，更好地服务凝聚各类人才。探索和改进人才培养、评价、激励等办法，充分激发各类人才的创造活力。以“东疆英才计划”“产业人才发展1233行动计划”“312人才培养计划”等重点人才工程为引领，加快集聚创新创业领军人才和高技能人才。遵循社会主义市场经济规律和人才成长规律，积极发挥市场配置人才资源作用，加强和改进人才服务，不断优化人才发展环境，打造具有核心竞争力的人才高地。

(四)从严改进作风，着力形成作风建设新常态

习近平总书记强调，抓作风建设要横下一条心，不达目的不罢休。必须充分认识作风建设的长期性、复杂性，把严管作风放在突出位置，把作风建设一抓到底。

一要锲而不舍反“四风”改作风。驰而不息抓好中央八项规定和省委、南通市委及我市十项规定精神的落实，巩固党的群众路线教育实践活动成果，深入推进专项整治，努力取得群众满意成效。建立作风建设联动督查机制，加大对规定精神落实情况检查力度，从严查处顶风违纪行为。定期研判党员干部作风建设状况，及时排查、梳理、甄别“四风”方面的苗头性、倾向性问题，明确整改措施和刚性要求，把作风建设各项规定落到实处。定期开展群众评议机关部门作风、评议行风，完善作风网络舆情收集办法，对不重视作风建设、不敢动真碰硬的，要约谈其党委(党组)主要负责人，责令限期整改。

二要推动党员干部勇于干事担当。积极营造鼓励干事创业、宽容探索失误的良好氛围，引导党员干部爱岗敬业、勤奋工作。不断完善机关效能建设考核机制，认真落实我市《机关工作人员作风问题责任追究办法（试行)》等制度规定，加大对不作为、慢作为、乱作为问题责任追究力度，严肃查处失职渎职行为。推行权力清单和部门责任清单制度，科学定岗定责，合理分配任务，做到行权有责、追责有据。规范和完善干部履职尽责激励机制，充分调动党员干部担当作为、干事创业积极性。各级领导干部要正确理解从严要求的本质内涵，不能把“从严”变成不为企业服务、不为群众服务的借口，切实做到不推、不躲、不言难，千方百计为企业解决生产经营中的困难，建立健康的政商关系，营造一流的发展环境。

三要重视领导干部家风建设。各级领导干部要正确对待亲情，弘扬优良家风，管住管好配偶子女，督促他们严格遵守关于规范领导干部配偶、子女经商办企业行为有关规定，决不能利用手中权力为亲属、子女谋取不当利益，更不能通过他们进行违纪违法活动。要通过处好家事、管好家人，以好的家风促进形成好的政风。

(五)从严抓基层打基础，巩固夯实党的执政根基

党全部工作的重心和战斗力的基础在基层。要把抓基层、打基础作为长远之计和固本之策，牢固树立大抓基层、抓好基层的鲜明导向，推动基层组织建设全面进步、全面过硬。

一要强化基层党组织政治功能和服务功能。大力实施凝聚力工程，深入开展“千人百团连民心”活动，切实提升教育引导群众工作水平。认真贯彻落实南通市委出台的《关于强化基层党组织政治功能做好在服务中教育引导群众工作的实施意见》，深入推进村级“四有一责”建设，推行村(社区)党组织星级化管理，不断提高基层党组织向心力。优化社区党建工作运行机制，深化“三强一化”建设，广泛开展党员志愿服务活动。深入实施“两新”组织“活力党建”工程，加强非公有制经济组织、社会组织党建工作有形有效覆盖。完善城乡社区“五位一体”基层服务型党组织架构，健全经常性整顿、常态化帮扶软弱涣散基层党组织工作机制。深入开展“双联双争”惠民服务活动，充分发挥机关党建围绕中心、服务大局的作用。以基层服务型党组织创建带动服务型群团组织创建，形成党群共建共促的合力。

二要切实加大基层党组织带头人队伍建设力度。拓宽基层党组织带头人来源，创新培养管理机制，继续选派优秀机关干部到村(社区)担任“第一书记”，注重从各类人才中选拔优秀党员担任村(社区)党组织书记。实施村干部学历提升工程，加强大学生村官选培管用，建立村党组织书记后备人才库，着力解决村干部队伍年龄老化、后继乏人问题。注重开展优秀村党组织书记典型选树活动，加大从优秀村干部中选拔、考录乡镇公务员和乡镇领导干部力度，拓展村干部发展空间。加强村(社区)、非公企业党组织负责人队伍

的教育培训、实践锻炼,不断提高其服务群众、引领群众、团结群众的能力水平。

三要从严加强党员发展和教育管理工作。按照“控制总量、优化结构、提高质量、发挥作用”的要求,把政治标准放在首位,提高发展党员质量。继续大规模开展党员教育培训,推行“基层党组织统一活动日”制度,大力建设“互联网+”基层党建新平台。试行党员组织关系一方隶属、多重管理模式,切实加强党员特别是流动党员管理。严格执行党员教育管理“双预警”制度,稳妥慎重地做好处置不合格党员工作,保持基层党员队伍的先进性和纯洁性。

(六)从严执行党的纪律规矩,切实提高依规治党水平

把严明党的纪律和规矩摆在突出位置来抓,引导党员干部自觉运用纪律尺子规范言行,真正做到心中有纪律、凡事讲规矩。

一要严守党的纪律和规矩。守纪律、讲规矩,是对党员干部党性的重要考验,也是对党员干部对党忠诚度的重要检验。习近平总书记提出的“五个必须、五个决不允许”是最重要、最根本、最关键的政治规矩。全市广大党员干部要以更强的党性意识、政治觉悟和组织观念要求自己,严格遵循组织程序,自觉服从组织决定,坚决维护党的集中统一,旗帜鲜明地反对“圈子文化”、乱评乱议、我行我素、跑风漏气等非组织行为。要严格遵守党的政治纪律、组织纪律、廉洁纪律、财经纪律、群众纪律等各项纪律,敬畏组织、敬畏权力、敬畏法纪。

二要维护党内法规制度权威。要与时俱进加强党内法规制度建设,坚持以党章为根本,以民主集中制为核心,认真总结党的建设实践经验,及时把比较成熟、普遍适用的经验提炼上升为制度。认真落实中央、省委和南通市委关于党内规范性文件制定备案工作的一系列规定,加大党内规范性文件备案审查、清理和解释力度,健全备案工作通报制度。加强对党规党纪执行情况的监督检查,对违反党规党纪的行为,发现一起、查处一起,切实维护制度的严肃性和权威性。

三要争做尊法学法守法用法模范。党员领导干部要带头尊崇法治、敬畏法律,在法定范围内履行职责、在法定程序中行使权力、在法治轨道上开展工作。把宪法法律和中国特色社会主义法治理论作为领导干部培训必修课程,列入党委(党组)中心组学习重要内容,严格落实干部任前法律知识考试制度。要完善领导干部法治工作责任制,把法治建设成效纳入各级领导班子和领导干部工作实绩考核。严格执行领导干部干预司法活动、插手具体案件处理的纪录、通报和责任追究制度。

(七)从严加强反腐倡廉建设,营造风清气正的政治生态

坚定不移惩治腐败,是党心民心所向。要深入推进反腐倡廉建设,着力形成不敢腐、不能腐、不想腐的体制机制。

一要严格落实“两个责任”。认真贯彻市委《关于落实党风廉政建设党委主体责任纪委监督责任的实施意见(试行)》,确保各级党委(党组)领导班子8项主体责任、班子成员6项主体责任、各级纪委7项监督责任落到实处。各级党委(党组)要切实履行统一领导、直接主抓、全面落实的主体责任,将反腐倡廉工作纳入经济社会发展和党的建设总体布局,列入领导班子、领导干部目标管理,统一研究部署、统一组织实施、统一检查考核。党委(党组)书记作为第一责任人,要既挂帅又出征,把抓好党风廉政建设和反腐败斗争作为必须履行的政治担当。班子成员要认真履行“一岗双责”,切实抓好分管范围的党风廉政建设和反腐败工作。纪检监察机关要认真落实好党风廉政建设监督责任,严格执好纪、问好责、把好关。

二要坚决惩治腐败。始终保持惩治腐败的高压态势,不断加大纪律审查工作力度,严肃查办发生在群众身边的腐败案件。推进查办案件体制机制改革,发挥反腐败协调小组职能,形成依纪依法、高效协同的查办腐败案件工作机制。支持并推动纪检监察机关转职能、转方式、转作风,聚焦主责主业,强化执纪监督问责。要深入研究新形势下腐败问题的特点和规律,针对矛盾问题突出的行业和领域,坚持“系统查、查系统”,抓早抓小、快查快办,增强惩治腐败的综合效果。

三要加大预防腐败工作力度。切实加强“三清示范区”建设,不断健全完善正风肃纪、惩治腐败、党风廉政教育、权力运行监督、防止利益冲突等工作机制。坚持把廉政典型示范教育和腐败案例警示教育相结合,深入开展“5·10”思廉日、“算好廉政账”专题教育月等活动,落实“一把手”上廉政党课制度,推动党员干部学有方向、行有底线。坚持遵纪守法和崇德重礼相结合,深入推进廉政文化建设,以优良的党风凝聚党心民心、带动民风社风。进一步深化行政权力网上公开运行制度,加强行政审批监管,规范自由裁量权,压缩寻租空间,从源头上预防和减少腐败发生。

(八)从严落实管党治党责任,把推动全面从严治党迈上新台阶真正落到实处

要充分发挥领导核心作用,从严从实统筹抓好党的思想、组织、作风、反腐倡廉和制度建设,把全面从严治党作为重大政治责任、分内责任、刚性责任真正落实到位。

一要以强烈的担当意识推动责任落实。严格落实全面从严治党责任,明确责任清单,强化述评考查,严肃责任追究,形成一级抓一级、层层抓落实的工作体系。认真贯彻市委进一步加强基层党委班子自身建设的意见,党委(党组)书记要有主体意识和主动精神,对全面从严治党要善于统筹、协调推进,班子成员根据分工抓好职责范围内党的建设工作。党建工作领导小组及办公室要加强指导和统筹,纪检监察机关和组织、宣传等部门要各司其职、分工协作,承担起全面从严治党具体职能责任,形成推动全面从严治党的整体合力。

二要以改革的思路举措促进责任落实。进一步深化党的建设制度改革,针对新时期党建工作中遇到的新问题、新情况,创新工作思路举措,有序推进党的组织制度、干部人事制度、基层组织建设制度、人才发展体制机制等各项改革措施。深入开展调查研究,不断深化对全面从严治党规律的认识。充分尊重基层首创精神,鼓励基层探索实践,对基层带有普遍性、规律性的经验做法要及时总结和推广,让群众

切身感受到全面从严治党带来的新气象、新变化。

*三要以严格的考核问责保障责任落实。*进一步严格实施党建工作季度考核,强化党建工作考核问责,结合落实党委书记抓基层党建述职、党风廉政建设"两个责任"双报告制度,建立健全下级党组织向上级党组织报告党建工作制度。人大常委会、政府、政协和法院、检察院党组要结合本职工作,向同级党委报告落实从严治党责任情况。对管党治党重视不到位、履职不尽责、措施不得力的,要及时诫勉谈话、限期整改;对因管党治党不严致使顶风违纪问题突出或接连发生重大腐败案件的地方和单位,严格实行"一案双查",以刚性的问责确保管党治党责任落到实处。

开展"三严三实"专题教育是全面从严治党的重要举措。各级党组织要紧扣"六查六看六整治"主线,围绕"三比三争"目标,以严的标准、实的措施,从实际效果出发,继续深化专题教育。坚持学深学透。认真读原著学原文悟原理,真正搞清楚"三严三实"的时代价值是什么、标准遵循是什么、实践要求是什么。坚持问题导向。无论是专题学习研讨、专题调研、专题民主生活会和组织生活会,还是整改落实、立规执纪,都要坚持聚焦问题不跑偏、扭住问题不放松,认真查找、整改自身存在的突出问题。坚持从严要求。对照"四专题一强化"关键动作,一项一项做扎实、做到位,确保不虚、不空、不走过场。坚持以上率下。各级领导干部要以身作则,当标杆、作示范,特别是一把手要按照职责任务清单,带头学、带头讲、带头找、带头批、带头改,带头执行党员领导干部"三严三实"行为规范。参加"三严三实"专题教育的党员干部都要坚持边学边查边改,列出问题清单,一条一条梳理,一项一项整改。要在"三严三实"专题教育中加大宣传引导力度,既宣传正面典型,发挥示范引领作用;又剖析反面案例,开展警示教育。坚持务求实效。跳出抓集中活动的思维和方式,把专题教育立足点放在"事要解决"上,把它与破解改革发展中的问题结合起来,与解决民生难事结合起来,与推进全面从严治党结合起来,与开展调查研究工作结合起来,与顺利完成"十二五"收官、科学谋划"十三五"发展结合起来,把专题教育的成效体现在忠诚干净担当上,体现在实打实地推动各项工作上。

同志们,"四个全面"战略布局已经展开,全面从严治党任重道远。让我们紧密团结在以习近平同志为总书记的党中央周围,坚持以邓小平理论、"三个代表"重要思想、科学发展观为指导,在省委、南通市委的坚强领导下,提振攻坚克难的精气神,汇聚干事创业的正能量,一心一意谋发展、聚精会神抓党建,协调推进"四个全面"战略布局,加快建设经济强、百姓富、环境美、社会文明程度高的新启东,为"迈上新台阶、建设新南通"做出更大贡献!

(市委办供稿)

在市委十二届十次全体(扩大)会议上的讲话

徐 锋

2015 年 12 月 28 日

同志们:

这次市委十二届十次全体(扩大)会议的主要任务是,以党的十八大、十八届二中、三中、四中、五中全会和习近平总书记系列重要讲话精神为指引,深入贯彻省委十二届十一次全体会议、南通市委十一届十次全体会议和中央、省经济工作会议精神,回顾总结今年和"十二五"时期的各项工作,研究谋划"十三五"发展,全面部署 2016 年工作,动员全市广大党员干部和人民群众,凝心聚力、开拓进取,践行新理念、建设新启东,为率先全面建成小康社会而努力奋斗。

现在,我根据市委常委会讨论的精神,讲五个方面的意见。

一、关于今年和"十二五"时期工作的简要回顾

今年以来,全市上下深入贯彻习近平总书记系列重要讲话特别是视察江苏重要讲话精神,深刻把握"四个全面"战略布局、"强富美高"发展定位、"五个迈上新台阶"重点任务,统筹推进深化改革、创新转型、沿海开发、城乡建设、民生改善和党的建设等各项重点工作,全市经济社会保持平稳健康发展的良好态势。预计(下同)实现地区生产总值 800 亿元,增长 9.6%。实现一般公共预算收入 76.83 亿元,增长 14.3%。荣获国家卫生城市、省文明城市、省园林城市、省国土资源节约集约模范县市等称号,顺利通过国家生态市考核验收,在全国县域经济竞争力百强县中排名第 27 位。

*一是加快创新转型,发展质效进一步提高。*主动把握、积极适应经济发展新常态,更大力度抓创新、调结构、促转型,制定实施《关于依托"一带一路"、长江经济带和上海自贸区发展战略推进我市经济转型升级的意见》等系列文件,经济发展的质量和效益持续提高。产业层次不断提升,实现规模工业产值 1650 亿元,增长 10%,其中五大产业集群实现产值 1010 亿元,占规模工业产值比重达 61.2%;新兴产业实现产值 693 亿元,占规模工业产值比重达 42%,比去年提高 4.7 个百分点。完成建筑业施工总产值 800 亿元,"南通二建"被评为中国驰名商标,新获鲁班奖 1 项。完成项目农业投入 22.9 亿元,新增扩建项目 206 个、设施农业面积 1.4 万亩,新增全国"一村一品"示范村 1 个、省级农业龙头企业 3 家。完成服务业增加值 334 亿元,增长 9.6%;服务业应税销售、入库税收增速均列南通各县市之首;实现社会消费品零售总额 293 亿元,增长 10%。创新能力不断增强,全社会研发投入占 GDP 比重达 2.5%,实现高新技术产业产值

776亿元,占规模工业产值比重达47%;林洋电子国家级企业技术中心公示,新增省级企业技术中心2家、省级工程技术研究中心6家;三信科技在"新三板"挂牌上市,2家企业进入工信部信息化和工业化融合管理体系贯标试点名单。引进创新创业领军人才106人,其中国家"千人计划"专家5人,省"双创(博士)计划"人才11人。国动产业园、博士创业园、滨海"众创空间"等创新创业载体建设有力推进。

二是强化陆海统筹,沿海开发进一步深化。按照省沿海开发"六大行动"、南通陆海统筹发展综合配套改革的部署要求,持续推进沿江"腾笼换凤"和沿海"筑巢引凤",积极打造沿海开发升级版。八大园区平台发展能级和水平不断提升。启东经济开发区积极争创国家级开发区,互联网产业园加快规划建设,互联网金融、大数据、电子商务等"四新"经济积极培育。吕四港经济开发区环抱式港池、渔港经济区、新材料产业园加快建设,广汇能源、华峰超纤等项目强势推进,吕四渔港品牌体验馆和海鲜一条街全面开工。滨海工业园坚持科教一体、产城融合发展,尚华启东生物制药科创中心项目正式签约。海工船舶工业园加快企业兼并重组、产业转型升级步伐,中远二期竣工投产,胜狮全球技术教育基地、华滋海工等项目有序推进。江海产业园通用航空机场报批获得军方批复,用海报批取得国家海洋局路条,省级滩涂综合开发试验区报批通过专家评审。圆陀角旅游度假区获批省级旅游度假区,恒大酒店、碧海银沙正式营运,新湖长江公园、滨江沿海景观大道、黄金海滩升级改造加快推进。滨江医药化工园丰益化工、道明化学等项目竣工投产,产业集聚优势不断凸显。启隆生态科技产业园"上海长岛"项目进展顺利,园区功能不断完善。招商引资成效显著,精心组织启东国际经贸洽谈会、科技节和上海招商大会战等招商活动,成功举办2015中国高端装备制造业发展论坛、尚华生物医药创新发展论坛,全年新增工商登记注册外资6.6亿美元,实际到账外资2.8亿美元;实现外贸进出口总额31亿美元,其中出口额25.5亿美元,增长10%。项目建设强势推进,重点工作"听看考"、市四套班子领导挂钩联系园区推动项目建设工作机制不断完善,"项目建设、绩效产出"双百工程全力实施,完成全社会固定资产投资535亿元,增长10.7%。全年新开工亿元以上项目48个,新竣工亿元以上项目50个,12个南通市级重大项目完成投资115亿元,完成年计划的226%。融入上海步伐加快,对接上海大交通规划研究、物流业对接上海自贸区研究和沪启产业协同发展机制研究三大课题积极推进,上海自贸区启东产业园申报苏中合作共建园区,浦东祝桥启东产业园正式签约。

三是突出一体发展,城乡环境进一步优化。坚持以人为本、突出生态优先,统筹中心城区、新型城镇和美丽乡村建设,城乡一体新格局加快形成。规划体系不断完善,东城区控规、新城区重要地段城市设计、铁路枢纽控规完成编制,村庄布局规划全面铺开。城市功能品质不断提升,世纪大道西延、丁仓港路南延等道路实现通车,牡丹江东路、黄浦江西路等道路加快推进。文峰大世界二期建成开业,大润发、欣乐城局部结构封顶,灵秀公园加快建设。汇东新村等9个小区完成改造,台角村停车场等3个停车场完工。吕四港、寅阳两个城市副中心功能配套日益完善,发展活力不断增强;北新、南阳两个南通市级中心镇规划建设步伐持续加快,环境面貌不断优化。农村环境"六位一体"长效管理深入推进,水环境综合整治工作成效显著,新增省卫生镇、省美丽乡村各1个。生态环境不断优化,大气、水、土壤污染防治三大行动计划深入实施,空气质量达标率保持南通前列,完成造林绿化4.05万亩,林木覆盖率达22.62%。

四是坚持双轮驱动,发展活力进一步增强。坚持全面深化改革、全面依法治市双轮驱动,为全市经济社会发展提供了强大动力支撑和体制机制保障。在南通率先推行"先照后证"和"三证合一"登记制度改革,核发南通县市首张"三证合一"营业执照。组建行政审批局,在市场准入和投资建设领域推行相对集中行政许可权改革,"一枚印章管审批"深入推进。组建市场监督管理局,市场秩序管理合力有效增强。综合医改省级试点工作不断深化,公立医院改革、分级诊疗、优化卫生资源配置成效显著,形成了百姓满意、面上可复制可借鉴、走在全省乃至全国前列的医改工作启东特色。陆海统筹发展金融服务创新启东示范区加快建设,存款余额突破千亿元,贷款余额达656.6亿元,存贷款增量均居南通各县市第一。农村土地承包经营权确权登记颁证工作南通领先,农村产权交易中心开始运行,基层"三集中、三置换"加快实施。法治启东建设持续深化,权责统一、权威高效的依法行政体制不断健全。社会治理不断创新,"三强化三提升"群众工作机制进一步完善,社情民意分析会、"三议"工作法深入实施。立体化、现代化社会治安防控体系不断完善,大调解工作机制持续创新深化,信访工作责任机制不断健全,"党政同责、一岗双责、齐抓共管"的安全生产工作体系不断完善,全市发展大局和谐安定。

五是注重以人为本,民生福祉进一步增进。围绕"七个更"的目标要求,切实抓好民生保障,落实民生任务,人民群众获得感和满意度不断增强。城乡居民人均可支配收入分别达34400元、18400元,增长8.5%、9.8%。十大类44项为民实事项目加快推进,全市财政民生投入增长15%,市级财政用于民生支出的比重达68%。覆盖城乡居民的社会保障体系不断健全,城乡基本养老保险覆盖率达96.6%,新农合人均筹资标准增至600元,城市和农村低保标准分别提高至每月580元、460元。交付使用安置房6000套,新建保障房1352套。实施更加积极的就业政策,推行培训、指导、孵化和扶持相结合的"四位一体"创业模式,城镇登记失业率控制在2.6%。教育现代化建设稳步推进,新增公办幼儿园6所,市第一中学、滨海实验学校、折桂中学一期建成启用,汇龙中学晋升省四星级普通高中。文化事业健康发展,"全民阅读·书香启东"系列活动扎实推进,群众性文体活动蓬勃开展,文化体育中心完成初步设计,抗大九分校纪念馆开馆运行。积极推进全国文明城市创建,突出培育践行社会主义核心价值观,涌现出中国好人周浩、省最美警察黄建生等一批先进典型,成功承办省道德模范与身边好人现场交流活动。"正能量加油站"积极引领社会新风尚,《半月谈》《时事报告》等媒体宣传报道。

六是落实全面从严,党建水平进一步提升。结合"三严三实”专题教育，深入实施全面从严治党“五个四”工程，努力推动全面从严治党迈上新台阶。严格落实“四议四述”工作机制，深入开展议党建述党建、议廉述廉、议法述法、议事述职活动，确保管党治党主体责任落到实处。明确理论学习“四学”重点，学深学透政治理论、党章党史、法律法规、道德规范，创新建立启吾大讲堂、启吾巡讲堂、启吾微课堂“三堂汇学”机制，实现理论教育从城市到农村、线上到线下的日常化、大众化和全覆盖。构建思想交流、组织沟通、党员互动、党群连心“四大平台”，以严格的政治生活营造良好的政治生态。坚持“四严”要求，严格执行《党政领导干部选拔任用工作条例》和从严管理干部“五个要”的若干规定，出台从严管理村(社区)干部20项责任清单，着力建设忠诚干净担当的干部队伍。突出抓队伍、抓服务、抓机制、抓阵地“四抓”关键，常态化开展“千人百团连民心”活动，创新教育引导群众“两联四讲四引领”工作机制。扎实开展“三严三实”专题教育，紧扣“六查六看六整治”主线，围绕“三比三争”目标导向，切实抓好“四专题一强化”的每个环节，严格执行“三严三实”三十条行为规范。认真抓好省委巡视组巡视反馈意见整改落实工作，切实加强督查指导，四个方面36项任务98条整改措施有力有序推进。严格落实党风廉政建设“两个责任”，始终保持惩治腐败的高压态势，全年共立案查处违纪违法案件325件。与此同时，人大及其常委会依法行使职权、政府依法行政、政协推进协商民主建设不断加强，党的统一战线工作、人民团体工作、人民武装工作水平进一步提升。

“十二五”以来，我们团结带领全市人民，妥善应对一系列风险挑战，完成了“十二五”规划确定的主要目标。综合经济实力显著增强，2015年地区生产总值是“十一五”末的1.86倍，年均增长11.2%；一般公共预算收入占地区生产总值比重达9.6%，五年提高2.3个百分点。产业结构调整实现重大跨越，三次产业结构演进为8.8:49.4:41.8，高新技术产业产值、新兴产业产值占规模工业产值比重五年分别提高8.6个百分点、12.2个百分点，科技进步贡献率达63.5%。全面深化改革有力有序推进，被列为省深化医改先行先试县市、南通陆海统筹发展金融服务创新示范区，行政审批制度改革深入实施，扩权强镇、区镇合一等镇级行政体制改革稳步推进。开发开放空间得到历史性拓展，启东港一类口岸正式开放，吕四港经济开发区获批省级开发区，圆陀角旅游度假区获批省级旅游度假区。综合交通体系呈现格局性变化，崇启大桥、临海高等级公路竣工通车，宁启铁路二期、海启高速启东段开工建设，国内规模最大的人工渔港——吕四国家中心渔港正式建成启用，南通港吕四港区10万吨级进港航道一期工程竣工，海陆空、公铁水、江海河“无缝衔接”的综合集疏运体系加快构筑。城乡环境面貌焕然一新，市区建成区面积扩展至32平方公里，城市化水平达55%，五年提高5.5个百分点，“六横六纵两沿两高速一环一通道”路网体系基本形成。人民生活质量持续改善，城乡居民人均可支配收入实际年均分别增长7.8%、9.4%，区域供水、“天网”工程实现镇村全覆盖，南通大学启东校区建成投用，义务教育发展基本均衡县成功创建，覆盖城乡的全民社保、公共就业、基本医疗、公共文化服务体系初步形成。依法治市深入推进，法治启东、平安启东建设成效明显。管党治党更加严格，党的群众路线教育实践活动和“三严三实”专题教育深入开展，党风政风明显好转。

“十二五”时期，是启东发展史上综合实力提升最快、转型发展进步最大、人民群众得到实惠最多的时期之一。五年来，我们始终坚持以提高经济发展质量和效益为中心。牢固树立“领跑沿海、融入上海、包容四海”的发展战略，坚持发展第一要务不动摇，主动把握和积极适应经济发展新常态，坚定不移调结构、转方式，在加快转型升级中促进经济平稳健康发展。五年来，我们始终坚持以创新驱动为主引擎。深入实施创新驱动发展战略，着力引进创新人才、集聚创新资源、优化创新环境，大力发展创新型经济，推动大众创业万众创新，使创新驱动成为转型发展的鲜明特征。五年来，我们始终坚持以改革开放为根本动力。全面贯彻落实中央、省委和南通市委各项深化改革任务，因地制宜，创新谋划，积极构建有利于科学发展的体制机制，进一步激发市场主体活力，拓展对内对外开放新空间。五年来，我们始终坚持以增强发展的协调性为重要取向。统筹经济社会发展的重要领域和重大关系，特别是加大经济建设与生态文明建设、城乡一体、沪启融合的统筹力度，着力提升整体发展水平。五年来，我们始终坚持以增进民生福祉为出发点和落脚点。持续加大保障和改善民生投入，扎实办好各项民生实事，坚持依法治市，不断提高社会治理水平，让改革发展成果更多更公平更实在地惠及全市人民。五年来，我们始终坚持以强党建严作风为坚强保证。深入实施党建工作创新工程，切实加强党的思想、组织、作风、反腐倡廉和制度建设，大力营造政通人和、风清气正的发展环境。五年取得的巨大成就，为率先全面建成小康社会奠定了坚实的物质基础；五年积累的基本经验，为指导和推进“十三五”发展提供了宝贵的精神财富；五年探索的发展路径，为建设“强富美高”新启东开辟了更加美好的前景。

这些成绩和经验的取得，离不开上级党委、政府的坚强领导，离不开全市上下的真抓实干，离不开社会各界的关心支持。在此，我谨代表中共启东市委，向所有为启东改革发展稳定做出贡献的同志们、朋友们，致以崇高的敬意，表示衷心的感谢！

在充分肯定“十二五”发展成绩的同时，我们也要清醒地看到存在的问题和挑战。主要表现在：经济下行压力依然存在，新兴增长点培育还不快；制约发展的体制机制障碍仍然较多，完成全面深化改革的攻坚任务艰巨；经济下行使得社会矛盾更加错综复杂，社会建设和治理面临许多新情况新问题；少数党员干部敢于担当、主动作为不够，作风建设和反腐倡廉建设仍需持续用力。对此，我们将保持清醒头脑，采取有力措施切实加以解决。

二、关于深入学习贯彻党的十八届五中全会精神

党的十八届五中全会，全面总结了我国“十二五”时期发展的重大成就，深刻分析了国内外形势和面临的机遇挑

战,为"十三五"发展确立了新理念、明确了新坐标、指引了新航向。全会审议通过的"十三五"规划《建议》,主题突出、务实创新,既有宏观性、战略性,又有指导性、针对性,充分体现了党对所肩负历史使命的深刻把握和"四个全面"战略布局的要求,是未来五年我国发展的宏伟蓝图,也是指导经济社会发展的纲领性文件。习近平总书记在全会上的重要讲话,总揽全局、催人奋进,为我们学习贯彻全会精神、谋划推动"十三五"发展提供了重要遵循。

省委十二届十一次全会,全面贯彻十八届五中全会精神,结合江苏实际,明确了"十三五"发展的目标任务,对着力破解"十三五"发展的重点难点问题、提高党领导经济社会发展能力等作出了全面部署。南通市委十一届十次全会,以十八届五中全会和省委十二届十一次全会精神为指导,明确了今后五年发展的目标任务,强调牢固树立并切实贯彻创新、协调、绿色、开放、共享五大发展理念,对着力解决"十三五"发展中的重点难点问题、以狠抓落实的作风和本领推动发展、加强党对经济社会发展的领导等作出了全面部署。

深入学习贯彻十八届五中全会精神,是当前和今后一段时期全市上下首要的政治任务。我们要在前一阶段传达学习的基础上,结合省委十二届十一次全会和南通市委十一届十次全会精神的传达学习,持续用力、步步深入,进一步把思想和行动统一到中央的部署要求上来,真正把中央、省委和南通市委全会精神转化为真抓实干、开拓进取的持久动力,转化为谋划"十三五"发展、率先全面建成小康社会的战略举措。

*一要在深入学习、把握要义精髓上下功夫。*全市上下要持续兴起学习贯彻热潮,进一步统一思想、汇聚力量。各级领导干部要以高度的政治自觉,先学一步、深学一层,采取中心组学习、专题研讨、辅导讲座等多种形式,带领广大党员干部把握要义、领悟精髓、融会贯通。要深刻理解和把握"十二五"发展取得的重大成就,认清我们所面临的复杂发展环境和良好基础条件,增强战略定力和发展信心。要深刻理解和把握十八届五中全会精神与习近平总书记视察江苏重要讲话精神具有高度的契合性和一致性,按照"四个全面"战略布局和"强富美高"发展定位,深入落实"五个迈上新台阶"重点任务。要深刻理解和把握"十三五"发展新理念的内涵和重大意义,把五大发展理念与"迈上新台阶、建设新启东"紧密结合,不断深化、拓展、创新工作思路,形成鲜明的发展导向。要深刻理解和把握加强和改进党对经济社会发展领导的新要求,创新领导经济社会发展的观念、体制、方式方法,提高把握方向、谋划全局、提出思路、制定政策、推进改革、抓好落实的能力。要深刻理解和把握加强干部队伍建设的要求,坚持全面从严治党、依规治党,营造风清气正的政治生态,为"十三五"发展提供坚强保证。

*二要在深入宣传、凝聚发展共识上下功夫。*要把宣传工作摆在重要位置,广泛开展面向基层的对象化、分众化、互动化宣讲活动,切实做到"三个全覆盖":干部培训全覆盖。要重点抓好各级领导干部的培训工作,组织好市管干部集中轮训。各级党组织要通过举办专题培训班、座谈交流、党支部书记领学等方式,认真组织好党员干部的学习培训。宣讲活动全覆盖。结合"千人百团连民心"活动,依托"三堂汇学"载体,广泛开展宣讲活动。各级领导干部要带头当好宣讲员,用客观事实说话、用典型案例说话、用群众感受说话,切实把全会精神讲全、讲准、讲透。社会宣传全覆盖。要统筹理论宣传、新闻宣传、社会宣传、文艺宣传和对内对外宣传工作,全方位、多角度宣传解读全会精神,营造浓厚舆论氛围。要组织力量深入企业、学校、农村、社区开展多种形式的宣传解读,广泛开展网上宣传教育活动,让全会精神深入群众、深入人心。

*三要在深入贯彻、推动落地见效上下功夫。*中央、省委和南通市委全会的战略部署是管长远的,需要我们以"钉钉子"的精神,一步一个脚印地抓好落实。各级领导干部要自觉在全会精神指导下,找准贯彻落实的结合点、创新点、突破点,把中央、省委和南通市委描绘的"规划图"早日变成"实景图"。就当前而言,贯彻落实好全会精神,要着重体现在科学谋划"十三五"发展上,认真编制全市"十三五"规划《纲要》及各类专项规划,把市委《建议》确定的发展理念、发展战略、主要目标、重点任务和重大举措落实到位。要体现在抢抓机遇推动项目上,继续加强与上级有关部门的汇报衔接,争取更多的发展资源和政策支持,确保我市能有一批重大工程、重大项目、重大事项纳入中央、省和南通"十三五"规划。

三、关于《中共启东市委关于制定启东市国民经济和社会发展第十三个五年规划的建议(草案)》的说明

"十三五"时期,是我市全面贯彻党的十八大和十八届二中、三中、四中、五中全会精神,深入贯彻落实习近平总书记系列重要讲话特别是视察江苏重要讲话精神,推动"迈上新台阶、建设新启东"取得重大进展的关键时期,是率先全面建成小康社会的决胜阶段和积极探索开启基本实现现代化建设新征程的重要阶段。制定和实施好市委"十三五"规划建议,描绘好未来五年发展蓝图,意义十分重大。

(一)建议稿形成过程

市委、市政府对编制好"十三五"规划高度重视,市委常委会、常委市长联席会议、市委常委(扩大)会议多次研究讨论,就建议稿的指导思想、发展目标、主要任务和重大举措提出重要意见。市委多次组织召开不同层面的调研座谈会,充分听取各方面的意见和建议。建议稿起草工作大致分为三个阶段:

*第一阶段,从去年9月份到今年8月份,学习交流和调研准备。*结合开展党的群众路线教育实践活动,市委、市政府专门作出谋划"十三五"发展的调研安排,将前期相关重点研究课题分解到市四套班子相关领导和有关部门进行研究。结合"三严三实"专题教育,我们坚持问题导向,落实"谋事要实"的要求,多次深入基层开展专题调研活动。今年5月27日习近平总书记召开华东七省市党委主要负责同志

座谈会之后，我们按照省委、南通市委的工作部署，对做好我市“十三五”规划编制工作提出明确要求。8月27日，市委常委会听取规划《纲要》编制工作进展情况和基本思路汇报，对产业发展定位、重大基础设施等重点事项进行研究。

第二阶段，从9月份到11月份，深化调研和起草修改文稿。10月12日至16日，市委召开“十三五”规划编制系列调研座谈会，广泛听取基层对“十三五”发展的意见建议。10月27日、11月13日，市委召开调研成果学习交流研讨会暨理论中心组学习会，就“十三五”发展18个重大课题进行研讨交流。同时，起草组不断加强与南通市委建议稿起草组的汇报和对接，通过媒体、网络等渠道公开征询社会各界意见建议。建议文稿经数轮修改后，于11月初下发各地各部门征求意见，同时征询上海市人民政府发展研究中心启东研究基地有关专家意见。到11月中旬，形成了建议初稿。

第三阶段，从11月份到本次市委全体(扩大)会议召开，广泛征求意见，集中讨论修改。党的十八届五中全会召开后，市委常委会迅速传达学习。省委十二届十一次全会和南通市委十一届十次全会后，市委常委会分别组织传达学习，对规划编制工作进一步提出明确要求。起草组对照中央、省委和南通市委全会精神，对建议稿进行修改完善。12月初，市委召开常委(扩大)会议，听取市四套班子成员意见建议。建议稿再次发至各地各部门征求意见，同时征求部分离退休老干部、党代表、人大代表、政协委员等社会各界人士的意见建议。12月下旬，市委常委会再次审议建议稿，起草组作了进一步修改完善，形成目前提交全会审议的建议(草案)讨论稿。

建议稿起草中，对大家提出的意见和建议，市委责成起草组认真研究吸收，同时对各地各部门提出的要求列入“十三五”规划的重点事项及相关建议进行了梳理，有的交予规划纲要起草组研究吸收。

可以说，建议稿的形成过程，是科学决策、民主决策的过程，是总结过去、谋划未来的过程，是统一思想、凝聚共识的过程。建议稿经本次全会审议通过后，市政府将据此编制“十三五”规划纲要(草案)，提请市十六届人大五次会议审议批准后颁布实施。

(二)建议稿的主要考虑和基本框架

建议稿起草中，我们主要考虑把握以下几个方面：

一是突出以习近平总书记系列重要讲话特别是视察江苏重要讲话精神引领发展。总书记系列重要讲话精神，是一切工作的根本遵循和行动指南。特别是总书记视察江苏重要讲话，强调牢记“两个率先”光荣使命，围绕“四个全面”战略布局和“强富美高”发展定位，落实“五个迈上新台阶”重点任务，是中央在全国发展一盘棋的大局中对江苏的明确要求和殷切期望，不仅管当前，而且管长远。建议稿按照总书记提出的“强富美高”发展定位谋篇布局，把总书记的最新要求全面、准确、深入地体现到规划中，以此确立“十三五”时期启东发展的大思路大举措。

二是贯彻中央、省委和南通市委“十三五”发展的新理念新部署。中央、省委和南通市委“十三五”规划建议是我市起草建议稿的依据和遵循。建议稿立足市情实际，认真贯彻落实上级规划建议确定的发展理念、发展战略、主要目标、重点任务、重大举措。特别是中央提出的五大发展理念，是“十三五”时期我国发展思路、发展方向、发展着力点的集中体现。建议稿起草中，从指导思想到目标设定，从重点任务到思路举措，都坚持以五大发展理念引领发展行动，努力提高发展质量和效益，不断开辟启东发展新境界。

三是坚持适应新常态、把握新常态和引领新常态这个经济发展大逻辑。当前，启东正处在创新转型的关键时期，必须牢牢把握新常态下速度变化、结构优化、动力转换的特点，更加突出“双中高”目标和质量效益指标。建议稿认真分析研究发展新阶段的新变化新要求，对新常态下创新转型发展的思路作出进一步明确，强调发展动力上要以创新驱动为主引擎，发展路径上要坚定不移转方式调结构，发展空间上要推动有形和无形空间的有效拓展优化。

四是体现市委建议宏观性、战略性、指导性的特点。建议稿通过后，要根据建议制定规划纲要，两个文件要有所区别、合理分工，建议稿侧重从大的方面提出方向性要求。建议稿坚持目标导向和问题导向的统一，既紧扣率先全面建成小康社会、积极探索开启基本实现现代化建设新征程这个总目标，明确到时间节点必须完成的任务，又从迫切需要解决的问题入手，明确破解难题的途径和办法；坚持宏观性和重点性相结合，既强调规划的战略性、指导性，明确“十三五”发展理念、发展战略、思路举措，又强调务实管用，对照上级规划建议提出的重大举措，坚持“往下落一个层次”，做到能检查、易评估、可考核。

建议稿分为三大板块、七个部分：导语和第一部分构成第一板块。主要是回顾总结“十二五”发展成就和经验，准确把握“十三五”面临的新形势新任务新要求，并在此基础上，明确指导思想、目标要求和基本理念。第二部分到第六部分构成主板块，分别就经济强、百姓富、环境美、社会文明程度高以及全面深化改革和全面依法治市进行阐述和部署。具体是突出转方式调结构，全力推动“经济强”；持续改善民生，着力加快“百姓富”；更高水平建设生态文明，倾力打造“环境美”；注重文化建设和社会治理，努力促进“社会文明程度高”；推动全面深化改革和全面依法治市双轮驱动，为建设新启东提供有力支撑。第七部分和结束语构成第三板块。第七部分主要是加强和改善党对“十三五”发展的领导，凝聚改革发展的强大合力。

(三)需要说明的有关问题

第一，关于启东“十三五”发展面临的形势和机遇

制定科学的规划、作出正确的决策，首先要善观全局、善谋大势。党的十八届五中全会就“十三五”期间我国仍处于重要战略机遇期，作出了“一个没有改变、五个深刻变化、两个正在转变”的重大判断和科学分析。省委十二届十一次全会提出“十三五”期间是转方式调结构的重要窗口期。南通市委十一届十次全会提出“十三五”时期是落实国家和省对南通发展定位的关键阶段。建议稿结合中央、省委和南通市委的判断，从有利条件和不利因素两个方面对“十三五”时期的形势进行了客观分析。

总的来看，“十三五”期间，启东的发展环境、发展条件

和发展动力将继续发生深刻变化,一方面有着与全国、省和南通共同的机遇特征,另一方面也有自己的独特机遇。主要是,全力以赴抓招商、抓项目形成的氛围、态势和成效,将在“十三五”期间转化为积极应对挑战、实现又好又快发展的基础;创新转型工作认识早、行动快、抓得实,将在“十三五”期间转化为适应形势变化、提高发展质量和效益的机遇;吕四港综合集疏运体系加快完善,宁启铁路二期、海启高速贯通,沪崇启过江铁路、通用航空机场规划建设,将在“十三五”期间转化为我市独特的交通区位优势,进一步提升我市在区域经济竞争中的地位和作用。

第二,关于率先全面建成小康社会。

“十三五”期间,必须打好全面建成小康社会决胜仗,完成“两个翻一番”的任务。对照地区生产总值比2010年翻一番目标,“十二五”期间,全市地区生产总值年均增长11.2%。如果到2018年实现翻番需年均增长6.5%,到2017年实现翻番需年均增长8.8%。省委将未来五年地区生产总值年均增速定在7.5%左右,我市参照南通,将地区生产总值年均增速定为高于全省1个百分点以上。对照城乡居民收入比2010年翻一番目标,按新口径测算,“十二五”期间,我市城乡居民收入实际年均分别增长7.8%、9.4%。按此增速,结合我市发展预期,“十三五”期间我市能够提前实现城乡居民收入比2010年翻一番目标。实现上述两个目标,有坚实的基础条件支撑,有利于保障和改善民生,也为转方式调结构留出回旋余地和空间。

从全面建设小康社会36个监测指标来看,2015年我市全面建设小康社会预计实现程度95.9%,已经达到小康综合得分90分以上的认定标准,有26个指标已经达标,8个指标达到标准80%以上。只要我们紧紧扭住全面建成小康社会存在的短板,着力提高发展的协调性和平衡性,就一定能率先建成更高质量和水平、人民群众有更多获得感满意度的全面小康,为南通争当苏中崛起的“领头雁”多挑重担、多做贡献。

第三,关于践行五大发展理念

实现启东“十三五”发展目标,必须认真贯彻党的十八届五中全会提出的“六个坚持”原则,深刻理解和自觉践行创新、协调、绿色、开放、共享五大发展理念,坚定不移地用新的发展理念引领发展行动。要牢牢把握创新是引领发展的第一动力,坚持创新发展。把创新摆在发展全局的核心位置,在更深层面、更广领域加速创新转型,以科技经济深度融合为导向,全面突出产业科技创新,促进结构优化、动力转换,加快形成以创新为主要引领和支撑的经济体系和发展方式,使科技进步成为推动经济增长、产业升级和竞争力提高的核心动力。要牢牢把握协调是持续健康发展的内在要求,坚持协调发展。围绕“五位一体”总体布局,正确处理发展中的重大关系,注重扬长补短,重点促进新型工业化、信息化、城镇化、农业现代化“四化”同步发展,推动陆海统筹发展、城乡一体化发展、物质文明和精神文明协调发展,实现硬实力和软实力同步提升。要牢牢把握绿色是永续发展的必要条件和人民对美好生活追求的重要体现,坚持绿色发展。充分认识启东作为滨江临海城市加强生态环境保护的责任,切实把生态文明理念贯穿于经济社会发展全过程和各领域,主动顺应人民群众对生态文明建设的新期待,坚定走生产发展、生活富裕、生态良好的文明发展道路,加快建设资源节约型、环境友好型社会,让良好生态环境成为人民生活质量的增长点、展现启东良好形象的发力点。要牢牢把握开放是繁荣发展的必由之路,坚持开放发展。扩大对内对外开放,坚持更高水平引进来和更大步伐走出去并重、引资和引技引智并举,深入推进江海联动开发,更主动地接受上海辐射带动,更好地与苏南融合互动,在扩大开放中拓展发展新空间。要牢牢把握共享是中国特色社会主义的本质要求,坚持共享发展。坚持发展为了人民、发展依靠人民、发展成果由人民共享,围绕民生建设“七个更”,作出更有效的制度安排,注重机会公平,保障基本民生,让人民群众在共建共享中有更多获得感。

第四,关于落实“十三五”发展战略

中央关于“十三五”规划的建议稿中明确了十四个重大发展战略,省委根据发展新理念和发展阶段新变化,在建议稿中提出实施创新驱动发展、科教与人才强省、新型城镇化和城乡发展一体化、区域协调发展、经济国际化、可持续发展、民生共享等七大战略,南通市委着眼于发挥南通独特优势,在省委建议稿七大战略的基础上提出实施陆海统筹、江海联动发展战略。我市的建议稿不再提出新的启东发展战略,着重强调深入实施中央、省委和南通市委确定的发展战略,紧紧围绕启东“领跑沿海、融入上海、包容四海”的战略定位,不断拓展战略内涵,认真抓好贯彻落实。

第五,关于启东“十三五”发展的目标定位

“四个城市”的发展定位。城市定位是引领城市发展的核心,是城市经济、文化发展的坐标,也是城市的标志和名片。“十三五”及未来发展中,上海将启东列为上海大都市经济圈重要一员,江苏在城镇体系规划中提出把启东建设成区域性中心城市。我市拥有“海洋经济之乡”“电动工具之乡”“建筑之乡”“教育之乡”“版画之乡”“长寿之乡”等六张广为人知的亮丽名片。根据启东城市发展的现实基础和宏伟愿景,建议稿将“六张名片”包含的产业优势、人文优势、生态优势进一步凝炼、拓展和升华,提出了“积极打造创新型城市、现代港口城市、休闲旅游城市、宜居宜业城市”的奋斗目标。“四个城市”既是对内凝聚合力、促进共同奋斗的价值取向,又是对外推介交往、促进要素集聚的闪亮名片。“四个城市”发展定位更加强调五大发展理念,契合我市发展面临的形势机遇和阶段性特征,与“五个迈上新台阶”重点任务和建设“强富美高”新启东主要目标相一致。

“创新型城市”,紧扣创新这一引领发展的第一动力,将创新摆在发展全局的核心位置,进一步发挥科技第一生产力、教育根本基础、人才第一资源的作用,从而在更深层面、更广领域加速创新转型,促进结构优化、动力转换,使科技进步成为推动经济增长、产业升级和竞争力提高的核心动力。

“现代港口城市”,是启东潜在优势的再挖掘和未来目标的新定位,旨在进一步放大启东港一类口岸开放优势,充分发挥启东在岸线资源、区位交通、连接江海等方面的优势和潜力，着力构建海陆空、公铁水、江海河高效联运的综合集疏运体系，积极拓展蓝色经济空间，扩大对外开放合作，全力打造衔接“一带一路”、长江经济带的上海北翼重要海港，实现港口、物流、产业、城市互动并进、协调发展。

“休闲旅游城市”，强调突出江海资源禀赋，挖掘传统民俗资源，积极发展文化休闲旅游产业，推进吕四古镇及渔港海洋风情区、圆陀角旅游度假区、启隆生态旅游度假岛、农家乐、渔家乐等整片开发项目，叫响“好吃、好玩、好风光”的城市旅游品牌。

“宜居宜业城市”，既包括社会文明、生活便利、生态秀美、文化昌盛、法治健全、安定有序、充满活力，又包括政策体系更加完备、政务服务优质高效、社会环境公平正义、就业渠道广泛多元、创新创业机会众多、产业发展繁荣兴旺等。建设宜居宜业城市将紧紧围绕率先全面建成小康社会这一核心任务，突出创建全国文明城市这个主抓手，加快实现人民生活水平和质量普遍提升，城乡生态环境和人居环境质量明显改善，市民文明素质和社会文明程度全面提高。

“一堡三地”的发展目标。今年年中，为更好地应对经济新常态下的新挑战，更好地把握发展新阶段下的新机遇，市委、市政府审时度势，提出了“把启东打造成国家战略互联互通双向开放的桥头堡、全面融入上海的新天地、先进制造业集聚的新高地和‘四新’经济发展的主阵地”的目标。“一堡三地”是我市“十三五”乃至更长时期中推进开发开放、加速产业升级，拓展经济发展新空间、培育创新转型新动力的总体目标。提出这样的目标，顺应新常态下经济发展规律，切合中央、省和南通战略部署要求，也是基于我市产业基础和区位特点的现实考量。

“国家战略互联互通双向开放的桥头堡”。党中央、国务院作出了推进“一带一路”、长江经济带和上海自贸区建设等重大战略决策。我市地处长江入海口，经崇启大桥南连上海自贸区，经沿海高速和临海高等级公路北接丝绸之路经济带，溯江而上西进长江经济带，经吕四大港东出21世纪海上丝绸之路，是三大国家战略的交汇点。提出这样的发展目标，有利于加强内联外通双向开放体系，有利于加快全面融入上海步伐，对全面提升我市综合竞争力具有重大的现实意义和深远的战略意义。

“全面融入上海的新天地”。不断放大启东靠江、靠海、靠上海的独特优势，做好融入上海这篇文章，对启东“十三五”发展至关重要。提出这样的发展目标，就是要以长三角经济一体化的视野和战略思维谋划启东未来，深入实施联动战略、参与战略和服务战略，巩固深化沪启两地在人才、产业、要素、基础设施等领域合作，强化两地园区合作、产业协作和人文融合，加快打造融入上海升级版。

“先进制造业集聚的新高地”。“十二五”期间，我市重点培育海工及重装备、新能源及光电、新医药、电动工具和节能环保等五大产业集群，有力促进了全市经济平稳健康发展。提出这样的发展目标，就是要基于启东产业发展基础，根据面临的新机遇、经济发展的新形态，积极对接“中国制造2025”，加快建设制造强市，着力打造“三优三新”产业集群，即：海工及重装备、电力及能源装备、精密机械及电子等三大优势产业集群，新材料、新医药和通用航空等三大新兴产业集群。“三优三新”产业集群更加突出高端化、高质量、高附加值的发展取向，将有力推动我市产业结构迈向中高端水平。

“‘四新’经济发展的主阵地”。在新常态背景下，只有提高劳动生产率和附加值，实施智能制造，大量应用新技术、新工艺，加快寻找新的动力源和发展方式，才能保证经济发展中高速增长和产业结构迈向中高端水平。提出这样的发展目标，就是要以大数据、互联网金融、新医药、电子商务为突破口，积极创新管理和政策扶持方式，率先将我市打造成为新技术、新产业、新模式、新业态加速发展的主阵地。

第六，关于突出转方式调结构，全力推动“经济强”

建议稿提出，要深入实施转型升级工程、科技创新工程、农业现代化工程，厚植发展优势，开拓发展空间，做到调速不减势、量增质更优，推动经济发展迈上新台阶。要深入推进创新驱动发展，强化企业创新主体地位和主导作用，推动政府职能从研发管理向创新服务转变，构建促进创新发展的体制机制。要培育发展新动能，持续猛攻有效投入，培育扩大消费需求，保持进出口稳定增长。要拓展发展新空间，以新兴产业发展和传统产业升级拓展产业发展空间，以交通运输方式集成衔接和城际交通网络集成融合拓展现代基础设施建设空间，以深入实施“互联网+”行动计划拓展网络经济空间，以支持沿江沿海“两条金边”优化拓展蓝色经济空间。要构建产业新体系，优化提升先进制造业，加快发展现代服务业，推进建筑产业现代化。要加快农业现代化步伐，着力发展新型农业经营主体，着力构建现代农业产业体系，着力提高农业物质装备和技术水平，着力完善现代农业支持保护体系。要全面提升对内对外开放水平，提升平台载体能级，扩大对内对外开放合作，加速沪启融合发展。要扎实推进新型城镇化和城乡发展一体化，着力提高中心城区首位度，科学构建现代城镇体系，大力推进美丽乡村建设，提升城镇规划、建设和管理水平。

第七，关于持续改善民生，着力加快“百姓富”

建议稿提出，要认真落实民生共享战略，围绕“七个更”目标，深入实施民生幸福工程，增加公共服务供给，创新公共服务提供方式，推动民生建设迈上新台阶。要大力促进就业创业，努力实现既有数量又有质量的就业，着力解决结构性就业矛盾。要持续增加城乡居民收入，深入实施居民收入倍增计划，高标准推进新一轮脱贫帮扶工作。要坚持教育优先发展，深化教育领域改革，加快教育布局调整，合理配置教育资源，基本实现教育现代化目标。要推动健康启东建设，基本建成现代医疗卫生体系，提升基层医疗服务能力，加快建设体育强市。要建立更加公平更可持续的社会保障制度，着力实施全民参保计划，统筹推进优抚、福利、社会救助和住房保障等事业发展。要优化人口结构，减缓老龄化进程，开展应对人口老龄化行动。

第八，关于更高水平建设生态文明，倾力打造“环境美”

建议稿提出，要深化拓展可持续发展战略内涵，坚持经济社会发展的生态硬约束，深入实施生态文明建设工程，走出一条生态文明和经济发展相辅相成、相得益彰的新路。要加快建设主体功能区,严守城市开发边界、耕地保护和生态保护三条红线,优化布局生产、生活、生态三类空间。要推动形成绿色的发展方式和生活方式,着力构建科技含量高、资源消耗低、环境污染小的产业结构和生产方式,推动大众养成绿色出行、绿色消费、厉行节约、低碳生活的习惯。要加大环境治理力度,坚持铁腕治污,持续改善群众普遍关切的生态环境。要健全生态文明制度体系,深化生态环境管理制度改革,基本建立产权清晰、多元参与、激励约束并重、系统完整的生态文明制度体系。

第九,关于注重文化建设和社会治理,努力促进"社会文明程度高"

建议稿提出,要顺应社会发展进步、人民群众日益增长的精神文化需求,推进文化繁荣发展和社会治理创新,提升公民文明素质和社会文明程度,为"十三五"发展提供思想保证、精神动力和文化支持。要加快建设文化强市,加强先进思想文化引领,深入开展精神文明创建活动,加快构建现代公共文化服务体系,培育壮大文化产业,传承和弘扬江海特色文化。要加强和创新社会治理,深入实施社会治理创新工程,全面提升社会治理效能。要完善社会信用体系,加快形成政府诚信为表率、企业信用和个人信用建设为重点、信用服务为支撑的诚信启东社会信用体系。要维护社会公平正义,建立以权利公平、机会公平、规则公平为主要内容的社会公平保障体系,逐步实现全体公民在社会发展各方面享有平等的生存和发展权利。

第十,关于推进全面深化改革和全面依法治市

建议稿提出,要坚持全面深化改革和全面依法治市双轮驱动,为"迈上新台阶、建设新启东"提供强大动力支撑,打下坚实制度基础。要打好全面深化改革攻坚战,坚持社会主义市场经济改革方向,紧紧围绕充分发挥市场在资源配置中的决定性作用、更好发挥政府作用,科学把握改革任务的战略重点、优先顺序和主攻方向,协调推进经济、政治、文化、社会、生态文明体制改革和党的建设制度改革,确保到2020年全面深化改革在重要领域和关键环节上取得决定性成果。要打好全面依法治市攻坚战,坚定不移走中国特色社会主义法治道路,丰富拓展法治启东建设内涵,深入推进严格执法、公正司法、全民守法,加快全市经济、政治、文化、社会、生态文明建设的法治化进程。

讨论审议市委"十三五"规划建议,对于指导我市"十三五"规划纲要编制、引领"十三五"时期经济社会发展,具有十分重要的意义。希望大家全面把握建议稿的框架布局,深刻领会发展目标、发展理念、重大战略、主要任务,认真思考,充分讨论,结合实际提出意见建议,共同把建议稿修改完善好。

四、关于2016年的总体思路、工作目标和关键举措

2016年是全面实施"十三五"规划的开局之年,也是我市率先全面建成小康社会的关键之年,做好明年工作,极为重要。2016年全市工作的总体思路是:全面贯彻党的十八大和十八届二中、三中、四中、五中全会精神,以邓小平理论、"三个代表"重要思想、科学发展观为指导,深入贯彻习近平总书记系列重要讲话特别是视察江苏重要讲话精神,按照"五位一体"总体布局和"四个全面"战略布局,牢固树立和贯彻落实创新、协调、绿色、开放、共享的发展理念,适应经济发展新常态,坚持改革开放,坚持稳中求进工作总基调,统筹推进转型升级、沿海开发、城乡一体、生态建设、民生改善、深化改革和依法治市等各项工作,努力实现"十三五"时期经济社会发展良好开局,为率先全面建成小康社会奠定坚实基础。2016年全市经济社会发展的主要预期目标是:地区生产总值增长9.5%左右,一般公共预算收入增长11%左右,全社会固定资产投资增长12%以上,全社会消费品零售总额增长10%左右,实际利用外资3亿美元以上,外贸进出口总额保持适度增长,城乡居民人均可支配收入分别增长9%、9.5%左右,万元GDP能耗降幅和主要污染物减排完成上级下达指标。

具体工作中,要以五大发展理念为引领,以项目化思路落实关键举措,着力做好六个方面工作。

(一)践行创新发展理念,更大力度推进转型升级

贯彻落实创新驱动发展战略、科教兴市和人才强市战略,深入实施转型升级工程、科技创新工程和农业现代化工程,努力推动经济发展迈上新台阶。

一要深入推进创新驱动发展。加快科技创新步伐,增强内生发展动力,全社会研发投入占GDP比重达2.55%,全市高新技术产业产值占规模工业产值比重达48%。实施创新主体培育工程,推动创新政策、资源、要素向企业集聚,新增省高新技术企业10家、省级研发机构4家,鼓励林洋电子、神通阀门、海四达电源等企业争创国家级技术中心。实施创新平台提升工程,筹建启东产业技术研究院,加快国动产业园二期、科创大楼、互联网产业园和博士创业园等创新创业载体建设,创建南通市级众创空间2家。实施政产学研用协同创新工程,开展百企百校行动计划,实施产学研合作项目150个,推动产业重大技术创新和成果产业化。深入实施"东疆双创英才集聚计划",引进创新创业领军人才120人,其中国家"千人计划"专家5人、省"双创(博士)计划"人才10人。

二要大力发展先进制造业。深入实施"中国制造2025"启东实施计划,加快编制"三优三新"产业集群发展战略规划,进一步明确产业布局。优化完善市产业引导扶持资金政策,从生产、流通、消费各领域全面引导,从研发、示范、产业化各环节全程推动,加快重点产业集群发展步伐。深入实施智能制造,推动企业制造装备升级,以韩华新能源和神通阀门技术改造、乾朔电子工业机器人等项目为重点,培育发展一批智能车间、智能工厂。加快"两化融合"创新步伐,争创省两化融合示范(试验)区1家、省"两化融合"示范(试点)企业2家。深入推进质量强市和工业质量品牌创新行动,争创"全国知名品牌示范区"。加大重点骨干企业扶持力度,对"老企业新项目"实行"一企一策"目标管理,完成工业技改投入230亿元,增幅达15%。

三要培育壮大现代服务业。加快发展现代物流、文化创

意、商务服务等生产性服务业,重点推进中国供销总社农产品国际物流港、中海阔公用物流码头等服务业重大项目。做优做亮旅游产业,围绕"一区一港一岛一城"和"沿海沿江沿道"等旅游集聚发展区域,打造圆陀角旅游度假区、吕四渔港海洋风情区、启隆生态旅游度假岛、汇龙都市休闲区以及合作、惠萍、海复乡村游集聚区,推进三水交汇观光带、吕四渔港海鲜一条街、香河爱晚"大爱城"等项目建设,形成串珠成链效应。加快服务业集聚区建设,做优做强天汾电动工具商贸城、滨海科技商务区、新城区中央商务区等一批服务业集聚区。加大服务业企业培优扶强力度,新增年销售1000万元以上重点服务业企业40家。

四要加快农业现代化步伐。深入学习中央农村工作会议精神,贯彻落实各项重要部署。以争创国家现代农业示范区为引领,积极实施现代农业"643"工程,启东现代农业产业园建成核心区面积1万亩,吕四水产品加工集中区和滨海农产品精深加工区招引农业项目10个以上。加快推进"互联网+农业",积极发展多元化农村电子商务市场主体,培育电商专业村3个。加快发展现代渔业,新增高效设施渔业面积5000亩,新增远洋渔船6艘。大力培育新型农业经营主体,构建以专业合作社为纽带、专业大户和家庭农场为骨干、龙头企业为支撑的新型农业经营体系,创建国家级示范合作社1家,新培育国家级农业龙头企业1家、省级3家,新增示范家庭农场50家。着力提高农业装备科技水平,深入实施高标准农村水利建设示范项目,新增高标准农田1.5万亩。稳步提升粮食生产能力,开展优质水稻生产示范,新增水稻面积2万亩。全力打造优质、安全、健康的绿色品牌,新增全国"一村一品"示范村1个、农渔业"三品"产品50个以上。

五要强化监测防范经济运行风险。切实强化底线思维,坚持科学化、精细化防控,对可能出现的风险点加强调查研判,提高动态监测和实时预警能力。紧盯纺织服装等受到较大冲击的外贸出口行业和船舶、机械、化工、建材等竞争压力日益加剧的行业,密切关注企业亏损倒闭、工人失业等问题,积极防范化解经济运行风险。围绕无担保物无联保的中小企业融资难、部分企业存在联保互保现象等问题,加强研判分析,积极防控局部金融风险。

(二)践行开放发展理念,更大力度推进沿海开发

贯彻落实区域协调发展战略、经济国际化战略和陆海统筹、江海联动发展战略,全力打造沿海开发升级版,加快建设国家战略互联互通双向开放的桥头堡。

一要加快重大项目集聚。开展产业链招商,围绕海工及重装备、新医药、新材料、通用航空等重点产业,聚焦央企国资、高端外资、优质民资,着力引进一批产业关联度高、带动性强的龙头项目和配套企业。突出重点区域招商,在深耕新加坡、日韩、中国港台等重点区域的同时向北美、欧洲延伸,在关注珠三角、长三角、环渤海地区的同时向长江中上游城市拓展,全年组织开展境内外招商活动不少于15场。进一步加强驻点招商、网络招商、委托招商、以商引商,紧紧围绕到账外资3000万美元以上外资项目和重大内资项目清单,集中力量攻坚突破,切实提高招商实效。深入开展"项目建设提速年"主题竞赛活动,全年新开工亿元以上项目50个、10亿元以上项目5个,竣工亿元以上项目40个。突出重大项目建设,申报省级重大项目2个以上、南通市级重大项目15个,编排市级重点项目100个,推动大唐电厂二期、国信热电等项目加快报批,胜狮全球技术教育基地、尚华医药等项目实质性开工建设,东凌粮油、广汇能源、京沪重工、新湖长江公园等项目加快建设,华峰超纤、华滋海工等项目竣工投产。

二要构建互联互通走廊。加快编制吕四港区环抱式港池控制性规划,全面完成东、南两港池吹填和进港航道一期疏浚、二期工程报批,启动吕四港区10万吨级进港航道疏浚二期工程。扎实推进重特大交通工程建设,确保宁启铁路二期特大桥梁和路基工程基本完工、海启高速启东段全面提速。跟踪推进北沿江城际铁路、洋吕铁路和沪崇启过江铁路前期工作,全力做好吕四港区专用铁路规划研究及报批,力争进入国家、省规划盘子。积极推进G40(沪陕高速)启隆出口立项申报,完成国道345东段、省道335吕四绕城段前期工作。

三要提升平台载体能级。启东经济开发区突出电子信息、新能源、生物医药三大主导产业,加快创新型经济园建设,推动先进制造业与现代服务业并驾齐驱,全力争创国家级开发区。吕四港经济开发区突出环抱式港池、渔港经济区、新材料产业园三大平台建设,积极申报省和国家级粮油、能源进出口基地,打造上海北翼第一海港。滨海工业园加快科教一体、产城融合发展,强化功能配套,集聚重大项目,做大做强机械制造、电子电器和生物医药三大板块,加快创建省高新技术产业园。海工船舶工业园切实加大"腾笼换凤"力度,加速产业转型、强化产业集聚、提升绩效产出,打造"中国一流、世界知名"海工及重装备产业基地。江海产业园全面推动通用航空机场报批和基础设施建设,积极争创省级滩涂综合开发试验区。滨江医药化工园做强化工新材料等优势产业,加快创建省级生态工业园区。启隆生态科技产业园全力打造上海北部融都市农业、生态养老、休闲旅游于一体的集聚区。圆陀角旅游度假区加快打造具有国际水准的江风海韵体验基地和长三角休闲旅游目的地。按照海关特殊监管区整合转型新要求,调整启东综合保税区规划建设方案,积极向上申报。规划建设沿江保税物流园区,承接上海自贸区、上海港和启东港出口货物查验业务。积极推进中韩合作工业园报批,力争年内取得商务部和工信部认定。

四要持续全面融入上海。围绕打造融入上海"2468"升级版目标,推进四大工程建设,打造融入上海的新天地。推进规划对接工程,抓住"十三五"规划开始实施、专项规划加快编制的有利时机,从建设以上海为中心的长三角城市群核心节点城市的高度做好规划、加强衔接,争取在上海相关规划中体现更多启东元素。推进产业协作工程,加大江海产业园、上海自贸区启东产业园、上海自贸区启东生物科技创新协作园、浦东祝桥启东产业园、"上海长岛"等沪启合作园区和项目开发建设力度,提升产业承载能力和项目示范作用。推进服务配套工程,对接上海"四个中心"

和具有全球影响力的科创中心建设，提升金融、航运、科技、贸易等领域配套能力；对接上海区域性国际大都市建设，提升交通、能源、通信等领域服务能力；对接上海城市功能调整，提升农产品供应、文化旅游、休闲养老等领域承接能力。推进要素集聚工程，围绕优势产业集群，加快制度创新、平台打造和政策引导，拓展与上海在科技、教育、人才、管理等方面交流合作。

(三)践行协调发展理念，更大力度推进城乡一体

贯彻落实新型城镇化和城乡发展一体化战略，按照中央城市工作会议“一个尊重五个统筹”的城市发展要求，着力优化城镇结构和城乡空间体系，加快城乡一体化步伐。

*一要提升中心城区品质能级。*推动城市总体规划、土地利用规划、生态环保规划等“多规合一”，完成城市管线综合规划、地下管廊专项规划、城市公共交通规划等规划编制，开展滨江新城一期、城区重要交通节点规划研究。实施城市路网畅达工程，加快世纪大道东延、建设路南延等城市进出口道路建设，开工建设钱塘江中路、黄浦江中路等新城区道路，推进华石路北延、海洪北路等火车站片区道路建设。强化公共设施配套建设，推进蝶湖景区、金融集聚区、建筑产业园等重点工程规划建设，确保欣乐城、大润发建成投运。重点实施灵秀公园、丁仓港滨河绿地等8个绿化工程，新开工建设城市绿地70万平方米。着力提升数字城管水平，开展市容市貌专项整治，提高物业管理水平，争创省城市管理优秀城市。

*二要加快现代城镇建设步伐。*吕四港镇、寅阳镇要放大全国重点镇、南通沿海开发重点中心镇的优势，加快推进产城融合发展。吕四港镇要持续聚焦港口开发与开放、产业招商与升级、城市建设与管理、社会服务与治理四大重点，扎实推进省新型城镇化试点建设。寅阳镇要强化项目建设，优化功能配套，拉开发展框架。北新、南阳两个南通市级中心镇要进一步挖掘资源潜力，重点加快北新商务区、南阳农产品华东物流港配套区建设，推动农民就地城镇化。其他镇要坚持走特色发展之路，宜工则工、宜农则农、宜游则游，努力打造各具特色的现代城镇。坚持节约集约用地，规范开展城乡建设用地增减挂钩工作，盘活用好各类存量土地资源，稳妥推进村庄建设用地布局调整试点。扎实推进集镇环境综合整治，突出镇容镇貌、集镇秩序、镇区出入口、交通主干道等重点，坚持整治提升、亮点打造和长效管理并重，全面提升集镇形象。

*三要彰显美丽乡村个性特色。*守住“自然生态、历史文化、群众利益”三条底线，不断完善镇村生产、生活、生态功能，努力建成一批彰显乡土气息、田园风光、江海风韵的生态宜居乡村。巩固村庄环境综合整治成果，深化完善“六位一体”农村环境长效管理机制，新增省级“美丽乡村”1个、省级村庄绿化示范村4个、省级“水美乡村”5个。进一步整合乡村旅游资源，加快圣合·圣心玫瑰文化产业园和江天生态园、滨海渔家乐等乡村旅游点建设，创建省三星级以上乡村旅游点3个。

(四)践行绿色发展理念，更大力度推进生态建设

贯彻落实可持续发展战略，深入实施生态文明建设工程，持续推进美丽启东建设，促进生态文明和经济发展相辅相成、相得益彰。

*一要加快建设主体功能区。*完善全市主要生态功能区，健全“分区管理、分级控制”的空间管控体系，加强对饮用水水源保护区、自然保护区、重要湿地、清水通道维护区等四类生态红线区域的管控和保护。持续巩固国家生态市创建成果，加快创建国家生态文明示范区。提升国家级生态乡镇建设水平，深入开展生态文明示范村建设。坚持数量与质量并重，稳步提高林木覆盖率，新增造林绿化面积1.2万亩。

*二要健全生态文明制度体系。*严格执行工业园区规划环境影响评价制度，实行产业准入负面清单，严控高耗能、高污染和资源性项目准入。切实加强建设项目环保“三同时”监督管理，实行重大项目全过程跟踪监管和服务，对环境影响大、环境风险突出的建设项目开展环境监理。严格执行企业环境行为信用等级评价制度，实行重污染行业企业环境信息强制公开，及时发布环境质量信息。全面推行排污许可证制度，开展排污权核定与交易工作，完善排污申报和污染源动态管理。启动智慧环保云平台建设，不断提高生态环境监测预警预报能力。

*三要强化环境污染综合治理。*开展大气污染防治行动，以PM2.5防控为重点，严格控制工业源、交通源、民用生活源等废气污染物排放，全年空气质量达标率继续保持南通前列。开展水污染防治行动，持续深化水环境综合整治工作，全面加快江海污水处理厂、吕四港新材料产业园污水处理厂和全市集镇污水管网建设，深入推进惠阳河、庙港河等河道整治，加大农村面源污染防治力度。开展土壤污染防治行动，加强对固体废物综合利用及处置，对危险废物实行全过程监督管理。持续深化环保执法“亮剑行动”，开展化工、电镀、印染等行业专项整治行动，加大对违法排污企业打击力度。

*四要推动形成绿色发展方式和生活方式。*突出生产方式的绿色化，加快对能源、建材、海洋工程装备、化工等行业的循环化改造，支持企业实施节能、资源综合利用等技术改造，不断提升绿色发展水平。大力推广清洁能源，充分利用广汇能源LNG资源优势，推进与如东—海门—崇明岛天然气输气管道对接，加快市域燃气干线管网规划建设。改造提升传统产业，淘汰落后产能和设备，对重点用能企业的主要耗能设备进行节能监测。培养公民环境意识，引导大众养成绿色、低碳的生活习惯。

(五)践行共享发展理念，更大力度推进民生改善

贯彻落实民生共享战略，深入实施民生幸福工程和文化建设工程，增加公共产品和公共服务供给，扎实办好民生实事，让发展成果更好地惠及全市人民。

*一要持续增加城乡居民收入。*实施居民收入倍增计划，通过促进就业、健全工资收入分配制度、实施精准扶贫等途径拓宽增收渠道。落实就业优先战略和更加积极的就业政策，重点抓好以高校毕业生为重点的青年就业和城镇就业困难人员、农村转移劳动力就业工作，提供就业岗位1万个，城镇登记失业率控制在4%以内。加强劳动者职业技能培训，发展“互联网+”创业服务，降低全社会创业门槛和成

本。进一步完善企业职工工资决定和正常增长机制，健全工资支付保障监控制度，依法严肃查处无故拖欠、克扣工资等行为。按照“标准再提高、重点再聚焦、内涵再拓展、底线再织牢”的基本思路，深入实施脱贫致富奔小康工程，因户施策、因人施策，逐户销号、脱贫到人，确保省定新一轮扶贫任务如期完成。

*二要完善社会保障制度。*实施“全民参保登记行动”计划，进一步加强各类社会保险提标扩面工作，城镇职工社会保险覆盖率、城乡居民养老保险和医疗保险覆盖率均巩固在96%以上。建设以居家为基础、社区为依托、机构为补充的多层次养老服务体系，加快建设市社会福利中心，确保全年新增机构养老床位400张。推进住房保障和供应体系建设，确保安置房新开工100万平方米、竣工60万平方米，建设公租房700套，完成棚户区改造3000套。丰富完善多层次社会保障体系，做好扶老、助残、救孤、济困等社会福利和社会救助工作，提升优抚安置工作水平，大力发展慈善事业。

*三要提高社会事业发展水平。*加快教育现代化建设，加大公办幼儿园和省优质幼儿园创建力度，加快规划确定的新建中小学建设工程，突出高中教育质量提升和特色打造，推动职业教育优质创新发展，不断提升教育综合发展水平。加快妇幼保健院、精神卫生中心和残疾人康复托养中心建设，开展“示范乡镇卫生院”创建活动，提升公共卫生服务项目覆盖率和服务质效。不断完善购买公共体育服务制度，办好第十九届全民健身节、全民运动会等活动。实施“全面二孩”政策，巩固提升生育关怀“太阳岛”工程，提高计划生育管理和服务水平。积极开展“双拥在基层”活动，争创双拥模范城。

*四要扎实推进文化强市建设。*深入推进全国文明城市创建工作，切实抓好测评重点工作的推进落实，确保完成各项创建任务。积极培育践行社会主义核心价值观，组织开展市民公约、村规民约教育宣传实践活动，坚持每月一评“启东好人”，扎实推进志愿服务常态化和诚信建设制度化。推动传统媒体和新兴媒体深度融合，拓展“互联网+”服务引导群众微平台，提高全媒体格局下舆论引导能力和水平。进一步拓展“正能量加油站”等载体，组织开展“全民阅读·书香启东”系列读书活动和“共乐东疆”百场文体活动，丰富城乡群众文化生活。开工建设市文化体育中心，加快姚记扑克生产基地、大生文化艺术园等一批重点文化产业项目建设。加强对挡浪墙遗址等文物的修缮保护，推动吕四渔号、评弹北调等非遗项目的开发利用，充分发挥抗大九分校纪念馆、王鲍烈士纪念馆等红色文化资源的作用。

（六）坚持双轮驱动，更大力度推进全面深化改革和全面依法治市

坚持全面深化改革和全面依法治市双轮驱动，深入实施社会治理创新工程，全面激发经济社会发展活力，营造更加公平公正的法治环境和社会环境。

*一要加快全面深化改革。*更加注重新常态下发展思路的科学调整和适时转变，衔接落实国家和省有关去产能、去库存、去杠杆、降成本、补短板的政策措施。深入推进相对集中行政许可权改革试点工作，完善“一窗式”综合受理，进一步优化审批流程，简化办理环节，压缩承诺时限，提升服务效能。持续深化医药卫生体制改革省级试点工作，进一步规范两大医疗管理集团运行，促进分级诊疗工作制度化常态化，加快卫生信息化建设，不断丰富完善深化医改启东特色。深化陆海统筹发展综合配套改革，重点创新海域使用权管理方式、海洋资源产权交易方式和岸线资源管理方式。全力做好金融服务创新启东示范区建设工作，改进和协调银企互动，让更多金融活水流向实体经济，打造金融体制改革启东品牌。稳步实施投融资体制改革，加大企业上市和投资基金公司招引力度，推广运用PPP等政府与社会资本合作模式，鼓励民间投资参与基础设施、公共服务领域建设运营。围绕建立现代财政制度，积极推进收入管理、预算管理、体制管理以及绩效管理等领域改革。加快农业领域改革，全面推进镇级农村产权交易平台建设，基本完成农村土地承包经营权确权登记颁证工作。

*二要全面推进依法治市。*完善科学民主、依法决策机制，认真落实重大决策听证制度、重大决策社会稳定风险评估机制。创新行政复议工作机制，坚持行政机关负责人依法出庭应诉制度，确保出庭应诉率90%以上。深入推动行政权力网上公开透明运行，保障公众对政府信息的知情权。深化司法体制改革，不断健全司法权力运行机制，优化司法职权配置，提高公正司法水平。加强法治宣传，完善“谁执法谁普法”工作机制，强化“一镇一品”“一村一品”法治文化阵地建设，增强全社会尊法学法守法用法观念。深入推进平安启东建设，不断完善立体化、现代化治安防控体系，重点推进关键部位技防建设和技防入户工程，提高维护公共安全能力水平。

*三要加强社会治理创新。*深入实施社会治理创新工程，坚持系统治理、依法治理、综合治理、源头治理，全面提升社会治理体系和治理能力现代化水平。不断加强党委统筹、政府主导、社会各方参与的社会治理模式，继续巩固和深化群众工作“三强化三提升”工作机制，做实做优社情民意分析会、“三议” 工作法等群众工作特色品牌。全面整合行政资源、社会资源、信息资源，扎实推进社会治理平台建设，建成启用市社会治理服务中心。充分发扬我市社会矛盾纠纷大调解首创精神，加快推进医疗、交通等重点领域专业调解组织建设，不断完善运作机制，力争见实效、出亮点。积极推进诚信启东建设，建设“一网三库”信用信息系统，实现信用信息数据互联互通。不断规范信访秩序，加强积案化解，努力把信访工作纳入法治化轨道。完善和落实安全生产责任和管理制度，确保安全生产形势持续稳定向好。切实加强食品安全监管，确保广大人民群众食品安全。

五、关于推动全面从严治党迈上新台阶

率先全面建成小康社会，实现“十三五”良好开局，党的领导是根本政治保证。全市各级党组织要认真落实全面从严治党迈上新台阶的任务要求，深入实施党建工作创新工程，按照全面从严治党“五个四”工程的总体部署，一心

一意谋发展,聚精会神抓党建,确保管党治党主体责任落到实处。

一要提升领导干部的素质能力。提升思想政治素质。继续把学习贯彻习近平总书记系列重要讲话精神向深度和广度拓展,着力在武装头脑、坚定理想信念上下功夫,在把握要旨、融会贯通上下功夫,在指导实践、推动工作上下功夫。大力推进学习型党组织建设,充分发挥党委(党组)中心组学习的示范引领作用,扎实开展"三带头"学习活动,推动领导干部在学习中强党性、转作风。进一步完善"三堂汇学"载体,推动全市理论学习蔚然成风。提升法治思维能力。牢固树立"法定职权必须为、法无授权不可为"的理念,更加注重运用法治思维和法治方式深化改革、推动发展、化解矛盾与维护稳定。紧紧抓住领导干部这一"关键少数",健全完善党委(党组)中心组学法和领导干部法治讲座、集中考法和年终述法等工作制度,着力增强领导干部法律意识和法制观念。把能不能遵守法律、依法办事作为考察干部重要内容,加强对领导干部推进法治建设实绩的考核,推动广大党员干部争做学法懂法守法用法的表率。提升领导发展水平。坚持市委常委会和常委市长联席会议等制度,进一步提升党委研究经济社会发展战略、定期分析经济形势、研究重大方针政策的能力水平。发挥市四套班子领导分工挂钩联系园区推动项目建设和常委包片市长包线等工作机制的统领作用,用改革创新的理念举措破解瓶颈制约,凝聚助推发展的强大合力。不断完善督查考核体制机制,进一步激发各地各部门争先进位、创新创优的动力和活力。

二要着力抓好干部队伍建设。在选拔任用上更加严格。认真贯彻《党政领导干部选拔任用工作条例》,按照"20字"好干部标准,选拔一批信念坚定靠得住、为民服务本领高、勤政务实敢担当、清正廉洁有正气的好干部。及早谋划、广泛调研,扎实做好市镇两级党委集中换届工作,确保新老班子有序交替。在教育培养上更加科学。进一步加强和改进干部教育培训工作,重点抓好对党政"一把手"、乡科级后备干部等群体的教育培训,着力锻造一支学习型、服务型、创新型、发展型的高素质干部队伍。大力实施年轻干部"5512"培养锻炼计划,加强思想教育、多岗历练和作风锤炼,让更多年轻干部在工作实践中脱颖而出。在管理监督上更加全面。制定实施《关于落实党委(党组)从严管理干部责任的实施细则》,进一步强化党委(党组)抓班子、带队伍的责任意识,提高从严管理干部整体水平和效果。推动干部日常管理创新,更加注重对干部"八小时之外"的监督管理,把干部成长发展全过程、工作生活各领域、思想行为各方面都置于严格管理监督之下。制定推进领导干部能上能下的实施办法,切实形成能者上、庸者下、劣者汰的局面。

三要持之以恒抓基层打基础。着力提升基层党组织整体功能。全面深化"两联四讲四引领"教育引导群众工作,持续开展"两新"组织活力党建,充分发挥基层党组织领导核心和政治核心作用。以村公共服务中心、社区邻里中心、园区党群综合服务中心为依托,进一步完善功能配套、畅通服务渠道,推动形成党组织和党员直接联系服务群众的新机制。抓好基层党组织带头人队伍建设。扎实做好村(社区)党组织集中换届工作,选优配强村级党组织领导班子。严格落实从严管理村(社区)干部责任清单,切实规范村(社区)干部队伍管理。深化村(社区)党组织书记星级化管理,不断加强村(社区)、"两新"组织党组织书记培训,激发各领域基层党组织书记干事创业热情。加强党员队伍建设。严格执行发展党员工作细则,进一步提高发展党员工作质量。严格执行党员教育管理"双预警"制度,保持党员队伍的先进性纯洁性。广泛开展党员志愿服务活动,持续开展"寻找身边好党员"活动,加大优秀共产党员等先进典型培育和宣传力度。

四要坚持从严改进作风。持续深入整改。巩固省委巡视组巡视反馈意见整改工作成效,驰而不息抓好中央"八项规定"和省委、南通市委及我市"十项规定"的落实,坚决防止"四风"反弹回潮。突出抓好条管单位、区镇(街道)、村(社区)等重点单位作风建设,实施财务定期抽查和专项审计,着力推动反"四风"、改作风向广度深度拓展,向基层一线干部延伸。严肃党内生活。认真落实各级党委(党组)全面贯彻执行民主集中制、加强乡镇园区党(工)委班子自身建设等制度,进一步完善领导班子决策运行机制,严格执行民主集中制、"三重一大"决策机制、主要领导"四个不直接分管"等规定。充分运用党的群众路线教育实践活动、"三严三实"专题教育的有效经验,发挥党内政治生活"四大平台"载体作用,进一步提高民主生活会和组织生活会的质量。强化责任担当。严格执行"三严三实"三十条行为规范,推动党员领导干部积极干事创业、勇于担当作为。严格落实防治为官不为、加强机关工作人员作风问题责任追究等制度,全面排查和大力整治干部队伍中存在的作风漂浮、因循守旧等6个方面24个突出问题,进一步提振全市广大党员干部干事创业的精气神。

五要营造良好的政治生态。严格落实"两个责任"。各级党组织和纪检组织要全面履行党风廉政建设主体责任和监督责任,主要负责人和班子成员要切实担起"第一责任人"职责和"一岗双责",做到真抓真管、敢于亮剑、敢于碰硬。严格执行党风廉政建设主体责任监督责任双报告、"一把手"述职述廉、"一案双查"等制度,制定实施廉政约谈、党风廉政建设责任追究等制度,通过制度设计和刚性执行,确保"两个责任"落地生根。严守党的纪律规矩。严格执行《中国共产党廉洁自律准则》规定的"四个必须""八条规范"以及《中国共产党纪律处分条例》规定的"六大纪律",切实做到抓早抓小更加从严、管理监督更加从严、执纪问责更加从严,更好地把党的纪律立起来、严起来。严格落实习近平总书记提出的"五个必须、五个决不允许"要求,旗帜鲜明地反对"圈子文化"、乱评乱议、我行我素等非组织行为,做到政治上讲忠诚,组织上讲服从,行动上讲纪律。加强反腐倡廉建设。进一步健全源头防腐机制,加强惩防体系建设,不断把"三清示范区"建设推向纵深。开展党风廉政建设督导巡查,强化对领导班子及其成员特别是对党组织主要负责人的监督,做到巡查无死角、监督无盲区。扎实推进查办案件体制机制改革,发挥反腐败协调小组职能,形成依纪依法、高效协同的查办腐败案件工作机制。

同志们,让我们紧密团结在以习近平同志为总书记的党中央周围，在省委、南通市委的坚强领导下，承前启后、继往开来，解放思想、抢抓机遇，改革创新、狠抓落实，践行新理念、建设新启东，为率先全面建成小康社会而努力奋斗！

（市委办供稿）

政府工作报告

——2016年1月11日在启东市第十六届人民代表大会第五次会议上

黄卫锋

各位代表：

现在，我代表市人民政府向大会作工作报告，请予审议，并请市政协各位委员和其他列席人员提出意见。

2015年工作回顾和“十二五”主要成就

刚刚过去的2015年，是全市上下锐意进取、攻坚克难、富有成效的一年。面对严峻复杂的宏观经济形势和艰巨繁重的改革发展稳定任务，我们以习近平总书记系列重要讲话特别是视察江苏重要讲话精神为根本遵循，在市委的正确领导下，在市人大、市政协的监督支持下，团结和依靠全市人民，主动适应经济发展新常态，加快经济转型步伐，破解改革发展难题，积极应对各类挑战，较好完成全年目标任务，实现了“十二五”的圆满收官。2015年，全年预计(下同)实现地区生产总值800亿元，比上年(下同)增长9.6%。完成一般公共预算收入76.86亿元，增长14.3%。全社会固定资产投资539亿元，增长11.5%。社会消费品零售总额293亿元，增长10%。城镇居民人均可支配收入34400元，农村居民人均可支配收入18400元，分别增长8.5%、9.8%。荣获国家卫生城市、省文明城市、省园林城市称号，在全国县域经济竞争力百强县中排名27位。

一年来，我们尽心竭力稳增长、调结构，综合实力持续攀升。

*三次产业协调发展。*强化经济工作的分析研判、运行调度和政策支持，加快发展先进制造业，全年实现规模工业产值1650亿元，增长10%；五大产业集群、新兴产业分别完成产值1010亿元、693亿元，占规模工业产值比重分别提高2.9个百分点和4.7个百分点。落实稳定外贸增长政策，实现出口总额25.5亿美元，增长10%，均列南通各县市前茅。大力发展现代服务业，实现服务业增加值334亿元，增长9.6%。深度开发旅游资源，碧海银沙、黄金海滩、乡村游等项目效应彰显，成功承办2015中国南通国际江海旅游节。现代农业加快发展，新增高效设施农业面积1.4万亩，建成省级示范合作社8个、示范家庭农场3家，远洋渔业规模居全省前列，荣获省“四有一责”先进县市。加快推进建筑产业现代化，南通二建获评中国驰名商标，荣获鲁班奖。

*项目建设富有成效。*推进“双百工程”建设，完成工业投资329亿元，增长9.1%。12个南通市级以上重点项目实现投资115亿元，完成率列南通各县市第一；华滋海工、姚记二期等项目开工建设，广汇能源、华峰超纤等项目加快建设，神通二期、国凯机电等项目竣工投产。制定《中国制造2025启东实施计划》，举办2015中国高端装备制造业发展论坛。推动企业智能改造、技术提升，实施技改项目392个，完成技改投入200亿元；2家企业入选国家“两化融合”试点。优化调整招商队伍，精心组织各类招商活动，实际到账外资2.25亿美元。扎实开展土地例行督察整改工作，成功创建省国土资源节约集约模范县市。

*载体建设全面加强。*深入实施市领导挂钩园区工作机制，突出功能完善和绩效产出，八大园区对全市经济的贡献份额不断提高。启东经济开发区加快产业转型，积极培育互联网金融、大数据、电子商务等“四新”经济。吕四环抱式港池形成建设用地1万亩，新材料产业园重大项目加快建设。滨海工业园加强沪启合作和资源整合，教育、交通等功能配套不断完善。滨江医药化工园强化环保和安全理念，生产运行平稳有序。海工船舶工业园引进中集安瑞科、法国雅凯等战略投资者，企业重组优化成效明显。圆陀角旅游度假区获批省级旅游度假区，十里江海风情带加快建设。启隆生态科技产业园绿地长岛项目快速推进。江海产业园省级滩涂综合开发试验区规划通过专家评审。

一年来，我们坚定不移抓改革、求创新，发展活力持续增强。

*重点改革实现新突破。*围绕全面深化改革150项工作要点，全力推进重点领域和关键环节改革。行政审批制度改革深入推进，取消审批事项12项，下放事权47项；推进相对集中行政许可权改革，成立市行政审批局，市场准入和投资建设领域66个事项实现“一枚印章管审批”；在南通率先推行“先照后证”和“三证合一”。投融资体制机制不断完善，环抱式港池20亿元PPP项目顺利实施，陆海统筹发展金融服务创新示范区加快建设，全年新增贷款88.76亿元，列南通各县市第一。农村产权流转交易平台加快建设，土地承包经营权确权登记颁证工作南通领先；养殖用海海域使用权证发放基本完成。综合医改国家试点工作成效显著，公立医院改革顺利实施，两大医疗管理集团有效运行，分级诊疗、家庭医生制度全面推行，获国家卫计委充分肯定。

*对接上海取得新成效。*推进融入上海11类37项重点工作，主动对接上海规划编制，沪崇启铁路通道有望纳入国家中长期铁路网规划。推进沪启园区共建，成立上海自贸区启东生物科技创新协作园、浦东祝桥启东产业园；开展“上

海招商大会战”,积极吸引上海资本投资启东,尚华医药、新海航、菲尔特等23家企业成功落户。加强优质医疗资源引进,与新华、仁济、瑞慈等医院实现远程会诊,与上海十院合作建立长寿基因研究中心。教育、科技、人才等对接工作取得实效。

创新创业注入新动力。大力推动大众创业、万众创新,全社会研发投入占地区生产总值比重达2.5%,科技进步贡献率达63.5%,大中型工业企业研发机构实现全覆盖。完成高新技术产业产值776亿元,占规模工业产值比重达47%。科技成果加速转化,实施产学研合作项目172项,新增高新技术企业27家、高新技术产品100个,专利授权2158件。创新载体加快建设,新增省级以上各类技术平台14家,林洋电子被认定为国家级企业技术中心,国动产业园入驻互联网企业18家,滨海工业园众创空间建设有力推进,举办尚华生物医药创新发展论坛。招才引智成效显著,引进创新创业领军人才106人,其中国家“千人计划”专家5人、省“双创计划”11人。

一年来,我们一着不让重统筹、优生态,城乡环境持续优化。

城市功能日趋完善。城区交通道路内疏外扩,丁仓港路南延、世纪大道西延等4条环线道路贯通,南苑东路、紫薇东路等5条道路完成改造,灵秀路、江海路南延等17条道路加快推进。加强城市交通秩序管理,城区重点路段机动车违规停放整治成效初显。城市景观不断美化,紫薇公园完成改造,灵秀公园加快建设,新增游园节点3个。城区配套功能逐步完善,文峰二期建成开业,欣乐城、大润发进展顺利,妇幼保健院、社会福利中心、文化体育中心等启动规划建设。有机更新社区配套设施,完成小区改造10个,新建农贸市场2个。深入推进城市环境综合整治“951”行动,数字化城管通过省级验收。

基础设施加快建设。启东港一类口岸开放通过国家验收,吕四港区10万吨级进港航道一期工程完工,宁启铁路启东段完成工程量的38%,海启高速启东段加快建设。整修县乡公路18公里,亮化县乡公路30公里,完成农村公路安保工程1000公里。城市污水处理厂三期、惠阳变、大唐电厂改接线等工程竣工投运,区域供水通久线开工建设。鼓励绿色出行,新增新能源公交车37辆、城区公共自行车网点15个,新增优化公交路线8条。连兴港闸、协兴港码头等工程基本完工。

生态环境不断改善。生态市创建通过国家验收,生态文明建设规划颁布实施。认真办理市人大一号议案,大力开展水环境综合整治,加强清障保洁,提升河道引排能力,在南通率先建成河道信息化管理系统,全市水环境质量整体向好。积极开展大气污染防治,空气质量指数居南通前列。强势推进区外化工、电镀行业、窑业企业专项整治,依法关停并转企业63家。大力推进节能减排,完成清洁生产审核企业23家,单位能耗及绩效产出水平列南通各县市第一。实施八大造林绿化工程,新增造林面积4.05万亩、城镇绿地面积70.4万平方米,林木覆盖率达22.62%。

一年来,我们千方百计惠民生、促和谐,人民生活持续改善。

民生实事稳步实施。十大类44项为民实事项目基本完成,民生投入占公共财政支出比重超过75%。城乡保障体系不断完善,城镇职工“五险”参保率、城乡居民养老保险覆盖率达96%以上,城乡居民基础养老金标准提高至105元,农村、城镇低保标准分别提高至460元、580元,城镇登记失业率控制在3%以内。开工建设安置房125万平方米,竣工84万平方米,交付使用6200套。无线城市免费网络覆盖10个公共场所,体育馆完成修缮对外开放。

社会事业均衡发展。推进教育现代化创建,数字化校园加快建设,校安工程基本完成,市第一中学、滨海实验学校开学启用,46所中小学建成省义务教育现代化学校。医疗卫生优质资源重心下沉,基层医院住院率提高22.1%,在基层医院住院的低保、五保户及农村70周岁以上老人基本药物全部免费;新农合住院医药费补偿3.7亿元,13.8万人次受益。养老服务体系建设扎实推进,全市每千名老人养老床位达31.9张。慈善公益事业健康发展。举办启东版画院“建院30周年”作品展,“村村乐”“书香启东”等一批群众性文体活动蓬勃开展。

社会治理有效强化。全国文明城市创建有序推进,“传递正能量、共建好家园”等文明创建活动蓬勃开展,2人获评“中国好人”。深化“三强化三提升”“政社互动”工作,启动社会诚信体系建设。法治启东建设扎实开展,基层法制机构实现全覆盖。平安启东建设深入推进,立体化社会治安防控体系不断完善。依法规范信访秩序,妥善处理各类社会矛盾。严格落实安全生产责任制,强化安全生产专项整治,安全生产形势持续稳定。严厉打击食品药品违法犯罪行为,有效保障群众饮食用药安全。

一年来,我们持之以恒转作风、提效能,自身建设持续加强。

深入开展政府系统“三严三实”专题教育,切实做好省委巡视组反馈意见整改落实,坚持以上率下,突出问题导向,贯彻从严要求,注重讲究实效,全力打通服务群众“最后一公里”。扎实开展政风行风建设,发扬“马上就办”工作作风和“钉钉子”精神,全力推动工作落实。建成覆盖市镇的视频会议系统,政府效能和应急协作能力有效提升。全面推进依法行政,落实新修订的《行政诉讼法》,行政机关主要负责人出庭应诉率全省领先;建立行政执法和刑事司法衔接机制。自觉接受市人大及其常委会的法律监督和工作监督,主动接受市政协的民主监督,认真办理人大代表议案建议198件、政协委员提案234件。清理规范性文件72件,废止22件。加强厉行节约、预算采购、公务接待等执行情况的监督检查,积极稳妥推进公务用车制度改革。认真学习和贯彻落实新修订的《廉洁自律准则》和《纪律处分条例》,全面落实党风廉政建设责任制,强化行政监察和审计监督,政府廉政建设取得新成效。

各位代表,刚刚过去的2015年是启东“十二五”跨越发展的生动缩影。回首五年,这是启东发展史上极不平凡的五年,我们体会了奋斗的艰辛,收获了成功的喜悦,取得了重大的成就。

这五年，是经济转型步伐加快、综合实力大幅提升的五年。我们发扬“开拓、包容、创新、争先”的启东精神，干成了一批壮实力、增后劲的事，2015年地区生产总值是2010年的1.86倍，财政总收入、一般公共预算收入、全社会固定资产投资实现翻番。产业结构不断优化，工业50强企业产值突破600亿元，是2010年的1.9倍；建筑业产值五年翻一番；服务业增加值占地区生产总值比重达41.8%，提高7.9个百分点。荣获中国建筑之乡、省金融生态优秀县市等称号。

这五年，是开发开放全面提速、改革创新纵深推进的五年。我们聚焦重大事项和关键环节，干成了一批打基础、利长远的事，崇启大桥飞架南北，吕四大港强势崛起，一类口岸正式开放，南通大学在启办学，八大园区提速增效，2个园区获批省级园区，发展活力持续迸发。行政审批、扩权强镇、区镇合一、综合医改等重点领域改革扎实推进。全社会研发投入占地区生产总值比重提高0.62个百分点，高新技术产业产值占规模工业产值比重提高8.6个百分点，荣获全国科技进步先进县市称号。

这五年，是基础设施不断完善、城乡发展日新月异的五年。我们推进“南进东拓”城市发展战略和新型城镇化建设，干成了一批提信心、振士气的事，累计投入470亿元，建成区面积拓展至32平方公里，城市化水平达55%。综合集疏运体系日益完善，宁启铁路、海启高速开工建设，沪陕高速、临海高等级公路贯通全境，吕四渔港建成启用，吕四港区5万吨级航道通航，建设干线公路152公里，农村公路总里程超4000公里。生态环境持续向好，林木覆盖率提高10个百分点，空气质量达标率全省领先。

这五年，是社会事业协调发展、群众得到实惠最多的五年。我们顺应人民群众过上美好生活的期待，干成了一批顺民心、合民意的事，累计民生支出255亿元，完成实事项目141件；投入20亿元用于校安工程和学校建设，为全市学生提供良好的学习场所；投入9亿元用于区域供水、农村饮水安全工程，全市人民都喝上干净放心的长江水；投入3.6亿元用于污水处理，共建成污水管网114.8公里，日处理能力达11.7万吨。支出社保资金75.6亿元，新农合补偿资金16.9亿元，人均预期寿命达到80.54岁。城镇、农村居民收入年均分别增长10.8%、11.7%。荣获中国长寿之乡、全国义务教育发展基本均衡市、省双拥模范城等称号。

五年来，我市的邮政、通信、档案、气象、地方志、民族宗教、人民武装等方面的工作也都取得了新的成绩，妇女儿童、青少年、老龄、残疾人、红十字、见义勇为、关心下一代等事业健康发展。

各位代表，五年的奋斗历程难以忘怀，五年的发展经验弥足珍贵，我们真切体会到，必须坚持以提高经济发展质量和效益为中心，坚定不移调结构、转方式，才能促进经济平稳健康发展；必须坚持以创新驱动为主引擎，大力发展创新型经济，才能让创新创业在全社会蔚然成风；必须坚持以改革开放为动力，不断激发市场主体活力，才能拓展对内对外开放新空间；必须坚持以人民群众满意为宗旨，持续加大民生投入，才能让改革发展成果更多惠及全市人民。

各位代表，五年来的成就令人瞩目、催人奋进，成功饱含艰辛、源于奋斗。成绩的取得是市委正确领导的结果，是市人大、市政协监督支持的结果，凝聚着全市百万人民的智慧和力量。在此，我代表市人民政府，向各位人大代表和政协委员，向全市工人、农民、知识分子、离退休老同志，向驻启部队指战员、武警官兵、公安干警和所有关心支持启东发展的海内外朋友，致以崇高的敬意和衷心的感谢！

在肯定成绩的同时，我们也清醒地看到工作中存在的困难和问题：经济形势错综复杂，稳增长的任务还很艰巨；创新创业氛围不够浓厚，转型发展任重道远；城市功能有待完善，新型城镇化和城乡发展一体化水平还有待提高；民生保障与群众期盼仍有一定差距，社会治理面临新情况新问题；政府法治思维、作风建设、廉政建设等还需进一步加强，等等。对此，我们将采取有效措施，认真加以解决。

“十三五”时期的目标任务

各位代表，“十三五”时期，世界经济将在深度调整中曲折复苏，新一轮科技革命和产业变革蓄势待发。我国经济长期向好的基本面没有改变，新常态特征更加明显，转型路径日趋清晰，新动力、新优势正在逐步积蓄。未来五年，多重国家战略的叠加和天然的资源禀赋，必将为我市全方位集聚优质要素、深层次推进转型升级、多渠道扩大内外开放提供重大契机。我们要立足新的起点，以更加宽广的视野谋划未来，以更加先进的理念指导实践，以更加有力的举措推动跨越，向着更高、更远、更强的目标阔步迈进。

今后五年政府工作的指导思想是：以习近平总书记系列重要讲话特别是视察江苏重要讲话精神为根本遵循，深入贯彻党的十八大和十八届三中、四中、五中全会精神，坚持“四个全面”战略布局，始终坚持发展第一要务，以提高发展质量和效益为中心，以“五个迈上新台阶”为目标要求，深入实施“领跑沿海、融入上海、包容四海”的发展战略，统筹推进经济、文化、社会、生态文明建设和政府自身建设，积极打造“四个城市”，加快建设“一堡三地”，率先全面建成小康社会，积极探索开启基本实现现代化建设新征程，着力建设经济强、百姓富、环境美、社会文明程度高的新启东。

今后五年经济社会发展主要目标是：综合实力持续增强，提前实现地区生产总值比2010年翻一番，服务业增加值占地区生产总值比重达到45%，高新技术产业产值占规模工业产值比重达到50%，现代农业发展水平达到90%。人民生活更加幸福，就业、社保制度更加完善，提前实现城乡居民人均收入比2010年翻一番，城乡基本社会保险覆盖率达到98%，完成新一轮脱贫任务。城乡发展协调并进，户籍人口城镇化率达到60%左右。生态环境显著改善，生产生活绿色、低碳水平不断提高，环境治理体系更加健全严格，绿色启东建设深入推进，林木覆盖率达到24%，建成更高水平的生态城市。社会治理全面加强，市民文明素质和社会文明程度显著提高，平安启东、法治启东建设持续走在全省前列。体制机制不断优化，重点领域和关键环节改革实现新的突破，有效理顺并优化各项体制机制，为南通、全省乃至全国形成一批可复制可推广的实践经验。

工作中,我们将把握好以下几点:

一、突出创新驱动发展。坚持把创新作为引领发展的第一动力,抓住和用好新一轮科技革命和产业变革重大机遇,突出产业科技创新,着力打造"三优三新"产业集群,下更大力气推进大众创业、万众创新,让启东未来发展的质量更好、效益更高、结构更优。

二、突出统筹协调发展。坚持把协调作为持续健康发展的内在要求,按照区域性中心城市的规划定位,推进新型城镇化和城乡一体化建设,提高中心城区首位度,加快培育特色小城镇,着力构建融合互动、统筹并进的城乡结构。

三、突出绿色生态发展。主动顺应人民群众对生态建设的新期待,积极引导全社会树立生态理念,以提升环境质量为重点,加快建设资源集约型、环境友好型社会,推进美丽启东建设,让启东的人居环境更宜人、生活家园更美好。

四、突出开放融合发展。深入推进江海联动开发,更主动地接受上海辐射带动,更好地与苏南融合互动,拓展合作领域,强化合作深度,提升合作层次,积极探索产业发展、港口开发、城镇建设、外向拓展等融合新路径,增强经济发展的活力和动力。

五、突出共建共享发展。按照人人参与、人人尽力、人人享有的要求,坚守底线、突出重点、完善制度、引导预期,深入实施民生幸福工程,切实保障和改善民生,推进基本公共服务均等化,维护社会公平正义,努力让人民群众有更多获得感。

2016年主要工作

2016年是全面实施"十三五"规划的开局之年,也是率先全面建成小康社会的关键之年。今年的经济形势复杂多变,既充满机遇又富有挑战。政府工作将按照中央、省、南通和启东市委的决策部署,坚持稳中求进工作总基调,推进供给侧结构性改革,落实好"去产能、去库存、去杠杆、降成本、补短板"五大任务,加快转型升级,强化创新引领,统筹城乡发展,推进民生实事,注重风险防范,保持经济健康发展、社会和谐稳定。

2016年,全市经济社会发展的主要预期目标是:地区生产总值增长9.5%左右,一般公共预算收入增长11%左右,全社会固定资产投资增长12%以上,社会消费品零售总额增长10%左右,外贸进出口总额保持适度增长,城镇和农村居民人均可支配收入分别增长9%、9.5%左右,万元地区生产总值能耗下降、主要污染物减排完成上级下达任务。

围绕上述思路和目标,今年重点抓好七个方面工作:

一、更实举措促进转型升级,着力构建现代产业体系

坚持"提质增效",准确把握经济运行中出现的新趋势,因势而动谋转型,顺势而为促成长,打造先进制造业集聚的新高地。

*大力发展主导产业。*深入推进中国制造2025启东实施计划,推动产业迈向中高端,实现规模工业产值增长10%,培育应税销售2000万元以上新增长点企业50家。加快打造"三优三新"产业集群,围绕海洋工程及重装备、电力及能源装备、精密机械及电子三大优势产业,鼓励企业固本强基、提档升级、高端发展,积极培育百亿级企业;以新材料、新医药和通用航空等三大新兴产业为主攻方向,吸引高端要素,加大扶持力度,打造产业亮点。加强质量标准和品牌建设,培育国内外具有竞争力的知名品牌,新增省著名商标5件、省名牌产品2个。强化企业股改、上市培育力度,力争新增上市、新三板挂牌企业6家以上。加快建筑业转型升级,推进建筑产业现代化,鼓励企业更大力度"走出去",不断开拓国际国内市场;创新体制机制,强化企业管理,不断提升全市建筑业竞争力和影响力。

*加速发展服务业。*以发展规模大、贡献强、业态新的现代服务业为主攻方向,新增年销售1000万元以上重点服务业企业40家,服务业增加值占地区生产总值比重超过42%。突出抓好楼宇经济、现代物流、服务外包等生产性服务业,推动制造业和服务业的深度融合,向专业化和价值链高端延伸。实施"互联网+"行动计划,启动市民卡工程,扶持电动工具、果蔬海鲜等产品电商化发展,促进互联网与经济社会各领域的全面融合。宣传推介江海旅游,大力发展休闲游、乡村游,提升圆陀角、吕四、启隆、惠萍、合作等旅游集聚区建设水平,打造追江赶海精品路线。顺应消费结构升级趋势,培育养老、健康、文化等领域消费热点。

*加快发展现代农业。*促进农业转型发展,农业基本现代化实现程度持续提升,完成项目农业投入22亿元。大力发展新型农业经营主体,新增示范合作社、家庭农场65家,新增超千万元龙头企业15家、全托管面积3万亩。加强农业技术指导,调优农业结构,引导发展四青作物、花卉果木等特色种养业。加快高标准农田建设,提高农业机械化水平。大力提升现代渔业,发展工厂化高端水产养殖,加快国际水产品交易中心建设。

二、更大力度推进江海联动,着力增强经济发展后劲

坚持"抓项目就是抓发展",真正以一批重大项目的落地投产,为当前稳增长、长远增后劲注入强劲动力。

*突出项目建设。*组织开展"项目建设提速年"活动,新开工亿元以上项目50个,其中10亿元以上项目5个,竣工亿元以上项目40个。华峰超纤、姚记二期、华滋海工等超10亿元项目竣工投产,广汇能源、京沪重工、东凌粮油、米歌酒庄等项目加快建设,胜狮二期、尚华医药、香河爱晚、国信热电和浦东祝桥启东产业园等一批项目开工建设,全力突破大唐电厂二期、传化滨江新区、江海产业园通用机场等项目报批。推进企业装备智能改造,完成技改投入230亿元,加快工艺、技术和装备更新换代,建设一批智能车间和智能工厂。深入企业调研走访,开展降低实体经济成本行动,落实国家减税清费政策,积极破解土地、资金等要素制约,助力企业健康发展。

*提高招商实效。*改进招商方式方法,认真研究国家产业发展动向,依托中介机构、产业研究院、行业协会等组织,及时掌握大企业、大集团的投资意向。调优配强招商力量,健全考核激励机制,充分发挥招商队伍的主观能动性,保持招商引资强攻态势。大力开展"项目引进年"活动,围绕主导产

业强链、新兴产业补链、现代服务业建链，主攻上海、北京、深圳、台湾、韩国等区域，加大目标企业攻坚力度，力争引进亿元以上项目30个、超亿美元项目2个，实现外资到账3亿美元。

增强载体支撑。突出开发区“主力军”地位、区中园“新引擎”作用，推进功能载体建设，加快产城融合步伐，切实增强对全市发展的牵引力。启东经济开发区加快功能完善和互联网经济、生物医药产业发展，吕四港经济开发区全力推进港口招商和项目建设，滨海工业园不断放大沪启合作园区示范带动作用，滨江医药化工园加快生态化改造，海工船舶工业园突出资源整合和功能配套，圆陀角旅游度假区十里江海风情带基本形成，启隆生态科技产业园加快养老、旅游项目建设，江海产业园全面推进围海工程和基础设施建设。

三、更广领域深化改革开放，着力释放内生动力活力

坚持“改革开放的自信和自觉”，坚定不移全面深化改革，全力推进双向开放，打造国家战略互联互通双向开放的桥头堡、全面融入上海的新天地。

突破重点领域改革。推进相对集中行政许可权改革，推行“一枚印章管审批”模式，探索市、镇、村三级政务网络一体化管理，实现审批服务再提速；推进综合行政执法体制改革，组建跨部门、跨行业综合执法队伍。支持国投、城投等国有企业通过控股、参股等股权投资方式，引导带动社会资本参与产业发展和基础设施建设；深化陆海统筹发展金融服务创新示范区建设，鼓励各类金融业态集聚，提升金融服务实体经济水平；引导企业用好各种金融工具，化解企业融资难题；切实强化金融监管，有效防范金融风险。完成农村土地承包经营权确权登记颁证工作，建成市、镇两级农村产权流转交易市场，推进“两权抵押”融资试点工作。继续深化医药卫生体制改革，努力打造全国县级医改“启东样板”。

扩大对外开放成效。更加主动融入国家全方位对外开放大局，积极参与“一带一路”和长江经济带产业整合和分工，丰富开放内涵，提高开放水平。发挥江海组合港和一类开放口岸优势，加大环抱式港池开发力度，启动长江北支岸线整治，推进综合保税区报批，不断拓展开放新空间。抢抓中韩自贸协定实施机遇，谋划建设中韩合作工业园。支持优质企业参与“一带一路”沿线国家基础设施、能源合作、农业开发等领域建设。发挥外贸激励政策作用，推动对外贸易平稳健康发展。

提升融入上海水平。加强战略协作，推进政策、规划、产业、民生、基础设施等方面与上海的全面对接。加快沪崇启铁路和过江通道规划研究，建成沪陕高速启隆出口。巩固扩大与浦东、崇明等区域和城投、绿地等企业的合作交流，推进沪启合作园区建设，努力在理念创新、人才科技、项目建设上取得新的突破。加强自贸区的对接研究，积极推广可复制的改革创新经验。强化与上海教育、医疗机构的交流互动，通过双方合作、委托培养、专家来启等形式，让市民共享上海优质资源。

四、更深层次实施创新驱动，着力打造创新创业高地

坚持“把创新放在核心位置”，推进创新型城市建设，大力推动产业科技创新，全力打造“四新”经济的主阵地。

提升创新能力。强化企业创新主体地位，鼓励企业开展基础性前沿性创新研究，重视颠覆性技术创新，支持基于互联网的各类创新，全社会研发投入占地区生产总值比重达2.55%；新增高新技术企业10家、高新技术产品100个，高新技术产业产值占规模工业产值比重达到48%。坚持高起点引进、高水平合作，构建产业技术创新战略联盟，实施产学研合作项目150个，重点科技成果转化项目10个。积极创建国家知识产权示范市，申请发明专利1000件，万人发明专利拥有量达到13件。

建设创新平台。加强科技基础设施和服务平台建设，扩大与高校、科研院所合作成效，谋划建设启东产业技术研究院。大力推广新型孵化模式，开展创业、创新、创投、创客“四创联动”，发展众创、众包、众扶、众筹“四众模式”，提升创新型经济园、国动产业园、博士创业园等载体能级，支持企业建设科创基地4万平方米，着力建设一批便利化、全要素、开放式的众创空间。鼓励企业加快研发机构建设，积极创建省级以上技术研发平台。大力引进风投、创投机构及种子基金，促进科技成果资本化、产业化。

集聚创新人才。把人才作为转型升级第一资源和核心要素，加强科技领军人才、企业家人才和急需紧缺人才队伍建设，全年引进创新创业领军人才120名，其中国家“千人计划”专家5人、省“双创计划”10人。组织企业家专题研修，推动工学结合、校企合作的技术工人培养模式，实施新生代农民工职业技能提升计划，不断优化人才结构。完善人才流动、培养、使用、激励机制，加快推进人才公寓建设，打造众“智”成城的人才港湾。

五、更高水平推动协调发展，着力形成一体发展格局

坚持“城市建设大提速”，突出新城扩容、老城提质、配套完善、民生优先，打造江海交汇的宜居宜业城市。

提升城市建设品质。完善城市总体规划，推进智慧城市、海绵城市和地下管网建设。优化城市路网结构，加快建设世纪大道东延、建设路南延、丁仓港路北延等城市进出道路，开工建设钱塘江中路、黄浦江中路等新城区道路，推进跃龙路、站前路等火车站路网建设。加强交通秩序整治，强化城区车辆管理，大力推进二手车停放专项整治，调整优化公交线路和站点设置，启用折桂中学、人民医院地下停车场，提高城区交通通行能力。着力完善城市功能布局，欣乐城、大润发、二手车交易市场建成运营，开工建设蝶湖片区、花鸟市场，推进火车站、建筑与金融产业园等重点工程。围绕“绿化、亮化、美化、净化”，推进城市秩序综合整治，完善城市绿地生态系统，完成灵秀公园、丁仓港滨河绿地等8个景观工程，提升小区绿化水平，实施水景桥梁、沿街楼宇亮化工程，持续提升城市管理水平，创建省优秀管理城市。

完善基础设施建设。全力保障宁启铁路、海启高速启东段建设，推进吕四港区专用铁路规划研究。启动国道345启东段、省道335吕四绕城段规划建设，新建干线公路30公里，完成12条县乡公路整修工程，实施50公里县乡公路、1000公里农村公路安保工程，亮化县乡公路25公里。

推进吕四港区10万吨级进港航道二期工程建设，完成连兴港闸、桃花洪闸建设，加快协兴港综合开发。推进区域供水通久线、惠海线、崇启线建设，加快推进广汇能源与东明线天然气管道对接，沿海变、圆陀角变等5个电力工程竣工投用。

推动新型城镇发展。以人的城镇化为核心，突出产城融合，推动人口集聚，统筹城乡发展。推进绿色城镇建设，深入实施集镇环境整治行动，提升集镇形象与环境面貌。吕四港、寅阳、南阳、北新、近海等镇加快促进人口、产业、要素集聚，优化空间布局，完善功能配套，做强经济总量。启隆、惠萍、合作、海复、王鲍、东海等镇注重地方特色保护和乡土风貌塑造，充分开发文化、生态、旅游功能，让居民记得住乡愁。

六、更优质量注重共享发展，着力增进人民群众福祉

坚持"发展为了人民"，持续加大投入力度，切实办好十大类为民实事，不断提升群众幸福感。

切实强化民生保障。实施全民参保登记计划，完善城乡居民社会养老保险制度，稳妥推进新农合和城镇居民医保并轨。积极拓宽就业创业渠道，切实增加城乡居民收入。大力发展公益慈善，全面实施"救急难"机制，提高社会救助水平。加大扶贫攻坚力度，强化精准帮扶措施，确保完成扶贫开发任务。加大安置房地块动迁力度，开工建设安置房100万平方米，竣工60万平方米，交付6000套，建设公租房700套。持续提高城乡居民保障水平，农村、城镇低保标准分别提高至540元、600元，新农合人均筹资标准增至700元，渔民互助保险最高金额提高至80万元。发展社会化养老，完善居家养老服务，推进"情暖夕阳"志愿活动，开工建设社会福利中心。

协调发展社会事业。围绕教育现代化全面达标的要求，强化学校自主办学、特色发展，激发教育活力；推进南通大学启东校区二期、城区学校建设，加大省优质幼儿园创建力度，加强义务教育共同体管理，全面提升高中教育质量，加快现代职业教育体系建设，推动各级各类教育优质均衡发展。深入推进医保、医药、医疗三医联动，巩固提升公立医院改革成果，促进分级诊疗常态化，完善家庭医生制度，创建国家医改示范县市；推进妇幼保健院、精神卫生中心和残疾人康复托养中心建设，创建省示范村卫生室50家。广泛开展"共乐东疆"百项群众性文体活动，开工建设文化体育中心，有序推动学校运动场地等公共资源向社会开放，更新改造公园、社区健身设施，增强全民身体素质。积极开展国防教育，争创双拥模范城。

不断创新社会治理。大力弘扬社会主义核心价值观，积极开展全国文明城市创建活动。加强社会诚信体系建设，基本建成覆盖全社会、互通共享的信用信息系统。完成第十一届村委会和第六届居委会换届选举工作，夯实社会治理基础。深入推进"政社互动"和社区减负工作，完善网格化管理，增强基层自治活力。有效防范、化解、管控各类风险，不断提高维护公共安全能力水平。完善社会矛盾预防调处机制，依法依规、及时就地解决群众合理诉求；加快市镇两级社会治理中心建设。强化社会治安综合治理，建设现代化社会治安防控体系。注重全民安全教育，落实安全生产责任制，保持安全生产形势稳定。创建省食品安全城市，实施"放心早餐""放心豆制品""放心肉"等品牌工程，为群众创造放心的消费环境。

七、更加注重建设生态文明，着力营造良好人居环境

坚持"可持续发展"，深入实施生态文明建设工程，统筹推进环境建设管理和保护，让启东天更蓝、地更绿、水更清。

推动绿色增长。巩固国家生态市创建成果，力争通过国家环保模范城市考核验收，启动国家生态文明示范区创建。严守项目建设和企业发展生态底线，实施更严格的环境准入标准。强化节能减排，大力发展循环经济，推动传统制造业绿色改造，加快淘汰落后产能。严守耕地保护红线，积极开展土地整理和复垦工作，提高节约集约用地水平。持续巩固造林绿化成果，新增造林绿化面积1万亩、城镇绿地面积70万平方米。

加强环境保护。高度重视大气污染防治，加强秸秆禁烧和综合利用，规范渣土运输管理，加快新能源车辆的推广运用，倡导绿色出行，确保环境空气质量继续保持南通领先。巩固水环境综合整治成果，持续推进河道综合治理，加强备用水源地、重点断面水质保护，推进紫薇河、庙港河、南城河等河道生态修复，强化污水处理厂运行监测，不断提升水环境质量。着力抓好农业面源和土壤污染防治，开工建设畜禽无害化处理中心。完善农村环境长效管理机制，新增南通市级以上美丽乡村7家。

强化铁腕治污。深入开展环保执法"亮剑行动"，加强重点排污企业监管，强化环境联合执法，强势推进化工、电镀、印染和窑业企业专项整治，规范排污许可证发放，坚决打击各类环境违法行为。完善企业环境行为信用等级评价制度，切实增强企业环境保护自律意识。启动"智慧环保"系统建设，及时公布环境质量信息，不断提高环境监测能力。

全力建设人民满意政府

各位代表，新目标承载新担当，全面完成今年和"十三五"期间的目标任务，对政府工作提出了新的更高的要求，我们必须大力加强政府自身建设，切实改进工作作风，才能汇聚推动转型发展、增进民生福祉的磅礴力量。

坚持依法行政。按照全面依法治市要求，建立权责统一、权威高效、保障有力的依法行政体制。动态调整"五张清单"，大力推进事前审批向事中事后监管转变，清理规范行政审批中介服务，全力打造全省一流的综合性政务服务平台。完善重大事项决策机制，强化重大决策终身责任追究及责任倒查机制。严格规范公正文明执法，全面落实行政执法责任制，加强执法监督，推进行政处罚案件全程阳光运行。创新行政复议工作机制，健全市镇两级法律顾问制度，完善并坚持行政机关主要负责人依法出庭应诉等制度。全面推进政务公开，保障公众知情权。深入开展全民法治宣传教育，大力实施"七五"普法规划，营造自觉守法、遇事找法、办事依法的法治环境。

坚持勤政为民。巩固拓展"三严三实"专题教育成果，坚持问题导向，强化纪律规矩，切实转作风、优服务、办实事，多谋民生之利，多解民生之忧，最大限度维护好群众利益。强化工作纪律和责任意识，大力倡导实干担当、善做善成的良好风气，提高政务效能，确保政令畅通。深入基层调查研究，力求情况了解在一线、问题解决在一线、效果体现在一线。加大目标考核和督查问责力度，切实解决好不作为、乱作为、慢作为问题。发挥"12345"、政风行风热线等平台作用，围绕群众关心、基层关注的热点难点，推动工作重心下移，着力解决服务群众"最后一公里"问题，使政府工作更加贴近实际、更加高效便民。

坚持廉洁从政。严守党的政治纪律和政治规矩，贯彻落实《廉洁自律准则》和《纪律处分条例》，严格执行中央八项规定和省委、南通市委、启东市委十项规定。自觉接受市人大及其常委会的工作监督、法律监督和市政协的民主监督，认真办理人大代表建议和政协委员提案。切实厉行节约，严格控制政府财政支出，认真落实政府预算、采购等各项制度，深入推进公务用车制度改革，将有限的财力更多地用在发展最需要的关键处，用在群众最需解决的问题上。加强权力运行的监督制约，加大行政监察和审计监督力度，强化重点领域和关键环节的监管。深入开展廉政教育，筑牢廉政防线，打造清正廉洁的政府形象。

各位代表，蓝图已经绘就，使命催人奋进，让我们紧密团结在以习近平同志为总书记的党中央周围，在中共启东市委的正确领导下，在市人大、市政协的监督支持下，团结和依靠全市百万人民，凝心聚力、真抓实干，奋勇争先、担当有为，践行新理念、建设新启东，为率先全面建成小康社会而努力奋斗！

（市政府办供稿）

重大活动

【启东市开展"三严三实"专题教育】 根据中央、省委和南通市委统一部署，启东市"三严三实"专题教育于2015年5月下旬正式启动，以县处级领导干部为重点，93个市管参学单位680多名乡科级领导干部按照统一标准同步跟进，并及时向村(社区)党组织延伸。至2016年2月，在上级组织部门的指导下，启东市紧扣省委"六查六看六整治"主线，突出问题导向，坚持严实要求，抓好关键动作，扎实推进专题教育各项工作，取得良好成效。

科学谋划，统筹协调。市委切实履行主体责任，市委组织部履行牵头职责，谋划推动专题教育各项任务。突出以上率下。市委专门召开常委会议，研究部署专题教育总体安排、各专题重点任务，提出"三比三争"目标导向，要求全市党员干部比党性修养，争做对党忠诚、为人坦荡的表率；比规矩意识，争做政治清醒、为政清廉的表率；比责任担当，争做务实为民、为官有为的表率，努力做到对照有标准，整改有方向。将"三严三实"专题教育作为常委会"议党建述党建"的首要任务，提出细化专题教育的具体措施。市委书记徐锋同志切实履行第一责任人责任，带头调查研究、学习、讲党课、研讨发言、查摆解决问题，对照一把手职责任务清单，逐条落实、逐项推进，亲自审阅把关全市专题教育《实施方案》、常委会工作方案、领导干部自学计划，重点审阅班子成员党课讲稿，定期调阅班子成员学习笔记，发挥带学促学作用。其他县处级领导干部认真履行"一岗双责"，深入分管单位和基层联系点，开展专项调研90多次，参加专题研讨70多次。乡科级领导班子向市四套班子看齐，全市面上专题教育"四专题一强化"关键动作稳步推进。加强督促指导。结合省委巡视组反馈问题整改和市委重点工作安排，建立问题整改跟踪督查机制，及时发现和解决苗头性、倾向性问题。将专题教育纳入党建创新杯季度考核，建立专题教育进展情况半月报制度。先后对各镇、园区、街道以及部分市级机关专题教育进展情况开展3次调研检查。12月底，组织开展专题教育"回头看"，通过走访座谈、查看资料等方式，深入排查专题教育中存在的问题，对规定动作没有落实或落实不到位、质量不高、效果不明显的，及时督促"补课"到位。营造舆论氛围。加强"三严三实"典型的宣传力度，深入开展向"中国好人""感动中国·2014江苏十大感动人物"周浩学习活动。结合"三会一课"、统一活动日等时机，通过远教平台、DVD播放等形式，组织广大党员干部观看党员教育微电影。在《启东日报》、启东组工在线微信公众平台设置"三严三实"专栏，宣传相关单位及20名"身边好党员"认真践行"三严三实"的先进事迹。

注重自学，深入研讨。上好党课带头学。结合专题教育部署，市委主要负责人结合调研征求意见情况，在专题党课中点出干部队伍中存在的精神不振、作风漂浮、因循守旧等6个方面24个"不严不实"问题，引导全市党员干部主动找差距、促自省、抓整改。其他县处级党员领导干部同步跟进，紧密联系分管部门、分管领域实际，讲好专题党课，发挥领学带学促学作用。各镇(园区、街道)和市级机关党组织书记分别在系统单位上专题党课，5100多名机关事业单位干部普遍接受一次深刻的理论教育和党性教育。交流研讨互动学。规定每次集中研讨时间不少于半天，每名县处级领导干部每个专题至少发言一次。严格落实"书记提要求、重点发言、讨论发言、书记作小结"四个步骤，明确交流发言"三个联系、三个必须"的要求，即联系个人思想、联系工作职责、联系纪律规矩；必须谈学习体会、必须讲存在问题、必须明努力方向。市委理论学习中心组开展集中学习研讨6次，每名县处级领导干部重点发言3次，补充发言3次；乡科级领导班子普遍开展3次以上集中学习研讨。正反典型对照学。组织市委中心组成员集体赴淮安瞻仰周恩来纪念馆，到市抗大九分校纪念馆开展现场学习，重温入党誓词。组织全市各级领导干部观看警示教育片。

深查细照，列出清单。列出清单逐项改。结合"三解三促"活动，按照"三个摆进去""四个对照"要求，县处级领导干部列出"不严不实"6个方面问题290多条，乡科级领导干部列出存在问题4200多条,全部明确整改计划和整改时限,在专题调研、交流研讨和相互批评的基础上,普遍进行3次以上修改完善。严格把关督促改。建立领导干部问题清单审查机制,在组织部门初审的基础上,由市委主要负责同志审核把关。市委组织部建议8位领导干部补充完善问题清单,市委书记对3位领导干部的问题清单提出明确修改要求。挂单对标销号改。在群众路线教育实践活动个人整改清单销号管理的基础上,建立领导干部"不严不实"问题清单台账,推行整改情况半月报制度,及时了解整改落实和边学边查边改情况,督促问题解决。突出重点抓基层。在镇村两级基层党组织中深入开展践行"三严三实""五个一"活动,着力搞好"四个排查"和村干部作风专项整治。在市级机关、镇(园区、街道)和村(社区)自查的基础上,市纪委、市委组织部组织力量对市级机关、镇(园区、街道)逐单位开展摸底排查,调查群众来信92件,群众来电来访212次,排查出基层干部损害群众利益问题30个,其中不作为问题25个、贪腐谋私问题5个;已解决问题26个,其中解决不作为问题21个、贪腐谋私问题5个。市纪委组织对全市村(社区)开展巡查审计,发现违纪违法线索55个,对18名村干部进行立案处理并给予党纪处分。

聚焦问题,深查细剖。把在全市范围自上而下地召开好专题民主生活会和专题组织生活会作为严格规范党内政治生活的一次生动实践,严格开展批评和自我批评。广泛征求意见。市委常委班子坚持开门纳谏,通过深入基层走访、召开座谈会、利用网络平台等形式,广泛征求对深化作风建设的建议意见,共征求到经济发展、城乡建设、"三农"工作、民生实事、社会治理、作风建设、干部队伍等8个方面意见建议47条。深入交心谈心。常委班子成员按照"三个必谈"要求,深入开展谈心谈话,市委主要负责人与班子每个成员逐一谈心,班子成员之间互提不足,班子成员与所分管部门主要负责人深入交流,坚持从问题具体表现、本质原因、根源分析三个层面深入交心。深刻查摆剖析。市委主要领导主持研究起草常委班子对照检查材料,3次召开专题会议,梳理存在问题,讨论常委班子对照检查材料,共查摆出"三严三实"、遵守党的"六大纪律"、落实党风廉政建设"两个责任"等方面存在问题共29条。全市党员干部在听取意见的基础上,深入查找"不严不实"问题,力求查摆问题具体深入,触及灵魂,其中10名常委共查摆"四风"问题147条,市委班子成员平均在15条左右,每一个问题都列出具体事例。严肃开展批评。市委常委班子成员互相批评坚持指出存在的缺点和不足,态度诚恳地分析问题的成因和根源,相互批评意见达93条。领导班子民主生活会后,基层党组织共召开基层党组织生活会1800多场,并开展民主评议党员工作。各级领导班子成员严格执行双重组织生活会制度,全程参加并认真指导所在支部的专题组织生活会。

通过扎实开展"三严三实"专题教育,全市党员领导干部对"三严三实"重大意义和丰富内涵的认识普遍提高,严守党的政治纪律和政治规矩逐步转化为行动自觉,"不严不实"问题得到有效解决,营造风清气正的政治生态。严的氛围逐步形成。实的作风落地生根。把抓好党建作为最大主业,以"五个四"工程为主抓手,建立健全"四议四述"工作机制,推行党建工作季度考核,强化目标管理和过程控制。完善市四套班子领导分工挂钩联系园区、推动项目建设工作机制,开展重点工作"听看考"活动,聚焦聚神聚力项目建设。完善"三强化三提升"群众工作机制,实施社情民意分析会、"三议"工作法,遍布城乡的898个"正能量加油站"获评省宣传思想文化工作创新奖,全省县级市唯一,社会治理科学化水平不断提高。紧扣民生建设"七个更"目标,扎实推进十大类44项为民实事项目。推进综合医改省级试点工作,分级诊疗制度全面推行,医改成效得到上级肯定。制度建设日益完善。研究制定《关于推动全面从严治党迈上新台阶的意见》等5个制度文件,出台《启东市党政领导干部选拔任用实施细则(试行)》等"1+6"配套制度文件,出台《关于进一步加强镇乡园区党(工)委班子建设的意见》。开展"三严三实"专题教育,必须把领导带头贯穿始终,必须把整风精神贯穿始终,必须把解决问题贯穿始终,必须把从严从实贯穿始终。但专题教育中也存在不足和差距。有的同志把专题教育当作硬任务,主动学、主动查、主动改的自觉还没有形成;解决"不严不实"问题的成效、措施还只是初步的,在长期坚持、常态落实上仍需下功夫;恢复和发扬批评与自我批评的优良传统、以整风精神严格党内生活,还需要从制度机制层面进一步规范和强化等。这些问题需要在以后的学习教育中及时补课、认真解决。

(徐　杨)

【启东创建全国文明城市】 4月10日,市委、市政府召开创建国家卫生城市总结表彰暨争创全国文明城市动员大会,市创建全国文明城市指挥部办公室以创建全国文明城市为总抓手,坚持价值引领、创建为民、问题导向、以上率下、合力合为这五个原则,围绕公民道德、公共环境、公共秩序、公共服务、公共文化、公共关系、公益活动这七个关键要素,从正面达标和负面清单两方面量化任务、实化措施、细化流程、固化机制;坚持日巡查、周调度、月推进,用好"暗访、曝光、问责"这三把利剑,通过一年的创城实践,有效解决环境、秩序、服务等城市管理和社会治理的一些顽疾,城乡文明程度和公民文明素质得到有效提升,群众的获得感、幸福感、归属感得到提升。

强化组织,明确创建工作目标任务。抽调人员,组建市创建办及九个专项工作组。对全市42个重点责任单位和创建工作职责任务,逐家逐条进行分解明确。对照标准,拟订创建全国文明城市三年行动计划。注重长效,梳理排出创建文明城市工作重点项目,明确工作内容、标准、责任主体和时间节点。9月,对市区建成区范围内的道路、小区、公园、广场、车站、学校、医院、宾馆、商场和网吧、影院、美容美发等经营性场所,全部按创建文明城市测评体系和标准进行建档管理。

专项整治集贸市场及周边环境。集贸市场及周边环境卫生秩序一直是卫生城市、文明城市创建的重点和难点,为真正实现有效整治、长效管理,5月下旬起,组织市场监管、城管、公安和南城区等部门,对彩臣街及人民桥市场周边环境秩序进行综合集中治理的试点探索。第一阶段集中整治乱设摊点，第二阶段进行适当的设施改造，第三阶段推动街区自我管理。第一阶段已完成，同步推进第二阶段和第三阶段工作。最终目的是在这个街区建立起由街道办、市场监管部门指导，社区业主委员会、网格员和沿街商铺业主自治管理环境卫生秩序和文明诚信经营的长效机制。这一街区试点成功后，将在其他人流密集、商贸集中的街区逐步推广复制。

*加强城市基础建设改造力度。*老小区改造继续深入。2015年，投入800余万元对阳光花苑、滨江花园、紫薇花园、香格花园、汇东新村、长龙一村、长龙三村、御龙街、汇东小区9个老小区进行改造。新增停车位约2400多个，修补道路2000多平方米，铺设管道1500多米，更换路灯350套。同时，改造部分背街小巷的破损路面，信报箱全面更新改造。全年投入99.47万元，对城河新村、汇友小区、轻工小区、汇东新村、彩臣二村、彩臣三村、长龙一村、长龙二村、紫薇花苑、幸福一村10个老小区的9071户信报箱进行改造，提升老小区的综合功能。数字城管凸显常态管理。围绕"第一时间发现问题，第一时间处置问题，第一时间解决问题"的目标，建设数字城管监控平台，出台《启东市城市综合管理案件接处工作规程》，基本实现创文工作的长效常态化管理。

*开展"星级文明诚信商户"评比活动。*2015年9月，开展"星级文明诚信商户"评比活动，市创文办、市市管局向评比商户发放《致广大商户的一封信》，宣传创建活动的目的、意义、创建评选内容、标准、奖励措施等。10月22日起，向经营户分发"星级文明诚信商户"的评选申请表，并指导参评对象做好填表工作。11月起，完成初评及社会公示与挂牌。星级文明商户评比实行动态化管理机制，为每个参与评选的商户建立评选档案和跟踪管理台账，将得星情况通过挂牌形式展示，上墙接受群众监督。已命名的"星级文明商户"，如发现不符合星级标准的，一律摘牌整顿。通过评比活动，健全群众参与文明经营、诚信经营管理的长效机制，推动精神文明创建活动制度化、规范化、常态化。

*营造创建氛围。*召开会议部署任务，开设专题专栏宣传报道进展成效。多媒介全方位的公益宣传氛围，通过"一报两台"、公众微信矩阵、道路墙体等阵地，全方位进行以社会主义核心价值观为主要内容的公益广告宣传。市民广泛参与的讨论评议反思整改氛围。7月起，组织发动市民对身边突出的不文明行为进行随手拍和讨论评议，排出大多数市民反响强烈的几个不文明现象，以宣传教育、文明劝导与集中整治、依法严管相结合，下力气推进问题得到明显改善。在此基础上，11月，制定并实施新时期《启东市市民文明公约》。

*举办道德模范与身边好人现场交流活动。*4月30日，组织举办2014年度"启东好人"见面会暨医卫行业先进典型事迹报告会；6月17日，举办江苏省道德模范与身边好人现场交流活动。两次活动都充分展示全市开展"传递正能量、共建好家园"文明创建主题教育实践取得的丰硕成果，得到省和南通市委宣传部、文明办主要领导的充分肯定，在广大市民中引起强烈共鸣和反响。5月19日《新华日报》头版刊载《启东凡人善举汇聚文明新动力》一文，6月18日《新华日报》二版头条新闻标题为《道德光芒，让第一缕阳光更耀眼》，宣传启东的文明创建工作。制作1000张好人交流会活动实况光盘发送全市各基层党组织，并通过"启吾东疆"论坛对活动进行网络直播。

*"正能量加油站"全省推广。*以村公共服务中心、社区休闲文化广场、网格健身点等阵地为依托，通过赠送便携式音响设备，创新性地在城乡社区建设"正能量加油站"，组织群众开展健康向上的文化、科普、体育等活动，及时宣传党的政策法规、科技文化、先进典型等，寓宣传教育于群众的文体休闲活动之中，在报纸、广播、电视、网络以外，成功开辟建在群众家门口的宣传文化新阵地。至年底，建成站点898个，在2014年实现296个村(社区)全覆盖的基础上，2015年有110个村(社区)实现网格全覆盖，组织群众开展文化活动5000多场次，常态化参与人员超过5万人。新华社、《半月谈》《新华日报》《时事报告》等重要媒体予以深度报道推介。利用"正能量加油站"宣传教育基层群众的做法，被评为2015年度全省宣传思想文化工作创新奖，启东市是全省唯一获此殊荣的县级市。

（*石　磊*）

【启东市深化医药卫生体制改革】 2011年，全市推进基层医疗机构综合配套改革，将原30家镇民营医院回购转制为公立医院，按建制镇所在地组建11个基层医联体，实行一体化管理，完善市、镇、村三级医疗服务网络，健全基层医疗卫生服务体系。2014年5月，启东市被确立为省深化医改先行先试县市，根据国家、省和南通市深化医药卫生体制改革，建立现代医疗卫生体系要求，市把增投入、建体系与转机制、调结构，优服务、惠民生紧密结合，稳步推进公立医院改革，全面推进分级诊疗和家庭医生两项制度，扎实推进资源优化、智慧卫生、卫生惠民三项工程("123"医改行动计划)，深化医改工作取得阶段性成效。2015年10月18日，国家卫计委主任李斌到启东调研，充分肯定启东市深化医改工作。

*建立现代医院管理制度。*全市以市人民医院和市中医院为龙头，根据区域划分，按照一家三级医院、一家二级医院、若干一级医院模式组建两大医疗管理集团，全市所有公立医院全部纳入集团化管理，医疗管理集团履行公立医院经营管理职能，执行现代医院管理制度。两大医疗管理集团分别成立理事会和监事会。市成立公立医院管理委员会，负责确立全市公立医院发展规划，行使医疗管理集团的重大事项决策权。公立医院管理委员会和两大医疗管理集团理事会、监事会之间形成决策、管理和监督相互配合、相互制约的新局面。医疗管理集团内部实行"五统一"的一体化管理，即统一发展规划、统一人事管理、统一财务管理、统一资源调配、统一绩效考核，建立分工协作、分级诊疗、人才培养、质量管理、技术共享五大运行机制，组建消毒供应、病理、会计核算三大资源集约中心，远程会诊、远程教育、远程影像、远程临检、远程心电五大技术共享中心，龙头医院对

下级医院、龙头医院一级科室对基层医院、基层医院对村卫生室建立长期稳定的结对帮扶、对口支援工作机制,集团内部实行同质化管理。2015年,两大医疗管理集团下派20名中级、副高职称医师到基层受援单位全日制对口支援,基层医院有20名医师到龙头单位务实进修,人民医院6个一级科室、中医院4个一级科室对基层医院常规开展结对帮扶,两大集团各自的7个共享中心规范运行,基层整体医疗业务水平明显提高。

破除“以药补医”机制。全市公立医院全部取消药品加成,除中药饮片和医院制剂外,所有药品实行零差率销售。按照“总量控制、结构调整、有升有降”原则,降低药品、高值医用耗材、大型设备检查价格,合理提高体现医务人员劳动价值的诊察、治疗、手术等项目价格,使医院通过提供优质服务获得合理补偿。先后于2014年8月和2015年12月两次对医疗服务价格进行调整,其中第一次上调600项,下调220项,取消9项;第二次上调650项,下调210项,取消9项,实行市场调节价32项。医院减少的药品收入80%通过调整医疗服务价格,20%通过增加财政投入予以补偿,不增加患者实际医药费用负担。

加大财政保障力度。全市公立医院按补运行的方式实行财政差额补助,对符合区域卫生发展规划的公立医院发展建设支出由市财政统筹安排,对公立医院承担的公共卫生服务给予专项补助,对政府指定的紧急救治、救灾、援外支边等公共服务经费,政策性亏损市财政予以保障。全面化清基层公立医院历史性债务,先后为公立医院化债4102.2万元。

改革编制人事薪酬制度。创新医疗集团人员编制和人事管理办法,实行集团人员“总量控制、备案管理、按岗聘用、待遇保障”,核定第一集团人员总量2740名,第二集团人员总量1840名。完善人事招聘制度,卫技人员招聘主体由市人社局改为市卫计委和医疗管理集团共同负责,并逐步过渡到由集团自主招聘,合理设置招聘条件、简化招聘程序,提高招录率。完善公立医院薪酬制度,试行院长年薪制。完善绩效考核办法,推行医管委对医院、医院对科室、科室对个人三级绩效考核,考核结果作为核定绩效工资总量、单位主要负责人薪酬、财政统筹经费数额、职工个人绩效工资数额及晋升晋级的依据。2015年,全市公立医院(人民医院、中医院、老中心卫生院)取消药品加成减少收入9559.78万元,调价增加收入7199.62万元,大型检查下浮减少收入612.93万元,改革后实际减少收入2932.19万元。与上年同期相比,门急诊人次增长1.07%,门诊均次费用增长7.93%,幅度环比有所下降,住院人次增长4.22%,住院均次费用增长6.24%,药占比下降4.03%。通过委托第三方函调结果显示,各项指标总体平均满意度达97.53%。

全面推行分级诊疗制度。通过“一提升、双引导、双规范”,稳步推进分级诊疗工作,加快实现“引导考核制度化、双向转诊普及化、就医秩序规范化、资源利用最大化”目标。“一提升”即通过改善基层医疗机构服务环境、加大基层医疗机构设施设备投入、加快基层人才引进培养、发挥集团化管理优势、提升卫生信息化管理水平,全面提升基层医疗机构服务能力。“双引导”即强化医保政策的刚性引导、强化对分级诊疗宣传的柔性引导。“双规范”即规范分级诊疗制度、规范分级诊疗考核,实行基层首诊负责制,严格转诊办理责任制,健全转诊信息登记报送制度,明确双向转诊流程,加强分级诊疗工作日常管理,严格控制转诊率和平均住院日,强化分级诊疗工作督查考核。2015年,全市基层医院上转参合患者20345名,市级医院下转1458名,市级医院住院病人较上年同期增长2.9%,基层医院住院病人较上年同期增长19.62%(中心卫生院同比增长3.73%,乡镇卫生院、分院同比增长42.99%)。尽管全市医疗机构新农合住院患者增长1.5万人次,补偿标准也有较大幅度提高,但全市人均住院发生额同比减少2.5%,住院发生额减少1440多万元,新农合补偿支出减少690多万元,提高新农合资金使用效率,城乡医疗卫生资源得到合理有效使用,“小病不出村、常见病不出镇、大病到市级医院”目标逐步实现。

全面推行家庭医生制度。全市组建252个健康管理团队,采取夯实基础和强化队伍并重、公共卫生与基本医疗兼顾、普惠化服务与个性化服务结合,全面落实市级医师驻镇、镇级医生驻村制度,健康管理团队实行统一服务团队组建、统一服务模式、统一服务内容、统一服务流程、统一服务标准、统一服务考评的“六统一”管理,使卫生服务更加贴近基层、贴近群众,着力构建“全科医生普及化、卫生服务网格化、慢病管理规范化、健康档案全民化”健康管理新模式。全年开展团队活动14334次,开展各类健康讲座1688场,全人群签约率84.3%,重点人群签约率93.2%。

推进卫生资源配置优化工程。修订卫生规划。加强公共卫生机构建设。推进市妇幼保健院、精神卫生中心和残疾人托养康复中心等专科医疗机构建设。鼓励医院创等升级,全市有三级医院和二级医院各2家,人民医院为三级综合医院,中医院为三级乙等中医医院,第二、第三人民医院为二级综合医院。加强学专科建设,全市共有省级重点专科2个,南通市重点专科10个,南通市重点学科1个,南通市重点建设专科4个,基层医疗机构有7个科室在评南通市基层医院特色专科。鼓励社会办医。提升中医服务能力,全国基层中医药先进单位成功创建,全市每个建制镇中心卫生院都建有特色鲜明的中医药综合服务区,第一届启东名中医评选圆满完成。

推进卫生信息化建设工程。区域卫生信息平台建设基本完成。基层医疗机构同市级龙头医院的远程会诊、教育、影像中心建成启用,其中远程心电中心与上海新华医院实现实时会诊。基层医院门诊、住院、收费、药房、检验、病历等全过程信息化管理。市、镇、村三级医疗机构实现医保联网实时结算。基层医疗卫生机构实现互联共享。居民电子健康档案和电子病历全面启动,居民健康卡用卡环境建设到位,全市2192台健康卡读卡器安装完成,首批8000张居民健康卡在吕四港镇试点发放,第二批7000张居民健康卡在汇龙镇、惠萍镇发放。

推进卫生惠民工程。全市12家自助式健康小屋全面启用,12类45项基本公共卫生服务项目及重大妇幼卫生服务项目稳步推进,人均基本公共卫生服务经费达50元。新农合保障水平不断提高，新农合筹资标准每人600元，其中财政补助480元，参合率99.96%，全面实施总额预付、按床日付费和按病种付费结合的支付方式改革，先后开展儿童先心病、白血病、终末期肾病等20种重大疾病救治，补偿比例达70%以上，全年有1409人获重大疾病救治，补偿金额3371万元。累计分段递增补偿率的大病医疗保险全面实施。每年为200例特殊对象免费开展白内障复明手术。对在基层医院住院的低保、五保户及农村70周岁以上老人实施基本药物全免费，全年参合者因享受该政策而减少医药费支出489万元。深化沪启卫生合作，同上海瑞慈医疗集团开通远程会诊系统，为上海优质资源辐射启东提供便捷平台。推进医养结合转型改造，有5家医院完成转型改造。不断改善医疗生态环境，深入开展"阳光用药工程"，有效预防和遏制医药购销领域商业贿赂行为，创新医患纠纷预防处置，在每个医疗机构建立医患关系沟通科，在中心以上医院设立具备摄录设备医患沟通谈话室，推进医疗责任保险制度，率先成立第三方调解组织——启东市医疗纠纷人民调解委员会。改善医疗服务环境，建立"绿色通道"，推行迎宾式导医、一站式服务、全程式陪同服务模式。建立医院健教文化长廊和病员休闲小区，营造温馨和谐的就医环境，切实提升医疗卫生服务满意度。

（徐卫菊）

【2015中国·启东国际经贸洽谈会举行】 5月22日上午，2015中国·启东国际经贸洽谈会在恒大国际会议中心举行。第十届全国政协常委、全国工商联原常务副主席张绪武，江苏省沿海办主任林一峰，南通市副市长单晓鸣，市领导徐锋、黄卫锋、顾云峰、汤雄、兰生峰等出席开幕式。来自美国、德国、日本、韩国等国家和中国香港、台湾地区及内地的200多位客商参加开幕式。市委书记、市人大常委会主任徐锋致开幕词。单晓鸣代表南通市政府对2015中国·启东国际经贸洽谈会的开幕表示热烈祝贺，认为启东是一片挥洒激情、干事创业、成就梦想的热土，期待各位企业家在启东投资兴业、安家落户，共同参与启东新一轮沿江沿海开发建设，分享启东国家叠加机遇的政策红利和未来发展的丰硕成果。省沿海办主任林一峰认为，启东已经成为承接东西南北的沿海地区的一个重要交通枢纽，特色产业也呈现着集聚发展的态势，园区建设水平继续领跑沿海，并勉励启东把握国家"一带一路"、长江经济带建设的战略组合推进空前的历史性机遇，在新一轮发展中勇立潮头，走在全省沿海地区的前列。单晓鸣和上海外高桥保税区局副总经理刘宏为上海自贸区启东生物科技创新协作园揭牌。张绪武和林一峰为江苏省启东圆陀角旅游度假区揭牌。普华永道会计师事务所高级合伙人朱虹，尚华医药研发服务集团总裁惠欣，韩华新能源（启东）有限公司总经理金相勳在开幕式上发言。市委副书记、市长黄卫锋主持开幕式。副市长孙建忠推介启东投资环境。

在随后举行的重大项目颁证颁照和集中签约仪式上，市领导向生态人模块建筑科技（启东）有限公司、启东新益液压有限公司、江苏华滋海洋工程有限公司、艾维特智慧数据科技（南通）有限公司、江苏爱投融资租赁有限公司、启东金美化学有限公司、启东诚瑞农业发展有限公司、东和管道科技（江苏）有限公司、启东市环隆贸易有限公司等18家企业颁发营业执照。有44个项目进行集中签约，其中内资项目25个，总投资105.3亿元；外资项目19个，总投资25.86亿美元。投资规模最大的内资项目是"年产1万吨核级锆项目"，由上海哈峰新材料科技有限公司与吕四港开发区签约，总投资30亿元；投资规模最大的外资项目是"文化主题公园项目"，由天洋集团梦东方文化投资有限公司与启东市人民政府签约，总投资20亿美元。新华网、人民网、《文汇报》《新华日报》《新民晚报》、上海电视台、江苏电视台、新华社等20家媒体采访报道此次洽谈会盛况。

（彭红辉）

【2015中国·启东科技节暨国际经贸洽谈会举行】 10月20日上午，以"创业开启梦想，创新引领未来"为主题的2015中国·启东科技节暨国际经贸洽谈会开幕式在环球大厦博圣酒店举行。南通市委常委、组织部部长张兆江，江苏省科技厅副巡视员李健民，启东市领导徐锋、黄卫锋、顾云峰等，中国科学院院士匡定波、郑有炓等出席开幕式。来自美国、新加坡、芬兰、日本、韩国等180多位中外客商，159位高校、科研院所的专家教授参加开幕式。市委书记、市人大常委会主任徐锋致开幕词。南通市委常委、组织部部长张兆江代表南通市委、市政府，对此次节会的隆重开幕表示祝贺，并和江苏省科技厅副巡视员李健民为"江苏省可持续发展实验区"揭牌。国家纳米科学中心党委书记刘洪海、东南大学副校长沈炯、九次方财富咨询（北京）有限公司总裁王叁寿作了发言。市委副书记、市长黄卫锋主持开幕式。2015年"启东市科学技术进步奖""东疆英才计划"资助对象、"杰出人才成就奖""高技能人才贡献奖""优秀农村实用人才奖"的获得者受到表彰。市四套班子有关领导，市级机关各部门主要负责人，市有关部门中层以上干部，各镇乡党委书记、镇乡长、人大主席、分管负责人，各园区、街道主要负责人、分管负责人，各镇乡、街道、园区科协主席、科技助理，各招商分局局长，市各中小学校长，受表彰对象等参加开幕式。在随后举行的颁证颁照和投资项目集中签约仪式上，市领导向联邦航太航空动力（启东）有限公司、南通太平洋海洋工程有限公司、华英北上海旅游服务（启东）有限公司、兴达日化（启东）有限公司等16家企业颁发营业执照。启东市天汾电动工具公共服务中心与上海工程技术大学合作的"智能电动与控制工作站项目"、江苏海四达电源股份有限公司与合肥工业大学合作的"电动汽车研发与产业化项目"、江苏林洋照明科技有限公司与复旦大学合作的"LED照明系统的研发项目"、向海重工集团股份有限公司与天津大学合作的"海洋工程FPSO研发应用项目"等20个产学研合作项目进行集中签约。30个投资项目进行集中签约，签约项目单体规模大、科技含量高，涉及机械、电子、生物、医药等多个领域。其中，签约最大的内资项目是中艺财富文化艺术品投资管理中心投资的中艺财富大生文化艺术园项

目,总投资10亿元;最大的外资项目是联邦航太控股集团有限公司的通用飞机生产项目,总投资6.5亿美元。

(彭红辉)

【启东港口岸对外开放通过国家验收】 11月17—18日,由海关总署(国家口岸管理办公室)会同公安部、交通运输部、质检总局和总参谋部组成的验收组,对启东港口岸对外开放进行国家验收。验收组组长、国家口岸管理办公室调研员尹磊,江苏省口岸办副主任徐斌,南通市政府党组成员陈翔,市领导徐锋、黄卫锋、孙建忠等出席验收会。江苏省口岸办、南通市人民政府、国家驻苏口岸检查检验单位和部队代表参加验收工作。市委副书记、市长黄卫锋汇报启东港口岸建设和对外开放工作情况。验收组现场检查启东港口岸及江苏华滋海工舾装泊位、南通润邦海工舾装泊位等,听取口岸建设和开放准备工作的情况汇报。一致认为,江苏省和南通市、启东市人民政府高度重视启东港口岸开放工作,口岸检查检验场所、办公业务用房以及配套设施已基本建成,现场监管条件符合有关规定,基本满足检查检验工作需要;有关军事设施保护与保密措施已落实。验收组一致同意启东港口岸开放通过国家验收。尹磊希望启东要加强口岸运行管理,将安全放在首位,向科技要效率,地方政府要与查验单位加强协调配合,使用好口岸,各查验单位要把好国门,创造高效和谐的口岸通关环境,服务好地方经济发展。此前,8月6日,国家口岸管理办公室处长、验收指导组组长钦明炜一行到启东,调研启东港口岸对外开放工作。江苏省口岸办副主任徐斌,南通市副市长孙建华,市领导徐锋、黄卫锋、孙建忠等参加相关活动。

(彭红辉)

活力新城。 (市新闻信息中心供稿/2015年2月摄)

媒体聚焦启东文章选摘

启东：书写新常态下改革发展新答卷

以新常态思维，观察启东经济社会2014年的发展轨迹，亮点不胜枚举。

2014年8月10日，启东港作为国家一类口岸对外开放正式获批，让启东拥抱“大港时代”。

2014年9月13日，南通大学杏林学院启东校区迎来首批新生，让启东喜圆“大学之梦”。

近日，宁启铁路二期工程正式开工建设，让启东即将踏入“动车时代”。

大港、大学、铁路，加上建成通车的崇启大桥，让启东经济社会发展从战略上完成了宏阔布局。

加法与减法，是优化存量、激活增量的“双手”。在做好战略性新兴产业和高科技产业“加法”的同时，做好过剩、落后产能的“减法”，是启东转型发展调结构的“主基调”。有一种红，叫启东的创业激情；有一种蓝，叫启东的晴空万里；有一种绿，叫启东的工业质效；有一种橙，叫启东的人才集聚……

新常态催生新作为，新作为聚力新优势。回望匆匆又一年，启东衔枚疾进的身影背后，是新常态下书写的改革发展新答卷。

项目为王　开创沿海开发新局面

1月21日，江苏林洋光伏科技有限公司车间内，工人正在忙着包装太阳能电池片。该项目一期于去年3月开工建设，总投资7.2亿元，目前已竣工投产，预计可实现年销售20亿元、利税3.9亿元。

项目是经济运行的支柱。面对纷繁复杂的宏观形势，启东扎实开展重点工作“听看考”、“重大项目突破年”等活动，一批重特大项目进展明显。2014年，新开工亿元以上重大项目85个，新竣工亿元以上重大项目25个；华峰超纤、卓达新材料等项目成功落户，广汇能源、宏华海洋、京沪重工等项目加快建设，林洋光伏一期、东岳药业等项目竣工投产。

基础设施建设是助推项目进程、服务沿海开发的关键。2014年，启东一类口岸开放正式获得国务院批复；吕四港环抱式港池匡围、防沙导流堤工程全面竣工，进港航道一期工程基本完成，渔港扩建区项目初步设计获得省发改委批复，综合保税区可研申报工作扎实开展；临海高等级公路全线通车，宁启铁路启东段、海启高速启东段开工建设。

特色产业发展平台是项目承载的主阵地。2014年，全市八大园区完成基础设施投资40.7亿元，功能配套能力显著提升。启东经济开发区在省级开发区综合评价中名列第三，吕四港经济开发区环抱式港池和国家级渔港建设顺利推进，滨海工业园积极创建省级高新技术产业园，海工船舶工业园获评首批省级高端装备制造业特色产业基地，江海产业园成功入选首批长三角合作共建试点园区。

一座崇启大桥，让启东与上海实现牵手共进。对接上海，启东谋定而后动。去年5月，上海市政府发展研究中心启东研究基地正式揭牌，成为该中心在江苏设立的第一个研究基地。启东委托该中心实施对接上海“139”工程，在园区开发、港口发展、人才、科技、职业教育、旅游、农产品供销、物流、服务外包九大领域，开展相关对接研究工作，38项工作已经顺利展开。

凭借得天独厚的区位优势和资源禀赋，启东持续推进沪启园区合作，积极承接上海产业转移，全年引进上海企业32家，总投资105亿元。强化与上海高校、科研院所的合作对接，与华东理工大学共建功能材料产业研究基地，与上海电机学院签订全面合作协议。通过整合重点旅游产品、签订旅游合作框架协议,启东在沪旅游营销推介力度不断加大。同时,为了使启东“菜园子”更好地对接上海“菜篮子”,去年一年,启东新增100亩以上连片基地54个,新增直供基地32家、配送中心6家。

创新驱动　迈出转型升级新步伐

1月5日,由中远船务启东海洋工程有限公司独立自主建造的半潜式海洋生活平台“高德1号”成功交付。该平台被誉为“海上五星级宾馆”,最多可为990人同时提供生活居住服务,也是全球迄今为止可居住人数最多的半潜式海洋生活平台。

在启东绵延183公里长的长江岸线上,中远船务、太平洋海工、胜狮能源装备等近20家企业比邻而居,共同支撑起启东引以为傲的海工装备产业。

产业转型步伐加快,集聚发展态势日益明显。去年一年,启东海工装备、新能源及光电、电动工具、新医药、节能环保五大产业集群累计完成产值880亿元,约占规模工业总量的58.7%,同比增长16%。以中远海工、太平洋海工为龙头的海工装备产业已成为全市发展速度最快、增长潜力最大的产业;以韩华新能源、海四达电源为龙头的光伏新能源基地被命名为“省级光伏新能源产业园”;以希迪制药、拜耳医药为龙头的生物医药基地,以及以神通阀门、南方润滑为龙头的节能环保特色产业基地被认定为“国家火炬计划特色产业基地”;以东成、国强为龙头的天汾电动工具产业园被命名为“江苏省电动工具特色产业基地”。

优质项目纷至落户,优势产业加速集聚,发展方式不断优化,启东经济在转型升级中持续发力。去年全年,启东每度电预计产生的工业应税销售、工业净入库增值税金分别达到33.4元、1.2元,列南通各县市第一。全年完成高新技术产业产值682亿元,占规模工业产值的比重达45.5%,比去年年底提高了20%;完成新兴产业产值555亿元,占规模工业产值的比重达37%,比去年年底提高了18.6%。

上月初,启东远赴成都举办现代服务业投资推介会。投资额20亿元的圆陀角宗教文化养老中心项目、投资额5亿元的吉昌商业广场项目等20个项目集中签约,总投资达51亿元。

面对新的发展形势和挑战,启东把发展现代服务业作为转方式、调结构的重头戏,通过提升传统服务业、打造特色江海旅游、发展现代物流业,促进现代服务业健康、快速、高效发展。去年一年,全市新开工亿元以上服务业项目17个,实现服务业增加值290亿元。

完成应税销售370.2亿元,增长26.9%;实现入库税收33.7亿元,增长20%,增幅列南通各县市第一。

产业集聚人才,人才引领产业。去年,启东继续深入实施“人才强市”战略,以产业需求为重点,盘活用好本土各类人才智力资源。同时加大科技产业园区、孵化器、企业研发中心建设力度,使各类人才创业有机会、干事有舞台、发展有空间。先后引进国家“千人计划”专家5人、创新创业人才团队5个、领军人才168人。

民生优先　绘就百姓幸福新画卷

“以前老盼望什么时候能住上高楼,过过城里人的生活,现在终于梦想成真了。”北上海花园一期5号楼的动迁户陈阿姨喜不自禁。陈阿姨所在的小区,二期工程正在建设中,规划建设8栋高楼,安置动迁户900多户。

发展惠民生。让老百姓住有所居、学有所教、劳有所得、病有所医、老有所养,是各级政府工作的出发点和落脚点。2014年,启东民生投入占公共财政总支出的比重高达69.4%。全年环境空气质量达标率83%,列南通第一;全年开工建设安置房115万平方米,竣工56万平方米;新增造林绿化面积8万亩,城镇绿地面积70万平方米;建设覆盖城乡的398个“正能量加油站”十大类33项为民实事项目基本完成,成绩可圈可点。

把实事办到老百姓心坎上,以实际行动回应老百姓需求,正是启东开展党的群众路线教育实践活动的重要成果。去年新年伊始,启东市委书记徐锋来到汇龙镇临江村,和村民一道探讨增收致富的好办法、好路子。市委副书记、市长黄卫锋来到吕四港镇东皇山村,听取村民建议意见,问寻发展良策,记录百姓心声。在各级“一把手”的带领下,全市105家参学单位、17个镇乡(街道、园区)、296个村(社区)基层党组织和6万名党员,走在践行群众路线的大道上,交出了一份“为民务实清廉”的作风建设成绩单。

每周一上午,王鲍镇建群村的村干部、网格联络员和镇网格指导员都会按时围坐一堂,召开民情分析会,搜集一周内村民反映的问题,研究工作举措、化解群众矛盾。村级无法解决的难题,上报至市镇两级,由市、镇、村三级联动协调解决。

“民情分析会”,是启东创新社会治理、完善群众工作“三强化三提升”机制的一项重要内容,这个机制还包括政社互动、“三议”工作法、“四诊”专家库等内容。机制的实施,方法的细化,让每个层面的干部都能第一时间了解民情、解除民忧,也使得基层治理平台不断加强,矛盾预防化解机制更加完善。

2015年是全面深化改革的推进之年,是加快建成全面小康社会的关键之年,也是全面完成“十二五”规划的收官之年。启东以习近平总书记对江苏工作的最新要求为根本遵循,围绕“迈上新台阶、建设新江苏”发展定位,主动把握和积极适应经济发展新常态,坚持稳中求进工作总基调,以改革创新为动力,以法治建设为基石,以从严治党为保障,统筹推进深化改革、沿海开发、产业转型、城乡统筹、民生改善、生态建设等各项重点工作,立足新起点、抢抓新机遇,顺应新常态、谋求新跨越,促进经济社会平稳健康发展和社会和谐稳定,奋力谱写全面小康社会建设新篇章。

(2015年2月11日《新华日报》4版专版)

启东，小音箱舞起乡村文化

月上柳梢头，人约黄昏后。不管在县城或乡镇，还是在村委会或居民家，江苏省启东市的“广场舞大妈”们近两年来的“夜生活”显得很丰富。只要能通上电，让拉杆小音箱放出欢快的舞曲，就能见到她们三五成群手舞足蹈的身影，成为城乡一道独特的风景。

夜幕下的“欢乐颂”

天色渐渐暗了下来，星星调皮地跃上夜空，路灯下的大兴镇村街道空空荡荡——连续几日“倒春寒”，行人都早早回家了，加上村里修路，车辆也未见几辆。

由于乡镇合并，原来的大兴镇变成了大兴镇村，废弃的镇政府办公场所，便成了广场舞大妈们活动的好场所。晚上7点左右，75岁的退休教师樊天生从活动室里拉出小音箱。音箱正面贴着统一的“正能量加油站”标志。老樊是这里的“加油站站长”。他抬头看看夜空，不急不慢地插上U盘，打开音箱上的音量旋钮，《小苹果》那机械但欢快、听了就想动的音乐迅速在夜色中蔓延开来。

小音箱就像传说中的魔笛，动感的乐曲吸引着大妈大婶们三三两两往这里聚集。相互简单打个招呼，将电瓶车往墙边一靠，便利利落落跳将起来，后来者不断加入。一曲未完，舞者已有20多人。三曲过后，有人热得开始脱外衣。看得出来，有人跳得很熟练，有人还生疏。但后者毫不在意，边看边学边跳。不知道谁家的小狗，也在人群中欢快地蹦来蹦去。

55岁的张晓冬，是村健身队队长，也是广场舞的领舞者。以前，她可是牌桌上的常客。“以前没事做，吃完饭就打牌，一打打到十一二点，为一点小输赢，难免闹矛盾。”张晓冬不好意思地笑着说，现在很多和她差不多年纪的人，都迷上了广场舞，固定时间，固定地点，跳个痛快，再也没闲工夫打牌了。“跳跳舞，大家都成了熟人，邻里关系加深了，矛盾也少了。最直接的，我们的身体都比以前好了。”

跳舞间隙，来自市公安局网安大队的综合室主任朱雨生，用表演小品的方式，提醒村民们防范电信诈骗和网络诈骗。“7月的一天，我们就接到8起网络诈骗的报案。天上不会掉馅饼，千万不要贪图小便宜。”朱雨生的一番话让大妈们频频点头，窃窃私语。

“广场舞”的题外话

“大妈”们的广场舞，成就了启东市力推的“正能量加油站”活动平台。2013年开始，启东市开展“传递正能量、共建好家园”的主题活动，小小拉杆箱，便成为活动的媒介。去年年底，全市共建成覆盖城乡的398个“正能量加油站”。

“现在谁还差这几百块的拉杆音箱？”启东市委宣传部部长赵男男说，如果是政府赠送的并且赋予其新功能后，村民们就会特别重视，因为它承载了政府的期盼，承载着一份社会责任，“就像幼儿园老师鼓励孩子时发的小红花，虽不值钱，却是一份荣耀。”

“正能量加油站”的站长，也是精挑细选的。要成为“站长”，必须是责任心强、在群众中有较高威信的文体骨干，然后还得申请、审核，选上后要负责保管小音箱，确保播放的内容积极健康、生动活泼。在广场舞前后或间隙，站长们有时还要组织好人事迹宣讲、常见病防治知识讲座、交通安全和防盗防骗防火知识宣传等。

刚开始试点时，每个行政村只能申领一台音箱。南阳镇正谊村一时没找到合适的站长，喜欢音乐的村支书龚卫英便自己担任站长，当任务一样领回来一台。没想到，村民们的舞蹈热情爆棚。“去年5月，刚开始只有5个人跳舞，后来有了10多个，再后来，人数最多时有150多人。”龚卫英说，小孩也来跳，篮球场都挤满了，看热闹的人围成一大圈，电瓶车都没地方停。

考虑到安全，加上市里不再按照行政村划分站点，龚卫英将正谊村分成6个网格，另外添置了5台一模一样的音箱，成立了6个“正能量加油站”。

61岁的黄亚英是正谊村第六网格的站长。她是一位“失独”母亲，长期在失子痛苦中自我禁锢，与村民们交流沟通少。成为站长后，不管人多少，一个人也跳，两个人也跳，白天晚上都跳，跳得身体健康、思想开朗，人也活泼了。黄亚英发现，自从有了正能量加油站，邻里吵架现象少了，大家找到了共同的语言。

看到乡亲们对文娱活动如此热情，龚卫英去年第一次在村里操办了纳凉晚会。“我们刚开始跳，节目不多，所以从市里和外乡镇请了一些人过来表演。今年，我们将自己举办晚会，每个网点出3支舞蹈，保证热闹。”龚卫英还准备组织这帮“娘子军”举办包粽子大赛、看望孤寡老人等活动。“跳舞，打通了乡邻的心扉，他们开始串门了，学会关心别人了。这是我们原来没想到的。”

乡土上的创作者

广场舞大妈，她们不仅跳着、唱着，一些人还加入了创作队伍，接地气儿的作品令人拍案叫绝。

“贪官嘴里唱高调，心里就像热油浇，眼看戳穿猪尿泡，瘪气了；赃款赃物都上缴，头上缺了乌纱帽，双规过后吃洋链，现世报；正告贪官要知道，别想侥幸把关逃，早走投案路一条，是正道……”这是50多岁的郁菊新刚刚创作的三句半《反腐倡廉就是好》，最近正在反复排练，准备作为今年夏天“送戏进城”的节目。

郁菊新是海复镇搬场村的老高中生，在村里也算文化人。自从担任正能量加油站站长后，创作热情一下被激发了，三句半、快板成了她的拿手好戏。去年创作的快板《搬场村里新气象》，好评如潮。如今，跳广场舞不再是郁菊新的唯一选择。她把老姐妹们组织起来，添置了指板、二胡、笛子等乐器，又拉又唱，到处巡演，忙得不亦乐乎。

当然，这些乡土气息浓郁的作品，在启东也有“主力部队”，他们便是各乡镇退休的文化站站长。他们的作品，同样来自于生活，写的都是草根。

小品《打牌惹的祸》，创作者是原南阳镇文化站站长黄素萍，今年已经60岁。她的作品，写的都是发生在邻里间的事。“妯娌两个，平时关系挺好，一上牌桌就不讲感情了。嫂子输了17元，不肯给，就故意拿100元给弟媳找，没想到弟媳真的收下了，只说回头找，便没了下文。于是嫂子就到处放风，讲某某某不要脸，欠人钱不还。后来被弟媳撞见，两人便扭打在一起，最后打起了官司。”

一些村民给她提意见，因为有的地方“写得太官样了”。如小品中有婆婆出面调解妯娌关系的一场戏，黄素萍写的婆婆说：“你们俩应该多学习法律知识”。村民说：“农村的婆婆才不会这样讲话呢。”于是，黄素萍把婆婆的话改成：“我两个儿子在外面打工，辛辛苦苦挣钱，你们却在家闹别扭，他们回来，你们如何交代……”

68岁的黄建荣也是一位创作高手，至今已经编了500多首快板。“用启东方言创作，接地气，百姓听得亲切。”他创作的《懒娘子转弯子》，讲的是农村妇女沉湎赌博的害处，深受观众欢迎，已经在启东、海门，甚至到崇明岛巡回演出。

农村文化阵地大有可为

广大农村，文化生活相对缺乏。一些村干部说，过去每当入夜时分，大多数村民要么是三三两两在村子里闲聊侃大山，说些张家长李家短的事，要不就是拉扯些不着边际的传闻，有些村民则沉迷于打牌玩麻将，个别人甚至沦落为赌徒……如今的启东，398个正能量加油站，在300个村(居)实现了阵地全覆盖，辐射城乡人口近20万，占启东总人口的近五分之一。

这些生于斯、长于斯，世世代代“面朝黄土背朝天”的农民，以往从没奢望过能拥有一个属于自己、展示自己的人生舞台，更没奢望过有一天自己能成为乡亲们眼中的“角儿”。同样，她们也没敢奢望能走出乡村“小舞台”，走向城里的“大舞台”。然而，恰恰是正能量加油站的推出，给了她们一个提升自我的平台、一方让心灵飞翔的空间、一条通往美丽人生的“星光大道”。

“农村的文化阵地，你不占领，就会有其他力量来占领。”赵男男深有感触地说。在广场舞风靡全国之际，启东街头巷尾聚集跳舞的社会自治组织也日益增多，其组织结构稳定、活动开展持续、覆盖人群广泛，宣传部门顺应群众对丰富文化生活的需求，适时介入广场舞大妈群体，并借力这些社会组织深厚的群众基础和广泛的社会辐射力，巧妙地弘扬正能量。

“正能量加油站的成员，还是我们村里的宣传队员。”大兴镇村村支书王欢欢说，村里有什么事，只要找到樊天生，他就会主动帮助宣传，是村两委可以依赖的力量。“正能量加油站”之所以能收到如此“奇效”，离不开时代背景和有关部门的及时介入。“放在10年前，这种情况肯定不会出现。因为当时大家还在想着怎么填饱肚子，村民们没有追求健康的意识。”王欢欢说，如今，人们开始追求健康，追求更高的生活质量；而政府的积极介入、支持、引导，赠送的小音箱成了一个好媒介，于是水到渠成，便有了“四两拨千斤”的功效。

显然，“正能量加油站”的设立，有力地扭转了村民闲而无事的状态，帮他们找到了一种精神文化生活新方式。当然，农民对精神文化的需求还有很多很多，还需要更多的关注，需要更多的投入和不断创新。

(2015年4月25日《半月谈》第8期；作者：朱旭东)

把荒芜的土地“托管”起来

一只叫不出名字的水鸟在厚厚的水草上急行，头一伸一缩地寻觅着小鱼小虾。嫩绿的芦苇迎风摇摆，河岸边零星种植的蚕豆、油菜、莴苣，在春日阳光的照耀下肆意生长。它们的茂盛，却远不及小麦。麦子能掀起麦浪，麦田已成绿海。

“那些麦子全是我种的。”江苏省启东市合作镇曹家镇村的朱锦荣指着小河两岸成片的小麦说。他所说的“那些”，不仅是记者目光所及的，还有分布在附近三个乡镇十多个村庄的近3000亩小麦。但其所说的“我”，的确是朱锦荣本人。

“万元户”的种粮情结

朱锦荣今年69岁，一头花白稀疏的头发，一双古铜色的大手，典型的农村老汉形象。就是这位农村老汉，去年产粮320万斤，仅小麦就有190万斤，且全成了国家储备粮。

“现代人不知道粮食的珍贵，是没尝过饥饿的滋味。”经历过三年困难时期的朱锦荣，甚至把种粮当成了自己的使命。“手中有粮，才能心中不慌。”尽管社会商贩的收购价比国家收购价每斤要高出一两分钱，他还是决定把小麦卖给国家。“每台农机都拿了政府补贴，当然应该卖给政府。”

朱锦荣是远近闻名的种植大户，去年还被农业部授予“全国种粮大户”称号。早在1987年，他就尝试承包邻居的15亩地，连同自己的5亩责任田，第二年全部种上棉花。夫妻俩精耕细作，20亩良田换来2.5万元收入，一年就成了“万元户”。“辛辛苦苦在外奔波，一年也就七八千收入，还不如我种田的。”初战告捷，朱锦荣对种地更有了信心。

随着越来越多的村民外出打工，农村抛荒、半抛荒的土地也越来越多，深深刺痛了朱锦荣的心。“农村抛荒地很多，即使不种，农民也得交农业税，所以很多人愿意把土地交给我种，我帮他们交税。”朱锦荣说，国家取消农业税之前，他耕种的土地超过1000亩，“那时候也就5台手扶拖拉机，每亩年收益能有四五百元。”

经过20多年积累，他接管的土地逐步连块成片，范围不断扩大，自己忙不过来，只能请周边的农机手帮忙。但农忙时节农机手难请，部分农田因此失收。

求人不如求己。2011年，朱锦荣发起成立锦荣农机专业合作社，陆续购进多台联合收割机、大中型拖拉机、手扶拖拉机、烘干机以及植保机、开沟机等，全村20多个种田大户成了农机合作社社员。朱锦荣把库房分割成配件间、维修间、仓库、油库、机库，常年有5个人专门负责耕种和维修农机。因为农机用油量大，去年油价低迷时，朱锦荣一下子购进5吨柴油，储藏在自己的油库，后来油价上涨了近20%，让他得意了很久。

朱锦荣接管的土地最多时超过3200亩，后来自己算不清了，就请曹家镇村两位退休村支书帮他管账。“他这个人啊，农民托管给他8分地，他算一亩，算来算去，自己也糊涂了。”65岁的印耀辉说。从去年10月份开始，他和63岁的陈建平，就帮着朱锦荣到地头核实面积、分清每块地的种植种类，建立台账、发放租金。一直忙到春节，终于把土地全部重核了一遍，125万元的租金也全部发完。

“现在向农户交租金，每亩每年要五六百元，能挣三四百元。”见记者不解，朱锦荣说，现在粮价上升了，机械化程度提高后，种地成本也在下降，所以收益仍然不错，“即使现在种地不赚钱，我也安心，毕竟没让这些土地抛荒。”

不过，朱锦荣还是有隐隐的担忧，因为目前种地的多是和他差不多岁数的老人，他雇用的帮手也是老人。“我估计自己还能忙几年，希望儿子能来接班。”朱锦荣的儿子目前在启东滨海园区做生意，开了好几家门店。“你儿子的生意挺好，他不一定能看上这些土地。”印耀辉在一旁嘀咕道。

外来的“启东农民”

朱锦荣目前是启东接管农田最多的“种粮大户”。但更多的“种粮大户”，是外地人。来自连云港灌云县的潘广时便是其中一位，目前托管三个镇1000多亩地。

“15年前我刚到启东时，有很多田地荒芜，只要帮村民交农业税，土地就可以给我种，而且收成全归我。”当时，潘广时夫妻带着刚出生的女儿，一家三口到启东“讨生活”，身无所长，只能靠种人家的地谋生，却从此站稳了脚跟。

2000年，潘广时种了14亩的“老黄瓜”，当年就挣了11万元，后来借给堂兄做生意亏了，他更加坚信土地上的商机。40亩、100亩、200亩，潘广时的种植面积越来越大。“主要种麦子和大豆，一年两季，每亩每年赚500元左右。”潘广时显得有点小满足，乐呵呵地说，“种田无忧无虑，没人管，图个自在。”

前两年，潘广时花16万元租下南阳镇光明村废弃的村小，把它改造成自己的“根据地”——堆放各种农机、种子、化肥农药等，去年又花30万元建起厂房，用来存放4台烘干机。

与朱锦荣相比，潘广时的规模还显得小了点。“现在我还要努力做大，做大了才有竞争力。”身强力壮的潘广时尽管只有初中文化，最近也张罗成立了一个松散型的农机合作社，30多人，多数是农机手，有活大家帮衬着干。

拖拉机、收割机、旋耕机、开沟机、播种机……各种农机杂乱地停放在广场上、仓库里。“你雇了几个人？”“就我一个这些机器我都能开。”不仅能开，潘广时还“懂”修理，因为“捣鼓捣鼓就行了”。在一间被当成临时客厅的校舍墙壁上，挂着各种农机钥匙，也许只有他才分得清每把钥匙的归属。

“你呀，真该雇人帮帮你，最起码帮你管管台账，不要什么东西都是一笔糊涂账。”在光明村党总支书记包汤兵眼里，小潘很能干也很辛苦，因为是外地人，对本地人客气宽容，显然有时候容易吃亏。去年年底，见小潘实在忙不过来，包汤兵就组织村干部帮他与村民定租赁合同、发放租金。添置烘干机时，同样是包汤兵与电力公司协调增容事宜。

“如果他们不来种地，这片地真有可能荒了。”包汤兵说，光明村全村近4000亩地，小潘一个人就托管了660亩。“年轻人不会种地，也不愿意种地，以后的地啊，还真得指望小潘他们种下去。”56岁的包汤兵说，再过10年，他种不动了，肯定要把土地托管出去。

在潘广时所租的村小后面，有一家手套厂，吸纳了附近很多三五十岁的农村妇女，她们的承包田，基本上托管给外地人了。“在她们眼里，种地低人一等，宁可进工厂拿一份并不丰厚的工资，也不愿意种地。”74岁的包汉冲，目前还种着4亩地，他的两个女儿都嫁到了邻村，女婿常年外出打工，女儿们便赋闲在家，这地，却是不会种的。

越来越多的土地被“全托管”

启东市农委党委书记施建伟介绍，全市目前有耕地100多万亩，据不完全统计，目前“全托管”经营主体超过100家，“全托管”面积突破6万亩，“尽管托管的比例还不大，却是大势所趋。”

施建伟曾多年担任农机局局长，他发现随着全国各地农机日趋饱和，启东农机手走南闯北谋生的路越来越窄。“必须改变这种被动局面。”2011年开始，启东市鼓励本地农机合作社建立自己的“根据地”，改变过去“打一枪换一个地方”“散兵游勇”式的生产方式。

“当时我们叫租赁承包，后来在南通市推广时，统一成‘农业生产全托管’。”施建伟解释说，所谓“全托管”，就是农户将土地委托给有能力的农业合作组织或个人经营，农户以收取定额地租费的方式获取土地收益；农户也可以向托管者支付定额托管费，托管者全权经营，所收获的农作物按合同约定交给农户。“全托管”中，土地的集体所有制属性不变，农户对土地的承包权不变，土地的农用地性质不变，改变的是土地的经营主体。

“这实际上是农民在生产实践中创造出来的一种农业经营模式，朱锦荣等人早就开始实践了。”

在地方政府的积极推动和政策激励下,近几年,启东农业生产"全托管"的经营主体不断扩大,从原来的农机合作社扩大到村干部、农机大户、种粮大户、农民经纪人等。农户把土地托管给他人后,一方面获得稳定的土地租金收入,另一方面可以外出打工,或者为实行"全托管"的合作社、种田大户打工,取得双份收入。

由于统计口径不一、分管部门不同,启东各类土地的托管面积,可能远超施建伟的估算。市农委农机科科长蔡松平说,他们的统计范围主要是以生产粮食为主的农机合作社,其他形式的托管以及种植其他经济作物的土地,则不在统计之列。

来自河南郑州的李继中今年 54 岁,6 年来陆续从老家组织 200 多人,在启东托管 1 万多亩农田种植大葱,这"1 万多亩"显然不在统计范围;南阳镇光明村 6 组的黄维冲,除了耕种自家的 2.7 亩地外,还种了姐姐家的 4.3 亩地,同样不在统计范围;海复镇安东村统一组织的 730 亩土地托管给了外地人种蔬菜和绿化苗木,依然不在统计范围。

在启东,尽管一时难以掌握全市土地托管的准确数字,但每个人都看到了"大势所趋"。

当种地收入微薄还要交一定农业税时,青壮年农民纷纷涌入城市成了农民工,导致大量农田荒芜。当农业税被取消,种地还有一定补贴时,很多农民又开始珍惜土地,却不一定转身返村。建立在机械化耕种基础上的土地托管,的确能有效化解"无人种地"难题。但在启东,39 岁的潘广时,绝对属于年轻且稀少的,更多职业化农民,是像李继中、朱锦荣一样的中老年人,职业化农民同样面临后继乏人的处境。

(2015 年 5 月 10 日《半月谈》第 9 期;作者:朱旭东)

发现好人 学习好人 争当好人

启东:凡人善举汇聚文明新动力

"以千万人的小善汇成感人的无疆大爱,普通人的道德力量正引领着城市精神文明建设。"启东市委书记徐锋说,"凡人善举"是启东人精气神的重要体现,正为启东创建全国文明城市增添不竭新动力。

启东用好人善举润泽百姓心田
"正能量加油站",引领道德新风尚

夜幕降临,凉风徐徐。5 月 14 日晚,启东近海镇杨香圃村 40 多名村民陆续来到村里新修建的休闲文化广场。与往常不同的是,村里"正能量加油站"站长张晓红组织大家集合后,并没有忙着放音乐跳舞,而是请来村里的志愿者黄志明。

该村 8 组的龚卫飞肢体残疾,完全丧失劳动能力,儿子长年在外打工,平时仅妻子顾亚平照顾其饮食起居。邻居黄志明了解情况后坚持给予帮助——天凉了,送些实用的旧衣物;逢年过节,做好饭菜送去;农忙时,他帮着龚卫飞家收割搬运。周围不少邻居见了,也自觉加入帮扶队伍,邻里间互助成风。"我自己年纪也大了,有时确实感到心有余而力不足,希望大家一起来帮助村里有困难的人。"老黄的讲述引得村民们连连点头。

去年以来,启东以村公共服务中心、社区休闲文化广场、网格健身点等阵地为依托,通过赠送拉杆式音箱设备的方式,先后在全市近 300 个村(居)设立了 398 个"正能量加油站",组织群众开展健康向上的文化、科普、体育等活动,把充满正能量的"油品"送到百姓家门口,把淳朴善良的民风吹进百姓心中。

宣讲身边的好人好事,是"正能量加油站"的重要内容之一。敬业奉献的派出所所长顾光、信守承诺的好人杨凌捷、勇救落水者的吕四渔民朱金雪等"启东好人"的事迹,在东疆大地广为传扬。在凡人善举的感召之下,演绎一个个互助友爱的故事。东海镇戴祥村村民杨菊英身体不适,和她一起参加"加油站"活动的 10 多位成员结伴赶来,帮助她收花生、干农活;寅阳镇临海桥村村民徐冠山屡遭家庭变故,产生了轻生的念头,"加油站"成员多次前往劝说,主动帮他料理家中 3.7 亩蟹塘;惠萍镇大兴镇村"加油站"的成员自发捐款购买物品,前往敬老院表演节目慰问老人。

好人聚集涌现,根在道德积淀。在 5 月初启东市委、市政府表彰的 2014 年度"启东好人"中,有积极参与社区公益的志愿者群体,有为校外辅导站孩子无私奉献的退休教师,还有从小照顾智障姐姐、分担家庭重担的年轻学子,他们没有惊天动地的壮举,却闪耀着道德的光芒。他们用平凡的小事,谱写着人性的善良,也奠定了这座城市的文明底蕴。

时代进步需要健康向上的道德风尚来引领,社会发展需要道德楷模的力量来推动。经过多年培育,启东更涌现出一大批具有全省甚至全国影响力的文明典范,已获评全国道德模范提名奖 1 人、江苏道德模范提名奖 1 人、中国好人 13 人。为抢救病人,自己刚做过手术的市中医院医生周浩倒在出诊途中,被评为"感动江苏"十大人物、江苏好人;此外,葛海林被评为江苏好人,武彤获评首届南通十大孝星。

通过新闻专题片、事迹报告会、"道德讲堂"宣讲、创编文艺作品、新媒体发布等多种形式的宣传,"凡人善举"走进乡村、社区、行业、学校,在启东基层群众中得以广泛传播,树立起行为道德标杆,发现好人、学习好人、争当好人的社会氛围日益浓厚。

"580"谐音"我帮您",是启东 18 支志愿服务队和 28 支

社区志愿服务队中的一员。该市通过开展志愿服务、弘扬志愿精神,引导群众自觉投身道德实践,目前已广泛开展"东疆志愿行""志愿服务进社区、党员干部当先锋""随手公益、日行一善"等活动,志愿者人数突破1万人,并且针对空巢老人、留守儿童和残疾人等重点社会困难群体,长年开展综合巡逻、文明交通劝导、关爱农民工、无偿献血等志愿服务,深受群众欢迎。

日前获得"国家卫生城市"荣誉称号后,启东乘势而上,吹响了争创全国文明城市的号角。启东市委书记徐锋告诉记者,"凡人善举"所体现的互助友爱、敬业奉献、改革创新、奋发有为的精神风貌,是启东人精气神的重要体现,也为启东朝全国文明城市迈进增添了不竭动力。

(2015年5月19日《新华日报》1版;通讯员:王伟玮 朱蓓毓 记者:陈 明)

启东沿海开发创意新、磁场强

黄海边喜见"蔚蓝之海"

如非亲眼所见,记者很难相信会有如此奇景——自古以来蜡黄浑浊的黄海,"诞生"两片分别为1万亩和3万亩的蔚蓝色海面。这一梦幻画面横空出世于黄海边的启东。

7月19日,上海一观光团到启东恒大海上威尼斯城游览,看到城区前面万亩海域一片湛蓝,无不惊叹:"这是启东吗,好像是三亚啊!"

2006年,在江苏最早见日出的启东寅阳,恒大集团围海近万亩,欲打造一座大型海滨景观城。当时,连接上海的崇启大桥还未立项,外界曾预言,恒大难逃一劫。2011年年底,崇启大桥通车,启东到上海车程从4小时缩至1小时以内。由此,恒大项目火了,沪上客争相前来旅游观光置业。站在景观城制高点眺望,一道绵长半圆海堤围出1万亩海面,堤内一汪碧蓝,堤外浊浪滚滚。工作人员介绍,坝内海水因沙子沉淀而清,也不会有鲨鱼侵扰,"这一配套休闲项目,将成为华东地区最大的海上浴场。"海岸上,一个和海浴场配套的大型淡水浴场正抓紧施工。"浴场能容纳5000人,在海里游过泳,再到淡水浴场解乏,不要太爽啊!"

如果说,启东恒大海上威尼斯,是启东沿海开发中瞄准上海市场的休闲服务业大文章,那么,吕四港诞生的3万亩蓝海,是启东沿海产业发展更具胸怀和内涵的"如椽大笔"。

因有均深16米的10万吨级小庙洪天然航道,吕四港曾被孙中山先生寄予厚望。但小庙洪航道离开海岸6公里外,利用航道,只能巨资修建海上栈道。为让航道变黄金,几年前,一个庞大而大胆的战略设想付诸实施,在吕四开挖深入陆地的环抱式深水海港,又开挖一道深水子航道连接小庙洪主航道。吕四港负责人介绍:"与传统宽边滩、长栈桥建港模式相比,环抱式港区具有成倍增加岸线长度、岸线腹地土地资源丰富、泊船稳定、项目投资成本大大节省等特点。"

时下,吕四港岸线总长22.4公里、近3万亩的环抱式海港初具雏形。放眼望去,港区海面蔚蓝,令人叹绝。这里构建了最先进的"走水不走沙"的防沙导流堤,使南北长近8公里,宽近1公里的港湾海水变清。据悉,江苏海岸线近千公里,除连云港天然有蓝海外,黄海边看蓝海,启东堪称唯一。

"蓝海诱惑"让吕四港磁力惊人,一个个大项目纷至沓来。记者数了下,正在推进和近期签约的大项目总投资接近千亿级,包括100亿元大唐电厂二期工程、100亿元的华峰工业园项目、53亿元的新疆广汇能源基地以及即将动工的澳洲50万头进口牛转运集散基地等。

(2015年7月20日《新华日报》1版;记者:庚 康 陈 明)

启东试水分级诊疗

生病了,到哪里去看病?大多数市民首选公立大医院。相对大医院的人满为患、一号难求,基层医疗机构门可罗雀。分级诊疗作为本轮医改的亮点和主要任务,旨在合理、有效使用医疗资源,可望改变这一现状。

作为我省深化医改先行先试地区之一,本月起,启东市全面启动分级诊疗工作,建立市级医院与基层医疗机构分工协作、基层首诊、双向转诊、急慢分治的诊疗模式,实现"小病不出村、常见病不出镇、大病不出市"的目标。

政策支持推动分级诊疗

大医院超负荷运转,而"挤"在大医院的人中至少有一半患者可以在基层治好病。启东市卫计委副主任陈平介绍,"无序就医"不仅导致医疗资源的发展和使用不均衡,市民"看病难、看病贵"问题也难解决。

为鼓励患者多到基层医疗机构就诊,启东市卫计委从新农合对象入手,从报销比例上拉开基层医院、市级医院、市外医院诊疗的差距。记者获悉，自今年1月起，启东市新农合对象在基层医院住院治疗的报销起付段减半，除危重病症外未经按级转诊的报销起付段加倍、补偿比例降20%。陈平介绍，启东市经转诊在市内二甲医院住院的患者新农合报销起付线为400元，补偿比例为75%；在基层医院起付线原本为200元，现减半为100元，补偿比例为90%；未经转诊在市内二甲医院住院的，起付线为800元，补偿比例为55%。

患按病种结算的疾病（包括卵巢囊肿、子宫肌瘤、胆囊结石、阑尾炎等）在基层医院住院治疗的补偿比例提高至80%，市级医院住院治疗的新农合补偿比例为50%。以阑尾炎为例，其费用的定额标准为2800元，在基层医院就诊，新农合基金可承担80%也就是2240元，个人仅需承担560元。

陈平介绍，除参合人员外，参加职工医保与居民医保对象住院医药费补偿起付线，基层医院从500元降至300元；市级医院则从600元提高至750元；转市外医院从600元提高至1000元。

“家门口看病也蛮好”

家住启东市寅阳镇步梯村三组的倪文彬今年81岁，患有老慢支等疾病已有10余年。22日，记者在惠萍镇卫生院见到老人时，他已经入院治疗7天了，老人的儿子朱卫荣高兴地说：“这次住院，老人挂水、用药不要钱了。”

为了鼓励患者常见病、多发病就近到基层医疗机构首诊，启东市出台的一系列优惠条件中有一条是：“农村享受低保和优抚的对象、70周岁以上的老人，在基层医疗机构使用基本药物免费。”朱卫荣说，老人每年都要住院五六次，每次总要十几天、花上几千元，其中有一半以上是药费。扣除新农合可以报销的部分，自费部分至少要2万元至3万元。“卫生院不收药费，对我们来说是很实惠的。”朱卫荣说，在卫生院，病一样地治，效果不错，医护人员的态度好，让他们觉得很贴心。

和他有着相似感受的还有75岁的陆亚珍，她因感觉头昏入院3天，其间进行详细的检查，共花去1416元医药费，出院结账时发现共报销了895元，自己只需承担521元。她说：“一些小毛小病在卫生院治挺好的，离家近，也不需要什么检查都排队。”

“以前住院病人日均约30人，今年以来每天都有55人左右。”惠萍镇卫生院院长吴永刚介绍，卫生院住院病人比上年同期增加近一倍。

双向转诊缓解看病难题

家住海复镇的邢国宾去年髌骨骨折，今年需将固定髌骨的钢板取出。在到启东市中医院进行手术前，他先来到海复镇中心院办理了转诊手续。邢国宾儿子邢挺告诉记者，根据新农合的报销政策，这项手术原本的补偿比例是55%，经过转诊，报销比例可提高两成，达75%。也就是说4000多元的手术，自费部分能减少近一半。

分级诊疗的一大举措是“双向转诊”，小毛小病可就近在基层医疗机构治疗，基层医疗机构看不了的疾病要转向上级公立医院，需要康复保健的病人又可以回到基层医疗机构康复。

陈平介绍，除危急重症外，就诊一般应遵循基层医疗机构首诊—市级医疗机构—市外三级定点医疗机构的分级诊疗和转诊程序。首先由基层医疗机构医生确认无法诊治，办理转诊手续，再转至市级医院诊疗，这是所谓的“上转”。同样的，在市级医院治疗后，病情稳定，需康复医疗或复诊、长期管理的，也可以由市级医院将其转回基层医疗机构，这就是“下转”。陈平介绍，双向转诊制度可有效解决大医院人满为患，乡镇卫生院床位使用率不高的现状，其根本目的是缓解看病贵看病难，促进城乡医疗资源的均衡发展。

（2015年1月29日《南通日报》A4版；记者：袁晓婕 张水兰 通讯员：梁枫 实习生：魏如玉）

启隆、海永撤乡建镇，我市从此再无“乡”行政体制

“飞地”起飞：当好上海生态后花园

南通乡行政体制已经成为历史。记者日前从市政府获悉，南通在上海崇明岛上两块“飞地”的行政区划调整方案已经江苏省政府批复同意，启隆和海永同时撤乡设镇。

两地撤乡建镇，对于当地经济社会发展、对于南通进一步融入上海有何新意？记者昨天赶往崇明岛，踏访这两个新“镇”。

打造崇明岛上的新地标

“孤悬”于崇明岛北侧的启隆与海永，原是泥沙堆积形成的江中小岛。1992年，启隆乡、海永乡同时成立。随着两地的快速发展，因“乡”建制带来的制约发展的因素逐渐显现。为适应城镇化建设发展的需要，加快我市城镇化、产业集聚和新农村建设步伐，经过深入细致的调查研究，南通市政府拟将两地撤乡建镇，并于今年7月向省人民政府递交了请示。

撤乡建镇后，启隆、海永将按照崇明生态岛建设的总体规划，主动融入崇明，对接上海，成为展示江苏发展、承接上海溢出的一个新窗口和长三角城镇发展的一个新亮点。

抓住自身生态环境及区位优势，启隆定位为“上海生态后花园”，大刀阔斧砍掉工业，只发展现代服务业和都市型农业，并注重休闲度假、旅游地产和养老地产等主题地产的

开发，将“生态新城”稀缺价值进一步放大。总投资额约100亿元、占地约4360亩的“国家养老华东示范基地”落户这里，以现代服务业和都市型农业为主，以生态居住、康复医疗、养生养老、观赏花卉等主要特色，兼顾文化、科研、教育、金融等领域，将打造成为辐射上海乃至整个华东区域的标杆性养老示范项目。

徜徉在海永的土地上，这里是绿的海洋、花的世界，绿大花卉、番茄农庄、田园牧歌、玫瑰小镇、华慧农业园、绿岛开心农庄、绿宝石台湾精致农业科技园、绿品缘农庄、鸿泰乐颐农业园、SS1538文创农业园等10个休闲农业项目，共同托起玫瑰之镇。这里还是创新创业之地，美丽中国·空间(建筑)设计产业园、千人计划专家研究院、智慧生活研究中心等项目纷纷落地，10多个建筑设计项目入驻，4位专家公司正在注册。

助推“上海生态后花园”建设

作为沪崇启大通道的中转站，启隆、海永扮演着南通接轨上海的先行区、试验区、示范区的角色。撤乡建镇，为启隆、海永加快推进城镇化带来新的契机，两镇正朝着与上海“无缝对接”的方向迈进。

令人瞩目的新村沙工程，让启隆、海永真正携手发展。2012年启动的“长江口北支新村沙水域河道综合整治工程”总投资35.2688亿元，围江造地14.59平方公里，东西向全长17公里，南北向平均宽0.9公里。其中隶属启隆生态科技产业园11.38平方公里，隶属海永3.21平方公里。2014年年初，上海绿地集团长岛项目落户新村沙，这里将打造以休闲、居住、商务为主体，以文化、教育、医疗、观光为支撑，长三角地区最具魅力的生活度假岛。

对于未来的发展，启隆、海永的当家人都充满了信心，启隆生态科技产业园(启隆镇)党工委书记龚磊磊表示，瞄准上海生态后花园的目标，园区功能定位已经明确：与上海崇明接壤的、国际化、生态型绿色产业园、长三角地区独特的生态观光旅游基地、适宜居住、度假的江洲生态乐园。

海永镇党委书记徐秋华说，海永重点围绕“三地”即创新高地、旅游胜地、养老福地的定位，重点发展创新创意产业、生态旅游产业和养生养老产业。全力打造省级旅游度假区和省级服务业集聚区。

(2015年10月29日《南通日报》A2版；记者：黄　海　任溢斌)

2015年启东市对外新闻报道部分录用稿件目录

表1

见报日期 月	见报日期 日	新闻媒体名称	标　题	版面(或栏目)	头条	体裁	字数(或节目长度)	作　者
1	17	人民日报海外版	全球可居人数最多海洋平台交付	4版		图片		王伟健
2	2	人民日报	周浩　忘记自己是病人（点赞中国·爱国、敬业、诚信、友善）	4版		消息	1179	王伟健
1	3	新华日报	启东政府机构瘦身　仅设25个部门	2版		消息	300	陈　明
2	11	新华日报	启东：书写新常态下改革发展新答卷	4版		专版		
4	8	新华日报	好医生周浩入选“感动江苏十大人物”	6版		消息	200	陈　明
5	19	新华日报	发现好人　学习好人　争当好人 启东：凡人善举汇聚文明新动力	1版		消息	2500	陈　明　王伟玮　朱蓓毓
5	26	新华日报	启东　潮涌江海满眼春	23版		专版		
5	26	新华日报	启东圆陀角旅游度假区揭牌	7版		消息	500	陈　明　付　奇
6	17	新华日报	启东版画院举办30周年作品展	11版		消息	200	陈　明　董　晨
6	18	新华日报	全省道德模范和身边好人在启东现场交流——道德光芒，让“第一缕阳光”更耀眼	2版		消息	1500	陈　明　付　奇　朱蓓毓
7	12	新华日报	崇启大桥实施一级交通管制	1版		消息	500	吕　妍
7	20	新华日报	启东沿海开发创意新、磁场强　黄海边喜见“蔚蓝之海”	1版		消息	1000	庾　康　陈　明
7	24	新华日报	启东通过国家生态市验收	7版		消息	200	陈　明
8	25	新华日报	海关总署批准设立启东如东两海关	5版		消息	200	陈　明
9	23	新华日报	江海交汇处　海上迪斯科	7版		消息	500	陈　明　付　奇

续表 1

见报日期		新闻媒体名称	标题	版面(或栏目)	头条	体裁	字数(或节目长度)	作者
月	日							
10	21	新华日报	启东经洽会签约	7 版		消息	300	陈 明 付 奇
12	24	新华日报	启东中远海工打造海上“巨无霸”	5 版		图片		庾 康 朱蓓毓 刘月竹 王诗宇
2	28	工人日报	农村用电“卡”在哪?——江苏省启东市农村用电调查	A2 版		通讯	1000	
3	2	中国体育报	江苏启东体育工作再上新台阶	3 版		消息	1000	刘 敏
5	19	粮油市场报	启东流行“全托管” 抛荒耕地有着落	B2 版		消息	1500	朱旭东
5	23	文汇报	2015 启东国际经贸洽谈会举行	4 版		消息	500	郝梦夷
6	2	浦东时报	上海自贸区启东生物科技创新协作园成立 启东分享上海自贸区“溢出”效应	3 版		消息	800	杨珍莹
6	1	新华网江苏频道	耕种 630 亩土地的职业农民			图片		李 响
6	25	中国海洋报	全球居住人数最多的半潜式海洋平台命名	A1 版		图片		许丛军
6	27	解放军报	江苏启东市海复镇村村开设“双拥窗口”	6 版		消息	200	宋亚昌 高尧鑫
10	26	科技日报	启东科技节签约项目 57 个	6 版		消息	500	张 晔 许海英
11	16	解放日报	启东滨海,祝桥工业园“破土而出”	A3 版		消息	2500	谢飞君
3	30	中国水运报	启东 10 万吨级航道疏浚工程开工	2 版		消息	500	施 科 张 琳 周陈钢 朱 花
3	28	检察日报	为案件信息公开安上 “红绿灯” 江苏启东:“法律文书公开互动平台” 确保全面及时规范司法	2 版		消息	1200	徐德高 王礼飞
4	7	检察日报	启东:“信息大数据”助力初查精细化	6 版		消息	800	
5	14	农业科技报	夜幕下的“欢乐颂”	A11 版		消息	500	姜新春
5	14	农业科技报	乡土上的创作者	A11 版		消息	800	王鑫华
5	14	农业科技报	农村文化阵地大有可为	A11 版		消息	1000	朱旭东
2015	第 8 期	半月谈	启东,小音箱舞起乡村文化	P69		通讯	2500	朱旭东
2015	第 9 期	半月谈	启东土地托管调查 把荒芜的土地“托管”起来	P41		通讯	2500	朱旭东
2015	第 10 期	半月谈	记者观察 启东土地托管调查 种地者谁?	P58		通讯	2000	朱旭东
2015	第 12 期	半月谈	记者观察 启东土地托管调查 “别了,种地!”	P53		通讯	2000	朱旭东
8	15	扬子晚报	启东供电“护航”海工平台建设用电	A11 版		消息	500	郭小川
8	18	新民晚报	从“神经末梢”到前沿阵地 启东发挥“靠江靠海靠沪”优势蓄势发展	A15 版		通讯	1500	梅璎迪
1	27	现代快报	398 个“正能量加油站” 一年内覆盖启东各乡镇	环省新闻		通讯	1000	严君臣
3	25	现代快报	宿迁、靖江、启东 挂牌“国家卫生城市”	E5 版		消息	200	孙旭晖
5	26	现代快报	启东经洽会揽资逾 265.6 亿	E4 版		消息	400	陈 莹 朱蓓毓 单松娟
10	18	现代快报	崇明岛上的江苏飞地	封 10~11		通讯	3000	贾 磊 胡 涓 陈 莹
10	28	现代快报	启东所有码头港口实现岸电系统全覆盖	封 20		消息	500	陈 健 严君臣

续表 1

见报日期		新闻媒体名称	标　　题	版面（或栏目）	头条	体裁	字数（或节目长度）	作　者
月	日							
1	21	江海晚报	抓住新机遇　迈上新台阶	A3 版		消息	1500	叶　国　刘诗楠
2	3	江海晚报	“正能量加油站”里的温暖故事	A6 版		消息	1500	彭军君　王伟玮
3	4	江海晚报	启东两千余人参加健身节活动	A5 版		消息	800	彭军君
3	23	江海晚报	引入医责险统保解决医患矛盾　省综治办一行赴启东实地调研创新模式	A2 版		消息	600	朱丛笑
4	8	江海晚报	好医生周浩当选 3 月“中国好人”	A2 版		消息	300	卢兆欣
4	9	江海晚报	启东圆陀角跻身省级旅游度假区	A4 版		消息	500	朱丛笑
5	3	江海晚报	凡人善举，“启东好人”因爱相聚	A3 版		消息	800	彭军君　王伟玮
6	11	江海晚报	长江北支水道船舶海工产业迅速崛起	A2 版		消息	500	朱晖斌
7	13	江海晚报	吕四港电厂两台机组顺利并网	A2 版		消息	800	龚　丹
7	28	江海晚报	启东的政策环境打动了我	A3 版		消息	1500	华富刚　张　豪
9	23	江海晚报	吕四渔民号子如何继续唱响	A3 版		消息	1500	王伟玮
9	22	江海晚报	深耕化工产业　精技来自细节	A5 版		消息	1200	黄欣美　张　豪
1	9	南通日报	启东建设现代渔业生产体系	A2 版		消息	1000	黄　海　黄燕鸣
1	16	南通日报	启东重点企业集聚效应明显	A2 版		消息	500	黄　洋　范永健
1	26	南通日报	启东打造沿海开发升级版	A2 版		消息	800	黄　海　陈丽娣
1	29	南通日报	启东试水分级诊疗	A4 版		消息	1000	袁晓婕　张水兰　梁　枫　魏如玉
2	5	南通日报	我市再添一条“水上大通道”	A2 版		消息	600	管颢生　李蓓蓓
2	10	南通日报	启东法院启动农民工讨薪预案　为 156 人讨薪 300 万	A3 版		消息	400	黄　海
3	5	南通日报	启东开展双百工程	A4 版		消息	500	黄　海
3	6	南通日报	启东逐步实现市民出门 300 至 500 米就到绿地的目标——小花园建到了家门口	A4 版		消息	1200	蔡樱子　蔡丹丹　黄　海
3	6	南通日报	启东法院首次成功网拍超亿元资产	A4 版		消息	500	黄　海
3	10	南通日报	吕四港 10 万吨级深水航道浮出水面——迈向“蓝海”	A3 版		通讯	2000	管颢生
3	12	南通日报	2014 江苏十大感动人物评选启动　周浩入选候选人	A5 版		消息	500	黄　海
3	19	南通日报	启东对企业科学发展“评星定级”　可获不同比例资金扶持	A2 版		消息	500	黄　海
3	19	南通日报	启东拓展健身点等阵地功能，以核心价值观引领活动内容——398 个“正能量加油站”覆盖城乡	A1 版	头条	消息	1200	黄　海　王伟玮
3	23	南通日报	2014 启东好人评选结果揭晓	A3 版		消息	400	黄　海
3	24	南通日报	启东全面启动深化医卫体制改革　20 名城乡医生率先“交换空间”	A1 版		消息	1200	戴丽丽　黄　海
3	26	南通日报	启东跻身国家卫生城市	A2 版		消息	300	黄　海
3	27	南通日报	启东出新规奖励专利	A2 版		消息	300	黄　海
4	1	南通日报	借力上海　集聚创新资源　启东争当对接自贸区“试验田”	A1 版		消息	1000	黄　海
4	8	南通日报	启东渔业推广站成国家示范	A2 版		消息	300	黄　海
4	10	南通日报	启东农村饮水安全工程通过省级验收	A2 版		消息	200	黄　海

续表 1

见报日期		新闻媒体名称	标题	版面(或栏目)	头条	体载	字数(或节目长度)	作者
月	日							
4	13	南通日报	启东开建重大农田水利工程	A3 版		消息	400	黄　海
4	14	南通日报	小城的变化,看得见摸得着	A2 版		消息	2000	戴丽丽　黄　海
4	15	南通日报	启东建医疗纠纷第三方调解机制　调解成功率达 95%	A3 版		消息	500	黄　海
4	17	南通日报	启东:打造平安港口"科技引擎"发力	A1 版		消息	2000	孙　鼎
4	21	南通日报	在服务中教育引导群众　启东部署"千人百团连民心"活动	A1 版		消息	500	黄　海
4	23	南通日报	启东"携手养老"补助标准提高	A3 版		消息	300	黄　海　黄欣美
4	22	南通日报	启东:把好工程建设廉政关	A6 版		消息	200	张裕新
4	24	南通日报	启东:从抓源头入手提升消防安全系数	B3 版		消息	500	孙　鼎
4	25	南通日报	沿江沿海成启东投资重点区域	A2 版		消息	800	黄　海
4	29	南通日报	金融服务创新　启东示范区启建	A2 版		消息	500	黄　海
4	30	南通日报	启东三老乡相逢劳模表彰会	A2 版		消息	800	黄　海　陆琳琳
5	3	南通日报	点亮一盏灯　照亮一大片　启东以凡人善举汇聚文明城市创建新动力	A1 版		消息	1200	黄　海
5	6	南通日报	启东建养老培训基地	A3 版		消息	400	黄　海
5	7	南通日报	启东市人大常委会开展"主任接待代表日"活动——倾听代表心声　落实代表建议	A6 版		消息	1500	薛　海　施敏霞
5	15	南通日报	启东一交通事故责任纠纷案入选省法援优秀案例	A3 版		消息	1500	黄　海　沈建新
5	15	南通日报	绿化与自然环境有机融合　启东成省级园林城市	A2 版		消息	500	黄　海
5	20	南通日报	启东选聘高校毕业生到村(社区)任职	A2 版		消息	200	黄　海
5	23	南通日报	启东举行国际经贸洽谈会　沿海开发加速融入上海进程	A2 版		消息	800	朱蓓毓　单松娟　许丛军
5	26	南通日报	向沿海延伸、向中西部拓展　启东积极参与"一带一路"建设	A1 版		消息	1000	黄　海
5	27	南通日报	启东社会养老服务体系覆盖城乡,但人才稀缺已成快速发展的瓶颈——"幸福晚年"呼唤更多专业护理	A3 版		消息	200	黄　海　包玲玲　高乙今
6	2	南通日报	江苏启东市南阳镇光明村耕地托管	B3 版		图片		新华社
6	8	南通日报	启东加快培育"四新"经济	A2 版		消息	800	黄　海
6	10	南通日报	丁大卫在启东调研	A1 版		图片	1000	徐亚华
6	10	南通日报	张国华在南通滨海园区和启东市检查防汛防台工作	A1 版		通讯	1000	黄　凯
6	11	南通日报	村里大小事　村民说了算	A3 版		通讯	1200	黄　海
6	15	南通日报	启东海工船舶产业加快转型升级	A1 版		消息	500	黄　海
6	16	南通日报	启东携手中国水产流通与加工协会打造吕四海产品交易中心	A2 版		消息	300	黄　海
6	17	南通日报	让鳏寡孤独老有所依	A3 版		消息	1000	黄　海　钱爱仁
6	20	南通日报	线上线下互动,为正能量加油	A1 版		消息	1000	黄　海
6	29	南通日报	启东城区建成绿色步道 27 公里	A3 版		消息	300	黄　海
7	5	南通日报	沪启合作共建两大产业园	A2 版		消息	1000	黄　海　钱爱仁

续表 1

见报日期		新闻媒体名称	标题	版面（或栏目）	头条	体载	字数（或节目长度）	作者
月	日							
7	12	南通日报	丁大卫率队赴海门、启东一线检查防汛防台、安全生产情况	A1 版		消息	1500	徐亚华
7	19	南通日报	吕四港建设加速推进	A1 版		图片		黄　海
7	21	南通日报	投产项目达千家　投入资金超千亿　启东沿江沿海已成“金滩银滩”	A1 版	头条	消息	1500	赵　彤　黄　海
7	22	南通日报	启东通过国家生态市验收	A1 版		消息	500	黄　海
7	24	南通日报	启东 300 余消防“小网格”构筑安全堡垒	B3 版		消息	500	徐燕燕
7	26	南通日报	吕四港环抱式港池小庙洪航道进行 5 万吨航道疏浚工程	A2 版		图片		黄　海
7	28	南通日报	启东新建飞灰填埋场运行　城乡生活垃圾全程无害化处理	A5 版		消息	800	孙亚军　崔译文
8	6	南通日报	启东开展农村社区股份合作制改革　每镇选择 1 个村先行试点	A2 版		消息	500	黄　海
8	9	南通日报	启东：深化 7 大类 150 项改革任务	A2 版		消息	300	黄　海
8	11	南通日报	启东传统砖瓦企业转型	A2 版		消息	600	黄　海
8	17	南通日报	启东着力项目质量效益双提升	A1 版	头条	消息	1200	黄　海
8	21	南通日报	启东市政府落实 5500 余万元　加强消防队(站)建设	A4 版		消息	300	徐燕燕
8	23	南通日报	加速发展现代都市农业　启东半年投资超 10 亿元	A1 版		消息	600	黄　海
9	10	南通日报	启东投资 2000 万元实施县乡公路亮化工程	A6 版		消息	500	黄　海
9	14	南通日报	启东建设千亩油用牡丹基地	A2 版		消息	500	黄　海
9	15	南通日报	启东成立大学生村官之家	A2 版		消息	300	黄　海
9	18	南通日报	大协作　大共享　大联盟　启东：“互联网+”助力警务工作跨越发展	B1 版		消息	500	张巍伟
9	21	南通日报	启东：乐踩文蛤	A1 版		消息	300	黄　海
9	22	南通日报	启东紫菜养殖“上保险”	A2 版		消息	300	黄　海
9	28	南通日报	启东港口岸对外开放通过省级预验收	A2 版		消息	300	黄　海
10	11	南通日报	启东向节约集约用地要效益	A1 版	头条	消息	1500	黄　海
10	19	南通日报	启东“三堂汇学”强化思想建党	A2 版		消息	500	黄　海
10	22	南通日报	启东安东村 55 名在外人士建微信爱心群　重阳节“微信红包”孝敬 39 名乡亲	A7 版		消息	1000	黄　海
10	26	南通日报	启东滨海工业园(近海镇)“区镇合一”走上融合发展之路	A2 版		消息	1500	黄　海
10	28	南通日报	启东姑娘陆轶文获国内音乐专业大奖	A2 版		消息	300	黄　海
10	29	南通日报	启隆、海永撤乡建镇，我市从此再无“乡”行政体制　“飞地”起飞：当好上海生态后花园	A2 版		消息	1500	黄　海
11	3	南通日报	启东农民兴化养扣蟹	A5 版		消息	1200	黄　海
11	5	南通日报	启东小农水建设改善灌溉面积超 20 万亩	A8 版		消息	500	黄　海
11	6	南通日报	镇机关干部、医生护士、小学老师、老干部等齐助力　202 个微心愿梦圆东海	A7 版		消息	1500	黄　海
11	12	南通日报	启东获评省村级“四有一责”建设先进市	A8 版		消息	300	黄　海

续表 1

见报日期		新闻媒体名称	标题	版面(或栏目)	头条	体裁	字数(或节目长度)	作者
月	日							
11	13	南通日报	启东:移动警务站前移服务触角	B1 版		消息	1200	孙 鼎 张巍伟
11	18	南通日报	上海江苏合作共建"浦东祝桥启东产业园"首批 10 家沪企已签约落户	A2 版		消息	800	黄 海
11	19	南通日报	启东港口岸开放通过国家验收	A1 版		消息	500	黄 海
11	23	南通日报	启东:培育创新沃土 打造创业福地	A2 版		消息	800	黄 海
11	26	南通日报	启东法院——幸福讲习班 22 年守护万家和睦	A5 版		消息		
12	6	南通日报	签约项目 16 个,总投资 20 亿元 启东在漳州推介现代农业	A2 版		消息	200	黄 海
12	9	南通日报	启东天汾电动工具产业发展的文化基因	A1 版			1500	石光辉
12	10	南通日报	王鲍镇实施"菜单式"精准扶贫 到点到位暖民心拔穷根	A5 版		消息	900	黄 海
12	16	南通日报	我市首条沿海人工深水航道 吕四港 10 万吨级进港航道一期工程通过验收	A1 版		消息	1000	陈 可
12	16	南通日报	新突破 新活力 新起点——写在我市沿海首条人工航道交工之际	A6 版		消息	1500	陈 可
12	17	南通日报	王鲍镇地产三宝销往上海	A6 版		图片		黄 海
12	18	南通日报	"2015 中国十大经济年度人物"评选正式启动 陆永华被提名为候选人	A2 版		消息	300	黄 海
12	22	南通日报	启东市合作镇开辟农村文化新阵地 小音箱发挥大能量	A6 版		消息	600	沈春雅

(单松娟)

圣合·圣心玫瑰文化产业园。 (徐 昕/2015 年 11 月摄)

自然地理

【地理位置】 启东地处北纬 31°41′06″至 32°16′19″，东经 121°25′40″至 121°54′30″。南濒长江入海口北支，其中东段以江心为界，西段永隆沙与上海市崇明县接壤。国家高速公路网 G40 沪陕高速公路横贯启东，崇启大桥与上海崇明岛相连；东、北濒临黄海，西与海门市毗邻。

【土地资源】 启东属长江口沉积平原，除通吕水脊区成陆千年以上外，大部分仅有二三百年历史。启东市境内地势平坦，沟河纵横，属沿海低平地区。微域地形略有起伏，西北向东南微倾，倒岸河为南北地貌的自然分野，河南高程(吴淞标高)3.6~4.6 米，河北高程在 5.1~6.1 米，南北倾斜度约 1/30000 米。东西倾斜度约 1/43500 米。常年地下水位 1.2~1.6 米。成土母质系海相沉积物和长江冲积物，具有强石灰。吕四地区土壤类型为壤性或沙性潮盐土；蒿枝港以南，头兴港以西，协兴河以北地区主要为黏性灰潮土；沿海、沿江地区主要为壤性或黏性潮盐土。2015 年，启东市总面积 1715 平方公里(257.2 万亩，含长江江项和零米等深线内海域)，其中耕地面积为 708.22 平方公里(106.23 万亩)，基本农田面积 679.57 平方公里(101.94 万亩)。江海堤防总长 161.9 公里，其中江堤 61.96 公里，海堤 77.5 公里，洲堤 22.44 公里。

(曹军华)

自然气候

【气候概况】 2015 年，启东市主要气候特征：气温正常，降水偏多，日照正常。

气温。2015 年，年平均气温 16.1℃(上年 16.0℃)，比常年(1981—2010 年数据)偏高 0.6℃，属正常。前 5 个月的平均气温均高于常年同期，其中 1 月显著偏高，3 月偏高；夏季(6—8 月)气温低于常年同期，6 月和 8 月虽在正常范围，但 7 月偏低；自 9 月底入秋后，气温逐渐走高，均高于常年同期，11 月偏高范围；按《气候季节划分》标准统计，2015 年启东已达实际一年四季分布：3 月 15 日之前 (含 15 日)处于冬季，3 月 16 日进入春季；6 月 6 日进入夏季；10 月 1 日进入秋季；11 月 26 日进入冬季。年极端最低气温 -5.8℃，出现在 1 月 2 日；年极端最高气温 37.3℃，出现在 8 月 4 日。全年最高气温≥35℃的高温日 7 天(上年仅 1 天，出现在 8 月 4 日)，全年没有出现日平均气温≤0℃的日子。终霜出现在 4 月 9 日，初霜出现在 11 月 27 日，全年无霜日数 231 天。

降水。全年降水量为 1500.7 毫米，比常年多(常年 1112.1 毫米)，属偏多，且多暴雨和连阴雨。1 月、3 月和 4 月均有大雨出现，总体雨量正常；6 月单月降水量 574.9 毫米，较常年同期偏多 222.6%，突破 6 月单月最大降水量 414.0 毫米 (出现在 2001 年)的历史纪录，其中 3 日(66.4 毫米)和 17 日 (95.0 毫米) 出现暴雨，2 日(117.6 毫米)和 27 日(175.9 毫米，突破历史上 6 月单日最大降水极值 172.2 毫米，1960 年 6 月 10 日)出现大暴雨；7 月梅雨期间出现一次暴雨。2015 年 6 月 24 日启东市入梅，入梅略晚(常年平均入梅日 6 月 20 日)。7 月 13 日出梅，出梅略晚(常年平均出梅日 7 月10 日)，梅长 19 天；梅雨量 343.6 毫米(常年 212.8 毫米)，降水距平百分率为 61%，显著偏多。下半年降水趋于正常，但仍出现多次连阴雨。全年日降水量≥0.1 毫米的日数有 149 天，其中最

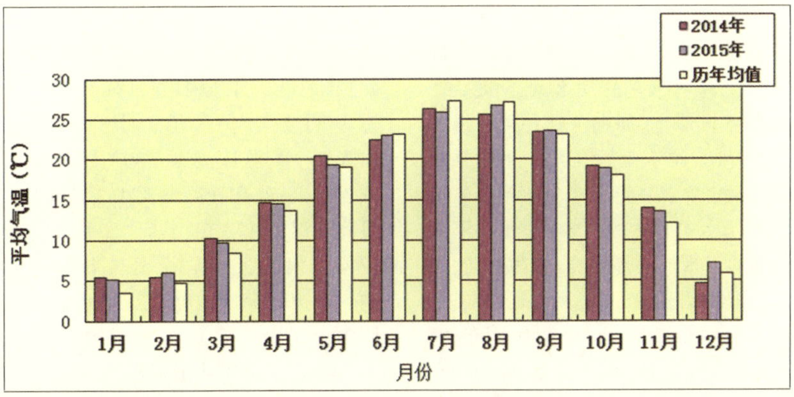

图 1 2014 年、2015 年与历年(1981—2010 年)逐月平均气温对比

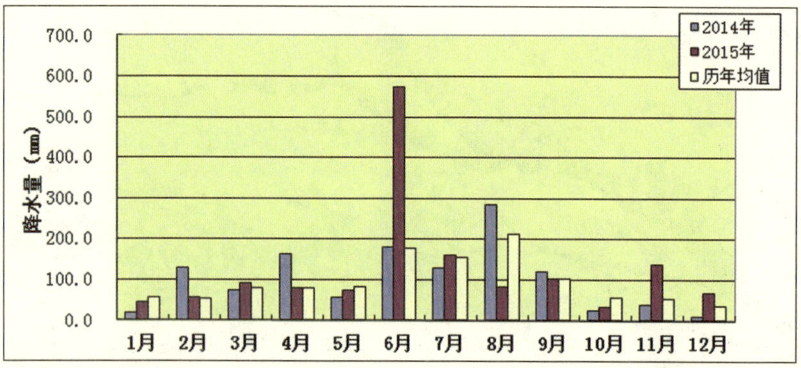

图 2　2014 年、2015 年各月降水量与历年(1981—2010 年)平均降水量对比

长连续降水日数为 11 天，出现在 6 月 21 日—7 月 1 日，其间总降水量为 250.0 毫米；日降水量≥25 毫米的大雨日有 14 天，日降水量≥50 毫米的暴雨日有 5 天；一日最大降水量175.9 毫米，出现在 6 月 27 日。最长连续无降水日数 17 天，出现时段在 2014 年 12 月 20 日至 2015 年 1 月 5 日。

日照。全年日照时数 1765.0 小时，比常年(1987.4 小时)偏少 11.2%，年日照百分率为 40%，属正常年份。但是多次连阴雨对春耕春播期、夏收夏种期和秋收秋种期三大农事关键期均有不利影响。

【主要气象灾害及其影响】 台风。2015 年，第 9 号台风“灿鸿”对启东市造成严重影响，其中 7 月 10 日夜间到 11 日影响最为严重。7 月 10 日夜间到 12 日 08 时全市出现暴雨和大风天气，启东市自动站风力普遍在 8~9 级，部分站点接近 10 级，最大出现在沿海地区的塘芦港，风力达 24 米/秒。全市普遍出现暴雨，过程降水普遍在 50 毫米以上，最大出现在兆民镇，为 84.9 毫米。据民政部门统计，此次台风过程中，启东受灾人口为 31566 人，紧急转移安置人口 31528 人，倒塌房屋 6 间(5 户)，严重损坏房屋 8 间(5 户)，一般损坏房屋 13 间(10 户)，家庭损失 17.2 万元。据农业部门统计，此次强台风给全市农业生产带来的直接损失有 4000 万元左右，主要为：正处于灌浆初期的玉米损失最重，也最为明显，沿江沿海风力较大的地区受损更重，据对部分镇(乡)统计，全市估计有 2.5 万亩的玉米失收，成片玉米被风吹断，折断部位在地面以上 30~70 厘米处，一扶就断，另外有近 4 万亩玉米产量损失在 20%~30%，还有 8 万亩左右有零星的折断，损失在 10%以内。全市 1 万亩左右的小辣椒由于枝干较脆，折伤较为严重。全市林地总受灾面积 5000 亩，直接经济损失 100 万元以上。其中新造林受灾 3000 亩，主要为倒伏和积水，成活率小于 40%的有 500 亩，在 41%~84%的有 500 亩，损失 50 万元。成年林以高速公路杨树林带为主，折断 500 多棵，涉及面积 2000 多亩，直接经济损失 50 万元。

暴雨。6 月份和 7 月份由于冷暖空气活动频繁，启东共出现 4 次暴雨和 1 次大暴雨。6 月 24 日—6 月 30 日，启东气象站梅雨量 236.8 毫米(常年 66.6 毫米)，降水距平百分率为 255.3%，属异常偏多。据自动站资料统计，2015 年梅雨期前期降水量最大为 268.4 毫米，出现在新安镇。其中 27 日启东气象站测得的单日降水量达 175.9 毫米，突破启东有气象历史纪录以来 1960 年 6 月 10 日测得的 172.2 毫米的 6 月单日最大降水量纪录。由于预报准确、防范得力、排水顺畅，全年几次暴雨并未造成太大经济损失和人员伤亡。

高温。受西太平洋副热带高压影响，启东市 7 月 27 日起日最高气温超过 35℃，截至 2015 年 8 月 5 日，启东出现 7 个高温日，其中 37℃以上的天数为 2 天，最高气温出现在 8 月 4 日，最高气温为 37.3℃。其间，日平均气温较同期偏高 2.5℃。受副热带高压影响，全市部分地区出现局地生成的雷阵雨天气。

雾霾。全年共出现雾天 51 天，其中 1 月、3 月、4 月和 12 月较重，多次造成高速公路封闭，对交通运输产生一定影响。霾天全年共出现 108 天，较上年 128 天减少 20 天，集中出现在 1 月、2 月、3 月以及 10 月和 12 月，空气质量下降，对全市居民健康产生一定影响，但较上年有所好转。

(龚溪峤　黄　诚)

建置沿革

【概况】 启东位于江北大陆最东端，因沙洲不断向东延伸，便由“启吾东疆”之意而得名。启东全境系长江口不同时期河相、海相沉积平原。汉朝以前为江口海域。唐初，长江口涨出东洲、布洲。唐高祖武德年间(618—626 年)，长江口外形成江中岛屿，犯人被流放于此，从事盐业生产。与胡逗洲(今南通市区及通州平潮、西亭一带)一起同属广陵郡，上隶于淮南道。五代后梁开平元年(907 年)，长江口东洲、布洲合并为海门岛。后周显德元年(954 年)，设政、场合一的地方管理机构“吕四场”，这是启东境内首次出现行政管理机构。显德五年，海门建县于东布洲，上隶于通州。海门县域包括今启东中北部地区。至北宋至和年间(1054—1056 年)，胡逗洲向东扩展，与海门岛相接，形成东西长约 75 公里、南北宽约 20 公里的“通吕水脊”(西至南通唐闸附近，东至吕四)。

元末至明朝中叶(14—15 世纪)，长江主泓北移，海门沿江地带大面积坍塌，先后四迁县治，仅留吕四一地。由于民户所剩无几，清康熙十一年(1672 年)撤销海门县建置，改为乡，并入通州。

清康熙末年(1722 年)，长江口北岸开始新的淤积。在此后的 200 来年里，许多小的沙洲逐渐并连形成启海陆地。乾隆三十三年(1768 年)，划通州 19 个沙、崇明 11 个沙和新涨的 10 个沙，设置海门直隶厅，上隶于江苏布政使司。今启东中部地区，时为海门直隶厅的东境。雍正至光绪初年(1723—1875 年)，长江口北岸的惠安沙、杨家沙、永丰沙等 13 个沙洲陆续形成并连成一片，因临近崇明，大多为崇明人开垦，称崇明外沙(称崇明岛为内沙)。光

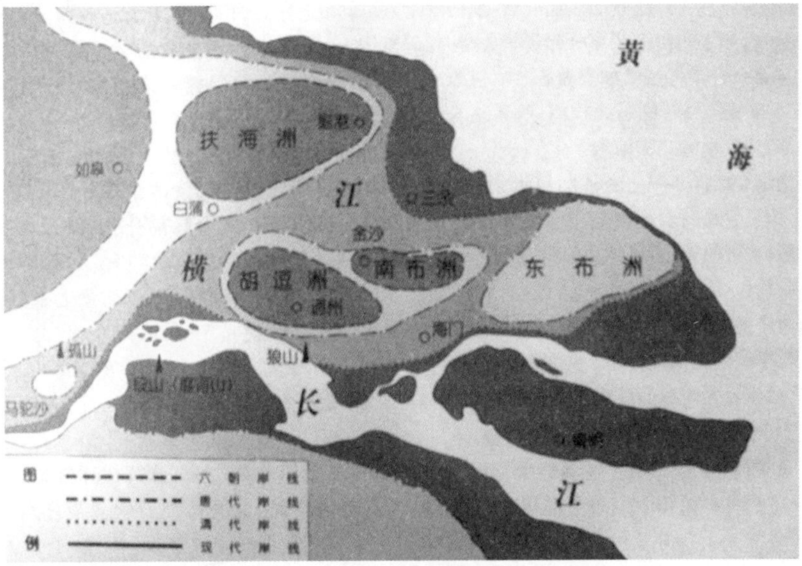

图 3　通州成陆示意图　　（市地方志办/提供）

绪二十三年(1897 年),崇明县设崇海司巡检署于九龙镇(后更名为久隆镇)。崇海两县间开挖崇海界河,西起庙桥,经南阳村东流入海,南为崇明外沙,北属海门。与此同时,通海界河开挖完成,以南为海门,以北为通东(通州东部)。今启东分属三县的格局至此形成。

中华民国元年（1912 年)1 月,海门废厅设县;5 月，通州改称南通县。今启东中部地区时属海门县，隶属于沪海道;北部地区时属南通县,隶属于苏常道。民国 9 年(1920 年),崇明县在外沙惠隆镇（今汇龙镇）设行政公署。民国 17 年(1928 年)1 月,应启东人民要求,民国江苏省政府作出决议,“崇明外沙应即设县分治，定名‘启东’”。2 月,国民政府作出“准予备案”的决议。3 月 1 日,启东县宣告成立,县治汇龙镇,隶属于江苏省,下辖 10 乡，居民 33 万人。民国 22 年(1933 年)，启东县隶于江苏省行政第七区。民国 25 年(1936 年),江苏行政第七区改为第四区,启东隶属第四区。

民国 29 年(1940 年)11 月,新四军挺进启东，建立启东县抗日民主政府。16 日,接管启东县政权,国民党启东县政权到此结束。启东民主政府最初设在汇龙镇，后撤到江家镇。民国 30 年(1941 年)3 月,日军正式占领汇龙镇后,日伪炮制临时伪政府——“启东地方自治会”;启东抗日民主政府在农村流动。9 月,为对付日军“扫荡”,抗日民主政府将启东、海门两县合并为海东行署。12 月,改称海启行署。民国 31(1942 年)年 7 月,崇明划入,改称海启崇行署。9 月,通东地区划入,成立东南行署，驻地在聚星镇。民国 32 年(1943 年)4 月 1 日,日伪正式成立伪政权“苏北清乡区启东特区公署”。其管辖范围是原老启东区域,即崇海界河以南。民国 34 年(1935 年)8 月 31 日,日伪军撤逃,日伪政权垮台。

民国 35 年(1946 年)1 月,国民党“还乡”,在南通城组建启东县政府。10 月起,随国民党军队进驻汇龙镇。辖区崇海界河以南，即原国民党启东县政府管辖区域。同年 3—11 月,民主政府将启东、海门两县恢复建置,隶属于苏皖边区第一行政区。12 月,启、海两县再度合并为东南行署，隶属于苏皖边区第九行政区。

民国 38 年(1949 年)1 月,启东、海门全境解放。两县恢复建置,划海门的东部地区、通东的吕四地区归启东版图,县政府驻曹家镇。5 月起,县政府迁至汇龙镇，隶属于苏北行政区南通专区。1953 年,隶属江苏省南通专区,1968 年隶属江苏省南通地区。

1983 年 3 月,江苏省实行市管县新体制，启东县隶属于南通市。1989 年 11 月、12 月,经国务院批准,民政部、江苏省人民政府先后发文,同意撤销启东县，以原区域设立启东市（县级),仍由南通市人民政府管理,实行计划单列。1990 年 2 月 15 日,启东召开撤县建市大会，市委、市人大常委会、市人民政府、市政协挂牌,宣告启东市正式成立。

（曹军华）

行政区划与人口

【行政区划】 2015 年 9 月 23 日,启隆乡撤乡建镇。至 2015 年年末,启东市辖 12 个镇,2 个街道办事处,2 个省级经济开发区,261 个行政村,36 个城市居委会。

【人口】 2015 年年末，全市户籍总人口 112.06 万人,比上年末减少 0.26 万人。其中,城区(汇龙镇和开发区)人口 25.65 万人。全年出生人口 5468 人,出生率为 6.86‰,出生婴儿男女性别比为 104:100;死亡人口 8379 人,死亡率为 7.47‰,人口自然增长率为–0.6‰。年末常住人口 95.4 万人,城镇化率 55.4%。

（沈冬云）

地方特产

【概况】 启东属长江口冲积平原,土壤肥沃,水网密布,自然条件优越,资源物产丰富,素有“粮棉故里,东疆乐土”之称。全国四大渔场之一的吕四渔场就有 2000 余种海产资源;启东的特色种养业遍布全市。启东地方特产主要有农产品和水产品两大类。启东农产品的四大当家品种有:优质棉花、茧丝、“四色豆”(蚕豆、乌皮青仁豆、白扁豆、赤豆)、小辣椒。其中,蚕豆种植为全国种植面积最大、总产最多的县(市)。启东水产品以海产品居多,吕四渔场出产的海蜇、黄鱼、鲳鱼、带鱼、梭子蟹,沿海滩涂养殖的紫菜、文蛤等水产品闻名海内外。启东是全国最大的天然文蛤养殖基地,同时又是全国唯一的中华绒螯蟹苗繁育基地。此外,启东采收的蟾酥数量多、质量好,是中国中药行业公认的“蟾酥之乡”,为“六神丸”等十几种传统中成药提供优质原料。

【农产品】 启豆系列蚕豆。蚕豆,别名胡豆、罗汉豆、寒豆,属豆科,野豌豆属。因豆荚形似老蚕,又成熟于养蚕时节,故名蚕豆。蚕豆是启东传统的夏粮作物,种植历史悠久,自20世纪60年代以来常年种植面积保持50万亩左右,约占夏粮种植面积的50%,最高年份产量14万吨,为全国县级之首。

大红袍赤豆。启东大红袍赤豆是中国红小豆的代表性品种之一，启海一带均有种植。红小豆,属豆科,菜豆属,为一年生草本植物,是一种具有高蛋白、低脂肪、多营养的小杂粮。大红袍赤豆籽粒饱满,色泽鲜红,百粒重约20克左右。豆质细软,绵沙适口,可与大米一起煮饭、粥,以制作各种糕点馅为最佳,如豆沙包、豆沙炸糕、切糕、豆沙月饼等各种风味食品。含有丰富铁质,有补血功效,中医用作利尿、消肿、解毒等。

朝天小辣椒。启东朝天小辣椒是通启海一带的地方良种，因椒果朝天生长而得名,亦称羊角椒。其特点是个体小、色泽艳、辣度高。辣度高达5万度以上,为国内辣椒辣度之最,是上好的烹饪佐料。

乌皮青仁豆。乌皮青仁豆,俗称乌豆,是中国最古老的栽培作物之一,因其种皮乌黑、果仁青色而得名。《本草纲目》中用乌豆作单方的就达59条。乌皮青仁豆与猪蹄炖食,具有催乳、补血等功效。

洋扁豆。洋扁豆,又叫利马豆,原产美洲,20世纪30年代引进启东种植。搭棚架栽培,是一种藤蔓类作物。荚扁平呈刀形，壳青籽白，每荚有籽2~3粒。全市年产约500万公斤,折合干籽45万公斤。

香芋。香芋是多年生草本豆科作物,译名美洲土栾儿。一般3月播种,次年1月、2月收获。香芋在启东有数十年种植历史,在长江口区的海门、崇明也有种植,其他地区则很少见。香芋有球状块根,小者如算珠,大者如圆萝卜,褐皮白肉,气味清香,富含淀粉,味如板栗。因为名字中有"芋"字,常被混同芋艿,其实两者并无关系。

芦稷。芦稷,又名甜芦粟,属一年生禾本科植物,是高粱的别种。株高达3米左右,茎有节,可食用,以青皮长节为佳,汁多甘甜,营养丰富,可与甘蔗媲美。芦稷的叶子常用作喂猪羊,根皮作柴火，穗头晾干褪籽后成为扎扫帚的材料。

东疆梨。东疆梨,为果树之乡启东市大兴镇从日本引进的优良梨树新品种。1995年,日本花甲协会的梨树专家大狱岩男到大兴镇技术指导，带来世界公认的梨树优良品种"三水一高"梨(丰水、幸水、新水、新高四地梨树的合称),并试种成功。此后,又传授梨树棚架栽培新技术。该品种果形大而整齐,果皮呈淡黄褐色,有光泽,无锈斑,果肉松脆细嫩,石细胞较少,味甜,多汁。每年8月成熟上市。经十年的发展，大兴优质梨产业化科技示范园区面积已达1.5万亩，是长江下游地区规模最大的产梨区，被评为省级农业科技示范园、全国农业引资成果推广基地。

启东白山羊。启东白山羊,也称海门山羊,有上千年养殖史,系全国重点保护和发展的家畜品种,定名为"长江三角洲白山羊"。启东白山羊体型中等偏小,毛色洁白,耐湿热,性温和,成熟早,繁殖力强,成年公羊体重30公斤左右,母羊22公斤左右。由于当地对公母羊均有阉割育肥的习惯，故启东白山羊肌肉丰满,肥嫩鲜美,脂肪分布均匀,膻味少。无论红烧、白煮,均肥而不腻。启东白山羊皮毛肉兼用。皮可制革,其毛可制作毛笔、刷子等。启东为全国6个山羊笔料毛基地县之一,山羊板皮是传统的出口农副产品。

三黄鸡。启东"三黄鸡"以嘴黄、毛黄、脚爪黄而得名。该品种为启海地方良种,养殖历史悠久,属于蛋、肉兼用型鸡种,体型清秀,中等偏小;行动活泼,善于觅食;耐粗饲,适应性强;产蛋多,经济效益高。一年龄成鸡体重1.5~2公斤。公鸡性成熟较晚，一般4—5月开啼；母鸡繁殖力较高，开产日龄200天左右,一般年产蛋180个左右。

其他农副产品。其他特色农产品:蜜橘、金柑、桃、柿、青皮甘蔗、青甜瓜、秋番茄等瓜果;豌豆、白扁豆、绿豆等豆类;20世纪70年代开始引进的灵芝属名贵药材,至90年代初期产量发展至200多吨干灵芝，占全国四分之一；启东人冬季食用的主要蔬菜黄芽菜由北方大白菜(原产山东胶州)改良而来；外皮色泽金黄的金瓜煮熟后瓜肉自然成丝可凉拌入菜。

【水产品】 吕四海蜇。吕四海蜇盛产于启东吕四沿海,身体半球形青蓝色,半透明,上面有伞状部分,下面有八条口腕,口腕下端有丝状器官。如同漂浮在水面上的一顶帽子。以质量上乘,加工精细闻名,是中国"海产八珍"之一。"吕四海蜇"是继"太湖银鱼"之后江苏省第二个获准进行地理标志注册的水产品。

条斑紫菜。条斑紫菜俗称紫菜、乌菜。中国沿海自然生长的紫菜有圆紫菜、长紫菜和甘紫菜等,福建、浙南沿海多养殖坛紫菜，北方则以养殖条斑紫菜为主，启东养殖紫菜即为条斑紫菜。紫菜味鲜美,蛋白质含量高且质量好,并富含人体必须的氨基酸。维生素A、维生素B、维生素B_2的含量可与动物肝脏相媲美。经常食用紫菜可起到降低胆固醇、预防动脉硬化、补肾、利尿、清凉、宁神、预防夜盲等功效,有助于智力开发。启东市是中国条斑紫菜的主要产区，养殖产量占全国的十二分之一，加工和出口数量则占国内市场的五分之一,拥有"灯塔"牌、"海渔"牌、"珍洋"牌等名优紫菜品牌。

文蛤。文蛤,又名蛤蜊,广泛生长于中国东部沿海,启东、如东为黄海文蛤的主产地。启东沿海自20世纪80年代起开展文蛤人工育苗和工厂化养殖,2014年，全市有无公害文蛤养殖基地20.12万亩。

黄鱼。产于启东吕四渔场的大小黄鱼，是中国最古老最重要的经济鱼类之一。由于海洋资源的减退,大黄鱼已较为少见，启东市捕捞的以小黄鱼为主。黄鱼肉嫩味鲜,含蛋白质、脂肪、糖、维生素、钙等多种营养成分。大黄鱼胶更是高级营养补品。黄鱼吃法较多,有红烧、煨汤、清蒸、风糟等多种食法,糖醋黄鱼为南通名菜。

鲥鱼。吕四一带俗称香鱼,渤海、黄海、东海均产之,其中以东海产量最多。鲥鱼味鲜肉细,营养价值极高,其含蛋白质、脂肪、钙、钾、硒均十分丰富。鲥鱼在中国渔业史上是最早的捕捞对象之一,已有5000多年的历史。

鮟鱇鱼。俗称结巴鱼、蛤蟆鱼、海蛤蟆，为世界性鱼类，生活在温带的海底下。头大，由上往下看，像有柄煎锅一样。背鳍最前面的刺伸长像钓竿样子，前端有皮肤皱褶伸出去，看起来很像鱼饵。鮟鱇鱼肉富含维生素A和维生素C。其鱼肚、鱼子均是高营养食品，皮可制胶，肝可提取鱼肝油，鱼骨是加工明骨鱼粉的原料。

梅童鱼。又称梅子鱼，一般全长40~100毫米，大者全长可达200毫米左右；体长形，侧扁。尾柄细长。头很大而圆钝。分布于黄海、东海一带，栖息于近海、河口和港湾的泥或沙泥底质水域。不作长距离洄游。为温水性鱼类。梅童鱼肉嫩刺软，肉味鲜美。产量较大。

马鲛鱼。又名青占鱼，体形狭长，头及体背部蓝黑色，上侧面有数列蓝黑色圆斑点，腹部龙白色，背鳍与臀鳍之后有角刺。由于以鱼虾等水生动物为食，故马鲛鱼生得浑身肥满，是一种经济价值较高的海产优质鱼类。马鲛鱼肉质细腻、味道鲜美、营养丰富，含丰富蛋白质、维生素A、矿物质等营养元素。

鲐鱼。又名油胴鱼、青条鱼。体粗壮微扁，呈纺锤形，一般体长20~40厘米、体重150~400克。头大、前端细尖似圆锥形，眼大位高，口大，上下颌等长，各具一行细牙，犁骨和腭骨有牙。体披细小圆鳞，体背呈青黑色或深蓝色，体两侧胸鳍水平线以上有不规则的深蓝色虫蚀纹。腹部白而略带黄色。

鲻鱼。全身披圆鳞，眼大、眼睑发达。牙细小成绒毛状，生于上下颌的边缘。背鳍两个，臀鳍有8根鳍条，尾鳍深叉形。体、背、头部呈青灰色，腹部白色。鲻鱼肥短，眼圈大而内膜与中间带黑色。鲻鱼是优质经济鱼类之一，鱼卵可制作鱼子酱。

鮸鱼。形似鲈鱼，但肉质略粗糙，体色发暗，灰褐并带有紫绿色，腹部灰白。背鳍鳍棘上缘黑色，鳍条部中央有一纵行黑色条纹。胸鳍腋部上方有一晴斑。其余各鳍灰黑色。鮸鱼体形为两侧扁平向后延长状，背、腹部浅弧形。体侧扁，略延长。尾柄细长，尾鳍楔形。肉味鲜美，为海产经济鱼类之一，也是经济价值较高的鱼类。

海鳗。产于吕四渔场，海鳗肉厚、质细、味美、含脂量高，可供鲜食、制咸干品或罐头。晒干品“鳗鱼鲞”和干制海鳗鳔均为食用佳品。鳗鱼富含多种营养成分，具有补虚养血、祛湿、抗痨等功效。

鲬鱼。俗名尖角子、拐子鱼、百甲鱼，分布于沿海地区。体延长而平扁，向后渐细。一般体长20~30厘米、体重100~200克。头宽、甚平扁，吻背面近半圆形，下颌长于上颌，两颌、犁骨及腭骨均有绒毛状牙群、前鳃盖骨后缘有2个尖棘，背面及体两侧均有带小棘的骨棱、体披小而不易脱落的栉鳞，全身大部呈黄褐色。

墨鱼。又称乌贼鱼、墨斗鱼、目鱼等。由于它像鱼类一样游泳，且腹腔里藏有墨囊，所以沿海渔民把它叫做“墨鱼”。干者叫明鱼，属软体动物中的头足类。墨鱼不但味感鲜脆爽口，蛋白质含量高，具有较高的营养价值，而且富有药用价值。

柏氏四盘耳乌贼。吕四一带称为“几姑子”。分布于东海、南海等海域，生活环境为海水。胴体约长4厘米。和一般的乌贼不同，柏氏四盘耳乌贼头和胴体相连。胴体短，后端圆，尾鳍圆似耳。

鲈鱼。中国沿海及通海的淡水水体中均产，黄海、渤海较多。常见的经济鱼类之一，也是发展海水养殖的品种。鲈鱼肉质坚实洁白，营养价值高且口味鲜美。

短鳍红娘鱼。吕四一带称红娘子鱼，产于东海、黄海和渤海。体延长，稍侧扁，前部粗大，向后渐细，一般体长14~24厘米、体重150~300克。头大，近方形。吻端中央凹入，两侧圆钝，各具几个小棘，边缘有锯齿，上下颌及犁骨具绒毛状牙群、头部背面及两侧均被骨板、体披大栉鳞、头和背部深红色，腹侧为乳白色。背鳍2个，其基部两侧各有一纵列有棘楯板。

斑节对虾。吕四一带称竹节虾。个体大，壳较厚，肉质鲜美，营养丰富。体壳较坚实，经得起用手捉拿。离水后干露于空气的耐力很强。营养价值与其他主要虾类相近。

虾蛄。身体窄长筒状，略平扁，头胸甲仅覆盖头部和胸部的前四节，后四胸节外露并能活动。腹部七节，分界明显，而较头胸两部大而宽，头部前端有大型的具柄复眼一对，触角两对。虾蛄味道鲜美，价格低廉，为沿海群众喜爱的水产品。

脊尾白虾。只产于中国附近海域。成虾体长4~9厘米。腹部第3节至第6节背面中央有明显的纵脊，故名。体色透明，微带蓝色或红色小斑点，腹部各节后缘颜色较深。是近海重要经济虾类，除供鲜食外，还可加工成海米，因其呈金黄色，故也有“金钩虾米”之称。其卵可于制成虾籽，也是上乘的海味干品。

泥螺。属软体动物门，为太平洋西岸海水及咸淡水特产的种类。在中国沿海均有分布。体呈长方形，头盘大而肥厚，外套膜不发达。侧足发达，遮盖贝壳两侧之一部分。贝壳呈卵圆形，幼体的贝壳薄而脆，成体较坚硬、白色，表面似雕刻有螺旋状环纹，内面光滑，有黄褐色外皮。

毛蚶。又称毛蛤、麻蛤。生活在内湾浅海低潮线下至水深十多米的泥沙底中，尤喜于淡水流出的河口附近。成体壳长4~5厘米，壳面膨胀呈卵圆形，两壳不等，壳顶突出而内卷且偏于前方。壳面白色，被有褐色绒毛状表皮。毛蚶是维生素B_{12}含量较高的食用贝类。沿海一带甲肝流行是由于人吃了不洁的毛蚶引发的，毛蚶属于传播途径。

扁玉螺。在吕四沿海地区称为香螺。贝壳呈半球形，坚厚，背腹扁而宽。壳顶低小，螺旋部较短，体螺层宽度突然加大。壳面光滑无肋，生长纹明显。壳面呈淡黄褐色，壳顶为紫褐色，基部为白色。壳口卵圆形，外唇薄，呈弧形；内唇滑层较厚，中部形成与脐相连接的深褐色胼胝，其上有一明显的沟痕，脐孔大而深。生活于潮间带至水深50米的沙和泥沙质的海底，通常在低潮区至10米左右水深处生活。常潜入底内猎取其他贝类为食。

海螺。产于沿海浅海海底。海螺贝壳边缘轮廓略呈四方形，大而坚厚，壳高达10厘米左右，螺层6级，壳口内为杏红色，有珍珠光泽。螺肉丰腴细腻，味道鲜美，素有“盘中明珠”的美誉。具有排列整齐而平的螺肋和细沟，壳口宽大，壳内面光滑呈红色或灰黄色,可制作工艺品。

四角蛤蜊。俗称白蚬子、泥蚬子。在中国沿海分布极广,产量大,主要栖息于潮间带中下区及浅海的泥沙滩中,属广温广盐性贝类,贝壳坚厚,略成四角形。两壳极膨胀。壳顶突出,位于背缘中央略靠前方,尖端向前弯。

大竹蛏。俗称竹蛏,平均壳长达14厘米,一般壳长为壳高的4~5倍。壳质薄脆。壳表光滑,被黄褐色壳皮。喜栖息于潮间带中下潮区至浅海的沙泥滩中。

三疣梭子蟹。三疣梭子蟹,又称梭子蟹、方蟹。启东吕泗渔场出产的梭子蟹肉多膏肥,是主要的出口畅销品之一,年供货量达5000吨。梭子蟹以鲜食为主,还可加工成"炝蟹""醉蟹""蟹酱"和名贵调味品"蟹籽酱",均为海味中的上品。

中华绒螯蟹。启东市滨江临海,沿海水域是长江水系中华绒螯蟹大眼幼体的原种产区,江段水域是河蟹入海繁殖、蟹苗洄游溯河的天然通道。长江水系中华绒螯蟹,以其个大、青背、白肚、金爪、黄毛、味美、围捕率较高等商品性状而享誉国内外。

长江刀鱼。刀鱼,学名鲚,俗称凤尾鱼。刀鱼与鲥鱼、河豚一起并称为"长江三鲜",其肉质细嫩,腴而不腻。出产于启东、崇明、吴淞一带江面。

沙蚕。沙蚕,形似蚯蚓,俗称"海蜈蚣""海蚂蟥",是高营养、速生长、高产值的海洋饵料生物,人称"万能钓饵"。同时具有较高的医药价值。启东是中国出口沙蚕的主要产地之一。

鳗苗。鳗鱼又名河鳗,是一种洄游性鱼类。长江、钱塘江一带的江河、湖泊是鳗鱼的主产区。启东所在的长江口区盛产天然鳗苗,因其经济价值较高,有"软黄金"之称。

(曹军华)

黄金海滩踩文蛤。 (市商务局/提供)

旅游景点

【黄金海滩】 黄金海滩位于黄海湿地省级自然保护区北部,地处启东市寅阳镇东部,是江苏最早看到日出的地方。区位优势明显,交通便捷,国家AAA级旅游景区、省级旅游度假区。广袤的生态滩涂,蕴藏丰富的资源,优质的沙滩,丰茂的大米草湿地,一排排高大的风力发电机,清碧的池塘,鸥鸟云集,外加特色海鲜餐饮,使这里成为具有发展潜力和开发价值的海滩风景区。

黄金海滩东西宽约850米,南北长约1800米,占地总面积约1.43平方公里,这里以黄金海滩和生态湿地风光为依托,以万亩鱼塘养殖和铁板沙资源为基础,开展看海、听海、吃海的原生态旅游项目。游人可坐着牛车,沿着海滩观光,也可在这三水交汇的海滨,体验海上disco(踩文蛤),也可在海边捉螃蜞、拾泥螺、挖海葵、尽享亲近大海的乐趣;游人可在海边的平台上,体会自助烧烤或者海钓的情趣;亦可在海滩放风筝,或开展沙滩排球、沙滩足球等沙滩活动。2014年年初,景区与上海海上部落风筝冲浪俱乐部联手,打造出华东区唯一的风筝冲浪基地。

【大自然度假村】 大自然度假村是江苏省四星级乡村旅游点,并获中国特

大自然度假村。 (项益周/摄)

江天生态园。 （潘建明/摄）

色农庄殊荣。坐落于启东市惠萍镇大兴镇村，离启东市区仅10分钟车程。度假村占地面积200多亩，其中水域面积170多亩，建筑面积22000平方米，总投资近亿元，所有建筑全部坐落于水上。有餐饮面积9000多平方米，典雅宽敞的豪包38间，无柱宴会大厅2个，可同时设宴130多桌、容纳1500多人用餐。拥有客房面积8000多平方米，有75个套间和11幢38套别墅，均为水上建筑。建有独立的娱乐楼，内设KTV豪包15间、SPA16间、棋牌室16间、足浴位28个，外加林荫深处的垂钓平台、亲水长廊、网球场、篮球场。建有中西合璧的婚寿礼堂，可承办各种庆典、会议、培训、演艺，有2个休闲广场、2个休闲长廊、1200米休闲健身道路、石展书画中心；还配有游客接待中心、农副产品展示销售中心，餐饮楼顶层有无土栽培的有机蔬菜和花卉大棚。聘请专业团队管理，是一家集酒店、宾馆、康体、娱乐、会展、农副产品加工销售为一体的综合度假村。

【江天生态园】 江天生态园是江苏省四星级乡村旅游点、"南通十佳旅游景点"。位于启东市城南，距市区不到3公里。生态园以无公害农产品种养业带动观光、休闲、旅游、度假，建立绿色餐饮中心、游客接待中心、会议服务中心、家禽家畜养殖中心、水产品养殖中心、蔬菜瓜果中心、花木园林中心、生态垂钓中心等。生态园占地面积600多亩，是集绿色餐饮、休闲度假、健身娱乐、农事体验、乡村生活感受、农业文化展示等功能为一体的生态创意农业园。

江天生态餐厅可同时容纳700人用餐，根据园林造景设计，巧妙呈现多彩风格包厢，分日出东方、荷风竹露、露茗回香、渔歌号子、清波巧橹、竹影入画6个主题区域，置身其中可品美味、观绿植、赏美景、戏流泉；独栋木式别墅，追求高雅、温馨、活泼之氛围；豪华宴会厅、各类大小会议室和现代化的视听会务设施，可提供宴会、会务服务；野外拓展项目如攀岩、真人CS、空中抓杠等活动能"磨练意志、陶冶情操、完善人格、熔炼团体"；娱乐休闲活动设有品茶、棋牌、K歌、垂钓、游泳、采摘、篝火晚会等；大棚绿色基地，品种多样，生态放养的家禽和家户蛋，是馈赠亲友的礼品。生态园以农业发展休闲旅游为重点，"快乐乡村游"为主题，通过营造"绿色环保""周末之家""健康参谋""梦中水乡""民歌欣赏""魅力乡村""农庄风采"等特定的文化内涵，展示启东乡村旅游元素和地方民俗旅游特色。

【盈康农庄】 盈康农庄成立于2005年3月，位于启东市鼤效港1号，东临黄海、南靠长江、西望崇启长江大桥、北依沿江一级公路。获首批"江苏省观光农业园"，国家AA级旅游景区，江苏省三星级乡村旅游点和全国四星级休闲农业与乡村旅游示范园区殊荣、中国特色农庄等。

农庄核心区面积400亩，现代农业体验园面积120亩。农庄以无公害农产品带动休闲观光旅游，以农促旅、以旅强农，现代农业、特色农庄，回归自然、贴近生活，注入传统元素、激发怀旧情结，是乡村旅游好去

盈康农庄生态垂钓鱼塘。 （市商务局/提供）

田仓农庄全景。 (市商务局/提供)

处。农庄拥有5000平方米灰砖黛瓦四合院游客接待中心,可容300人一次性同时就餐。建有水上小别墅。提供农家餐饮、特色土产、田园采摘、游园观光、河塘垂钓、野炊烧烤。农庄生产的草鸽、草鸡、草鹅、苏太猪、鳖和螯蟹等产品获农业部"无公害产品"认证;山药、芋艿、茄子、萝卜、西红柿、西瓜和江阴菜等蔬果获农业部"有机产品"认证。农庄的沙地特色农家菜肴"四盆六碗"商标获国家工商总局注册。

【田仓农庄】 田仓农庄是江苏省三星级乡村旅游点。位于汇龙镇光荣村(江苏省级万亩生态农业园区内),是一个泰式乡村休闲度假农庄。占地近300亩,水面面积约60余亩。农庄以生态农业为主,按照"农业园林化、园林农业化"的建设方针,95%以上土地保持原生态农业种养殖,建筑占地面积不足5%,且本着"节约土地、一地多用"和少固化的原则,充分利用种植和养殖水面空间等完成乡村旅游发展所必需的配套设施建设。

农庄集农业观光、休闲度假、农产品深度消费为一体,以上海及周边城市乡村旅游客人为主,东南亚风格,集乡村旅游、农事体验、特色餐饮住宿、休闲娱乐、主题活动为一体,是专业的乡村婚礼、企业会奖、亲子活动基地,为会员制家庭生态农产品配送特供基地。

启东田仓农庄一期建筑面积约2500平方米,投资近3000万元。有1400平方米休闲餐厅和会议包房,可同时容纳200人会议和400人用餐;45张床位的东南亚景观客房;100平方米多功能会议室、休闲书吧、农产品销售展示厅、露天亲水休闲平台等;150亩原生态蔬菜采摘田、近50亩瓜果采摘园与生态养殖园、10余亩乡村小动物乐园、10余亩宝宝开心农场及60余亩水面垂钓区等;同时为游客提供蔬果采摘、捕鱼捉虾、野营烧烤、风筝放飞、孔明灯许愿、农庄寻宝、亲子游戏、乡村影院、桌球乒乓、棋牌麻将、卡拉OK等乡村休闲娱乐活动,具有上海及周边城市散客与团队游的接待能力。

【滨海村渔家乐】 滨海村渔家乐是江苏省三星级乡村旅游点。地处海复镇最东端的滨海村。该村采取"公司+基地+农户"的运作模式,以农户为核心主体,门对门接送和招待游客。拥有5万平方米的人工湖垂钓中心,6个垂钓码头、2500平方米的停车场、游客接送旅游车24辆、电动旅游车4辆、休闲小游艇20多艘、鉴赏景小木屋20多幢、休闲码头2个、大型的接待中心1个、若干间绿色餐厅、600多平方米的健身广场等各项硬件设施。投资200多万元的渔家乐接待中心拥有集健身、美容、KTV娱乐为一体。

【泊仙居休闲农庄】 泊仙居休闲农庄是江苏省三星级乡村旅游点。位于启东市王鲍镇,集休闲娱乐餐饮住宿于一体。农庄有占地超过总面积五分之三的生态大棚,种植时令有机蔬果,提供时令果蔬采摘。土特产有芋艿、香芋、山药,土鸡、土鸡蛋、鸭蛋、鹅蛋、萝卜皮、花花鸡等。农庄拥有宽敞的用餐大厅及包厢。会议室可容纳50人中小型会议。客房有倚湖而建的木屋小别墅。湖中的小岛上建有玻璃烧烤房,供游客自助烧烤。娱乐项目有冬季温泉、垂钓休闲、棋牌娱乐、网球篮球运动、豪华KTV包房、桌球游戏、亲子合力自行车、儿童游乐场等,适宜不同年龄层的顾客娱乐。

【如意农庄】 如意农庄是江苏省三星级乡村旅游点。位于首批国家级中心

泊仙居休闲农庄一景。 (市商务局/提供)

渔港吕四港镇。如意农庄是集吃、住、度假、旅游、观赏、养殖为一体的特色农家乐。农庄建于2015年4月，占地200亩，设有大小会议室、棋牌室、茶室，有垂钓、烧烤、捕捞、采摘等游玩项目。

【嘉仕有机农场】 嘉仕有机农场是江苏省三星级乡村旅游点。位于启隆镇。是集绿色餐饮、生态旅游度假、农事劳作体验、娱乐活动体验、农业产品文化展示、休闲游乐等功能为一体的绿色创意农业休闲农场。嘉仕有机农场占地总面积达1200亩，农场附近配套设施有公司自建的会所，内有各类室内室外娱乐项目：网球、台球、游泳、羽毛球、麻将等，并不定期举行烧烤、亲子游戏等娱乐活动。除了能吃到放心菜以外，还有各类有机蔬菜供客人采摘。农场周边有多个配套区域，有采摘区、垂钓区、儿童扩展项目区、烧烤区、农家乐等。“开心农场”活动项目，让客人在户外自然环境中亲身体验生活，加强家庭成员间的沟通互动，普及农业科学知识，提高动手能力。

（薛泠凤）

国民经济和社会发展

【概况】 2015年，面对严峻复杂的宏观经济形势，全市上下按照市委、市政府的决策部署，锐意进取、攻坚克难，主动适应经济发展新常态，加快经济转型步伐，破解改革发展难题，积极应对各类挑战，较好地完成全年目标任务，实现“十二五”的圆满收官。

综合实力稳步提升。经初步核算，全年实现地区生产总值803.14亿元，按不变价比上年增长9.8%。全市按常住人口和户籍人口计算的人均地区生产总值分别达到84099元和71587元。启东在全国县域经济竞争力百强县（市）中排名升至第36位、在中国中小城市综合实力百强县（市）中排名升至第40位。分别获国家卫

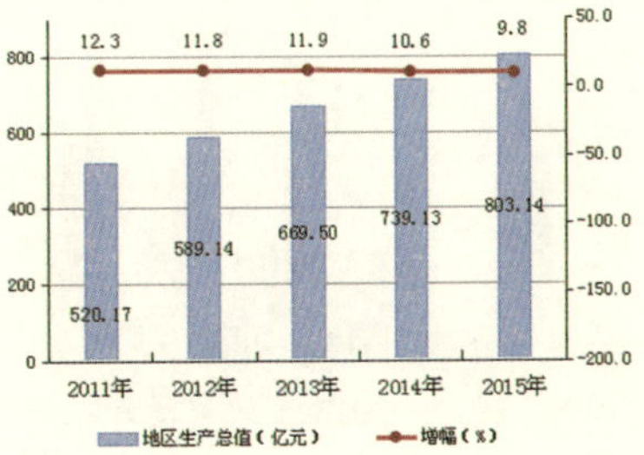

图4 2011—2015年地区生产总值

生城市、省文明城市、省园林城市等荣誉称号。

产业结构升级加快。2015年全市实现第一产业增加值65.45亿元，比上年增长2.6%；第二产业增加值389.13亿元，比上年增长10.2%；第三产业增加值348.56亿元，比上年增长10.8%；三次产业比例由2014年的8.3:49.9:41.8调整优化为8.1:48.5:43.4。

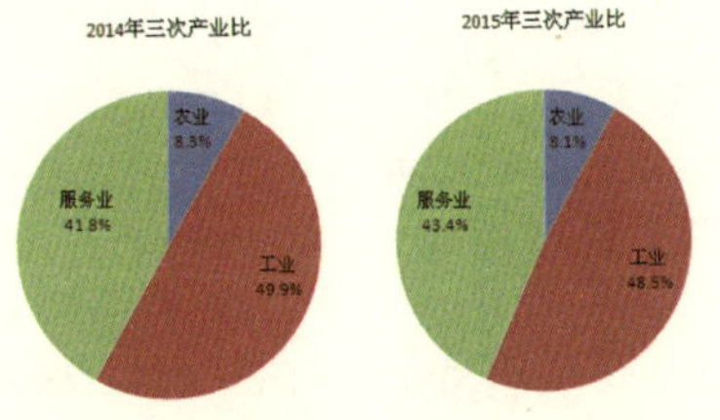

图5 2014年、2015年三次产业比

【农业】 农业生产平稳发展。全市实现农林牧渔业总产值127.85亿元，比上年增长5.2%。全年粮食总产26.29万吨，增长5.2%。其中夏粮总产8.47万吨，增长9.2%；秋粮总产17.82万吨，增长3.5%。年末高标准农田面积比重达到41.6%，设施农（渔）业面积14.87千公顷。

种植结构优化调整。全年粮食种植面积69.39千公顷，比上年增加0.95千公顷；油料种植面积29.99千公顷，比上年减少2.66千公顷；蔬菜种植面积28.61千公顷，比上年减少0.68千公顷；瓜果种植面积3.20千公顷，比上年增加0.09千公顷。

畜牧渔业产量平稳。年末生猪存栏15.65万头，比上年下降0.1%；生猪出栏28.8万头，下降0.4%；山羊存栏51.4万只，下降4.6%，出栏66.1万只，增长3.3%。家禽存栏379.10万只，下降0.7%，出栏1495万只，增长0.7%；肉类总产量5.83万吨，增长0.4%，禽蛋总产量2.08万吨，增长1.4%。全年水产品产量36.05万吨，增长1.8%。

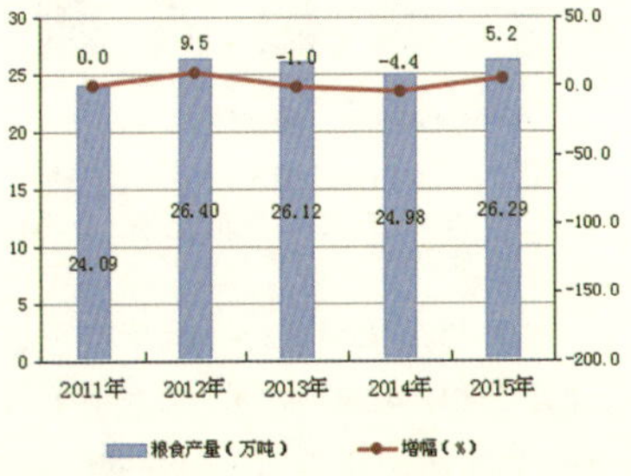

图6 2011—2015年粮食产量

主要农产品产量

表2

产品名称	2015年数(吨)	2014年数(吨)	比上年增长(%)
粮　食	262939	249825	5.2
谷　物	166143	153011	8.6
夏　粮	84752	77590	9.2
秋　粮	178187	172235	3.5
油　料	91347	93783	−2.6
花　生	25852	24753	4.4
油菜籽	64947	68514	−5.2
棉　花	11160	13616	−18.0
蚕　茧	30948	31278	−1.1
瓜　果	95324	88857	7.3
蔬　菜	815213	787500	3.5

【工业和建筑业】 工业生产运行稳健。全年实现规模以上工业总产值1674.02亿元，比上年增长10%。其中，高新技术产业产值778.13亿元，增长20.8%，占全市规模以上工业总产值的比重达46.5%，比上年提高1.3个百分点；新兴产业产值681.09亿元，增长22.5%，占规模以上工业总产值的比重达40.7%，比上年提高3.4个百分点。全市规模以上工业企业实现主营业务收入1591.23亿元，比上年增长7.1%；工业产销率达99.1%，比上年提高0.8个百分点；规上工业企业实现利税总额204.52亿元，增长17.4%；实现利润总额120.67亿元，增长15.8%。全年实现工业应税销售629.01亿元，增长6.5%；规模工业入库税收29.49亿元。

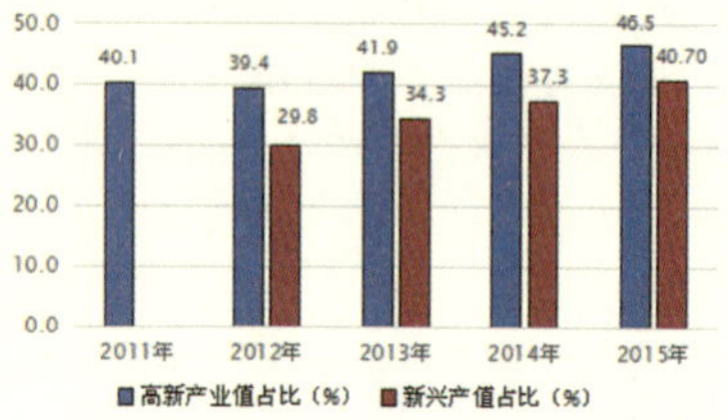

图7 2011—2015年高新、新兴产业产值占规上工业产值比重

建筑行业砥砺前行。全年实现建筑业总产值742.41亿元，比上年下降7.6%。全年房屋建筑施工面积8072万平方米，下降4.2%；房屋建筑竣工面积2395万平方米，增长7.8%。全年新签订总承包合同额676亿元，比上年下降13.8%；承建10万平方米以上项目176个，增长24%。在省住建厅建筑业百强企业评选中，市二建集团、建筑集团、中信集团和启安集团又一次跻身百强企业行列，"南通二建"品牌在全国驰名。

【固定资产投资】 投资总量稳步增加。全年完成固定资产投资539.06亿元，比上年增长11.5%。其中，工业投资329.29亿元，增长9.1%；服务业投资209.50亿元，增长15.7%，服务业投资占全社会固定资产投资的比重达到38.9%，比上年提高1.4个百分点。全年新开工亿元以上项目48个，新竣工亿元以上项目50个。

房地产业加快发展。全年完成房

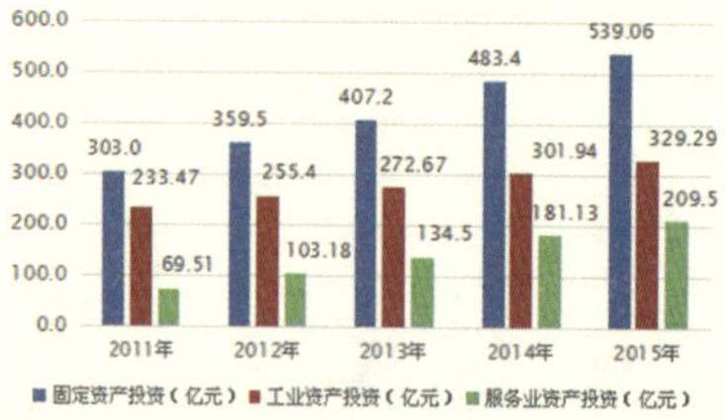

图8 2011—2015年固定资产投资

地产开发投资63.36亿元，比上年增长34.7%。商品房施工面积456.08万平方米，增长11.8%，商品房竣工面积72.85万平方米，下降20.2%。全年商品房销售面积98.84万平方米，增长12.5%，商品房销售额67.62亿元，增长21.4%。

【国内贸易和旅游】 消费市场不断成熟。全年实现社会消费品零售总额293.06亿元，比上年增长10%。分行业看，批发业实现零售总额12.74亿元，增长9.8%；零售业实现零售总额254.29亿元，增长9.7%；住宿业零售总额1.19亿元，增长11.3%；餐饮业零售总额24.84亿元，增长13.4%。分地区看，城镇实现消费品零售总额199.98亿元，增长10.1%；乡村实现消费品零售总额93.08亿元，增长9.9%。

大众消费增长平稳。全年限额以上批发和零售业实现商品零售总额83.81亿元，比上年增长11.5%。在限额以上批发和零售业中，粮油、食品、饮料、烟酒类零售总额12.34亿元，增长16.2%；服装、鞋帽、针纺织品类零售总额5.53亿元，增长18.2%；日用品类零售总额4.23亿元，增长11.4%；化妆品类零售总额1.81亿元，增长7.5%；金银珠宝类零售总额2.02亿元，增长8.9%；家用电器和音像器材类零售总额4.99亿元，增长4.1%；汽车类零售总额15.27亿元，增长12.4%。

旅游产业加快形成。境内拥有国家AAA级景区1家、AA级景区2家、省四星级乡村旅游点2家、三星级乡村旅游点6家、限上住宿餐饮企业共有床位3500多个，餐位34000多个。全年累计接待游客344.52万人次，实现旅游总收入42.46亿元，分别比上年增长10.5%和13.0%。全市旅游项目累计完成投入24亿元，比上年增长

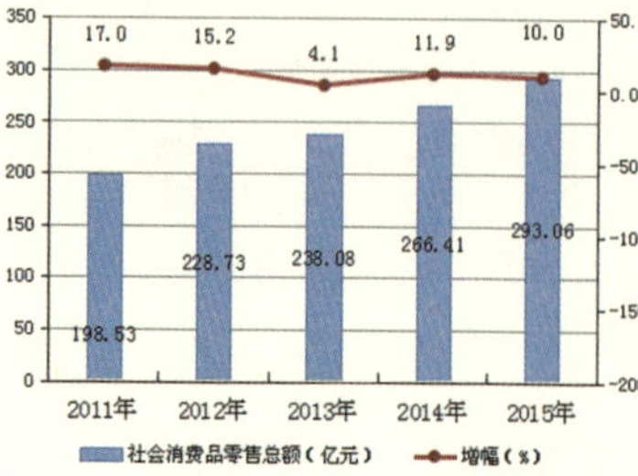

图9 2011—2015年社会消费品零售总额

21%。圆陀角旅游度假区获批省级旅游度假区。

【开放型经济】 对外贸易积极稳妥。全年实现进出口总额30.67亿美元，比上年下降0.2%。其中，出口总额24.81亿美元，增长7.7%；进口总额5.86亿美元，下降23.7%。年末与市建立进出口贸易关系的国家和地区146个，比上年增加19个。全市有进出口业绩的企业336家，与上年基本持平。

利用外资量质齐增。全市新批外商投资项目39个，累计新增工商登记注册外资7.32亿美元，比上年增长35%；实际利用外资2.25亿美元，增长305%。

外经合作步伐加快。全市累计实现境外投资中方协议投资总额9856万美元，增长12.2%；实现承包劳务合同额3163万美元，实现承包劳务营业额36222万美元。

服务外包取得突破。全市列入服务外包统计的企业26家，其中新获确认的服务外包企业8家，比上年增加2家。累计新签服务外包业务合同额3929万美元，比上年增长121%；服务外包执行额2017万美元，比上年增长43%。

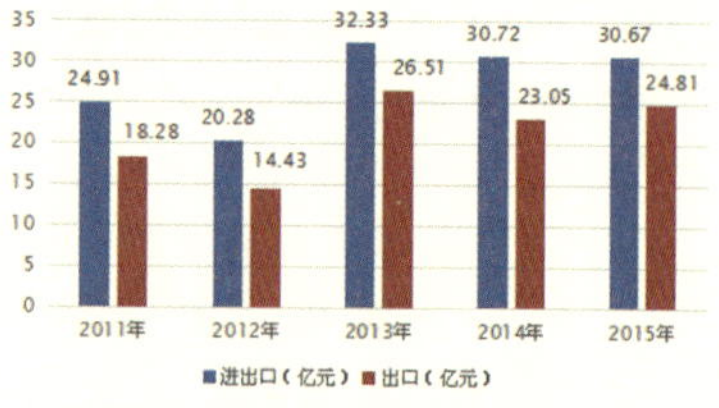

图10 2011—2015年进出口额

【交通运输和邮电】 交通运输能力提升。2015年全市汽车保有量14.02万辆，比上年增长10%，私家车拥有量12.03万辆，增长12%。全市公路客运总量887万人次，与上年基本持平；公路货运总量833万吨次，比上年增长

2.1%；水路货运总量176万吨次，增长2.3%。年末全市公路总里程为3575.96公里，其中：高速公路40.24公里、一级公路233.40公里、二级公路144.22公里、三级公路301.18公里、四级公路2846.93公里。

邮电通信加快调整。全年完成邮电业务收入8.84亿元，其中，电信业务收入7.23亿元，邮政业务收入1.60亿元。年末拥有移动电话用户96.20万户，比上年末增加11.80万户；固定电话用户29.40万户，比上年末减少2.28万户。年末拥有住宅电话用户22.78万户，比上年末增加0.74万户。全市国际互联网宽带接入用户数达24.03万户，比上年年末增加1.80万户。

【财政和金融】 财政收支稳定增长。全市财政总收入148.01亿元，比上年下降12.1%。公共财政预算收入76.86亿元，增长14.3%，其中税收收入63.44亿元，增长13.5%。主体税种中，增值税(25%)6.26亿元，下降5.8%；营业税35.68亿元，增长36.5%；企业所得税(40%)7.10亿元，增长23.5%；个人所得税(40%)1.55亿元，下降66.2%。基金收入41.36亿元，下降38.6%。

全市公共财政预算支出86.24亿元，比上年增长16.5%，其中一般公共服务支出13.37亿元，下降3.4%；社会保障和就业支出9.14亿元，增长13.6%；医疗卫生支出10.77亿元，增长47.2%；环境保护支出1.27亿元，增长25.2%；教育支出18.19亿元，下降1.8%；科学技术支出2.83亿元，下降19.1%。

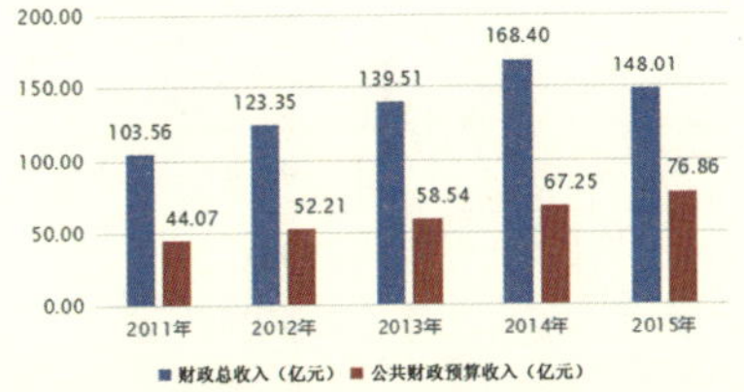

图11 2011—2015年财政收入

金融市场规模扩大。年末全市银行业金融机构各项存款余额1083.65亿元，比上年末增长14.1%。其中居民储蓄存款余额712.41亿元，增长11.4%。全市银行业金融机构贷款余额651.28亿元，增长15.8%。其中短期贷款余额339.95亿元，增长5.3%；中长期贷款余额277.48亿元，增长31.9%；个人消费贷款75.83亿元，比上年年末增长29.2%。

金融业态多元丰富。全市共有各类金融机构70个，其中，银行业金融机构19家，小额贷款公司6家，融资担保公司3家。此外一批互联网金融、第三方理财等新兴业态正在市蓬勃发展，金融组织体系日益多元，金融业发展活力明显增强。

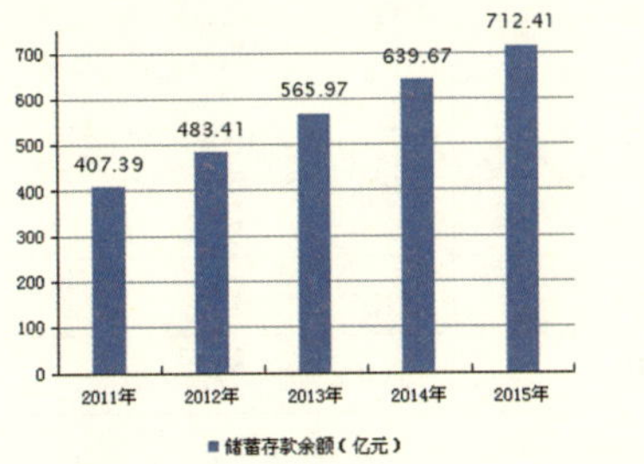

图12 2011—2015年城乡居民储蓄存款余额

【教育和科技】 教育事业均衡发展。年末全市拥有中小学及各类学校141所，其中普通高中7所、职业高中2所、特教学校1所、初中小学71所、幼儿园60所。各类学校在校学生90037人、专任教师7237人。全市小学入学率、普及率、毕业率均保持100%；初中入学率、毕业率分别为100%、99.9%；全市初中后升学率达98%以上。在江苏省义务教育学业质量监测中，市学业成绩标准达成指数为最高级9级。第一中学、滨海实验学校开学启用，46所中小学建成省义务教育现代化学校。

科技创新动力增强。全年研发投入占地区生产总值比重达2.48%，科技进步贡献率达63.5%。科技成果加速转化，实施产学研合作项目172项，新增高新技术企业27家、高新技术产品85个，专利授权2302件。创新载体加快建设，新增省级以上各类技术平台14家，林洋电子被认定为国家级企业技术中心，国动产业园入驻互联网企业18家。招才引智成效显著，引进创新创业领军人才106人，其中国家"千人计划"专家5人、省"双创计划"11人。

【文广、卫生和体育】 文化事业繁荣发展。年末全市拥有文化馆（站）13个，公共图书馆1个，图书总藏量45.2万册。建成全市12个镇乡图书分馆，藏书21.4万册，实现镇乡图书借阅通借通还。广播电视覆盖率100%、有线电视入户率95.9%。做优做强"百姓自助舞台""村村乐""少儿梦想舞台"等传统群众文化活动。精心组织"第二届启东好声音"大赛活动。深入开展首届全民读书节系列活动，"启吾大讲堂"举办讲座近50场。省级文物保护单位抗大九分校旧址修缮完工，张謇垦牧教育纪念馆和抗大九分校纪念馆对外开放。大力实施江海文化精品创作工程，发展启东版画、评弹北调、吕四渔歌等特色艺术门类，洋钎说书、灶花艺术入选江苏省非物质文化遗产名录。启东版画院15件版画作品分别入选中国北京、韩国蔚山、中国观澜、英国伦敦等国际展览，2件作品获"首届江苏美术奖"提名。《中国版画第一院·启东版画院建院30周年作品集》正式出版，启东版画影响不断扩大。

卫生服务积极推进。年末全市拥有医疗卫生机构425家，执业（助理）医师2137万人、注册护士1704万人，每千人拥有卫技人员4.38人、每千人拥有床位数3.97张。公共卫生服务全面实施，人均基本公共卫生服务经费达50元，村级补助经费不低于40%。新农合人均财政补助增至480元，参合率达99.9%。对在基层医院住院的低保、五保户及农村70周岁以上老人实施基本药物全免费。人均预期寿命达80.54岁，其中，男性78.19岁，女性82.84岁。

体育事业蓬勃发展。成功创建江苏省公共体育服务示范区。群众体育活动丰富多彩，组织开展"红红火火过大年"系列健身活动。全年以第十八届全民健身节为主旋律，组织开展庆元宵万众健步走、篮球、游泳、乒乓球、羽毛球、轮滑、交谊舞等一系列赛事。成功承办2015年江苏省"鸳鸯杯"门球比赛、南通市少儿羽毛球比赛。

【人口、人民生活和社会保障】 人口规模基本稳定。年末全市户籍总人口112.06万人，比上年末减少0.26万人。其中，城区（汇龙镇和开发区）人口

2015 年户籍人口主要构成情况

表 3

指　　标	年末数(人)	比重(%)
全市总人口	1120611	100.0
#城镇人口	601993	53.7
乡村人口	518618	46.3
#出生人口	7701	100.0
男性	3927	51.0
女性	3774	49.0
#死亡人口	8379	—
#18 岁以下	122334	10.9
18~34 岁	218219	19.5
35~59 岁	474228	42.3
60 岁以上	305830	27.3

图 14　2015 年分月价格指数

25.65 万人。全年出生人口7701 人,出生率为 6.86‰,出生婴儿男女性别比为 104:100;死亡人口 8379 人,死亡率为 7.47‰,人口自然增长率为-0.6‰。年末常住人口 95.4 万人,城镇化率 55.4%。

居民收入逐步提高。全年居民人均可支配收入 26071 元,比上年增长 9.0%。其中,城镇居民人均可支配收入 34566 元,增长 9.0%。农村居民人均可支配收入 18287 元,增长 9.1%。全年居民人均消费支出 20244 元,比上年增长 7.8%。其中,城镇居民人均消费支出 28060 元,增长 6.9%。农村居民人均生活消费支出 13083 元,增长 9.7%。年末,全市城镇常住居民人均住房面积 42.9 平方米,比上年增长 4.4%,农村常住居民人均住房面积 61.2 平方米,比上年增长 2.7%。

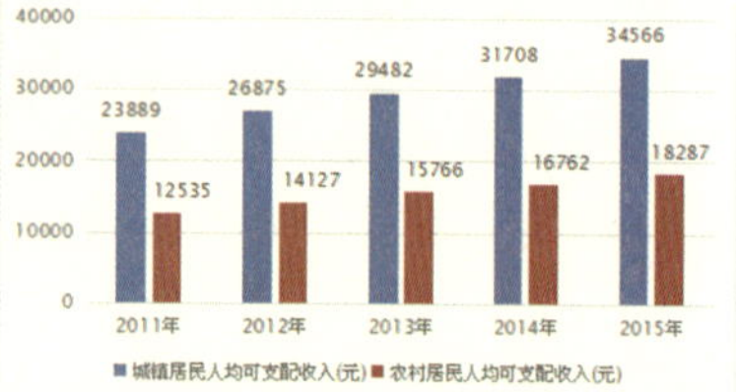

图 13　2011—2015 年城乡居民人均可支配收入

消费价格小幅微涨。全年居民消费价格指数为 101.1%,同比上涨 1.1%,其中 12 月同比上涨 2.3%。八大类消费品及服务项目价格“六升二降”,食品、烟酒及用品、衣着、家庭设备用品及维修服务、医疗保健和个人用品、娱乐教育文化用品及服务类价格同比分别上涨 2.0%、1.4%、2.3%、1.8%、5.7%、0.5%;交通和通信、居住类价格分别下降 2.8%和 0.6%。

社会保障不断完善。全市实施积极的就业政策,全年城镇新增就业 8087 人,各类城镇下岗失业人员实现就业再就业 3500 人,帮助就业困难人员再就业 510 人。城镇登记失业

2015 年城镇居民人均生活消费支出情况

表 4

指　　标	人均生活消费支出(元)	比上年增长(%)
合计	28060	6.9
食品	8570	6.1
衣着	2612	7.9
居住	4561	6.5
家庭设备用品及服务	1612	6.3
医疗保健	1598	7.9
交通与通讯	3512	9.4
娱乐、教育、文化服务	5176	6.7
杂项商品与服务	419	2.5

2015 年农村居民人均生活消费支出情况

表 5

指　　标	人均生活消费支出(元)	比上年增长(%)
合计	13083	9.7
食品	4196	10.0
衣着	1013	8.6
居住	1836	8.9
家庭设备用品及服务	811	7.8
交通通讯	1857	11.4
文教娱乐用品及服务	2381	11.0
医疗保健	757	6.6
其他商品和服务	232	4.1

率控制在2.6%。城乡保障体系不断完善,城镇职工"五险"参保率、城乡居民养老保险覆盖率达96%以上,城乡居民基础养老金标准提高至105元/月,农村、城镇低保标准分别提高至460元/月、580元/月。新农合住院医药费补偿3.70亿元,惠及13.8万人次。

养老体系日趋健全。全市新批准建立养老机构5家,新增床位800张。全市养老床位8224张,每千人养老床位达31.9张。城乡社区居家养老服务中心覆盖率达到100%,其中3A级社区居家养老服务中心(站)6家,2A级社区居家养老服务中心(站)63家。

【城市建设和环境保护】 城市功能快速提升。城区交通道路内疏外扩,丁仓港路南延、世纪大道西延等4条环线道路贯通,南苑东路、紫薇东路等5条道路完成改造,灵秀路、江海路南延等17条道路加快推进。城市景观不断美化,紫薇公园完成改造,灵秀公园加快建设,新增游园节点3个。城区配套功能逐步完善,文峰二期建成开业,欣乐城、大润发进展顺利,妇幼保健院、社会福利中心、文化体育中心等启动规划建设。

基础设施加快建设。启东港一类口岸开放通过国家验收,吕四港区10万吨级进港航道一期工程完工,宁启铁路启东段完成工程量的38%,海启高速启东段加快建设。新增新能源公交车37辆、城区公共自行车网点增至15个,新增优化公交路线8条。

生态环境明显改善。全市积极开展大气污染防治,环境空气质量AQI指数为77.5%,在南通地区处于前列。水环境功能区水质达标率为73.1%。大力推进节能减排,完成清洁生产审核企业25家,单位地区生产总值能耗、主要污染物排放总量削减完成省控目标。城市绿化不断扩大。年内新增建成区绿地面积88公顷,人均公园绿地面积10.7平方米,建成区绿化覆盖率达到41%。实施八大造林绿化工程,新增造林面积4.05万亩、城镇绿地面积70.4万平方米,林木覆盖率达22.6%,生态市创建通过国家验收。

注:1.文中数据为初步核算数。

2.地区生产总值和各产业增加值指标绝对数按当年价格计算,增长速度按可比价工格计算。

(市统计局)

全色沙滩。 (钮伟钢/摄)

组织机构及负责人

启东市四套班子领导机构

中共启东市委第十二届委员会

书　记:徐　锋

副书记:黄卫锋　顾云峰(1月5日免)
　　汤　雄(1月5日任)
　　兰生峰(挂职,4月12日任)

常　委:姜　平　韩菊芳(女)　张建新(7月10日免)
　　赵男男(女)　龚心明　周　春　朱志强
　　王　凯(11月13日任)

注:书记、副书记在常委中不重复列名。

启东市第十六届人民代表大会常务委员会

主　任:徐　锋

党组书记:徐　锋

党组副书记:张建新(8月7日任)

副主任:倪国冲(9月22日免)　王　生(4月3日免)
　　俞翠明　潘国红

启东市第十六届人民政府

市　长:黄卫锋

党组书记:黄卫锋

党组副书记:张建新(8月7日免)　王　凯(11月25日任)

副市长:张建新(9月22日免)　王　凯(11月27日任)
　　黄　忠　孙建忠　张卫生　袁圣菊(女)　汤葱葱
　　叶　辉(挂职,1月8日免)
　　刘　振(挂职,6月3日免)
　　朱晓阳(挂职,11月27日任)
　　俞旭明(挂职,11月27日任)

政协启东市第十四届常务委员会

主　席:张建飞(1月5日免)　顾云峰(1月17日任)

副主席:倪春元　蔡建平　宋　逵
　　高永华(女,7月10日免)　龚建涛

副处级督导员:朱家鼎

秘书长:许瑞华

副秘书长:陈　樊　张卫华

中共启东市委工作部门及直属单位

中共启东市委办公室

主　任:龚心明

副主任:沈衍冰　陈晓燕(女,4月23日免)
　　徐建军(4月23日免)　徐　霞(女)
　　黄　健(6月19日任)

中共启东市委研究室

主　任:沈衍冰

副主任:黄　健(6月19日免)　陈卫东(12月24日免)
　　张俞华(6月19日任)　施　亮(12月24日任)

中共启东市委、启东市人民政府接待办公室

主　任:陈晓燕(女)

副主任:高一新　何淑峰　李永生

中共启东市委保密委员会办公室
启东市国家保密工作局

主任、局长:徐建军

副主任、副局长:顾向华

中共启东市委机要局
启东市国家密码管理局

局　长:徐建军

副局长:顾向华

《启东通讯》杂志社

社　长:彭红辉(12月24日任)

启东市档案局(馆)
局(馆)长:张建昌
副局(馆)长:卫　健(女)　王建华　杨　琴(女)

中共启东市纪律检查委员会
书　记:韩菊芳(女)
副书记:王裕兵　郁豪杰
常　委:赵志辉　蔡海伟　陆　松　邓正映(6月19日任)
注:书记、副书记在常委中不重复列名。

启东市监察局(与市纪律检查委员会合署办公)
局　长:王裕兵(兼)
副局长:张巍巍(女)　赵志辉　蔡海伟(6月19日任)

中共启东市纪律检查委员会机关内设机构
办公室
主　任:蔡海伟(6月19日免)　黄海燕(女,11月16日任)

纪检监察干部管理监督室(12月24日更名)
主　任:张雨华

宣传教育室(12月24日更名)
主　任:邓正映(6月19日免)　赵件华(6月19日任)

信访室
主　任:陆允冲

第一纪检监察室
主　任:沈龙飞

第二纪检监察室
主　任:

第三纪检监察室(12月24日增设)
主　任:樊指南(12月24日任)

第四纪检监察室(12月24日增设)
主　任:

案件监督管理室
主　任:施宇飞(6月19日任)

案件审理室
主　任:

执法监察室(12月24日撤销)
主　任:樊指南(12月24日免)

效能监察室(12月24日撤销)
主　任:黄海燕(女,11月16日免)

党风政风监督室(12月24日,党风政风监督室、执法监察室、效能监督室整合为党风政风监督室,同时增挂"市政府纠正行业不正之风办公室"牌子)
主　任:倪　雄(6月19日任)

机关纪检监察工作室
主　任:郁向辉

农村纪检监察一室
主　任:周晓磊
副主任:黄　华(兼审计工作室主任)

农村纪检监察二室
主　任:林　泉
副主任:

农村纪检监察三室
主　任:王一东
副主任:施风华(兼审计工作室主任)

启东市党风廉政建设教育中心
主　任:黄海霞(女,6月19日任)

中共启东市委组织部
部　长:汤　雄(4月12日免)　赵男男(4月12日任)
副部长:何卫东　杨莹莹(女)　张海荣　沈向东

中共启东市委市级机关工作委员会
书　记:何卫东
副书记:倪玮蔚(女)

启东市党员干部现代远程教育管理办公室
主　任:陈晓燕(女,4月23日任)

中共启东市委新经济新社会组织工作委员会
书　记:沈向东
副书记:徐　俊(11月16日任)

启东市人才工作办公室
主　任:宋海华
副主任:张　丹(11月16日任)　江小浦(挂职,8月27日任)
汪　靖(挂职,8月31日免)

启东市干部人事档案管理中心
主　任:顾明霞(女,11月16日任)

中共启东市委宣传部
部　长:赵男男(女,4月30日免)　姜　平(4月30日任)
副部长:顾永辉　许锦飞　陈健梅(女)　郁锦标
黄翠芳(女)

启东市精神文明建设指导委员会办公室
主　任:顾永辉(兼)
副主任:陆健伟

启东市哲学社会科学界联合会
主　席:陈健梅(女,兼)
副主席:陆琛杰(6月19日免)　钱菁菁(11月16日任)
郁豪杰(不驻会)　沈衍冰(不驻会)
赵凯旋(不驻会)　陈永生(不驻会)
高德群(不驻会)　周光华(不驻会)
施洪飞(不驻会)　沈永泉(不驻会)
李　飞(不驻会)　王　鸣(不驻会)
张笑慰(不驻会)

启东市对外宣传办公室
主　任:郁锦标(兼)

中共启东市委统一战线工作部
部　长:高永华(女,8月7日免)
副部长:茅炎生　沈宏飞　季卫东(7月29日免)

中共启东市委政法委员会
书　记:朱志强
副书记:周　辉　袁永兵　赵建辉
纪检组长:耿松林
政治处主任:金海荣(11月16日任)

启东市社会治安综合治理委员会办公室
主　任:陈燕飞(11月16日任)
副主任:张　勇(11月16日免)　周建伟

启东市依法治市领导小组办公室
主　任:朱志强(兼)
副主任:黄炳生(4月23日免)

启东市新市民管理服务中心
主　任:袁永兵(兼)
副主任:黄炳生(兼,4月23日免)

启东市国家安全办公室
主　任:周　辉
副主任:

中共启东市委农村工作办公室
启东市人民政府农村工作办公室
主　任:张海兵
副主任:卜锦明(4月23日免)　张永辉(4月23日免)
陈俭辉　杨晓华　刘锦华(12月24日任)
纪检组长:张　健(女)

中共启东市委610办公室
主　任:龚裕春(兼)
副主任:徐士冲　陈　震(4月23日免)　蒋建东

中共启东市委老干部局
局　长:陈张贤(女)
副局长:张成英(女)　施建琴(女)　龚　辉

中共启东市委台湾工作办公室
启东市人民政府台湾事务办公室
主　任:周红丹(女)
副主任:陈凯捷　顾鸿彪　陈　忠

江苏省吕四台湾渔民接待站
站　长:

启东市机构编制委员会办公室
主　任:张海荣(兼)
副主任:王　虹(女)　朱卫强

启东市事业单位登记管理局
局　长:沈峻峰(11月16日任)

中共启东市委党校
校　长:顾云峰(兼,1月17日免)
汤　雄(兼,1月17日任)
常务副校长、校务委员会主任:顾学葵(11月25日免)
副校长:施启兵　查建辉

中共启东市委党史办公室
启东市地方志办公室
主　任:黄翠芳(女,兼)
副主任:钮伟钢　陆　欣(4月23日免)　沈冬云(女)

启东市信访局
局　长:龚　健(6月19日免)　朱海荣(6月19日任)
副书记:赵　琛(女,6月19日任)
副局长:赵　琛(女,6月19日任)　黄永琴(女)
徐　燕(女)　陈　忠

启东市新闻信息中心
主　任:顾永辉(兼)
副主任:印雪平　张旦前　袁风华　陆一冬(女)
金　香(女)

注:市委部门与市政府部门系两块牌子、一套班子的,只在市委部门下列出机构名称。

启东市人大常委会办事机构

启东市人大常委会办公室
主　任：汤　枫
副主任：黄卫星　陆思冲　施建洪(11月16日免)
　　　　顾健红(11月16日任)
党组成员：吴风云(女)　杜锦德　江林海　李　英(女)
　　　　　王建石　顾胜豪　潘炜华

启东市人大常委会研究室(与办公室合署)
主　任：吴风云(女)

启东市人大常委会财政经济工作委员会
主　任：杜锦德
副主任：卞彩红(女)

启东市人大常委会内务司法工作委员会
主　任：江林海
副主任：顾悦捷

启东市人大常委会人事代表工作委员会
主　任：李　英(女)

启东市人大常委会城建环保工作委员会
主　任：姜汉杰
副主任：顾锦若(4月23日免)　施建洪(11月16日任)

启东市人大常委会教科文卫工作委员会
主　任：王建石
副主任：黄　婷(女)

启东市人大常委会农业和农村工作委员会
主　任：顾胜豪
副主任：姚锦涛(12月24日免)

启东市人大常委会民宗侨台工作委员会
主　任：潘炜华
启东市人大常委会专职委员：蒋建辉

启东市人民政府工作部门及直属单位

启东市人民政府办公室
主　任：唐海兵
副主任：方　俭　赵凯旋(4月23日免)　黄　坤
　　　　张东霞(女)　龚　健(6月19日免)　郭海健
　　　　朱海荣(6月19日任)　沈　波(6月19日任)

启东市政府研究室(5月27日增设)
主　任：江　昱(6月19日任)

启东市政府信息中心
主　任：王必伟(6月19日免)

启东市应急管理办公室
主　任：龚　健(兼，6月19日免)

启东市发展和改革委员会
主　任：石光辉(9月22日免)　吴永东(11月27日任)
书　记：石光辉(7月29日免)　吴永东(11月16日任)
副主任：陈　飞　季新斌　王　凯　张　璇(4月23日免)
　　　　周光华　陆燕飞　黄　涛(4月23日免)
　　　　马雪辉(4月23日免)　朱新球
　　　　孙利忠(4月23日免)　周春雷　周连法
　　　　黄是春(女)　唐卫卫　孙国兵
纪委书记：丁尹霞(女)

启东市教育局
局　长：陆圣华(6月3日免)　赵凯旋(6月3日任)
书　记：陆圣华(3月12日免)　赵凯旋(4月23日任)
副局长：施洪飞　袁卫星(11月16日免)　潘卫斌
　　　　黄稼新　陈　斌(4月23日免)　李　磊　邱永涛
纪委书记：陆海峰

启东市人民政府教育督导室(与市教育局合署办公)
主　任：施洪飞
副主任：汤健辉

启东市中小学教师研修中心
主　任：王晓东(8月7日任)
书　记：陆圣华(3月12日免)
　　　　赵凯旋(4月23日任，8月7日免)
　　　　王晓东(8月7日任)
副书记：王晓东(8月7日免)　朱　玮(8月7日免)
副主任：王晓东(8月7日免)　袁炳飞(8月7日任)

启东市高等学校招生委员会办公室
主　任：施洪飞(兼)

启东市教师服务中心
主　任：

启东市科学技术局
局　长：蔡　兵
副局长：王建斌　季旭东　施东飞　张晓卫(女)　黄东健
　　　　赵世成(挂职，8月21日免)
　　　　何树先(挂职，8月27日任)
纪检组长：施迎春(女，12月28日任)

启东市地震局(挂牌)
局　长:蔡　兵(兼)
副局长:朱　杰(4月23日免)

启东市民政局
局　长:陈　玲(女)
副局长:沈永泉　宋卫兵　张志辉　施海霞(女)　卢国斌
纪委书记:姜建涛

启东市老龄问题委员会办公室
主　任:陈　玲(女,兼)

启东市财政局
局　长:杜文华(女)
副局长:陈　阳(女)　陆　星　龚锦兵
　　　谢旦英(女,6月19日任)
纪检组长:严颖熠
总会计师:孙丽娟(女,11月16日任)

启东市会计核算中心
主　任:孙丽娟(女,11月16日免)
　　　陆庆辉(11月16日任)

启东市国有资产监督管理办公室(挂牌)
主　任:
副主任:

启东市人力资源和社会保障局
局　长:杨莹莹(女)
副局长:陆婧婧(女)　高　辉　黄　健　王红忠
纪委书记:顾健红(11月16日免)　刘东波(11月16日任)

启东市人才服务中心
市委高端人才服务站(增挂)
主　任:

启东市医保中心
主　任:黄卫星

启东市环境保护局
局　长:郭建辉
副局长:田锦浩　黄　辉　陆　杰　王幸运
　　　蔡红辉(9月24日任)
纪检组长:朱双群

启东市环境监察大队
大队长:吴凯凯(11月25日免)

启东市住房和城乡建设局
局　长:杨新超
副书记:施守飞(4月23日免)　杜燕飞(4月23日免)
副局长:王　忠　范　飞　谢旦英(女,6月19日免)
　　　张曙辉　黄建平　黄新慧(女)　郭鉴生　施建生
纪委书记:郑荣辉
总规划师:刘坚勇

启东市房屋征收管理办公室
主　任:

启东市城市管理行政执法局
局　长:吴胜昔
副局长:高裕兴(4月23日免)　杨建辉　吴　玲(女)
　　　张祝英(女)　郁洪辉　谢石磊
　　　席庆晟(9月24日任)
纪委书记:龚汉平

启东市城市管理行政执法大队
大队长:谢石磊(兼)

启东市交通运输局
局　长:周惠锋
书　记:黄红春(12月24日免)
副书记:周惠锋　施伯新
副局长:瞿　健(4月23日免)　朱凯岳　龚　英(女)
　　　严宏新(9月21日免)　周　尧　黄　凯
　　　赵庆辉　张红霞(女)
纪委书记:董杰贤(女)
总工程师:

启东市运输管理处
主　任:杨建辉

启东市地方海事处
处　长:樊　杰

启东市乡镇交通运输综合管理所
主　任:卢　华(12月24日任)

启东市农业委员会
主　任:王建石(1月8日免)　朱洪新(1月8日任)
书　记:施建伟
副书记:朱洪新
副主任:施建伟　陈　辉　盛雪飞　倪为和　杨　芳(女)
　　　施红华　沈晓宏(女)　杨忠杰　王晓峰
纪委书记:董　琰(女)

启东市农业技术推广中心
主　任:陈　辉(兼)

启东市水务局
局　长：高广军(1月8日免)　顾　冲(1月8日任)
书　记：王建康
副书记：顾　冲　龚海勇(12月24日免)
副局长：王建康　龚海勇(12月24日免)　汤正辉
　　查春威
纪委书记：马汉林
局长助理：关冰艺(女)

启东市水务局堤闸管理所
所　长：管向华

启东市海洋与渔业局
局　长：王振宇
副局长：丁圣齐　刘玉琴(女)　彭新华
　　许永新(9月24日任)　吴新华(11月16日任)
纪委书记：崔卫刚

启东市渔政监督大队
大队长：王　强

启东市商务局
局　长：陆建新
副局长：张笑慰　陈　娟(女)　杨丽华(女)　顾建涛
　　孙　林　高　鹏　周卫东　徐沈蔚(女)
　　张允若　陈　惠
纪检组长：李　涛(女)

启东市招商局
局　长：陆建新(兼)
副局长：顾建涛　杨丽华(女)　张国政　段长虹　李海江
　　龚帅帅　卢　鑫

北京分局
局　长：高一新(兼)

上海分局
局　长：

浙江分局
局　长：

广东分局
局　长：高　鹏(兼)

产业招商综合分局第一分局
局　长：胥宏锋(兼)

产业招商综合分局第二分局
局　长：李　磊(兼)

启东市文化广电新闻出版局
局　长：许锦飞
副局长：沈　杰　黄一彬　朱建辉　施黄捷
　　姚　斌(9月24日任)
纪委书记：顾则兵

启东市广播电视台
台　长：许锦飞(兼)
党总支部书记：沈　杰
副台长：沈　杰　黄　浩　周凌峰

启东市卫生和计划生育委员会
主　任：沈俊涛(1月8日任)
书　记：沈俊涛
副主任：苏高飞　朱蓉艳(女,11月16日免)　黄风华(女)
　　王新裕(11月16日免)　顾东磊
　　秦海松(12月24日任)
纪委书记：顾蓉玲(女)

启东市审计局
局　长：邓卫星
副局长：黄　健　陈　芳(女)　黄　彬
纪检组长：葛西萍(女)

启东市统计局
局　长：郁丽春(女)
书　记：刘和生
副局长：刘和生　张　淼(女)　秦海宁
纪检组长：朱建新

启东市安全生产监督管理局
局　长：茅石彬
副局长：黄慧聪　张潜泉　钱　锦(女)　郭洪新　王　辉
纪检组长：陈汉平(6月19日任)

启东市安全生产监察执法大队
大队长：浦水兵

启东市市场监督管理局
局　长：倪　伟(1月8日任)
书　记：倪　伟
副书记：王耀辉　陈爱东
副局长：王耀辉　陈爱东(1967年12月生)　陆　新
　　范红梅(女)　陈爱东(1969年12月生)　倪建国
　　黄琛琛　施群忠(6月19日免)　朱曙晴(女)
纪委书记：袁　博

汇龙分局
局　长：黄　汉(11月16日任)

开发区分局
局　长:陈　杰(11月16日任)

惠萍分局
局　长:陆华伟(11月16日任)

寅阳分局
局　长:薛卫宾(11月16日任)

南阳分局
局　长:彭春华(11月16日任)

王鲍分局
局　长:

吕四分局
局　长:高鑫鑫(12月24日任)

北新分局
局　长:

滨海分局
局　长:范敏鸣(11月16日任)

海复分局
局　长:徐　浩(12月24日任)

东海分局
局　长:

合作分局
局　长:董　勇(12月24日任)

启隆分局
局　长:宋建荣(12月24日任)

市综合检测中心
主　任:袁鑫梅(女,11月16日任)

启东市民族宗教事务局
局　长:秦启明
副局长:袁卓斌　仇英莺(女)　陆峤松
纪检组长:杨丽红(女)

启东市市级机关事务管理局
局　长:龚觉海(6月19日免)　陈　飞(6月19日任)
党组书记:龚觉海
党组副书记:陈　飞(6月19日任)
副局长:金宏林　徐　惠(女)　陈汉平(6月19日免)
　　张建华(9月24日任)

启东市沿海地区发展办公室
主　任:陈　飞
副主任:罗玉飞　曹文伟　沈　卫
纪检组长:仇卓辉

启东市行政审批局(10月22日市政务中心更名为市行政审批局)
局　长:薛　峰(10月22日任)
书　记:陈　飞(6月19日免政务中心党组书记)
　　杜国华(6月19日任政务中心党组书记,
　　　10月22日任行政审批局党组书记)
副书记:薛　峰(10月22日任)
副局长:陈　飞(6月19日免)　杜国华(6月19日任)
　　朱允如(10月22日任)　陆卫杰(10月22日任)
　　蔡晓荣(10月22日任)
　　沈海闽(女,10月22日任)
　　朱海滨(10月22日任)
　　沈亚美(女,10月22日任)
纪检组长:陈卫平(10月22日任)

启东市政府投资项目工程建设中心
主　任:陈鹤雷(12月24日免)　龚海勇(12月24日任)
书　记:施正辉(12月24日免)　龚海勇(12月24日任)
副书记:陈鹤雷(12月24日免)
副主任:黄黎明(11月16日免)　龚思伟　朱永成
纪检组长:张裕新

启东市供销合作总社
主　任:陆　辉
副主任:徐　杰　张　杰　曹　卫　张爱琴(女)

江苏省启东经济开发区
书　记:高红宇(12月22日任)
主　任:高红宇
副书记、副主任:林锋风(6月19日免)　袁素群
吴永和;副书记:陈卫丰
副主任:戎　武(6月19日免)　陈　伟
　　陆琛杰(6月19日任)　王必伟(6月19日任)
　　顾政伟(6月19日任)　高慧斌(挂职)
　　汪　靖(挂职,8月22日免)

中共江苏省启东经济开发区人大工作委员会
主　任:林锋风(兼,6月19日免)
副主任:许水红(女,兼,6月19日免)
　　陆琛杰(兼,6月19日任)

中共江苏省启东经济开发区纪律检查工作委员会
书　记:施　勇

中共江苏省启东经济开发区政法委员会
书 记:陈 伟(兼)

江苏省启东经济开发区办公室
主 任:陈卫菊

江苏省启东经济开发区党群工作局
局 长:许水红(女,6月19日免)
陆琛杰(兼,6月19日任)

江苏省启东经济开发区经济发展局
局 长:朱卫兵

江苏省启东经济开发区招商局
局 长:胥宏锋(11月16日免)

江苏省启东经济开发区规划建设局
局 长:唐 杰

江苏省启东经济开发区财政局
局 长:周红九(女)

江苏启东经济开发区社区管理局
局 长:张 杰

江苏省启东经济开发区统计局
局 长:徐天晴(女)

江苏省启东经济开发区安监局
局 长:王思杰

江苏启东吕四港经济开发区
局 长:华 伟(7月29日免) 石光辉(7月29日任)
主 任:石光辉(7月29日免) 徐永辉(7月29日任)
副书记、副主任:徐东林 陆旭辉
副书记:吴新华(11月16日免) 陆正明
副主任:王 华 陶 郁(女) 陈雨春(11月16日免)
吴 杰 沈 捷
汤国军(挂职,11月16日任)
许金刚(挂职,8月22日免)
王继强(挂职,8月27日任)

中共江苏启东吕四港经济开发区纪律检查工作委员会
书 记:陆正明
副书记:姚永辉

江苏启东吕四港经济开发区党政办公室
主 任:汤国军(11月16日免) 陆 杰(11月16日任)

江苏启东吕四港经济开发区经济发展局
局 长:顾益祥(4月23日免) 李 军(11月16日任)

江苏启东吕四港经济开发区招商局
局 长:李 军(11月16日免) 胥宏锋(11月16日任)

江苏启东吕四港经济开发区规划建设局
局 长:陈亦龙(11月16日免)

江苏启东吕四港经济开发区财政局
局 长:郁德群

江苏启东吕四港经济开发区社区管理局
局 长:周 勤(11月16日免)

启东圆陀角旅游度假区
书 记:樊天勇
党工委委员、副主任:朱德新(11月16日免)
戎 武(6月19日任)
董 波 黄 宇
党工委委员:彭雪滨(12月24日任)

中共江苏省启东圆陀角旅游度假区纪律检查工作委员会
书 记:彭雪滨(12月24日任)

启东江海产业园
书 记:高广军
副书记、副主任:陈 兵(9月25日免)
党工委委员、副主任:顾向东 沈浩然 刘 辉
沈春华(11月16日任)

江苏省启东现代农业产业园区
主 任:吴永东(兼,11月16日免)
副主任:李雷兵 张红华

启东市科技创业园(留学人员创业园)
主 任:陈卫丰
副主任:伍卫星

启东市国土资源局
局 长:丁晓明
副局长:陈 兵 张振兴 徐永华
纪检组长:朱炫炫

启东市土地储备中心
主 任:

启东市国土资源局开发区分局
局 长:施汉成

启东市国土局吕四海洋经济开发区分局
局　长:夏正元

国家统计局启东调查队
队　长:陆志斌
副队长:周洪斌

启东市盐务管理局
局　长:陈如海
副局长:缪　能

南通出入境检验检疫局启东办事处
主　任:郁继东
办公室主任:顾　英(女)

南通海关驻启东办事处
主　任:张晓春
副主任:姚　秦

启东市国家税务局
局　长:季建新
副局长:费新士　郁立新　曹建涛
纪检组长:李广生

启东市地方税务局
局　长:沈春慧
副局长:严伟明　季红全　林海平　刘国虎
纪检组长:严伟明(兼)

启东市供电公司、启东市供电局
总经理、局长:马　军
党委书记、副总经理:沈百新
副总经理、副局长:张圣建　钮庆红　茅建华　朱华雄
纪委书记、工会主席:顾立明
总工程师:
总经理助理:袁　霞(女)
副总工程师:陆为民

江苏省电信公司启东市分公司、启东市电信局
总经理、局长:戴建秋
副总经理、副局长:张　伟　陈　强
纪委书记:张　伟(兼)
工会主席:陈　强

启东市邮政局
局　长:黄素娟(女)
副局长:陈晓雷　黄海泉
纪委书记:黄海泉(兼)

启东市烟草专卖局、南通市烟草公司启东营业部
局长、经理:刘　伟
副局长:秦亚忠
副经理:沈卫娟(女)

启东市气象局
局　长:张革新
副局长:

吕四国家海洋基准气候站
站　长:黄新时
副站长:张春雷(1月8日任)

启东市航道管理站
站　长:刘永磊

启东市公路管理站
站　长:赵庆辉(兼)
书　记:陈　斌

江苏渔船检验局吕四分局
江苏渔港监督局吕四分局
局　长:吴玉恒
副局长:陆　跃

国家海洋局东海分局吕四海洋环境监测站
站　长:施东生
副站长:陆　飞

启东海事处
处　长:曾卫民
副处长:姜　悦　陈美洲

政协启东市第十四届委员会各专门委员会

启东市政协办公室
主　任:许瑞华
副主任:张卫华　俞井杰(女)　钱周全

提案委员会
主　任:黄晓苏(女)
副主任:龚海燕(女)　方　俭(兼,1月13日任)

学习与文史委员会
主　任:朱　伟
副主任:陈永生

科技与经济委员会
主　任：徐玉辉

城乡建设与社会法制委员会
主　任：李　斌
副主任：袁永兵(兼)

教卫文体委员会
主　任：管贻谋
副主任：沈　杰(兼)

港澳台侨委员会
主　任：蔡　辉
副主任：钮永能(兼)　周红丹(兼)

群众团体　社会团体

启东市总工会
主　席：陈春柳(女)
副书记：陈　辉
副主席：陈素伟(女)　陆建辉
纪检组长：倪永利

启东市妇女联合会
主　席：杨海燕(女)
副主席：张燕峰(女)

中国共产主义青年团启东市委员会
书　记：陈天明(11月16日免)
　　　　朱　静(女，12月24日任)
副书记：蒋　涛　李灵瑶(女)
　　　　王　尧(女，挂职，9月24日任)
　　　　陈馥强(挂职，9月25日免)

启东市科学技术协会
主　席：朱咏梅(女)
副书记：黄新元
副主席：季祖辉　施洪飞(不驻会)　苏高飞(不驻会)
　　　　张晓卫(女，不驻会)　陈　辉(不驻会)
　　　　陈　阳(女，不驻会)　朱新球(不驻会)
　　　　胡　生(不驻会)

启东市工商业联合会
会　长：蔡建平(兼)
书　记、副会长：茅炎生
副会长：黄桂兰(女)　周敏华　沈东辉(11月16日免)
　　　　陈　飞(4月23日免)　朱蓉艳(女，11月16日任)
　　　　陆永华(不驻会)　吴建新(不驻会)
　　　　蔡水洪(不驻会)　沈　辉(不驻会)
　　　　顾志平(不驻会)　董雪平(不驻会)
　　　　李爱东(不驻会)　吴险峰(不驻会)
　　　　姚朔斌(不驻会)

启东市纺织行业商会
会　长：陈旭东(不驻会)

启东市服装行业商会
会　长：季　彬(不驻会)
秘书长：黄桂兰(女，兼)

启东市化工医药行业商会
会　长：沈　涛(不驻会)

启东市玩具箱包皮革行业商会
会　长：黄慧新(不驻会)

启东市食品医药行业商会
会　长：

启东市建筑材料行业商会
会　长：叶惠平(不驻会)

启东市电动工具行业商会
会　长：顾志平(不驻会)
秘书长：陆慧慧(女，兼)

启东市水产加工行业商会
会　长：高海生(不驻会)

启东市机械制造行业商会
会　长：吴建新(不驻会)

启东市电子信息行业商会
会　长：陆永华(不驻会)

启东市轻工行业商会
会　长：

启东市归国华侨联合会
主　席：钮永能
副主席：李爱玲(女)　陆誉升(不驻会)　薛　威(不驻会)
　　　　费新士(不驻会)　戴　宏(不驻会)

启东市文学艺术界联合会
主　席：郁锦标(兼)
副主席：许锦飞(兼)　李新勇　施黄捷(不驻会)
　　　　汤健辉(不驻会)

启东市残疾人联合会执行理事会
理事长:邓金涛
副理事长:赵雨玉(女)
纪检组长:刘东波(11月16日免) 王新裕(11月16日任)

启东市红十字会
会 长:
常务副会长、党组书记:顾东英(女,9月24日免)
施正辉(12月24日任)
副会长:张正兵 张兴隆(6月19日任) 郁豪杰(不驻会)
赵凯旋(不驻会) 唐海兵(不驻会)
杨雄雄(不驻会) 陆圣华(不驻会)
陈一萍(女,不驻会) 李 英(女,不驻会)
杜文华(女,不驻会) 沈俊涛(不驻会)

人民武装 治安司法

启东市人民武装部
部 长:周 春
政 委:陈延祥
副部长:徐 东

启东市人民法院
院 长:周东瑞
副书记:陆艾华(女)
副院长:龚建涛(兼) 陆艾华(女) 朱启斌 季洪涛
樊 涛
纪检组长:蒋正飞
专职委员:陈南松
党组成员:林 辉

启东市人民法院政治处
主 任:朱碧慧(女,11月16日任)

启东市人民法院执行局
局 长:钱 晖(11月16日任)

启东市人民法院和合法庭
庭 长:林 辉(11月16日任)

启东市人民检察院
检察长:瞿 忠
副检察长:陈亚萍(女) 方海军 吴晓飞 张兰菊(女)
陆建中
纪检组长:李 斌

启东市人民检察院政治处
主 任:周柳柳(女)

启东市人民检察院反贪污贿赂局
局 长:沈文浩(8月27日免) 郭卫东(12月24日任)

启东市人民检察院反渎职侵权局
局 长:徐洪斌

启东市公安局
局 长、督察长:黄 忠
政 委:茅晓东
副书记:茅晓东 龚裕春
副局长:龚裕春(兼) 冯 平 黄兴华 龚陈兵 茅建辉
高慧斌 蔡红辉
副政委:陈一萍(女,4月23日免)
纪委书记:

启东市公安局指挥中心(科技情报大队)
主 任:王亚军
教导员:田 军(女)

启东市公安局办公室
主 任:邢 健

启东市公安局警务保障室
主 任:高 华

启东市公安局法制大队
主 任:张晓东
教导员:顾 辉

启东市公安局政治处
主 任:孙善忠

启东市公安局警务督察队
队 长:张 冲
教导员:孙 民

启东市公安局国内安全保卫大队
大队长:卢国新(4月23日免)
教导员:薛卫东

启东市公安局经济文化保卫大队
大队长:陈建涛
教导员:沈周群(女)

启东市公安局刑事侦查大队
大队长:张海涛
教导员:周卫忠

启东市公安局经济犯罪侦查大队
大队长:沈雪飞

教导员:陈国华(4月23日免)

启东市公安局治安管理大队
大队长:范兴辉
教导员:高晓华

启东市公安局巡特警大队
大队长:虞海滨
教导员:黄燕燕(女)

启东市公安局水上警察大队
大队长:周　辉
教导员:姚友华

启东市公安局交通巡逻警察大队(公路巡逻警察大队)
大队长:陈　斌
教导员:施　成

启东市公安局监管大队
大队长:李建新
教导员:戴　炎

启东市公安局网络安全监察大队
大队长:
教导员:施锦辉

启东市公安局出入境管理大队(1月6日,机构升格)
大队长:
教导员:

启东市公安局汇龙中心派出所
所　长:黄洪岗
教导员:洪　宇

启东市公安局城西派出所
所　长:施　标
教导员:邱丽华(女)

启东市公安局开发区派出所
所　长:高慧斌(兼)
教导员:陈忆思

启东市公安局惠萍派出所
所　长:顾政伟(6月19日免)
教导员:王金德

启东市公安局寅阳派出所
所　长:沈裕辉
教导员:黄海荣

启东市公安局东海派出所
所　长:张方东
教导员:朱伟荣(女)

启东市公安局南阳中心派出所
所　长:秦江华
教导员:仇洪彪

启东市公安局近海派出所
所　长:
教导员:王金平

启东市公安局海复派出所
所　长:马永兵
教导员:

启东市公安局北新派出所
所　长:赵晟琰
教导员:陈　忠

启东市公安局王鲍派出所
所　长:顾伟杰
教导员:倪　松

启东市公安局合作中心派出所
所　长:袁华健
教导员:

启东市公安局吕四港镇中心派出所
所　长:倪爱东
教导员:丁　杰

启东市公安局兆民派出所
所　长:包献国
教导员:

启东市公安局启隆派出所
所　长:施程骏
教导员:季锡石

启东市维护稳定工作领导小组办公室
主　任:黄　忠(兼)
副主任:姚友华

启东市司法局
局　长:朱小东
副书记:张　勇(11月16日任)
副局长:张　勇(11月16日任)　黄晓东　龚正涛
　　　　姜莉莉(女)　王　涌(女)
纪检组长:杨　周

启东市社会调解服务中心
书　记、主　任:朱志强(兼)
副书记、常务副主任:陈　庄
副主任:倪东华(女)　田　磊(女)

金融　保险

中国人民银行启东市支行
行　长:樊雄辉
副行长:陆红伟　苏俭雄
纪检组长、总稽核:陆红伟(兼)

中国工商银行启东市支行
书　记:沈建平
行　长:王　忠
副行长:卢雪燕(女)　黄继前　袁施萍(女)
纪委书记:曹伟杰
行长助理:沈煌杰

中国银行启东市支行
行　长:顾　兵
副行长:王能斌　蒋碧松　季红辉　吴华彦

中国建设银行启东市支行
行　长:梅江红
副行长:龚炳康　施汉平　吴　卫　李国帅

中国农业银行启东市支行
行　长:黄　飞
副行长:陈卫冲　李建中　陈劲松
纪委书记:李建中(兼)

中国农业发展银行启东市支行
行　长:单卫红
副行长:施　凯　曹海栋

启东市农村商业银行
董事长、书记:陈卫兵
行　长:钱海天
监事长:倪建辉
副行长:吉洪彬　黄建东　沙健健　刘　锋
纪委书记:倪建辉

中国人民财产保险公司启东市支公司
经　理:盛　伟
副经理:陆凯兵　汤　勇

中国人寿保险公司启东市支公司
经　理:
副经理:王　炜　陈敬东
经理助理:黄欣欣

中国太平洋财产保险股份有限公司启东支公司
经　理:黄亚萍(女)

中国太平洋人寿保险股份有限公司启东支公司
经　理:沈　强
副经理:徐永菊(女)

启东市各区(镇)

滨海工业园(近海镇)
党工委书记、党委书记:姜　平(4月30日免)
王春华(6月19日任)
党工委副书记、主　任:王春华(6月19日免)
党工委副书记、镇长:陈红飞(5月30日免)　姚赛花
党工委副书记、人大主席:施元凯
党工委副书记、副主任:黄　嵘
党工委委员、副主任:陆一锋　倪培华　施宇杰(女)
党工委委员、副镇长:李　辉(11月16日免)
张　健(11月16日任)
唐　凯(11月16日任)
沈　波(6月19日免)
副主任:赵世成(挂职,8月22日免)
江小浦(挂职,8月22日免)
杨　斌(挂职,8月27日任)
陈益平(挂职,8月27日任)
党工委委员、人大副主席:施　冲
党工委委员:朱永安　黄东华　施向东
陈南松(挂职,12月17日免)
纪工委书记:黄　林

启东海工船舶工业园(寅阳镇)
党工委书记、党委书记:徐永辉
党工委副书记、主任:倪凯权
党工委副书记、镇长:王　珹(女)
党工委副书记、人大主席:施永辉
党工委委员、副主任:姚海燕　黄　皓　陆建辉
彭雄辉(11月16日免)
党工委委员、副镇长:倪兴辉　李　忠　郁建峰
副主任:沈裕辉(挂职)　刘大双(挂职,8月22日免)
何树先(挂职,8月27日任)
党工委委员、人大副主席:徐向军
党工委委员:周卫红(女)　管向梅(女)　王　宁(挂职)
纪工委书记:周卫红(女)

滨江精细化工园(北新镇)
党工委书记、党委书记:黄松涛
党工委副书记、镇长:茅永杰
党工委副书记、主任:虞　星
党工委副书记、人大主席:陆静涛
党工委委员、副主任:邱建石　沈剑刚　车红兵
彭雄辉(11月16日任)
党工委委员、副镇长:沈风华　陆海华
张　健(11月16日免)
副主任:黄　成　赵晟琰(挂职)
李伟峰(挂职,8月22日免)
杨忠连(挂职,8月22日免)
张相洋(挂职,8月27日任)
党工委委员、人大副主席:赵凯华
党工委委员:柏永辉
纪工委书记:柏永辉
主任助理:毛孙房　梅风清

启东市启隆生态科技产业园(启隆镇)
党工委书记、党委书记:龚磊磊
党工委副书记、主任,党委副书记、镇长:薛　海
党工委副书记、党委副书记、人大主席:
黄　俊(8月27日免)
朱德新(11月16日任)
副主任、党委委员、副镇长:陆东彪(8月27日免)　蒋林健
副主任、副镇长:蒋　涛
副镇长:施程骏(挂职)
党委委员:沈　辉　陈　利　包俊花(女)
陈　舰(11月16日任)

启东市各镇党委、人大、政府

汇龙镇
党委书记:朱卫忠(4月23日任)
党委副书记、镇长:朱卫忠(4月23日免)
龚　健(6月19日任)
党委副书记、人大主席:陈燕飞(11月16日免)
陈卫东(12月24日任)
党委副书记:李　伟　杨宇峰(挂职)
党委委员、副镇长:钱启林　姚政东
副镇长:陈鹤飞　毛新洪　蒋海泉
朱　静(女,12月24日免)　黄洪岗(挂职)
江小浦(挂职,8月27日任)
人大副主席:黄卫斌
党委委员:施群忠(6月19日任)　虞祖伟(6月19日免)
张燕华(女)　陈小茂(女)　陆庆兵

惠萍镇
党委书记:陈红飞
党委副书记、镇长:张生华(6月19日任)
党委副书记、人大主席:张生华(6月19日免)
陈天明(11月16日任)
党委副书记:张庆辉(挂职,10月22日任)
党委委员、副镇长:陈　威　沈新生
副镇长:徐枫涛　杨　林(女)　范雪飞(11月16日任)
顾政伟(挂职,6月19日免)
党委委员、人大副主席:倪　芳(女)
党委委员:曹圣伟　范雪飞(11月16日免)
黄海彬　刘一龙　王欢欢(挂职)

东海镇
党委书记:江海龙
党委副书记、镇长:陆忠华
党委副书记、人大主席:施建辉
党委委员、副镇长:王　辉　毛雪斌　陈　霞(女)
副镇长:茅东华　施龚人　张方东(挂职)
党委委员、人大副主席:茅永平
党委委员:殷丽华(女)　秦国新　陈　辉
印树清(4月23日免)　沈春健(挂职)

南阳镇
党委书记:吴永东(11月16日免)
王　珹(女,11月16日任)
党委副书记、镇长:杜国华(6月19日免)
陆　健(12月24日任)
党委副书记、人大主席:陆　健
党委副书记:陆　飞
党委委员、副镇长:施海彬　陈相东　石国华
赵　琛(女,6月19日免)
副镇长:曹永华　陈卫华(女,11月16日任)
秦江华(挂职)
人大副主席:孙永兵
党委委员:黄　健　陈卫华(女,11月16日免)
吴佐海　陈　惠(女)

海复镇
党委书记:宋亚昌
党委副书记、镇长:黄海荣
党委副书记、人大主席:施建辉
党委委员、副镇长:蔡栋梁(11月16日免)　朱成竹(女)
施海荣　沈石东(11月16日任)
李红燕(女,11月16日任)
副镇长:马永兵(挂职)
党委委员、人大副主席:李红燕(女,11月16日免)
人大副主席:李　辉(11月16日任)
党委委员:万年红(11月16日免)　李海东　施　冲

合作镇

党委书记:李荣昌
党委副书记、镇长:陶卫新
党委副书记、人大主席:任松德
党委委员、副镇长:沈石东(11月16日免) 陆建兵
袁 玲(女)
副镇长:朱 芳(女) 朱张勇 陈雨春(11月16日任)
袁华健(挂职)
人大副主席:龚志祥
党委委员:蔡卫刚 龚黄健 顾海东 顾晓焱(女,挂职)

王鲍镇

党委书记:王峰华
党委副书记、镇长:黄豪杰
党委副书记、人大主席:徐张禄
党委副书记:陈 飞
党委委员、副镇长:刘彩萍(女,4月23日免) 金陆健
夏晓娟(女)
副镇长:张卫飞 王蘖冰 蔡栋梁(11月16日任)
顾伟杰(挂职)
人大副主席:杨建兵(4月23日免)
吴 杰(11月16日任)
党委委员:黄永辉 施华伟 陈 宇(12月24日任)

吕四港镇

党委书记:华 伟(7月29日免) 石光辉(7月29日任)
党委副书记、镇长:潘双林
党委副书记、人大主席:汤 辉
党委副书记:尹国华 卢玉明
陆正明(挂职,11月16任)
党委委员、副镇长:汤国军(11月16日任) 成 瑛(女)
黄裕星(4月23日免)
副镇长:王 瑾(女,4月23日免) 田卫菊(女)
李国强 袁群生 陆慧慧(女,11月16日任)
汤国军(挂职,11月16日免)
陈亦龙(挂职,11月16日免)
周 勤(挂职,11月16日免)
姚永辉(挂职,11月16日免) 夏正元(挂职)
倪爱东(挂职)
人大副主席:朱德荣
党委委员:丁雪琴(女) 朱芳芳(女) 蔡 敏
陆慧慧(女,11月16日免)

吕四港镇党政办公室(法制办)
主 任:杨 娟(女)

吕四港镇组织人事和社会保障局
局 长:朱芳芳(兼)

吕四港镇政法和社会管理办公室
主 任:周黎晖(11月16日任)

吕四港镇经济发展和改革局
局 长:黄裕星(兼,4月23日免)

吕四港镇财政和资产管理局
局 长:林菊星

吕四港镇建设局
局 长:汤国军(兼,11月16日免)
王兴建(11月16日任)

吕四港镇农村工作局
局 长:田卫菊(兼,11月16日免)

吕四港镇社会事业局
局 长:周 勤(兼,11月16日免)

吕四港镇综合执法局
局 长:李国强(兼,11月16日免)
顾海峰(11月16日任)

吕四港镇便民服务中心(招投标中心)
主 任:陆慧慧(兼)

汇龙镇南城区街道党工委、办事处

书记、主任:朱海荣(6月19日免) 林锋风(6月19日任)
副主任:龚玉萍(女) 张兴隆(6月19日免)
虞祖伟(6月19日任) 顾培源(6月19日任)
党工委委员、纪工委书记:季炳红(女)

汇龙镇南城区人大工作委员会
主 任:林锋风(6月19日任)

汇龙镇北城区街道党工委、办事处

书记、主任:陆红琴(女)
副书记、副主任:陆江华(女)
副主任:顾培源(6月19日免) 黄裕辉
许水红(6月19日任)
党工委委员、纪工委书记:沈海华

汇龙镇北城区人大工作委员会
主 任:陆红琴(女,兼)
副主任:张爱琴(女,兼,12月28日免)
陆江华(女,兼,4月23日任)

启东市各市属事业单位

启东市国有资产投资控股有限公司
董事长、总经理：张天安
董事、副总经理：陈一峰　仇春雷

启东市城市投资经营中心
董事长、总经理：周　兵
董事、副总经理：范　斌　王　卓

江苏省启东中学
校长、书记：王　生(2月28日免)
副书记：陆圣华(3月4日任)　卢卫忠
副校长：陆圣华(3月4日任)　钱宏达　陈仲刘
　　李　俊　顾春燕(女)
纪委书记：卢卫忠(兼)

江苏省启东中学办公室
主　任：陈宏杰
副主任：管　笛(3月26日免)　陈新健(女)

江苏省启东中学政教处
主　任：钱　辉
副主任：朱敏蓉(女,3月26日免)　施晓辉
　　陆燕飞(3月26日免)

江苏省启东中学教务处
主　任：张玉萍(女)
副主任：庞　备(女,3月26日免)　吴伟丰　陈建斌

江苏省启东中学教科室
主　任：曹瑞彬(8月6日免)　朱圣辉(8月6日任)
副主任：蔡　辉(3月26日免)　吴建军

江苏省启东中学总务处
主　任：周学东(3月26日免)　刘　勇(8月6日任)
副主任：刘　勇(8月6日免)　陈　杰(3月26日免)

江苏省启东中学团委
书　记：

江苏省启东中学工会
主　席：顾春燕(女,兼,8月6日免)
　　王雪彬(8月7日任)
副主席：龚　辉

江苏省启东中学奥赛中心
主　任：王建忠(4月23日免)　曹瑞彬(8月6日任)
副主任：朱圣辉(8月6日免)

汇龙中学
校　长：徐　辉
书　记：徐　辉(8月7日任)
副书记：徐　辉(8月7日免)　黄建生(8月7日免)
副校长：黄建生(8月7日免)　顾学冲　施　超
　　陆曙斌(8月7日任)　顾永超(8月7日任)
纪委书记：

第一中学
校　长：陈仲刘
副校长：王雪彬(8月7日免)　高德群
　　宋凯东(8月7日任)

大江中学
校长、书记：吴春华
副校长：徐浩亮　宋凯东(8月7日免)
校长助理：袁永辉

东南中学
校长、书记：袁飞天
副校长：施袁辉(女)　蔡　凯
校长助理：罗卫东

吕四中学
校长、书记：徐正辉
副校长：周　勇　袁冬晖　李　凯(8月7日任)

建新中学
校长、书记：
副校长、副书记：龚　昱
副校长：郁　冲
校长助理：茅洪章

江海中学
校长、书记：王　平
副校长：徐菊美(女)　方　浩　江兴华(8月7日免)

滨海实验学校(原东海中学)
校长、书记：沈忠辉
副校长：蒋胡东
校长助理：吴天涛

南通市广播电视大学启东分校、启东市教师进修学校、江苏省启东职业教育中心校
校长、书记：朱雄鹰
副校长、副书记：叶建辉
副校长：陈　陆　耿一波　刘　松　陈袁兵
　　施正飞(4月23日免)

启东市第二职业教育中心校(建筑工程学校)
校长、书记:施裕平

东安中学
校长、书记:曹卫东(8月7日免) 江兴华(8月7日任)

启东市人民医院
院长、书记:陈陶阳(8月7日免) 陆健泉(8月7日任)
副院长:韩雪华 黄祖辉(4月23日免)
王连新(4月23日免) 夏卫明(8月7日免)
樊 健(8月7日免) 倪向阳(8月7日任)
唐红萍(女,8月7日任)

启东肝癌防治研究所
所 长:陈陶阳(8月7日免) 陆健泉(8月7日任)

启东市中医院
院 长:陆健泉(8月7日免) 樊 健(8月7日任)
书 记:陆健泉(8月7日免)
副院长:夏卫明(8月7日任) 顾建如(女) 蒋 辉
魏 洪 倪向阳(8月7日免)

启东市卫生监督所
所 长:李伟彬

启东市疾病预防控制中心
主 任:周 超

(市委组织部)

江天生态园一景。 (郁卫兵/2015年3月摄)

2015年启东市为民实事项目

项目一：社会保障类

计划完成：城镇职工“五险”参保率、城乡居民养老保险覆盖率巩固在96%以上；符合条件的城乡老年无保障居民基础养老金发放实现全覆盖；全市农村最低生活保障标准提高到420元/月；对符合条件的特困、困难职工家庭实行助困、助学、助医全覆盖；新增城镇就业8000人，扶持困难人员就业400人，免费就业培训6000人次，帮扶1200名群众自主创业，确保困难家庭大学生就业率达100%。

实际完成：城镇职工养老保险参保率达96.9%，工伤保险参保率达96.5%，生育保险参保率达96.6%，医疗保险参保率达96%，失业保险参保率达97%，城乡居民养老保险覆盖率达96.6%；符合条件的城乡老年无保障居民基础养老金发放实现全覆盖，累计发放资金30809.72万元，受益人口25.53万人；全市农村最低生活保障标准提高到每月460元；对全市219名特困和33名困难职工家庭实行助困、助学、助医全覆盖，累计救助金额84.35万元；新增城镇就业8078人，扶持困难人员就业513人，免费就业培训6000人次，帮扶群众自主创业1301人，困难家庭大学生就业率达100%。

项目二：教育发展类

计划完成：启东市第一中学秋季开学启用；加固中小学校舍2.9万平方米；启动兴建城区小学及幼儿园各2所；完成38所中小学数字化校园基础设施建设。

实际完成：市第一中学建成启用，一期入驻新生900名；加固中小学校舍2.9万平方米；和睦幼儿园(一期)主体工程结构封顶，城北小学开工建设，城南幼儿园、城南小学完成前期手续，春节前开工建设；38所中小学数字化校园创建通过南通市级验收。

项目三：医疗卫生类

计划完成：新农合人均筹资标准增至600元，其中政府补助提高至480元，住院补偿最高支付限额增至20万元，全面实行大病医疗保险；人均基本公共卫生服务经费提高至50元；对在基层医院住院的低保、五保户及农村70周岁以上老人实施基本药物全免费；市精神卫生中心开工建设；20%的村卫生室达省示范标准；为全市1000名困难残疾人免费发放康复辅助器具。

实际完成：新农合人均筹资标准增至600元，其中政府补助提高至480元，住院补偿最高支付限额20万元，大病医疗保险全面实行，全市参合人数841254人，参合率99.96%；人均基本公共卫生服务经费提高至50元；对在基层医院住院的低保、五保户及农村70周岁以上老人实施基本药物全免费，参合者因享受该政策而减少医药费支出530万元；市精神卫生中心开工建设；56家村卫生室完成达标改造，比重超23%；为全市1100名残疾人免费发放康复辅助器具1585件。

项目四：交通水利类

计划完成：宁启铁路、海启高速启东段加快建设；新开工干线公路40公里，加快建设志圩公路中段、天江公路、永兴路东段；实施18公里县乡道大中修工程，实施1000公里农村公路安保工程；在县乡道路重点路段实施亮化工程；连兴港闸外迁工程竣工；推进高标准农村水利建设，疏浚土方450万立方米，埋设涵洞10000座。

实际完成：宁启铁路启东段加快建设，完成工程量的38%，海启高速启东段拆迁征地进入扫尾阶段，签约率99%；志圩公路中段、天江公路、永兴路东段施工队伍进场；18公里县乡道大中修工程、1000公里农村公路安保工程全面完成；县乡道路重点路段亮化工程加快推进，累计亮化道路30公里；连兴港闸外迁主体工程完工；推进高标准农村水利建设，疏浚河道土方461.7万立方米，埋设涵洞10050座。

项目五：城市畅通类

计划完成：全面贯通城市环线道路，打通丁仓港路南延、世纪大道西延、西苑路南段等城市环线；实施城区道路节点改造，改建民乐中路、河南东路、建设中路、惠阳北路等路段；加快新城区、东城区道路建设，开工建设新安江西路、黄浦江西路、钱塘江西路、和平南路南延、世纪大道东延，加快建设牡丹江东路、灵秀东路。

实际完成：城市环线道路全面贯通，丁仓港路南延、世纪大道西延、西苑路南段建成通车；民乐中路、惠阳北路等节点道路建成通车，河南东路、建设中路加快实施；新安江西路、灵秀东路建成通车，黄埔江西路、钱塘江西路、和平路南延、世纪大道东延、牡丹江东路加快推进。

项目六：住房保障类

计划完成：开工建设安置房100万平方米，施工总面积180万平方米，竣工60万平方米，交付6000套；开工建设公共租赁房1000套，竣工500套。

实际完成：安置房累计施工212万平方米，新开工125万平方米，竣工84万平方米，交付6200套；开工建设保障性住房1352套，竣工892套。

项目七：宜居配套类

计划完成：完成阳光花苑、滨江花园、长龙一村、长龙三村等10个小区改造，新增停车泊位1000个；新建城区公共停车场、农贸市场各2个，公共厕所3座；新增城区慢行健身步道5公里；新增城区公共自行车网点15个，新增公共自行车300辆；完成吕四机动车辆检测线建设。

实际完成：完成阳光花苑、滨江花苑、长龙一村、长龙三村、汇东新村、汇东小区、紫薇花苑、香格花园、御龙街等10个小区改造，新增停车泊位2454个；建成城区公共停车场、农贸市场各2个，公共厕所3座；新增城区慢行步道7公里；新增城区公共自行车网点15个，新增公共自行车100辆；根据上级有关要求，机动车驾驶员科目二、科目三考试权限将下放至县级车管所，为提高土地和资金利用率，防止重复建设，将吕四机动车辆检测中心扩建为机动车检测与驾考中心，相关前期工作完成。

项目八：生态环境类

计划完成：城市污水处理厂三期工程竣工投运，新增镇乡污水处理厂配套管网10公里；加大大气污染防治力度，淘汰燃煤锅炉20座；扩大黄标车禁行区范围，淘汰黄标车1500辆；通过政府购买服务，确保全市等级河道实现长效管护；实施造林绿化八大工程，新增造林绿化面积4万亩，建设绿化示范村15个；新增城镇绿地面积70万平方米，新建绿化、健身小游园3个。

实际完成：城市污水处理厂三期正式投运，新增镇乡污水处理厂配套管网17.3公里；淘汰燃煤锅炉32台；黄标车禁行区域扩大至全市范围，淘汰黄标车1510辆；全市四级以上河道全部实行市场化保洁，长效管护机制逐步完善；实施八大造林绿化工程，新增造林绿化面积4.05万亩，建设绿化示范村15个；新增城镇绿地面积70.4万平方米，建成城市一品东侧、南苑中学西侧、紫薇苑东南侧3个绿化健身小游园。

项目九：文化体育类

计划完成：实施文化“四送”工程，完成送戏下乡60场，送电影下乡600场，送书下乡10000册，送展览下乡12场；提高公共图书馆藏书量，新增图书6万册，实现城乡图书通借通还；推进无线城市建设，对市便民服务中心、汽车站、人民公园等10个公共场所实行免费Wi-Fi项目服务；完善“城市社区10分钟体育健身圈”建设。

实际完成：文化惠民工程加快推进，全年送戏下乡65场，送电影下乡620场，送书下乡10000册，送展览下乡12场；新增图书6万册，镇(乡)图书分馆建设全面完成，实现城乡图书通借通还；推进无线城市建设，在市人民医院、中医院、第三人民医院、政务服务中心、档案馆、儿童乐园、市民广场、人民公园、紫薇公园、汽车站等10个公共场所建成无线网络，为市民提供免费无线上网服务；“城市社区10分钟健身圈”建设完成年度任务。

项目十：公共安全类

计划完成：加强农村“天网”工程应用管理，完善城市老小区治安防范设施，新增治安监控105个、交通干线监控32个；加强城区消防设施建设，提升高层建筑应急救援能力；加强全市蔬菜生产基地、批发市场、农贸市场和超市农产品农药残留检测，每月检测样品不少于300个。

实际完成：农村“天网”工程应用管理全面完成，社会面监控四期工程加快推进，新增治安监控105个、交通干线监控32个；城区消防设施加强建设，新增消火栓120只，高层云梯车、高层供水车完成采购；制定出台《2015年度全市食用农产品抽检计划》，对全市蔬菜生产基地、批发市场、农贸市场和超市，累计抽检完成食用农产品3900批次。

（市政府办）

2015年启东市大事记

1月

6日 全市党风廉政建设责任制检查动员暨情况汇报会召开。南通市委常委、组织部部长张兆江出席会议并作动员讲话。市委书记、市人大常委会主任徐锋，市纪委书记韩菊芳分别汇报中共启东市委常委会党风廉政建设主体责任的情况和启东市纪委履行党风廉政建设纪委监督责任的情况。

7日 中共启东市委十二届八次全体(扩大)会议在市党教中心举行。市委书记徐锋代表市委常委会作题为《顺应新常态、谋求新跨越，奋力谱写全面小康社会建设新篇章》的工作报告。

13日 全市教育现代化建设推进大会在市党教中心召开。

14日 中远船务半潜式海洋生活平台交付。该平台最多可为990人同时提供生活服务，系全球迄今为止可居住人数最多的半潜式海洋生活平台。

14—17日 政协启东市第十四届委员会第四次会议在市会议中心召开。大会应到政协委员316人，开幕式实到278人，闭幕式实到260名。市委书记、市人大常委会主任徐锋到会讲话，市政协副主席倪春元作市政协常委会工作报告。市政协副主席蔡建平作市政协十四届三次会议以来提案工作情况报告。顾云峰当选为政协启东市第十四届委员会主席。

15—18日 启东市第十六届人民代表大会第四次会议在市会议中心召开。市委副书记、市长黄卫锋代表启东市人民政府向大会作工作报告。大会选举汤枫为启东市第十六届人民代表大会常务委员会委员。大会以举手表决的方式，通过一系列报告、决议。

26日 全市城建交通工作会议在市党员干部学习教育中心召开

27日 市中医院脑外科副主任医师、外科副主任周浩不顾自己术后虚弱的身体，去探视病人，不幸去世。2月，启东市委决定，追授周浩“优秀共产党员”称号，并在全市广大党员和干部职工中开展向周浩同志学习的活动。《新华日报》、凤凰网等数十家媒体报道周浩事迹。3月，周浩荣登“中国好人榜”，获评“敬业奉献好人”，同时获评“感动中国·2014江苏十大感动人物”。南通市委追授周浩“优秀共产党员”称号。

1月 南通市委决定：汤雄任中共启东市委副书记，顾云峰不再担任中共启东市委副书记、常委职务。

1月 首起股权出资登记成功办理，为启东市联通测功器有限公司融资301.1万元。

2月

6日 市委书记、市人大常委会主任徐锋，市政协主席顾云峰率市发改委、住建局、国土局、交通运输局、环保局、海渔局等部门负责人，分别到吕四港经济开发区和江海产业园，召开项目建设现场办公会，协调解决项目推进中遇到的相关问题。

23日 第十六届中国启东天汾科技五金交易会在天汾国际电动工具商贸城举行。此次交易会设展位1200多个，来自全国各地的1000多家参展商参加交易会。

28日 在全国精神文明建设工作表彰暨学雷锋志愿服务大会上，汇龙镇获第四届“全国文明镇”称号，为启东市首家。

2月 全国基层团建创新典型案例评选揭晓，市大江中学申报的《中学生科技创新教育“高效课堂”》获中学中职类第一名。

3月

3日 市委书记、市人大常委会主任徐锋，市委副书记、市长黄卫锋会见上海外高桥(集团)有限公司副总经理刘宏一行。

4日 市委书记、市人大常委会主任徐锋，市委副书记、市长黄卫锋会见新加坡太平船务集团董事总经理、香港胜狮货柜企业有限公司主席兼首席行政总监张松声一行。

7日 德国经济发展与外贸协会中国区负责人迈克尔·舒曼一行到启东考察。

11日 抗大九分校纪念馆开馆座谈会举行。开国大将、抗大九分校校长粟裕长子，北京新四军研究会顾问，北京军区原副司令员、中将粟戎生，抗大九分校分会副会长、宁波军分区原司令员季凌，抗大九分校学员、南京陆军学校校务部原顾问王冲出席会议。

13日 南通市政协主席王德忠、副主席殷雄、秘书长朱进一行到启东调研法治建设情况。

22—29日 市委书记、市人大常委会主任徐锋率经贸代表团赴瑞典、丹麦开展经贸交流和招商引资活动，与外商达成中瑞合作启东生态产业园等一批项目意向。

25日 南通市委副书记、市长张国华到启东调研，实地察看海工船舶工业园、圆陀角旅游度假区、启东经济开发区等地，对市经济社会发展取得的显著成效给予肯定，提出要在转型发展中大力培育新的经济增长点，在适应新常态中谋求新作为，在保持中高速增长中迈向中高端水平。

30~31日 南通市委第二督查组组长黄玲一行到启东，对市党的群众路线教育实践活动后续整改落实情况进行督查。

3月 启东市获国家卫生城市称号。

4月

3日 常熟市委副书记王建国率党政代表团到启东考察。

8日 南通市委常委秦厚德到启东调研农业企业。

△ 市召开“十三五”规划编制工作推进会。

10日 市委、市政府在市党员教育中心召开创建国家卫生城市总结表彰暨争创全国文明城市动员大会。6月11日，市召开创建全国文明城市推进会。

12—21日 市委副书记、市长黄卫锋率经贸代表团赴泰国、日本、韩国开展经贸交流和招商引资活动。

15日 江苏省政协副主席、党组副书记杨新力一行到启东调研长江渔业资源保护工作。南通市政协副主席陆玉明参加活动。

20日 全市深化基层党组织教育引导群众工作推进会召开。会议部署“千人百团连民心“主题活动。

22日 市首届“全民读书节”启动。

27日 创建陆海统筹发展金融服务创新启东示范区启动仪式在博圣大酒店举行。启东成为南通金融系统首个推进陆海统筹发展金融服务创新的地区。

28日 江苏省政协副主席、党组副书记何权一行到启东调研市公立医院改革工作。南通市副市长朱晋、南通市政协副主席陈宋义参加调研。

△ 江苏省政协委员、常州市政协主席邹宏国率驻常州省政协委员到启东调研。南通市政协主席王德忠参加调研。

29日 中国社科院发布《中国县域经济发展报告(2015)》，启东名列百强县第27位。

30日 青海省海南州同德县委副书记、县长兰生峰任中共启东市委委员、常委、副书记，挂职时间至2016年2月。

△ 2014年度“启东好人”暨医卫行业先进典型事迹报告会在市党员干部教育中心举行。会上，明珠新村“常青藤”志愿服务队和9位市民当选2014年度“启东好人”，10位市民获提名奖。

4月 北新镇家庭农场主于冬娟获评“全国劳动模范”称号。

5月

7日 市委书记、市人大常委会主任徐锋带队赴南通经济技术开发区、崇川区和港闸区考察学习。

9日 张家港市委常委、常务副市长徐仲高率团到启东，就张家港农村商业银行启东支行筹备开业进行考察洽谈。

△ 全市农村土地承包经营权确权登记颁证工作会议在市行政中心召开。

15日 全市党建带群建工作现场会暨两新组织活力党建启动仪式举行。

22日 2015中国·启东国际经贸洽谈会在恒大国际会议中心举行。第十届全国政协常委、全国工商联原常务副主席张绪武，江苏省沿海办主任林一峰，南通市副市长单晓鸣出席开幕式。来自美国、德国、日本、韩国等国家和中国香港、台湾地区及内地的200多位客商参加开幕式。同日，重大项目颁证颁照和集中签约仪式举行。44个项目集中签约。其中，内资项目25个，总投资105.3亿元；外资项目19个，总投资25.86亿美元，总投资超265.6亿元。

26日 市委书记徐锋为全市领导干部上专题党课，并代表市委常委会对全市开展“三严三实”专题教育进行动员部署。8月19日，南通市委常委、组织部部长张兆江一行到启东开展“三严三实”专题调研。

27日 启东市启隆乡、海门市海永乡委托崇明供电签约仪式举行。

本月 省政府办公厅正式下发批文，启东市被命名为江苏省园林城市。

6月

2日 如东县副县长姜晓静率卫生、人社等部门负责人到启东，调研市深化医药卫生体制改革进展情况。

5日 南通市副市长朱晋到启东，就高考准备情况、考点考务工作实地检查。

△ 国务院参事、农业部原党组成员、中国水产流通与加工协会会长张玉香一行到启东考察。

8日 南通市委书记丁大卫到启东调研，实地察看市沿海重大产业项目和港口开发建设情况，充分肯定市经济社会发展取得的显著成效。南通市委常委、秘书长黄巍东，南通市相关部门负责同志参加调研。

9日 省委、省政府召开推动文化建设迈上新台阶工作会议，对2012—2014年度江苏省文明城市予以表彰，启东名列其中。市委书记、市人大常委会主任徐锋在南京参加会议并代表启东市接受表彰。

△ 南通市副书记、市长张国华到启东检查防汛防台工作。南通市副市长赵闻斌、单晓鸣参加检查。

12日 市在浙江宁波举办现代农业招商推介会。会上23个项目集中签约。其中内资项目20个，总投资14亿元；外资项目3个，总投资3500万美元。

16日 “中国版画第一院——启东版画院建院三十周年作品展”开幕式在江苏省美术馆举行，共展出精品力作100件。江苏省文化厅副厅长、省文联副主席、省中国画学会会长高云，南通市委常委、宣传部部长章树山出席开幕式，并参观作品展。

17日 江苏省委宣传部副部长、省文明办主任杨志纯调研市道德风尚高地建设情况。南通市委常委、宣传部部长章树山参加调研。

△ 江苏省道德模范与身边好人现场交流活动在启东市举行。江苏省委宣传部副部长、省文明办主任杨志纯，江苏省美德基金会副理事长、秘书长贾桂林，江苏省文明办综合处处长王建，南通市委常委、宣传部部长章树山，南通市委宣传部副部长、市文明办主任陈冬梅出席活动。

18日 南通市政协副主席杨展里一行到启东调研旅游特色商品开发情况。

△ 如皋市政协主席李中林、副主席钱志刚一行到启东，考察市三级医疗卫生服务体系建设情况。

25日 南通市政协主席联席会议在启东市召开，就“人民政协协商民主创新实践”进行专题研讨。南通市政协主席王德忠，副主席陆玉明、陈德新、杨展里、徐守铭、陈宋义、尹建炉、殷雄，秘书长朱进；及南通其他县(市、区)政协领导等出席会议。

29日 中国供销华东国际物流港项目签约仪式在市行政中心会议室举行。

△ 2015年度中国电表十大品牌评选活动结果揭晓，江苏林洋电子股份有限公司列榜单第一名。

本月 由工业和信息化部规划司指导，中国信息通信研究院和人民邮电出版社联合发布《2015年中国工业发展报告》，公布2014年全国工业百强县(市)排行榜，启东名列全国第55位。

7月

1日 中国供销农产品批发市场控股有限公司携澳大利亚西澳大利亚州农业与食品部常务副部长迪能一行到启东考察。

3日 省政协常委、省军区副司令员鞠华率省政协考察组到启东考察沿海开发工作。南通市副市长单晓鸣、南通市政协副主席陆玉明参加相关活动。

△ 市委书记、市人大常委会主任徐锋带领市委中心组成员赴淮安集体瞻仰周恩来纪念馆，学习周恩来的革命精神和崇高风范，汲取践行“三严三实”、加快建设全面小康新启东的强大动力。

8日 南通市政协副主席、党组副书记陈德新一行到启东调研社会养老服务业发展情况。

10日 江苏省沿海办主任、发改委副主任林一峰一行到启东，调研沿海开发工作情况。南通市副市长单晓鸣陪同调研。

△ 启东市张謇研究会成立大会暨张謇创业精神研讨会在市行政中心召开。

11日 南通市委书记、市人大常委会主任丁大卫，南通市委常委、秘书长黄巍东，南通市副市长沈雷、单晓鸣率南通市相关部门负责人到启东，检查指导防汛防台工作。

18—19日 环保部生态司司长庄国泰率考核验收组，对市国家生态市建设工作进行考核验收。通过检查，考核组一致同意市通过国家生态市考核验收，并按程序报环保部审批。南通市委常委、常务副市长韩立明出席考核验收报告会。

20日 全市深化医药卫生体制改革领导小组工作会议召开。市委书记、市人大常委会主任徐锋在会上讲话，要求全力打造百姓满意、面上可复制可借鉴、走在全省乃至全国前列的医改工作启东特色。

24日 启东市创建全国“平安农机”示范县(市)检查验收汇报会在启东宾馆锦绣厅举行。江苏省安监局监管二处处长沈晨东出席会议。

29日 全国政协常委、社会和法制委员会副主任、全国政策科学研究会顾问季允石率在上海参加《关于加快通用航空产业发展的战略与政策建议研讨会》的专家到启东，就加快江海产业园通用航空产业发展进行考察。

30日 中共启东市委十二届九次全体(扩大)会议在行政中心召开。市委书记徐锋代表市委常委会作重要讲话。

8月

1日 国家发改委、国土资源部、国家海洋局联合调研组一行，到启东调研围填海计划执行情况。南通市副市长赵闻斌陪同调研。

4日 中国·启东(上海)现代服务业(楼宇经济专题)投资恳谈会在上海举行。

△ 全市社区股份制改革试点工作推进会召开。

5日 江苏省边防总队副总队长蔡锦明一行到启东考察，并宣布启东边检筹备组人员名单。

△ 启东市与南通供电公司签署启东市电网规划建设战略合作框架协议。

7日 南通市项目农业暨国家现代农业示范区建设推进会在启东市召开。启东市就项目农业发展情况作交流发言。

10日 省委第四巡视组巡视启东市工作动员会在市党教中心召开。按照省统一部署，8月9日—9月25日，省委第四巡视组对启东市进行巡视。10月27日，反馈巡视情况。

11日 启东市江海文化研究会成立大会召开。南通市原人大常委会副主任、南通市江海文化研究会会长李炎出席会议。

17日 中央党校党建部副主任、教授、博士生导师张志明一行到启东，调研基层党组织在服务中教育引导群众工作。

18日 上海工程技术大学校长夏建国一行到启东，就产学研合作交流进行考察，并与启东市签署产学研合作行动方案备忘。

△ 韩国公司会长李富燮率韩国DongjinSemichem企业代表团到启东考察。

19日 南通市人大常委会党组书记、副主任黄利金一行到启东调研基层医疗卫生服务体系建设。

24日 民政部公布第二批著名抗日英烈和英雄群体名录，曾在启东战斗过的抗日英烈王澄、鲍志椿入选。

25日 全市生态文明建设工作会议召开。市委副书记、市长黄卫锋要求，全市上下要紧扣目标，创新实干，不折不扣完成生态文明建设各项任务，为建设经济强、百姓富、环境美、社会文明程度高的新启东做出更大贡献。

8月 国家农业部公布第五批“全国一村一品示范村镇”名单，市惠萍镇果园村名列其中。

9月

2日 徐锋、黄卫锋、顾云峰、赵男男、周春等市领导慰问看望市部分健在的抗战老战士。

6日 香港南通同乡会永久名誉会长方铿、会长杨耀忠率考察团到启东考察。南通市政协副主席殷雄陪同考察。

8日 南通市副市长朱晋一行到启东调研深化医药卫生体制改革工作。

9日 江苏省医改办副主任、省卫计委副巡视员李少冬一行到启东，就“三个1”①与全面推进医改工作进行专题调研。

11日 省政府发出《关于撤销启东市启隆乡和海门市海永乡分别设立启隆镇、海永镇的批复》，同意撤销启东市启隆乡，以原启隆乡行政区域设立启隆镇，镇政府驻永兴街262号。

16日 江苏启东吕四港区环抱式港池PPP项目投资建设合作协议签约仪式在市行政中心举行。

20日 2015中国南通江海国际旅游节启东活动举行。江苏省旅游局、江苏省沿海办、上海国际旅游度假区及周边城市旅游界代表、境外旅行商、百家全媒体等600多位嘉宾应邀参加。南通市领导章树山、单晓鸣参加相关活动。

22日 《启东市生态文明建设规划(2014—2022)》通过启东市人民代表大会常务委员会审议。

10月

8日 四川泸州市委副书记、市长刘强一行到启东考察。

9日 国家发改委农经司巡视员胡恒洋、农业处副处长周锦秀、年度处副调研员陈云龙和江苏省发改委农经处处长朱一超一行到启东，调研吕四国家中心渔港扩建工程项目实施情况。

10日 市委、市政府召开全市推动文化建设迈上新台阶工作会议，提出以“三强两高”②为目标，深化文化体制改革，落实文化建设工程，为建设“强富美高”新启东提供文化支撑。

12—16日 市委书记、市人大常委会主任徐锋主持召开“十三五”规划编制调研座谈会，要求各单位坚持一个总基调，紧扣一个总目标，科学谋划“十三五”发展，加快建设“强富美高”新启东。

18日 国家卫生计生委主任李斌率国家调研组、国家督查组到启东，调研市深化医药卫生体制改革工作情况。江苏省副省长张雷，南通市委常委、常务副市长韩立明，副市长朱晋陪同调研。

19日 以“生物医药创新发展”为主题的2015中国·启东科技节暨尚华生物医药创新发展论坛在启东恒大国际会议中心举行。海内外100多名生物医药尖端专家和学者参会。

20日 以“创业开启梦想，创新引领未来”为主题的2015中国·启东科技节暨国际经贸洽谈会开幕式在环球大厦博圣酒店举行。南通市委常委、组织部部长张兆江，江苏省科技厅副巡视员李健民，中国科学院院士匡定波、郑有炓等出席开幕式。来自美国、新加坡、芬兰、日本、韩国等180多位中外客商，159位高校、科研院所的专家教授参加开幕式。开幕式上，“江苏省可持续发展实验区”揭牌。同日，颁证颁照和投资项目集中签约仪式举行。16家企业获颁证照，20个产学研合作项目和30个投资项目集中签约。其中，最大的内资项目是中艺财富大生文化艺术园项目，总投资10亿元；最大的外资项目是通用飞机生产项目，总投资6.5亿美元。此次洽谈会共签约项目57个，总投资74.6亿元。

21日 2015中国高端装备制造业发展论坛暨智能装备制造企业家峰会在启东恒大国际会议中心举行。国务院参事、著名经济学家陈全生，联盟专家指导委员会主任、中国机械科学

①三个1：每个家庭都拥有一名合格的家庭医生、一份动态管理的电子档案和一张功能完善的健康卡。

②三强两高：文化凝聚力和引领力强、文化事业和产业强、文化人才队伍强；思想文化建设高地、道德风尚建设高地。

研究总院原副院长屈贤明，电子工业出版社社长、华信研究院院长刘九如，工信部装备工业司重大技术装备处处长吕鹏等与300多位高端装备制造企业家代表参加活动。

22日 南通市委常委秦厚德到启东，调研市“三农”工作。

27日 国家海洋局党组成员、纪委书记吕滨一行到启东调研海工装备产业发展情况。江苏省海渔局、南通市相关领导陪同调研。

28日 全市相对集中行政许可权改革试点工作推进会在党教中心召开。

10月 市公安局启隆派出所民警黄建生荣登“中国好人榜”，获评“敬业奉献好人”。12月，黄建生当选“江苏最美警察”。

11月

3日 西澳洲农业部金布利肉牛协会执行官员 Catherine Marrioot 一行到启东考察，并就中国供销华东国际物流港澳洲活牛进口项目进行签约。

4日 中国·启东投资环境推介会在韩国首尔国宾馆举行。中国驻韩国大使邱国洪、大使馆经济与商务参赞王从容应邀出席。

△ 浙江省安吉县人大常委会副主任周小平一行到启东考察人大代表工作。

3—10日 市委书记、市人大常委会主任徐锋率经贸代表团赴韩国、泰国开展经贸交流和招商引资活动，与外商达成一批项目合作意见。

6日 南非驻沪总领馆总领事陶博闻一行到启东考察。

7日 天津大学、华北电力大学、河北农业大学等14所华北理工类院校教授到启东考察。

8日 国家发改委副主任、国家能源局局长努尔·白克力一行到启东调研，察看广汇能源启东综合物流基地、中远海工等地。南通市委副书记、市长张国华陪同调研。

11日 泰兴市副市长周桂香率团到启东考察市深化医药卫生体制改革工作。

14日 浦东祝桥启东产业园签约仪式在市行政中心举行。上海市政府副秘书长、浦东新区区长孙继伟，浦东新区副区长王靖，祝桥镇党委书记、人大主席王超，党委副书记、镇长文选才等出席签约仪式。

14—15日 启东市在湖北武汉举办2015长江经济带（启东—武汉）人才科技合作交流会。

17日 2014—2015年度中国建设工程鲁班奖(国家优质工程)经验交流暨表彰大会在钓鱼台国宾馆举行。江苏南通二建集团有限公司承建的新疆维吾尔自治区人民医院门诊病房综合楼工程获鲁班奖。自1994年起，启东建筑企业承建或参建的16项工程获鲁班奖。

17—18日 海关总署（国家口岸管理办公室）会同公安部、交通运输部、质检总局和总参谋部组成的验收组，对启东港口岸对外开放工作进行国家验收。启东港口岸对外开放通过国家验收。7月3日，南通市副市长孙建华率口岸委、商务、海事、海关、边检等部门负责人，到启东指导启东港口岸一类开放验收准备工作。8月6日，国家口岸管理办公室处长、验收指导组组长钦明炜一行到启东，调研启东港口岸对外开放工作。江苏省口岸办副主任徐斌，南通市副市长孙建华陪同调研。9月23—24日，启东港口岸对外开放工作通过省级预验收。11月12—13日，国家质检总局检查组组长傅伟明率检查组到启东，检查预审启东港口岸对外开放工作。

18日 国家安监总局政策法规司司长支同祥一行到启东，召开安全生产法律法规工作座谈会，听取新《安全生产法》及其他安全生产法律法规在基层实施过程中的问题和建议。

24日 全市史志工作会议暨《启东市志(1986—2005)》首发式在市行政中心举行。

28日—12月4日 市委副书记、市长黄卫锋率经贸代表团赴台湾开展经贸交流和招商引资活动，与客商达成一批项目合作意向。

11月 市传统曲艺“洋钎说书”和传统美术“沙地灶头画”入选第四批省级非物质文化遗产名录推荐项目名单。

12月

2日 由国家卫计委体改司公立医院改革组和中国医学科学院医学信息研究所组成的调研组到启东，调研市综合医改工作情况。

3日 市在福建漳州举办现代农业招商推介会。会上，16个项目集中签约，总投资20亿元。

11日 江苏省委宣传部副部长、省委外宣办(省政府新闻办)主任司锦泉到启东，专题调研宣传文化工作。

15日 南通市人民政府在启东宾馆启东厅举行南通港吕四港区10万吨级进港航道一期工程交工验收会。南通市副市长单晓鸣参加会议。

18日 南京海关党组成员、政治部主任张毅东率工作组到启东市，对启东海关(筹)进行预验收。预验收工作组一致同意，启东海关(筹)通过预验收。南通海关党组书记、关长方柏坚出席活动。

25日 市十六届人大常委会召开第五十三次主任会议。会议讨论启隆乡撤乡建镇后人民代表大会届次、代表任期及有关国家机关工作人员名称变更等问题。会议听取关于市人大常委会组成人员变动情况的报告、政府领导人员变动情况的报告、代表变动和补选代表资格审查情况的报告。会议讨论关于召开市十六届人民代表大会第五次会议的有关事项，还讨论有关人事任免和代表辞职事项。

26日 江苏卫视《江苏新时空》头条2015年终经济观察《改革接力 破障前行》，报道南通相对集中行政许可权改革成功经验，启东市行政审批局作为南通各县(市)唯一入镜单位，受到广泛关注。

28—29日 中共启东市委十二届十次全体（扩大）会议在市党教中心举行。市委书记徐锋代表市委常委会作工作报告，并就《中共启东市委关于制定启东市国民经济和社会发展第十三个五年规划的建议(讨论稿)》向全会作说明。会议宣读中共启东市委十二届十次全体会议审议通过的《中国共产党启东市第十二届委员会第十次全体会议决议》。

12月 《江苏省县(市)人才竞争力报告(2015)》发布。启东市在44个县(市)中排名第十位。

12月 林洋董事长陆永华提名“2015中国十大经济年度人物”候选人。该活动由新浪财经、《人民日报》(客户端)、澎湃新闻、吴晓波频道联合举办。

(郁健飞　黄亦美)

重要会议

【市委十二届九次全体（扩大）会议】 7月30日，中国共产党启东市第十二届委员会第九次全体(扩大)会议在市党员干部学习教育中心召开。

全会深入贯彻党的十八大、十八届三中四中全会以及习近平总书记系列重要讲话特别是视察江苏重要讲话精神，按照省委十二届十次全会和南通市委十一届九次全会的部署要求，总结上半年工作，明确下半年任务，对推动全面从严治党迈上新台阶作出部署。

全会同意徐锋代表市委常委会所作的讲话。全会认为，讲话总结工作实事求是，分析问题深刻透彻，部署工作重点突出，充分体现上级要求与启东实际的紧密结合，体现改革创新、求真务实的精神。半年来，全市上下深入学习贯彻习近平总书记系列重要讲话精神，深刻把握“四个全面”战略布局、“强富美高”发展定位、“五个迈上新台阶”重点任务，主动适应和引领经济发展新常态，以改革创新为动力，以法治建设为基石，以从严治党为保障，统筹推进深化改革、沿海开发、产业转型、城乡统筹、民生改善、生态建设等各项重点工作，全市经济社会呈现平稳健康发展的良好态势。做好下半年工作，要继续围绕贯彻落实习近平总书记重要讲话精神这条主线，按照省委、南通市委的总体要求和“五个迈上新台阶”的系列部署，强化责任担当，以“钉钉子”精神抓好各项工作的落实，确保全面完成全年目标任务。要全力以赴稳增长，持之以恒促转型，坚定不移攻项目，保持经济平稳健康可持续发展；要深化重点领域改革，加快融入上海步伐，推动平台提档升级，增强经济发展内生动力和活力；要加快新型城镇化进程，扎实推进农业现代化，提高生态文明水平，加快城乡一体化发展；要办好民生实事，加强文化建设，创新社会治理，提升人民群众的满意度和幸福感。

全会同意徐锋代表市委常委会对推动全面从严治党迈上新台阶作出的部署，审议通过《中共启东市委关于推动全面从严治党迈上新台阶的意见》及相关文件。全会认为，徐锋的讲话充分体现习近平总书记关于全面从严治党的新思想和视察江苏重要讲话精神，明确全市推动全面从严治党迈上新台阶的指导思想、总体要求和工作举措，对切实加强全市党的建设、提高管党治党水平具有重要指导作用。市委《意见》提出的指导思想、总体要求和工作举措，贯彻中央、省委和南通市委精神，切合启东实际，必将有力推动全市全面从严治党迈上新台阶。

全会指出，党的十八大以来，以习近平为总书记的党中央站在党和国家前途命运的战略高度，对从严治党作出一系列重要部署。特别是2014年12月，习近平总书记在视察江苏时首次提出“四个全面”的战略布局。坚持全面从严治党，是全面建成小康社会、全面深化改革、全面依法治国的根本保障。新形势下，全市党员干部要适应发展环境、发展条件的客观变化，清醒认识全面从严治党的极端重要性和现实紧迫性，切实把思想和行动统一到中央、省委和南通市委的决策部署上来。

全会强调，推动全面从严治党迈上新台阶，要深入学习贯彻党的十八大、十八届三中四中全会和省委十二届十次全会、南通市委十一届九次全会精神，认真贯彻落实习近平总书记系列重要讲话特别是视察江苏重要讲话精神，围绕协调推进“四个全面”战略布局，以全面从严为主基调，以密切党同人民群众的血肉联系为核心，以落实管党治党责任为关键，以深入实施党建工作创新工程为抓手，切实加强党的思想、组织、作风、反腐倡廉和制度建设，在全面从严治党上做到管理更严格、纪律更严明、干部更清正、政治更清明，为建设经济强、百姓富、环境美、社会文明程度高的新启东提供坚强保证。

全会要求，要从严抓好思想建党和制度治党，突出理想信念教育，重视党性锻炼，坚持用刚性制度管权、管事、管人，切实提高管党治党实效。要从严规范党内政治生活，坚持完善党内生活制度和领导决策运行机制，不断增强党的凝聚力战斗力。要从严选好管好干部，按照“20字”好干部标准和从严管理干部“五个要”新要求，着力建设一支对党忠诚、个人干净、敢于担当的干部队伍。要从严改进作风，驰而不息抓好中央八项规定和省委、南通市委及全市十项规定精神的落实，推动党员干部勇于干事担当，着力形成作风建设新常态。要从严抓基层打基础，强化基层党组织政治功能和服务功能，切实加大基层党组织带头人队伍建设力度，巩固夯实党的执政根基。要从严执行党的纪律规矩，自觉运用纪律尺子规范言行，维护党内法规制度权威，推动党员干部做到心中有纪律、凡事讲规矩。要从严加强反腐倡廉建设，认真落实党风廉政建设党委主体责任和纪委监督责任，始终保持惩治腐败高压态势，营造风清气正的政治生态。要从严落实管党治党责任，各级党委(党组)要充分发挥领导核心作用，党委(党组)书记要有主体意识和主动精神，对全面从严治党要善于统筹、协调推进，班子成员要根据分工抓好职责范围内党的建设工作。党建工作领导小组及办公室要加强指导和统筹，纪检监察机关和组织、宣传等部门要各司其职、分工协作，承担起全面从严治党具体职能责任，形成推动全面从严治党的整体合力。

全会强调，全市各级党组织要把开展“三严三实”专题教育作为全面从严治党的重要举措，与正在做的各项工作紧密结合，以更严的要求、更实的作风，推动改革发展、促进民生改善、维护社会稳定。

全会号召，全市各级党组织和广大党员干部要紧密团结在以习近平同志为总书记的党中央周围，坚持以邓小平理论、“三个代表”重要思想、科学发展观为指导，在省委、南通市委的坚强领导下，提振攻坚克难的精气神，汇聚干事创业的正能量，一心一意谋发展、聚精会神抓党建，协调推进“四个全面”战略布局，加快建设经济强、百姓富、环境美、社会文明程度高的新启东，为“迈上新台阶、建设新南通”做出更大贡献。

【市委十二届十次全体（扩大）会议】 12月28—29日，中国共产党启东市第十二届委员会第十次全体(扩大)会议在市党员干部学习教育中心召开。

全会认真学习贯彻党的十八届五中全会、中央经济工作会议，省委十二届十一次全体会议、全省经济工作会议和南通市委十一届十次全体会议精神，听取和讨论徐锋代表市委常委会所作的工作报告，审议通过《中共启东市委关于制定启东市国民经济和社会发展第十三个五年规划的建议》，对2016年工作进行全面部署。全会对2015年度干部选拔任用工作进行“一报告两评议”。

全会充分肯定市委十二届八次全会以来市委常委会的工作，一致认为，市委常委会深入贯彻习近平总书记系列重要讲话特别是视察江苏重要讲话精神，团结带领全市人民，统筹推进深化改革、创新转型、沿海开发、城乡建设、民生改善和党的建设等各项重点工作，全市经济社会保持平稳健康发展的良好态势。

全会高度评价“十二五”时期启东经济社会发展取得的重大成就。过去五年，全市胜利完成“十二五”规划确定的主要目标，创造启东发展的又一个黄金期，为“十三五”乃至更长时期发展奠定良好基础。

全会认为，党的十八届五中全会明确“十三五”时期中国经济社会发展的指导思想、基本原则、目标要求、基本理念、重大举措，对于抓住用好中国发展的重要战略机遇期，全面建成小康社会，具有十分重大的现实意义和深远的历史意义。全市各级党组织要把学习贯彻党的十八届五中全会和省委、南通市委全会精神作为重要政治任务，与深入贯彻落实习近平总书记视察江苏重要讲话精神紧密结合，为启东“十三五”发展凝聚共识、引领航向。

全会认为，“十三五”时期是全市推动“迈上新台阶、建设新启东”取得重大进展的关键时期，市委提出的关于制定“十三五”经济社会发展的规划建议，符合中央精神、省委、南通市委要求和启东实际。“十三五”时期，必须深入贯彻习近平总书记系列重要讲话精神，以总书记视察江苏重要讲话精神为引领，围绕“四个全面”战略布局，始终坚持发展第一要务，以提高发展质量和效益为中心，以改革创新为动力，以“五个迈上新台阶”为重点任务，突出江海联动、陆海统筹，深入实施“领跑沿海、融入上海、包容四海”的发展战略，加快形成引领经济发展新常态的体制机制和发展方式，统筹推进经济、政治、文化、社会、生态文明建设和党的建设，着力建设经济强、百姓富、环境美、社会文明程度高的新启东，积极打造创新型城市、现代港口城市、休闲旅游城市、宜居宜业城市，率先全面建成小康社会，积极探索开启基本实现现代化建设新征程，谱写好中华民族伟大复兴中国梦的启东篇章。

全会认为，实现“十三五”发展目标，必须深刻理解和自觉践行创新、协调、绿色、开放、共享五大发展理念。要把握创新是引领发展的第一动力，坚持创新发展；把握协调是持续健康发展的内在要求，坚持协调发展；把握绿色是永续发展的必要条件和人民对美好生活追求的重要体现，坚持绿色发展；把握开放是繁荣发展的必由之路，坚持开放发展；把握共享是中国特色社会主义的本质要求，坚持共享发展，坚定不移地用新的发展理念引领发展行动。

全会谋划“十三五”重点工作。全会提出，要突出转方式调结构，加快“国家战略互联互通双向开放的桥头堡、全面融入上海的新天地、先进制造业集聚的新高地和‘四新’经济发展的主阵地”等“一堡三地”建设，全力推动“经济强”；持续改善民生，着力加快“百姓富”；更高水平建设生态文明，倾力打造“环境美”；注重文化建设和社会治理，努力促进“社会文明程度高”；推进全面深化改革和全面依法治市，为建设新启东提供有力支撑。全会强调，要加强和改善党的领导，凝聚“十三五”改革发展强大合力。

全会明确，2016年全市工作的总体思路是，全面贯彻党的十八大和十八届二中、三中、四中、五中全会精神，以邓小平理论、“三个代表”重要思想、科学发展观为指导，深入贯彻习近平总书记系列重要讲话特别是视察江苏重要讲话精神，按照“五位一体”总体布局和“四个全面”战略布局，牢固树立和贯彻落实创新、协调、绿色、开放、共享的发展理念，适应经济发展新常态，坚持改革开放，坚持稳中求进工作总基调，统筹推进转型升级、沿海开发、城乡一体、生态建设、民生改善、深化改革和依法治市等各项工作，努力实现“十三五”时期经济社会发展良好开局，为率先全面建成小康社会奠定坚实基础。

全会要求，做好2016年工作要以五大发展理念为引领，以项目化思路落实关键举措，着力做好六个方面工作。要践行创新发展理念，贯彻落实创新驱动发展战略、科教兴市和人才强市战略，深入实施转型升级工程、科技创新工程和农业现代化工程，努力推动经济发展迈上新台阶；践行开放发展理念，贯彻落实区域协调发展战略、经济国际化战略和陆海统筹、江海联动发展战略，全力打造沿海开发升级版；践行协调发展理念，贯彻落实新型城镇化和城乡发展一体化战略，着力优化城镇结构和城乡空间体系，加快城乡一体化步伐；践行绿色发展理念，贯彻落实可持续发展战略，深入实施生态文明建设工程，持续推进美丽启东建设；践行共享发展理念，贯彻落实民生共享战略，深入实施民生幸福工程和文化建设工程，让发展成果更好地惠及全市人民；坚持全面深化改革和全面依法治市双轮驱动，深入实施社会治理创新工程，激发经济社会发展活力，营造更加公平公正的法治环境和社会环境。

全会强调，全市各级党组织要认真落实全面从严治党迈上新台阶的任务要求，深入实施党建工作创新工程，按照全面从严治党“五个四”工程的总体部署，着力提升领导干部素质能力，抓好干部队伍建设，持之以恒抓基层打基础，坚持从严改进作风，营造良好政治生态，为实现“十三五”良好开局提供坚强保证。

全会号召，全市各级党组织和广大党员干部要紧密团结在以习近平为总书记的党中央周围，在省委、南通市委的坚强领导下，承前启后、继往开来，解放思想、抢抓机遇，改革创新、狠抓落实，践行新理念、建设新启东，为率先全面建成小康社会而努力奋斗。

【市委常委会议】 2015年，中共启东市委共召开21次常委会。会议主要讨论“三严三实”专题教育、市委关于省委第四巡视组反馈意见整改工作方案、“十三五”规划建议与“十二五”发展回眸、全面从严治党、全面深化改革、全面依法治市、开放型经济、沿海开发、招商引资、园区建设、项目建设、现代都市农业、社会治理、意识形态等重点工作和重要事项；研究确定关于推动全面从严治党迈上新台阶的意见、关于推动党委（党工委、党组）落实全面从严治党责任的实施细则、关于落实从严管理干部“五个要”的若干规定、关于推动干部担当作为防治为官不为的办法、领导班子和领导“为官不为”问责暂行办法、关于严格执行《江苏省党员领导干部践行“三严三实”三十条行为规范》的意见、关于加强和改进党政领导干部选拔任用工作的实施意见、关于党政领导干部选拔任用工作实施细则、关于加强和改进新形势下优秀年轻干部培养选拔工作的实施意见、关于进一步加强党风廉政建设工作的意见、关于实施党风廉政建设责任追究的办法、各镇园区党建创新工作目标管理绩效考核细则、关于强化基层党组织引领功能深化在服务中教育引导群众工作的实施意见、关于表彰基层党建“双百”引领工程先进典型和“一先两优”、市级机关领导班子和领导干部政绩考核评价办法、镇乡（园区、街道）领导班子和领导干部政绩考核评价办法、机关（镇、园区）效能考核办法、市委全面深化改革领导小组2015年工作责任分解和工作要点、2015年全面小康社会建设任务分解、人大政协2015年工作要点、各镇园区目标管理绩效考核的意见、关于进一步加强大调解工作的实施意见、在全市各镇园区街道建立政协联络工委的相关事项、创建全国文明城市2015—2017三年行动计划及创建全国文明城市领导机构职责分工、深入实施创新驱动战略促进科技进步和创新创业的实施意见、关于大众创业万众创新启东行动计划、关于依托“一带一路”与长江经济带和上海自贸区发展战略推进全市经济转型升级的意见、关于“互联网+”启东行动计划、关于进一步深化陆海统筹发展推动金融改革创新的实施意见、关于2015年加快发展都市农业推动现代农业建设迈上新台阶的意见、关于推动文化建设迈上新台阶的实施意见、关于文化产业发展引导基金使用管理办法、2015年市“东疆英才计划”资助对象和“杰出人才成就奖”“高技能人才贡献奖”“优秀农村实用人才奖”表彰对象等意见；研究召开国家卫生城市创建总结表彰暨争创全国文明城市动员大会、文化建设迈上新台阶工作会议、社会信用体系建设动员会等重要会议，组织开展了单项夺杯竞赛活动、全市重点突破性工作夺杯竞赛活动、向周浩学习活动、重点工作“听看考”活动、2015中国·启东国际经贸洽谈会、2015中国·启东科技节暨国际经贸洽谈会等活动；听取了全国、全省宣传部长会议精神、罗志军书记在省委常委会和省委中心组学习会上讲话精神、省委十二届十次全会精神、省纪委十二届五次全会精神、省和南通推动文化迈上新台阶工作会议精神、省和南通市组织部长会议精神、全省统战工作会议精神、全省县乡人大工作和建设座谈会精神、全省农村基层党建工作座谈会精神、全省促进农民创业增收工作会议精神、南通市委十一届九次全会精神、南通市基层服务型党组织建设现场推进会精神、南通市文明城市长效机制建设现场推进暨表彰大会会议精神、南通市加强违章乱建寺观专项管理工作会议精神、南通市农村河道清障及长效管护暨农村四位一体长效管理工作会议精神、南通市“三严三实”专题教育工作推进会主要精神、“十三五”规划纲要编制情况、相对集中行政许可权改革试点情况、2015年市科学技术进步奖评审情况。常委会还讨论有关人事任免事项。

（彭红辉）

重要活动

【抗大九分校纪念馆开馆座谈会举行】 3月11日上午，启东举行抗大九分校纪念馆开馆座谈会。开国大将、抗大九分校校长粟裕长子、中将粟戎生，抗大九分校学员、抗大九分校分会副会长、宁波军分区原司令员季凌，抗大九分校学员、南京陆军学校校务部原顾问王冲，市领导汤雄、赵男男等出席会议。市委副书记、组织部部长汤雄表示，将以纪念世界反法西斯战争和中国人民抗日战争胜利70周年为契机，发挥抗大九分校纪念馆的馆藏、展示、教育、研究功能，阐释文化遗产的历史文化内涵，弘扬抗大精神，激励全市人民把革命先辈们开创的事业不断推向前进。粟戎生对启东把抗大九分校纪念馆作为爱国主义教育基地来建设维护表示肯定，并勉励启东加大宣传，联合各方面力量，把对干部群众的教育工作做好。与会人员参观抗大九分校纪念馆、王鲍烈士纪念馆、东成公司、渔港经济区等地。

【南通市政协到启东调研法治建设】 3月13日，南通市政协主席王德忠、副主席殷雄、秘书长朱进一行到启东调研法治建设情况。市委书记、市人大常委会主任徐锋，市政协主席顾云峰，市委常委、政法委书记朱志强，市政协副主席倪春元、龚建涛，秘书长许瑞华等参加调研。王德忠一行先后察看江苏神通阀门有限公司法治文化广场和企业法治文化长廊、市调解服务中心、市十里法治文化长廊、市公共法律服务中心、惠萍镇大调解中心及司法所等地。在座谈会上，王德忠充分肯定启东市法治建设工作，称赞启东在营造“学法、守法、知法、用法”的社会环境方面，领导重视、形式多样、支撑有力、成效显著，并勉励启东进一步围绕“法治南通”建设要求，认真总结近年来法治建设方面的成功做法，形成法治建设工作的经验和特色，做好典型经验做法的宣传和推广工作，巩固法治创建成果，为社会经济发展和保障人民根本利益奠定良好的法治基础。

【南通市委副书记、市长张国华一行到启东调研】 3月25日下午，南通市委副书记、市长张国华一行到启东调研。市领导黄卫锋、袁圣菊、汤葱葱等参加调研。张国华一行听取启东市经济运行情况汇报，视察海工船舶工业园的润邦海洋、京沪重工、宏华海洋等装备制造企业，省级旅游度假区圆陀角旅游度假区，启东经济开发区的科创大楼、国动产业园，滨江医药化工园的诚信药业和道明化学公司。张国华对启东市经济社会发展取得的显著成效给予充分肯定，认为启东市各项工作进展顺利，发展势头良好，希望启东充分发挥独特优势，不断增强平台功能，大胆创新政策措施，更有针对性地为项目建设、企业发展提供一流环境和服务，在江海联动开发、陆海统筹发展中推动各项工作迈上新台阶。

【市经贸代表团赴瑞典丹麦开展招商活动】 3月22—29日，市委书记、市人大常委会主任徐锋率经贸代表团赴瑞典、丹麦开展经贸交流和招商引资活动，与外商达成中瑞合作启东生态产业园等一批项目意向。

在瑞典，徐锋一行拜访瑞中贸易委员会，受到秘书长苏迪珊女士的热情接待，双方就经贸交流合作进行深入交流。市还在斯德哥尔摩举办一场中国·启东投资环境说明会，到会的近20家企业分别来自生态设计、绿色交通、深海风电、区域能源综合利用、新型模块化建筑等瑞典在欧洲乃至全球领先的行业领域。在充分考察、认真洽谈的基础上，市与瑞典新型建材公司Nordisca Ecohus公司就合作投资建设中瑞生态产业园达成共识。中瑞生态产业园由启东市人民政府和Nordisca Ecohus公司作为合作主体，产业园以低碳、绿色、环保为基本理念，结合Nordisca Ecohus公司产业优势和在瑞典的行业统筹优势，在启东新城区和经济开发区建设中全面引进瑞典方生态绿色理念，重点在城市功能、基础设施、能源利用、废弃物处理、资源管理、绿色交通、新型文化体育综合体等领域开展合作，打造策应国家“一带一路”战略，体现启东特色，深具示范效应的生态样板城。在滨海工业园引进瑞典方节能建筑、区域能源综合利用、新型智能制造业等方面的各类企业，集中打造低碳绿色、产城合一，可复制可推广的生态产业园。双方在瑞典正式签订合作框架协议，并就合作相关事宜进行明确。徐锋一行还考察瑞典孵化器和科技园（SISP）、沃尔沃(VOLVO)公司、Automationspartner AB(医疗器械)公司，并邀请客商到启东考察交流。

在丹麦，徐锋一行拜访丹中商会，并进行深入交流。丹中商会秘书长里托·尼尔森介绍商会与中方合作的具体情况，特别是重点对丹麦科技发展、转型升级、高端产业进行介绍，并表示将积极为丹麦与启东的经贸交流合作发挥桥梁作用，促成更多的商会成员企业到启东实地考察，寻找合作领域。徐锋一行还考察北欧最大的机器人研发机构——丹麦科技大学机器人部。该机构的机器人研发能力，特别是应用性研究在全球属于一流水平。徐锋一行与该部首席工程师就机器人产业的广阔前景、智能装备制造的产业化方向、双方的未来合作领域进行深入探讨并达成基本共识。

【市召开创建国家卫生城市总结表彰暨争创全国文明城市动员大会】 4月10日，市委、市政府在市党员教育中心隆重召开创建国家卫生城市总结表彰暨争创全国文明城市动员大会，回顾总结国家卫生城市创建工作的成果经验，隆重表彰创卫工作先进集体和先进个人，安排部署全国文明城市创建工作。徐锋、黄卫锋、顾云峰、汤雄等市四套班子全体领导出席会议。

市委书记、市人大常委会主任徐锋作重要讲话。市委副书记、市长黄卫锋作工作报告。徐锋、黄卫锋共同为市荣获的“国家卫生城市”牌匾揭牌；市委副书记、组织部部长汤雄主持会议并宣读全国爱卫会《关于命名国家卫生城市(区)的决定》和中共启东市委、启东市人民政府《关于表彰创建国家卫生城市工作先进单位和先进个人的决定》。市城管局等58个单位被授予“启东市创建国家卫生城市工作先进单位”称号，杨雄雄等115人被授予“启东市创建国家卫生城市先进个人”称号。

徐锋对全市上下十年创卫形成的攻坚克难、誓达目标的拼搏精神，万众一心、甘于奉献的协作精神，坚韧不拔、百折不挠的进取精神，心系群众、共建共享的民本精神，奋力开拓、务实进取的创新精神作了充分肯定，号召全市上下牢固树立“一盘棋”思想，坚定决战决胜信心，努力形成创建全国文明城市的强大合力，迅速掀起一场声势浩大、全面参与的创建热潮。会上，创建全国文明城市重点职能单位递交责任状，市文明办、教育局、城管局、市场监督管理局、南城区街道办4个部门和单位负责人作表态发言。

【市经贸代表团赴泰日韩开展招商活动】 4月12—21日，市委副书记、市长黄卫锋率经贸代表团赴泰国、日本、韩国开展经贸交流和招商引资活动，拜访一批机构和知名企业，并就新型彩涂钢板材料、高硬度塑料材料、发泡剂生产等一批项目达成投资意向。副市长孙建忠参加经贸活动。在泰国，黄卫锋一行拜访泰国华人青年商会、泰中经贸促进总会，并就泰国是拉差虎园与姚记实业共同在启隆乡投资建设的“泰国文化旅游城”项目进行交流和协商。在日本，市与上海外高桥保税区联合发展公司在东京举办一场中国上海自贸区——启东联动招商说明会，40多家日本企业和咨询机构代表参加会议。在日期间，黄卫锋一行拜访日本三菱东京日联银行、日本山田商务咨询株式会社、日本大金工业株式会社。在韩国，黄卫锋一行拜访韩华集团、东进电子等在启东投资韩国企业，拜访中国驻韩大使邱国洪。在韩期间，黄卫锋参观考察韩国LG化学、DK同信株式会社，双方就LG化学电动汽车电池生产项目、DK东信新型彩涂钢板材生产投资项目达成初步合作意向。

【创建陆海统筹发展金融服务创新启东示范区建设全面启动】 4月27日，创建陆海统筹发展金融服务创新启东示范区启动仪式在博圣大酒店隆重举行，启东成为南通金融系统首个推进陆海统筹发展金融服务创新的地区。市委书记、市人大常委会主任徐锋，市委副书记、市长黄卫锋，市委副书记、组织部部长汤雄，副市长孙建忠、张卫生、袁圣菊、汤葱葱出席启动仪式或参加相关活动。人民银行南京分行货币信贷管理处副处长戴国海、人民银行南通市中心支行行长李丹瑾等金融机构负责人出席启动仪式。

为配合南通陆海统筹发展综合配套改革实验区建设，更好地发挥市地理位置优越、发展基础好、发展潜力大、带动作用强的作用，经市委、市政府研究，决定与人民银行南通市中心支行合作共建陆海统筹发展金融服务创新启东示范区。启东示范区将围绕金融机构发展、市场融资功能、金融职能作用、金融改革创新、跨境融资环境、金融基础设施建设、金融生态环境等8个方面32条措施开展具体工作。人民银行南通市中心支行在启东会更积极灵活地运用再贴现、再贷款、法人机构信贷规划、短期外债余额指标等货币政策工具，确保投入力度高于南通县区平均水平；为启东大力争取各项本外币政策试点，加强与上海、苏南等地横向政策对接，百分百落实降息、降准等人总行政策红利；将集中力量改善启东市货币发行、支付结算、国库经理、企业征信及本外币跨境流通等金融基础环境，努力将启东打造成高效率、无障碍的金融发达县区。同时将为启东输出更多的智力服务，重点针对金融支持“互联网+”“中国制造2025”“大众创业、万众创新”等国家新兴战略实施的问题，开展更多前瞻性研究，并择机在启东开展相关试点。

启动仪式上，农发银行南通分行、工商银行南通分行、招商银行南通分行、中国银行南通分行、交通银行南通分行与启东市保障房建设公司、广汇能源、卓达新材料、华峰超纤、中合农产品等举行6个项目的签约授信，授信总额达39亿元。

驻通各银行行长，人民银行各县市区支行行长，南通保险协会负责人，人保财险、平安保险、华泰证券、南京证券有关负责人，市重点经济部门主要负责人，各镇(乡)、园区党政主要负责人，在启东各银行行长，5家融资需求签约单位主要负责人出席启动仪式。

与会人员还参观吕四港环抱式港池、新材料产业园、江海产业园、滨海工业园、恒大威尼斯、中远海工、胜狮能源等地。

【2014年度“启东好人”见面会暨医卫行业先进典型事迹报告会举行】 4月30日下午，2014年度“启东好人”暨医卫行业先进典型事迹报告会在市党员干部教育中心举行。徐锋、黄卫锋、顾云峰、汤雄等市四套班子领导出席活动。明珠新村“常青藤”志愿服务队和包仲贤等9位市民当选2014年度“启东好人”，黄锦聪等10位市民获2014年度“启东好人”提名奖。市委书记、市人大常委会主任徐锋和市委副书记、市长黄卫锋为“启东好人”颁奖并送上祝福。徐锋代表市委、市人大、市政府、市政协向各位“启东好人”、医卫行业先进典型的善行义举、高尚情操致以崇高的敬意，号召全市广大群众要坚持从自己做起，从身边的小事做起，日行一善、随手公益，以千万人的小善，汇成感人的无疆大爱，共同培育“崇德为荣、善行启东”的良好社会风尚，为推进启东经济社会发展添砖加瓦。市委常委、宣传部部长赵男男主持会议。市委副书记、组织部部长，市文明委主任汤雄宣读2014年度“启东好人”表彰决定。会议还播放《最美的人　最美的城》视频短片，宣讲医卫行业王联琴、朱庙根、唐连忠、杨娟、周浩等5人先进事迹。

【市赴南通经济开发区等地考察】 5月7日，市委书记、市人大常委会主任徐锋带队赴南通经济技术开发区、崇川区和港闸区考察学习。市领导汤雄、赵男男、龚心明、孙建忠及相关园区和部门主要负责人参加考察活动。考察团先后参观南通经济技术开发区的携程信息技术公司和紫狼科技公司，崇川区的南通国际贸易中心、清之华园、淘金时代电商服务商，港闸区的市北新城规划展示馆、林森物流和长江智谷等地和南通产业技术研究院。三地在发展楼宇经济、现代物流、科技创新等方面具有鲜明特色，好经验好做法令代表团深受启发。

【南通市委书记丁大卫到启东调研】 6月8日，南通市委书记丁大卫到启东调研。南通市委常委、秘书长黄巍东，南通市相关部门负责人，市领导徐锋、黄卫锋、汤雄、龚心明等参加调研。丁大卫书记先后察看吕四港经济开发区的广汇能源、华峰超纤、环抱式港池、渔港经济区、大唐电厂等沿海重大产业项目和港口开发建设情况，沪苏共建园区江海产业园，滨海工业园的西西艾尔、秋之友、皇室食品、应成医疗、众兴永达、千力物流以及迪因生物科技等企业。

在听取启东市委、市政府2015年以来经济社会发展及谋划"十三五"相关情况汇报后，丁大卫说，"十二五"以来，启东经济总体保持稳中有进态势，增长有后劲，转型有亮点，开发开放有突破，改革有特色，富民有成效，党的建设、民生法制建设、社会建设、生态文明建设等也得到加强，各级干部领导科学发展的能力、做好群众工作的能力、驾驭复杂局面的能力不断提高。丁大卫指出，深入贯彻习近平总书记视察江苏时提出的"做好区域互补、跨江融合、南北联动大文章"和"积极主动对接上海自贸区"的要求，把省委、省政府最近召开的贯彻落实"一带一路"国家战略大力拓展对内对外开放新空间工作会议精神落到实处，启东最有优势、最具条件，希望启东在"十三五"期间深入学习贯彻习近平总书记系列重要讲话和视察江苏重要讲话精神，围绕"四个全面"战略布局，按照"五个迈上新台阶"和"强、富、美、高"的要求，科学谋划"十三五"发展，重点把走势分析透，把制约发展的共性和个性问题搞明白，把希望省及市支持的事项理清楚，推动"十三五"经济社会发展迈上新台阶。对于"十三五"工作，丁大卫勉励启东要在接轨上海、借力上海上成为样板，在转型升级、科技创新上走在前列，在江海联动、陆海统筹上当好示范、在生态建设、社会和谐上持续用力。

【启东市获评江苏省文明城市】 6月9日上午，省委、省政府召开推动文化建设迈上新台阶工作会议，对2012—2014年度江苏省文明城市予以表彰，启东名列其中。这是1999年起市连续六届蝉联江苏省文明城市。市委书记、市人大常委会主任徐锋参加会议并代表市接受表彰。市委、市政府趁热打铁、乘势而上，启动全国文明城市创建工作。继续以培育和践行社会主义核心价值观为引领，开展"传递正能量、共建好家园"主题活动，充分发挥正能量加油站等阵地作用，用先进文化引领社会风尚。开展好"学习雷锋好榜样"等主题志愿活动，实现志愿服务项目化、阵地化、社会化。同时，进一步扮靓城市，大力推进绿化造林，打造城市环境新形象。夯实基层基础，让群众理解、参与、得利，构建文明创建新格局，努力建成标准更严、水平更高、市民更满意的文明城市。

【启东版画院建院三十周年作品展举行】 6月16日，由江苏省美术家协会、中共启东市委、启东市人民政府联合主办的"中国版画第一院——启东版画院建院三十周年作品展"开幕式在江苏省美术馆举行。江苏省文化厅副厅长、省文联副主席、省中国画学会会长高云，南通市委常委、宣传部部长章树山，启东市委书记、市人大常委会主任徐锋，市委常委、宣传部部长姜平，副市长张卫生等出席开幕式，并参观作品展。开幕式结束后，举行"江风海印·启东版画院建院三十周年研讨会"。

【江苏省道德模范与身边好人现场交流活动在启东举行】 6月17日，爱国敬业诚信友善——江苏省道德模范与身边好人(南通启东)现场交流活动在市广播电视台演播大厅隆重举行。活动现场采取互动对话、视频展示、文艺演出等表现方式，生动呈现马卫锋、戴庆贤、杨凌捷、武彤、周浩等19位道德模范与身边好人的善举、义举、孝举、壮举。此次活动由江苏省委宣传部、省文明办主办，南通市委宣传部、南通市文明办，启东市委、启东市政府承办。江苏省委宣传部副部长、省文明办主任杨志纯，江苏省美德基金会副理事长、秘书长贾桂林，江苏省文明办综合处处长王建，南通市委常委、宣传部部长章树山，南通市委宣传部副部长、市文明办主任陈冬梅，市领导徐锋、黄卫锋、汤雄、姜平、潘国红、张卫生、宋逵和启东市慈善基金会理事长周嘉生等出席活动。活动中，市委、市政府决定，建立启东市美德基金会，注册资金1000万元；市文明委同时制定出台《启东市关爱帮扶道德典型实施办法(试行)》。活动现场，杨志纯、章树山共同为"启东市美德基金会"揭牌，贾桂林、徐锋、王建、陈冬梅、黄卫锋、汤雄、周嘉生等向首批奖励帮扶对象分别颁发奖励金和慰问金，东疆志愿者代表向19位道德模范与身边好人赠送由中国书法家协会会员和江苏书法家协会会员专门题写的中华传统道德书法作品。

【南通市政协主席联席会议在启东召开】 6月25日，南通市政协主席联席会议在启东召开，就"人民政协协商民主创新实践"这一主题，进行专题研讨。南通市政协主席王德忠，副主席陆玉明、陈德新、杨展里、徐守铭、陈宋义、尹建炉、殷雄，秘书长朱进，启东市委书记徐锋，市政协主席顾云峰，副主席倪春元，秘书长许瑞华及南通其他县(市、区)政协领导等出席会议。会上，启东市委书记徐锋向与会人员介绍市经济社会发展情况，各县(市、区)政协就创新协商载体、改进协商方式、增加协商密度等进行交流发言。南通市政协主席王德忠要求，全市各级政协组织要准确把握人民政协协商民主的新定位，注重发挥新作用，务求取得新成效；完善拓展常态化的协商参与平台，增加协商密度，改进政协会议及其他协商形式，构建以全体会议为龙头、以专题议政性常委会议和主席会议为重点、以协商座谈会为常态、多种协商形式并存的协商议政格局；抓住科学选题、调查研究、成果转化等关键环节，提高政协协商民主的实效；建立协商计划确定机制，健全知情明政机制，完善协商成果落实和反馈机制，强化运行保障机制，推动政协协商民主制度化、规范化、程序化建设。会前，全体人员参观市吕四规划馆、吕四新材料产业园、江海产业园、滨海工业园、恒大海上威尼斯、海工船舶工业园、启东胜狮能源装备有限公司等地。

【市庆祝中国共产党成立94周年暨先进典型表彰大会召开】 7月1日上午，市委在市党教中心召开庆祝中国共产党成立94周年暨先进典型表彰大会，激励全市各级党组织和全体党员以先进为榜样，进一步振奋精神、务实快干，为奋力谱写全面小康社会建设新篇章而努力奋斗。市委书记、市人大常委会主任徐锋在会上讲话，市委副书记、市长黄卫锋主持会议，市领导顾云峰、汤雄、兰生峰、姜平、韩菊芳、赵男男、龚心明、周春、朱志强、倪国冲在主席台就座。徐锋在讲话中勉励全市各级党组织和广大党员要以纪念建党94周年为强大动力,以“三严三实”专题教育为契机,把全面从严治党作为重大政治任务抓实抓紧抓好,努力锻造一支对党忠诚、个人干净、敢于担当的中坚力量,为促进经济社会持续健康发展提供坚强保障。徐锋强调,全市上下正在开展“三严三实”专题教育,受表彰的先进集体和先进个人都是“三严三实”的模范践行者。各级党组织和广大党员必须自觉向先进学习,以先进为方向、以先进为标杆,以更加主动的姿态抢抓机遇,以更加科学的举措推动发展,在奋力谱写全面小康社会建设新篇章上勇于当先锋、敢于作表率。做敢于担当、务实发展的表率,有舍我其谁的担当精神,有敢教日月换新天的克难气概,有马上就办的实干作风;做践行宗旨、心系群众的表率,真诚解民忧,真心聚民力,真情帮民富;做公道正派、清正廉洁的表率,切实筑牢思想防线,大力倡导勤俭之风,始终保持清正廉洁。随后,徐锋带领全体与会人员重温入党誓词。会上,市委副书记汤雄宣读《中共启东市委关于表彰基层党建“双百”引领工程先进典型和“一先两优”的决定》。会议对全市基层党建示范点、共产党员标兵、先进基层党组织、优秀共产党员和优秀党务工作者代表进行表彰。

【市委书记徐锋率市委中心组成员赴淮安集体瞻仰周恩来纪念馆】 7月3日,市委书记、市人大常委会主任徐锋带领市委中心组成员赴淮安集体瞻仰周恩来纪念馆,学习周恩来的革命精神和崇高风范,汲取践行“三严三实”、加快建设全面小康新启东的强大动力。

【启东市张謇研究会成立大会暨张謇创业精神研讨会举行】 7月10日,启东市张謇研究会成立大会暨张謇创业精神研讨会在市行政中心召开。原全国政协常委、全国政协社会与法制委员会副主任、张謇嫡孙张绪武,南通市委原副书记、张謇研究中心干事会会长李明勋,市领导黄卫锋、顾云峰、姜平出席会议。市委副书记、市长黄卫锋致辞,勉励张謇研究会不断挖掘、弘扬张謇创业精神的时代内涵,找准与社会主义核心价值观的结合点、与“两个率先”事业的契合点,使张謇创业精神成为涵养新时期城市精神的重要源泉,成为激发江海儿女自强不息的永恒动力,为谱写中国梦的精彩启东篇章汇聚正能量。会议审议通过启东市张謇研究会章程;推举启东市委宣传部副部长、地方志办公室主任黄翠芳担任启东市张謇研究会会长;聘请张绪武担任启东市张謇研究会名誉会长以及9名同志担任顾问;宣读张謇研究中心的贺词。会上,李明勋与黄卫锋共同为“启东市张謇研究会”揭牌。张謇研究中心向启东市张謇研究会赠送《张謇全集》、张謇研究年刊及一部分张謇研究的重要资料。随后,举行张謇创业精神研讨会。

【全国政协常委季允石到启东考察】 7月29日下午,全国政协常委、社会和法制委员会副主任、全国政策科学研究会顾问季允石率在上海参加关于加快通用航空产业发展的战略与政策建议研讨会的专家到启东,就加快江海产业园通用航空产业发展进行考察。市领导徐锋、黄卫锋、顾云峰陪同考察。季允石表示,江海产业园定位明确,布局合理,发展前景广阔。他希望启东与上海城市建设投资开发总公司进一步密切合作,加快产业园推进力度。同时,全国政策科学研究会将密切关注园区发展,及时提供政策信息数据,助力园区发展。

【国家卫计委主任李斌到启东调研】 10月18日上午,国家卫生计生委主任李斌率国家调研组、国家督查组到启东,调研启东深化医药卫生体制改革工作情况。江苏省副省长张雷,南通市委常委、常务副市长韩立明,副市长朱晋,市领导徐锋、黄卫锋、张卫生陪同调研。李斌一行在市中医院服务大厅参观介绍市深化医改工作的展板,并听取市卫计委负责人的汇报。随后视察门诊部、远程会诊中心、会计核算中心、远程影像中心,了解分级诊疗和双向诊疗、财务管理、远程会诊等情况。通过听取汇报、现场察看、互动交流等方式,李斌对启东深化医药卫生体制改革工作取得的一系列成果留下了深刻印象,并给予充分肯定。她认为,启东在加快公立医院改革、组建医疗卫生管理集团、构建分级诊疗制度、优化卫生资源配置、推行健康管理团队服务等方面作积极探索,值得各地学习借鉴。希望启东坚持从实际出发,深入研究启东医疗卫生体系现状,进一步深化医药卫生体制改革,切实解决各项难题,全面推进医改工作取得实效。

【尚华生物医药创新发展论坛在启东举行】 10月19日,以“生物医药创新发展”为主题的2015中国·启东科技节暨尚华生物医药创新发展论坛在启东恒大国际会议中心隆重举行。尚华医药研发服务集团董事长、首席执行官惠欣,尚华医药研发服务集团投资发展总裁徐亚军,上海市生物医药行业协会秘书长陈少雄,Third Rock Ventures客座合伙人Robert Kamen,中国国健研究院院长、首席科学官吴辰冰,赛诺菲中国研发中心总裁王劲松等海内外100多名生物医药尖端专家和学者,以及市领导徐锋、黄卫锋、姜平、龚心明、俞翠明、孙建忠出席论坛。此次论坛由上海自贸区启东生物科技创新协作园主办。论坛开幕式上,市委书记、市人大常委会主任徐锋致词。市委副书记、市长黄卫锋作启东生物医药产业发展推介,介绍启东总体概况、发展优势、启东生物医药产业发展情况,并从激励政策、人才支撑、服务优势等方面介绍启东生物医药产业发展优势。陈少雄、王劲松等8位专家作主题演讲。

【中国高端装备制造业发展论坛暨智能装备制造企业家峰会在启东举行】 10月21日,2015中国高端装备制造业发展论坛暨智能装备制造企业家峰会在启东恒大国际会议中心隆重举行。国务院参事、著名经济学家陈全生,联盟专家指导委员会主任、中国机械科学研究总院原副院长屈贤明,电子工业出版社社长、华信研究院院长刘九如,工信部装备工业司重大技术装备处吕鹏等与300多位高端装备制造企业家代表,以及市领导徐锋、黄卫锋、顾云峰等参加活动。高端装备制造业协会合作联盟成立于2014年7月17日,是由上海、北京、沈阳、大连、鞍山、广州、成都7个城市的高端装备制造行业协会发起并自愿组成的、非营利性的联合组织,是为国内相关行业协会以及企业提供服务的开放性交流协作平台。开幕式上,书记、市人大常委会主任徐锋作致辞,市委副书记、市长黄卫锋介绍启东投资环境及装备制造业发展情况。开幕式后,屈贤明、吕鹏、陈全生等围绕"中国制造2025"、产业变革与智能制造以及创新驱动的关键是制度创新等方面作主题演讲。

【市经贸代表团赴韩国泰国开展经贸交流和招商引资活动】 11月3—10日,市委书记、市人大常委会主任徐锋率经贸代表团赴韩国、泰国开展经贸交流和招商引资活动,与外商达成光伏发电、塑膜PED和新型钢板彩印等一批项目合作意向。副市长孙建忠等参加活动。在韩国首尔,市举办中国·启东投资环境推介会。中国驻韩国大使邱国洪、大使馆经济与商务参赞王从容应邀出席,韩国现代集团、韩华集团、金刚高丽化学株式会社(KCC)、迪皮茜株式会社(DPC)、东进世美肯株式会社等60多家企业高管参加推介会。徐锋一行拜访金刚高丽化学株式会社(KCC)、韩华集团、东进世美肯株式会社、DK同信株式会社等企业。在泰国,徐锋一行拜访泰国华人青年商会、泰国中华总商会,受到李桂雄会长、刘锦庭主席的热情接待,双方就经贸合作进行深入交流。徐锋一行还应邀拜访泰国立法院第一副议长素拉猜·力布叻差和泰国前副总理、泰中友好协会会长功·塔帕朗西。

(彭红辉)

※附※

中共启东市委关于省委巡视意见的整改情况

根据省委统一部署,2015年8月9日—9月25日,省委第四巡视组对启东市进行巡视。10月27日,省委第四巡视组向启东市委反馈巡视意见。

市委严格履行主体责任,把做好巡视反馈意见整改工作作为重大政治任务,切实抓紧抓好、抓出成效。制定出台《中共启东市委关于省委第四巡视组巡视反馈意见整改工作方案》,将省委巡视组反馈意见逐项明确牵头市领导、相关责任单位和时间进度安排。市委先后召开常委会、常委市长联席会议和多次专题会议,研究部署整改工作,定期听取进展情况,及时解决整改推进过程的重大事项,有效推动整改工作落实。全市各镇、园区和相关责任部门以高度负责的精神,以最坚决的态度、最果断的措施,不折不扣、一着不让抓好整改,取得阶段性成果。

一、政治纪律方面

(一)关于"市委落实主体责任不够到位,存在一手硬、一手软现象,少数乡镇(园区)、部门党组织主体责任意识淡薄"的问题

1.坚持把贯彻落实党风廉政建设责任制纳入经济社会发展的整体工作布局,同谋划、同部署。市委在制定"十三五"规划建议时,强调要坚持把纪律和规矩挺在前面,建立健全并严格执行管党治党的各项制度,切实履行党风廉政建设主体责任和监督责任。

2.市委主要负责人强化主责意识,既挂帅,又出征,把党风廉政建设紧紧抓在手上;领导班子成员自觉履行"一岗双责"。修订完善党风廉政建设责任制考核办法,2015年12月下旬,市委常委、党员副市长组成8个检查考核组对全市各镇区、街道和市级机关各部门落实党风廉政建设责任制进行实地检查考核,听取巡视整改工作进展,反馈检查结果,推动责任落实。

3.市委进一步加强对纪检监察机关执纪办案的领导,及时听取市纪委对党员干部采取调查措施、给予纪律处分及重大案件查处的情况报告,及时研究解决办案过程中出现的一些重大复杂问题,切实支持和保障纪检监察机关履行职责。

4.通过市委常委会、常委市长联席会议等,扎实开展"四议四述"工作。每季度开展党建创新、依法治市、深化改革等工作交流汇报,进一步压实责任、推进落实。结合市委十二届十次全体(扩大)会议,开展干部选拔任用"一报告两评议"工作;结合年底考核,认真开展四套班子和南通市管干部述职述廉民主测评;对开展基层党委书记党建工作述职、领导干部述职述廉述法等活动作了进一步部署,不断强化抓党风廉政建设、干部队伍建设的主角意识。

5.认真落实《关于推动党委(党工委、党组)落实全面从严治党责任的实施细则》,深入开展党建工作季度评、年度考活动,严格执行党风廉政建设主体责任监督责任双报告、市委全委会述职述廉、党政正职接受评议、纪委约谈、"一案双查"等制度。

6.抓好"两个责任"的延伸,将"两个责任"延伸到部门、镇区、街道和村(居)社区、企业,形成上下贯通、层层负责的工作格局。市委常委、党员副市长开展"两个责任"落实检查考核时,把镇区、街道、部门对下属单位"两个责任"落实情况监督检查作为考核重要内容之一,以考核倒逼基层单位将落实"两个责任"向下延伸。

7.严格执行《关于实施党风廉政建设责任追究的办法(试行)》,加大"两个责任"问责追究,对未履行或未正确履行主体责任的单位和部门,严格实行责任倒查。

(二)关于"市纪委履行监督责任尚未到边到底,有的乡镇(园区)、部门纪委负责人分管与党风廉政建设无关的业务,聚焦中心任务不集中;整合乡镇(园区)纪委和派驻纪检组力量方面还有差距"的问题

8.进一步聚焦中心任务,突出主责主业,深化转职能、转方式、转作风,强化执纪监督问责。对市纪委机关内设机构进行调整,将党风政风监督室、执法监察室、效能监督室整合为党风政风监督室,增挂"市政府纠正行业不正之风办公室"牌子;增设第三、第四纪检监察室;在干部管理室基础上组建纪检监察干部管理监督室;宣教调研室更名为宣传教育室。调整后,执纪监督职能室共8个,占内设机构数的72.73%,从事执纪监督问责的人员编制数33个,占机关编制总数的78.57%。

9.推进基层纪检监察机构"全覆盖",对基层纪委书记、纪检组长空缺的单位,及时调配补缺;对暂未派驻纪检组织的市级机关部门,明确由纪委机关纪检监察工作室统管,及时开展监督检查,确保党内监督不留死角。

10.对违反党的政治纪律和政治规矩、组织纪律;"四风"问题突出,发生顶风违纪问题;出现区域性、系统性腐败案件的部门和单位,坚决实行"一案双查",既追究党委(党组)的责任,又追究纪委(纪检组)的责任。

11.制定下发《关于规范镇、园区、街道纪(工)委书记工作分工的通知》,明确要求全市各镇、园区、街道纪(工)委书记不得分管与党风廉政建设、纪检监察和效能建设无关的业务。各镇、园区、街道将纪(工)委书记分工和兼职调整情况以书面形式上报市纪委,纪委书记分工全部按照"三转"要求规范到位。

12.研究制定全市基层纪检监察组织负责人述职述廉暨评议工作方案,要求各纪检监察组织负责人汇报一年以来履职和廉洁自律情况,并进行评议,评议结果作为年终考核、调配使用的重要依据。

13.由农村纪检监察工作室牵头,加强对镇、园区纪检监察力量的整合,在案件查办、监督检查等方面,实行区域协作,不断提高工作整体效能。由机关纪检监察工作室牵头,在秸秆禁烧督查、信访件调查等工作中,结合机关各部门不同职责,抽调相关派驻纪检组长共同配合工作,实行一项任务一次授权,交叉组合,进一步发挥派驻纪检组作用。

14.研究起草市纪委派驻机构统一管理的实施意见和市纪委派驻机构职能定位、机构设置和编制配备方案,建立健全基层特别是新设园区的纪检监察组织。干部调整时,在圆陀角旅游度假区设置纪检监察组织,人员配备落实到位。

(三)关于"班子有的成员对一些苗头性、倾向性问题反应不够敏感"的问题

15.深入学习习近平总书记系列重要讲话特别是视察江苏重要讲话精神,坚持不懈用中国特色社会主义理论体系武装头脑,自觉践行"五个必须、五个决不允许",坚定不移在思想上、政治上、行动上同以习近平同志为总书记的党中央保持高度一致。

16.持续深入开展"三严三实"专题教育,坚持严实标准,高质量抓好关键动作,专题党课、专题调研、专题学习研讨等规定动作扎实到位。用好党内政治生活"四大平台",认真开好"三严三实"专题民主生活会。民主生活会前,市委常委广泛征求意见建议,深入开展谈心谈话,认真撰写发言提纲。民主生活会上,班子成员自我批评直接点出问题,见人见事,相互批评开门见山、直奔主题,达到"团结—批评—团结"的目的,南通市委常委、组织部部长张兆江对市"三严三实"专题教育工作成效给予充分肯定。

17.加强对党员干部执行政治纪律情况的督查力度,组织开展全面从严治党"1+5"文件贯彻落实情况、省委巡视反馈意见整改落实情况等专项督查,坚决制止和查处各种违反政治纪律的行为。

18.加强思想政治教育,扎实开展党委(党组)中心组学习。2015年,市委中心组集中学习13次。深入实施"带头学理论、带头写文章、带头作报告"领导干部"三带头"活动,以上率下、以点带面,大力推进学习型党组织建设。

19.进一步强化党员干部学政治理论、学党章党史、学法律法规、学道德规范"四学"重点,重点抓好党的十八届五中全会精神的学习宣传,通过制定一个学习宣传方案、召开一个学习宣传座谈会、开展一次理论骨干培训、成立一个理论宣讲团、组织一场专题报告会等形式,推动全会精神进机关、进社区、进农村、进企业、进学校。

20.深化拓展启吾大讲堂、启吾巡讲堂、启吾微课堂"三堂汇学"载体,进一步强化学习方式的针对性、时代性,确保理论教育日常化、大众化和全覆盖。启吾大讲堂组织讲座55场,1万多人次现场听讲;启吾巡讲堂共授课85场次,2150余人次基层干部参加培训,全市16个镇区、街道实现巡讲培训全覆盖;启吾微课堂荐学理论内容100多次,发表学习微感悟微体会1000多条,3000多党员干部参加微课堂理论知识考查。

21.加强意识形态领域的引导和管理,建立舆情分级督办机制、舆情告知机制及舆情预警制度,落实"属地管理、分级负责""谁主管、谁负责"的原则,执行每日舆情零报告制度。充分利用启东广播电台和启东发布政务微博、微信平台,巩固壮大主流舆论,进一步拓展宣传阵地建设。《启东日报》微博活跃度、传播力和覆盖度三项指标处于全省同类县市报官方微博前列,微信综合实力位居全省媒体类十强第9名。

(四)关于"少数干部中存在团团伙伙、'小圈子'现象"的问题

22.发挥思想交流、组织沟通、党员互动、党群连心等党内政治生活"四大平台"作用,经常性开展谈心谈话,用好批评和自我批评武器,实现互相提醒、互相帮助、共同提高。结合检查考核党风廉政建设责任制落实情况,市领导对全市16个镇区、街道240多名领导干部进行谈心谈话。结合"三严三实"专题教育民主生活会,共征求涉及经济发展、城乡建设、三农工作、作风建设等八个方面47条具体意见。

23.研究制定《落实党委(党组)从严管理干部责任的实施细则》,督促各级党委(党组)进一步落实从严管理干部责任;研究出台从严管理村(社区)干部在选拔任用、教育培训、履职尽责等5个方面20项责任清单。学习宣传《中国共产党纪律处分条例》,明确对搞团团伙伙和"小圈子"的人和事,将从严肃政治纪律的高度,加大查处力度。

24.加强镇村干部从政道德和个人修养教育,把《深入学习习近平总书记关于党员干部修养的重要论述》等纳入必修课,引导党员干部自觉净化社交圈、朋友圈和生活圈,规范社会交往,培养健康向上的生活方式。全市已完成第一期镇村干部轮训。

二、廉洁纪律方面

(五)关于"挺纪于前工作存在薄弱环节,廉政教育针对性、实效性欠缺,抓早抓小、抓苗头性倾向性问题不及时"的问题

25.坚持把纪律和规矩挺在前面,注重抓早抓小,用好监督执纪的"四种

形态”，推动党员干部自觉树立高线、划清界限、筑牢底线。2015年，党纪处分党员干部288人，其中242名党员干部受到警告和严重警告处分，轻处分干部占违纪干部总数的84.03%。健全完善《启东市领导干部关爱提醒暂行办法》，研究制定《对党员干部进行提醒、函询和诫勉的实施细则》，进一步明确不同类型、不同情况实施不同关爱措施。2015年，对6名领导干部进行关爱提醒。

26.制定出台《关于实行党员干部信访函询的实施意见》，对党员干部存在的小节问题和轻微违纪问题，通过信访函询督促本人说清问题。2015年，共实施信访监督31件次，其中信访函询4件次。认真落实廉政约谈制度，对党员干部中出现的苗头性、倾向性问题，及时进行廉政约谈。2015年，共对74人进行提醒谈话，对15人进行诫勉谈话，进一步增强党员领导干部“一岗双责”和廉洁自律意识。

27.扎实开展《中国共产党廉洁自律准则》和《中国共产党纪律处分条例》党内新规学习活动，促进广大党员干部切实强化纪律意识，增强政治自觉，坚决严格执行，确保《准则》《条例》不折不扣落实到位。

28.深入开展廉洁过节、“5·10”思廉日、“算好廉政账”“12·9”国际反腐败日系列廉政教育活动，不断增强党员干部廉洁从政意识。落实“一把手”上廉政党课制度，全市75家单位“一把手”为本单位上廉政党课。继续实施“纪律顾问”“廉政体检日”制度，2015年，受聘的纪律顾问协助聘用单位开展廉政教育49场次，受理党员干部纪律咨询150多人次，就干部选拔、物资采购、工程建设等重大事项提出意见、建议42条。

（六）关于“对一些廉政风险较高的重点领域、热点部门和关键岗位监督乏力”的问题

29.对省委第四巡视组交办的重点关注问题线索和其他问题线索，明确责任分工，认真组织核查。一是落实责任制。对涉及下转信访件的单位“一把手”，由市纪委书记逐一进行了约谈，明确要求认真落实主体责任，支持配合信访件调查。二是建立专案专人专办制。每件信访件落实1名班子成员牵头抓总，负责组织协调，从委局机关、农村纪检监察工作室中抽调42名同志，组成8个调查小组，负责调查核实工作，在规定的时间内提出谈话函询、初核、立案或组织处理等办理意见。三是实行问题销号制。一个信访件一个账号，问题解决一个、台账销号一个。省委巡视组交办的信访件全部了结，对查实的问题及时开展处理，对13人进行信访监督；调查结果及时上报，确保件件有着落、事事有回音。

30.研究制定《关于党风廉政建设督导巡查工作的实施意见(试行)》，借鉴省委巡视和南通市纪委党风廉政建设督导巡查的做法，开展基层党风廉政建设督导巡查。市级层面，对供销总社、启隆镇开展督导巡查；乡镇层面，对全市36个村开展督导巡查，61名村干部被立案调查。强化对工程建设、招投标管理、土地供应、海洋开发、拆迁安置、项目报审、执收执罚等高风险领域、热点岗位和关键环节的监督检查，2015年，发现和纠正投标企业串标、围标及弄虚作假等行为12起，没收投标保证金380多万元。

31.深入研究新形势下腐败问题的特点和规律，针对矛盾问题突出的行业和领域，坚持“系统查、查系统”的办案思路，证人证言改定向突破为发散性突破，进一步提高发现问题、调查取证、突破办案的能力。2015年，严肃查处计生、供销、启隆镇等单位的腐败案件。

32.坚持有腐必反、有贪必肃，以零容忍态度惩治腐败。2015年，共立案查处违纪违法案件320件，其中涉及副科级以上领导干部21人，因严重违纪立案调查被移送司法机关7人，收缴违纪款462万元，挽回经济损失2500多万元。

33.修订完善《启东市反腐败协调小组工作制度》，明确反腐败协调小组各成员单位职责和议事规则。研究制定反腐败协调小组会议方案，适时召开市委反腐败协调小组会议，加快形成依纪依法、高效协同的查办腐败案件工作机制。

34.加强办案队伍建设，通过参加上级纪委举办的办案业务培训、到上级纪委办案、跟班参与办案等多种途径，以案代练、以案代训，不断提高查案人员的业务能力。坚持依纪依法安全文明办案，对所有查办的重大案件，全程监督，坚决杜绝跑风漏气现象发生。

35.强化重点领域源头预防。工程项目方面，制定出台《招标组织机构及程序》《工程廉政建设制度》等40余项管理制度，实现工程管理全程覆盖。建立严格规范的图纸内审制度、质量周报月巡制度、合同进度履行监督制度等，进一步强化对代建工程的监管力度，规范政府投资项目工程建设的运作程序。土地出让方面，制定出台《建设用地全程跟踪服务办法》，全面实施土地出让网上公开制度。加强动态巡查，对每一个项目建立档案全过程跟踪监管，确保按时开工、竣工，单位土地投资强度严格履行土地出让合同约定。资源开发方面，制定出台《探索海域使用管理制度改革实施方案》《关于深化海域管理改革的指导意见》，全面推行海域使用权证制度，深化海域综合管理制度改革，优化海洋资源配置，激发市场主体活力，促进海洋经济发展。惠民资金、专项资金使用方面，制定出台《关于规范政府专项资金管理的实施意见》，明确推进各类专项资金实质性整合，实行专项资金清单式管理，规范专项资金设立和调整。

（七）关于“有些领导干部利用职权，或以亲属名义经商办企业、或投资企业入股分红、或参与发放高利贷等问题一度时期多发；个别领导干部自身要求不严，与企业老板交往过密，群众反映较大”的问题

36.制定出台《启东市领导干部及拟提拔人选个人有关事项报告实施办法》，在保持上级规定的报告事项不变的基础上，增加拥有车辆情况、遵守八项规定情况等内容，进一步加强对党员干部的监督管理。

37.制定下发《关于报告领导干部及亲属经商办企业等情况的通知》，全市所有副科级以上领导干部以及重要单位中层干部，向市纪委如实申报本人或亲属经商办企业、投资企业入股分红、参与发放高利贷等情况。全市3354名干部进行书面报告，其中344人次报告亲属有经商办企业或投资入

股等情况，进入核查抽查阶段，对多名违规经商办企业的副科级以上领导干部进行查处，涉及违纪违法的移送司法机关处理。

38.对全市所有副科级以上领导干部报告个人有关事项按照10%的比例进行抽查，对57名拟提拔重用人选个人有关事项报告进行核实。

39.着力加强对领导干部的教育，通过廉政短信、廉政党课等方式，重申领导干部“八个严禁”要求。在供电、住建、交通等部门试点企业法人列席警示教育会议制度的基础上，逐步向全市面上推开。着力加强对领导干部的管理，明确要求党员干部把与企业家交往的情况，作为年终述职述廉报告的必述内容。着力加强对领导干部的监督，凡发现领导干部超出正常工作范围与企业家交往，一经查实，严肃处理。

（八）关于“‘小吏弄权’”问题突出，一些农村基层干部虚报农业建设项目套取资金，违规出让土地使用权，收取资金不入村账”的问题

40.根据《关于深化县级“三严三实”专题教育着力解决基层干部不作为乱作为等损害群众利益问题的通知》《关于在全市乡镇（街道）和村（社区）两级基层党组织中开展以践行“三严三实”为主要内容的“五个一”活动》要求，制定具体工作方案，明确工作内容、责任主体和完成时限，把“五个一”活动细化为11项具体内容，“四个排查”细化为8项具体内容，并对全市所有镇区开展一次警示教育，对村（社区）党组织提出具体要求，2890名镇村干部接受党纪党规教育。同时，通过效能监察、信访举报等途径，严肃查处基层干部不作为乱作为等损害群众利益问题58起，处理党员干部69名，切实维护群众利益。

41.加大对群众身边腐败问题的查处力度，着力纠正和查处群众身边的“四风”和腐败问题。2015年，全市147名村干部受到党纪处理。利用政风行风热线和“12345”公共服务热线平台，及时受理、核查市民反映的不正之风问题，共办理省政风热线网上平台下转的群众诉求90件，南通市“民心专列·政风行风热线”群众诉求14件，“12345”热线共受理市民诉求32万多件，日平均接听来电和呼出电话约1800个，群众满意率达98.9%。

（九）关于“财经纪律执行不严格，少数机关干部借用公款长期不还，少数乡镇（园区）以白条支付工程款，有的专项资金多头开设存款账户或以大额定期存单存入银行，有为关系人谋利之嫌”的问题

42.健全完善部门、乡镇（园区）财务管理制度，进一步明确财经纪律。

43.开展少数机关干部借用公款长期不还问题专项整治，全市各单位借用公款情况全部梳理完毕，并逐项清理规范。开展少数镇区白条支付工程款专项整治，通过对施工企业约谈、发送律师函等方式，督促及时补开发票，全市一半以上镇区整改完成；暂未到位的镇区，督促落实。

三、组织纪律方面

（十）关于“民主集中制执行不够到位”的问题

44.严格执行《关于各级党委（党组）全面贯彻执行民主集中制的意见》，遵循“集体领导、民主集中、个别酝酿、会议决定”原则，坚持民主基础上的集中和集中指导下的民主相统一，不断提高科学决策、民主决策水平。

45.严格遵守“三重一大”集体决策制度，“三重一大”事项必须由领导班子按民主集中制原则讨论决定。

46.不断完善和严格执行领导班子议事规则，把决策前调研、专家论证、征求意见、可行性研究、合法性审查、社会稳定风险评估作为决策必经程序。

47.规范党政正职职责分工，严格执行主要领导“四个不直接分管”规定，探索领导班子对人财物和工程项目科学分工管理的办法措施。

48.全面推行领导班子讨论重大事项一把手末位表态制度，探索建立领导班子重大事项决策全程纪实、责任倒查追究及纠错纠偏制度。

49.充分发挥人大、政协等在民主决策科学决策中的重要作用，严格执行《进一步加强和改进人大工作的意见》《进一步加强和改善政治协商的意见》，不断健全完善对党委政府决策权的民主监督、社会监督、舆论监督机制。

（十一）关于“对年轻干部培养使用重视不够，一些重点热点岗位干部轮岗、交流不多，干部选拔任用中存在个别干部试用期违规而同一批干部未能如期转正，个别干部提拔前拉票”的问题

50.落实中央《关于推进领导干部能上能下的若干规定》和省委《关于落实从严管理干部“五个要”的若干规定》，健全完善《关于落实党委（党组）从严管理干部责任实施细则》，加快构建管理全面、标准严格、环节衔接、措施配套、责任分明的干部管理体系。

51.严格执行《党政领导干部选拔任用工作条例》及省委、南通市委有关配套制度，制定出台《启东市党政领导干部选拔任用工作实施办法（试行）》《启东市干部选拔任用工作全程纪实办法（试行）》，从严从实坚持原则、执行标准和履行程序。

52.严格落实党委（党组）在选人用人上的领导和把关责任，执行“一把手”末位发言制，考察推荐时明确推荐职位、条件和纪律要求。严格执行正科职领导干部人选市委常委会、全委会票决制度。

53.坚持德才兼备、以德为先的用人导向，制定出台《干部德的考核实施办法》，通过正向、反向测评，全面了解掌握干部德的情况。

54.制定出台《关于加强和改进新形势下优秀年轻干部培养选拔工作的实施意见》，坚持从基层一线和急难险重等岗位培养和选拔优秀年轻干部，进一步拓展干部的发展空间。干部调整中，提拔2名80后正科职、5名80后副科职干部。

55.组织实施年轻干部“5512”培养锻炼计划，5年内选派50名左右机关年轻干部到乡镇（街道）、村（社区）挂职任职，下派100名左右新录用乡镇公务员到村（社区）任职锻炼，抽调200名左右优秀年轻干部到基层培养锻炼。完成对机关年轻公务员、乡镇新录用公务员中有潜质的同志的排摸调研。

56.注重加强和改进省委选调生、高层次人才、大学生村官培养管理工作，分层分类掌握一批重点培养人选，择优选拔、跟踪培养、动态保持一支150名左右的乡科级后备干部。完成

对乡科级后备干部人选的考核调研。

57.推进市级机关与镇、园区、街道之间干部交流，机关内部轮岗交流、重点热点岗位交流、在同一单位任职时间较长干部的交流，让干部得到多岗位锻炼，有效规避了廉政风险。近期干部调配中，39名干部得到轮岗交流。

58.严格执行《党政领导干部任职试用期暂行规定》，对2015年拟提拔的57名试用任职干部进行任前公示，强化信访举报查核，严肃处理查实的举报问题，1名拟提拔人选因涉嫌拉票问题被取消提拔资格。

（十二）关于“少数干部存在‘走读’现象，有关干部不良反映的信息，相关部门之间互相沟通欠缺，没有形成监管合力”的问题

59.严格落实乡镇干部驻镇制度，制定下发《关于开展治理乡镇（园区）干部“走读”问题回头看的通知》，要求各镇、园区进一步规范日常管理、住镇管理工作制度，坚决杜绝“走读”现象。同时，通过电话抽查的形式，对镇、园区住镇情况进行督促检查。

60.严格执行领导干部外出请销假制度，未经市委、市政府批准不得外出，不得擅离职守。不定期对人员在岗情况进行抽查，及时了解干部动向，保障工作有序衔接、正常运转。

61.修订完善《启东市从严管理干部联席会议制度》，明确联席会议职责及成员单位，细化成员单位工作职责和会议议事规则，加强部门协调配合和资源共享，拓宽发现干部存在问题的渠道，共同营造“从严”的干部管理环境。

四、群众纪律、工作纪律、生活纪律方面

（十三）关于“联系群众工作一度浮于表面，一些干部作风不实，群众工作不深入”的问题

62.加强对新情况、新问题的研究，充分认识和准确把握经济社会发展新常态下社会矛盾错综复杂、群众诉求广泛多元等特点，坚持与时俱进，积极探索新时期群众工作规律，增强领导干部的前瞻性战略思维，进一步提升应对风险、驾驭复杂局面的能力。

63.继续巩固党的群众路线教育实践活动成果，结合“三严三实”专题教育开展“三解三促”活动，市领导深入联系点，访民情、听民意、解民忧，进一步密切党群干群关系。市四套班子领导共开展“三解三促”活动70余次，召开各类座谈会50余次，走访慰问群众600多人次，帮助解决实际困难和问题200多个。

64.坚持边学边查边改，结合“三严三实”专题教育专题学习研讨和专题民主生活会，县处级领导干部列出“不严不实”6个方面问题290多条，乡科级领导干部列出存在问题4200多条，全部明确整改计划和整改时限。

65.进一步实施领导干部接访下访、重大信访案件领导包案等制度，扎实开展“领导信访包案百日攻坚”等活动，不断化解社会矛盾、密切干群关系。2015年，市领导共接待来访群众397批707人次；对上级交办的12个重点信访案件，化解10件。

66.巩固深化“三强化三提升”工作机制，进一步做实做优社情民意分析会、“三议”工作法等群众工作特色品牌，提升社会治理整体水平。结合基层基础杯年度考核，对全市各镇区、街道“三强化三提升”工作开展情况进行检查考核，督促落实力度。“三强化三提升”工作扎实规范运行，“三议”工作法、社情民意分析会等工作机制有效落实。

67.推进依法行政，以全面推进行政首长出庭应诉工作为抓手，建立健全权责统一、权威高效的依法行政体制和工作机制。坚持严格执法，依照法定权限和程序行使权力、履行职责，切实保障人民群众合法权益。着力提升司法公信力，以法院的院庭长办案制度、检察院的公诉案件“四步审查法”和公安局的“五级审批+监督小组”双把关模式为特色的司法体制改革加快探索实践。弘扬法治精神，开展“宪法进万家”“12348”法润千万家法律服务专题活动，着力构建办事依法、遇事找法、解决问题用法、化解矛盾靠法的法治良序。

68.深化“千人百团连民心”主题活动，组建市镇两级联动的政策辅导、普法宣传、市情报告等6类团队102个，成员1500余人，深入群众开展宣传教育，市镇两级团队共开展活动500余场次。制定出台《关于强化基层党组织政治引领功能，深化在服务中教育引导群众工作的实施意见》，实施“两联四讲四引领”教育引导群众工作，不断强化基层党组织领导核心作用。

（十四）关于“一些重大工程项目监管不到位”的问题

69.市委召开多次专题会议，研究部署相关工程整改方案，明确整改要求和时限，推动相关重大工程项目尽快整改落实到位。

70.强化重大工程科学论证程序，多层面多角度听取意见。强化工程监管，市审计局、监察局、发改委等多部门联动，对市政府投资建设工程项目的行政审批、项目招标、工程监理、建筑施工企业管理等环节进行检查。

（十五）关于“一些干部在岗不在状态；有的干部群众观念淡薄，对与人民群众利益息息相关的征地拆迁、安置补偿等问题关注不够，解决不及时”的问题

71.严格执行《机关工作人员作风问题责任追究办法（试行）》《关于推动干部担当作为防治为官不为的办法（试行）》等制度规定，全力查纠“懒政、庸政、慢政、乱政”等违反工作纪律的行为。2015年，共开展明察暗访385批次，向55个单位发出问题告知单269份。

72.整治干部队伍中存在的作风漂浮、因循守旧、自由散漫、胡乱作为等6个方面24个突出问题。2015年，对197名违反效能建设规定的机关工作人员，作出通报批评、待岗换岗、免职等组织处理，并严格执行机关效能建设积分警示制，进一步强化机关作风效能建设。

73.充分发挥效能监督员、暗访志愿者等队伍力量开展常态化明察暗访，对77家单位开展明察暗访385批次。鼓励市民以“随手拍”形式，拍摄身边的“庸懒散漫、吃拿卡要”情况，有效发挥社会监督作用。利用U盘督查系统加大对机关干部工作状态的检查力度，共查处涉及32家单位71名工作人员的上班网购、游戏等违规行为。

74.加大典型问题曝光力度，通过机关效能简报进行通报曝光，共刊出

效能建设通报48期，对143起违反机关效能建设行为进行通报曝光。

75.进一步落实市四套班子领导整体联动工作推进机制，不断完善常委包片、市长包线工作机制，做好项目推进、信访维稳等中心工作。建立健全常委会、常委市长联席会议工作制度，切实发挥常委班子在酝酿讨论重要问题、协调安排重要事项、研究决定重大决策方面的作用。

76.深入实施市四套班子领导挂钩联系园区、推动项目建设工作制度，进一步突出领导挂钩示范、园区主体地位和部门主动作为，以超常规的思路、举措和力度狠抓项目建设。2015年，全市项目建设、绩效产出“双百工程”全力实施，完成全社会固定资产投资535亿元，增长10.7%。全年新开工亿元以上项目48个，新竣工亿元以上项目50个，12个南通市级重大项目完成投资115亿元，完成年计划的226%。

77.深入开展重点工作“首月听、次月看、季度考”活动，工作机制不断完善。“首月听”，各镇区、招商分局以PPT形式汇报招商引资情况、市重点项目建设进展；“次月看”，市四套班子领导和镇区、街道、相关部门主要负责人深入项目建设一线督促检查重点工作；“季度考”，对一个季度以来重点工作进行考核点评，进一步营造真抓实干快推进、你追我赶勇争先的浓烈氛围。

78.完善加强对镇区、街道领导班子和领导干部政绩考核评价办法措施的研究探索，力求考准考实干部政绩，进一步充分调动党员干部担当作为、干事创业积极性。

79.推行权力清单和部门责任清单制度，责任清单于2015年10月1日在启东市政府门户网站、启东市机构编制网站及部门网站公布，并对责任清单作进一步修订、完善。

80.推进相对集中行政许可权改革试点工作，探索实行“一枚印章管审批”，制定出台《启东市相对集中行政许可权改革试点方案》，组建行政审批局。江苏卫视《江苏新时空》头条《改革接力　破障前行》，报道南通相对集中行政许可权改革的成功经验和做法，启东市行政审批局作为南通各县市唯一入镜单位，受到广泛关注。

81.高度重视与人民群众利益息息相关的征地拆迁、安置补偿等问题，加快征地拆迁、安置房建设，切实维护群众合法利益。2015年，全市共完成动迁让地签约3520户，腾房4017户，交净地125块。安置房累计新开工105.1万平方米，竣工84.13万平方米，交付使用5643套。保障房建设有序开展，滨海工业园蓝领公寓14号楼竣工，市人才公寓主体施工至30%，华峰职工公寓主体竣工。

（十六）关于“有的领导干部政绩观出现偏差，对事关改善民生的工作力度不大”的问题

82.围绕全面建成小康社会、全面深化改革、全面依法治国、全面从严治党的战略布局，始终坚持发展第一要务，以提高发展质量和效益为中心，以改革创新为动力，以“五个迈上新台阶”为重点任务，突出江海联动、陆海统筹，深入实施“领跑沿海、融入上海、包容四海”的发展战略，加快形成引领经济发展新常态的体制机制和发展方式，统筹推进经济、政治、文化、社会、生态文明建设和党的建设，着力建设经济强、百姓富、环境美、社会文明程度高的新启东，打造创新型城市、现代港口城市、休闲旅游城市、宜居宜业城市。

83.贯彻市委工作会议精神，严格执行《关于依托“一带一路”、长江经济带和上海自贸区发展战略推进我市经济转型升级的意见》《关于深入实施创新驱动战略促进科技进步和创新创业的意见》等系列文件，深入推进科技创新加快转型升级。2015年，全市高新技术产业产值776亿元，占规模工业产值比重达47%；全社会研发投入在地区生产总值中的占比达2.42%，科技进步贡献率达63.5%。科技服务平台和创新创业载体建设进一步加强，林洋电子国家级企业技术中心公示，新增省级企业技术中心2家、省级工程技术研究中心6家，三信科技在“新三板”挂牌上市；创新型经济园即将建成启用，国动产业园、博士创业园、滨海“众创空间”加快建设。制定出台《产业紧缺人才引进指导目录编制暂行办法》等制度，深入推进“1233”产业人才行动计划、“312”高层次人才梯队培养计划、沪启人才合作等重点人才工程，全年新增国家“千人计划”专家5人、省“双创(博士)计划”人才11人。

84.加大十大类44项为民实事项目推进力度，让发展成果更多地惠及人民群众。2015年十大类44项为民实事项目，完成31项，基本达到序时进度12项。加快研究部署2016年重点推进的十大类为民实事，广泛听取民意、了解民需，切实解决群众反映强烈的教育、医疗、社会救助、住房管理、食品安全等问题，为群众办好一批看得见、摸得着的实事好事。

85.围绕“七个更”，巩固基本性、增强保障性、提高均衡性，不断拓宽就业渠道，完善收入分配格局和调节机制，提升基本公共服务均等化水平。城乡均等的就业创业服务体系不断完善，探索实行创业培训、创业指导、创业孵化和创业扶持相结合的“四位一体”创业模式，实施更加积极的就业政策。2015年，全市新增就业7350人，促进城镇失业人员再就业3850人，城镇登记失业率控制在2.6%，帮助1193名群众实现创业。新农合保障水平稳步提高，人均筹资标准增至600元，参合率达99.96%；农村低保标准每人每月提高至460元，城镇低保标准提高至580元。推进养老机构建设，新建3家养老机构，每千人养老床位达31.9张。

86.推进教育现代化建设。2015年，新增公办幼儿园6所、省优质幼儿园2所，城南小学、城北小学等项目即将开工，市第一中学、滨海实验学校、折桂中学一期建成启用，汇龙中学晋升省四星级普通高中。

87.综合医改省级试点工作不断深化，全面推行分级诊疗制度和家庭医生制度，两大医疗管理集团规范运行，市人民医院晋级三级综合医院，中医院晋级三级乙等中医院，形成了百姓满意、面上可复制可借鉴、走在全省乃至全国前列的医改工作启东特色。

88.贯彻落实全市推进文化建设迈上新台阶会议精神，扎实推进文化惠民工程，努力为人民群众提供更多健康向上、丰富多彩、喜闻乐见的文化服务。市文化体育中心加快筹建，市图书馆镇乡分馆建设有序推进，实现全市

镇乡图书通借通还。以村公共服务中心、社区休闲文化广场、网格健身点等阵地为依托，在城乡社区创造性建立“正能量加油站”887个，组织群众开展文化活动5000多场次，“正能量加油站”被评为南通市核心价值观主题教育活动优秀创新项目，《半月谈》《时事报告》等重要媒体予以关注报道。成功举办首个“江苏全民阅读日”暨启东市首届全民读书节，深入推进“全民阅读·书香启东”系列活动，全社会阅读氛围日渐浓厚。启东版画院建院三十周年作品展在省美术馆成功举办，抗大九分校纪念馆开馆运行。

89.制定实施《启东市创建全国文明城市三年行动计划(2015—2017)》，有力有序推进全国文明城市创建，进一步提升城乡文明程度和公民文明素质。

90.推进生态文明建设，促进绿色发展、循环发展、低碳发展。大气、水、土壤污染防治三大行动计划深入实施，空气质量达标率保持南通前列，完成造林绿化4.05万亩，林木覆盖率达22.62%。农村环境“六位一体”长效管理深入推进，水环境综合整治工作成效显著，新增省卫生镇、省美丽乡村各1个。

91.全面推进社会信用体系建设，制定出台《启东市社会信用体系建设工作意见》等系列文件，企业信用基础信息、个人信用基础信息和信贷征信数据库“一网三库”加快建设。

(十七)关于“公务接待铺张浪费现象禁而未绝；领导干部公车私用现象时有发生；文山会海现象还没有得到根本遏制”的问题

92.严格执行《启东市党政机关公务接待管理规定》，厉行勤俭节约，反对铺张浪费，严禁超标准、超规格接待。

93.加强中央八项规定和省委、南通市委和市十项规定执行情况的日常监督检查。在元旦、春节、中秋、国庆等重要时段，成立督查组，深入全市宾馆酒店、休闲农庄、旅游景区等重点区域，不间断进行明察暗访，形成监督检查常态化。对违反作风建设规定的突出问题，发现一起、查处一起。2015年，查处违反中央八项规定问题17起，处理党员干部23人，其中给予党纪政纪处分6人，诫勉谈话2人，提醒谈话9人，内部通报6人，对3起违规问题进行曝光。

94.严格执行公车使用管理规定。在每个重大节假日期间向全市所有副科职以上领导干部发送廉政短信，要求各单位报送假日期间公车用车计划，并开展集中督查。2015年，通过督查，结合信访举报件的核查，共查实违反公车使用管理规定8起，对9名当事人分别进行提醒谈话、诫勉谈话、内部通报批评等处理。年底前按照南通市统一部署，市全面实施公车改革。

95.严格执行市《关于进一步精简各类会议和文件的意见》，加强对精简会议、文件情况的督促检查，进一步从严控制会议数量、会期、规模、规格，从严控制文件数量，切实杜绝“文山会海”现象。2015年，文件、会议明显精简，以市委或市委市政府名义发文、办会分别同比减少22%、11%，以市委办或两办名义发文同比减少19%。

(市委办)

组织工作

【领导班子和干部队伍建设】 2015年，市委组织部坚持好干部标准，把从严要求贯彻领导班子和干部队伍建设全过程，严格执行《干部任用条例》和从严管理干部“五个要”(管理要全面、标准要严格、环节要衔接、措施要配套、责任要分明)的若干规定，推动从严选拔管理干部常态化。

完善干部选任制度体系。在干部人事制度改革既有成果的基础上，坚持“20字”好干部标准，严格贯彻《干部任用条例》及省、南通市相关配套制度，牵头制定《关于加强和改进党政领导干部选拔任用工作的意见》《党政领导干部选拔任用工作实施细则》，指导基层党委(党工委、党组)制定出台具体办法，进一步增强干部选拔任用工作的规范性操作性。研究出台《干部德的考核实施办法(试行)》，采取正反测评的方式，考准考实干部的德。制定《干部选拔任用工作有关事项报告实施办法(试行)》《干部选拔任用工作全程纪实实施办法(试行)》，对干部选任各环节和职数配备预审情况实行“痕迹管理”，强化事前把关和节点把关。牵头制定《关于加强和改进新形势下优秀年轻干部培养选拔工作的实施意见》，建立健全常态化培养、合理化配备、制度化运行的年轻干部选拔培养机制。

严把选人用人关。加强干部日常考察，对全市镇乡(园区、街道)、市级机关部门(企事业单位)领导班子运行情况进行集中调研考察，加强对领导班子运行质态和领导干部履职情况的综合分析研判。优化干部资源配置，从有利于推动事业发展、有利于促进干部成长出发，结合分析研判结果，选优配强领导班子，优化干部队伍结构；采取“公开职位、量化积分、自主选岗、组织审定”的方式，科学安置7名团职军转干部；统筹抓好省委选调生、年轻干部、高层次人才、大学生村官培养管理，分层分类掌握一批重点培养对象，动态调整充实乡科级后备干部队伍库。加大干部实践锻炼力度，全年抽调106名干部参与重大项目、城市建设、信访维稳等中心工作。

从严管理监督干部。围绕贯彻省委关于落实从严管理干部“五个要”的若干规定，以承担实施南通课题为契机，研究出台《关于落实党委(党工委、党组)从严管理干部责任的实施细则》《从严管理干部联席会议制度》，在南通率先出台《乡镇、园区、街道党(工)委从严管理村(社区)干部责任清单》，形成从严管理干部合力。开展领导干部个人有关事项报告抽查核实工作，按照不少于10%的比例，对70名领导干部开展抽查核实。严格落实“凡提必核”要求，对73名拟提拔重用对象和试用期干部开展个人事项核查，有效防止干部“带病提拔”。落实干部关爱提醒、县以下公务员职务与职级并行等制度，深入开展超职数配备干部、领导干部违规兼职(任职)、干部档案专项审核等一系列专项整治，全年累计完成1061名市管干部档案审核工作，消化超职数配备干部45人、规范领导干部工资关系14人、精减临时机构人员32人。

【人才队伍建设】 坚持以产业紧缺人才为重点，以重大人才工程为抓手，构筑创新创业优质生态。全年引进“千人计划”专家等顶尖人才10人，4人入选省“双创人才”计划，7人入选省“双创博士”计划，在2015年江苏省县(市)人才竞争力报告中，启东进入全省县市人才综合竞争力排名前十行列。

强化高端人才引进。围绕创新驱动战略和大众创业万众创新行动计划，制定出台《招才引智奖励实施办法》，发挥政策作用，促进社会化引才。举办2015长江经济带（启东—武汉）人才科技合作交流会，设立启东驻武汉人才工作站，聘请武汉大学等11所高校就业指导中心领导担任招才引智顾问，促成创业投资、产学研合作项目21个，达成就业意向近600人。深入实施“东疆英才计划”，依托“科技节”举办“千人计划专家启东行”活动，先后赴沈阳、武汉、上海等地举办人才科技洽谈会12场次，签约项目57个，引进外智项目18个，其中启东人民医院引进的美国约翰·霍普金斯大学盼特教授获“江苏友谊奖”，为2015年南通唯一获此殊荣的外国专家。

盘活用好本土人才。深入实施“312高层次人才梯队培养计划”，开展2015年度“312计划”培养对象科研项目经费申请工作，先后有14个项目提交申请。推荐申报省第四期“333工程”科研资助项目，市教师进修中心王晓东实施的项目成功入围，获得4万元项目经费资助。以科技企业家和职业经理人为重点，实施“科技企业家培育工程”，做优“东疆大讲坛”培训品牌，先后举办转型升级、资本运作等专题培训班3期，提升企业家战略规划、科技创新和企业管理能力。拓宽高技能人才培养渠道，组织骨干企业与市内外职业教育培训基地进行合作，与湖北武汉职业技术学院、武汉船舶职业技术学院等5所高职院校建立高技能人才培养基地，建立高技能人才定向培养和输送长效机制。泰安水泥朱卫忠、中远海工倪建明获“全国技术能手”称号，占全省新增入围总数的29%，全省第一。

优化人才发展环境。深化沪启人才合作，建成上海工程技术大学技术转移中心等校地合作平台，上海外高桥(启东)产业园初具规模，上海自贸区启东生物科技创新协作园正式成立，复旦科技园启东互联网产业园、尚华启东生物制药科创中心签约落户。加大科技产业园区、孵化器、企业研发中心建设力度，建成占地面积2000多平方米的滨海工业园众创空间，新增国家级博士后工作站1家、研究生工作站5家、省工程技术研究中心6家、南通市工程技术研究中心10家。协助江苏银行启东支行共同推出“人才贷”“科技贷”业务，放贷资金4500多万元，帮助人才企业解决贷款和融资难题。继续开展“东疆英才计划”“杰出人才成就奖”等评选活动，单个项目最高资助200万元，有效激发人才创新创业的内在动力。

【基层党组织建设】 贯彻落实各级农村基层党建工作会议精神，树立大抓基层的鲜明导向，以强化基层党组织政治功能为重点，推动基层组织建设各项工作落到实处，夯实党的执政根基。

完善基层党组织功能。研究制定《关于强化基层党组织政治引领功能深化在服务中教育引导群众工作的实施意见》，创新“两联四讲四引领”工作机制，全面推行“党群议事会”制度，通过群众事务党群联合议、联手办，实现党组织意图和群众意愿的有机统一；坚持采取领导干部带头讲、组建团队巡回讲、依托媒体实时讲、发动群众大家讲等多种形式，深入做好群众思想政治工作；坚持强化先锋模范、发展实绩、核心价值与先进文化的引领作用，基层党组织凝聚力与向心力得到提升。相关经验得到中央党校调研组的充分肯定和省委组织部《组工研究》的重点推广，2个案例入选全省农村基层党建工作创新集锦。开展“千人百团连民心”主题活动，市镇两级组建政策辅导、普法宣传、市情报告等6类团队102个，面向基层开展宣传教育活动600余场次，覆盖群众近20万人，基本实现“村村到、户户听、人人知”。围绕“培育活力之源、壮大活力之本、夯实活力之基、探索活力之道”，组织开展两新组织活力党建，探索开展工间一刻钟、岗位技能比武、职工文化节等符合职工需求的活动，以两新领域党的组织和工作的有效覆盖促进教育引导群众的有效覆盖。

提升基层队伍素质。深化村党组织书记星级化管理，做好2014年度全市村党组织书记星级化管理考评工作，共评选出星级党组织书记177名。结合社区工作实际，研究出台《全市社区党组织书记星级化管理实施办法(试行)》。坚持备用结合，加强村(社区)党组织书记后备队伍建设，全市储备后备村(社区)党组织书记313名。

落实党建目标责任制。以全面落实从严治党要求为目标，出台《关于进一步加强乡镇园区党(工)委班子自身建设的意见》《关于实行基层党委书记党建工作述职制的意见》，构建“书记抓，抓书记”的基层党建工作

4月20日，全市深化基层党组织教育引导群众工作推进会召开。
(市委组织部/提供)

责任机制。组织开展2014年度基层党委书记抓党建工作述职评议考核工作，严格材料审核，并提请市委全委会听取述职，把评议结果作为年度基层党建考核的重要依据。组织实施基层党建季度考核工作，通过信息平台交流展示、PPT专题交流汇报、职能部门点评等方式，实时掌握基层工作动态，开展重点工作专项督查，组织季度工作交流汇报，强化督促指导，推动工作落实。

强化先进典型培树。结合庆祝建党94周年，做好优秀典型的培树表彰工作，发挥先进典型的示范引领作用。推进"双百引领"工程，开展第二批基层党建示范点验收和共产党员标兵评选表彰活动，共评选出基层党建示范点17家、先进基层党组织92家、共产党员标兵41名、优秀共产党员100名、优秀党务工作者58名。做好南通市级以上优秀典型的申报工作，获评南通先进村(社区)党组织13家，获评优秀村(社区)党组织书记、党小组长、党员中心户39名，7名村党组织书记被评为江苏省"吴仁宝式优秀村书记"称号。

【党员队伍建设】 以强化党员日常教育管理为重点，加强新形势下党员发展和管理工作，加强党员队伍先进性纯洁性建设。

规范发展党员工作。贯彻控制总量、优化结构、提高质量、发挥作用的总要求，坚持把政治标准放在首位，注重在农村优秀青年、非公企业一线工人党员和高知识群体中发展党员。通过集中培训、专题辅导等形式，组织开展发展党员应知应会知识学习活动，加强《中国共产党发展党员工作细则》学习宣传，着力提升基层党务工作者业务水平。推进全市党员组织关系排查，组织开展发展党员工作专项检查，通过查阅党员档案、会议记录，对2012年起的全市新发展党员的档案逐一审核，指导基层党委及时纠正存在问题。全年共发展党员380名，其中大专以上265名，占69.7%；35周岁以下236名，占62.1%，党员队伍结构进一步优化。

抓好党员队伍日常教育。建立全市党员教育联席会议制度，通过部门之间的协调配合，整合资源，形成抓党员经常性教育工作的合力。注重发挥先进典型示范引领在党员教育工作中的积极作用，10月起，持续开展"寻找身边好党员"活动，动员基层党组织每月推荐上报一批党员典型，经过组织评选、网络投票等程序产生月度身边好党员人选，营造学习先进、争当先进的浓厚氛围。探索党建"微电影"教育新模式，《拯救》等3部电教片获南通市党员电教片评比2个一等奖、1个三等奖。将深化党员志愿服务作为加强党员教育的重要抓手，结合全国第52个"学雷锋纪念日"，开展在职党员进社区"学雷锋、作表率"志愿服务活动，90多家机关、企事业单位4100多名党员干部深入社区，开展政策宣传、走访慰问、扶贫助困、环境整治、义务劳动等便民利民志愿服务活动。

探索实施党员积分考评管理制度。研究制定党员积分考评管理实施办法，分类设置农村、社区、两新组织、机关事业单位等四大类党员积分考评标准，按照不同权重，差别化设置党员积分基本分值、个性分值、激励分值。通过"三评两定一公示"方式(个人自评、党员互评、群众测评、支部评定、党委审定、得分公示)，每季度开展一次集中考评，根据考评结果分4个星级评星定级并予以表彰。

【部门自身建设】 紧扣"讲政治、重公道、业务精、作风好"要求，结合"三严三实"专题教育，扎实推进"四比双争"(比政治信念、比公道正派、比业务水平、比作风形象，争模范部门、争模范干部)活动，组织系统自身建设成效显著。

强化党性教育。健全完善部机关集体学习制度，重点围绕中国特色社会主义理论体系和习近平总书记系列重要讲话精神，党总支每月组织1次集体学习，各党支部定期开展专题讨论，引导组工干部全面准确领会并带头贯彻执行党的路线方针政策。通过组织赴抗大九分校旧址开展集中宣誓活动、参观党史党风图片展、观看先进事迹报告会等形式，强化组工干部宗旨意识和党性修养。开展"学习先辈先进、践行三严三实""为了谁、依靠谁、我是谁"等专题讨论，高质量开好专题民主生活会、组织生活会，开展批评与自我批评，提升组工干部政治思想觉悟，增强组工干部政治定力。

强化业务学习。以新修订的《干部任用条例》《关于加强干部选拔任用工作监督的意见》《中国共产党发展党员工作细则》等组织工作政策法规为重点，每月组织1次业务学习，进一步提高做好党的建设工作的理论涵养和业务素质。健全跟班学习、务虚研讨等制度，组织开展读书荐书、业务竞赛活动，引导部机关干部把深入业务研究与完善知识结构紧密结合起来，拓宽工作视野、丰富知识储备，争当"一专多能"的复合型人才。开展岗位练兵活动，突出新进人员这一重点对象，组织开展青蓝结对活动，加快年轻干部成长步伐。弘扬"安专迷"精神，梳理精选调研课题并分解落实牵头领导和具体责任人，进一步提高组工干部发现问题、研究问题、解决问题能力。

强化作风锤炼。推行组工干部挂钩联系基层制度，部机关各科室在分管领导带领下，分别联系1~2个镇(园区、街道)，明确"指导推动工作、征集意见建议、总结推广经验"三项主要任务，每月办公会议交流相关情况，增强组工干部服务基层的主动性。开通"启东组工在线"微信平台，建立涵盖16个镇、园区、街道的党建联盟，打造融党建信息推送、组工业务辅导、在线学习交流于一体的新媒体平台，搭建组织部门服务干部、服务党员、服务人才的全新渠道。

(范耀华)

宣传思想文化工作

【概况】 2015年，全市宣传思想文化战线全面贯彻落实中央精神和省委、南通市委部署，以围绕中心、服务大局为基本职责，牢记"主战线、主阵地、主力军"使命，围绕"两个巩固"基

8月20日，市首场“启吾巡讲堂”在海工园(寅阳)站开讲。
(市委宣传部/提供)

本任务，理论武装、舆论宣传、文明创建、文化繁荣、队伍建设等各方面工作都取得新成效，为启东开启全面小康社会建设新征程凝聚强大的精神力量。

【“三堂汇学”】 创办“启吾大讲堂”“启吾巡讲堂”“启吾微课堂”，通过“三堂汇学”开展理论宣传教育。利用市图书馆主阵地，面向广大市民，组织举办“启吾大讲堂”名家讲座，不断拓展市民文化视野，提升城市文化品位。2015年，组织举办各类讲座50多场，10000多人次市民现场听讲。面向基层镇村(社区)干部，开办“启吾巡讲堂”，遴选38名理论水平高、业务能力强的部门领导、专家学者深入基层，点单定学、巡回授课，8月20日，在海工船舶工业园(寅阳镇)举办全市首场“启吾巡讲堂”。全市所有区镇、街道实现巡讲培训全覆盖，近3000名基层干部参加培训。利用市、镇政务微信矩阵举办“启吾微课堂”，通过“四学”开展理论学习，方便广大党员干部“随手学”“随时学”“随处学”。全年荐学理论内容100多次，基层党员干部在微信群发表学习微感悟、微体会1000多条。同时，在理论培训中，即时对培训内容进行微信测试，使理论学习成效有了精准把握，提高理论培训的学习效果。“三堂汇学——基层理论武装日常化大众化工作品牌”获评“南通市宣传思想文化工作改革创新奖”。

【启东市六届蝉联江苏省文明城市】 开展“传递正能量、共建好家园”主题活动，倡导“随手公益、日行一善”和“邻里关爱、情暖夕阳”等东疆志愿服务，持续组织“启东好人”等道德模范评选表彰和学习宣传活动，以培育和践行社会主义核心价值观为根本，提升整个城市的精气神。开展文明行业、文明单位、文明社区和美丽乡村、美丽农家等创建活动，完善文明建设长效管理机制。3月，启东市以总分列同类县市第五名的成绩获评2012—2014年度江苏省文明城市，这是1999年起启东市连续第六届被评为江苏省文明城市。12月，市通过江苏省文明城市测评暗访组新一轮第一年度的暗访检查。

【先进典型评选表彰】 广泛开展“启东好人年度评选”等活动，通过电视专题片、事迹报告会、“道德讲堂”宣讲、创编文艺作品、新媒体发布等形式进行广泛宣传，让“凡人善举”走进乡村、社区、行业、学校，形成发现好人、学习好人、争当好人的浓厚氛围。6月，江苏省道德模范和身边好人现场交流活动在启东成功举行。2015年，周浩先后被评为“感动江苏”十大人物、江苏好人和中国好人，黄建生荣登“中国好人榜”，杨凌捷获评江苏省道德模范提名奖，葛海林被评为“江苏好人”，苏晓琳家庭被评为江苏最美家庭，武彤获评首届南通十大孝星和第二届江苏省百佳孝星。至年末，启东累计获评全国道德模范提名奖1人、江苏省道德模范提名奖2人、中国好人14人。数量居南通各县(市)区第一，江苏县级市前茅。

【“正能量加油站”】 以村公共服务中心、社区休闲文化广场、网格健身点等阵地为依托，通过赠送便携式音响设备，创新性地在城乡社区建设“正能量加油站”，组织群众开展健康向上的文化、科普、体育等活动，及时宣传党的政策法规、科技文化、先进典型等，寓宣传教育于群众的文体休闲

7月15日，海复镇搬场村第一网格开展正能量加油站专场演出。
(市委宣传部/提供)

活动之中,在报纸、广播、电视、网络以外,成功开辟建在群众家门口的宣传文化新阵地。年末,建成站点898个,在2014年实现296个村(社区)全覆盖的基础上,2015年有110个村(社区)实现网格全覆盖,组织群众开展文化活动5000多场次,常态化参与人员超过5万人。新华社、《半月谈》《新华日报》《时事报告》等重要媒体予以深度报道推介。利用“正能量加油站”宣传教育基层群众的做法,上年年底获评全省宣传思想文化工作创新奖,是全省唯一获此殊荣的县级市。

【志愿服务】 针对老人基数大、增速快、寿龄高、空巢多等特点,在滨海工业园(近海镇)成功开展的基础上,在全市逐步推广“邻里守望,情暖夕阳”志愿服务行动。建立爱心志愿者服务队,结对需要服务的老年人,定期开展志愿服务活动。全市有5000多个老年人享受到便捷有效的志愿服务。建立完善社会化、常态化志愿服务体系,制定实施《启东市志愿者礼遇办法》,全市志愿者队伍达538支,注册志愿者79065名。

【群众文化活动】 “村村乐”文体活动在全市各镇(乡)全面开展,全年开展系列文体活动5000多场次,参与群众70多万人次。汇龙镇就广泛开展“村村乐”文体活动在全省基层思想政治工作座谈会上作经验介绍。“百姓自助舞台”等群众文化特色品牌影响力不断扩大,第三届“少儿春晚”成功举办,该栏目获评南通市少儿精品栏目。组织“启东好声音”等群众性才艺大展演活动。文化“四送工程”扎实开展,完成送戏60多场、送电影600多场、送书10000册、送展览12场。全面完成图书馆镇(乡)分馆建设,实现全市镇(乡)图书通借通还“一卡通”服务,南阳镇和启隆镇通过南通市农家书屋先进乡镇评估验收。

【文化艺术创作】 依托纯文学杂志《沙地》这一平台,一批青年作家群体成长崛起,李新勇的长篇小说《风乐桃花》被列为中国作协2015年重点扶持作品,全省仅有两部。李新勇的长篇纪实文学《到江尾海头去》、朱国飞的长篇小说《金蝉劫》、樊惠彬的长篇小说《亲家母》等作品获南通市精神文明建设“五个一”工程奖。启东版画院在江苏省美术馆成功举办建院30周年作品展,一大批作品在国内外获奖、被国家级美术馆收藏。

【历史文化成果】 深入挖掘和提炼启东历史文化的地方特质,立足于沙地文化、渔家文化两大主脉,进一步凝聚“开拓、包容、创新、争先”的新时期启东精神,启东文化的内蕴品格逐步提升,地域风格更加鲜明。文物保护成果显著,18个县级以上文保单位得到保护和开发。省级文保单位抗大九分校旧址修缮完成,张謇垦牧教育纪念馆和抗大九分校纪念馆建成并对外开放,曹家镇天主堂修缮完工,挡浪墙遗址公园加快规划。挖掘整理出具有较高价值的非遗名录288种。

【互联网+服务引导群众】 政务微信实现区域全覆盖。以互联网新技术为支撑,利用各类新媒体平台,加大对中青年人群的宣传引导力度。以“启东发布”为龙头,指导推进各镇园区街道搭建网站、开设微博、APP手机终端和微信公众号,在全省率先实现区镇、街道官方微信公众号全覆盖,建成传递政策信息、宣传凡人善举、参与道德评议、助力公益活动的网络工作平台,每天点击浏览总量十几万人次,微友总数超过10万人。“启东发布”“启东日报”公众微信号WCI指数在全省政务微信和媒体微信类中多次处于前十位置。

(钱菁菁)

精神文明建设

【概况】 2015年,全市精神文明建设工作以培育和践行社会主义核心价值观为统领,以创建文明城市工作为龙头,以“传递正能量、共建好家园”主题活动为主线,抓基础,重实效,市民整体素质和社会文明程度进一步提升。

【“启东好人”活动】 开展“启东市道德模范”“桥港时代好市民”“感动启东人物”“启东好人年度评选”等先进典型评选表彰活动,通过电视专题片、事迹报告会、“道德讲堂”宣讲、创编文艺作品、新媒体发布等形式进行广泛宣传,让“凡人善举”走进乡村、社区、行业、学校,形成发现好人、学习好人、争当好人的浓厚氛围。2015年6月17日,江苏省道德模范和身边好人现场交流活动在启东成功举行。2015年,

3月,在“随手公益 日行一善”活动中,市公安局结对幸福二村元宵慰问空巢老人。
(市新闻信息中心/提供)

周浩先后评为“感动江苏”十大人物、江苏好人和中国好人，黄建生荣登“中国好人榜”，杨凌捷获评江苏省道德模范提名奖，葛海林被评为江苏好人，苏晓琳家庭被评为江苏最美家庭，武彤获评首届南通十大孝星和第二届江苏省百佳孝星。至2015年年底，启东累计获评全国道德模范提名奖1人、江苏省道德模范提名奖2人、中国好人14人。数量居南通各县(市)区第一，江苏县级市前茅。

【“情暖夕阳”志愿服务】 针对老人基数大、增速快、寿龄高、空巢多等特点，在全市各村、社区中，全面开展“情暖夕阳，关爱邻里”志愿服务行动。每个村（社区）依托辖区内的党组织、村(居)委会、正能量加油站等，建立爱心志愿者服务队，结对辖区内的孤老、空巢、五保、残疾等七类需要服务的老年人，明确邻里守望、关爱照料、便民服务等3个服务重点，定期开展打扫卫生、节日关爱、谈心陪护及代理发、买米买油、水电维修等志愿服务活动。2015年，全市有5000多个老年人享受到便捷有效的志愿服务。建立形成社会化、常态化志愿服务体系，制定实施《启东市志愿者礼遇办法》，2015年年底，全市志愿者队伍达538支，注册志愿者79065名。

【诚信市场建设】 突出“诚信”主题，抓住“3·15”消费者权益日、“6·14”信用记录日、“知识产权宣传周”“食品安全宣传周”“药品安全宣传月”等重要时间节点，通过社会宣传和媒体宣传，大力宣扬诚信得实惠、诚信受尊重的价值观念。加强典型培育与推广，吕四盈港水产品市场每年开展诚信经营户评比表彰活动，制定出台《星级诚信经营户评比制度》，完善《星级诚信经营户奖励办法》和《星级诚信经营户升星摘星制度》，对获得四星级以上的经营户分别给予优惠全年摊位费5%~10%的奖励，每年发放创建奖励金达30多万元。对有不良行为的经营户进行降星或摘星问责追究，并在宣传栏张贴，电子屏幕告示，广播播放等方式广泛宣传星级诚信户及不良经营户，提升经营户对诚信市场建设工作的关切及认同感。市区人民中路商业街、人民桥市场等借鉴盈港市场做法，推行文明诚信示范街和“星级诚信经营户”创建活动。

【历史文化成果保护】 深入挖掘和提炼启东历史文化的地方特质，立足于沙地文化、渔家文化两大主脉，进一步凝聚“开拓、包容、创新、争先”的新时期启东精神，启东文化的内蕴品格逐步提升，地域风格更加鲜明。文物保护成果显著，18个县级以上文保单位得到保护和开发。省级文保单位抗大九分校旧址修缮完成，张謇垦牧教育纪念馆和抗大九分校纪念馆建成并对外开放，曹家镇天主堂修缮完工，吕四进士府修缮全面推进，挡浪墙遗址公园加快规划。挖掘整理出具备较高价值的非遗名录288种。

（石　磊）

统一战线工作

【概况】 2015年，市委统战部以服务全市发展大局为中心，以推进“凝心促改革，聚力促率先”主题活动为抓手，强化统战工作沟通、协调、引导、服务能力，围绕把常规工作做细，重点工作做实，特色工作做优的目标要求，扎实有效地推进各领域统战工作开展。

【统战工作“十三五”规划】 为贯彻中央和省委统战工作会议精神，落实中央《条例》和省委《实施办法》，谋划全市统一战线工作的“十三五”规划：强化党对统战工作领导，提高统战工作科学化水平；围绕思想引导和发挥作用，加强无党派人士和党外知识分子工作；着眼维护社会和谐稳定，重视民族宗教工作；促进“两个健康”，做好非公有制经济领域统战工作；立足促进祖国和平统一，开展港澳台海外统战工作；提升党外人才工作水平，加强党外代表人士队伍建设。

【非公有制经济统战】 做好与非公企业的挂钩联系服务工作。赴神通阀门股份有限公司、联通测功器厂、金凤凰创业园、恒源液压有限公司等挂钩联系企业走访调研，了解掌握企业发展情况，帮助企业协调解决相关问题，同时对企业安全生产方面进行督促。

安全有效运行中小企业应急互助基金。1~10月共发放9笔转贷款，帮助企业解决转贷资金3460万元，有效缓解会员企业的资金临时周转困难。开展全市各类融资平台调研，助推银企合作，帮助企业缓解钱荒难题。

开展非公企业税法宣传培训。5月，联合市工商联、地税局、国税局，以“纳税人之家”为平台，以10个工业企业行业商会为重点，组织60多位非公经济代表人士参加税法宣传培训，助推税企合作共进，建立民营企业涉税、维权的“快速通道”，营造守法诚信、依法纳税的良好氛围。

非公经济人士参与光彩事业。全年非公经济人士参与光彩事业捐资慈善事业共计1150多万元。合作镇两名非公经济人士发起成立“捷辉爱心助学社”，设立爱心基金30万元，已定向捐助10名贫困儿童；海复镇8位非公企业家，长期结对该镇24位贫困学生，帮助他们完成学业。

新生代非公经济代表人士培养。建立各镇乡、园区领导与辖区内的新生代代表人士结对联系，畅通交流渠道，了解掌握新生代代表人士的思想动态和其企业发展状况，助推非公企业发展。

【港澳台及海外统战】 扩大乡亲队伍，强化社团建设。通过各镇(乡)补充调查登记、登门走访了解、同乡会微信群互动介绍等方式，扩大香港启东乡亲队伍。香港启东同乡会会员从建会时的50位增至近200位。

积极为侨服务，主动排忧解难。为海外代表人士提供优良服务，帮助解决在家乡的实际困难和问题，如社保养老金发放的历史遗留问题、房屋拆迁中的面积补偿问题、家中老人的托老问题、子女在启东上学问题、父母投靠香港子女办理单程证以及在家乡投资办企业过程中的一系列问题等。

开展侨界空巢家庭关爱行动。联合市侨联，组织社会志愿力量为侨界空巢老人做好医疗救助、家政护理、文体健身、走访慰问的服务，使空巢老人们生活上有关心、精神上有依靠、情感上有寄托。

【民族宗教】 开展宗教政策法规宣传月活动。6月，联合民宗局以爱国主义教育为目标，以宗教法律法规为主要学习内容，开展一次宗教法律法规的培训活动，组织宗教教职人员和信教群众代表进行集中学习宗教法律法规和政策。

做好少数民族困难群众帮扶工作。培育少数民族扶贫项目，组织各镇（乡）申报少数民族发展资金项目，经摸底调研、实地考察，以帮助少数民族群众提高收入；加强对流动商民的管理和服务，帮助5位在启东经商的青海回民子女协调解决就近上学问题，妥善解决3个新疆经营烧烤的流动商民要求解决经营摊位安置的诉求，促进和谐的民族关系。

开展"宗教慈善周"活动。慈善周期间，佛教界募捐慈善财物计24000元，天主教界募集现金8905元，基督教募集慈善捐款86000元，所有募集的款项都用于扶贫助困。

（陈　李）

台湾事务

【概况】 2015年，全市对台工作始终遵循"两岸一家亲、携手共发展"的理念，围绕建设"台资产业集聚、台企创新发展、台商投资环境、两岸交流交往"四个新高地的目标，全市对台经济、交流交往、优质服务、强化宣传等工作取得新成效。

【对台经济】 2015年，全市累计新批台资企业6家，总投资4879万美元，协议利用台资2057万美元，到账台资360万美元。

开展入岛经贸交流活动。全年共有9个经贸团组赴台交流。3月和11月，市长黄卫锋、副市长孙建忠率团赴台，拜会台湾工业总会、工商建研会、新北市工业会、电子电机同业公会、台湾中港出口加工区及有关台企；5月，副市长张卫生率团赴台开展现代服务业招商活动；11月，市委副书记汤雄率团赴台开展现代农业招商。同时，滨海工业园、滨江化工园、海工船舶园、圆陀角旅游度假区结合各自园区产业特点分别组织园区招商小分队，赴台进行针对性招商活动。全市有6家企业赴台开展商务考察。

利用节会组织对台招商。2015年，全市在北京、上海、东莞、深圳等地举办投资推介会。6月举办中国·启东国际经贸洽谈会，共有5个超千万美元台资项目集中签约，项目总投资1.11亿美元，注册资金4275万美元；11月举办科技节暨国际经贸洽谈会，投资4000万美元的兴达日化(启东)有限公司、投资1200万美元的启东施伊恩包装机械有限公司、投资3000万美元的明轮五金制品有限公司3个台资项目签约和领证。

【对台交流】 2015年，全市接待到启东考察、探亲的台湾团体、台商台胞150多人次，重点接待台湾工业总会副秘书长冯鋕珑、台湾工商建研会名誉会长吴嘉璘、台湾中华工商经贸投资协会理事长沈建强、台湾中港出口加工区厂商协进会理事长陈隆志、台湾经济部加工出口区处长梁友文、台中工商发展投资策进会中小企业服务中心总干事王莹、台湾电动商用车联盟理事长陈仁达、上海市台协会会长叶惠德、南通市台协会会长刘璟芳、台湾中兴股份有限公司经理黄百富、台湾智合健公司董事长谢儒生、台湾中联科技公司董事长丁力行、台湾日胜生活科技有限公司总经理刘文琦、台湾中租集团建设开发股份有限公司总经理黄仁隆、台湾日月潭热气球公司董事长谢佳洲、平和联合会计师事务所所长吴明仪、玉山资源有限公司负责人张焕金、台湾上磊科技董事长王育琪等。重要台胞有中华妇女党成员、基隆公益大使顾丽娟，台湾逢甲大学全球运筹管理班刘翁昆等人。全市加强与台湾各类专业团体的交流和合作，市法院、侨联、工商局、人民医院、中医院等单位都派员赴台进行对口交流。台资企业华泰陶瓷代表启东市参加第八届海峡两岸文化产业博览交易会。

【对台服务】 行政推动优服务。调整充实启东市对台工作领导小组和台湾同胞投资权益保障协调委员会成员单位，为保护台胞、台属、台企合法权益提供组织保障。市有关领导深入台企走访调研，实地了解情况，会办解决问题；市人大常委会深入有关台企、园区、重点职能部门，实地调研全市贯彻落实《江苏省保护和促进台湾同胞投资条例》情况，召开专题会议听取市政府工作汇报，形成审议意见，加强对重点工作督办力度，推进台商合法权益得到进一步保障；市政协组织专题视察活动，调研全市税务部门为台资企业服务情况，督促职能部门强化为台资企业服务意识。

深入调研解难题。9月，集中开展台资企业大调研、大走访活动，对每个正常运转的台资企业进行走访调研，对调研中发现的问题及时与所在镇、园区沟通，竭力帮助解决。帮助台企和台商协调解决各类诉求12起，切实维护台商的合法权益。

【涉台事务】 开展慰问活动。市台办对200多人次在启东重点台商台属、困难台属进行走访慰问；向300多人次在台启东籍台胞和有关台商寄发慰问信；在夏季高温季节，组织慰问部分台商和台属，为台胞台属送上夏令用品；中秋佳节，邀请全市台资企业负责人和在启台商参加中秋联谊活动，通报全市经济社会发展及全市领导重视对台工作的相关情况。全年共接待政策咨询、寻求帮助的台胞、台属30多人次，协调解决台属赴台寻亲、房屋拆迁、困难救助等事宜。

借助台属力量，做好台谊会工作。在市台谊会理事和台界政协委员中开展"三联三帮"活动，即每位会长、理事和台界政协委员、台办干部联系一家台资企业、一名在启台胞、一个特困台属；组织"赴台探亲团"，部分台谊会成员赴台探亲，既感受台湾风土人情又宣传启东投资环境；组织台谊会学习活动，学习中央最新对台政策，宣传台海形势；

7月，市委老干部局邀请上海中医院专家到启东开展“关爱老人，阳光随行”公益送健康活动。（市委老干部局/提供）

组织台谊会考察活动，参观海工船舶工业园、吕四港环抱式港池、启隆镇绿地长岛项目，感受启东经济社会发展新面貌；中秋佳节，台办会同有关部门深入有关镇(乡)，参加所在镇台属侨眷座谈会，宣传对台政策，扩大对台工作面。2015年，全市有9家台属企业加入南通市台属企业联谊会，台属黄健担任南通市台谊会副会长、台属茅海平任南通市台谊会帮困基金会副执委。

【对台宣传】 全市对台宣传围绕中央对台工作方针，通过发放《启东投资指南》、播放启东宣传片等形式，扩大启东在台湾岛内的知名度。3月，在台湾新北市工业会第290期期刊上专版刊登《江海明珠·中国启东》页面，全方位介绍启东区位优势、土地资源、产业基础，放大崇启大桥建成通车、吕四大港加快开发、启东港一类口岸开放获国务院正式批复等发展优势，宣传启东“领跑沿海、融入上海、包容四海”发展战略，吸引台资向启东转移。

（周红丹）

老干部工作

【概况】 2015年，市委老干部局开展“展示阳光心态、体验美好生活、畅谈发展变化”主题活动，在加强思想政治建设，引导老干部发挥作用，完善和创新老干部服务管理，营造尊老、敬老社会氛围等方面出实招、办实事，努力做好新常态下的老干部工作。至年底，全市共有离休干部422人，其中抗日战争时期参加工作的离休干部56人、副处级及以上离休干部162人；市管退休干部1105人，其中副处级以上退休干部46人、正科级402人。

【落实老干部政治生活待遇】 保障离休干部医疗待遇。2015年11月，出台调整离休人员医疗专项基金筹资标准的通知和调整离休干部护理费标准的通知，自2016年1月1日起，医疗专项基金筹资标准调整为每人每年50000元，护理费标准由原来的1200元/月、1300元/月分别调整为1700元/月、1800元/月。2015年，按政策规定，提高市5位离休干部待遇，使其享受副省级标准报销医疗费待遇。继续落实好离休干部遗属特殊困难帮扶机制，全年发放买断企业离休干部遗属生活补助30多万元。联合多部门开展“社会齐奉献、六助进百家”活动，在助学习、助活动、助医疗、助家政、助慰藉、助奉献方面积极为老干部安度晚年创造条件。邀请上海市中医院专家教授到启东开展“关爱老人、阳光随行”公益送健康活动。

【正能量活动】 向全市老干部党支部印制下发《学习贯彻习近平总书记等中央领导同志在全国双先表彰大会上重要讲话精神宣传提纲》《在离退休干部中开展以“展示阳光心态、体验美好生活、畅谈发展变化”为主要内容的为党的事业增添正能量活动宣传提纲》，并把学习宣讲这两个《提纲》作为老干部统一思想、深化认识、推动正能量活动有效开展的首要任务，营造全市离退休干部学习“双先”事迹，弘扬正能量的浓厚氛围。4月初，召开全市老干部工作会议。10月，市委召开全市老干部大会，老干部“共筑中国梦，再展夕阳红”主题活动成果展取得很好的社会反响。开展“我读书我奉献我快乐”主题读书活动，举办“爱上阅读、抒写梦想”征文比赛，获评全市十佳优秀读书项目。

【纪念抗日战争胜利七十周年】 为全市65名参加抗日战争的离休干部发放纪念勋章、文艺晚会光碟及慰

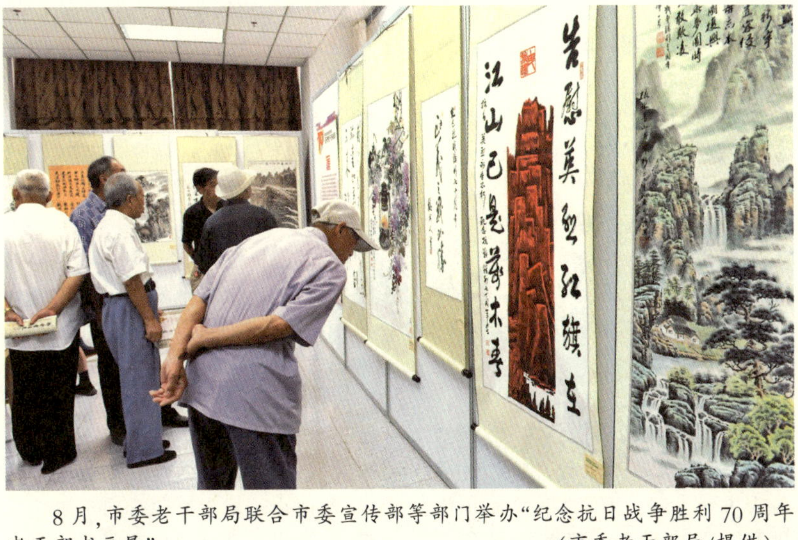

8月，市委老干部局联合市委宣传部等部门举办“纪念抗日战争胜利70周年老干部书画展”。（市委老干部局/提供）

问金。结合纪念建党94周年和抗日战争胜利70周年,部署开展七大活动。组织老干部参观王鲍烈士纪念馆、抗大九分校纪念馆,重温入党誓词,增强爱党、忧党、兴党、护党情怀;举办纪念抗日战争胜利70周年集邮展、书画展,作品再现抗日战争的艰苦历程,歌颂中华民族不屈的抗争精神;寻访抗日老战士活动;开展"家家访",面对面聆听老干部讲中国故事;联合宣传部等单位举办"向抗战老兵致敬"摄影展,300多幅摄影作品记录98位抗战老兵的珍贵影像;在人民公园举办"铭记历史、珍爱和平"文艺晚会;开展看望慰问活动,市四套班子主要领导亲率相关部门领导看望慰问离休干部;召开"忆往昔、看今朝、展未来"座谈会,组织部分老同志和青少年集中收看阅兵式,感悟祖国的富强,人民的大团结。

【精神文化生活】 加强老干部活动室建设。承办"康乐杯"门球邀请赛,举办老干部桥牌友谊赛、第十二届生肖集邮展览等活动。在老干部活动中心创设"巾帼艺苑"专栏,并在老干部书画协会成立10周年之际,出版书画作品集《水墨缘》。

(袁晓燕)

接待工作

【概况】 2015年,市委、市政府接待办严格贯彻落实中央"八项规定"和省委、南通市委"十项规定"以及《江苏省党政机关公务接待管理规定》,围绕市委、市政府中心工作,坚持"从简、从细、从严"的工作方针,突出服务主题,强化大局意识,扎实履行职责,内强素质,外塑形象,紧密协作,踏实工作,圆满完成各项重大接待任务。

【上级各类视察调研】 全年接待到启东视察、调研的领导有:国家卫生计生委主任李斌;国家发改委副主任、国家能源局局长(正部长级)努尔·白克力;国家海洋局纪委书记吕滨;全国政协委员、中科院院士贺林;环保部副部长祝光耀;中国驻美国芝加哥总领事赵卫平;国家卫生计生委办公厅主任于学军;国家卫生计生委体改司司长梁万年;国务院发展研究中心社会发展研究部部长葛延风;国家能源局综合司司长王思强;国家能源局节约与能源装备科技司司长江冰;国家能源局电力司司长韩水;国家能源局石油天然气司司长刘德顺;国家能源局发展规划司副司长李福龙;国家能源局新能源和可再生能源司副司长朱明;省委副书记、省长李学勇;省政府副省长张雷;省政协副主席何权;省政府副秘书长陈少军;省政府办公厅副主任吴剑铭;省发展改革委党组书记、主任陈震宁;省农委主任吴沛良;省卫生计生委主任王咏红;省卫生计生委副主任、省中医药局局长陈亦红;省发展改革委党组成员、能源局局长张世祥;省发改委副主任、沿海办主任林一峰;省环保厅副厅长陈志鹏;省委宣传部副部长杨志纯;省农委副主任李俊超;省粮食厅副厅长严长俊;南通市委书记、市人大常委会主任丁大卫;南通市委副书记、市长张国华;南通市政协主席王德忠;南通市人大常委会副主任、党组书记黄利金;南通市委常委、市政府常务副市长韩立明。

【兄弟县市以及大团队考察活动】 2015年,接待上海复旦大学考察团、上海大学考察团、南通大学考察团、台湾工商建研会、海峡两岸关系协会、德国经济发展与外贸协会、南通香港同乡会考察团、青海可德县委考察团、金湖县政协代表团、四川广汉市党政代表团、如东政府代表团。

【商务接待】 全年接待到启东考察的重要商务有:上海电气(集团)总公司副总经理范幼林;上实集团原董事长腾一龙;上实集团常务副总裁陆申;南通文峰大世界董事长徐长江;南通国有资产投资控股有限公司董事长李界元;新加坡胜狮集团总裁张松声;江南重工股份有限公司董事长周辉;上海水木动画股份有限公司董事长施向东;中国船舶工业集团公司董事长胡问鸣;江苏和利投资有限公司董事长陈寒厉;中远船务总经理吕世敏;太平洋海工总裁梁小雷;德国经济发展与外贸协会(BWA)中国区负责人Michael Schumann;中远船务南通总经理倪涛;韩华新能源首席执行官南晟祐;新疆广汇集团总裁尚继强;新加坡ADM公司总裁王永辉;九次方大数据董事长童欣;上海予亮科技发展有限公司董事长仇俊浩;深圳市金德润实业发展有限公司董事长陈永贵;上海哈峰新材料科技有限公司董事长朱兴锋;浙江成鼎科技有限公司董事长胡俊;韩国宇宙株式会社上海办主任石称华;大唐国际发电股份有限公司总经理吴静;泰金时代资产管理公司董事长孙裕洋;深港投资促进中心秘书长罗剑;华融国际上海公司总裁金志一;台湾工商建研会原理事长吴嘉璘;上海安轩自动化科技有限公司总经理王军;上海宇培集团总裁张珑;厦门港务地产有限公司执行董事林苏生;北治钢铁有限公司董事长卞勇琳;北京盛世天颐集团董事长吕斌;德奥通航股份有限公司总经理腾龙。

【重大节会后勤保障】 2015年,市接待办按照领导要求,参与筹办2015中国·启东国际经贸洽谈会、2015中国·启东科技节暨国际经贸洽谈会、2015中国·启东科技节暨尚华生物医药创新发展论坛、启东港口岸对外开放国家验收会、南通江海旅游节启东段活动、2015中国高端装备制造业发展论坛暨智能装备制造企业家峰会等大型活动。

(蔡朝新)

党校工作

【概况】 2015年,市委党校全面履行"干部培训、思想引领、理论建设、决策咨询"工作职能,坚持党校姓党、从严治校,以改革创新为动力,以质量立校为根本,把学员"请进来"培训、让教师"走出去"送教,统筹推进教学培训、科研资政、队伍建设和服务保障各项工作，努力实现党校事业在新常态下的新发展。

【干部教育培训】 按照市委干部培训工作的总体部署和要求，加强培训需求调研，创新培训组织方式，整合优质培训资源，优化培训课程设置，提高管理服务水平。2015年，分别与市委组织部、市人社局、市级机关党工委联合举办新录用公务员初任培训班、新党员党性修养示范培训班、入党积极分子培训班、新任大学生村官培训班、镇村基层干部轮训班，以及其他部门办班，培训轮训党员干部800多人次。配合南通党校开展对外培训，分别承担中西部经济社会科学发展研讨班、上海展望学院、福建长汀、通州区统战干部班等班次共6期的现场教学任务，培训学员200多人次。参与全市"千人百团连民心""启吾巡讲堂"等理论宣讲活动。全年共授课40多场次，直接听众2000人次以上。

【教学改革创新】 学习贯彻落实全国党校工作会议精神，突出主业主课，加强党的理论教育和党性教育，推进教学改革创新。建立以培训需求为导向的培训内容更新机制，试行主体班新讲题招标立项，加快推进重点课程研发和引进更新，完善精品课试讲制度，全年共推出10多个成熟课题。加强现场教学基地建设，拓展党性教育和研究型现场教学基地培训项目，重点做好抗大九分校纪念馆等红色革命传统教育和现代服务业现场教学点的开发，梳理提升南通沿海开发现场教学的线路安排。完善主体班次的项目化管理，狠抓教学协调、教师选聘、教学质量评估、考试考核等各项教学管理，优化教学管理流程，不断形成规范、有序、高效的教学管理机制。加强专兼职班主任队伍建设，优化班主任工作流程，发挥班级临时党支部、班委会作用，探索新形势下的学员管理模式。

【决策咨询服务】 围绕全面小康社会建设确定选题，注重发挥主体班学员参与思想库建设，推进科研成果决策咨询转化，突破优质稿源困境。全年确立10个市级决策咨询课题，其中《自媒体环境下加强舆论引导工作初探》一文在市内部刊物《市情调研参考》上刊出，受到市有关部门的重视。修订完善科研管理制度，加大科研工作督查力度，与年终绩效考核挂钩。2015年，全校专兼职教师在南通市级以上刊物公开发表论文30多篇，申报立项南通市级以上课题5个，2个省委党校课题顺利结题，5名教师分获启东市第一届哲学社会科学优秀成果一、二、三等奖。

【推进人才强校】 深入领会和践行"三严三实"要求，结合全校和领导班子实际抓好落实，以领导率先垂范带动全员作风改进。加大对教研骨干和青年教师的培养、挖潜力度，以提高教学水平和科研能力为重点，选派教师到上级党校、行政学院跟班听课，鼓励教师参加学术研讨、教学观摩、外出调研等活动。加强兼职教师队伍建设，不断优化、充实、更新"师资库"。推行中层干部竞争上岗和教职工轮岗交流锻炼制度，加大事业人员奖励性绩效工资考核力度，改进行政、后勤人员考核方式和奖励办法。

（邱艳娟）

机关党建

【概况】 2015年，市级机关党的建设贯彻落实全面从严治党各项要求，围绕"服务中心、建设队伍"工作主线，抓紧抓实关键举措，全面提升机关党建科学化水平。

【思想建设】 市委市级机关工委先后开展"书记上党课"、优秀主题党日评选、党课观摩评比等活动，推动广大基层党组织开展党性教育活动。在"党课观摩评比"活动中，共组织评选《凝聚正能量　共筑中国梦》等11堂优秀党课，并予以表彰奖励。各单位党组织围绕践行"三严三实"、加强党性修养、弘扬法治理念、服务群众、争当先锋等主题精心选材、认真备课，不断创新教育方式，通过知识问答、互动交流、情景短片、重温誓词等多种形式开展，体现"内容新、形式活、互动强、参与广"的鲜明特色，有效增强教育的吸引力和感染力。

【组织建设】 *集中换届，选优配强党组织班子。*按照党章要求，严格执行党组织到期换届制度，制定下发《关于认真做好市级机关党组织集中换届选举工作的意见》，指导、组织好机关党组织集中换届工作。集中换届工作历时一个月，涉及66家下属党组织。此次换届中党组织书记调整率达45%，共调整29人新任党组织书记。

*严格各项制度规范，夯实组织基础。*落实"统一活动日"制度，规范"三会一课"、党性分析党内组织生活。严把发展党员入口关，发展新党员21人，预备党员转正20人。制定下发《关于严格党费收缴管理工作的通知》，明确足额收缴、定期公示等相关要求，组织监督检查，确保党员基本义务履行到位。调整机关党工委委员，完善党建工作联席会议制度，推动机关党建工作互融共进。

*抓实队伍建设，激发党建活力。*5月18—22日，市委市级机关工委在无锡市委党校举办新任机关党组织书记培训班，共有40人参加培训。培训中，针对机关党建工作实际，共设置机关党建的科学内涵和主要任务、建设机关服务型党组织、新常态下的机关作风建设等8个理论课题，采取理论讲授、案例分析、实地考察、研讨交流等多种方式开展，取得较好的效果。举办2015年市级机关入党积极分子培训班、新党员培训班，160名同志参加培训。开展瞻仰烈士陵园、重温入党誓词、参观红色教育基地等形式多样的党性教育活动，激发党员队伍活力。起草制定个性分值考核标准，推动市级机关党组织实施党员积分考评管理，加强对党员日常管理监督。组织好党员组织关系排查工作，确保机关每名党员纳入有效管理，保持党员队伍的先进性和纯洁性。

【作风建设】 "双联双争"活动。根据政府机构改革、薄弱村状况改善等形势变化,本着合理配置资源、急需急援的原则适当调整市级机关单位与行政村的结对关系。安排全市66个机关单位和2400多名在职党员广泛参与,重点结对挂钩全市66个薄弱村和1000多户困难户。市委市级机关工委加强统筹推进,通过信息报送、随机走访,调阅服务记录等掌握动态,有序有力推动活动开展。全年各部门发放慰问金、物资合计价值45万余元。许多部门结合自身职能,发挥智力、技术、信息、资源等优势,在发展村级经济、兴办公益事业、致富群众等方面为结对村服务。

文体活动。先后举办羽毛球比赛、"讲述好故事、践行价值观"演讲比赛、学党史知识竞赛等各类文体活动,机关干部踊跃参与,增强机关部门的凝聚力;各市级机关纷纷组织开展演讲、征文、书画摄影展等系列活动。

(朱柳柳)

史志工作

【概况】 2015年,市委党史办贯彻落实党中央、省委、南通市委关于加强和改进新形势下史志工作的意见等文件精神以及全国、全省党史研究室主任会议和地方志办会议精神,按照市委常委会议有关史志工作的决议,序时完成各项工作。完成志鉴编纂,《启东市志(1986—2005)》《启东年鉴(2015)》出版发行;总结二轮修志经验教训,研究编纂理论;结合纪念抗战70周年,组织系列纪念活动;确定专题,开展党史第三卷专题资料征集研究。

【《启东市志(1986—2005)》出版发行】 11月24日,全市史志工作会议暨《启东市志(1986—2005)》首发式在市行政中心党教中心举行。《启东市志》为《启东县志》的续志,2006年5月,启动编修,2015年7月定稿。全志共250.5万字,有图照638幅,采用

11月24日,全市史志工作会议暨《启东市志(1986—2005)》首发式在党员干部学习教育中心举行。 (徐 昕/摄)

编、章、节、目、子目五个层次的结构体式,设33编,首设综述、大事记、尾有附录。志书全面系统记述时限内启东自然、政治、经济、文化、社会的历史和现状,着重反映改革开放和建设小康社会的历程、成果和经验,专设经济总情、开放开发、精神文明建设等编,对经济体制改革等设专章集中记述,对海洋与渔业、电动工具业、江苏省启东中学等有地方特色的内容升格设编设章予以详述。

【党史第三卷专题资料征集研究】 2015年,市委党史办先后赴南京鼓楼区、溧水区及如皋、张家港等先进地区学习党史征研的经验做法,制定《中国共产党启东历史(第三卷)》专题资料征集实施方案,明确编写原则和要求,确定党史专题118个。征集党的十一届三中全会后县(市)委、县(市)政府召开的综合性会议材料、形成的重要文件、报纸、年鉴、志书及反映全县(市)经济社会发展的重大影视或数字化资料等,为党史第三卷编写做好基础资料工作。

【纪念抗战胜利70周年党史宣传】 2015年,市委党史办参与编写《南通抗战人物传》启东篇,撰写抗战期间在启东有影响力的15个人物事迹。配合《南通日报》等新闻媒体,做好抗战基地材料撰写和采访活动。与市新闻信息中心合作,在《启东日报》上开设30多个专版,历时一个多月,登载启东抗战纪事、启东反"清乡"斗争、启东抗日民主政府建立、启东抗战人物传等内容。借用"启东发布""启东日报"等微信公众平台宣传党史。推进党史"六进"工作。定期派人到机关、学校和农村基层组织开展启东地方党史专题宣讲,向社会及时提供最新史志成果。与市委宣传部、市档案局(馆)联合主办"烽火东南——启东市纪念中国人民抗日战争胜利70周年图片展",集中展示180余幅珍贵的历史图片和资料。参与组织"向启东抗战老兵致敬图片展",举办"纪念中国抗日战争暨世界反法西斯战争胜利70周年"有奖知识竞赛,协同启东电视台、《启东日报》组织采访抗战老兵、抗战纪念地等,以专题和专版形式连续报道。

【年鉴编纂】 《启东年鉴(2015)》编纂出版发行。全书104万字,设35个篇目、234个分目、320个条目,有随文图片195幅。参加第三届江苏省年鉴奖评选,《启东年鉴(2012)》获综合年鉴二等奖。参加全省综合年鉴框架设计和条目质量评比,12月,《启东年鉴(2014)》获综述性条目一等奖。

【编制党史工作五年规划(2016—2020)】 根据党中央、省委、南通市委关于进一步加强和改进新形势下党史工作的意见精神,按照省委、市委党史部门党史工作五年规划的要求,以

7月10日，启东市张謇研究会成立大会暨张謇创业精神研讨会召开。
（黄亦美/摄）

社会主义时期包括改革开放新时期为重点，以研究、总结、宣传中国特色社会主义的历史进程和经验为主线，全面规划启东市2016—2020年党史各项工作。

【启东市张謇研究会成立】 市委党史办做好启东市张謇研究会相关筹建工作，7月10日，启东市张謇研究会成立大会暨张謇创业精神研讨会在市行政中心召开。原全国政协常委、全国政协社会与法制委员会副主任、张謇嫡孙张绪武，南通市委原副书记、张謇研究中心干事会会长李明勋参加成立大会。市张謇研究会加强与南通张謇研究中心等社会学术组织的交流，并整合东南中学张謇研究小组等民间学术研究资源，推动史志研究走向深入。

（黄亦美　陈广辉）

档案工作

【政府机构改革中撤并单位档案处置】 2014年年底，全市启动新一轮政府机构改革，此次改革涉及到不再保留或另挂牌、不单独设立工作机构的单位23家。在机构改革启动之时，局（馆）及时介入，在机构改革操作办法中明确列出档案处置工作中的相关要求和注意事项，同时迅速抽调业务骨干，组成专门工作班子，对涉及到的单位全面开展实地调研走访，了解各单位档案管理具体状况；明确要求各单位成立档案处置工作领导小组，便于建立联络，厘清责任，开展工作，并在全面自查的基础上，形成书面的档案处置工作报告。在此基础上，局（馆）细化档案处置工作方案，初步明确对于被撤销的部门和单位，其档案原则上全部向市档案馆移交的总的指导思想，在具体实施的过程中，为确保撤并单位档案的完整收集、规范整理和按时移交，再根据各单位的具体情况，实行分类指导、分步移交。第一批农业资源开发局、药监局、港口局、铁路办、侨办等单位基本完成档案的规范整理和移交进馆，第二批建工局、农机局、物价局、计生委等单位的档案工作稳步推进。

【农村土地承包经营权确权登记颁证档案管理】 全市共有261个行政村，全年143个村开展土地承包经营权确权登记颁证工作。为确保农村土地承包经营权确权登记颁证方面的档案资料完整、准确、规范和有效利用，局（馆）会同市农工办加强业务指导，加大督查力度。局（馆）专门编写、印制《启东市农村土地承包经营权确权登记工作培训资料》，举办农村土地确权登记工作培训会4期，全市12个镇（园区）的分管领导、农经站长及2名专职工作人员，143个村书记、会计及工作人员500余人参加培训会。在全面培训的基础上，局（馆）根据实际情况，以点带面，选取一家农村土地承包经营确权登记颁证工作试点村，对该村土地确权登记档案的收集、整理和归档工作流程进行全程规范指导。省农委经管站有关领导在实地考察后，充分肯定该村土地确权登记档案工作，认为在省内进行土地确权的所有村中，该村是最规范、最标准的单位。

【宗教活动场所档案工作创星评级】 全市宗教门类以佛教、天主教、基督教为主。根据省、市有关创建星级宗教活动场所档案工作方面的一系列要求，局（馆）会同市宗教局联合开展全市宗教活动场所档案工作培训，重点讲解宗教活动场所文件材料归档工作规定、各门类档案总分类方案、文书档案保管期限及各门类档案基本整理方法等，提高全市宗教界档案工作水平。此外，结合各宗教实际，局（馆）对先行试点进行规范测评的启东市海潮寺、法音寺、汇龙基督教堂等场所的档案管理工作多次进行现场指导，组织相关人员观摩学习，深入挖掘各宗教活动场所业务特色，引导各场所全面梳理其发展脉络，为各场所的健康有序发展打下良好基础。

【档案规范测评（复查）】 2015年，市烟草局、市农商银行等单位以及一些宗教活动场所等分别申报江苏省档案规范五星级、三星级测评，市公安局、市检察院、市国土资源局下属三家基层国土资源所等申报复查。局（馆）通过上门沟通协调，调研走访，协助相关单位制定有关测评计划，安排工作进度，对档案工作中存在的问题和不足及时进行整改和完善，确保这些单位星级测评（复查）工作的顺利开展。

【档案收集范围和接收档案单位基本名录编制】 根据全市的实际情况，与市编办沟通，对职能工作较为复杂、与民生问题关系密切的住建局、民政局、卫计委等单位进行实地调研，根据相关线索，查找全市范围内一些具有地方特色的社会组织、企业、事业单位，形成较为科学完善的《启东市档案馆收集档案范围的规定和接收进馆单位基本名录》并送省档案局审批，为在以后一段时期内，改变单一的“文书馆”面貌，解决进馆的门类、载体不明确的问题，把能反映全市的历史文化和地方特色的材料的妥善保存，优化馆藏结构、丰富馆藏资源等提供重要的依据性文件。

【档案资料征集编研】 采取多种方式，深入查找散落在民间的各类资料。2015年，共征集到已故东南警卫团老战士朱野蒿撰写的残损《回忆录》《志诚同学馥记同仁通讯录》两份资料。全年接收已撤并单位农发局、铁路办档案（文书、会计档案）共计1568卷2699件；实物档案4件；照片档案111件。全年接收组织部2000年前到期应进馆档案共计1373卷。为发挥档案守护历史，传承文明的作用，自2015年1月起，局(馆)联合市新闻信息中心、市委党史办每月推出一期《启东档案》专版。首版以《设县石碑：历经沧桑，见证“启东”》《首任县长袁希洛》《他为孙中山授总统大印》等文章介绍启东的历史文化。

【抗战胜利纪念活动】 深入王鲍纪念馆，多方获取一手资料，相对完整地为南通《江海晚报》提供纪念抗战专题王鲍烈士方面的相关内容；参与协办纪念中国人民抗日战争暨世界反法西斯战争胜利70周年——“向启东抗战老兵致敬图片展”，发挥丰富馆藏的优势，为此次展览提供许多相关历史档案资料；与市委党史办联合主办“烽火东南——启东市纪念中国人民抗日战争胜利70周年图片展”，集中展示180余幅珍贵的历史图片和相关资料。

【照片档案收集整理】 收集整理顾民元烈士100周年的展板照片、烽火东南图片展的资料，及时充实到《启东档案信息网启东影像资料》专栏中；与文广新局文化产业科联系，拷贝启东文物藏品资料、启东非物质文化遗产的资料；与原《启东通讯》主编联系，拷贝其在任期间的照片档案。另外，与一位老摄影爱好者联系，拷贝其拍摄的崇启大桥建设全过程的照片。

【争创“人民满意服务示范窗口”】 建立“档案查阅登记”“利用效果反馈登记表”等统计台账。窗口服务实行首问责任、即时办理、文明礼貌等服务承诺。全年接待查档4276人次3352卷(件)，复印5951页，为全市经济建设、机关查考、落实政策，调解纠纷、户口迁移等方面提供第一手资料。

【馆藏档案数字化】 全年市财政继续投入预算25万元，用于做好馆(藏)档案全文数字化工作。项目进行公开招投标，扫描任务约179万页。为完善馆藏档案的数据库，提高计算机查档案的查准率、查全率，工作人员对已完成的馆藏档案的文件级目录查漏补缺，不断完善，做好数据的备份工作。至2015年年底，完成馆藏全部档案的85%扫描任务。

(郁健飞)

风力发电。 (市新闻信息中心供稿/2015年2月摄)

综 述

【概况】 2015年,市人大常委会在中共启东市委的领导下,围绕经济社会发展大局,认真履行法定职权,积极发挥职能作用,较好地完成市十六届人大四次会议确定的目标任务。全年共举行常委会会议9次、主任会议14次,听取和审议"一府两院"专项工作报告25个,组织调研、视察、执法检查48多次。

(朱镟瑜)

重要会议

【市第十六届人大常委会第二十八次会议】 1月8日,市十六届人大常委会第二十八次会议在市行政中心科技楼举行。市人大常委会组成人员共30人出席会议。会议听取启东市第十六届人民代表大会第四次会议筹备工作情况报告,听取关于启东市第十六届人民代表大会代表变动和补选代表资格审查情况的报告,审议通过启东市人大常委会工作报告(讨论稿)和启东市第十六届人民代表大会第四次会议组织机构及各项名单(草案);通过有关人事任免事项和辞职事项。

【市第十六届人民代表大会第四次会议】 1月15—18日,市十六届人民代表大会第四次会议在市会议中心举行。会议听取和审议市人民政府市长黄卫锋所作的《政府工作报告》、市人大常委会副主任倪国冲所作的《人大常委会工作报告》、市人民法院院长周东瑞所作的《启东市人民法院工作报告》、市人民检察院检察长瞿忠所作的《启东市人民检察院工作报告》,并作出相关决议;审查、批准启东市2014年国民经济社会发展计划执行情况的报告和2015年国民经济社会发展计划;审查、批准启东市2014年财政预算执行情况的报告和2015年财政预算。会议补选汤枫为启东市人大常委会委员。会议共收到代表议案1件,建议、批评和意见197件。

【市第十六届人大常委会第二十九次会议】 2月5日,市十六届人大常委会第二十九次会议在市行政中心科技楼举行。市人大常委会组成人员共26人出席会议。会议听取和审议市人大常委会研究室主任吴风云所作的《启东市人大常委会2015年工作要点(草案)》的说明,审议通过《启东市人大常委会2015年工作要点》,表决通过有关人事任免事项。

【市第十六届人大常委会第三十次会议】 4月3日,市十六届人大常委会第三十次会议在市行政中心科技楼举行。市人大常委会组成人员共26人出席会议。会议听取和审议市人民政府副市长袁圣菊代表市政府所作的《关于全市水环境整治工作方案的报告》,听取市人大常委会农工委主任顾胜豪所作的《关于全市水环境整治工作情况的调查报告》;听取和审议市台办主任周红丹受市政府委托所作的《关于市贯彻实施〈江苏省保护和促进台湾同胞投资条例〉(以下简称〈条例〉)情况的报告》,听取市人大常委会民宗侨台工委主任潘炜华关于市贯彻实施《条例》情况的调查报告;表决通过有关辞职事项。

【市第十六届人大常委会第三十一次会议】 6月3日,市十六届人大常委会第三十一次会议在市行政中心科技楼举行。市人大常委会组成人员共27人出席会议。会议听取和审议市长黄卫锋代表市政府所作的《关于市教育现代化建设情况的报告》,听取市人大常委会教科文卫工委主任王建石所作的《关于市教育现代化建设情况的调查报告》;听取和审议部分政府组成人员履职情况的报告;表决通过有关人事任免和辞职事项。

【市第十六届人大常委会第三十二次会议】 7月24日,市十六届人大常委会第三十二次会议在市行政中心科技楼举行。市人大常委会组成人员共29人出席会议。会议听取和审议市发展和改革委员会主任石光辉受市政府委托所作的《关于2015年上半年国民经济和社会发展计划执行情况的报告》;听取和审议市财政局局长杜文华受市政府委托所作的《关于启东市市本级2014年财政决算(草案)和全市2015年上半年财政预算执行情况的报告》和市审计局局长邓卫星受市政府委托所作的《关于2014年度市本级预算执行及其他财政收支情况的审计工作报告》,听取市人大常委会财经工委主任杜锦德所作的《关于2014年市本级财政决算和同级审计工作及2015年上半年计划和预算执行情况的初审意见》;听取和审议市环保局局长郭建辉受市政府委托所作的《关于贯彻实施〈固废污染防治法〉情况的报告》,听取市人大常委会环资城建工委主任姜汉杰代表市人大常委会执法检查组所作的《关于开展〈固废污染防治法〉执行检查情况的报告》;表决通过关于市人大常委会任命的"一府两院"工作人员报告履职情况的暂行办法和有关人事任免事项。

【市第十六届人大常委会第三十三次会议】 9月1日,市十六届人大常委会第三十三次会议在市行政中心科技楼举行。市人大常委会组成人员共27人出席会议。会议审议有关南通市人大代表辞职事项,决定接受徐永兵辞去南通市第十四届人民代表大会代表职务。

【市第十六届人大常委会第三十四次会议】 9月22日,市十六届人大常委会第三十四次会议在市行政中心科技楼举行。市人大常委会组成人员共27人出席会议。会议听取和审议市民政局局长陈玲受市政府委托所作的关于全市养老事业发展情况的报告,听取市人大常委会内司工委主任江林海所作的关于全市养老事业发展情况的调查报告;听取和审议市政府关于《启东市生态文明建设规划(2014—2022)》编制情况的报告,表决通过《启东市生态文明建设规划(2014—2022)》;听取和审议"一府两院"部分工作人员履职情况的报告,并进行满意度测评;表决通过启东市人大常委会关于组织人大代表评议市科技局工作的实施意见;表决通过有关免职和辞职事项。

【市第十六届人大常委会第三十五次会议】 11月27日,市十六届人大常委会第三十五次会议在市行政中心科技楼举行。市人大常委会组成人员共27人出席会议。会议听取和审议市政府党组成员、科技镇长团团长朱晓阳受市政府委托所作的关于市现代服务业发展情况的报告,听取市人大常委会财经工委主任杜锦德所作的关于市现代服务业发展情况的调查报告;听取市审计局局长邓卫星受市政府委托所作的关于2015年审计工作报告中指出问题整改情况的报告;听取市政府关于相对集中行政许可权改革试点工作有关情况的报告;听取和审议"一府两院"部分工作人员履职情况的报告,并进行满意度测评;听取部分南通市人大代表履职情况的报告;作出关于召开市十六届人大五次会议的决定;通过有关人事任免和代表辞职事项。

【市第十六届人大常委会第三十六次会议】 12月30日,市十六届人大常委会第三十六次会议在市行政中心科技楼举行。市人大常委会组成人员共20人出席会议。会议听取市发改委主任吴永东受市政府委托所作的关于"十三五"规划纲要编制情况的说明,听取和审议市财政局局长杜文华受市政府委托所作的关于调整2015年市本级财政预算的报告,作出关于批准2015年市本级财政预算调整的决定;听取和审议市人民政府副市长袁圣菊所作的关于水环境整治情况的报告,听取市人大常委会农业和农村工委主任顾胜豪所作的关于全市水环境整治工作情况的调查报告;听取市十六届人大五次会议筹备工作情况的报告、市人大常委会有关代表变动和补选代表资格审查情况的报告、常委会组成人员变动情况和政府领导人员变动情况的报告;讨论通过启东市人大常委会工作报告(讨论稿)、市十六届人大第五次会议日程(草案)和组织机构及各项名单(草案);表决通过启隆乡撤乡建镇的有关事项、有关人事任免和代表辞职事项。

(朱镟瑜)

工作监督

【促进经济发展】 市人大常委会把促进经济发展作为人大工作的重要任务,深刻理解和把握新常态的内涵与要求,推动政府牢固树立科学发展、包容发展、可持续发展理念,全面深化改革,加快转型升级。

关注经济运行态势。常委会听取和审议计划预算执行情况的报告,审查批准市级财政决算,强调适应增速换档、经济转型新常态,调优财政资源配置,深化重点领域改革,实施创新驱动战略,推进重大项目建设,完善城乡基础设施,着力稳定经济增长和保障改善民生。听取和审议财政同级审计报告,要求健全审计后整改跟踪检查和责任追究机制,提高公共资金使用绩效。

推动重大项目建设。6月,常委会对全市"百个"重点项目的推进情况进行调研视察,听取市发改委、吕四港经济开发区、海工船舶工业园、滨海工业园、滨江医药化工园关于重大项目建设情况的报告,察看部分重大项目的建设现场,组织召开华峰、胜狮、南方润滑、多森化工、国动产业园等项目业主参加的座谈会。并在第45次主任会议上听取市政府关于全市重大项目推进情况的报告,建议市政府及其相关职能部门深化认识,加大组织领导力度,确保市重大项目有力有效推进;创新思路,加大服务保障力度,切实打造效率更好、质量更优的政务软环境;注重落实,加大督查考核力度,营造抓项目质量、抓实施推进、抓难题化解的浓厚氛围;积极谋划,加大项目储备力度,推动市重大项目建设再提速、再增效、再突破。

推进现代服务业发展。11月,常委会开展现代服务业发展情况的专项调研。常委会第35次会议听取和审议市政府关于现代服务业发展情况的报告,建议市政府及其相关职能部门加快编制现代服务业发展规划、优化产业结构、推进集聚区建设。

促进台资企业发展。3月,常委会开展贯彻实施《江苏省保护和促进台湾同胞投资条例》情况的专项调研,分别召开市台办、商务局、开发区等部门参加的座谈会,实地走访先豪、艾得旺等台资企业,并在常委会第31次会议上听取和审议市贯彻实施《江苏省保护和促进台湾同胞投资条例》情况的报告,针对宣传教育不够全面、发展瓶颈尚须突破、服务质量有待提高、招商力度亟需加强等一些问题，要求市政府强化服务意识，提高招商实效，维护在启台湾同胞投资合法权益，推动台资企业持续健康发展。

【推动发展成果普惠于民】 市人大常委会把倾听群众呼声、反映群众意愿、集中群众智慧、谋求群众利益作为常委会工作的出发点和落脚点，推动发展成果更多更公平地惠及全市人民。

推进养老事业发展。9月，常委会开展养老事业发展情况专项调研，组织常委会委员实地查看部分养老机构，并在常委会第34次会议上听取和审议养老事业发展情况的报告，针对养老服务供需矛盾大、养老服务发展不均衡、服务队伍专业化程度低、养老服务保障能力弱等问题，要求市政府及其相关职能部门规划先行、科学定位，形成布点合理的发展格局；统筹资源、均衡发展，构筑体系健全的养老模式；政策引领、多措并举，建立保障有力的激励机制；各司其职、强化推进，凝聚齐抓共管的工作合力。

推进教育现代化建设。6月，常委会开展教育现代化建设专项调研，并在常委会第31次会议上听取和审议教育现代化建设情况的报告，针对学前教育基础薄弱、教育质量不容乐观、教育投入尚嫌不足、教育统筹仍有差距、办学条件还需改善等一些问题，建议市政府及其职能部门加大教育投入，调整教育布局，统筹资源配置，优化师资结构，提升教育质量，确保圆满完成教育现代化各项目标任务。

推进医药卫生体制改革。9月，就医药卫生体制改革工作，常委会开展专项调研。实地走访部分镇卫生院和村卫生室，召开基层医疗机构负责人和村医代表座谈会，听取市卫计委工作汇报，较为全面地解市深化医药卫生体制改革的有关情况。在常委会第50次主任会议上要求政府加强医改组织领导，优化卫生资源配置，完善惠民医疗政策，注重基层基础建设，合力保障医改工作顺利推进。

推进动物疫病防治。7月，常委会对全市动物疫病防治情况进行专题调研。常委会常委会成立专题调研组，组织12个镇（乡）人大主席团对启东动物疫病防治情况进行专项调研，并赴南阳、合作、海复等畜禽养殖量较大、动物疫病防控任务较重的镇（乡），召集相关镇村干部、畜牧兽医从业人员、村级防疫员、畜禽养殖企业和养殖户代表开展座谈调研，深入解各地畜牧养殖业发展及动物疫病防治情况、基层防疫面临的困难和存在的问题，听取市农业委员会、财政局的工作情况汇报，广泛听取各方面的意见和建议。同时，调研组还赴海门、通州等畜禽养殖结构相似、规模相近的市（区）学习考察当地兽医管理体制改革和动物疫病防治工作开展情况，实地走访通州祥牛畜牧发展有限公司，有重点地解规模养殖场规范开展动物疫病防治的做法和经验。调研组在常委会第48次主任会议上建议市政府及其职能部门增强依法防疫意识、落实防控监管措施、加强防疫体系建设、理顺管理执法体制。

推进少数民族工作。6—7月，常委会对少数民族工作开展专项调研，在常委会第47次主任会议上听取相关部门关于少数民族工作情况的报告，提出有针对性的建议意见，要求政府加强对市少数民族的服务和管理，扎实有效开展帮扶，保障少数民族同胞的合法权益，促进民族共同繁荣进步。

【督促城乡人居环境改善】 市人大常委会把生态文明建设作为人大监督的重要内容，督促政府着力解决群众普遍关注的环境问题，不断提高经济发展和人民生活的质量。

审查批准生态文明建设规划。常委会第34次会议听取和审议《启东市生态文明建设规划（2014—2022）》，并作出相关决定，要求政府把握城乡实际，切实加强生态文明建设的组织领导，以转变发展方式为核心，以改善环境质量为重点，以绿色、低碳、循环发展为途径，做到宣传教育到位、责任落实到位、保障措施到位、监督考核到位，加快建设资源节约型、环境友好型社会，努力实现经济发展与生态改善同步提升，全面完成生态文明建设目标任务。

推进水环境整治。常委会全力推动十六届人大四次会议一号议案的办理落实，成立水环境整治专题调研组，部署市相关职能部门、12个镇人大主席团和园区、街道人大工委联动开展水环境整治工作调研。11月下旬，调研组对全市水环境整治工作进行调研，重点听取市水务局、农工办、农委、海渔局、住建局、城管局、环保局、财政局等相关部门的工作汇报，赴汇龙、寅阳、东海等镇开展座谈调研，实地走访汇龙镇五四村、士清村、寅阳镇东清河村、寅北村、东海镇锦绣村等地的水环境状况，并专程察看东海镇粪污集中处理中心、锦绣村沼气发酵及集中供气处理站，多方面了解水环境

4月1日，市人大常委会组成人员视察市水环境整治情况。（市人大办/提供）

整治工作的开展情况，广泛听取各方面的意见和建议。常委会分别在第30次、36次会议上听取全市水环境整治情况的报告，作出关于加强水环境整治的决议，要求政府强化组织领导，凝聚工作合力，采取综合措施，落实长效管理，努力打造“水清、水活、水美”的城乡水环境。

督促固废污染防治工作。6月，常委会成立执法检查组，采用现场视察、随机抽查、提出询问、翻阅台账等形式，重点检查城乡生活垃圾的无害化处置和资源化利用；建筑垃圾的处置利用；工业固废、危险固废的管理及无害化处置；固废处置基础设施建设及运行情况等，先后深入滨江精细化工园、滨海工业园、海工船舶工业园、经济开发区和吕四港镇的16家单位，实地检查、调查市《固废污染防治法》的贯彻实施情况。常委会第32次会议听取和审议市贯彻实施《固废污染防治法》情况的报告，要求市政府及其职能部门贯彻实施《固废污染防治法》及相关法律法规，加快环保设施建设，大力发展循环经济，严格环境执法监督，切实提高工业固废综合利用水平和危废处置能力。

【促进依法行政和公正司法】 市人大常委会把保障宪法和法律法规正确实施作为常委会的履职重点，深入开展法律监督，依法进行人事任免，切实推进法治启东建设。

开展执法检查。为推动《中华人民共和国建筑法》(以下简称《建筑法》)在启东市的贯彻实施，促进市建筑市场规范有序和建筑产业转型发展，9月下旬至10月上旬，常委会开展《建筑法》执行情况调研，实地察看市人民医院住院大楼建筑工地、汇东小区安置房工地，在常委会51次主任会议上听取市住建局的相关工作汇报，提出加强《建筑法》宣传教育、严格建筑施工安全与质量监管等建议，为推动《建筑法》在市的全面贯彻实施，促进建筑市场规范有序和建筑产业健康发展发挥积极作用。同时，常委会还开展《劳动合同法》执行情况调研，督促政府在宣传培训、机构建设、案件处理等方面狠下功夫。开展《职业教育法》执行情况调研，推进政府创新体制机制，完善经费保障，加强产教融合、校企合作，提升职业教育服务地方经济社会发展的贡献份额。

加强司法监督。11月，常委会主任会议听取法院关于执行工作情况的报告，要求法院不断更新执行理念，强化执行力度，把执行工作与社会诚信体系建设结合起来，努力实现执行工作法律效果、政治效果、经济效果和社会效果的统一。常委会开展法官职业化建设和主任检察官责任制落实情况调研，支持和促进“两院”挖掘自身潜力，提高队伍素质，优化办案质量。开展法官队伍建设情况调研，解掌握法官准入机制、审判模式、考评监督、教育培训等方面的情况，并提出改进工作的建议和意见。

提出立法建议。参与上级人大立法工作，对省、南通市人大立法计划项目展开调研，协助上级人大制定年度立法计划。组织征集社会各界对上级人大地方性法规草案条款的意见和建议，收集并反馈地方性法规施行中的问题。确定吕四港镇为基层立法联系点，加强基层群众和社会组织与立法机关的联系。

依法行使人事任免权。组织33人参加任前法律知识考试，依照法定程序任免国家机关工作人员81人次。探索加强干部任后监督的途径和措施，制定《关于市人大常委会任命的“一府两院”工作人员报告履职情况的暂行办法》，全年安排17位“一府两院”工作人员在常委会会议上述职，并接受满意度测评，推动任免权与监督权的有机结合。

组织工作评议。9—12月，组织全市人大代表对市科技局近两年的工作进行评议。坚持把代表测评和群众问卷调查与评议大会满意度票决相结合，把组织评议与跟踪监督、促进整改相结合，实现人大工作与“一府两院”工作的良性互动，提高工作评议的实际效果。

做好信访工作。把处理好群众来信来访作为联系群众、解民意的重要渠道，全年共受理人大代表和人民群众来信41件，接待来访11起20多人次。

(朱镒瑜)

代表工作

【监督渠道畅通】 开展常委会主任接待代表日活动，代表们围绕经济建设、环境保护、教育卫生、新农村建设等内容，提出不少针对性强、操作性好的建议意见。开展政情通报活动，组织代表对上半年政府工作进行满意度测评。抓好代表集中视察和专题调研、工作评议、履职评议活动，切实发挥代表参政督政作用。

【代表与群众联系密切】 代表们以“人大代表之家”为阵地，开展接待选民活动，解决人民群众反映强烈和迫切需要解决的热点难点问题。推进南通市“人大代表之家”红旗单位创建工作，南阳镇启兴“人大代表之家”获评“十面红旗”单位。

【代表议案和建议督办】 将代表议案和建议的办理落实作为激发代表履职动力的重要工作加以推进，交办市十六届人大四次会议议案1件，代表建议、批评和意见197件。通过听取汇报、实地检查、督办考核等方式推进议案和建议办理工作，办理质量提高。

强化代表履职责任。深入调查研究。围绕政府投融资工作、文化阵地建设、数字化城市管理、生态建设、农资监管、外事工作等内容开展调研，撰写调研报告20余篇，为常委会审议决策提供参考。重视人大理论研究和宣传报道工作，常委会报送的论文《代表选举公信力生成机制探析》获省人大理论研讨论文一等奖，常委会办公室被评为2015年度省人大《人民与权力》杂志通联先进集体，另有多篇宣传稿件获评南通市人大年度好稿件。关注代表闭会期间履职情况，统一印发履职记录本，规范代表履职内容，促进代表完善自我管理。组织在启东的南通市人大代表回选举单位述职，接受市人大常委会监督。加强“代表园地”“代表之窗”等平台建设，展示代表履职风采，推进政府相关工作。邀请代表列席常委会会议，鼓励代表畅所欲言发表对“一府两院”工作的意见。开展代表优秀议案和建议评选活动，激发代表的主体活力和履职热情。

【基层人大工作指导】 注重把握市与镇、街道、园区人大之间的关系，发挥联系指导作用。分批邀请镇人大主席和街道、园区人大工委负责人列席常委会会议，参加上级人大组织的培训，赴先进地区参观考察，组织开展观摩交流，加强两级人大的沟通联系，共同分析探讨人大工作面临的新情况、新问题，总结推介先进经验与做法，推进全市人大工作的开展。

（朱铋瑜）

建议办理

【概况】 市十六届人大四次会议以来，代表们认真履行宪法和法律赋予的职责，依照法定程序，围绕事关全市经济社会发展大局和人民群众切身利益的重要问题，积极建言献策，提出许多宝贵的建议和意见。会后，经市人大人事代表工作委员会整理并移交市政府及各职能部门办理的议案1件，建议、批评、意见（以下简称“建议”）197件，其中经济发展方面21件，城市建设管理方面45件，农业和农村工作方面43件，科教文化卫生方面32件，社会事业和民生保障方面18件，社会治安稳定方面21件，依法行政方面6件，其他方面12件。在市人大常委会的监督、指导下，在人大代表的支持、配合下，经过各方面的共同努力，所有建议均已按时办理完毕。所提问题已经解决或基本解决的51件，占25.75%；所提问题正在解决或已列入计划准备解决的123件，占62.12%；所提问题因受条件限制或其他原因只能待后逐步研究解决的24件，占12.13%。从反馈意见看，代表们对市政府及各承办单位办理工作的过程和结果给予充分肯定，初次答复满意率达98.99%，二次满意率达100%。

【议案办理情况】 关于“深入开展水环境整治”的议案。

市政府办理情况：市政府高度重视人大1号议案办理工作，专题研究全市水环境整治工作，以1号议案的办理为抓手，注重整体联动、重拳出击，共同打好水环境整治攻坚战。一是凝聚共识，求“高”求“早”求“好”。市政府把水环境综合整治作为贯彻习总书记视察江苏重要讲话精神的具体体现，作为为民造福的民心工程、实事工程，精心组织，全力推进。3月初，市委、市政府召开全市水环境整治动员大会，要求以最自觉的态度、最强硬的举措、最严格的标准、最迅速的行动，全力以赴打好水环境整治这场硬仗。市政府主要领导、分管领导多次亲自带队赴各镇、园区调研，实地察看、现场交流、座谈分析，研究部署具体工作。二是多措并举，保“宣”保“推”保“投”。点上，各镇、园区结合养生知识讲座、卫生户评选、水环境整治征文等活动，形成全社会“惜水、爱水、护水、治水”的良好风气。面上，充分利用网络、电视、电台、报纸等媒介，通过开设专栏、专版，集中报道整治工作，打造全社会关心、支持水环境建设的浓厚氛围。市住建局、城管局、环保局等单位在摸清底数的基础上，将城区水环境整治工作列入2015年重点工作计划，实施泵站涵闸建设、河道整治及截污等工程，对部分小区雨污水管道进行改造，对城区部分河道尝试实施生态修复。另外，2015年还完成城市污水处理厂三期工程设备调试及配套管网建设。全年市财政投入1700多万元，重点实施沟河贯通、养殖设施清除、畜禽养殖粪污治理、监管工业废水排放、城区水环境治理、打击非法捕捞行为、“生态治河”建设等七大工程。其中，一二级河道管护经费从2014年2000元/公里增加到3000元/公里，一二级河道养殖捕捞设施清理奖补资金250万元；镇管护三四级河道以奖代补资金从2014年1750元/公里增加到2000元/公里；泯沟管护经费从2014年的2元/人（户籍人口）增加到3元/人。三是卓有成效，见“清”见“洁”见“绿”。不定期对各镇、园区工作进展情况进行巡查指导，对镇村水环境开展每半月一次的地毯式巡查。全年共出动巡查人次1872人、624车次，下发整改通知单6900份。全市河道完成拆坝建涵（桥）10297只，整改河道5649条，一二级河道清障1002只，三四五级河道清障50740只；治理粪污沟272条；处理违法电捕鱼、毒虾行为319起，收缴电捕鱼器具319套，开展集中销毁电捕鱼器具活动4次；打击毒龙虾事件4起，刑拘9人。在南通率先建成河道信息化管理系统，对全市一级到五级的15633条河道实行动态监管，及时推进整改。通过全市上下的努力，全市水环境质量整体向好，主要河道基本实现水清、面洁、岸绿的目标。

【重点建议办理情况】 关于顾仲兵等代表提出的《关于整治全市窑业企业的建议》。

市政府办理情况：一是统一思想，强化责任。市政府专门成立专项整治工作领导小组，定期组织讨论、研究推进整治工作，及时决策整治方案、解决重点难点问题。作为整治工作的责任主体，各镇、园区成立相应工作机构，具体负责辖区内企业整治工作。市政府定期召开整治工作专项会议，多次深入现场，督促镇、园区及时落实整治任务，确保整治工作如期取得实效。二是完善政策，强化激励。对列入整治的砖瓦窑业企业，按照土地增减挂钩政策，按企业占地图斑面积，每亩给予企业4万元补偿，对镇、园区每亩给予3万元补贴，辖区内窑业企业全部关闭的，给予镇、园区每座窑再增加20万元的财政补贴。同时，综合发挥财政、税收等政策的调控作用，强化经济和法律手段，加大行政执法处罚力度，积极引导砖瓦窑业企业完成专项整治任务。三是加强引导，转型升级。结合“禁实禁粘”工作，加大对全市重大建设项目宣传、检查、监管力度，加快墙材使用观念转变，推动新型墙体材料市场占有额扩展。结合隧道窑发展，引导企业转型升级，实现窑业企业对生态环境的零破坏。全市40家砖瓦窑业企业中，已签约或确认关闭26家，其中完成拆除14家。

关于顾邦祥等代表提出的《关于协兴港新闸外延伸导流堤的建议》。

市政府办理情况：一是充分调研，摸清底数。组织实地勘察，听取周边群众意见,召集相关单位专题会商,征求相关设计单位的技术方案并初步进行可行性论证,明确建设的必要性,认识攻坚的重要性。二是加强领导,明确职责。项目实施涉及报批立项、用海手续的审批以及矛盾处理等众多难题,市政府主要领导亲自协调,召开市长办公会议,成立由相关单位组成的工作班子,明确各部门工作职责。三是分步实施,科学推进。协兴港区域控制性详规编制完成,码头、护岸等基础设施工程完工,吹沙造陆、路网框架等工程加快推进。

关于陆健等代表提出的《关于加强农村畜禽疫病防控的建议》。

市政府办理情况:一是完善工作机制,凝聚工作合力。年初修订出台《启东市突发重大动物疫情应急预案》,成立启东市重大动物疫情防控指挥部,规范重大动物疫病的具体免疫程序。2015年春防抽样检测中,全部样品合格率达到上级要求。面对全国H7N9禽流感、省羊小反刍兽疫等疫情,政府各相关部门均顺利完成防控工作。二是强化防控力量,严格检疫监管。利用电视、广播等媒介推广养殖技术知识,不断加大人员培训、下乡指导等工作力度,每年组织“防疫员比武”活动,增强基层防疫力量,市镇村三层防控网络框架已经形成。严把屠宰检疫、产地检疫、市场流通三个关口,2015年共开展集中整治行动3次。加快屠宰场点整顿,建设2个规模机械化屠宰场。三是谋求转型发展,推进生态养殖。全市共有“省级生态健康养殖示范场”32家,2015年新申报3家,2家养殖场获得农业部“标准化示范场”称号。

关于吴凤云代表提出的《关于采取切实有效措施,缓解市区有关干道交通难的建议》。

市政府办理情况:一是拉开城市框架。针对老城区规模偏小、民生资源高度集中等导致交通难的矛盾,全力推动新城区和东城区建设,逐步将城区原有行政办公、医疗、学校、商业服务等功能外迁至新城区和东城区。世纪大道、丁仓港路、中央路、西苑路形成环路闭合,新城区初具规模。二是加快城市改造。2015年,在建成团结新村东侧、北上海花园东侧等多个生态停车场的基础上,对老城区拥堵的道路节点开展疏导对策研究工作,对拥堵的重点路段进行拓宽改造。城区重要交通节点规划研究初步完成,民乐中路启东宾馆东南侧改造完成,公园路以西人民医院以东改造完成50%,人民医院、折桂中学、欣乐城等地下停车场与主体工程同步建设。三是引导绿色出行。结合创卫创模创生态和文明城市创建活动,多渠道、多方式宣传交通法规,加大违章停车查处力度,创造绿色出行条件,引导以公交车、公共自行车为主的出行方式。

关于顾邦祥等代表提出的《关于加强民办幼儿园管理的建议》。

市政府办理情况:一是加快推进民办幼儿园回购工作。市、镇两级政府把回购民办幼儿园的工作,作为一项重要的民生实事工程加以推进。通过实施奖补激励政策、优先安排用地指标、明确层级化的分担机制、强化工作考核等措施,确保民办幼儿园回购任务如期完成。全市有27所民办幼儿园完成回购转制,回购率近50%。对转制为公办的幼儿园,市镇两级财政切实增加财政投入,调优师资队伍,使幼儿园办学条件、保教质量,均有较大提高。二是抢抓幼教发展新机遇。市抓住“省、市优质园”的创建契机,积极“以评促建、以评促改、以评促提升”。全市28所民办幼儿园全部达到省合格幼儿园标准。其中,省优质幼儿园20所,南通市优质幼儿园3所,省、市优质民办幼儿园数占全市民办幼儿园总数的75%。三是加强民办幼儿园日常管理。每年3—6月,市对民办幼儿园办学情况进行年度检查。对年检合格的民办幼儿园给予验印贴花;对存有问题的民办幼儿园,发出“限期整改通知书”,暂缓通过年检;对不整改或整改不力,年检不合格的民办幼儿园,注销其“中华人民共和国民办学校办学许可证”。市整治非法幼儿园工作领导小组先后进行教育行政执法30多次,参与行政执法人员200多人次,调查取证100多人,送达各种教育行政处罚文书36份,清理整治8所非法幼儿园。

关于陈玲等代表提出的《关于启动“启东市社会福利中心”项目建设的建议》。

市政府办理情况:市政府多次就选址、建设方案等前期工作进行会商。规划中的社会福利中心选址位于新城区东侧,泰山路以东,松花江路以南,牡丹江路以北,丁仓港路以西,规划面积约110亩,床位1200张,总投资约5亿元,建成后将成为集自主老人颐养,失能老人护理康复和疗养,困境儿童和城市“三无”人员救助,救灾物资储备为一体的综合性社会福利机构。市民政局会同国土局、城投公司开展各项工作。

关于韩卫军代表提出的《关于确保群众“舌尖上的安全”的建议》。

市政府办理情况:一是完善监测网络。2015年,市在汇龙、吕四、南阳、惠萍、王鲍、寅阳等6地建立农产品检测室,主要对农产品中有机磷及氨基甲酸酯类等高毒高残留农药开展检测。二是拓宽检测范围。以往对农产品检测主要集中在对农产品生产种植基地及农产品批发市场,全市各镇农产品市场还存在盲区。2015年,依托分布全市的农产品检测室,市对所有农贸市场的主要农渔产品开展药残检测,特别是农产品批发,做到每品种、每批次必检测,确保农产品源头质量安全。三是加大执法力度。对农渔残超标情况,全部实行追回查封,同时将可疑样品送市综合检验检测中心进行定量检测,依照法定检测报告作出相应处罚,以此杜绝农渔残超标产品流入市场。

关于王兴旋等代表提出的《关于钢材市场搬迁的建议》和杨信明等代表提出的《关于关闭污染严重的蒿枝港鱼粉厂的建议》。

市政府办理情况:钢材市场的搬迁为代表们持续关注,在代表和有关部门的大力推动下,新的钢材市场建设早已启动,但项目一度处于停滞状态。市政府多次召开专题会议,协调推进此项工作。启东梧桐置业有限公司全盘接手。规划中的新钢材市场位于合兴镇村东侧,北邻中央大道,东邻滨江大道,规划用地面积16876平方米,同时,市政府将组织市管、商务、城管等部门共同做好建材街钢材经营户的搬迁协调工作,保障钢材市场尽早完成搬迁。针对蒿枝港鱼粉厂污染问题，相关职能部门组织多次检查。该厂位于吕四港镇蒿枝港北侧，2002 年建办，年加工鱼粉 200 吨。2015 年因鱼粉原料较往年价格涨幅偏大，企业一直处于停业状态。待企业恢复加工，环保部门将立即对其进行全面核查，依据监测结果予以依法处理。

2015 年市十六届人大四次会议优秀议案、建议

表 6

序号	议案号、建议号	题　　目	提出者
1	001	关于深入开展水环境整治建立长效管护机制的议案	汤辉等 13 名代表
2	001	关于抢抓“两带一路”战略机遇，推动启东陆海统筹跨越发展的建议	华伟、潘双林等 11 名代表
3	002	关于大力加强市文化阵地建设的建议	施仲元等 10 名代表
4	009	关于在实施“融入上海”战略中交通先行、收费(崇启大桥过桥费)优惠的建议	徐永辉
5	011	关于推动农村水面养殖种植立体发展的建议	汤永涛等 10 名代表
6	038	关于调整扶持政策全力加快设施农业发展的建议	顾胜豪等 2 名代表
7	044	关于加大投入力度，加快推进旅游聚集区建设的建议	张生华
8	058	关于采取切实有效措施，缓解市区有关干道交通难的建议	吴凤云
9	060	关于认真落实城镇公共厕所建设规划的建议	汤骏驰等 2 名代表
10	104	关于尽快整治马路二手车交易市场的建议	顾永辉等 3 名代表
11	117	关于继续加强土地整理复垦，挖掘土地资源潜力的建议	姜汉杰等 4 名代表
12	128	关于加强民办幼儿园管理的建议	顾邦祥等 4 名代表
13	134	关于确保群众“舌尖上的安全”的建议	韩卫军
14	147	关于建立社区管理与物业管理整合机制，让小区真正成为居家之场所的建议	秦建新等 4 名代表
15	155	关于整合城区医疗资源，方便居民就近就医的建议	张建平等 6 名代表

（朱镟瑜）

东疆新城　花香胜景。　（黄允斐/2015 年 1 月摄）

重要会议

【十六届市政府第七次全体（扩大)会议】 3月17日，十六届市政府召开第七次全体(扩大)会议,按照市委十二届八次全体(扩大)会议和市十六届人大四次会议确定的各项目标，分析经济形势,研究部署二季度工作。

会议指出,把握大局、认清大势是做好工作的重要前提,经济增长的压力仍在持续,必须增强信心、迎难而上;区域发展的形态不断调整，必须勇于开拓、借力发展;争先进位的使命重任在肩,必须克难求进、奋力赶超,要做到对发展形势有更清醒的认识、对发展内涵有更清醒的理解、对发展方向有更清醒的把握，努力实现启东经济社会有质量、有效益、可持续的发展。

会议对下阶段工作提出4个方面要求:稳增长,要把抓增量作为一季度首要任务,奋力实现首季“开门红”;促转型,更大力度推进转型升级、创新驱动,优化存量和做优增强并举,推动低转高、散转聚、大转强,提升经济发展的质量,关注投入产出的效益,坚持经济质态、产业业态、环境生态“三态并重”,实现总量、增量、质量“三量提升”;抓项目,新常态下更加注重项目对经济发展的支撑作用，树立迟干不如早干、慢干不如快干的思想,集中资源、集中力量、集中优势,加大工作力度,实现城市建设新突破;惠民生,围绕习总书记提出的“七个更”目标,坚持以民为本、富民为先,突出解决好群众最关心、最直接、最现实的利益问题，让城乡居民共享更多的改革发展成果。

【十六届市政府第八次全体（扩大)会议】 10月23日,十六届市政府召开第八次全体(扩大)会议,回顾总结前三季度工作,深入分析经济形势,安排部署第四季度工作。

市长黄卫锋强调要深入贯彻落实中央、省、南通市对第四季度工作的最新要求和市委十二届九次全体(扩大)会议精神，主动把握和积极适应经济发展新常态,注重统筹兼顾,着力改善民生,抓好大事实事,搞好自身建设,进一步坚定信心、善抓机遇，攻坚克难、拼搏进取,决战四季度,确保完成全年各项目标任务。

会议指出,距离2015年年底还有两个月时间,做好四季度工作,对于完成全年以及“十二五”规划目标任务,确保“十三五”起好步、开好局至关重要,必须拿出冲刺劲头和攻坚精神,措施不能软、方法不能空、劲头不能松,全力以赴做好各项工作。

会议要求重点抓好5个方面的工作:保持经济平稳运行,对照目标强责任,稳住企业不放手,争领先,对照年初确定的目标任务开展“回头看”,对照重点工作、重点工程、为民实事项目看进度,实行严格的目标责任制和压力传递机制,帮助困难企业解决问题、稳定生产,鼓励企业提升竞争力,支持企业直接融资,加大力度扶持新三板挂牌企业,所有涉及南通市综合考核的部门都要吃透考核政策,采取扎实有力的工作,努力在2014年的基础上争先进位；加快项目建设,抓项目推进,强化招商引资,协调要素保障,摸排好2016年省、南通市重点项目,做好2016年一季度项目开工准备，对在手在谈的321个项目,加强上门对接,加快签约落地,充实项目储备,发动招商攻势,抢抓上海建设用地减量化、千家企业外迁的重大机遇,瞄准锁定优质项目,超前谋划、见缝插针,打好“主动战”“对接战”,提振频率,提升效率,做到周周有活动、月月有成效,推进金融生态创建工作,加快陆海统筹发展金融服务创新启东示范区建设,做大做强海域使用权抵押、“助保贷”等业务;更大力度推进城乡建设,推进市政、交通重点工程，做好土地例行督查整改工作,对城建、交通重点工程倒排工期、挂图作战、奋力攻坚;保障改善民生,推进民生实事，切实维护社会稳定,抓好安全生产,组织推进进度滞后工程,确保2015年内完成目标任务,进度较快的项目要快建成、快运营、快见效。加大排查力度,确保不发生影响全局的信访案件和群体性事件。贯彻落实安全生产“党政同责、一岗双责、失职追责”的要求,加强安全生产隐患排查整治,全面提升安全管理水平;编制“十三五”规划,注重彰显时代特征,深入谋划重大问题,积极吸收各方意见,全面总结启东建设成就和经验,因地制宜、扬长补短,加强对重大战略、重大问题、重大工程和项目的研究,保持发展战略的相对连贯性和延续性,做大做强“三优三新”产业集群，坚持开门编规划，广泛征求社会各方意见，编制出符合上级精神、体现时代要求、契合启东实际、反映群众意愿的好规划。

【市政府常务会议】 2015年，十六届市政府共召开常务会议14次。

1月14日，召开第31次常务会议，听取关于简政放权深化行政审批制度改革"5张清单"、调整市政公用基础设施配套费征收标准、当前安全生产工作、全市破产改制企业档案规范整理工作情况汇报，讨论《关于深化财税体制改革加快建立现代财政制度的实施意见》《政府工作报告》（讨论稿）、《启东市2015年为民实事项目》（讨论稿）。

1月27日，召开第32次常务会议，讨论工业开放型经济有关政策、《关于对2015年度金融部门信贷投放实行考核奖励的意见》。

3月4日，召开第33次常务会议，讨论《启东市机关事业单位差旅费管理办法》《启东市水环境综合整治工作实施方案》《关于全面开展本市农村土地承包经营权确权登记颁证工作的实施意见》，听取关于调整城镇土地使用税土地等级标准、迎接国家生态市、国家环保模范城市国家考核验收有关工作情况汇报，传达南通市创建国家生态文明建设示范区动员大会精神。

3月26日，召开第34次常务会议，听取关于"十二五"规划执行及"十三五"规划编制、加强环境监管能力建设工作、省金融生态优秀县复查验收情况汇报，传达国务院、省政府、南通市经济形势分析会会议精神。

4月30日，召开第35次常务会议，听取关于当前安全生产工作、全市现代服务业工作、发展全市旅游工作、启东市放宽市场主体住所（经营场所）登记规定情况汇报，传达省、南通市消防工作电视电话会议精神，讨论《2015年启东市依法行政工作要点》《启东市城市建筑垃圾管理办法》《启东市小型农田水利工程管理办法》。

5月29日，召开第36次常务会议，听取关于创建教育现代化有关工作、调整滨海工业园和近海镇"区镇合一"后医疗布局、市本级2015年部门预算编制、上市企业个人限售股转让有关问题、启东市城市投资经营中心与民资合资成立投资管理公司、华峰超纤项目建设有关问题的情况汇报，讨论《启东市户外广告设施设置管理办法》《启东市燃气突发事件应急预案》，传达贯彻省、南通、启东"三严三实"专题党课暨专题教育部署会议精神。

6月18日，召开第37次常务会议，讨论《关于依托"一带一路"、长江经济带和上海自贸区发展战略　推进我市经济转型升级的意见》《中国制造2025启东实施计划》《"互联网+"启东行动计划》《关于深入实施创新驱动战略促进科技进步和创新创业的实施意见》《大众创业万众创新启东行动计划》《关于进一步深化陆海统筹发展推进金融改革创新的实施意见》《启东市农村产权流转交易平台实施意见》《启东市农村产权流转交易管理试行办法》。

7月27日，召开第38次常务会议，听取关于当前安全生产工作、全市食品安全监管工作、启东市生态文明建设规划、与建设银行合作开展"助保贷"业务情况汇报，讨论《启东市2015年食品安全工作意见》《关于加强农村集体聚餐管理的实施意见》《启东市落实陆海统筹发展综合配套改革养殖用海管理制度改革实施方案》、吕四港区环抱式港池PPP项目招标要点。

8月12日，召开第39次常务会议，听取关于投资和重大项目、重点产业发展和技改推进、招商引资和外贸、经济运行走势分析、城建、上半年工作情况汇报，并进行认真讨论。会议指出，要肯定成绩，进一步坚定发展信心，要认清形势，切实增强发展的紧迫感。会议要求，要精准发力，全力打好经济发展组合拳。

8月28日，召开第40次常务会议，讨论《启东市相对集中行政许可权改革试点方案》《关于加强行政审批中介服务机构监督管理工作的意见》《关于深化行政审批制度改革加强事中事后监管的意见》《关于完善政务服务体系构建"三级便民服务网络"的意见》《启东市集镇环境综合整治实施方案》《启东市城市管线管理办法》《启东市高层住宅二次供水设施运行维护管理办法》《启东市特种设备安全突发事故应急预案》《关于推进文化建设迈上新台阶的实施意见》《启东市文化产业发展引导基金使用管理办法》《关于组建启东市报业传媒集团和启东市广电传媒集团的情况汇报》。

9月25日，召开第41次常务会议，讨论《关于进一步加强畜禽养殖场建设管理的意见》《启东市第二期学前教育五年行动计划（2016—2020年）》《启东市原乡镇辞退代课人员发放生活补助办法》《启东市政府制定价格的经营服务性收费项目目录》《2015中国·启东科技节暨国际经贸洽谈会活动方案》，听取关于当前安全生产、市政府部门责任清单编制、启东市2014—2015年度工业企业科学发展能力星级评价结果、加强启东市新建普通商品房预售资金监管工作、城南小学、城南幼儿园、实小开发区分校等新建项目、一类口岸开放市政府与联检单位合作协议的情况汇报，并进行认真讨论。

10月17日，召开第42次常务会议，听取关于2015年新农合工作以及2016年新农合实施方案、调整医疗保险有关政策、机关事业单位养老保险制度改革工作、2015年启东市科学技术进步奖评审工作情况汇报，讨论《关于进一步完善城乡居民基本养老保险制度的意见》《启东市招才引智奖励实施办法（试行）》《2015年启东市"东疆英才计划"资助对象和杰出人才成就奖高技能人才贡献奖优秀农村实用人才奖表彰对象建议名单》。

11月24日，召开第43次常务会议，听取关于调整、建立社区居委会审查情况、全市集中式饮用水水源地保护工作、2015年全市司法工作、2015年民族宗教工作的情况汇报，讨论《关于加快推进建筑产业现代化促进建筑业转型升级的实施意见》。

12月23日，召开第44次常务会议，听取关于全市安全生产、道路交通安全和冬季消防安全、启东市海洋渔业和滩涂养殖安全生产情况汇报，讨论《启东市国民经济和社会发展第十三个五年规划纲要》《启东市公务用车制度改革总体方案》及相关配套文件、《政府工作报告》、2016年为民实事项目、《关于启东市2015年国民经济和社会发展计划执行情况与2016年国民经济和社会发展计划（草案）的报告》(书面)、《关于启东市2015财政预算执行情况和2016年财政预算（草案)的报告》(书面)。

（黄　健）

重要政务

【概况】 2015年,市政府以习近平总书记系列重要讲话特别是视察江苏重要讲话精神为根本遵循，主动适应经济发展新常态,加快经济转型步伐,破解改革发展难题,积极应对各类挑战,较好完成全年目标任务，实现“十二五”的圆满收官。全年实现地区生产总值803.14亿元,比上年增长9.8%。完成一般公共预算收入76.86亿元,增长14.3%。全社会固定资产投资539.06亿元,增长11.5%。社会消费品零售总额293.06亿元,增长10%。城镇居民人均可支配收入34566元,农村居民人均可支配收入18287元,分别增长9%、9.1%。获国家卫生城市、省文明城市、省园林城市称号,在全国县域经济竞争力百强县中排名27位。

三次产业协调发展。强化经济工作的分析研判、运行调度和政策支持,加快发展先进制造业,全年实现规模工业产值1674.02亿元，增长10%;五大产业集群、新兴产业分别完成产值1010亿元、693亿元，占规模工业产值比重分别提高2.9个百分点和4.7个百分点。落实稳定外贸增长政策，实现出口总额25.5亿美元,增长10%,均列南通各县市前茅。发展现代服务业，实现服务业增加值334亿元,增长9.6%。深度开发旅游资源,碧海银沙、黄金海滩、乡村游等项目效应彰显,成功承办2015中国南通国际江海旅游节。现代农业加快发展,新增高效设施农业面积1.4万亩,建成省级示范合作社8个、示范家庭农场3家，远洋渔业规模居全省前列,获省“四有一责”先进县市。加快推进建筑产业现代化,南通二建获评中国驰名商标,全年各公司承建或参建的工程有4项获鲁班奖。

项目建设富有成效。推进“双百工程”建设,完成工业投资329亿元,增长9.1%。12个南通市级以上重点项目实现投资115亿元，完成率列南通各县市第一;华滋海工、姚记二期等项目开工建设,广汇能源、华峰超纤等项目加快建设,神通二期、国凯机电等项目竣工投产。制定《中国制造2025启东实施计划》，举办2015中国高端装备制造业发展论坛。推动企业智能改造、技术提升,实施技改项目392个,完成技改投入200亿元;2家企业入选国家“两化融合”试点。优化调整招商队伍,精心组织各类招商活动,实际到账外资2.25亿美元。开展土地例行督察整改工作，成功创建省国土资源节约集约模范县市。

载体建设全面加强。深入实施市领导挂钩园区工作机制，突出功能完善和绩效产出，八大园区对全市经济的贡献份额不断提高。启东经济开发区加快产业转型，积极培育互联网金融、大数据、电子商务等“四新”经济。吕四环抱式港池形成建设用地1万亩,新材料产业园重大项目加快建设。滨海工业园加强沪启合作和资源整合,教育、交通等功能配套不断完善。滨江医药化工园强化环保和安全理念,生产运行平稳有序。海工船舶工业园引进中集安瑞科、法国雅凯等战略投资者,企业重组优化成效明显。圆陀角旅游度假区获批省级旅游度假区,十里江海风情带加快建设。启隆生态科技产业园绿地长岛项目快速推进。江海产业园省级滩涂综合开发试验区规划通过专家评审。

重点改革实现新突破。行政审批制度改革深入推进，取消审批事项12项,下放事权47项;推进相对集中行政许可权改革，成立市行政审批局，市场准入和投资建设领域66个事项实现“一枚印章管审批”;在南通率先推行“先照后证”和“三证合一”。投融资体制机制不断完善,环抱式港池20亿元PPP项目顺利实施，陆海统筹发展金融服务创新示范区加快建设，全年新增贷款88.76亿元,列南通各县市第一。农村产权流转交易平台加快建设,土地承包经营权确权登记颁证工作南通领先；养殖用海海域使用权证发放基本完成。综合医改国家试点工作成效显著，公立医院改革顺利实施,两大医疗管理集团有效运行,分级诊疗、家庭医生制度全面推行,获国家卫计委充分肯定。

对接上海取得新成效。推进融入上海11类37项重点工作，主动对接上海规划编制，沪崇启铁路通道有望纳入国家中长期铁路网规划。推进沪启园区共建,成立上海自贸区启东生物科技创新协作园、浦东祝桥启东产业园;开展“上海招商大会战”，吸引上海资本投资启东,尚华医药、新海航、菲尔特等23家企业成功落户。加强优质医疗资源引进,与新华、仁济、瑞慈等医院实现远程会诊，与上海十院合作建立长寿基因研究中心。教育、科技、人才等对接工作取得实效。

创新创业注入新动力。推动大众创业、万众创新,全社会研发投入占地区生产总值比重达2.5%,科技进步贡献率达63.5%，大中型工业企业研发机构实现全覆盖。完成高新技术产业产值776亿元，占规模工业产值比重达47%。科技成果加速转化,实施产学研合作项目172项，新增高新技术企业27家、高新技术产品100个,专利授权2158件。创新载体加快建设,新增省级以上各类技术平台14家,林洋电子被认定为国家级企业技术中心,国动产业园入驻互联网企业18家,滨海工业园众创空间建设有力推进,举办尚华生物医药创新发展论坛。招才引智成效显著，引进创新创业领军人才106人,其中国家“千人计划”专家5人、省“双创计划”11人。

城市功能日趋完善。城区交通道路内疏外扩,丁仓港路南延、世纪大道西延等4条环线道路贯通,南苑东路、紫薇东路等5条道路完成改造，灵秀路、江海路南延等17条道路加快推进。加强城市交通秩序管理,城区重点路段机动车违规停放整治成效初显。城市景观不断美化，紫薇公园完成改造,灵秀公园加快建设,新增游园节点3个。城区配套功能逐步完善,文峰二期建成开业，欣乐城、大润发进展顺利,妇幼保健院、社会福利中心、文化

体育中心等启动规划建设。有机更新社区配套设施，完成小区改造10个，新建农贸市场2个。深入推进城市环境综合整治“951”行动，数字化城管通过省级验收。

*基础设施加快建设。*启东港一类口岸开放通过国家验收，吕四港区10万吨级进港航道一期工程完工，宁启铁路启东段完成工程量的38%，海启高速启东段加快建设。整修县乡公路18公里，亮化县乡公路30公里，完成农村公路安保工程1000公里。城市污水处理厂三期、惠阳变、大唐电厂改接线等工程竣工投运，区域供水通久线开工建设。鼓励绿色出行，新增新能源公交车37辆、城区公共自行车网点15个，新增优化公交路线8条。连兴港闸、协兴港码头等工程基本完工。

*生态环境不断改善。*生态市创建通过国家验收，生态文明建设规划颁布实施。认真办理市人大一号议案，开展水环境综合整治，加强清障保洁，提升河道引排能力，在南通率先建成河道信息化管理系统，全市水环境质量整体向好。开展大气污染防治，空气质量指数居南通前列。推进区外化工、电镀行业、窑业企业专项整治，依法关停并转企业63家。推进节能减排，完成清洁生产审核企业23家，单位能耗及绩效产出水平列南通各县市第一。实施八大造林绿化工程，新增造林面积4.05万亩、城镇绿地面积70.4万平方米，林木覆盖率达22.62%。

*民生实事稳步实施。*十大类44项为民实事项目基本完成，民生投入占公共财政支出比重超过75%。城乡保障体系不断完善，城镇职工“五险”参保率、城乡居民养老保险覆盖率达96%以上，城乡居民基础养老金标准提高至105元，农村、城镇低保标准分别提高至460元、580元，城镇登记失业率控制在3%以内。开工建设安置房125万平方米，竣工84万平方米，交付使用6200套。无线城市免费网络覆盖10个公共场所，体育馆完成修缮对外开放。

*社会事业均衡发展。*推进教育现代化创建，数字化校园加快建设，校安工程基本完成，市第一中学、滨海实验学校开学启用，46所中小学建成省义务教育现代化学校。医疗卫生优质资源重心下沉，基层医院住院率提高22.1%，在基层医院住院的低保、五保户及农村70周岁以上老人基本药物全部免费；新农合住院医药费补偿3.7亿元，13.8万人次受益。养老服务体系建设扎实推进，全市每千名老人养老床位达31.9张。慈善公益事业健康发展。举办启东版画院“建院30周年”作品展，“村村乐”“书香启东”等一批群众性文体活动蓬勃开展。

*社会治理有效强化。*全国文明城市创建有序推进，“传递正能量、共建好家园”等文明创建活动蓬勃开展，2人获评“中国好人”。深化“三强化三提升”“政社互动”工作，启动社会诚信体系建设。法治启东建设扎实开展，基层法制机构实现全覆盖。平安启东建设深入推进，立体化社会治安防控体系不断完善。依法规范信访秩序，妥善处理各类社会矛盾。严格落实安全生产责任制，强化安全生产专项整治，安全生产形势持续稳定。严厉打击食品药品违法犯罪行为，有效保障群众饮食用药安全。

*持续加强自身建设。*开展政府系统“三严三实”专题教育，做好省委巡视组反馈意见整改落实。开展政风行风建设，发扬“马上就办”工作作风和“钉钉子”精神，推动工作落实。建成覆盖市镇的视频会议系统，政府效能和应急协作能力有效提升。全面推进依法行政，落实新修订的《行政诉讼法》，行政机关主要负责人出庭应诉率全省领先；建立行政执法和刑事司法衔接机制。自觉接受市人大及其常委会的法律监督和工作监督，主动接受市政协的民主监督，认真办理人大代表议案建议198件、政协委员提案234件。清理规范性文件72件，废止22件。加强厉行节约、预算采购、公务接待等执行情况的监督检查，稳妥推进公务用车制度改革。学习和贯彻落实新修订的《廉洁自律准则》和《纪律处分条例》，全面落实党风廉政建设责任制，强化行政监察和审计监督，政府廉政建设取得新成效。

（黄　健）

民族宗教事务

【概况】 2015年，市民族宗教事务局（以下简称“民宗局”）认真贯彻党的民族宗教工作的基本方针政策，加强宗教事务依法管理，把握安全稳定这一主线，以民宗领域重点工作为抓手，提升服务管理水平，推进依法行政，加强自身建设，认真履行职责，各项工作都取得新成效，为全市民族团结进步和宗教和睦和谐做出积极贡献。

【少数民族困难群众帮扶】 开展对少数民族的帮扶。春节前期，民宗局深入11个镇（乡），开展走访慰问少数民族贫困户活动。从2014年6月起，为10个信奉伊斯兰教的少数民族群众发放清真食品补贴共计3.3万元。为少数民族群众做好少数民族成分变更的审核工作，让其子女能充分享受中考、高考加分照顾政策。2015年，共办理民族成分变更11件，中考、高考加分审核7人次。

【少数民族扶贫项目培育】 会同市财政局对2014年少数民族扶贫项目进行考核验收，根据实际情况，及时与省民委沟通协调，增加项目实际实施地址，年末项目验收合格，资金下拨到位。组织各镇（乡）开展2015年少数民族发展资金项目申报工作，通过实地考察，摸底调研，对海复镇兴益村的鲜枣种植项目进行培育扶持，并列入重点工作进行长期跟踪和帮助。

【服务外来少数民族商民】 开展少数民族人口调查登记，全面掌握全市少数民族人口从业现状及生活现状。加强对流动商民的管理和服务。在教育引导他们文明守法、诚信经营、服务社会的同时，帮助他们协调解决困难和问题。帮助在启东经营拉面的5个少数民族商民的子女分别在长江小学、汇龙小学和善成小学读书，解决就学问题。妥善解决3个新疆经营烧烤的流动商民要求解决经营摊位安置的诉求。

【少数民族流动商屋】 按照“保稳定、化矛盾、办实事”的工作方针，借助少数民族联谊会和清真食品管理协调小组这两个平台，民宗局做好少数民族流动商民矛盾纠纷的化解工作。联合其他职能部门依法处理问题，通过坚持定期排查、“敏感时期” 重点排查、“共性问题”联合排查和“突发事件”专项排查，及时掌握少数民族群众和信教群众的思想动态及倾向性矛盾纠纷，为他们解决实际问题，排除隐患，化解纠纷。

【维护宗教活动安全】 指导各宗教团体、宗教场所做好春节、观音节和圣诞节等重大宗教活动安全稳定工作。在三个观音节期间，由市政府牵头部署，10多个部门通力协作，特别是公安部门组织100多名民警和50多名特勤维持秩序。在民宗局的全力协调和各部门的合作下，全年全市31处宗教活动场所在春节、观音节等大型宗教活动都圆满完成安保工作，场所安稳，活动正常，气氛祥和。

【“防渗抵渗”】 制定各项制度 “防渗抵渗”，打击非法宗教，引导宗教与社会主义相适应。建立责任制度，明确各层面的责任主体；建立登记制度锁定特殊人员，阻止上门渗透；建立学习制度，提高增强宗教团体和宗教场所教职人员及信教群众的认识和综合素质；制定信息宣传制度，通过信息搜集、编辑，防范控制苗头性问题，反应工作动态和社情民意，深化社会主义核心价值观教育。

【违建寺观专项治理】 5月起，民宗局高度重视违建寺观专项工作，第一时间组织全市各乡镇、园区对辖区内乱建情况开展全面摸底调查。按“四个一批”的原则，制定分类处理方案，通过工作组依法依规深入推进整治，年末，违建寺观停止宗教活动，专项治理工作取得阶段性成效。

【人才队伍建设】 4月，民宗局假座基督教的江苏神学院小礼堂召开 “启东宗教人才需求推介会”，为启东基督教会在全省广纳人才。指导佛教协会按相关程序规范办理人才引进申报手续，鼓励他们引进德才兼备的僧人，充实佛教教职人员队伍。指导基督教三自会加强日常考评和年终考核相结合，提升教职人员综合素质。为提升主要教职的整体素质，加强规范管理，维护宗教正常秩序，根据南通市局相关要求，结合市宗教活动场所的实际，开始市主要教职备案统计工作，完成对32个场所的主要教职和实际负责人的备案工作。

【星级宗教活动场所创建】 制定创建方案，发挥典型示范效应。对场所档案室的创建、场所管理和消防建设做出具体指导。邀请档案局进行业务辅导，要求各宗教场所根据各自特色开展档案室创建工作，做到达标且个性鲜明。结合场所安全检查，推动场所消防建设，使场所均达到消防验收合格的标准。12月，海潮寺、和合基督教堂通过四星级宗教活动场所验收，北新基督教堂通过三星级宗教活动场所验收。

【“宗教慈善周”活动】 引导宗教界发挥自身优势，结合公益慈善要求，积极服务社会。9月，启东市宗教界开展多种形式的慈善周活动。慈善周期间启东市佛教界捐款乐助白血病家庭和母子绝症家庭，中秋前夕慰问敬老院，举办慈善乐助法会募集慈善资金。其中，佛教界募捐到慈善财物共计24000元。天主教界募得现金8905元。所有募集的款项都用于扶贫助困。基督教募集慈善捐款8.6万元，实际用于慈善周慰问超过50%。慈善周活动中，慰问特困家庭51个、贫困学生家庭5个，助残6个，为两个托老院义诊服务170多人次，理发、修剪指甲、整理个人卫生等40多人，实际受益人数582人。

【民族联谊】 5月28日，在启东市老年公寓举办以“走进敬老院，民族团结一家亲” 为主题的拉面技能展示观摩会，40多位来自青海、甘肃、新疆等地的回族、撒拉族、东乡族小伙展示高超的拉面技能，并向公寓的老年人奉献爱心。5月，组织民宗干部赴南通崇川区紫荆花社区参观调研社区少数民族工作，在组织机构、制度建设、工作载体、开展活动等方面进行学习交流。9月24日，是信奉伊斯兰教群众的重要节日，市民宗局领导和启东少数民族联谊会会长等一行到场祝贺，了解他们的风俗习惯，询问他们生产生活情况，并与他们一起庆贺节日，祈福生活。9月30日，在民宗局和少数民族联谊会的牵头下，组织部分兰州拉面的商民带着餐具赴基督教办的养老机构宽心怡养院为近百位老人免费送上拉面。

(杨润兰)

外事侨务

【因公出国境服务】 2015年，市政府外事侨务办(以下简称“市外侨办”)共受理党政干部出国境团组13批39人次，其中自组团7批，随团团组6批，分别赴日本、韩国、瑞典、丹麦、泰国、美国等国家和中国香港地区。通过推介，英中商会、芬中贸易协会、美中贸易协会等先后到启东考察，境外招商成效显著。推介Apec商务旅行卡，先后为8家企业办理商务旅行卡。

【友好交往】 根据启东市与韩国巨济市于2009年签署的“发展友好城市关系协议书”，韩国巨济市邀请市领导赴韩友好访问，并就两地教育和文化合作进行商洽。强化与美国亚特兰大中国学生学者总联谊会、南美江苏之友、加拿大华人社团联席会、香港陈一心家属基金会等海(境)外社团联系和互动，增进亲情乡谊，促进合作发展。

【搭建引资引智新平台】 组织侨港资企业家赴上海自贸区等园区，为企业牵线搭桥，助推企业转型升级；先后邀请董卫等近10名海外高层次人才到南通参加江海创业周和启东“海外才俊东疆行”活动；与市重点企业、经贸界人士进行面对面交流和洽谈。

【服务沿海经济开发】 与海外华人华侨和驻外中资企业联络。先后邀请英国、美国、加拿大、法国、荷兰、日本、新西兰等国家的知名人士到启东，进行文化、教育、经贸、高新技术等领域的交流合作、实地考察、投资洽谈。

【联谊慰问】 全年共接待回启东考察讲学、省亲访友的华侨、华人、港澳同胞近60人；组织侨务系统“冬日送温暖”“包粽子做香袋迎端午”“中秋送爽”等系列活动；及时探视和慰问患病或家中有难的归侨侨眷；深入12个乡镇走访慰问归侨侨眷300多人次，对困难归侨侨眷进行经济补助，全年慰问金额超8万元。

【为侨服务】 全年受理华侨、侨眷来信来访多起，通过与有关乡镇和法院的沟通，妥善协调涉侨拆迁问题及涉侨民事纠纷；为归国华侨申请办理归国手续1起；为5名华侨子女办理中考、高考加分投档证明。

【助推侨企发展】 组织侨界政协委员赴神通阀门、姚记扑克、森田消防等10多家侨港资企业走访调研，鼓励和引导企业在新一轮发展中抢抓机遇、做大做强。做好推进侨商企业转型升级服务工作，成功推介启东姚记扑克，该企业获第三届“江苏省优秀侨商企业”称号，江苏林洋电子股份有限公司董事长陆永华获2015年度“南通市海外创业风云人物”称号。

（尤婷海　张婧婧）

旅　游

【概况】 2015年，市商务局围绕“全面放大桥港优势，创建优秀旅游城市”目标，抢抓江苏沿海开发深入推进和长三角一体化进程不断加快的战略机遇，做大海洋旅游文章，推进智慧旅游建设，提升江海旅游品质，不断扩大品牌影响力，增强产品吸引力，全市旅游产业呈现出良好的发展态势。

【完善旅游规划体系】 在《全市旅游产业发展总体规划》的指引下，加快推进重点区域的旅游规划编制工作，推动旅游产业的科学发展。其中，圆陀角旅游度假区总体规划完成专家评审及修改完善，并报至市住建局规划中心，待市政府批示；《连兴港渔人码头控制性规划设计》委托启东金海浪规划设计院编制完成，并组织规划评审，修改和完善工作完成。吕四海洋风情区渔港小镇概念性设计完成。启隆生态旅游度假岛总规、重点片区概规、控规编制快速推进。惠萍镇果园村乡村旅游集聚区发展规划的编制工作完成。

【旅游项目招商】 着力整合各方资源，及时更新、完善和优化旅游招商项目，不断加大招商引资力度，推动旅游产业持续发展。按照年初制定的工作目标，组织形式多样的招商活动，充分利用“静安—崇明—启东旅游联盟”平台，聚焦上海市场，大力开展招商推介活动。2015年，累计发放启东招商折页1200多份，接待到启东考察的客商近11批次。

【旅游项目建设】 集聚区建设全面展开。圆陀角旅游度假区成功创建省级旅游度假区。恒大项目：碧海银沙于8月1日实现对外开放，4个月的时间共计接待游客近30万人次。会议、商业、饮食中心启用，承办启东经贸洽谈会、南通江海国际旅游节、启东科技节等重大活动；运动、健康、儿童、娱乐中心竣工营运；羽毛球、网球中心主体结构完工展开内外装修。新湖项目：新湖大道区域寅阳小农场地块的前期矛盾解决，地块回收，道路施工设计工作完成，总造价约3000万元，清障、放线工作完成。同时，根据恒大路的建设模式专门向市政府报告下一步新湖大道的实施方案。区内1号、2号市政道路、水系护岸、泵闸涵闸完工，道路景观绿化工程接近尾声。体育公园地形调整完成，草坪种植完成80%。黄金海滩升级改造项目：一期土方工程基本完工，累计完成土方工程量117万立方米；道路、游客服务中心项目进场开工。景观大道项目：运营管理队伍组建方面与锦荣资产达成合作意向；景观大道、体育公园综合楼等配套工程基本完工。连兴港渔人码头项目：地块拆迁完成80%；《连兴港渔人码头控制性规划设计》委托启东金海浪规划设计院编制完成，并组织规划评审，修改和完善工作完成；渔人码头场地平整及道路拓宽工程进场开工，管线搬迁基本完成。吕四渔港风情区：海域使用权证办理完成。吕四港海上旅游试验区工作稳步推进，新建游船码头、管理用房，游艇驾驶员培训，启东市吕四海燕旅游服务公司船检报批完成，出海观光旅游项目开始实施。鹤城公园改造二期工程开工。海鲜一条街完成规划设计，进入地基处理和打桩，土建招标，进士府、古镇保护开发方案开展编制。启隆生态科技产业园：上海自贸区金融服务综合项目（绿地）——马场、体育公园、游艇会所完成工程量的80%；香河爱晚养老基地项目——概念规划方案做完，项目策划完成，新增的土地利用规划报省国土厅，等待批复；泰国城文化商旅综合体项目——核心区的设计规划完成，进入审核调整阶段，完成一期的稳评和环评，与大项目办签订的投资协议草签，与启隆乡签订的农业用地租赁合同草签，5个大象棚舍开始建造；新村沙旅游综合开发——市政工程项目1号主路已完成沥青敷设工作，所有道路完成总体工程量的90%；绿化工程B区完成总体工程量的95%，C区完成总体工程量的40%；桥梁工程3号桥、纵一河桥竣工通车；水系工程基本完成；各项市政配套管网施工紧随道路建设进度，完成总体工程量的90%；内河疏浚工程全部完成；D区控制性详细规划通过相关专家评审，报市政府批准。

乡村游项目建设稳步推进。全市在建千万元以上乡村旅游项目共12个，田仓农庄、如意农庄、嘉仕有机农场成功创建省三星级乡村旅游区；协助圣合·圣心玫瑰文化产业园创建，和企业进行多次沟通交流，撰写创建建议书和任务分解表，共同做好创建相关工作。重点打造的乡村旅游集聚区——惠萍镇果园村规划编制结束，旅游集聚区内门楼建设、绿化亮化工程、水利建设、道路建设、环境整治等基础设施建设全部完成，旅游配套设施中的游客接待中心、农产品展示中心、江畔休闲区管理用房、小庙港河西游船码头等项目建成，采摘区竹长廊建设完成，江边休闲区基础设施建设开工建设。

滨海村渔家乐一景。 (市商务局/提供)

地热资源开发。在2014年委托江苏省地质勘查技术院开展启东地热资源开发前期地质论证工作的基础上，圆陀角旅游度假区地热资源钻井前期工作完成，施工队进场。同时，国土部门在汇龙、吕四、海复等地也启动进一步论证工作。

【宣传推广】 品牌培育。成功完成央视“发现之旅”拍摄、启东旅游宣传片拍摄制作、启东旅游地图及启东旅游宣传折页改版、启东海堤围垦纪念碑设计和自行车沿海寻根之旅线路设计，开展“发现启东之美”旅游攻略大赛和摄影大赛。实践电子商务营销，强化启东旅游咨询网的咨询服务和商务功能，加大与国内知名旅游营销网站的合作，充分利用微博、微信等新兴媒体开展旅游营销。启东旅游微博、微信公众号成功运营，上传启东旅游资源宣传及各类咨询信息153期，启东旅游微信公众号添加人数突破2140人。

节会推介。利用国内各类旅游节庆活动，宣传推介启东旅游资源，提升江海旅游品牌知名度。利用南通江海国际旅游节的契机，将启东旅游资源向省内外700多家旅行商、媒体推介。成功举办江海美食月、乡村旅游节等活动。组织全市旅游企业参加“2015昆明国际旅游交易会”“2015苏州国际旅游交易博览会”“第十二届上海世界旅游博览会”“第十一届海峡旅游博览会”“2015南京度假休闲及房车展览会”，参加省局组织的赴广东厦门宣传促销活动，3次参加南通旅游局组织的赴重点客源城市促销活动，收到较好的效果，山东旅行社发团到启东旅游。

区域合作。加大对接上海力度，启东旅游宣传品、旅游线路进入上海市旅游集散中心及主城区各区旅游服务中心推广；与上海市旅行社协会互动对接，将启东旅游产品纳入华东线的各大旅行社。

【行业秩序规范】 抓好行业标准化建设。引导、服务吕四港大酒店改造升级。做好全市星级饭店到期复核准备，抓好企业标准化建设。做好导游员年审培训。宣传旅游法，维护消费者权益，不断提升旅游企业诚信经营水平。加强旅游安全管理。重新修订《启东市旅游突发事件应急预案》和完善市旅游应急指挥中心成员单位联系表；制定行业安全生产工作计划，与旅游企业签订安全生产责任状。在全市旅游行业组织开展“安全生产月”活动，联合消防、交通、市场监管等部门，对旅游安全生产开展联合检查，确保不出现一起安全责任事故和重大旅游投诉。组织开展安全知识培训会，对全市各旅游企业主及分管安全生产工作的负责人进行消防安全、食品安全基本知识、应急求救等培训。

(张兴贵)

电子政务

【概况】 2015年，市政府信息中心按照上级主管部门的相关要求，整体规划，合理布局，加强政府门户网站建设，拓展新媒体应用，建设无线城市项目，加强信息公开工作，抓好信息安全管理，强化网络舆情建设，使全市信息化建设上一个新台阶。

【门户网站建设】 每日安排专人及时更新《政务要闻》《部门动态》《镇区动态》和《市长重要活动》等栏目信息，定期发布政府采购、在线访谈、政策解读和民生信息等内容。2015年，“中国启东”网站公开市政府及市级机关文件近400个，65项政府信息公开事项1028条。全市各级政府部门网站共发布各类政府信息13397条，“中国启东”网站2015年访问量达172万人次。做好专题专栏设计制作工作，制作《启东消防》《启东通讯》《启东市政府工作部门责任清单》等专题专栏3个，较好地向公众展示全市全年重点民生工作。

【政府网站普查】 按照江苏省、南通市统一部署安排，中心根据政府网站普查要求，严格对照政府网站普查评分细则，对“中国启东”政府门户网站的栏目进行梳理，对网站的历史信息进行检查，确保网站符合普查要求。做好“中国启东”政府门户网站普查工作，通过QQ群、电话、组织培训会、强制统一“体检”等方式，组织及指导11家镇区网站32家部门网站检查整改，确保全市所有政府网站全部达标。

【子网站建设】 根据市政府办公室《关于开展“中国启东”政府网站子网站整合工作的通知》要求，加大部门子网站建设工作，整合网络资源。年末，全市门户网站群共有16家子网站，通过统一的内容管理平台实现单点登录、多站点管理和信息多点同步发布，实现政府网站“一站式”服务和管理。

【政府信息主动公开】 2015年，中心突出抓好重点领域和关键环节的政府信息公开。全市主动公开政府信息13684条。其中，主动公开市政府本级文件120个，规范性文件14个，重点领域政府信息7319条。抓好市政府本级依申请公开工作。全年全市各级行政机关共受理政府信息公开申请342件,同比上升51.3%,其中市政府本级收到48件。从申请渠道看,信函是主要申请形式,申请量252件,所占比重为73.7%。在市级机关中,申请量列前5位的是国土资源局、住建局、水务局、环保局、公安局。在镇政府中,申请量列前3位的是汇龙镇、启东经济开发区、惠萍镇。申请主要集中在土地规划、征收补偿、环境保护、户籍管理等方面。全市共发生政府信息公开行政复议4件、行政诉讼20件,其中市政府2件行政诉讼,均依法办理完毕。

【无线城市项目建设】 根据《市政府关于分解落实2015年度重点工作任务及为民实事项目的通知》要求,中心在市人民医院、中医院、第三人民医院、政务服务中心、档案馆、儿童乐园、市民广场、汽车站、人民公园、紫薇公园10个人流较为密集、窗口功能突出的区域建设无线热点(i-Qidong),为公众用户提供适度的免费无线上网服务。无线城市项目于11月25日完成并投入试运行。

【信息安全管理】 强化电子政务外网网络与信息安全。2015年,中心按照《启东市电子政务外网安全防护方案》,对2014年完成的第一期网络安全建设进行测试和调整,确保第一期采购的各类设备均处于正常防护状态。5月,开展第二期网络安全建设,采购入侵防御及安全堡垒主机。通过两期的网络安全设备的部署,全市电子政务外网及各软件系统具备基本的安全防护措施。加强全市信息安全管理。2015年,中心转发省市两级信息中心发布的启东市基层单位安全事件通报共9起,指导协助相关单位完成密码加强、漏洞修补、系统加固等工作,保障其信息系统安全稳定运行。对全市部分重要信息系统作全面安全测评。根据扫描报告,向各相关单位发出安全通报,督促、指导、协助各单位及时做好漏洞修补,系统加固工作,有效降低系统被黑客攻陷的风险。修订完善全市重要信息系统信息安全应急预案,开展两次专项演练,完整呈现应急事件发生、人员设备调配、事件原因排查、事件处置的全流程。推进全市电子政务外网安全加固建设项目,部署服务器网络运维操作管理审计系统,加强对服务器远程运维操作的监管,尤其是对托管服务器运维的技术监管力度。中心专门发文,明确要求各单位建立专门组织机构切实加强领导,责任到人;在两会、"国家公祭日"及劳动节、国庆节、春节等特殊时段和重要假期建立24小时监控,落实安全事件即时报告制度。

【网络舆情管理】 中心加强与网民的沟通联系,扩大参与度和开放度。依托启吾东疆论坛"关注启东""民生问答""12345"公共服务热线等常设版块,吸引社会各界人士围绕发展经济、改善民生、建设文明启东、美丽启东发表观点、提出建议。对机关部门的工作,通过实名论坛接受社会评议和监督。2015年,"民生问答"版块总共发帖3797次,按期答复3502次,超期答复283次,未答复4次,答复率99.9%,按期答复率92.2%。

【新媒体应用拓展】 全市大力提倡政务微博微信等新媒体工作开展,"魅力启东"微博针对百姓关注的环保、城建、医疗等民生热点领域,及时发布相关信息,在雨灾、停电、停水等突发事件发生时,第一时间发布部门的应急措施,并提供气象、水电、菜价等各类公共服务类信息,方便市民查询。通过《民风民俗》《风采启东》等栏目,介绍启东的美景及江海风土人情,展示启东的变化。至2015年底,微博粉丝为3952人,全年共发布各类微博980条。此外,中心于2015年开通微信公众号,全年微信共发布156篇,粉丝数1395。全市通过建立微博信息员报送队伍,明确考核办法,月度通报等制度推动各单位政务微博工作的重视,用量化标准引导相关单位更好地加强微博信息报送。2015年,继续将政务微博内容报送纳入全市星级机关考核内容,为网民提供服务,利用政务微博搭起互动桥梁。

(沈晓敏)

行政服务

【概况】 2015年10月28日,启东市行政审批局在原启东市政务中心的基础上正式组建运行,原政务中心改名为市政务服务中心,挂牌启东市公共资源交易管理办公室,下属公共资源交易所和公共权力网上运行控制中心两个事业单位。2015年,市行政审批局(政务服务中心)围绕年初工作目标,以深化行政审批制度改革、开展相对集中行政许可权改革试点,推行联合审批、"三证合一",推动三级便民服务网络,规范公共资源交易为重点,优化政务服务体系、提升政务服务效能,各项工作取得显著成效。

2月25日,春节后上班第一天,市政务中心出入境服务窗口,咨询和办理签证的市民络绎不绝。 (王婷婷 金玲慧/摄)

【行政审批制度改革】 根据《启东市开展相对集中行政许可权改革试点工作方案》要求,2015年9月上旬,在市审改办牵头协调下,政务中心会同市编办、市政府法制办对涉及市场准入审批领域和投资建设审批领域的所有事项进行梳理,初步拟定两大领域首批集中行政审批事项目录。政务中心专门对开展梳理工作发文,在相关单位自行梳理的基础上,组织专门力量开展梳理工作。对照《市政府各部门行政权力事项清单》和《市市级行政许可事项目录清单》,对两个清单中所涉及市场准入和建设项目审批两大领域的所有与行政审批相关事项(包括审批和与审批密切相关的其他事项)进行梳理、汇总。对不在本级权力清单内的行政审批事项,但需要本级初审、转报或委托审批的事项,也放在梳理范围。经过梳理论证,首批进驻行政审批局事项涉及市场准入与投资建设领域11个单位部门相对集中行政许可权试点事项共66项,其中包括36项市场准入审批事项和30项建设项目审批事项。11月25日,各审批科室经过前期的精心准备,并通过行政审批流程优化和审批人员岗位培训,66个行政审批事项在行政审批局试运行,行政审批专用章正式开始启用,有效解决原有审批过程中的部门条块切割审批的弊端,通过"一窗受理、内部流转、并联审批、优化重组"的模式,缓解审批过程中"一长四多"(时限长、收费多、盖章多、中介多、材料多)等顽固难题。

【政务服务体系优化】 2015年,全市行政审批制度改革稳步推进,取得一系列工作突破。政务服务中心大厅共进驻38个单位的44个部门、设置服务窗口380个;进入政务服务中心管理的事项共663项,其中行政权力事项621项,公共服务事项42项。在621项行政权力事项中,行政许可事项178项,进驻比例由76.4%提高到80.1%;行政征收事项40项,进驻比例由60.4%提高到62.5%;行政确认事项52项,进驻比例由80.4%提高到97%;其他权力事项343项,进驻比例由82.5%提高到90.5%。全年窗口总办件量1055716件,日均办件量4091件,按时办结率99.9%,群众满意率持续保持在99.8%。全年即办件由40项增加到45项,承诺件平均办理时限由5个工作日减少至3个工作日,办件时限总压缩108个工作日,市行政审批局(政务服务中心)事项进驻率和办结时限均处于南通地区领先水平。

【三级便民服务体系建设】 2015年,局(中心)会同市编办实地走访调研吕四、近海、北新、汇龙等6个镇(乡)级便民服务机构和部分村(居)"一站式"服务大厅建设情况,汇总统计全市16个镇乡级单位便民机构和296个村(居)一站式服务大厅人员编制、部门进驻和场所制度等基础建设情况。提出、形成以市政务服务中心为主体、镇乡(区、街道)便民服务中心为基础、村(居)便民服务站为延伸,上下贯通、三级联动、运行高效的政务服务体系建设意见,9月7日,下发市政府办公室《关于印发完善政务服务体系构建"三级便民服务网络"的意见》。

【公共权力网上运行】 为做强网上审批平台,提高网上审批效能,6月,根据市编办《关于调整启东市公共权力网上公开透明运行控制中心机构编制等相关事宜的通知》要求,将原市政府办下属事业单位启东市公共权力网上公开透明运行控制中心调整为市政务中心下属事业单位,名称变更为启东市公共权力网上运行控制中心。启东市公共权力网上运行控制中心的主要职责为:为全市行政权力网上运行工作提供基础服务和技术支撑;对行政权力网上运行信息系统和电子监察系统进行系统维护和日常管理;对政务中心、部门服务大厅及全市科学发展重大项目等远程视频监控系统进行维护和日常管理;通过电子监察监控系统对全市行政权力网上运行情况进行搜集、汇总、分析,对相关情况进行预处理;对开发、完善市政府重大项目、重点工程的监管、服务等功能模块提出意见建议,并做好相关系统的正常维护和日常管理;向市政府及相关部门提供行政权力网上运行、电子监察以及重大项目重点工程推进等方面的情况报告和意见建议,完成市政府交办的其他任务。

(施海荣 吴振声)

信访工作

【概况】 2015年,全市信访工作坚持"事要解决"这一核心,创新工作理念,拓宽工作思路,落实关键举措,健全工作机制,全市信访形势平稳可控。2015年,市信访部门共接待群众到市上访446批5989人次,其中集访215批5549人次;发生赴省上访54批175人次,其中集访6批98人次;实际发生赴京上访107批232人次,其中集访8批100人次;发生非访18人次,同比下降56.1%。办理群众来信729件,办理上级交办件37件,办理市人民政府信访复查件75件,召开信访事项协调会、听证会56次。

【重要会议】 2月27日,市委、市政府召开全市信访工作暨全国两会安保工作动员会议。会上市委副书记汤雄作重要讲话,市委常委、政法委书记朱志强作工作报告,市政府副市长、公安局局长黄忠主持会议。会议全面总结2014年全市的信访稳定工作,对2015年全市信访工作进行部署,同时就全国两会期间的安保工作提出明确的工作要求。启东经济开发区、汇龙镇、南阳镇、公安局、城市建设指挥部5家单位作交流发言。8月8日,市委、市政府召开全市信访稳定工作会议。会上,市委常委、政法委书记朱志强对当前和今后一个时期特别是抗日战争胜利70周年等重大活动期间全市的信访维稳工作进行部署。

【领导接访包案】 继续把市领导接访、领导包案化解制度作为化解信访问题的一个重要抓手并落实到位。对领导接访下访工作,实行"3+X"(信访局、调解中心、律师和相关职能部门负责人)的党政领导精准接访模式,领导班子成员按照"属地管理、分级负责,谁主管、谁负责"的原则,重点负责接待各自条线内及所联系单位辖区内群众反映的矛盾问题。全年,市领导共接待来访群众406批723人次，有效吸附信访人，促使一部分信访问题得以化解。结合“三严三实”专题教育开展“领导信访包案百日攻坚”活动，市委、市政府主要负责同志包案10个信访案件，化解8个，其余常委、市长根据条线分工及联系单位情况，都进行包案，并按照“谁包案、谁负责”的原则，建立“一件信访积案、一名牵头领导、一个化解工作小组、一套稳控措施、一个解决时限”的“五个一”推进机制。

【信访积案化解】 把积案化解作为信访工作的突破口，加大信访工作考核力度，把积案化解列入基层基础杯考核内容，全市共梳理78件重点信访积案列入镇(乡)考核范围。针对久拖未决的历史遗留问题，或反映的事情已解决到位，而上访人仍提出过高或无理要求的，以及因种种原因问题解决不到位等情况，建立第三方参与信访工作机制，进行听证，纳入法治化、规范化轨道。全年共化解32件，一批骨头案、钉子案得到有效化解。

【信访秩序规范】 坚持综合治理，依法妥善处置越级上访、越级集访和进京非访，较好地扭转信访总量持续高位运行的被动局面，切实维护正常的信访秩序。常态化保障驻京驻宁力量。健全完善驻京驻宁信访应急保障机制，制定《进京非正常上访应急处置规则》，配强驻京驻宁工作力量，形成前后方紧密联系联动、稳控和应急合力并进的良好局面。高效化推进应急处置工作。对送至北京马家楼、久敬庄的信访人，前后方联动应急处置做工作，2015年共在马家楼劝出非访人员20多人次。法治化落实依法处置工作。坚持教育、警示、训诫、打击多管齐下，对进京非访人员，坚持处置违法行为与处理信访问题分开的原则进行依法打击。针对非访行为，全年依法行政拘留16人次，2名闹访缠访的老上访被取保候审。

【制度改革】 厘清信访与诉讼、仲裁、行政复议、技术鉴定、行政裁决、劳动监察等法定途径的受理范围，根据法定途径分类处理清单和职责范围，把相关诉请导入相应途径解决。对信访事项，坚持法定途径优先，严格实行信访与诉讼分离，实现从过分依赖行政手段化解涉法涉诉信访问题向依法按程序处理涉法涉诉信访问题转变。加大法治宣传力度，通过发放宣传资料、制作宣传板等途径营造引导群众依法逐级走访氛围。通过“阳光信访”系统规范运行，规范工作程序，促进信访事项得到及时解决。

(顾丽华)

公共资源交易管理

【概况】 2015年，政府采购649次，财政预算4.13亿元，实际发生额为3.37亿元，节约资金0.76亿元，节支率18.4%。对投资额50万元以上的建设工程政府投资项目招投标，全年完成工程招投标项目652个，中标总价100.2亿元，比标底总价节约11亿元，资金节约率为9.98%。

【年度政府采购集中目录制定】 2015年，制定年度政府采购集中目录，即市财政局《关于明确政府采购有关规定的通知》。《目录》适用范围为各级国家机关、事业单位(含教育、卫生)和团体组织(含协会)使用财政性资金的政府采购项目。《目录》中列为批量集中采购的项目，不论采购金额大小，都须进行批量集中采购；采购人采购属于集中采购目录范围内的项目，除批量集中采购项目外，金额在5万元以上(含)，因情况特殊需要，拟变更采购方式的，应当在采购活动开始前获得市财政局的批准。各单位不得无预算采购、超预算采购、超标准采购。对预算中已安排的须集中采购的项目，各单位不得采取化整为零等方式逃避集中采购。政府采购工程项目的公开招标数额标准按有关规定执行。同时，公共资源交易管理办公室加强对各方主体的监管。

【招标人及代理机构监管】 强调招标人是招标工作中的第一责任主体，要求招标人做好标前准备、制定招标规则、强化标后管理等方面工作。同时，根据《启东市招标代理机构考核细则(试行)》，对招标代理机构及其工作人员的从业情况、工作情况进行检查考核，并与资质年检、升级挂钩，对不良行为实行扣分制。对招标代理咨询公司编定的项目标底，必须通过财政评审中心评审，对重点或特殊项目还采用异地评审标底的办法进行审核。

【评标专家监管】 对评委抽取，通过电脑系统自动抽取和语音系统自动通知，一般项目从启东市评标专家库中抽取，对一些重特大及特殊项目异地抽取评标专家。对采用综合评分法进行技术标评分的工程项目，全部实施异地远程评标。同时，运用现代科技手段，加强对评标专家评审全过程的监管。评委抽签时采用密封打印纸打印，评委签到后通过门禁系统，进入评标室，通信工具统一保管，对评标室实行屏蔽，并运用监控系统对评标活动的整个过程实行图像和语音监控，防止评审过程中人为因素的影响；对评标专家的评标行为、工作质量进行记录，建立评标专家信用档案，实现评标专家动态管理和考评。

【投标人管理】 构建企业诚信数据库。全市建立以投标企业的基本信息、建造师、业绩表、履约情况等为主要内容的诚信库。通过对投标人平时诚信行为采集，实现从源头上监管。全年又有325家投标企业进入投标企业诚信库。实行信誉保证金制度。凡参与全市政府采购与工程建设项目的投标人，按照规定以银行汇票形式提交投标保证金，中标后其投标保证金自动转到信誉保证金专用账户。凡经查实投标人存在串围标、借资质挂靠等违法违规行为的，其信誉保证金予以没收。加大对投标企业投标不良行为的处理。全年中心对网上已投标，但拟派的项目经理有在建工程、未及时按招标文件要求提交书面标书等材料等违规行为以及中标后不按招标文件履行合同的行为，按规定给予一定的处罚。对于个别严重扰乱市场的投标人会同纪委、监察、公安、工商等部门，严厉查处和打击。2015年，全市对16家具有不良行为的企业按规定依法进行处理，并记入企业不良信誉档案，暂停其一定时间在启东项目的投标准入资格；20家违规性质严重的，被没收信誉保证金275万元。

(施海荣 吴振声)

政府投资项目工程建设

【概况】 2015年，市政府投资项目工程建设中心紧扣代建过程中设计、施工、监管等各个环节的要素，对政府投资项目工程进行科学管理，实现工程建设的质量、进度、投资的三大控制，彰显代建制度的规范性、科学性和高效性。截至年底，建设中心接手代建项目70个，其中竣工项目50个。通过有效的投资控制，没有一个项目出现"三超"(超计划、超概算、超预算)，通过招投标为财政节省工程造价超过4亿元，政府投资项目取得良好的经济效益和社会影响。

【造价控制】 重点把好四个环节：在初步设计阶段，根据项目的功能要求，确定相应的设计标准；在招投标阶段，做好标底的编制及最高限价的确定；在施工建设阶段，严格控制设计变更，有效进行投资控制；在工程竣工结算阶段，严格审查施工单位提交的竣工结算资料，仔细核对增加投资的部分，确保签证的客观性、准确性。其中的关键措施是严格控制设计变更。为防止施工单位随意变更设计，恶意增加造价，专门编制《项目变更管理办法》，按照制度严格把关初步设计阶段的项目编制投资概算和审核概算，并对进入施工阶段后的变更设计申请，组织代建主体和监理、设计、施工单位专家实施四方联审会办。

【质量控制】 落实严格的质量责任制，明确规定各项目部主任为工程质量的第一责任人，项目部其他成员明确分工，各负其责。重点抓好图纸会审、队伍选择、施工方案审查、材料检验、现场管理、竣工验收等环节的监管。专门成立质量巡查小组，对代建项目进行不定期的突击检查和定期质量巡查，并通过召开巡查通报会和项目推进会，及时就工程质量问题向各施工、监理单位和项目部反馈，对存在的质量问题及时纠正。

安全生产大检查点评会。 (市代建中心/提供)

【风险控制】 所有代建项目除了设计、施工、监理单位的选择确定采取公开招标形式之外，各类建筑材料的供应商选择与购买也通过公开公正公平的招标或竞争性谈判确定，并实行零风险的"无现场签证"模式。在签证计量、资金拨付、招标合同条款等易在廉政环节出现问题地方，均实行集体办公会议讨论决定，从源头上消除幕后交易和"暗箱操作"的隐患，防止以权谋私现象的发生。

(钮向东)

机关事务管理

【机构更名】 6月19日，启委〔2015〕42号文件明确启东市市级机关事务管理局更名为启东市机关事务管理局。

【后勤服务保障】 加强食堂餐饮管理。重点围绕食品安全、菜品质量、服务态度、利润控制等环节加强行政中心食堂管理。加强安全保卫。完善消防、应急等各项工作预案，明确安保岗位责任制，加强大院安保管理，完善人防、技防措施，确保全年安全无事故。加强后勤保障服务，保证应急服务，保障办公用房，加强大院环境管理。全年保障各类市级及部门会务1500多次。加强设施设备管理。局与物业公司等部门严格行政中心设施设备承接查验，对发现的问题及时提交建设单位要求整改；对查验合格已移交的设施设备，加强保养维护和应急服务。提供机关食堂服务。保障行政中心工作人员午餐、部门接待、工作人员加班和后勤安保人员值班用餐。完善超市、医务室、健身房等配套服务。

【公共机构节能】 完成2015年全市公共机构能源资源消耗统计工作，各项能耗较上年同期略有下降。6月，市公共机构节能办牵头开展"节能有道 节俭有德"全国节能宣传周活动。12月，组织民政、交通、卫计等重点部门节能管理员参加清华远程网络课程培训。

【办公用房管理】 巩固办公用房清理成果，组织回头看活动，根据中央省市关于党政机关办公用房清理工作的要求，2015年，对全市各党政机关办公用房清理和使用状况进行全面检查。严格滨海工业园等少数单位办公用房调剂、修缮等程序。

【公务用车改革启动】 在前期工作的基础上，2015年，局重点完成车改数据摸底、车改相关文件制订、车改动员会议部署召开、取消公车的封存、驻点车辆合理分配、公车管理平台建设、规章制度的建立上墙和应急用车监督制度制定等工作，实现全市公车改革的平稳、有序、规范实施。

(樊 燕)

综 述

【概况】 2015年，市政协围绕市委“顺应新常态、谋求新跨越，奋力谱写全面小康社会建设新篇章”的总体思路，牢牢把握团结、民主两大主题，切实履行政治协商、民主监督、参政议政职能，团结带领全体政协委员和社会各界人士，建睿智之言、献务实之策、聚发展之力，为加快建设经济强、百姓富、环境美、社会文明程度高的新启东做出积极贡献。全年共召开常委会议5次、主席会议8次，开展重大协商议政活动19次。

【文史成果宣传】 实施“文史走出去”工程，将《东疆之子》《品味百岁》等文史资料作为市委“千人百团连民心”主题活动宣讲内容，广泛宣传文史资料中辑录的先进人物生动事迹和百岁老人生活经验，扩大文史成果影响力。启动《城市记忆》编撰工作，真实记录启东城市百年变迁。办好政协网站，增设《他山之石》专栏，引导委员高效履职。

（俞井杰）

重要会议

【市政协十四届委员会第四次会议】 中国人民政治协商会议启东市十四届委员会第四次会议于2015年1月14—17日在市会议中心举行。会议认真学习和讨论市委书记徐锋代表中共启东市委在开幕会上所作的重要讲话。会议赞同市长黄卫锋所作的政府工作报告，赞同“两院”工作报告及其他报告。委员们围绕法治建设新部署、深化改革新举措、陆海统筹新突破、转型升级新优势、城乡统筹新格局、生态文明新要求、“十三五”规划新思路等方面议题，深入协商议政，向市政府及相关职能部门提出许多积极的意见和建议。会议审议并同意倪春元所作的政协启东市委员会常务委员会工作报告；审议并同意蔡建平所作的提案工作情况报告。会议经充分酝酿、民主协商，选举顾云峰为政协启东市第十四届委员会主席，朱伟、管贻谋为政协启东市第十四届委员会常务委员。

【市政协十四届十六次常委会议】 1月12日上午，政协启东市第十四届委员会常务委员会召开第十六次会议。会议听取并审议通过关于调整部分政协委员建议名单；表彰2014年度优秀提案；听取并协商讨论政协启东市第十四届委员会界别召集人调整建议名单。

【市政协十四届十七次常委会议】 1月16日上午，政协启东市第十四届委员会常务委员会第十七次会议召开第一次会议。会议首先审议通过《关于免去张建飞政协启东市第十四届委员会主席职务的决定》。市委常委、组织部部长汤雄宣读政协启东市第十四届委员会主席和常务委员候选人推荐书。市委书记徐锋作《关于政协启东市第十四届委员会有关人事安排的说明》。会议听取各小组讨论和审议情况的汇报，还审议通过有关人事任职的决定，协商讨论大会选举办法(草案)、选举工作人员建议名单和大会决议(草案)。

1月17日上午，政协启东市第十四届委员会常务委员会第十七次会议召开第二次会议。会议听取各讨论组协商讨论市人民法院、市人民检察院工作报告情况的汇报。会议听取各讨论组对大会选举办法(草案)意见的汇报；听取各讨论组对大会选举工作人员建议名单意见的汇报；听取各讨论组对候选人名单意见的汇报，并通过候选人名单；听取各讨论组对大会决议(草案)修改意见的汇报，并审议通过大会决议(草案)。

【市政协十四届十八次常委会议】 7月23日上午，常委会视察全市经济社会发展情况，先后到启东现代农业示范园、广汇能源LNG分销转运站、华峰超纤项目现场、滨海工业园、启东胜狮能源装备有限公司等地，实地感受全市经济社会发展态势。8月5日下午，政协启东市第十四届委员会常务委员会第十八次会议在市行政中心科技楼召开。会议听取市政府关于2015年上半年全市经济社会发展情况的通报。市一批重大事项取得显著成果，获“国家卫生城市”“江苏省园林城市”称号，“国家生态市”创建通过国家考核验收，连续6届获“江苏省文明城市”称号，在中国工业百强县中排名第55位，在中国县域经济竞争力百强县中排名第27位，列南通各县(市)之首。会议还听取讨论《关于全市农业新型经营主体培育情况的调研报告》《关于全市农技农艺推广应用情况的调研报告》《关于全市农产品营销及服务体系建设情况的调研报告》;听取讨论市公安局、住建局、环保局等相关部门关于近三年重点提案“回头看”的有关情况介绍;审议通过《关于全市现代农业提档升级的建议案》和有关决定,以及政协委员调整名单。

【市政协十四届十九次常委会议】 11月19日,政协启东市第十四届委员会常务委员会第十九次会议在市行政中心科技楼召开。会议听取市政府采纳市政协常委会关于学习研究上海自贸区制度创新内容和经验,加快推进实施“139”工程建议情况的通报。上海自贸区于2013年9月正式挂牌成立。为加快融入上海都市圈,更好地接受上海溢出效应,启东市委、市政府提出加快实施“139”工程,在园区开发、港口发展、人才、科技、职业教育、旅游、农产品供销、物流、服务外包九大领域,全面开展对接上海研究工作;市政协也提出“学习研究上海自贸区制度创新的内容和经验,加快推进实施‘139’工程”的建议意见。加快推进“139”工程,对全市抢抓发展历史机遇,加快转型升级,主动承接上海的产业梯度转移,促使全市经济实现跨越式发展具有重要意义。2015年,全市不断加强组织领导,建立健全工作推进机制;加强规划对接,强化规划引领作用;推进园区共建,探索出共赢共利新模式;加快电子口岸建设,大力推进综合保税区申报;加强产业对接,积极打造上海北翼产业基础;强化科技人才对接,提供智力支撑,切实落实市政协《建议案》中的相关意见。会议还听取市政府《关于市政协十四届委员会第四次会议委员提案办理情况的报告》;市政协《关于对“天网”工程建设应用工作的民主监督建议书》;书面交流镇乡、园区、南北城区街道办《关于民主评议天网工程的调研报告》;市公安局就民主评议“天网”工程作表态发言。5位委员就“十三五”规划编制进行建言,54篇委员“十三五”规划建言征文编印成册提交市政府。会前,与会人员视察浦东祝桥启东产业园、上海西西艾尔启东日用化学品有限公司、上海自贸区(启东)产业园等地。

【市政协十四届二十次常委会议】 12月30日上午,市政协十四届常委会第二十次会议在市行政中心召开。会议决定,政协启东市第十四届委员会第五次会议于2016年1月10—13日在市会议中心举行。会议听取市政协秘书长、办公室主任许瑞华所作的关于中国人民政治协商会议启东市第十四届委员会第五次会议时间、议程(草案)、日程、大会秘书长、副秘书长及报告人等情况的说明;听取市政协副秘书长陈樊所作的关于常委会工作报告(草案)情况的说明;听取市政协提案委员会主任黄晓苏所作的关于提案工作情况报告(草案)情况的说明;听取市委统战部副部长茅炎生所作的关于政协委员调整情况的说明。会议审议通过《关于召开中国人民政治协商会议启东市第十四届委员会第五次会议的决定》;审议通过《中国人民政治协商会议启东市第十四届委员会第五次会议议程(草案)》和日程;审议通过《中国人民政治协商会议启东市委员会常务委员会工作报告(草案)》;审议通过《中国人民政治协商会议启东市第十四届委员会常务委员会关于四次会议以来提案工作情况的报告(草案)》;审议通过《关于中国人民政治协商会议启东市委员会常务委员会工作报告、提案工作情况报告报告人的决定》;审议通过《中国人民政治协商会议启东市第十四届委员会第五次会议大会秘书长、副秘书长名单》;审议通过市政协委员调整名单。会议向8名新聘委员颁发聘书。

(俞井杰)

政治协商

【协商议题】 围绕全市改革创新领域、重要政策措施出台、重点工作推进、国民经济和社会发展第十三个五年规划编制和人民群众关心的热点、难点问题,广泛征求社会各界意见,制定政协年度协商计划。委员们围绕经济转型升级、沿江沿海开发、法治建设、农业现代化、接轨上海、科技创新、文化产业、医药卫生体制改革等议题建言献策,提出富有针对性和实效性的建议意见200多条。

【协商载体】 发挥人民政协协商民主专门机构作用,灵活运用全体会议全面协商、常委会议和主席会议专题协商、对口协商、界别协商、提案办理协商等形式,全面听取政府部门工作报告和情况通报,组织委员献计献策。推进基层民主政治建设,完善政协委员联络机制,构建基层协商民主平台。按照南通市政协工作会议精神,结合启东实际,成立15个镇、园区、街道政协工作联络委员会,制定出台《镇、园区、街道政协工作联络委员会工作规则》,明确政协工委基本性质、人员构成、主要职责、工作机制。主席会议成员、各委室联系指导各镇、园区、街道成立政协工作联络委员会。各政协工委依托政协委员之家,围绕区域经济社会发展协商议政,推动政协工作向基层延伸。

8月25日,北城区街道政协工委率先成立。 (市政协办/提供)

【协商机制】 深入贯彻落实中央《关于加强人民政协协商民主建设的实施意见》和中共启东市委《关于进一步加强和改善人民政协政治协商工作的意见》等文件精神，出台《市政协界别协商工作实施意见》，建立健全协商议题提出、协商活动组织、成果采纳落实机制，不断提升政协协商民主制度化水平。强化协商成果跟踪问效，10个重点提案协商成果被市政府吸纳并转化为工作举措。完善协商激励机制，从组织领导、制度建设、办理质量等方面对各承办单位办理工作进行考核，巩固提案办理的长效机制。

(俞井杰)

10月13日，市政协民主评议"天网"工程启动。 (市政协办/提供)

民主监督

【民主评议】 创新民主监督工作，拓宽民主评议渠道，力求在评议中加强交流、增进共识、推动工作。首次将市政府为民实事项目作为评议内容，选择政府部门推进多年、已取得阶段性成效的"天网"工程作为评议内容。评议前，周密制定方案，成立专门工作组，精简评议环节，优化流程设计。评议中，严格按照方案逐一落实，确保活动紧凑高效。依托镇、园区、街道政协工委，通过走访委员群众、现场视察等，广泛听取党员干部、企业职工、热心市民等意见。汇龙镇、启东经济开发区、南城区街道办等政协工委撰写调研报告，为"天网"工程深入实施积极建言献策。评议提出的"完善'天网'监控布点、加快推进老旧小区视频监控改造"等建议被市政府采纳，计划列入政府为民实事加以实施。

【提案督办】 改进提案办理方式，完善提案委初审、主席会议审议、市政府分管领导领办重点提案等制度。选择事关经济发展和社会民生问题10件提案作为重点提案，组织专门力量加以推进。针对《关于进一步建设好革命纪念地标志物的建议》，提案委会同政府办召集住建、财政、民政、汇龙镇等7个承办单位，与学习文史委、城建法制委、港澳台侨委集体协商，合力组织落实。将提案中提出的"人民桥旁立纪念碑、建烽火楼"列入2015年建设项目。开展三年重点提案"回头看"活动，督办十四届一次会议起30件重点提案。选择提案办理较多的农工办、住建、城管等部门，看现场、听汇报，面对面协商解决办法。19个承办单位通过多种形式征询委员对重点提案办理的意见建议，对答复承诺事项进行再部署、再落实。

【行风监督】 委派委员作为行风监督员，对法院、检察院、供电等部门开展行风政风监督。委员们积极参加评议法院执行工作和"法院开放日"活动，深入了解诉讼服务、案件审理和执行过程，并围绕服务经济社会发展大局、实现司法公正等提出相关建议。各行风监督员按照《政协章程》要求，加强与被监督单位联系沟通，通过参加活动、走访座谈、查阅资料、问卷调查等形式，参与效能建设、行政执法评议，了解部门工作，收集群众诉求，提出意见建议，为推动部门工作提供有力支持。

(俞井杰)

参政议政

【专题调查研究】 工作经济调研。围绕全面深化改革、加快沿海开发、经济平稳健康运行等方面深入调研，形成高质量的建议案和调研报告，得到市委、市政府主要领导充分肯定，许多对策建议被相关职能部门采纳。组织常委会成员围绕"农村新型经营主体培育""农技农艺的推广应用""农产品营销和服务体系建设"等内容，邀请农工办、农委、供销社等部门，组成3个专题调研组深入调研，形成《关于全市现代农业提档升级的建议案》，提出5个方面17条建议意见。市委、市政府高度重视，要求相关部门认真研究落实。组织开展"为全市'十三五'规划编制献一策"活动，各界别委员围绕推进经济结构调整、促进城乡统筹发展、保障和改善民生等议题撰写54篇建言文稿，相关建议被"十三五"规划草案吸纳。组织委员视察吕四渔港经济区，提出整合渔港资源优势、建设国际水产品交易中心、渔港风情旅游度假区等建议意见。组织常委实地视察江海产业园、外高桥启东产业园、浦东祝桥启东产业园、尚华启东生物制药科创中心等地，提出放大接轨上海区位、交通及平台优势，加快融入上海步伐，主动承接产业转移，引进中高端产业项目等建议。围绕国家知识产权示范市创建工作开展视察，提出加快科技成果转化，发挥知识产权制度在促进科技创新等方面重大作用的建议。针对当前涉外税收存在对纳税人遵从成本关注不够全面，国地税业务管理衔接不够紧密等问题，提出的提高涉外税收服务信息化水平、拓展涉外税收服务外延、加强国地税信息共享等建议被税务部门采纳。关注全市简政放权改革,从注重部门衔接、强化业务培训、创新行政审批运行机制等方面提出对策。省、南通市政协在启委员就沿海开发、新常态下金融部门服务企业等课题深入调研,提出完善经济扶持政策、加大重大项目引进服务力度、强化金融部门与实体经济对接等建议。

民生实事调研。市政协专题研究城市规划建设管理,围绕处理好规划与设计、新城与旧城、拆迁与建设、城市经营与民生保障关系,加快城市快速通道建设、拉开城市框架等献计献策。高度关注教育现代化建设,委员们就促进学校标准化建设、教育优质均衡发展、加强师资队伍建设等深入协商议政。积极建言文化惠民工程建设,在视察图书馆、广电中心、文化馆的基础上,提出加大文化惠民工程建设投入、加强现有文化设施和阵地管理、发挥民间文化艺术团体作用等意见。组织委员围绕加强乡村医疗卫生队伍建设、失独家庭心理疏导等课题开展咨询论证、调研座谈,提出针对性、前瞻性、可操作性较强的建议。委员们撰写的有关住房、教育、卫生、文化体育、养老等民生方面提案,经过市政府和各承办单位办理,一批群众关心的实际问题得到解决,社会矛盾有效化解。

开展界别活动周。注重突出界别特色,发挥界别优势,组织开展"倾听民声、关注民生、服务发展"界别活动周活动。各界别围绕创新创业、智慧城市、银企对接、环境整治、职业教育、安全教育、社会养老等问题,组织委员深入企业社区开展调研视察、走访慰问、献计献策等活动。经济界组织"智慧城市"建设调研活动,与发改委、政府信息中心、城管、交通、电信等部门共商"智慧城市"建设。工商界开展拓展市场准入空间、扩大民间有效投资等界别协商活动,学习了解宏观经济政策形势。农业农村界与水务局实地察看水环境整治现场,提出整体规划、长效管理,增加投入、推广生态治河新模式等建议。教育界走访100多户群众,广泛收集社情民意,围绕文化体育事业、青少年法制教育、幼儿园发展、文明行车、职业教育扶持、家政服务规范等方面,撰写15个提案和《关于启东教育界民生类提案落实的调研报告》。医卫界、文艺界、科协科技界开展义诊、送文艺、送科技等活动,台界实施"三联三帮"关爱慰问计划,服务群众生产生活。

【团结联合】 *加强民族宗教团结*。贯彻落实党的民族宗教政策,注重发挥少数民族和宗教界委员作用,加强对民族宗教代表人士的走访联系,开展调研、帮扶、慰问活动,促进民族团结、宗教和睦。民族宗教界组织在启少数民族委员和群众开展"拉面竞技慈善"活动,为老年公寓200多名老人奉献爱心。组织委员调研少数民族子女教育,积极协调关系,反映客观情况,帮助解决共享市民待遇、接受均等优质教育资源等问题。

加强社会各界联系。举办各界人士中秋茶话会,邀请老领导、重点企业、金融界、科技界、台界、侨界、驻启部队等代表听取全市经济社会发展情况通报,委员们围绕中心资政建言、立足本职奉献社会。加强与香港、澳门政团、社团及代表人士的联系,壮大爱国力量。组织召开台胞台属中秋联谊会、归侨侨眷国庆座谈会、香港同乡会、乡亲联谊会、中央对台政策学习会,及时通报中央和市委重大决策及市政协工作情况。组织台界委员、台谊会成员与台商座谈交流,推动交流与合作。

(俞井杰)

提案办理

【概况】 市政协十四届四次会议起,全体政协委员和政协各参加单位,围绕市委、市政府的中心工作和人民群众普遍关心的热点、难点问题,深入基层,调查研究,运用提案形式建言献策,反映社情民意,共提出建议意见247件。经提案审查委员会审查,立案移交市委、市政府相关职能部门办理的提案234件,作为来信转有关部门参考的13件。所有提案均送市委、市政府领导签阅,并与市政府联合召开交办会议。所提问题中,已经解决或基本解决的92件,占39.3%;正在解决或已列入计划准备解决的134件,占57.3%;因受当前条件限制或其他原因有待以后逐步解决的5件,占2.1%;按当前政策暂不具有可行性而留作参考的3件,占1.3%。

【提案办理情况】 *经济转型升级方面*。2015年,相关提案共有29件。委员们建议要充分发挥政策引导作用,激发各类企业转型升级积极性;接轨上海自贸区,加快新兴服务业领域开放和发展;完善园区配套功能,加快工业园区的提档升级;加大对中小企业的扶持力度,助推其健康发展。对此,市政府高度重视、认真吸纳,在顺应新常态、谋求新跨越的总体工作部署中,始终突出转方式、调结构这一主线,制定出台《关于依托"一带一路"、长江经济带和上海自贸区发展战略推进全市经济转型升级的意见》《关于深入实施创新驱动战略促进科技进步和创新创业的意见》《大众创业万众创新启东行动计划》《关于进一步深化陆海统筹发展推进金融改革创新的实施意见》等系列文件,更深层面、更广领域、更大力度推进经济结构加快调整、优化升级。

城乡环境改善方面。2015年,相关提案共有54件。委员们提出要完善规划,做好环境保护工作;加快停车场建设,缓解城区交通拥堵现象;加强出租车行业管理,提升城市文明形象;加快镇郊村经济适用房以及拆迁安置房建设速度,推进城市化进程;加强政府指导,提升小区业主自治能力;加强城市管理,维护城市秩序和风貌。市政府和有关职能部门重视委员们的建议意见,准确把握中央、省关于新型城镇化和城乡发展一体化的战略部署,统筹推进中心城区、新型城镇和美丽乡村建设,现代宜居型城市加速崛起,城市品质功能不断提升;城镇定位更加明晰,特色发展步伐加快;"大城管"工作格局积极构建,数字化城管项目通过省级验收;农村环境综合整治成果不断巩固,"六位一体"管理深入推进,河道清障和生态保洁工作取得显著成效;大气污染和水污染防治工作力度加大,生态环境不断优化。

社会事业发展方面。2015年,相关提案共有41件。如加快发展养老服务业,完善养老服务体系;创优务工环境,解决"招工难"问题;引进专业人才,推动全市公共文化事业发展;改革

学校法治教育的内容和方式，加强青少年法治教育；推动"智慧校园"建设，提升校园信息化管理水平；整合医疗资源，方便民众就医。市政府倾听委员们的建议，始终把保障和改善民生作为一切工作的出发点和落脚点，紧扣民生建设"七个更"目标，以十大类为民实事工程为抓手，推进一批群众看得见、摸得着、感受得到的实事好事。教育现代化建设加快推进，文化事业大力发展，现代公共文化服务体系不断完善，文化惠民工程深入实施，全民阅读和书香启东建设大力推进。社会主义核心价值观不断培育，涌现出一批以周浩为代表，在南通、江苏乃至全国有影响的先进典型。

法治建设方面。2015年，相关提案共有54件。委员们建议要建立全市统一的个人社会信用体系，加大当前农村普法宣传教育力度，加强对电动车的管理，降低交通事故伤害几率；加强依法行政，做到执法必严；加大交通巡警道路巡查执法力度，保证城区道路的通畅。市政府积极采纳委员们的建议。全国文明城市创建有序推进，"传递正能量、共建好家园"等文明创建活动蓬勃开展。诚信体系建设不断深化，公民和社会法人信用意识进一步增强。法治启东建设扎实开展，依法行政水平不断提升，行政机关主要负责人出庭应诉率全省领先。"三强化三提升"群众工作机制不断完善。社情民意分析会、"三议"工作法深入实施，权责统一、权威高效的依法行政体制不断健全。

【工作机制】 *加强组织领导*。市政府主要领导和分管领导坚持逐件阅批提案，并签批明确的办理要求。市政府办公室加大组织协调工作力度，规范办理程序，创新办理方法，加强督促检查，有效地保证提案办理的质量。市政协领导坚持把提案工作作为全局性工作来抓，主席会议成员分工挂帅，牵头督办重点提案。市政协常委会议、主席会议定期研究提案工作，部署重点提案的遴选和视察督办、优秀提案的评选等重要工作，协调解决提案办理中存在的有关问题。各专委会积极参与，有机融合。各承办部门开展办理工作。从反馈情况看，委员们对市政府及各承办单位的办理工作给予充分肯定，初次答复满意率达98.7%，二次答复满意率达100%。

提高提案质量。拓宽知情明政渠道。组织委员列席市委、市政府的相关会议，帮助委员体民情、知政情；通过参加政协例会、委员培训会议等，要求委员勤思考、高立意、出精品；邀请委员参与视察调研、界别活动，让委员丰富第一手材料，提出有情况、有分析、有具体建议的高质量提案。重视成果转化，将政协专委会调研报告、委员论坛发言、社情民意信息中的重要内容与提案相互转化，形成高质量提案。超前谋划广泛征集。在全会召开前夕，通过会议座谈、发放信函、媒体公告等方式，汇集党政领导意见、社会公众建议、部门工作难题、社情民意信息，在此基础上精选汇编成提案线索目录，为委员提供选题参考。同时做好集体提案征集，利用政协各参加单位、各专门委员会和界别的组织和人才优势，深入开展专题调研，并把调研成果转化为高质量的建议案。严格把关慎重立案。全会期间坚持对提案实行大会提案组初审、提案委员会复审的办法，严把提案审查立案关。全会闭幕后，政协提案委员会对提案进行再次修改，在尊重提案人意见的基础上，对不成熟的提案暂缓立案，对内容相似提案进行合并立案，对不符合要求的提案不予立案，确保提案质量。

突出关键环节。健全重点提案督办制度。在与市政府办公室会商的基础上，选择内容好、质量高、影响大的10件提案作为重点提案，商请市政府领导分别领办，形成市政府领导结合分管工作牵头承办重点提案和市政协领导督办重点提案的工作机制，产生良好的办理效果和社会影响。丰富提案督办协商形式。市政协十四届四次会议起，常委会注重多层次协商、多形式督办。开展市政府与市政协联合督办、市政协专委会和界别小组专题调研视察等不同形式、不同层面的督办协商，丰富将提案办理和视察调研、专题协商、民主评议等活动相结合的形式，使办理机制更加完善和规范。选择《关于加快推进智慧城市建设的建议》《关于合理调整惠萍家苑幼儿园设点的建议》两个课题，主动邀请提案者全程参与，通过面商沟通、召开座谈会等形式开展提案办理协商的探索和实践。市政协常委会结合委员提案对现代农业提档升级工作进行专题调研；提案委、经科委、城乡法制委、教卫文体委、港澳台侨委、学习文史委等专门委员会结合提案分别就海产品国际交易中心前期建设、失独家庭心理疏导、文化阵地建设、涉外税收综合服务等工作进行专题视察调研，推动提案的办理。推进提案联合办理方式。提案委及时掌握提案办理进度，对需要几个部门联合办理的提案，组织召开办理工作推进会，共同商讨办理办法。会同市政府办公室就《关于进一步建设好革命纪念地标志物的建议》这一重点提案，召集相关的7家办理单位，通过民主协商会、现场视察等形式重点协商，并形成政府办会议纪要，最终推动提案建议的采纳落实。对一次办理不满意的3件提案通过实地考察、现场办理、集中答复等方式，实现提、办双方面对面互动交流，在协商交流中增进双方的理解与共识，使二次办理取得满意的效果。开展提案办理工作"回头看"。选择市政协十四届一次会议以来共30件重点提案进行"回头看"，各承办单位听取和征询政协委员的意见建议，对提案办理工作特别是重点提案办理工作进行一次梳理，对答复承诺的事项进行检查落实。市政协组织提案人以及部分政协常委，分成三个组，通过现场视察、听取办理情况汇报以及民主协商等形式，抽查了解相关提案办理的进展情况，检查督促办理工作中的不足，提出加强改进的意见建议。

优化工作举措。加快提案网络系统提档升级，使所有提案实现从提交、审查、立案、签批到交办、办理、反馈、办结的全过程网上操作，实现提案提交无纸化、提案分析自动化、提案交流网络化、提案资料电子化。重视提案办理宣传工作。主动邀请新闻单位参加政协组织的协商办案、重点督办、跟踪调查、专题调研等活动，宣传提案办理成效，不断扩大政协提案工作的社会影响。完善提案办理激励机制。提案办结后，由市委办、人大办、政府办、政协办形成联合考核组对承办单位办理工作进行综合考评，不断提高提案办理工作规范化、制度化水平。

【重点提案办理】 1.关于倪伟新、卜锦明等委员提出的《关于加强全市农村水环境综合整治》的提案。

市政府办理情况：全市沟河纵横、水网密布，有一级河道2条，二级河道17条，三级河道57条，四级河(横河)1879条，五级河(泯沟)57578条(泯沟数量超过南通其他县市区的总和数)。市政府全力开展水环境整治工作。3月初，市委、市政府召开全市水环境整治动员大会。利用网络、电视、电台、报纸等媒介，营造全社会关心、支持水环境建设的氛围。在启东电视台、《启东日报》开设专栏、专版，集中报道整治工作。各镇(乡)、园区结合养生知识讲座、卫生户评选、水环境整治征文等活动，形成全社会"惜水、爱水、护水、治水"的良好风气。增加资金投入。市财政投入1700多万元，重点实施沟河贯通、养殖设施清除、畜禽养殖粪污治理、监管工业废水排放、城区水环境治理、打击非法捕捞行为、"生态治河"建设等七大工程。一二级河道管护经费从2014年2000元/公里增加至3000元/公里，一二级河道奖补资金250万元；镇(乡)管护三四级河道以奖代补资金从2014年1750元/公里增加到2000元/公里；泯沟管护经费从2014年的2元/人(户籍人口)增加到3元/人。严格督查。不定期开展巡查指导，共出动1872人次、624车次，下发整改通知单6900份。全市河道完成拆坝建涵(桥)10297只，整改河道5649条，一二级河道清障1002只，三四五级河道清障50740只；治理粪污沟272条；处理违法电捕鱼、毒虾行为319起；收缴电捕鱼器具319套。建立河道网络管护系统，对全市15633条河道实行动态监管，及时推进整改。

2.关于陆剑峰、龚海燕等委员提出的《加强机动车道乱停乱放车辆管理》的提案。

市政府办理情况：全市机动车保有量不断攀升，特别是四轮机动车以平均每年1.6万辆的速度猛增，给城市交通带来较大压力。针对城区机动车违停占道多发的乱象，采取四个方面的措施。加强宣传引导。结合创卫创模创生态和文明城市创建活动，开展形式多样的宣传活动，组建交通文明志愿者队伍，引导广大市民公交出行。将交通安全法律法规宣传纳入全市普法教育和中小学生日常教育，把评选文明交通列入文明创建内容。制定专项规划。按照政府主导、因地制宜、统筹规划、协调发展的原则，研究确定城市停车总体发展规划、社会公共停车设施布局和规模。增加停车设施。2015年建成团结新村东侧、北上海花园东侧等多个生态停车场，完成台角村、东郊农贸市场地下停车场建设。人民医院、折桂中学、欣乐城等地下停车场与主体工程同步建设。阳光花苑等9个老小区新增停车泊位1000个。城区共设立社会公共停车场21处、泊位8425个；临时停车泊位2410个，出租车临时上下客泊位120个，确定紫薇西路等8个路段为大型客车、货车、农用车辆临时停放点。加大整治力度。利用道路监控设备，抓拍处理违法停车行为；调集警力，加强对重点时段、重点路段的机动车辆乱停乱放治理。在人民医院门口等易堵路段每天安排警力现场疏导；对人民东路批发菜场、紫薇路克明村菜场、新汽车站等交通节点持续开展交通秩序整治。10月起，市交通局、公安局对城市道路交通车辆违法违规的不文明行为组织专项整治。

3.关于陆锦涛等委员提出的《进一步建设好革命纪念地标志物》的提案。

市政府办理情况：市集中开展革命史迹、革命文物调查，至2015年10月，全市共建有革命纪念地19个、革命遗址2处。全市投资1000多万元对东南中学内的抗大九分校进行修缮，成为重要的爱国主义教育基地。各镇(乡)、园区也高度重视革命遗址的修复保护工作，各地的纪念建筑物都得到有效保护。人民桥是启东人民首战日军纪念地，是全市重要的战事纪念地之一。提案中提到人民桥烽火楼因2003年庙港河绿化带石驳工程而被拆除。为更好发挥纪念设施的教育宣传作用，市政府召开专题办公会议，明确人民桥的楼、碑、杆相关修旧工程由住建局纳入2016年修建计划。

4.关于茅炎生等委员提出的《发展网络经济，扩大无形市场》的提案。

市政府办理情况：市委、市政府通过外出考察、专题部署、搭建平台、引进人才、政策支持等，推动互联网经济发展，取得阶段性成果。加强宣传引导。加强面向企业的电子商务培训，引导企业向电子商务领域拓展。全市有注册电子商务企业15家，启东打折网、启东百业网等新兴电子商务网站效应初显。打造发展平台。发挥创新型经济园、国动产业园、博士生创业园等公共服务平台作用，以优惠的政策吸引电商企业入驻，逐步构建电子商务区域中心；在职教中心等增设电子商务培训科目，为电子商务发展提供人才支撑。招引培育并重。引进电商龙头企业淘金网等联合打造启东电动工具电子商务网站。投资建设青年电商淘金创谷，培育有志青年电商。

5.关于张卫华、俞井杰委员提出的《加强完善社区公共设施建设》的提案。

市政府办理情况：针对当前社区配套相对滞后、服务功能相对落后等现状，市政府领导多次深入街道社区，听取街道干部、居民群众的意见建议。按照社区建设规范化要求，明确工作责任，推进社区公共设施建设。文汇新村、幸福一村等社区完成公共服务中心达标建设，世纪家园、香榭水岸等社区公共设施进一步完善，御河湾、碧桂园、北上海花园、南郊家园等按标准配套公共设施。市政府常务会议对老小区服务用房改造建设进行专题研究，南北城区街道办开展协调对接工作。同时，全市不断拓展社区"软件"服务功能，为社区配送文体活动器材设备，开展"送戏进社区""送书进社区""正能量加油站""启东好声音"等活动，丰富群众文化生活。

6.关于郁丽春委员提出的《运用信息技术 建设智慧城市》的提案。

市政府办理情况：抢抓物联网发展新机遇，引用智慧管理最新成果，完善信息产业发展规划和配套政策，发展智能机器人、互联网金融、云计算等"智造"业态，智慧城市建设取得一定的成效。一方面推进智慧惠及民生。智慧交通深入民心，智能电子站牌、手机公交智能查询系统方便乘客，智能化调度大幅提升营运管理效率；数字城管"智"管城市，6月，全市数字化城管系统通过省住建厅专家验收。截至9月底，处置案件32560件，结案率达99.43%；智慧卫生深入推进，居民电子健康档案全面推进，14000 张居民健康卡试点发放，远程会诊系统全面建成并有效使用。无线城市加快建设，全市投入 200 万元，在市人民医院、政务中心、市民广场等 10 个公共场所提供免费无线上网服务。另一方面谋划智慧未来发展。多次组织开展“智慧城市”建设调研、“互联网+智慧产业”发展专题报告会等活动；市委、市政府主要领导和有关部门负责人拜访科研单位和服务商，已与九次方大数据公司、艾维特智慧数据公司签订战略合作协议。

7.关于沈向东等委员提出的《进一步落实好市容环卫责任区制度》的提案。

市政府办理情况：健全机制，强化责任。严格落实《启东市市区市容环卫责任区管理办法》，市容环卫责任书签订率达 100%。强化“门前三包”责任制，狠抓城管队伍建设，城市管理各尽其责、齐抓共管的格局逐步形成。合理规划，统一规范。坚持便民为民、疏堵结合，设置五个过渡性便民农贸市场。科学规划设置近千个便民摊点，做到“五个统一”，确保卫生有序。专项整治，长效管理。开展城市环境综合整治“951”等行动，建立定人、定岗、定时、定责的“四定”网格化管理机制，乐天玛特、农贸市场周边等区域市容秩序得到有效改善。发挥数字城管作用，全方位、全时段即时监控，第一时间部门联动，及时处理问题。2015 年，市获“国家卫生城市”“江苏省园林城市”称号。

8.关于龚樊昌委员提出的《企业危险废物处理》的提案。

市政府办理情况：完善危险废物监管机制与处置体系。进一步明确管理职责，建立相互监督、信息共享机制，完善应急防范措施及进出库台账登记管理，提升危险废物在线监控能力。落实企业安全主体责任，实施环保与公安、法院、检察院环境执法联动机制，提高突发性危废环境污染事故的快速处置能力。深入开展危险废物专项整治。加强重点源动态管理，确保危险废物重点监管源动态申报率100%，危险废物转移电子联单运行率 100%。组织开展危险废物专项执法检查工作，查处固废违法行为 2 起，罚款额共计 15 万元。推进重大项目建设。加快推进国内领先的上海电气危险废物处置项目，促进危险废物利用处置向产业化、专业化、规模化发展。

9.关于徐玉辉委员提出的《继续推进农村土地流转，拓宽农民增收渠道》的提案。

市政府办理情况：推进确权登记颁证工作，确保农民权益。市政府专门召开动员大会，明确目标任务。推进农村土地流转，加快现代农业发展。截至 10 月底，市新增高效农业面积 11.66 万亩，其中新增设施农业面积 1.37 万亩；新建规模以上设施大棚面积 6197 亩；新增 100 亩以上连片基地 55 个，发展连片露地蔬菜面积 1.37 万亩。培育新型经营主体，带动农民致富。鼓励休闲观光农业、家庭农场、全托管等新型经营主体发展，全市国家级休闲农业四星级创建示范点达 3 个。家庭农场推动农民创业增收效应不断显现，全市家庭农场 624 家，经营耕地总面积 6.7 万亩，雇佣劳动力 3893 人，总投资 4.84 亿元，总产出3.94 亿元。农场主于冬娟 2015 年被评为全国劳模，成为示范带动的典型。

10.关于张红霞、黄素娟、孙丽娟、石光辉等委员提出的《推动沪启轨道交通建设项目相关前期工作》的提案。

市政府办理情况：市委、市政府开展前期工作，委托中铁上海设计院和江苏省交通科学院，形成沪崇启铁路过江通道规划研究的初步文稿，并多次与国家铁路总局、铁路总公司、上海、江苏两地相关部门汇报、沟通，取得理解和支持。该项目列入江苏省铁路“十三五”建设规划项目，并有望纳入国家中长期铁路网的规划。

2015 年市政协十四届四次会议优秀提案

表 7

序号	提案号	题　　目	提案者
1	25、138、172、232	关于加强农村水环境综合整治的建议	倪伟新等
2	109、113、201、226	关于加强机动车道乱停乱放车辆管理的建议	陆剑峰等
3	182	关于进一步建设好革命纪念地标志物的建议	学习文史委等
4	153	关于发展网络经济，扩大无形市场的建议	工商界
5	199	关于加强完善社区公共设施建设的建议	张卫华
6	154	关于进一步落实好市容环卫责任区制度的建议	中共界
7	29、141	关于继续推进农村土地流转，拓宽农民增收渠道的建设	陆锦涛等
8	119	关于推动沪启轨道交通建设项目相关前期工作的建议	张红霞
9	202	关于加快推进智慧城市建设的建议	郁丽春
10	164	关于对企业危险废物处理的建议	龚樊昌
11	192	关于依托大港、大学、大路，高起点推进启东经济转型升级的建议	吴春华
12	175、196	关于建立露天烧烤整治长效机制的建议	秦启明等
13	22	关于加强城区危旧房屋屋顶维修工作的建议	陆江华
14	51	关于加快全市公共文化服务体系建设的建议	陈　樊

（俞井杰）

纪律检查与行政监察

责任编辑:唐　玲

综　述

【概况】 2015年,全市各级纪检监察组织按照中央纪委五次全会、省纪委五次全会和南通纪委五次全会部署,全面履行党章赋予的职责,坚持把纪律挺在前面,强化监督执纪问责,推进纪律检查体制改革,找准定位、坚守阵地,巩固成果、深化拓展,全力抓好重点任务落实,推动全市党风廉政建设和反腐败工作取得新的明显成效,受到省委巡视组、省纪委、南通市纪委和市委的高度评价。

【纪律宣传】 抓好党章和党中央新修订的《中国共产党廉洁自律准则》(以下简称《准则》)、《中国共产党纪律处分条例》(以下简称《条例》)的学习宣传。充分发挥市纪委宣讲团的骨干作用,各单位党政主要领导和纪委书记的示范作用,开展《准则》《条例》"百人千场"大宣讲,引导党员干部坚持道德高线,坚守纪律底线。汇编《准则》《条例》和案例故事,发放至全市2000多名党员干部手中,列出正、负清单,不断增强党员干部党章党规党纪意识。

【廉政审查】 制定出台《廉政审查实施办法(试行)》,规范干部提拔任用、出国出境、评先评优等工作的廉政审查程序,促进廉政审查工作制度化、规范化,有效防止"带病"提拔。

【廉情约谈】 对作风建设监督检查、纪律审查、信访举报工作中反映出的一些单位、个人存在廉政风险隐患问题,对单位主要领导和相关人员进行约谈。2015年,共约谈各类对象65人,切实增强党员领导干部的主体责任意识和党员干部的廉洁自律意识。

(沈　慧)

5月8日,市纪委举行"东疆清风"廉政微电影首映式。　(市纪委/提供)

"两个责任"落实

【制度执行】 根据市委《关于落实党风廉政建设党委主体责任、纪委监督责任的实施意见(试行)》,市纪委认真落实书面接受并专题听取工作报告制度。对基层党委(党组)履行主体责任、党委(党组)主要负责人履行"第一责任人"责任、基层纪委(纪检组)履行监督责任的报告,专门组织审阅,对报告不全面、不清晰、敷衍应付的,责成重报。

【考核考评】 创新党风廉政建设考评方式。为改变党风廉政建设"平时不抓评时抓"的情况,2015年,实行一季度一考评。考评克服原来的重台账重记录倾向,要求基层单位在QQ群即时汇报工作推进情况,每季度以PPT形式进行汇报,确保问题及时发现查处,及时整改到位。

【责任追究】 协助市委制定出台《关于实施党风廉政建设责任追究的办法(试行)》,对违反党的政治纪律和政治规矩、组织纪律,"四风"问题突出、发生顶风违纪问题,出现区域性、系统性腐败案件的部门和单位,坚决实行"一案双查",追究主体责任、监督责任,严肃追究领导责任。

(沈　慧)

作风建设

【监督检查】 坚持围绕节点发力，在元旦春节、清明、"五一"、端午、中秋、国庆等重要时段，成立25个督查组，不间断进行明察暗访，重点发现和查处公车私用、违规公务接待、参与高消费娱乐活动等违规问题。结合启东实际，定期开展严禁党员干部工作日午间饮酒、公车夜间违规停放、收受消费购物卡、参赌涉赌、出入高消费娱乐场所等专项突击检查行动。开展领导干部违规经商办企业问题专项整治，报告对象为全市所有科级以上领导干部、重点部门及重要岗位中层干部，不仅要申报本人的相关情况，而且把党员干部的父母、配偶及其父母、子女及其配偶全部纳入报告范围，全市3354名中层以上党员干部进行专项报告，在此基础上，按不少于10%的比例进行抽查，发现违规问题，及时处理。

【严肃问责】 2015年，共查处违反中央八项规定问题17起，处理党员干部23人，其中给予党纪政纪处分6人，诫勉谈话2人，提醒谈话9人，内部通报6人。先后对原计生委滥发奖金福利、白港村组织公款高消费吃喝娱乐活动等典型案例予以通报曝光。中纪委监察部网站将启东纪委查办的市气象局违规发放奖金和购物卡的案例作为典型案例向全国通报。

【制度建设】 认真研判党员干部作风建设状况，及时排查、梳理、甄别苗头性、倾向性问题，出台针对性制度。2015年，协助市委起草《关于进一步加强党风廉政建设工作的若干意见》，明确党员干部严禁违规借贷资金收取高额回报等廉洁自律"八项禁令"。出台《启东市领导班子和领导干部"为官不为"问责暂行办法》，明确领导班子和领导干部存在30种不作为、慢作为、乱作为行为的，都将严厉问责。

（沈　慧）

惩治腐败

【信访工作】 不断拓宽信访举报收集范围，完善电话、网络、短信、QQ"四位一体"信访举报受理平台，实施舆情信息采集公示和群众举报绿色邮政，2015年，共收到各类举报823件次。提高信访办理质量，坚持首办责任制，明确初信初访责任，提高初信初访一次性办结率。建立信访办理"逐信、逐报、逐审、逐结"制度，信访件办理报结一信一档、一信一结，由具体经办人、市纪委信访室负责人、市纪委监察局分管领导层层签字背书，确保件件办理有交代、事事落实有回音，经得起历史和实践的检验。

【案件查办】 坚持量质并举，"老虎""苍蝇"一起打，坚决查处领导干部违纪违法案件，切实解决发生在群众身边的不正之风和腐败问题。2015年被查处的干部中有部门一把手局长、部门一把手党组书记、乡镇人大主席、部门乡镇副职领导、部门中层、乡镇基层站所负责人以及双强型村党支部书记等，在启东产生较大的震慑力。坚持快查快结，集中精力查清主要违纪问题，对涉嫌违法犯罪的及时移送司法机关。充分发挥反腐败协调小组作用，合力推进惩治和预防腐败各项工作。2015年，全市共立案320件，其中涉及科级干部21名，移送司法机关7人，收缴违纪款460多万元，挽回经济损失2400多万元。

【案件监管审理】 加强案件监督管理，完善执纪审查工作流程，坚持安全、文明、规范办案。认真剖析典型案例，发挥办案综合效应，力争做到"查处一案，警示一片，治理一片，完善一面"，实现查教、查改、查建结合。围绕"事实清楚、证据确凿、定性准确、处理恰当、手续完备、程序合法"二十四字要求，严格审理工作标准，确保审结的每一起案件均能经得起历史的检验。

（沈　慧）

源头预防

【党风廉政宣传教育】 以"新春第一会"形式，专题召开全市党风廉政建设暨警示教育大会，使党员干部受到深刻的警示教育。注重教育常态化。围绕唤醒党员干部党章党规党纪意识，制度化开展廉洁过节、"5·10"思廉日、"算好廉政账""12·9"国际反腐败日等系列教育活动。

市纪委制作的警示教育专题片。　（市纪委/提供）

【反腐倡廉制度建设】 从源头预防腐败入手,加强重点领域制度建设,督促相关部门进一步完善工程建设项目招投标、经营性土地使用权出让、产权交易、政府采购等制度,充分发挥市场在资源配置中的决定性作用。推进制度廉洁性评估工作,剥去一些部门和单位利用制度扩张职权、谋取小团体利益的“合法外衣”。对破坏制度闯“雷区”的,坚决严肃查处,确保各项法规制度落地生根。

【权力运行监督制约】 加强效能监察。严明党的群众纪律、工作纪律,查纠组织涣散、纪律松弛现象。充分发挥启东效能建设“受理投诉、明察暗访、综合考评、责任追究”一体的优势,查纠“懒政、庸政、慢政、乱政”等为官不为、为官乱为行为。2015年,共开展明察暗访385批次,向55个单位发出问题告知单269份,197名机关工作人员受到批评教育、内部通报、待岗培训等处理。加大对市委市政府重大决策部署贯彻落实情况的监督检查力度,围绕为民实事项目建设、违法用地拆除复耕等重点工作进行40多次督查,推进工作落实。加强执法监察。督促相关部门重点查处投标企业串标、围标等行为,不断净化招投标市场。2015年,共有5家中标企业因无故不履行合同、提供虚假业绩等违规行为被取消中标资格,没收投标保证金380万元,同时记不良行为并网上公示。全面开展基层党风廉政建设督导巡查。通过谈话走访、台账查阅、财务检查、现场勘察等方式,从被动等线索变主动发现问题线索。2015年,通过对相关单位的督导巡查,发现问题线索15条,对24名党员干部进行党纪政纪处分;三个农村纪检监察工作室认真开展村级财务拉网式审计,查处违纪村干部60名。加强“12345”热线工作。对热线接收到的诉求,通过电子督办、电话督办、书面督办、会议督办和直查快办等方式督促落实。拓展便民服务领域,将全市115个机关、镇(乡)、单位以及与市民生活密切关联的水、电、气、银行等46个公共服务单位咨询、投诉电话和广播电视、居家养老、出租车呼叫等公共服务平台全部整合到热线,实现“一号受理、分类处置、协调联动、限时办理、全程监督”。推进数字化城管运行工作,运用信息采集员、视频监督车、监控探头等手段,变被动为主动,促进城市管理科学化、精细化和长效化。2015年,“12345”热线和数字城管共受理市民诉求32万多件,日均电话量约2000个,群众满意率达98.9%。

(沈　慧)

纪检监察队伍建设

【组织建设】 整合内设机构。在不增加机构数、不增加领导职数、不增加编制数的前提下,撤销党风室、纠风室、效能室和执法室,组建党风政风监督室,增设3个纪检监察室,更好地履行监督执纪问责职能。推进派驻纪检监察组织全覆盖。结合政府机构改革,启东市25个政府组成部门全部派驻纪检组,工会、科协、残联等群团组织也派驻纪检组。

【加强管理】 规范纪检监察干部责任分工。明确市直机关纪检组长不分管、协管所在单位其他业务工作,不兼任所在单位其他党政职务,不兼任与纪检监察工作无关的学会、协会、议事协调机构的领导职务。建立完善下级纪委向上级纪委外出请销假、报告工作、定期述职、约谈汇报等纪检监察干部管理“四项制度”,明确派驻纪检组长、镇乡纪委书记、园区纪工委书记必须每季度向市纪委报告工作,每半年向市纪委述职并接受专项测评,测评结果作为其调配使用的重要依据。

(沈　慧)

如意农庄一景

(市商务局/供稿)

市总工会

【概况】 2015年，启东市各级工会扎实践行"三严三实"，全面深化服务型工会建设，确立并落实重点课题和实事工程，深入开展"工会在身边"主题活动，当好党的助手、企业帮手、职工扶手。全年市总工会获省以上表彰6项，市以上媒体报道80多篇次。全市产生3名启东籍全国劳动模范、1名江苏省"五一劳动奖状"、2名江苏省"五一劳动奖章"、2个江苏省工人先锋号、24个南通市先进典型、136个启东市先进典型。

【工会工作法治化】 深化基层民主管理制度建设。职代会、集体协商、厂务公开"三位一体"的企业民主管理制度建设得到新的加强，全市3500多家企业建立各项民主管理制度。开展年度职代会规范化建设竞赛活动，达标单位130家，先进单位30家，示范单位14家。

发挥协调劳动关系机制作用。全市集体协商建制企业总数达1295家，独立签订工资集体协商企业数1253家，小微企业签订区域性集体合同和工资协商专项集体合同36份，其中行业性7份，覆盖企业3272家，覆盖职工20.7万人。

预防和化解劳动关系矛盾。全面组织工会劳动法律监督"清风行动"。组织开展大型法治广场宣传服务主题活动，全市建立工会劳动法律监督组织3150个。

维护职工生命健康权益。全市2500多家企事业单位的16万多名职工参加"安康杯"竞赛，近2万名职工参与安全生产与劳动保护知识竞赛，组织开展"安全隐患随手拍"、征集安全生产"金点子"、赠阅安全生产知识丛书等活动。

【服务发展】 普惠化服务。工会困难职工救助纳入2015年度市政府实事工程。职工关爱角普惠服务走进60多家企业，覆盖车间450个，普惠职工2万余名，投入资金60多万元。设立9个"环卫职工关爱驿站"，为环卫工人夏送清凉，冬送温暖。在建筑企业，除物资配送外，还督促企业完善工资担保金制度和应急支付机制，切实维护农民工的劳动经济权益。

创新传统帮扶服务品牌。加大送温暖、金秋助学、重大疾病援助等传统项目帮扶力度，走访慰问各类困难对象近300户，助学119人，奖学11人，助医65人，共计发放救助金近100万元。征集并落实特困和困难职工"微心愿"。拓宽职工入沪医疗绿色通道，及时挽救5名职工生命。开展夏季高温慰问，走进百家企业，发放高温慰问品18000份，慰问资金近80万元。完善留启外来工春节慰问机制，落实送节日礼包、正能量书籍、迎新茶话会、吃年夜饭等贴心送活动。关爱进城务工子女生活和学习，举办"小候鸟暑期团圆梦"活动。

关注职工多元化需求。成功举办启东市首届职工文化节，新市民说启东方言大赛，优秀企业报刊、自媒体、形象片评选，职工书法、绘画、摄影比赛及展览，微友晒幸福大赛，全市职工文艺节目调演比赛等五大赛事，近10万名职工参与。

【基层基础工作】 组织开展"农民工入会集中行动"。全年全市新建基层工

11月13日，启东市首届职工文化节启动。　(市总工会/提供)

会303家,新发展会员14880人,工会会员达到257872人,工会组建率达95%,职工入会率达98%。评比产生“启东市十佳职工之家”和“十佳提名”,按照实际需求,为职工之家配备乒乓球台、电脑、健身器材等硬件设施。分批次、有重点地推进职工之家亮化工作。

【劳动竞赛】 2015年,组织举行第十一届“为劳动者喝彩”职工职业技能比武大赛,先后在交通、卫生、教育、滨江精细化工园、滨海工业园等单位,组织乘务员、叉车、钳工、护理等职工技能竞赛9个工种,参赛单位700余家,参赛职工达4万余人次,技能等级晋升42人。

(戚 蕴)

共青团启东市委员会

【思想引导】 深化中国特色社会主义和中国梦宣传教育,组织开展以“我的中国梦”“青春五月”“与人生对话”“彩虹人生”为主题的报告会、分享会、主题团日活动23场;强化新媒体宣传作用,建设好“启东共青团”微信平台,深入开展青年网络文明志愿行动,精心设计清明祭英烈、“优秀团干部一天”系列展播、“为党献上一束花”“低碳青春 运动一夏”全市青少年健走等网络主题教育活动,活动浏览、转发、参与人数近万人,团市委获评“南通青年网络文明志愿行动建设示范单位”。

【服务大局】 开展“助力全国文明城市创建 青年文明号在行动”主题活动月,全市各战线近百个青年文明号通过现场服务、技能比武、行业承诺等方式展示青年文明号风采;开展启东籍在校大学生暑期党政机关见习工作,共募集28家机关事业单位54个岗位,为103位大学生提供见习机会,同时开展“大学生暑期联谊”“公务员考试技巧培训”“喜看家乡新变化”“大学生创业就业讲座”等实践活动,成立全市党政系统第一家大学生见习基地;探索推进农村青年创业小额贷款工作,发放农村青年创业贷款12笔350万元,成功带动数名青年创业就业。

7月20日,团市委在启东图书馆二楼报告厅召开2015年启东籍在校大学生暑期党政机关见习人岗对接会。 (团市委/提供)

【服务青少年】 成立全市单身青年联谊会,建立最新、最全、最优质的青年信息库,举办专场青年交友联谊活动5次,增进单身青年沟通和交流;加强青少年之家建设,建立南通市级青少年综合服务平台3个,省级服务平台1个;开展“大手拉小手 快乐迎新年”关爱孤儿晨光计划,整合青年文明号、社会爱心人士、社会公益组织、青商会成员等社会资源,深入贫困、孤残、服刑人员未成年子女特殊群体,开展助困帮扶、心理疏导工作,累计覆盖近百名青少年,上门活动200余次;开展中学生团员到社区报到活动,推动中学生团员成为“注册志愿者”。

【自身建设】 坚持党建带团建和全团带队,在南通率先研究制定《关于进一步加强新形势下基层党建带团建工作的实施意见》《关于进一步加强全市少先队工作的实施意见》,并以市委办公室文件转发;严格团员队伍建设,制定并实施团员发展计划,加强培养、坚持标准、规范程序、保证质量,制定下发《启东市发展团员工作办法(试行)》,逐步调控团员发展数量特别是中学生团员发展比例,保持全市团员队伍合理规模和结构;在中学中职实施“六个一”团建项目;组织实施市级机关团组织集中换届,巩固深化机关事业单位团建工作;注重团干部能力提升,组织举办少先队辅导员、青年文明号号长等团青业务培训班。开展“三严三实”专题教育暨“团干部如何健康成长”大讨论活动。

(姚 洁)

市妇女联合会

【概况】 2015年,市妇联扎实践行“三严三实”教育活动,结合市委中心工作,重点围绕创业培训、文明创建、妇女维权、公益项目、妇儿实事、组织建设等方面开展工作,完成“十二五”妇女儿童发展规划终期评估。

【创业就业】 岗位创建。3月,全国妇联授予人民法院诉讼服务中心全国“巾帼文明岗”荣誉称号,启东市人民医院急救中心、农商银行营业部、国税七分局、实验小学、地税一分局等5家单位获省级“巾帼文明岗”荣誉称号,“三八”期间命名20个启东市级巾帼文明岗,全市共有各级“巾帼文明岗”及争创岗188个。

素质培训。开展妇女就业技能培训,1—10月,“农村妇女网上行”培训获得培训证书人数达330人;举办“好苏嫂”家政培训2期,“美容保健技能培训班”1期,受训获证人员200人,成功介绍就业30人;举办1期电子商务培训班;以北街紫薇花苑社区为试点,成立“陪读妈妈”学习培训基地和就业互助协会。加强妇联干部能力素质培训，安排妇联工作实务、信息工作业务、婚姻家庭类法律知识、女性形象礼仪知识等课程。

培树典型。在汇龙、北新、吕四、东海、惠萍，选择优秀的基地申报全国及省级巾帼示范基地，全年共培育南通级以上各类示范基地13个。"三八"期间，表彰寅阳镇农武村蔬菜专业合作社、汇龙镇临江村妇代会、东海镇共乐村村民委员会、南阳镇良仁村妇代会、吕四港镇边防村妇委会5个"双学双比"先进集体。

3月8日，海复镇搬场村成立市首个反家暴爱心社团。（市妇联/提供）

【文明创建】 巡访"最美家庭"。3月，召开"最美家庭"创建活动部署会。5月22日，在汇龙镇临江村召开现场推进会，推广该村的成功经验和有效做法。2015年，全市各级妇联自荐、互荐"最美家庭"和"最美家庭角色"190多个，苏晓琳家庭和孙汉兰家庭入围南通市"江海最美家庭"，苏晓琳家庭获评省"最美家庭"。汇龙、南阳、合作、东海的活动心得通过省、全国妇联微信平台宣传发布。

开展志愿者服务。全市各志愿服务队围绕"心与手相连，距离不遥远"主题，开展一系列结对互助、捐资助学等服务活动，受益人数约1300人。妇联机关党员志愿者带领妇女干部、女企业家等社会爱心人士，走访慰问单亲母亲、困难"三八红旗手"、困境儿童、一线女工等共计84人，慰问物资4万余元。

风采展示。在"三八"期间举办"唱响时代旋律，展现巾帼风采"主题歌咏会，以团队力量展现巾帼风采。组织开展男女平等基本国策宣传及"两规划"知识竞赛，通过媒体平台和现场比赛两种形式，加大男女平等基本国策的宣传力度，庆祝男女平等基本国策实施20周年。

【妇女维权】 参与维权维稳。主动参与土地确权登记工作，确保农村妇女土地权益落到实处，真正实现"登有其名，名下有权"。成功调处寅阳镇八旬老翁猥亵智障女童、王鲍离婚女难回娘家等疑难案件。运用"12338"维权热线以及QQ、微信等网络平台，倾听妇女诉求，予以回应解决。全年共计接待妇女来信来访76例149人次，调处率达100%。

开展普法宣传。利用"三八"维权周、"6·26"禁毒宣传和"11·25"国际反家暴日，开展群众喜闻乐见的普法宣传活动。同时在电台和报纸、网站、微信等媒体端开辟专栏，以知识竞赛、专题讲座、文艺表演等形式，引导广大妇女学法、知法、用法和依法维权。"平安家庭"创建。办好幸福家庭讲习班，建立"幸福岛"微信公众号和QQ群，定期发布幸福小贴士，接受婚姻家庭知识咨询，特别是针对结婚0~3年的新婚夫妻开设幸福婚姻学堂，传播新婚夫妻间的正确相处之道。3月，在海复镇搬场村成立启东市首个"反家暴爱心社团"，以项目形式探索建立"预防为主、调解为先、综合治理、公权干预"的反家暴工作体系，举办向"家庭暴力说不"反家暴宣传活动。

5月，"最美家庭"创建活动推进会在汇龙镇临江村举行。（市妇联/提供）

【民生实事】 与民政局对接，对全市的困境儿童和孤儿数据进行核实，形成数据库并实行动态管理，同时建立"民政福彩基金"5万元。新建"福彩春蕾班""职教春蕾班"2个，举办农商银行"春蕾班"毕业感恩座谈会，在100余名春蕾学子完成"学业梦"的同时培养孩子们健康、感恩的美好心灵。发动全国劳模、女企业家、女大学生村官、退休教师等各界爱心人士为130位困境儿童助力微心愿。重阳节，在结对社区举办"传承孝道新风尚，建设和谐大家园"重阳节主题活动，表彰"最美老人"和"最美孝星"等家庭角色，弘扬中华民族孝老敬亲的传统家庭美德。制作拍摄家庭教育微电影，全市家庭教育工作者走进学校、社区，开展大型讲座12场。市妇女儿童活动中心全面建成并投入使用，中心内设妇女就业服务指导站、家政服务实训基地、儿童安全体验教室、亲子活动屋、维权咨询服务站等十多个功能室。2015年暑期，全市城区28个社区的600多名少年儿童在体验教室开启“安全之旅”，举办各类培训班60多场次，参与人员达2000多人次。在北街道紫薇二村社区、南街道建都新村社区推行暑期学校和四点半课堂，通过发挥女大学生村官、返乡大学生、五老志愿者等群体作用，对有需要的留守儿童和上班族子女进行临时托管。

【组织建设】 重点加强机关和事业单位妇委会建设，机关妇委会增至48个。拓展阵地功能，深入开展优秀服务案例征集评选活动，共收集活动案例10个，其中6个案例上报南通妇联参加省级优秀活动案例评选。及时更新副科级以上女干部信息库。全市科级以上女干部199个，其中正科职干部26个，副科职干部109个。对全市村(居)级女干部情况进行统计汇总，全市有村级女干部1106人，其中书记、主任、社长125人，双强型女干部70人。以项目创投的方式开展妇女儿童公益服务，吸引和鼓励女性社团主动参与。2015年，共征集公益项目20个，经遴选确定对群众需求度高、可操作性强的12个项目分派承接实施，发放项目经费3.2万元，内容涵盖亲子沟通、科学家教、婚姻经营、女性发展、扶贫关爱等多个领域。

(朱黄娟)

市科学技术协会

【概况】 2015年，市科协围绕全民科学素质提升做实科普工作，紧扣“全民创业、万人创新”主题做优服务工作，结合“三严三实”主题教育活动强化自身建设，成功创建“省科普示范县市”。

【创建省科普示范县(市)】 把科普示范市创建工作列入市委、市政府工作重要议事日程，全面构建强有力的组织保障。市成立由市委分管领导任组长的科普示范市创建工作领导小组。市政府分管领导亲自研究部署科普创建工作，出台《启东市创建省科普示范市工作实施意见》，分解任务，落实责任，确保创建工作有序推进。把科普经费列入本级财政预算，确保足额到位。依托全民科学素质领导小组，定期研究部署全市科普工作，制定配套实施方案，形成上下联动，齐抓共管的大科普、大创建格局。

【科普宣传】 把科普硬件设施的建设维护纳入文明城市检查考核内容。新建的启东市科技产业馆突出启东地方特色和产业优势，呈现科技创新亮点，作为市重点工程由政府办牵头推进。将科普讲师团的活动融入市委组织部重点开展的“千人百团连民心”基层党组织建设，在市本级50人的科普讲师团的基础上，各乡镇均组织不少于10人的讲师队伍，组建涉及医疗卫生、法治宣传、农业养殖、安全教育、科技培训等方面的科普推广团。实现科普推广团活动乡镇全覆盖，全年宣讲27场，受众7362人，乡镇科普推广分团活动覆盖70%的村组，受众30多万人次。整合高校、学会、协会资源丰富科普活动。与医学会合作的“健康大讲堂”《科普直通车》成为报纸、电台等主流媒体的传统栏目，全年以“中医治未病”为主题，开办46期。在南通大学杏林学院为“杏林之星科技梦社团”揭牌，在科普冬令营期间开展科普活动35场，成为学生科普志愿服务的生力军。在启东中学成立科技创新先锋队。推广老科协“310”(滚动评选10个优秀农业科技咨询服务站、10个农业科技示范基地、10个农村科普学校)农业科技服务品牌，实化科普惠农工作。协助老科协和农学会出版印发老科技工作者芮友松用近20年时间编著的《启东树木志》，为全市绿化工作留下珍贵的第一手资料，填补专业空白，也为市民了解启东植被，提高种养水平提供科普教材。流动科技馆校校行活动，全年巡展24个学校，受益学生近2万人次。协同蚕桑学会开展“走近农桑——青少年农业体验”活动，分期分批组织200多名城市学生走进农田，了解蚕桑。高质量办好科普周、科普日、科技节等全市性科技活动，扩大科协组织的影响力。科普周其间，针对群众日益增长的健康保健需求，邀请上海第十人民医院、上海市中医院科主任级专家23人，在中医院开展“冬病夏治”主题义诊，普及“治未病”的健康理念，现场500多人次得到义诊咨询。全国科普日期间，由省科协国际部引荐的台湾养生专家欧阳英作“食来运转”养身讲座，由省科协科普部引荐的中科院院士吴培亨围绕创业创新能力的培养作讲座，在南通大学、启东中学师生中反响热烈。结合市环保模范城市创建开展的环保主题知识竞赛在全

10月10日，中科院院士吴培亨在启东作讲座。 (市科协/提供)

市掀起学习热潮，形成城乡互动资源共享的良好局面。

【服务创业创新】 依托江苏科协海智计划启东基地和上海欧美同学会长三角论坛等平台，集聚国际化人才，助力创新驱动，服务企业转型升级。先后邀请海外团队12人次到启东投资创业考察。成功引荐英国伯明翰大学绿色建筑教授、英国皇家建筑学院理事、中组部“千人计划”专家杨健教授与全市新材料建筑企业实现项目对接，先后邀请吴培亨院士、郑有炓院士、匡定波院士、彭公炳院士到启东考察指导，在科技节期间为启东科技发展以及“十三五”规划出谋划策。市科协注重当地学会协会的培养，采取“走出去”“请进来”等方式，组织镇(乡)、街道和企业、学校科协主席，市级学会(协会)秘书长等开展业务培训，学习借鉴先进地区的科普工作经验。重点围绕承接政府转移职能这一主题，组织“转型发展江海行”活动，通过走进沿江船舶产业园、滨海工业园、吕四沿海产业带看成果、问需求，拓展学会协会的工作思路，明确服务方向。加大人才举荐力度。连续十年在科技节上以市委、市政府名义表彰各类科技人才。科协协助引进的龙昇新材料公司技术副总王晓东成功申报“东疆英才”、美国终身教授“千人计划”专家桑涛成功获得省“双创计划”资金扶持。

(张　静)

市侨联

【概况】 2015年，市侨联坚持以人为本、为侨服务宗旨，开展“三严三实”专题教育活动，广泛凝聚侨界力量，坚持“两个并重”“两个拓展”，发挥“六大作用”，履职尽责，在参与启东经济、政治、文化、社会建设以及参政议政、以法护侨、联络联谊等方面取得较好业绩。

【服务经济发展和人才工作】 围绕全市工作大局，利用国内海外“两个平台”、财力智力“两种资源”，继续实施“个十百千”工程，邀请英国伦敦海事服务协会总裁Doug Barrow先生、上海航运和金融产业基地执行主席张兵华博士，以及美国、加拿大、法国、荷兰、阿联酋、加纳、印尼、阿曼、塔吉克斯坦、厄瓜多尔等十多个国家的40多位海外侨领到启东考察；邀请董卫等近十名海外高层次人才到南通参加江海创业周和启东“海外才俊东疆行”活动；接待上海崇明、苏州相城、常熟、扬州仪征等10多家侨联到启东考察交流；接待美国、澳大利亚、新加坡等国家及中国香港地区近60名海外侨胞、香港同胞回启东探亲访友；组织侨界政协委员赴江苏神通阀门、姚记扑克、森田消防等十多家侨港资企业走访调研，鼓励和引导企业在新一轮发展中抢抓机遇、做大做强，做好推进侨商企业转型升级服务工作。启东姚记扑克获第三届“江苏省优秀侨资企业”称号。

【海外及港澳台联谊】 拓宽联谊渠道，随南通市侨联团组赴台湾考察，拜访洪门联合总会会长江德鑫、中华侨联总会会长简汉生、工商建研会会长雷祖刚等台湾著名人士；与美南江苏总会、香港中华工商业协会、香港南通同乡会等十多个社团组织保持密切联系；新增“启东侨界委员”和“海外四有人才”两个微信群，增进亲情乡谊，促进合作发展，向海外华侨华人、港澳台同胞邮寄春节贺卡恭贺农历新年；会同市委组织部、市人才办做好高层次人才工作，会同市委统战部做好“香港专项工作”，注重加强与市侨联海外顾问、友好侨社团的联系，促进联谊沟通。

【参与社会管理和维护侨益】 贯彻落实中共中央和江苏省委关于群团工作和侨联工作意见，向市委分管领导专题汇报，形成主动维权、依法维权、科学维权和规范维权新局面。做好信访、维权工作，帮助华侨郁向东解决回国定居、黄祝斌交通死亡案维权等，保障海外侨胞、港澳同胞的合法利益，维护侨界和谐稳定；建立侨界困难群众档案和帮扶工作长效机制，深入了解归侨侨眷在养老、住房、医疗和社会保障等方面的困难，组织侨界40多名志愿者参与“侨界空巢老人关爱行动”，坚持一周一个电话问候，一月一次上门服务，一季一次关爱慰问，半年一次联谊活动，一年一次健康体检，为他们排忧解难；争取市人民医院、市残联等单位部门支持，为困难侨眷倪国浩做好白内障复明手术等；规范孙氏奖学助学金、郁氏奖学金等华侨奖学助学金有序发放；探索建立联系侨界群众的制度，努力做好服务侨界群众工作。

【参政议政】 借开展“三严三实”专题教育的契机，改进工作作风，加强与归侨侨眷的联络联谊，深入各镇乡(园区)、街道，走访归侨侨眷家庭300多家，广泛听取意见和建议，实现基层归侨侨眷座谈会全覆盖；接受市人大常委会对市侨联工作的专题调研，并向市人大常委会报告代表履职情况；组织市侨界政协委员开展“相识相知、交流交友、履职履诺、献智献策”为主题的界别活动周；召开侨情通报会，引导侨界人大代表、政协委员撰写提案建议20多条。

【拓展公益事业和扶贫帮困】 根据侨界群众的特点和需求，组织侨界群众开展迎国庆、庆中秋慰问，端午节联谊，参观、考察学习等活动；组织部分镇(乡)归侨侨眷参观抗大九分校、“启东好人”榜，安排回国参加北京抗战胜利70周年阅兵式活动的启东籍著名侨领顾履冰博士接受启东电视台和《启东日报》记者的联合采访；开展“侨爱工程”，对空巢、病残等困难归侨侨眷及时探望，慰问总额超8万元，创历史新高；搞好与汇龙镇东郊村结对“脱贫奔小康”一对一精准扶贫工作，争取省侨联和旅澳华人魏基成的支持，与市特教学校共同做好29名听障青少年(儿童)捐赠助听器统计上报、安装工作；争取市委、市政府的支持，获慰问海外高层次人才眷属专项经费1万元。

(李爱玲)

市残疾人联合会

【概况】 2015年，全市残疾人工作以“保障残疾人民生，全力推进残疾人小康进程”为纲领和指导，深化“两个体系”建设，始终坚持为残疾人办好事、办实事、解难事。至年底，全市共有持证残疾人24093人，专门协会5个。

【救助保障】 自2015年1月1日起，全市提高重度残疾人护理补贴标准，农村提高至每人每月80元，城镇提高至每人每月120元。自2015年7月1日起，调整全市重度残疾人生活补助标准，农村提高至每人每月460元，城镇提高至每人每月580元。全市全年共计7965人享受农村重残救助、450人享受城镇重残救助，发放补贴4195.79万元；159人享受一户多残、依老养残补贴，发放补贴45.58万元；793人享受护理补贴，发放补贴78.2万元；127人享受教育补贴，发放补贴10.1万元。市残疾人联合会(简称市残联)会同市慈善基金会开展“携手养老”项目，为重残人员养老保险的缴费提供每人每年80元资助。全年共计539名残疾人享受资助。市残联制定出台《启东市残疾人扶贫基地管理办法的通知》。全市有5家残疾人扶贫基地，其中2家通过省残联一星级扶贫基地验收。2015年相继建成3家市级残疾人扶贫基地。

【康复服务】 根据《贫困精神病患者医疗救助办法》，2015年，全市再次提高精神病患者免费服药受惠标准，由2014年的600元/人增加至650元/人。共计975名贫困精神残疾人享受该项救助。下半年，市残联共调查审核并确定对30名低保户、五保户、经低收入认证的精神残疾人给予每人4000元标准的补贴。市残联通过“助行、助明、助听”项目，共为17名贫困肢残人装配假肢，为16名贫困肢残儿童进行矫形鞋适配。开展全市贫困白内障患者免费复明工程项目，完成209例贫困白内障患者免费手术。组织开展盲人定向行走培训班，共培训100名盲人代表和专职委员。为2名听障儿童申请助听器，帮助听障儿童回归社会。市残联联合市慈善基金会开展“启聪工程”项目，资助全市确诊患有重度或极度耳聋的0~5周岁贫困听障儿童安装人工耳蜗。2015年，“启聪工程”提高救助标准，由原来的5万~8万元提高到6万~10万元，父母均聋哑救助10万元，父母非聋哑救助6万元。全年资助3名听障儿童，发放补贴20万元。联合人社局、民政局、财政局等部门，出台《启东市残疾儿童基本康复救助工作实施办法》。2015年，有58名残疾儿童进行康复训练，其中千帆儿童康复中心25名，特殊教育学校18名，外地康复机构15名。

【就业培训】 2015年，市残联开设插花、种养殖等技能培训班。全市残联积极与多家单位协调联系，举办残疾人招聘会，共计100多名残疾人参加招聘会，30多人达成就业意向。市残联制定下发《关于2015年度征缴残疾人就业保障金的通告》。在参加年审的用人单位中，共83家单位安置320名残疾人就业。全市残联对按比例安排残疾人就业的用人单位发放补贴，对超比例安排残疾人就业的用人单位进行奖励。

6月18日，市残联开展助行工程——免费装假肢和矫形器。(姜雨蒙/摄)

【载体活动】 5月，市残联理事长和各部室负责人走进“政风行风热线”直播间，宣传残疾人工作相关政策，解答残疾人提出的问题。6月，由残联主办，市肢残协会、盲人协会协办首届残疾人趣味运动会。全市共有64名残疾人参与比赛。11月，市残联开展第二届“秀出真风采　共建好家园”残疾人才艺表演赛。市残联组织开展“文化进社区”活动。市听障儿童张译天参加江苏省听障儿童演讲比赛，获二等奖。先天畸形残疾人苏晓琳被评为“全省自强模范”。市残联通过电视台《江海潮涌》栏目，全面介绍全市残疾人事业发展情况。在《启东日报》开设《残疾人风采》专题栏目，报道“以残助残”先进典型帮助残疾人修路的感人事迹等。

(倪灵琳)

市文学艺术界联合会

【概况】 2015年，启东市文学艺术界联合会坚持“二为”方向，贯彻“双百”方针，认真学习领会贯彻落实习近平总书记在文艺座谈会上的讲话精神和《中共中央关于繁荣发展社会主义文艺的意见》精神，较好地完成全年工作任务。所属作家协会、美术家协会、书法家协会、音乐家协会、摄影家协会、舞蹈家协会、戏剧家协会、曲艺家协会、影视家协会和民间文艺家协会等10个协会和南阳镇文联、检察官文联均取得长足进步，活动丰富，会员数量增加，创作成果再上台阶。“洋钎说书”申报省级非遗获成功。《沙地》杂志成功改版，全年出刊4期，发现并培养一批本土创作人员。《夜鹰》漫画报全年出版10期。通过不同的平台展示启东文艺工作者的创作成果。1名会员加入中国曲艺家协会、4名会员加入江苏省作家协会、3名会员加入江苏省摄影家协会，多名艺术家加入南通市各个艺术门类的协会。

【市第七次文代会】 4月15日，经各协会推荐，来自各界的120多名文艺家代表全市1800多名会员参会。南通市文联党组书记、主席王法，启东市领导徐锋、赵男男、潘国红、张卫生、宋逵出席开幕式。市委书记、市人大常委会主任徐锋作重要讲话。会议审议通过启东市文联第六届委员会工作报告，修改文联章程，选举产生文联第七届委员会，聘请17位荣誉委员，表彰2007—2014年度先进协会、优秀会员。

【"发现启东"主题创作采风活动】 5月起，先后组织140多名艺术家分6次深入王鲍镇、南阳镇、惠萍镇、海复镇、圆陀角、吕四海洋经济开发区等地开展"中国梦·深入生活·扎根人民·发现启东"主题创作采风，感受江海文化的魅力，收集素材，激发灵感，激励大家讴歌时代精神的使命感和责任感，促进创作提高。每一次采风结束，精选采风作品发表在《启东日报》上，同时通过《启东日报》、"启东发布"等微信平台推送。

【市第二届文学艺术奖评奖】 启东市文学艺术奖每两年评一次，设特等奖、一等奖、二等奖、三等奖等4个奖项。名额不限，允许空缺。目的是弘扬江海文化，繁荣文艺创作，激发文艺工作者的创作热情，多出精品，多出人才。2013年进行首届启东市文学艺术奖评奖。2015年，第二届评奖共收到申报材料65件。评出一二三等奖若干名。

7月2日，市文联开展"发现启东"主题创作采风——采访抗日老战士。
(杨晓燚/摄)

【"送文化"和"种文化"】 4月28日，举办"诗画启东，越韵江海"越剧团越剧折子戏专场演出，上演《追鱼观灯》《碧玉簪夜归》《何文秀算命》《红楼梦劝黛》等8个传统选段。先后举办7期"悦读与畅谈"活动，会员们就当前文学期刊的质量以及方方、徐则臣、毕飞宇等作家重要作品展开讨论交流。省文联主席范小青专门写信对此活动给予高度评价。举办两次签名赠书活动，一共赠送书籍600多本，达到"送文化、种文化"的目的。

【文化展示活动】 春节期间，举办"追寻经典——启东市书协理事作品展览"，开幕式当天义务为市民书写春联300多幅；为纪念中国人民抗日战争暨世界反法西斯胜利70周年，承办"向启东抗战老兵致敬图片展览"；举办"中国梦·江海风——四位国家级会员摄影艺术展览"和"启东版画院2014年度作品展"；承办首届"最美启东——我是拍客"摄影大赛；组织30名女干警参加南通市检察机关"歌唱祖国·金秋颂"合唱比赛，取得二等奖。策划、组织第二届"启东好声音"大赛活动。

7月2日，《雨花》读者俱乐部揭牌仪式在市图书馆举行。（市文联/提供）

【《雨花》读者俱乐部在启东揭牌】 7月2日上午，《雨花》读者俱乐部揭牌仪式在启东市图书馆举行。《雨花》杂志社主编李风宇与启东市委常委、宣传部部长姜平为俱乐部揭牌。《雨花》读者俱乐部是当前国内规格较高，设施较完善，读者群体素质层次较高的一家读者俱乐部。启东是全国首家县级市成立的读者俱乐部。12月22日，在"中国作家·雨花读者俱乐部"会议上，《雨花》启东俱乐部被授予"红旗俱乐部"称号。江苏省省作协原书记处书记、巡视员张王飞向获奖单位代表授旗。2015年，全国只有5家俱乐部获此称号。

【签名赠书活动】 7月27日上午，启东市本土作家签名赠书活动在启东市图书馆二楼大厅举行，来自社会各界的100多名读者参加活动。参与此次签名赠书的作家和作品是李新勇的散文集《马蹄上的歌谣》、沈杰(笔名木火)的散文集《与音乐对话》、朱国飞的长篇小说《青衫泪》、樊惠彬的长篇小说《东方河》、郁忠尧的诗集《夕耕韵屑》、成惊涛的诗文集《故乡的渔火》。

【创作成果】 1部长篇小说被中国作家协会评为2015年度重点作品、出版文学图书8本，发表中篇小说6部、短篇小说5部、散文132篇、诗歌141首。创作11个中短篇小戏小品、双簧、快板。2件版画新作参加"第四届(韩国)蔚山国际木版画展览"，2件作品入选"中国观澜国际版画双年展"，1件作品入选"第六届北京国际美术双年展"。6幅书法作品入选南通市、江苏省级书法作品展。主创、编排的民乐合奏《暖春》在江苏省优秀业余民乐团展演中获"优秀展演奖"。

(李新勇)

市红十字会

【基础建设】 加强红十字会的基层建设，特别是对红会自身联系挂钩的4个村居和南通市机关干部担任第一书记所在村的红会工作作为示范点加以打造，发挥以点带面的引领作用。办好博爱超市，不断加强管理，及时补充货源，拓宽为弱势群体服务的救助平台。扩大志愿者队伍。强化党建，发展党员1名。

【发扬博爱精神】 开展"博爱在启东，人道万人捐"主题活动，募得人道救助款22.7万余元，并每月集体讨论救助对象，对68名重症患者及特困家庭发放人道救助金14.3万元。开展"红十字博爱送万家"活动，并举行启动仪式，共筹集款物价值41万元，影响力和救助力度为历年之最。实施在启东的南通红十字会"613项目"，选择两个镇、两个街道的200户资助对象，开展配套活动。开展关爱最美环卫工人活动，回应特殊群体生活需求。

【壮大骨髓库】 6月14日，在百老汇广场成功举行造血干细胞集中采样活动，通过现场讲解、悬挂横幅、布置展板、散发传单等形式广泛宣传献血及造血干细胞相关知识。活动当日，有10名志愿者加入中华骨髓库。全年共有17名造血干细胞志愿者初配成功。

【普及应急知识】 与教育系统携手开展"一路阳光"系列活动，首办启东市中小学生"博爱杯"自护情景剧比赛，借助新生军训，开展救护知识培训。5月19日下午，与民政、教育、公安等9个部门在南苑中学举办防灾减灾综合演练观摩会。按照初中生特点和学校情况，在紧急救护培训内容与形式的选择、现场心肺复苏技能操作展示及其地点确定等方面充分准备。顺畅高效的培训和展示，赢得师生和观摩对象的高度赞誉。全年培训初级救护和普及性应急救护人数达10056名。

(王琳超)

7月22日，"全民阅读，书香启东"本土作家签名赠书文化惠民活动在市图书馆举行 (市文联/提供)

市哲学社会科学界联合会

【概况】 2015年，启东市社科联围绕市委、市政府中心工作，重点开展好社科普及、社科研究、基地建设、学会管理等日常工作。办好"三堂汇学"系列活动；参与"正能量加油站"活动；开展"一路阳光"系列活动；组织"亲子沟通营"活动；拓展社科基地建设载体；组织社科研究。8月，组织4名社科骨干参加南通市社科骨干(人大)高级研修班。出刊《东疆论丛》内刊1期。启东市社科联获南通市社科联系统"工作创新奖""决策咨询奖"。陆琛杰被评为全国社科先进个人。

【社科普及】 "三堂汇学"普及理论学习。开展"启吾大讲堂""启吾巡讲堂""启吾微课堂"三堂汇学活动。"启吾大讲堂"在启东市图书馆开设讲座，邀请省内外专家学者做客座讲师，讲座范围涉及社会时政、经济金融、文化艺术、教育科技、健康生活、社会法律、百家杂谈等。通过《启东日报》、"启东发布"微信平台、网站、电视等平台广泛传播。全年共邀请中国科学院吴培亨教授、国家卫计委医院管理研究所副所长洪宓等专家学者宣讲32场。"启吾巡讲堂"巡讲堂根据基层党员干部需求，提供菜单式培训。从全市遴选38名理论水平高、业务能力强、实践经验丰富的当地专家、部门"一把手"、产业带头人作为专兼职教师，在各镇、园区、街道共授课65场次，培训基层干部3000多名。"启吾微课堂"每周推送一次社科学习篇目，每两个月组织一次微课堂考试，确保社科知识随时学、随手学、全覆盖。首次参加考学的微信学员有2819人，1299人在考学中获得满分。

"正能量加油站"活动创新创优。2015年，全市"正能量加油站"增长至898个，覆盖所有镇、园区、街道。组织金融学会、心理卫生协会、计生协会等120名社科专家深入“正能量加油站”站点开展“一路阳光”系列讲座25场、金融知识专题讲座48场，社科展板巡展活动10场，社科小故事宣讲每个站点24场，“心灵鸡汤馆”阅读活动10场。“正能量加油站”获全省宣传思想文化工作创新奖，成为2015年度全省15项创新成果之一。

*“一路阳光”系列活动。*联合市教育局，针对未成年人心理健康教育，在各中小学申报的基础上，组织市社科普及基地、心理卫生协会的专家到各校进行授课。全年共申报讲座52场，讲座主题内容丰富。2015年，将红十字会的应急救护培训融入其中，形成“一路阳光”身心健康讲座进校园系列活动，为提升中小学生身心健康、加强社会和谐起到一定作用。

*“亲子沟通营”活动。*联合市教育局、文明办、妇联共同组织“亲子沟通营”，以“爱、敬、诚、善”为主题，每周免费开展一次面向全市家庭、形式多样的亲子活动，让孩子和家长接受不一样的亲子教育。在“东疆好少年”微信平台开设《亲子沟通营》专栏，每天发布心理健康教育文章。全年共开展“亲子沟通营”活动9场，参与人数达280人次；共发布专栏文章68篇，阅读点击率达4万次。

【社科研究】 组织开展启东市2015年度经济与社会发展重点应用课题研究，社会各界广泛参与，积极组织开展课题研究。截至10月中旬，共收到参评研究成果39项。经专家评审，共评出获奖成果18项，其中一等奖3项、二等奖5项、三等奖10项，分别予以表彰奖励，优秀研究成果被《东疆论丛》选用。组织全市申报“南通市2015年度经济与社会发展热点问题研究”3项，其中被立项1项；获南通市第三届学术大会论文评审三等奖3篇，2015年度热点重点课题评审三等奖1个；申报2015年度“江苏省社科应用研究精品工程”课题2项，其中被立项为A类重点课题1项；申报“江苏省社科应用研究精品工程”市县专项课题1项。

【社科奖评选】 组织开展启东市第一届哲社奖评选，评审2012—2014年度全市哲学社会科学研究优秀成果，共收到申报材料77项，其中著作8部，论文及调研报告69篇。按申报成果的类型分为三个专业组：经济组16项；文史教组34项，其中著作7部，论文27篇；政治组27项，其中著作1部，论文26篇。最后评出获奖项目21项，其中一等奖3项、二等奖6项、三等奖12项。市政府发文表彰。

（陆　倩）

市工商业联合会（总商会）

【概况】 2015年，启东市工商业联合会（总商会）贯彻落实党中央、省委暨南通市委关于加强和改进工商联工作的实施意见，坚持“服务立会、服务兴会”理念，发挥“统战性、经济性、民间性”职能优势，不断增强工商联组织的凝聚力和影响力，促进启东非公有制经济的健康发展和非公有制经济人士的健康成长。

【优化商会组织建设】 *加强基层商会党建工作。*按照《江苏省县级工商联建设示范点标准》，为充分发挥党组织在基层商会的政治领导核心作用，会同市委组织部出台《关于成立启东市工商联行业商会联合党委意见》，组建启东市工商联行业商会联合党委；会同市委统战部出台《关于加强和改进基层商会党建工作的意见》，要求全市各镇乡（园区）基层商会成立党支部（党总支），各行业商会参照组建党组织。经省工商联组织考核验收，市工商联达到省级“五好”工商联标准。

*推进基层商会组织建设。*2015年，全市商会总数41家，会员2535家。各乡镇（园区）都建立商会，基本做到行业广覆盖和地区全覆盖，88%的规模以上企业加入到商会组织，部分行业商会的会员企业在同行业企业中的比例达93.5%，一批在行业中有影响、有实力的领军企业成为行业商会的中坚力量，体现出行业组织的代表性。

*指导全市各镇乡（园区）商会换届。*合作镇、王鲍镇、海复镇商会分别召开换届大会。推进异地商会组建工作。市政府同意市总商会关于组建上海启东商会的申请。年内完成启东在沪企业主信息收集、整理归类等商会筹建的前期工作。

【非公经济人士教育实践】 开展非公有制经济人士理想信念教育实践活动，结合启东特点，创新“自选动作”，做到“六个结合”，即理想信念教育实践活动与树立典型相结合，与革命传统教育活动相结合，与专题讨论征文活动相结合，与加强企业文化建设相结合，与光彩事业相结合，与助推企业发展相结合，使全市非公有制经济人士理想信念教育实践活动富有特色，坚定他们对中国特色社会主义的信念、对党和政府的信任、对自身企业发展的信心，同心共筑中国梦。

【企业培训】 继续利用“东疆大讲坛”等服务平台，加强对企业家的培训教育，提高企业家及企业团队的理论水平、组织水平、决策水平和运筹经济的能力。7月15日，第35期“东疆大讲坛”特邀劳达律师事务所李伟先生，举办“社会保险新规解读与工伤事故处理实务”讲座；10月10日，第36期“东疆大讲坛”特邀南通天业税务师事务所副所长张世新，举办“小微企业税收优惠政策”讲座；10月28日，第37期“东疆大讲坛”特邀电商营销专家刘军荣，举办“互联网思维下的传统企业转型与落地实施策略——无法拒绝的转型战争”讲座，全市近300名企业经营管理人员到会听课。

【专题调研】 围绕非公企业经济运行情况、创业创新、外贸进出口、转型升级等专题，深入企业开展调查研究，帮助企业破解政策、资金等方面的发展难题，实现提质增效。组织全市各级工商联界别、工商联会员企业的人大代表、政协委员积极建言献策，全年非公经济代表人士，共提交各类提案、议案90多件。其中《加强政策落实，化解中小企业融资困境》《加快发展网络经济，扩大无形市场》《关心扶持中小微企业生存与发展的建议》等提案得到市委、市政府的高度重视。开展民营经济发展情况调研,形成《启东民营经济发展报告2014—2015》,提供市委、市政府决策参考。开展行业经济发展情况调研,完成《启东市纺织业发展报告》《启东市建筑业发展报告》,入选《南通民营经济发展报告汇编》。

【加强合作交流】 组织会员企业参加各类国内外经贸交流活动。协助举办第十六届科技五金交易会,组织相关企业参与中国五金博览会、广交会,华东地区农业产品展销会等。

助推银企合作。以“应急互助、安全高效”为原则,继续安全有效运行好启东市中小企业应急互助基金,全年共发放9笔转贷款,帮助企业解决转贷资金3460万元,缓解会员企业的资金临时周转困难。参与完善多层次的中小企业融资体系,制定金融机构信贷投放考核奖励专项办法,完善金融机构支持地方经济发展目标考核评价体系。

推进部门联动。配合启东市发改委、中小企业局,围绕《启东市工业企业科学发展能力评价办法》,对各中小企业进行综合评价。和市国税局联动,以“纳税人之家”为平台,以10个工业企业行业商会为重点,组织税企联络员,开展调研、宣传、沟通、监督等系列活动,助推税企合作共进。全年召开三次“纳税人之家”例会,为企业服务相关措施陆续跟进。配合水产加工业商会创名创优活动,5个水产品分别获得省名牌、南通知名商标称号。指导基层商会创建各具特色的服务(会员、企业)品牌。

【电动工具业商会】 2015年,启东市电动工具产业完成产值250亿元,同比减少40亿元;应税销售34亿元,同比减少3亿元;入库税收2.3亿元,同比增加0.2亿元。在经济下行压力逐步加大的不利形势下,产业基本保持平稳,产品质量有所提高,带动产品附加值的提升。电动工具业商会继获得“南通市星级服务业平台”“南通市示范服务业集聚区”称号后,又被认定为“南通新型工业化产业示范基地”。

经贸交流活动。参与筹划组织第十六届科技五金交易会。此次交易会场总摊位1200多个,其中会展中心标准摊位560个,租赁和自用门面房450个,场内外地摊200多家。参展企业达千家,汇聚牧田、博世、东成等国际、国内多家知名品牌。3天展期累计入场参观人数8万人次,意向成交额达60亿元。组织会员企业赴外地参加各类经贸活动。东成、国强、山本、东利德等十余家公司先后参加广交会、上海五金展等国际、国内五金展览会。与市商务局研究制定参加博览会优惠政策,近20家企业组团赴浙江义乌参加义乌博览会。

会员企业服务。专利申报服务。联系市知识产权局、一格知识产权代理事务所、南通三洋商标事务所,为会员企业开展专利申报服务,共为东成、国强、程业工具、神州碳制品、仟得等企业申报专利235件。项目推进服务。为东成(兆民工业园)项目、祥之杰二期、圣迪等一批重大项目做好跟进工作,协调好东成项目的拆迁、项目评估、立项等前期工作。质量提升服务。联合市场监督局开展电动工具企业名牌产品摸底调查,做好相关企业的名牌产品申报计划制定工作;邀请上海行业标准研究院对电动工具联盟标准和激光水平仪标准进行编制,邀请东成、国强等企业进行相关咨询和修编;对园区内较大规模的企业进行标准化培训,有效提升电动工具产品质量。专业培训服务。先后组织东成、国强、利比特等10家企业参加在启东举办的“以商业模式创新助推企业战略转型”讲座;组织相关企业赴南通参加企业电子商务知识培训讲座;组织当地40多家电动工具企业进行知识产权业务培训。全年累计培训企业管理人员200多人次。网站(网络)建设服务。逐步完善电动工具网站建设,创新形式,替补内容,并做好定时维护和更新,全年共发布产品、技术、经贸等相关信息72条。组织东成、国强、仟得等龙头骨干企业,协助江苏省专利信息中心编写《启东市电动工具行业战略研究及专利分析报告》。开展镇商会相关企业的摸排梳理,做好部分企业生产经营调研监测,为领导提供决策参考。

【建筑业协会】 2015年,面对宏观经济环境趋紧和经济下行压力加大的严峻形势,全市建筑企业以“坚持创新驱动、提升质量效益”为工作基调,加快转型升级步伐,拓展市场规模,整体实力和质量效益同步提升。全年建筑业总产值完成744亿元,第四次包揽“鲁班奖”“国优工程奖”“詹天佑奖”三项国家级优质工程大奖,刷新年度创国家级优质工程数量新纪录。

建筑品牌形象提升。南通金典增升建筑幕墙工程设计与施工一级资质。名优工程再获丰收,创省市级以上优质工程奖43项,其中国家级10项。南通二建承建的新疆维吾尔自治区人民医院门诊病房综合楼、中信集团参建的北京日出东方大酒店、启安集团参建的重庆国际博览中心安装项目和金舜分公司参建的新疆维吾尔自治区人民医院机电安装项目、南通金典参建的珠海十字门会展商务组团一期国际展览中心工程获中国建筑最高荣誉“鲁班奖”。南通二建中润东腾润苏州2014-G-36号地块获朗诗全国年度总冠军。二建集团获中国驰名商标、全国“守合同、重信用”企业、“中国承包商60强”“中国民营企业百强”等称号。建筑集团获评国家级“守合同、重信用企业”、全国建筑业AAA级信用企业。二建集团、建筑集团、启安集团、银洲集团被市委、市政府评为“金牌建筑业企业”,八建、中超、启东电力安装公司被市委、市政府评为“银牌建筑业企业”。启安集团董事长殷炜东获“2014年度江苏省建筑业优秀企业家”、启东“慈善之星”称号。南通二建陆永飞当选“全国劳动模范”,卞汉新被评为“全国优秀项目经理”,黄涛荣膺“中质协质量技术突出贡献奖”。

科技创新步伐加快。(详见“建筑业”篇)

(邵建新)

综　述

12月26日,启东市法学会成立暨第一次会员大会在党员干部学习教育中心召开。（市委政法委/提供）

【维护社会稳定】 全市政法机关和各镇、园区、街道以高度的政治敏锐性和责任感,集中力量,强化措施,做好"9·3"阅兵、十八届五中全会、省委巡视组在启东、各级两会等重大活动、敏感时期的安保维稳工作,成立市应急中心指挥部,抽调信访、公安、法院、城建指挥部以及重点镇(园区、街道)工作人员等20多人组成驻京应急处置小组,构建敏感时期对信访重点人员进京非访的多级防控体系,较好地完成信访维稳安保任务;持续保持社会大局平稳安定有序;深入开展反渗透、反窃密、反间谍和反暴恐、反邪教斗争,没有发生影响国家政治安全的重大案事件和暴力恐怖事件;优化落实信访稳定责任,制定出台《关于进一步落实信访稳定工作责任制的若干办法》等系列文件;坚持依法治访,严格规范信访秩序,努力实现信访工作法治化。

【法治建设组织化】 2015年,市委政法委在启东电视台《法治广场》栏目和《启东日报》《法治专版》分别组织推出政法部门一把手和行政机关一把手谈法治节目(征文),宣传各部门贯彻实施意见的思路、举措。研究起草《贯彻实施意见2015年行动计划》,并通过召开重点行政执法部门、司法部门及基层法治建设工作座谈会,听取相关建议意见,形成正式文件,明确责任单位及具体工作要求。制订下发法治建设年度考核实施意见及基层基础杯季度考核办法,明确工作重点和考核内容。推动镇村两级法治工作机构规范化建设,下发《关于进一步加强基层依法治理工作机构规范化建设的意见》,各镇(园区、街道)均能按照规范化建设的要求,基本实现依法治理办公室、法治工作室运行规范化、制度化、常态化。3月27日,市国家安全办公室挂牌仪式暨全市国家安全工作会议召开,市国安办开始实体化运行。11月26日,启东市法学会成立暨第一次会员大会召开,共有会员141名。

【公正廉洁司法】 *加强司法公开*。市法院建立新闻发布会制度,利用微博、微信等自媒体,及时主动展示法院工作,更好地回应群众的司法需求;在淘宝网平台进行的司法网拍工作得到社会各界和人民群众的广泛认同。市检察院成立"检务公开大厅",实现"一厅式"公开接待。市公安局对网上公开的法律依据、办事流程、审批表格等逐一梳理,确保网上公开100%。

规范司法行为。市法院坚持问题导向,加强审判流程节点动态监控,进一步规范程序变更、审限延长等手续,定期对质效量化评估和态势分析,强化质效分析的导向作用。市检察院集中整治检察环节司法不规范的17个突出问题,促进检察机关司法规范化建设。市公安局出台《启东市公安局说情打招呼报告制度(试行)》《关于进一步规范刑事案件集体通案工作的通

知》等制度,确保规范执法。

严格司法监督。市法院继续落实好院庭长办案制度,发挥院庭长办案的示范效应。市检察院建立以庭审为中心的审查起诉工作机制,推出公诉案件“四步审查法”(即审查同步录音录像、审查价格鉴定、审查涉案物品、审查援助条件)。市公安局创新推出“五级审批+监督小组”双把关模式,从源头上防止不规范执法的现象发生。该监督模式实行后,行政复议、诉讼案件下降16.5%。

【**法治惠民**】 2015年,市委政法委采取“自主申报、项目确定、督查推进、公众投票”的方式,确定建立生态环境执法司法联动保护机制、加强民生和基层法律服务、设立医疗纠纷处理便捷通道等12项法治惠民实事项目,实行项目化管理、工程化推进、过程化评估考核。年内先后两次召开法治惠民项目实施情况汇报交流会,掌握情况,分析问题,推进工作,确保取得实效。

【**执法评议**】 2015年,市委政法委加强党内监督和社会监督,制定出台《启东市委政法委关于开展执法评议的实施意见》,每年选取政法部门单项执法活动开展评议。8—12月,对法院民事执行工作开展评议,评议采取民主测评、问卷调查、召开座谈会等方式进行。

【**国家司法救助**】 年初,启东启动国家司法救助工作,筹集救助基金100万元。至12月31日,政法各部门共依法救助26人26件,救助金额62.09万元,有效化解杨某、钮某、张某等一批信访积案。

(金海荣　周喆羽　徐长林)

综治平安建设

【**概况**】 2015年,市委政法委夯实基层基础建设、升级技防“天网”工程、创新信访调解机制,不断完善社会治理机制,提升社会治理水平,有效维护社会和谐稳定。10月9日,南通市委政法委在启东市召开现场会,与会领导充分肯定市社区网格化、“天网”工程、园区治理等方面工作经验。

5月22日,江苏保监局到启东调研医调委工作。　(市委政法委/提供)

【**创新多元矛盾化解机制**】 市委研究印发《关于创新深化大调解工作机制的实施意见》,推行调解个案补贴、调解精英培育工程、实行驻点帮扶制等。深入推进矛盾纠纷多元化解机制建设,依托大调解平台,创新成立独立于医、患、保三方的医疗纠纷人民调解委员会。该项工作获南通市委常委、政法委书记曹斌专门批示,得到省综治办充分肯定并要求在全省推广,中央电视台作专题报道。中国保险监督管理委员会江苏监管局(简称“江苏保监局”)到启东调研医调委工作。全年医疗纠纷人民调解委员会调解医疗纠纷60件。探索建立道路交通事故一体化处理机制,经过调研论证,确定中心选址和机构运作模式。组织农民工工资支付情况专项排查和矛盾纠纷集中排查化解等专项行动。市、镇、村三级调解组织共受理各类矛盾纠纷3270件,成功调处3252件,调处成功率为99.45%,防止群体性事件130批,防止民转刑案17件,防止越级上访23起。

【**信访工作**】 市委常委会研究出台《关于进一步落实信访稳定工作责任制的若干办法》《关于强化矛盾纠纷预防化解和处置信访突出问题工作的通知》《关于2015年信访工作的实施意见》三个文件,压实信访工作责任。年初,对173件突出信访问题进行责任分解并集中交办,在此基础上又梳理出78件信访积案列入镇(园区、街道)考核。开展“三严三实”“领导信访包案百日攻坚”活动,市委、市政府主要负责人包案10件信访案件,其余常委、副市长根据条线分工及联系单位情况,包案57个信访案件。按照“谁包案、谁负责”的原则,建立“一个信访积案、一名牵头领导、一个化解工作小组、一套稳控措施、一个解决时限”的“五个一”推进机制,全年共化解积案13件,导入司法程序14件,终结2件。在部分镇(园区、街道)开展“一单式”走访(即通过逐级填写《信访诉求单》,客观反映群众诉求和受理、办理、终结各环节全过程的信访工作方法)试点工作,引导群众逐级走访,坚决防止初信初访演变成信访积案。全年进京非访26批30人次,同比分别下降27.78%和46.43%。

【**治安防控网络**】 2015年,在村镇技防“天网”工程全面建成基础上,制定出台《2015—2017年启东市社会面技防监控建设三年规划》,推动全市技防工程的更新升级,推进市区、出城、出市防控圈新建主要道路、出入口监控摄像抓拍系统建设,加大重点部位技防建设。加强“人防网”建设,健全保安、“红袖标”、治安志愿者等队伍的管理机制、不断扩大队伍规模，加强工作保障，专门购置4台装备无线传输、监控、电脑、打印等设备的智能卡口车投入勤务巡防。开展社会治安重点地区和突出治安问题排查整治工作，抓南通市局挂牌单位和启东市级挂牌单位排查整治，梳理汇总20余个群众反映强烈的社会治安隐患地区重点整治。累计清查旅馆、洗浴等场所390家，盘查嫌疑人1625名，打击各类违法犯罪人员165名，治安状况明显改善。

【打黑除恶】 2015年，全市政法机关保持对严重暴力犯罪、多发性侵财犯罪的严打高压态势。坚持把大要恶性案件作为主攻目标，快速侦破“2·5”爆炸案、“9·4”张某等人故意伤害致人死亡案、“10·5”朱某某故意杀人案等一批重特大案件。组织开展打黑除恶专项斗争，破获“2·11”好乐迪KTV聚众斗殴案、“3·29”聚众斗殴案、“10·7”好乐迪KTV寻衅滋事案等涉黑涉恶案件73起。以创建“无毒社区”为载体，打击涉毒犯罪，破获涉毒案件256起，抓获嫌疑人396名、3人以上涉毒团伙5个、在逃人员7名，缴获毒品1500余克。全年累计破获各类刑事案件1453起，其中“八类”案件53起，抓获刑事作案成员1190名。

【重点领域监管】 2015年，全市政法机关以解决群众关注的热点、难点问题为突破口，不断加强交通安全管理、消防安全管理、危险物品安全管理。累计查处各类交通违法行为17万余起、酒后驾驶1384起、醉酒驾驶81起，淘汰黄标车1439辆；发现各类消防隐患800余处，查处违章搭建、临时建筑和易燃材料建筑2500平方米；收缴处置烟花爆竹6000余件、各类子弹241发、枪支67支、管制刀具26把。集中开展危爆物品寄递物流清理整顿和矛盾纠纷排查化解专项行动，加强组织领导，严格监管责任，健全长效机制，坚决切断寄递、物流渠道违法犯罪通道，防止发生个人极端暴力犯罪案件和重大涉爆涉危案件、事故。

【“三强化三提升”工作机制】 2015年，全市继续实施以“网格指导员”“社情民意分析会”“三议工作法”为主要内容的“三强化三提升”工作机制。各镇(园区、街道)结合自身实际，创出工作特色。汇龙镇总结、提炼“倾心听、大家议、马上办、一起干”特色机制；北城区街道运用“三议工作法”培育居民主动参与意识、自我管理意识、协商共治意识，增强群众民主观念，提升群众自治能力。11月5日，在汇龙镇汇东村召开全市“三强化三提升”工作机制现场推进会。

【网格化管理制度完善】 2015年，全市建立网格员绩效考核长效机制，提高网格员工作补贴。通过举行“优秀网格员颁奖典礼”，编印《启东网格风采录》，宣传先进典型。鼓励各地结合自身实际，探索网格化管理特色工作。东海镇针对滩涂外来人员众多、管理松散等特点，在黄海滩涂养殖区划分11个网格，推行网格化管理，有效消除工作盲区；海工园针对外包企业多、安全生产状况多发等特点，探索和谐劳资网格化、安全生产网格化等特色工作。

【社区社会组织培育】 2015年，市委政法委加强公益慈善类、服务类、文体类、就业类、维权类社会组织培育。全年共新培育社区社会组织100个、社会组织评估数121个、创建示范社区社会组织35个。北城区街道通过健全社团负责人选拔培养制度、专业辅导员聘用机制、社团星级优化评价机制，推动社团组织从“粗放式”向“精细化”发展。海复镇搬场村依托农民学校成立南通市首个“反家暴爱心社团”，帮助妇女维权53次。

【基层社会治理模式创新】 针对各大园区企业与农村交汇、各种人员混杂、劳资矛盾多发等特点，从治安防控、人口管理、劳资关系、安全生产等方面入手，探索具有区域和行业特点的沿江沿海园区社会治理模式。针对乡镇合并、镇区合一之后，部分老集镇出现服务管理盲区的问题，加快推动各地在未设政府的老集镇建立社区服务中心，配置社情民意室、老干部调解室，选聘网格员、社工、志愿者，提供卫生、健身娱乐、养老等服务，有效填补社会治理盲区。全年共建成老集镇社区服务中心24个，在建3个。

【基层组织机制建设】 2015年，市委政法委将16个镇(园区、街道)分成两个小组，开展“基层基础杯”季度、年度夺杯竞赛。有10个镇(园区、街道)获“基层基层杯”金银铜杯奖，6个镇(园区、街道)被黄牌警告。加强组织领导和督促协调。先后在南阳镇、海工船舶工业园(寅阳镇)、汇龙镇召开网格化和老集镇社区治理、园区社会治理、“三强化三提升”工作机制等现场推进会，促进工作开展。

【综治三级平台规范建设】 2015年，市委政法委推进市、镇、村三级社会治理服务平台建设。市级层面，市社会管理服务中心建设加速推进，土建工程全面完成，开始内部装修。镇级层面，加强镇(园区、街道)政法综治工作中心规范化建设，通过新建、租用、改建等途径，解决中心用房困难问题。全市16个镇(园区、街道)全部达到南通优秀级标准。村居层面，完善“一委一居一监一站一办”综合服务管理平台，规范村居“一站式”服务中心、综治办、法治工作室、调解室、警务室运作，村居平台工作效能进一步提升。

【综治信息平台建设】 2015年，启东市在率先实现省综治信息化系统专网线路“村村通”、终端和账号“全覆盖”的基础上，加快健全工作制度、整合基础数据、深化系统应用。先后建立定期会商、定期督查、定期通报等制度，机构队伍、实有人口、特殊人群、重点青少年、社会组织等基础数据基本采集完成，总量在全省处于领先地位。探索信息系统实战应用，依托综治信息系统建立矛盾纠纷事件催办制、服务管理记录通报制、数据梳理分析月报制等实战应用机制。

【特殊人群管理】 2015年，市委政法委深入开展重点青少年群体“成长护航工程”“未成年人零犯罪社区(村)”建设活动，促使未成年人犯罪率、重新犯罪率明显下降。建立政府、社会、家庭“三位一体”社会关怀帮扶体系，落实社会保障、帮扶帮教、就业安置措施。全市累计对特殊人群管理服务7000余次,未发生社区服刑人员恶性重新犯罪案件,重点刑释解教人员接送率达100%,帮教管控率达100%,就业安置率达99.5%。

【易肇事肇祸精神病人管控】 2015年,市委政法委强化肇事肇祸精神病患者调查和信息收集,严格落实监测、诊断、风险等级评估、定点强制治疗"四位一体"工作体系;依托村(居)委会等基层组织建立管控小组,签订责任书,落实责任人,确保不脱管、不漏管;整合医疗保险、医疗救助、精神残疾康复保障等政策资源,推动易肇事肇祸精神病人免费救治。全市共排摸出各类精神病103人,精神病患者落实数4389人,规范管理率88.81%,在管患者病情稳定率94.92%。

【流动人口服务】 2015年,市委政法委全面梳理流动人口资料信息,部署开展流动人口管控会战,依托动态管控机制做好在册重点人员情况管控,配足配齐流动人口专职协管员,落实管理责任人,强化服务管理。探索新市民积分制和社区化管理模式,落实以房管人、以业管人、以证管人措施。实施新市民素质提升工程,通过校校联合、校镇联合、校企联合等形式,对外来务工人员提供各行业的就业培训。

(金海荣 周喆羽 徐长林)

法治政府建设

【概况】 2015年,市明确法治政府建设方向,出台《2015年全市依法行政工作要点》,制定《启东市法治政府建设指标体系》,推进政府职能转变,增强社会自治能力,规范政府信息公开,提高政府决策水平,加强政府法制监督,加强法治机构和队伍建设,在更高起点上夯实社会和谐稳定根基,提升社会治理科学化水平。

【行政管理体制改革】 2015年,市组建卫生和计划生育委员会、市场监督管理局,民族宗教局调整为市政府工作部门,信访局调整为市委管理部门。整合统一政务服务与公共资源交易管理,设立行政审批局。年初,完成行政权力清单清理,共涉及47家单位5959项行政权力,清理结果实时同步在公共权力运行网和政府门户网站公布。9月,启动政府部门责任清单编制工作,清理全市25个部门职责,9月底完成责任清单编制,并在网上公示。

【审批制度改革】 *转变监管方式*。坚持"放、管"结合,改进工作方式,改变重审批、轻监管的倾向,制定《关于深化行政审批制度改革 加强事中事后监管的实施意见》,推进政府管理从事前审批向事中事后监管转变,政府职能向创造良好发展环境、提供优质公共服务、维护社会公平正义转变。

推进相对集中许可权工作。12月1日,市行政审批局正式对外运行,首批确定的11个部门66项集中事项完成事权交接。

推进服务创新。2015年,率先推行"三证合一"(工商营业执照、税务登记证和组织机构代码证三合一),开出南通市县区首张集工商营业执照、税务登记证、组织机构代码证于一身的营业执照。启东"三个一"联合审批模式被列入《江苏简政放权100例》。

【社会自治建设】 2015年,全市推进"政社互动"工作,推广"一委一居一站一监一办"管理体制。建立政府与基层群众自治组织、政府及其部门与社会组织的双向责任机制,提高双方履职能力,确保协助政府工作事项、依法履行职责事项及其购买服务事项的落实和完成。根据协议确定的履职评估细则和方法,成立多元化评估主体,选取目标进行评估试点。在评估试点的基础上,由评估主体对全市的政府和基层群众自治组织、政府及其部门与社会组织双方履约情况进行全方位评估,评估结果向社会进行公示。

【政府信息公开】 2015年,市门户网站"中国启东"主动公开政府信息11982条,其中主动公开市本级政府文件120个,65项政府信息公开事项937条,财政专项资金信息49条。全市政府信息依申请公开共收到296件,其中市政府本级收到46起,同比上升91.6%,答复涉诉2起,无败诉。

【依法科学民主决策】 2015年,市法制办修订《启东市人民政府重大行政决策程序规定》,调整重大决策范围,明确重大行政决策的组织、协调、指导和监督管理部门,增加重大行政决策目录管理和廉洁性评估内容,完善行政决策制度。对列入重大行政决策目录的四件项目严格履行公众参与、专家论证、风险评估、合法性审查、廉洁性评估和集体讨论决定6个必经程序。

【规范性文件法制审核】 *加强规范性文件合法性审查*。凡是政府规范性文件都需经过政府常务会议审议通过。在规范性文件上常务会议之前,市法制办进行合法性、合理性审查,在政府法治网上予以公开征求意见。对一些内容复杂、争议较大或涉及其他重大问题的规范性文件,召集相关单位、专家进行论证,广泛听取各方面意见。2015年,向南通市备案市政府规范性文件5个,规范率、及时率、报备率均达100%,备案乡镇部门规范性文件2个,及时反馈江苏省、南通市征求意见12件,提出修改意见建议57条。

定期全面清理规范性文件。对2013年1月1日—2014年12月31日之间出台的市人民政府、市政府办公室规范性文件共计31件文件进行清理,并对清理目录予以公布,继续有效29件,废止2件。各部门、镇(园区)以及各法律法规授权组织制定的规范性文件清理结果向法制办备案共41件,其中继续有效21件、废止20件。

推进政府法律顾问工作机制。全年市政府法律顾问参与政府法律事务,审查各类经济合同46件,参加各类协调会30余次。2015年,全市各个乡镇实现政府法律顾问全覆盖。

【行政权力网上公开运行】 2015年,全市有38个部门实行处罚案件网上运行,权力库累计录入权力5102项,在用权力4885项,其中行政处罚3888项。编制权力内外部流程图10204个。全年行政处罚案件网上运行2368件，75件重大行政处罚案件进行网上备案。

【行政执法行为规范】　根据《江苏省行政程序规定》，健全完善行政执法程序制度建设。新《中华人民共和国行政诉讼法》修订后，发函提醒全市所有执法部门对现有行政决定文书格式进行一次全面梳理，修改完善行政诉讼权利告知内容。新《江苏省征兵工作条例》自2015年8月1日起实施，函告相关职能部门，明确行政执法人员，规范执法流程、执法文书等，提前做好开展兵役执法工作准备。

【行政执法督查】　针对新组建的市场监督管理局以及卫生和计划生育委员会，开展专项执法督查。督促新组建部门尽快整合执法队伍，规范执法行为。11月，组织开展2015年度全市行政执法案卷评查工作，首次将吕四港镇综合执法局执法案件列入评查范围。共计18个市级部门，1个乡镇综合执法局，95件评查案卷参与评查（其中许可类32件，处罚类63件）。通过采取接受评查单位互评，邀请单位参评和法制办综合评审相结合的办法，对抽取的2015年度行政处罚和行政许可案卷进行全面评析。

【行政复议及应诉】　2015年，市政府办公室下发《关于市政府行政应诉案件处理程序有关问题的通知》，规范行政应诉案件处理程序。全年市政府共收到行政复议案件65件，同比增长66.7%；市政府行政诉讼案件41件，同比增长2.15%。坚持"一把手"出庭，全年行政机关主要负责人出庭应诉90件，出庭率达70%。

【"两法"衔接】　2015年，全市建立行政执法与刑事司法衔接工作联席会议制度，明确联席会议主要职责、组织形式和工作规则以及联席会议成员单位的职责分工，成立两法衔接联席会议办公室。召开联席会议会商涉嫌刑事犯罪的案件移送、证据标准问题、相关的处理及备案登记、案件通报、案件移送等问题，形成统一认识，并下发涉嫌刑事犯罪移送案件标准。

【社会矛盾化解】　2015年，全市加强行政调解统计分析研判，创新有效预防和化解社会矛盾体制机制，规范行政调解文书格式。建立人民调解、行政调解和司法调解联调互动的大调解格局，采取"派驻制""聘任制""移送制"等形式，在基层法院（法庭）、市检察院、公安派出所、交巡警中队设立人民调解工作室，就近、及时化解民事案件、轻微刑事案件中的民事损害赔偿案件、治安案件和交通事故纠纷案件，基本形成以市、镇人民调解委员会为龙头，村（居）、企事业单位人民调解委员会为基础，专业性、行业性人民调解委员会为节点的调解组织网络体系。

（华晶金）

公　安

【概况】　2015年，全市刑事案件发案5012起，同比上升10.6%；破获1453起，破案率23.1%，同比上升1.2%。其中，"八类"案件发案58起，同比下降25.3%；破获53起，破案率94.6%。全市共发生道路交通事故3.8万余起，同比上升2.7%。推进社会面技防建设，城镇技防入户率达80.1%，农村技防入户率达72.4%。全面落实居住证制度，共发放居住证6.7万余张。受理公民出入境业务4.1万人次，同比增长20%，受理业务量为南通六县（市）之首。全年接警总量31.2万起，日均接警量945起，同比上升8%；有效报警13.5万起，日均接警量410起，同比上升20%。市公安局连兴港边防派出所被公安部边防管理局表彰为爱民固边先进集体，黄建生获评"江苏最美警察"，入选"中国好人"榜，被评为"敬业奉献好人"。

【维稳反恐】　市公安局按照"能够同时处置两起突发事件"标准编组特勤力量，建成一支高质量应急处突专业特勤队伍，为南通地区人数最多、力量最强、保障最到位的队伍。做好专项安保。统筹情报研判、武装巡逻、重点防控、联勤联动和应急处突等工作，圆满完成第53届世乒赛、江海博览会、抗战胜利70周年纪念活动、十八届五中全会、中国—中东欧国家领导人会晤等20多项大型活动安保任务。

【违法犯罪打击】　市公安局保持对严重暴力犯罪、多发性侵财犯罪的严打。全年破获刑事案件1453起、"八类"案件58起，抓获刑事作案成员1190名、网上逃犯136名，刑事拘留871名，移送起诉885名。加强对抢劫抢夺、入室盗窃、街面扒窃等侵财犯罪的打击预防，通过"雷霆行动""压降侵财性案件百日攻坚战"等专项行动，共破获侵财性案件893起，抓获侵财类作案成员446名，摧毁侵财犯罪团伙26个。深入开展打黑除恶专项行动，相继共破获涉黑涉恶案件73起，抓获涉黑涉恶人员223名。健全禁吸、禁种、禁贩、禁制"四禁"机制，以创建"无毒社区"为载体，严厉打击涉毒犯罪，共破获涉毒案件256起，摧毁吸贩毒团伙15个。

【基层基础建设】　市公安局推进基层所队"八所五队"（八个派出所：城西、近海、王鲍、寅阳、汇龙、开发区、海复、启隆；五个中队：汇龙刑侦中队、城区交警一中队、近海交警中队、久隆交警中队、寅阳交警中队）建设计划，近海派出所、寅阳派出所、近海交警中队、久隆交警中队新建用房相继启用，王鲍派出所完成土建，DNA实验室建成使用。完善治安防控体系。出台《启东市社会面技防监控建设三年规划（2015—2017年）》，斥资1500万元实施社会面技防四期工程。购置4辆移动智能卡口车，完善全市闭合设防体系，购置3架无人机，填补空中防控盲区。整编全市1244名巡防保安，推动保安队伍正规化建设。

【安全监管】　交通安全管理。组织开展道路交通隐患大排查大整治、严重交通违法行为专项整治、机动车违停集中整治、非机动车违法专项整治、酒后驾驶集中整治等十余项专项行动。共行政拘留交通违法人员145名，查处酒驾1562起、醉驾115起，全市交通事故死亡人数同比下降11.6%。

消防安全管理。强化红线意识，组

织开展劳动密集型企业消防安全专项治理,共发现隐患800余处,拆除违章搭建、临时建筑和易燃材料建筑2500平方米。组织开展夏季消防检查、今冬明春火灾防控工作,增强全社会火灾防控能力。推动“8+5”消防队(8支政府专职消防队、5支乡镇保安消防队)正规化建设,充实基层镇(乡)消防救援力量。

危化物品安全管理。严格危化物品安全生产主体责任,强化危化物品动态管控,堵塞安全漏洞。加大非法枪爆物品、管制刀具的查禁收缴力度,严防流失社会造成危害。共收缴处置烟花爆竹6000余件、各类子弹241发、枪支67支。

行业场所管理。加强特种行业、娱乐场所和人员聚集场所检查管理,先后组织集中清查132次,查处行业场所案件685起,收缴赌博机284台,取缔擅自经营行业场所5家,责令限期整改132家。

【服务发展】 市公安局贯彻便民利民措施,优化内部工作流程,压缩办事时间,提高办事效率。坚持窗口单位星期六服务制度,落实重大项目跟单服务机制,提高服务社会经济发展能力。延伸为民服务办事点,建成吕四出入境业务受理点、警务服务中心和两个移动警务服务站。加大对破坏金融秩序、侵犯知识产权、扰乱市场秩序和食品药品、环境污染等犯罪行为的打击力度,破获袁某合同诈骗案、樊某等人生产、销售假药案、寅阳某配件厂偷排废水案、曹某等人销售病死猪案等经济案件、食品药品环境案件17起,摧毁6个非法传销团伙。

(王华伟)

检　察

【概况】 2015年,市检察院以司法规范化建设为主线,围绕“稳规模、转方式、强规范、提质效”的工作目标,严厉打击各类犯罪,维护司法公正,各方面工作取得新成绩。市检察院被评为全国检察宣传先进单位。

【刑事检察】 2015年,市检察院受理审查逮捕案件270件373人,审查起诉案件698件920人,依法批准逮捕各类犯罪嫌疑人212件274人,提起公诉660件886人。依法打击经济犯罪,成功办理院首起涉及53名被害人、涉案金额高达3993万元的非法经营股权案。依法批捕利用租车抵押合同,涉案金额达132万余元的诈骗案件犯罪嫌疑人4件8人。开展破坏环境资源犯罪与危害食品药品安全犯罪专项立案监督活动,依法批捕生产、销售有毒有害食品案件犯罪嫌疑人2人。严把信访案件的受理关、处理关,信访信息录入的数量和质量均位居全省前列。开展依法处理信访活动中违法犯罪行为专项行动,提前介入两起打击非访案件,依法惩处严重危害信访秩序和社会秩序的违法犯罪行为。妥善应对社会舆情,切实做好办案风险预警、防控工作,依法批捕引发社会广泛关注的彭圣英暴力伤医案。维护弱势群体权益,成功起诉两起拒不支付劳动报酬案,支持起诉57名农民工追索劳动报酬,得到法院判决支持。

【职务犯罪查办】 2015年,市检察院成功查处涉农补贴、渔政执法、计划生育、慈善救助等领域职务犯罪案件。全年共受理案件线索23件25人,立案侦查19件21人,大案占比100%,查处科级干部职务犯罪5人、处级干部职务犯罪1人。成功查处惠萍镇白港村原党总支书记顾某某、副社长吴某某利用青苗补偿、坟墓搬迁、矛盾协调、违章建筑的巡查、监管等职务便利的贪污受贿案件。在渔政执法领域开展专项行动,立案查处职务犯罪案件5件5人。

【职务犯罪预防】 构建多元化预防网络。结合办案,开展以案释法会、警示教育报告会、典型案例剖析会、“检察长宣讲团”等警示教育宣传活动15次,受教育人数达1100多人。依托微信、微博、微电影等“启东预防”新媒体,传播预防文化。参与重大工程项目的预防工作,把行贿犯罪档案查询作为工程建设招投标、政府采购等廉政准入的前置程序,开展行贿犯罪档案查询2634次,查询单位2629家。与邮政部门合作,确立“预防邮路”“六百六千”工作模式,即通过“百名志愿者齐行动,百个微信号齐转发,百村橱窗齐宣传,百个邮站齐张贴,百场讲座齐推进,百场晚会齐开锣”,将预防法律知识和法治理念“送达千名机关人员,送到千位社村干部,送进千家重点企业,送到千户沿街商铺,送至千个社区机构,送往千个早晚集市”。

【诉讼监督】 2015年,市检察院探索建立以庭审为中心的审查起诉工作机制,推出公诉案件“四步审查法”(严格审查同步录音录像,谨慎审查价格鉴定,全案审查涉案物品,仔细审查援助条件),加强与侦查、审判机关的沟通协调,完善简易程序案件和刑事速裁程序案件办理模式,提升办案质量,保障犯罪嫌疑人合法权益。前移监督关口,提前介入重大、疑难、复杂、有重大社会影响的案件18起,监督规范侦查行为。严格证据标准,严防案件带病起诉,向侦查机关发出“纠违通知书”3份,对53起案件要求补强证据,因定罪证据不足要求撤回或不再移送审查起诉2件,追诉漏犯3人,公诉案件审结率位居南通市第一位。

【民事行政监督】 2015年,市检察院针对在渔业项目、柴油补助申请审核和渔政执法中存在的问题,发出督促履行职责检察建议书3份,得到相关部门的积极整改和回复。推进虚假诉讼监督专项工作,成功办结11起虚假诉讼案件,向法院发出11份再审检察建议并获得采纳,办理的启东韦德健身会所骗取裁判文书、违规获取房屋产权证的虚假诉讼系列案件,入选全省“十大精品案例”,并被最高人民检察院作为典型案例收录。

【刑事执行监督】 2015年,市检察院健全同步监督机制,对人民群众反映强烈的“减刑、假释、保外就医”不当、交付执行不规范等问题开展专项监督。开展社区矫正检察工作,重点对社区矫正人员的脱管漏管、违法行为、重新犯罪进行监督检查,对存在的问题及时发出“书面纠正违法通知书”,得到相关部门积极整改并回函。坚持双向保障监督，维护在押人员合法权益，全年共对监管场所安全大检查9次，监督检查监视居住案件6件，办理羁押必要性审查案件2件，办理在押人员申诉案件11起。监所检察室获评全国检察机关二级规范化驻所检察室。

【执法规范建设】 2015年，市检察院以"规范""标准"为重点，全面排查各个办案岗位、重点环节存在的执法不规范问题，强化制度、机制建设，确保办案程序、侦查手段、强制措施、证据收集、实体处理"五合法"。针对讯问工作实际中容易忽视但又紧关办案安全、办案规范的习惯性行为，开出"讯问工作规范化提示套餐"，制作成提示性小卡片张贴在讯问桌上，时刻提醒侦查人员在讯问中注意规范言行。加强侦查信息化和装备现代化建设，建立侦查信息查询平台，侦查指挥中心与省、市检察院指挥中心顺利联网。建立健全办案安全责任制、办案安全自查自纠和司法办案风险评估预警机制，严格实行全程同步录音录像，并纳入检务督察范围，定期开展检查巡视，确保案件查办规范化。严格落实律师权益保障规定，建立案件侦查终结前征求意见制度，变被动应付为主动保障。建立检委会委员随机旁听公诉开庭制度，促使公诉人庭前准备充分、庭中从容应对、庭后总结提高，相关做法被《检察日报》作为亮点报道。在南通市检察机关考核庭评比活动中，市检察院两次获评"优秀考核庭"，并在全省检察机关"百庭考核"中获评"基层院优秀庭"。

【司法公开】 2015年，市检察院建成以案件信息公开系统为平台，以诉讼信息检务公开栏为窗口，多种查询方式相结合的多元化案件信息公开网络，形成"功能设置科学、系统识别灵敏、流程管理严格"的案件信息互动监管，实现"阳光检察"网上、点上、线上全天候服务。全年公开程序性信息1241条、重要案件信息32条、法律文书719份，发布法律文书公开期限超期预警615件次，纠正法律文书技术处理不规范等问题136处。健全接受监督的日常机制，加强与代表委员联络，通过专题报告、情况通报、向人大常委会述职，组织视察职务犯罪侦查指挥中心，邀请观摩职务犯罪案件庭审，举办"检察开放月"活动、赠阅检察报刊等多种形式，主动接受人大法律监督、政协民主监督和社会各界监督。坚持开门评检，通过举办座谈会、上门走访、发放意见表等方式，听取意见。在规范司法行为专项整治活动中，共收到人大代表、政协委员、人民监督员和公安、法院、司法局等部门征求意见反馈表66份，征求到意见建议12条。

（市检察院）

审　判

【概况】 2015年，市人民法院共受理各类案件15209件，审执结13369件，同比分别增长2.4%和0.41%，案件受理数、结案数再创新高，总结案数、法官人均结案数继续保持南通前列，审判态势运行良好。破产审判改革试点取得突破性进展，获启东市委、南通市中院领导批示肯定，诉讼服务中心受省法院通报表扬，被授予全国"巾帼文明岗"，法警队副大队长陆海峰被评为全国法院司法警察先进个人，另有30多个部门和个人获南通市级以上表彰。撰写的《论诉访分离制度的法治化建构》获评中国法学会主题征文优秀奖，8篇典型案例入选《中国法院年度案例》《中国审判案例要览》，2篇案例入选《江苏省高级人民法院公报》，27篇文章被省级以上刊物录用。

【刑事审判】 全年共审结各类刑事案件635件，决定逮捕被告人202人，判处罪犯831人。依法审结彭某在人民医院"袭医"、陈某拒不支付劳动报酬、李某"毒驾"危害公共安全、樊某生产销售有毒有害食品等一批社会关注度较高的案件。推动反腐败斗争深入开展，审结贪污、贿赂等职务犯罪案件9件11人，报送党员犯罪案件信息8条。落实证据裁判规则，对事实、证据存疑的案件，向检察机关发出补充侦查建议20多份。公开宣判毒品、聚众斗殴、盗窃等犯罪案件8件，组织200余名中小学生和家长旁听庭审，预防未成年人犯罪。注重发挥典型案例的警示教育作用，加强与中央媒体合作，制作《合伙骗保险案》专题片，在中国教育电视台《法治天下》栏目播出。

【民事审判】 全年审结民商事案件8295件。重视案件繁简分流，依法对事实清楚、争议不大的简单民事案件适用小额诉讼程序，审结小额诉讼案件1048件，审判效率明显提高。审结民间借贷、借款合同纠纷案件1338件，依法及时规范民间融资行为，防范金融风险和群体性事件的发生。审结

3月31日，南通市中级人民法院、南通市妇联领导共同为市法院诉讼服务中心荣获的"全国巾帼文明岗"揭牌。（市法院/提供）

3月10日,市法院深入村居举办第二十二期“幸福家庭讲习班”。
(市法院/提供)

物业服务合同纠纷435件,引导业主、物业公司建立合作双赢的良性关系,督促双方全面履行合同条款,遏制物业合同纠纷不断上升的趋势。审结涉政府民事案件23件,审查非诉行政案件54件,支持、监督行政机关依法行政。注重运用调解方式解决婚姻家庭、邻里纠纷、损害赔偿等传统民事纠纷,民事案件调撤率达73.6%。落实“谁执法谁普法”责任,进村居巡回审理婚姻家庭纠纷,举办第二十二期“幸福家庭讲习班”,家事审判传统品牌被《人民法院报》要闻版“乡土中国——探寻基层法治足迹”栏目重点推介。

【案件执行】 全年执结各类案件4069件,到位金额9.17亿元。启动新的执行指挥中心建设,整合资源。开展“规范执行行为、转变执行作风”专项活动,制定《执行工作手册》,对执行流程和重要环节进行规范;集中整治执行行为,自查卷宗2万余件,清理执行积案6251件,清理执行暂存款1984笔2623万元,整改不规范环节十余处。加大强制执行力度,共司法拘留69人,限制出境7人,处以罚款7人,移送刑事立案11件13人,追究刑事责任2件3人。

【审判权运行机制改革】 落实立案登记制,规范诉讼材料签收、移送程序,全年共新收各类案件13666件,同比上升2.81%。按照人民法庭审判权运行机制改革试点工作要求,在开发区法庭、吕四法庭,建立由审判长担任主审法官的审判团队2个,每个团队配备相应法官助理和书记员。审判团队共审结案件1168件,其中办案最多的团队全年共审结案件590件。严格落实办案责任,由主审法官负责案件审理和裁判文书签发,实现让审理者裁判、由裁判者负责。

【审判职权配置优化】 进一步推行执行分权制衡,将执行异议裁决权从执行局分离,由审判监督部门行使,强化对执行实施行为的监督制衡。设立家事审判庭,整合少年审判、婚姻家庭案件等审判资源,集中审理婚姻、继承、抚养、赡养等家事纠纷,统一裁判标准,依法保护未成年人、妇女、老年人合法权益。规范案件指导方式,建立法官会议制度,设立刑、民、商、执四个法官分会,定期讨论疑难复杂案件,为审判组织定案提供咨询意见。

【破产审理方式改革】 作为全国破产案件审理方式改革试点法院,市法院以诉讼程序转破产程序为试点任务,探索破产审判新路径。制定《破产案件审理方式改革试点工作方案》等系列文件,规范案件审理。建立立、审、执部门间的信息共享、联合释明、定期会商、案件移送四项协作配合机制,畅通破产案件移送渠道。在市委、市政府支持下,设立破产扶助专项基金,出台规范基金管理办法,确保“无产可清、无产可破、无产可偿”企业及时通过破产程序退出市场。全年共接收企业破产申请18件,立案11件,进入移送审查程序5件。全年在审破产案件24件,债务总额达66亿元。13件进入资产拍卖程序。破产申请明显增多,破产启动速度明显加快。优化破产资产处置方式,借助淘宝网司法拍卖平台,以1.12亿元的价格成功拍卖南通贸联铝合金公司、贸联汽配电镀公司整体资产,创下南通地区司法网拍最大单。

【经济社会发展服务】 服务城市建设,依法审结建设工程、房屋买卖、建设用地使用权转让等合同纠纷292件。主动化解城镇化进程中土地征收、房屋拆迁安置补偿等纠纷,共受理拆迁类案件15件,推动城乡一体化建设。支持圆陀角旅游度假区升级改造工程,成功调解126件池塘租赁纠纷,回收土地5121亩,促进旅游资源的开发利用。继续实施“护航吕四港工程”,化解弘宇电动工具民间借贷、宏锦置业商品房开发、西宁村670亩土地出租合同等纠纷。强化对知识产权的司法保护,共受理侵害商标权、著作权权属、商标合同等重大知识产权纠纷40件,推动企业创造创新。

【诚信建设】 2015年,市法院发挥商事审判的规则指引和裁判引导功能,审结商事案件1492件,依法确认和维护合同效力,及时认定违约当事人的法律责任,坚决约束各种违约行为,维护诚信、健康的市场交易秩序。重视防范虚假诉讼,严格审查证据,强化当事人的举证责任,依法惩治虚假诉讼当事人,引导当事人诚信诉讼。实施失信名单披露制度,联合检察院、公安局、司法局发布打击“老赖”的通告,将4858名失信被执行人纳入“失信黑名单”,并通过报刊、微信、微博公开曝光失信被执行人112人,限制失信被执行人从事商业活动和高消费。

【便民利民服务】 推进诉讼服务中心建设。在中心设立导诉台、志愿者服务岗、缴费POS机、律师工作室、网上自

12 月 18 日，市法院召开南通贸联铝合金科技有限公司第二次债权人会议。
（市法院/提供）

助立案、电子阅卷室等服务项目，方便当事人和代理律师参加诉讼。整合服务职能，健全完善诉讼服务大厅、诉讼服务网、“12368”司法服务热线“三位一体”的诉讼服务体系，将诉讼服务中心建成集线上线下、网上网下、实体虚拟相结合的综合性服务平台。主动与司法局、律师工作协会沟通，设立律师工作室，联系全市 5 家律师事务所的 60 名执业律师参与公益法律服务，受到省法院通报表扬。12 月 21 日，南通市中院在启东召开现场会，充分肯定并推广启东市法院诉讼服务工作经验。为农民工维权和职工讨薪开辟绿色通道，审结劳动争议、追索劳动报酬、雇员受害赔偿等案件 548 件，有效防范群体性劳资纠纷 18 起。为 2 家破产企业的 300 多名职工结清拖欠工资 400 余万元，维护破产企业职工的合法权益。开展涉民生案件专项执行活动，共清理涉民生类执行案件 88 件，为156 名农民工追讨劳动报酬 287.08 万元。做好司法救助工作，为 17 名困难当事人发放司法救助金 39.34 万元，减交、缓交、免交诉讼费 48.44 万元。

【司法公开】 通过新闻发布会、微博、微信等形式，公开发布法院重要工作和重大案件情况；通过“12368”声讯、电子触摸屏等载体，向涉诉当事人公开审判、执行流程信息。推进生效裁判文书上网和庭审网络直播工作，每月对各庭文书上网和庭审直播工作进行通报、督促，全年通过中国裁判文书网发布生效裁判文书 10627 份，列南通市第二；网络直播庭审 36 件。健全网络司法拍卖工作机制，在淘宝网上传拍品 39 件，成交金额达 1.26 亿元，为当事人节省佣金 630 万元。

（谢黎明）

司法行政

【概况】 2015 年，全市司法行政系统受理法律援助案件 1189 件，办理各类公证事项 7986 件。实现法治宣传全覆盖，市“十里法治文化长廊”被命名为“第三批全省法治文化示范点”；加强社区服刑人员管理，社区服刑人员个别教育提级谈话制度创出启东模式，被省司法厅推广；推进法律服务，全市 297 个村居均设置司法行政法律服务站。

【法治宣传】 实现法治宣传教育对象全覆盖。市司法局在党员干部中实施普法教育“龙头工程”。组织印制《领导干部依法行政简明读本》，编写《领导干部学法用法考试题库》。配合市委政法委，组织全市领导干部集中考法。在基层群众中实施法律意识培育工程。深入村居、社区，开展“沙地普法名嘴东疆行”系列活动，开展“宪法进万家”“农民工学法周”“12·4”系列宣传等活动，共举办各类法治宣传 500 多场次，发放各类宣传资料 40 多万份，送书下乡 4000 多册。在青少年中实施学校法治“护苗工程”。与市教育局联合，在全市中小学开展 “法治情景剧”“法治小报创作”“法治主题班会”“模拟法庭进社区”等系列活动。

实现法治宣传队伍建设全覆盖。2015 年年初，市司法局组织成立法治“金钥匙”普法讲师团，全年宣讲 60 多场次。7 月，成立“沙地普法名嘴”微联盟，黄建荣、方金妹、朱雨生等南通市十佳“普法名嘴”成为首批会员。推进家庭普法站建设，全市建有家庭普法站 256 家。《法制日报》和《江苏法制报》均在头版刊登启东市家庭普法站建设的经验。

实现法治文化阵地全覆盖。神通阀门法治广场改造升级、东南中学法治教育基地提档升级，并作为“六五”

“12·4”国家宪法日法治宣传服务活动。　（市司法局/提供）

宪法主题公园。 (市司法局/提供)

普法时的重要参观阵地。“十里法治文化长廊”被命名为第三批省“法治文化建设示范点”。北城区法治文化园和新建的宪法主题公园被命名为第四批南通市“法治文化建设示范点”。在全市范围内开展“十佳法治文化阵地”评比,命名3个“镇级法治文化示范点”和7个“村级法治文化示范点”。

【社区矫正】 2015年,社区矫正办理报到登记340人,组织集中入矫宣告53场。调查评估290例,在册355人。定位监控335人,提级谈话200余次,其中市级谈话19例,警告惩处186人次,治安处罚5起,撤销缓刑并收监执行7人,抓捕脱逃人员2人。全年共核实服刑人员239人,核实率、回执率均达100%。推进社区服刑人员个别教育提级谈话制度。此项工作获得南通市司法局的肯定,在南通市范围内发文推广,并作为启东市的社区矫正管理教育模式上报省司法厅。

【安置帮教】 2015年,全市在册的五年内刑释人员共2237人,当年回归656人,帮教率达100%,安置率达99.5%,当年重新犯罪率控制在1.5%以下。通过个人信息卡管理、危险性评估、重点人员个案管理及重新违法犯罪预警分析制度,对全市五年内的刑释人员实施分类管理。主动进监所开展延伸帮教,促进罪犯改造。开展五年内刑释人员帮扶需求调查、服刑人员未成年子女、特赦人员困难情况排查,并将排查的情况通报各成员单位联合落实帮扶。全年共为50多名刑释人员落实各类帮扶措施。

【法律援助】 2015年,全市共接待来访11820人次、来电咨询1861次,受理法律援助案件1189件。市法律援助中心推送的《薛某机动车交通事故责任纠纷案》入选江苏省法律援助十大优秀案例,这是启东市第三个获得该项荣誉的法律援助案例。开展法律援助“进村入户”活动、关爱农民工暖冬行动、法援守护夕阳红活动。建立和培育以“五老”为骨干的法律援助志愿者队伍,7月,对永阳社区80多位首批“五老”法援志愿者进行系统培训。9月,与市老龄协会联合开展法律援助和为老年人维权工作现场推进会。设立老年人法律援助绿色通道。在法援守护夕阳红活动中共开展专题宣传活动4场次,接待老年人咨询383人次,办理老年人案件33件。

4月17日,市司法局举行村(居)“一对一”法律服务动员会。 (市司法局/提供)

【公证服务】 2015年,市司法局共办理各类公证事项7986件,同比增幅达32%。未发现错假证。在南通和全省公证卷宗质量检查中,合格率达100%。规范办证程序。针对重大疑难复杂的公证事项,一般由两名公证员共同办理。严格执行调查核实、出证审批、复杂案件集体讨论,防止错假证的发生。加强公证惠民服务。开展公证进村(居)、“公证助残月”等系列活动。

【法律服务】 在全市297个村居,统一设置司法行政法律服务站。10月,召开由各律师事务所、法律服务所主任、各司法所所长参加的村居“一对一”法律服务总结推进会,推动村居法律服务提档升级。有30名律师和50名基层法律工作者担任297个村居法律顾问,共开展社区法治授课32次,提供法律咨询2000多人次,提出合理化建议63条,参与化解纠纷215件,开展法律讲座125场,参与人数800多人次。建立第三方介入涉法涉诉信访案件处理工作机制,在法院设立律师工作室,参与检察院涉法涉诉信访案件的化解和代理。强化监管,与全市律师签订诚信公约。

【基层司法所建设】 2015年,市司法局为全市各镇司法所统一增配执法记录仪、矫务通、警用电瓶车、笔记本电脑、身份证读卡器、考勤仪等装备。划拨14万元支持7个乡镇司法所规范化建设,并将刑满释放人员必接经费列入市级财政予以保障。在全市297个村居建设司法行政法律服务站,实现全覆盖。

(陈卫红)

人民武装

【概况】　2015年，启东市人武部以认真学习党中央的会议精神为指导方针，以部队改革为重点，坚持走习近平主席所讲的“强国梦，强军梦”的道路。抓好军事斗争准备，健全民兵组织建设，坚持对所有专武干部进行常规考核，力争人人合格通过。严把征兵责任关，大学生参军比例比2014年有大幅度增加，达33%。

【军事斗争准备】　思想政治建设。启东市人武部坚持把肃清工作作为重要的政治任务，召开专题会议讨论分析，组织专门力量逐项清理。全年在民兵分队中开展“学习践行强军目标，做新一代革命军人”主题教育，利用民兵整组和各类集训开展思想政治教育。

民兵整组。按照“编实、编强”要求，完成5040名基干民兵的整组任务，检查和点验到点率均达100%。整组中协调交通、卫生、发改、人防等部门围绕“科学编组、深刻教育、融合机制、精细管理”等课题，共同研究，集智攻关。突出应急队伍和支援队伍的编组，建强应急维稳、应急救援、海上分队等拳头分队，建精情报侦察、通信保障、工程抢修、汽车运输等支援分队。

军事演习。通过组织民兵沿海机动防卫、重要目标协防、海上对空对海侦察等实兵演练，提高人武部组织指挥能力。以实战为背景，组织民兵进行城市防空、重要目标隐蔽防护等作战课目训练，提升民兵参战支前能力。5月，组织民兵防空分队战术演练，机动300余公里，沿江沿海摆兵布阵，岸上高机分队与海上民兵侦察分队梯次布防，检验新训法和新战法。11月10—12日，组织全市国防动员委员会“一综八办”全体人员及相关单位分管人员，参加军分区组织的通防-2015A实兵演习。重点检验快速反应、情报侦察、指挥控制、防卫作战、战场管制、动员支前、政治工作、综合保障8种能力。

【征兵工作】　2015年，发动全市企事业单位和公司、商铺，利用移动e网、LED屏幕、灯箱广告等形式进行征兵宣传，发放征兵宣传册3000多份。协调市人民医院完善体检站硬件设施，进行封闭式体检。全市共上站体检1800多人。

【基础建设】　10月8日，启东市军事指挥中心建成启用。中心于2013年5月开工建设，2015年9月完工，占地面积13159平方米，建筑面积9467平方米，建有综合楼、体验楼和生活楼。新购多功能军事指挥车一辆，在2015年7月台风期间，做好野外应急指挥工作。

【双拥共建】　2015年，启东市人武部协调驻启部队开展送温暖活动，走访慰问困难群众，慰问五保户16户，与12名贫困学子结对帮扶。与盐城阜宁县冒岗村建立共建关系，定点帮扶3名贫困家庭学生。累计扶助金额6.72万元。协调市委、市政府及有关部门完成海防三团寅阳训练场、雷达观察所和连兴港民兵哨所迁建。

（陈学相）

2015新兵欢送会。　（郁卫兵/摄）

人民防空

【概况】 2015年,全市人防工程新立项8个,其中新开工5个,完成年度任务119%;新竣工10个,完成年度任务136%。对全市62个已建成人防工程进行安全大检查,人防工程维护管理完好率达90%以上。坚持依法筹集人防易地建设费,全年完成目标任务1041%。严格人防经费管理,全面落实人防经费专款、专户、专用规定。人防建设综合指标在南通各县(市、区)中名列前茅。启东市被省民防局评为“人民防空建设先进单位”。

【人防工程管理】 市人防办严格人防工程行政审批工作,全年办理审批154件。加强人防工程平战结合使用工作,按照“谁使用、谁负责”的原则,每一个竣工项目都签订人防工程安全使用责任书,明确责任和义务,人防工程平战结合率达95%。严格贯彻执行人防法律法规和《江苏省物业管理条例》,接受社会监督,对使用中存在的违规行为坚决予以纠正。

【人防指挥通信与警报建设】 市人防办完善人民防空组织指挥实名制,人防地面指挥所全面启用,人防基本指挥所基本建成,指挥信息系统在与上级民防实时互联互通中保持良好状态。开展防空警报器普查检测、警报系统升级改造和控制系统整体搬迁工作,新增固定警报器、多媒体警报器各一台,圆满完成“8·1”“9·18”防空警报试鸣任务。人防机动指挥所建设摆上议事日程,经费列入预算。

【人防宣传教育】 市人防办在人防行政审批、工程验收、“5·12”宣传活动和警报试鸣等工作中,适时宣传人防法律法规、人防工作要求、防灾减灾知识和好的经验做法。结合“5·12”防灾减灾日和全市防灾减灾综合演练,先后组织居民、学生、人防专业队进行疏散掩蔽和应急救援演练,参演人数近2000人。在全市所有中学和两所试点小学开展民防知识教育,新增民防知识教育读本3000余册。加强人防通信报道工作,市人防办被《江苏民防》表彰为通信报道工作先进单位。

(陈　华)

消　防

【概况】 2015年,全市共有二、三级消防安全重点单位461家,超高层建筑1幢(在建2幢),高层建筑406幢,化工园区1个,重大火灾隐患单位2家,养老院、福利院68家,石油化工及易燃易爆场所44家,中小学、幼儿园、培训机构80家,医疗卫生机构13家,文物古建筑10家,施工工地118家,劳动密集型企业150家,各类小单位小场所近万余家,消防监管对象面广量大。全年共发生火灾525起,死1人,伤1人,直接财产损失115万元,未发生较大以上火灾事故,火灾四项指数(火灾起数、死亡人数、受伤人数和直接经济损失)同比分别下降16.79%、上升100%、上升100%和下降20.13%,火灾形势整体较为平稳。全市消防部队共成功处理警情663起,其中处置火灾525起,抢险救援和社会救助149起,抢救、疏散人员43人,保护财产价值5000万余元。

【火灾数据分析】 从火灾原因看。电气火灾为火灾事故发生的主要原因。其中电气引起的火灾309起,占火灾总数的58.9%;用火不慎引起的火灾122起,占火灾总数的23.2%;吸烟引起的火灾35起,占火灾总数的6.7%;生产作业引起的火灾20起,占火灾总数的3.8%;玩火、外来火种、其他原因等引起的火灾39起,占火灾总数的7.4%。从火灾发生场所看。居民家庭火灾为火灾发生的主要场所。其中,居民家庭火灾300起,占火灾总数的57.1%,机动车、非机动车火灾32起,占火灾总数的6.6%;厂房、仓库火灾6起,占火灾总数的1%;船舶火灾4起,占火灾总数0.8%。从火灾发生的区域看。乡镇、农村地区火灾最多,共299起,占总数的56.7%。

从火灾发生时间看。火灾主要集中在早8时至晚22时之间,其中上午10时至12时和晚18时至20时火灾发生概率最大。3月、7月、8月火灾较多,均超过50起,基本符合冬季、夏季火灾高发的态势。

【消防监督管理及执法】 2015年,全市先后部署开展春季火灾防控工作、劳动密集型企业消防安全专项治理、公共娱乐场所消防安全检查、夏季消防安全检查、“9·3”安保集中攻坚战、社会福利机构消防安全检查、石油化工单位及易燃易爆场所专项治理、餐饮行业排查整治及安全生产“三项行动”等专项活动。全年检查单位2760家/次,发现火灾隐患3465处,督促整改火灾隐患3429处,下发责令改正通知书1430份、行政处罚决定书177份、临时查封决定书48份、责令“三停”单位44家,拘留10人,罚款132.45万元。

【消防网格化管理】 2015年,乡镇(园区)推进消防安全网格化管理工作,依托公安派出所、综治办、安监站等部门成立乡镇消防管理办公室,各乡镇、村(居)划分若干网格。全市12个乡镇、2个园区均成立消防安全委员会,消防安全网格化管理共划分三级网格316个,网格化管理“六有”(有组织、有制度、有队伍、有设施、有检查、有宣传)标准达标率为70%,依托派出所设立乡镇消防工作办公室14个,村(居)消防安全管理员316名,初步构建覆盖城乡的消防工作网络。

【消防安全监督指导】 2015年,市消防部门、公安派出所加强对社会单位消防管理工作指导,引导二、三级重点单位建立专兼职消防安全员队伍600余名,专兼职疏散引导员、义务消防队员队伍800余名,物业管理单位消防安全员队伍200余名,组织开展消防培训5次,培训2000余人次,培养单位员工“四个能力”(提高社会单位检查消除火灾隐患的能力;提高社会单位组织扑救初起火灾的能力;提高社会单位组织人员疏散逃生的能力;提

“119 消防宣传主题日”暨“宣传大使”授牌仪式在广电广场举行。（潘　杨/摄）

高社会单位消防宣传教育培训的能力），提高单位自身消防安全管理水平。所有重点单位均根据要求不断完善“户籍化”消防安全管理档案，将个别不及时落实三项报告备案制度的单位，列为重点监控对象。

【灭火救援基础能力建设】 2015 年，市推动新建、升级改造 4 个专职消防站。全市共有 1 支现役消防中队、8 支政府专职消防队（4 支在建）、5 支乡镇保安消防队。将市政消火栓建设纳入为民实事项目，全年新增 120 个消火栓。完善“营区、单位、基地”三级组训体系，开展“研讨式熟悉”和“互动式演练”，提升基层指战员初战指挥和部队打赢能力。

【消防宣传】 2015 年，市消防大队推进消防宣传教育培训多面化发展。在“119”宣传月活动中，联合市委宣传部、南北城区街道办开展“社区宣传大使”推选活动，选出 6 名“启东市社区宣传大使”，其中 1 名被推荐到南通；联系主流媒体，开展“社区消防知识竞赛”和“消防有奖知识竞猜”活动。全面开展消防业务培训，全年消防宣传教育培训中心共授课 40 余次，培训 10000 余人，开放消防站 30 余次；开展应急疏散演练 40 余次，参加 3000 余人；发放宣传资料 3.5 万余份、投放（悬挂）宣传标语 1500 余条、张贴宣传挂图 10000 余张；微信平台发布信息 300 余条，短信平台发布信息 50000 余条。

（王季林）

美丽南阳镇。（市新闻信息中心供稿/2015 年 12 月摄）

农村工作 农业

责任编辑：黄亦美

综 述

【概况】 2015年，全市“三农”工作取得显著成绩，全年实现农林牧渔业总产值127.85亿元，比上年增长5.2%。全年粮食总产26.29万吨，比上年增长5.2%。其中夏粮总产8.47万吨，比上年增长9.2%；秋粮总产17.82万吨，比上年增长3.5%。种植结构优化调整。粮食种植面积6.94万公顷，比上年增加950公顷；油料种植面积2.99万公顷，比上年减少2660公顷；蔬菜种植面积2.86公顷，比上年减少680公顷；瓜果种植面积3200公顷，比上年增加90公顷。年末高标准农田面积比重达41.6%，设施农（渔）业面积1.49万公顷。畜牧渔业产量平稳。年末生猪存栏15.65万头，比上年下降0.1%；生猪出栏28.8万头，下降0.4%；山羊存栏51.4万只，下降4.6%，出栏66.1万只，增长3.3%。家禽存栏379.10万只，下降0.7%，出栏1495万只，增长0.7%；肉类总产量5.83万吨，增长0.4%，禽蛋总产量2.08万吨，增长1.4%。全年水产品产量36.05万吨，增长1.8%。渔业总产量36.6万吨，与上年基本持平；渔业总产值突破65亿元。农民人均纯收入18400元，比上年增长9%。

现代农业呈现新亮点。农业总投入22.9亿元，新增扩建农业项目206个，新增水稻面积333公顷，新增高效设施农业面积933公顷、设施大棚面积493公顷，连片露地蔬菜面积60公顷。惠萍镇果园村获全国“一村一品示范村”称号。海洋渔业转型升级，新建标准化渔船127艘，2艘远洋渔船下海作业。新增省级示范合作社8家、南通市级示范合作社20家；新增省级出口农产品示范基地1家；新增南通市级以上龙头企业8家；新增省级示范家庭农场3家、南通市级示范家庭农场10家，培育“全托管”规模经营主体69个，服务面积超过5334公顷。农产品出口总额9000万美元。建成二星级以上为农服务社244家，实施省“三新”(新品种、新技术、新模式)工程组织项目4个，申报省以科技计划项目19个，其中7个项目列入国家星火项目；推广新技术新成果20项；获无公害农产品认证62个，“启东青皮长茄”获国家地理标志认证，“启东洋扁豆”进入国家地理标志品质鉴评阶段；农业机械化水平达81%。

农村环境不断改善。新建农村公路50公里，安装路灯1.5万盏；疏浚整治横河161条、泯沟4880条，疏浚土方462万立方米，埋设贯通涵10500座，填埋宅圾13公里。高标准农田比重达43.9%。新增省卫生镇、省美丽乡村各1个，南通市美丽乡村、南通市示范镇各2个。实施八大造林绿化工程，新增造林面积2700公顷，林木覆盖率达22.6%。治理畜禽养殖粪污302家。秸秆机械化还田面积5093公顷。

强村富民成效显著。全市实现村级总收入2亿元，村均76.6万元，168个集体经济薄弱村村均收入超过30万元。启东市获评省“四有一责”(有持续稳定的集体收入、有功能齐全的活动阵地、有先进适用的信息网络、有群众拥护的双强带头人、强化村党组织领导责任)建设行动计划先进县（市）。农业保险覆盖面达64%。3000多名机关干部与87个薄弱村和1000多名困难户结对帮扶，农村低收入人口脱贫率达100%。新型农村合作医疗参加率达99.95%；农村最低生活保障标准提高至每月460元，无保障老年基础养老金标准提高至每月105元。

（卜锦明）

青皮茄子。 （市地方志办/提供）

获省级以上认证或荣誉称号单位(产品)一览

表 8

所获认证或荣誉	获得单位(产品)
全国“一村一品”示范村	惠萍镇果园村
国家级农产品地理标志	启东青皮长茄
国家级休闲农业与乡村旅游四星级示范企业	启东市大自然生态农业发展有限公司
农业部畜禽标准化示范场	启东瑞鹏牧业有限公司
江苏省级农业龙头企业	江苏皇室食品工业有限公司、南通吕四盈港市场有限公司、启东金和食品有限公司
江苏省级示范家庭农场	启东市帅全家庭农场、启东市朝阳家庭农场、启东市金鑫家庭农场
江苏省级农民合作社示范社	启东市阳大畜牧专业合作社、启东市启江水产养殖专业合作社、启东市锦昌农作物专业合作社、启东市万佳四青作物专业合作社、启东市南阳华锦畜禽专业合作社、启东市忠辉果蔬专业合作社、启东旺旺农作物专业合作社、启东市多吃点农地股份专业合作社
江苏省特色景观旅游创建示范镇	吕四港镇
江苏省农家乐集聚村示范村	海复镇滨海村
江苏省出口农产品示范基地	南通米粒海苔食品有限公司出口紫菜养殖基地

田间造林。 (市农委/提供)

农村改革和农民保障

【南通市级中心镇建设】 启东市南阳镇、北新镇为南通市级中心镇。2015 年，南阳镇有在手在谈项目 10 个，完成注册资金 1600 万美元，内资 1.3 亿元，引进超亿元项目 3 个，盘活存量土地 10 公顷，完成镇区道路硬化、路灯亮化工程，启动建设农产品国际物流港配套区基础设施、神通蓝领公寓。北新镇新签约项目 3 个，总投资 5.5 亿元，对 11 家企业兼并重组，完成文化中心改造和天网工程，完成农民统建房、滨江实验学校、滨江幼儿园设计规划，并在 12 月开工建设。

【农村土地经营权确权登记】 全市 143 个村开展农村土地确权工作。土地入户调查全部结束，测绘完成工作量的 86%，内业完成工作量的 39%，25%的镇村进入公示阶段，所有工作在南通六县(市)保持领先。

【农村社区股份制改革】 农村社区股份制改革试点全面启动，王鲍镇黄英村、东海镇东安镇村、北新镇红阳村 3 个试点村通过南通市级验收。

【农村产权交易市场建设】 2015 年，市研究出台《启东市农村产权流转交易平台实施意见》，农村产权市场建设全面启动，明确交易规则，交易场所、交易工作人员全部到位。王鲍镇、吕四港镇、寅阳镇作为镇级试点单位率先试点。12 月，首笔农村土地承包经营权流转交易在寅阳镇实施，交易金额 126 万元。

【一事一议资金财政奖补】 全市共有 83 个村实施 87 个财政奖补项目，其中水泥道路建设项目 31 个，总长度 50.26 公里；路灯亮化工程 49 个，安装路灯 14903 盏；文化体育场所 5 个；环境整治项目 2 个；项目总投入 3455.7 万元，其中省财政奖补资金 2314 万元，一事一议资金 309.81 万元，县级资金 135 万元，乡镇资金

145.94 万元，村集体资金 195.35 万元，社会捐助资金 340.6 万元，其他资金 15 万元。

【政策性农业保险】 2015 年，新增南美白对虾和条斑紫菜 2 个新险种。全年主要种植业保险签单保费 1628.35 万元，参保率平均达 97%；高效设施农业保费 2047.57 万元，保费占农业保险总保费 55.72%，覆盖面达 64%。支付理赔款 1783.29 万元，受益农户 34593 户。在南通市率先建立农险理赔备用金制度，农业保险理赔周期明显缩短。启东市高效农业保险快速理赔工作得到省、南通充分肯定，在全省推广。

【村干部报酬】 村干部报酬中财政支付部分与上年农民人均纯收入的增幅同步增长，经营性奖励与村级经营收入密切挂钩，各镇(园区)村级党组织书记的报酬、奖金总额一般平均不少于 32100 元(不含星级津贴)，其他村干部报酬、奖金总额一般平均不少于 28500 元。

【被征地农民基本生活保障】 全市新批征地 449 公顷，需安置被征地农民 4514 人，分配土地补偿费 8395 万元，完成安置 961 人。完成新老政策转换衔接 7725 人，发放补助金 5238 万元。

【被征地老年农民困难补助】 全市人均耕地在 0.2 亩及以下村民组累计达 346 个，被征地农民老年生活困难补助享受对象累计达 9842 人，累计发放资金 2745 万元；享受渔民生活困难补助 9850 人，享受盐民生活补助 1022 人。从 5 月 1 日起，老年农民困难补助金、渔民生活困难补助金、盐民生活补助金的标准每月增加 50~150 元。

(卜锦明)

农村经营管理

【农村土地经营权流转】 全市累计流转土地面积 27873 公顷，占全市总承包土地面积的 43.5%，其中专业大户流转土地面积 11060 公顷，家庭农场流转土地面积 1533 公顷，土地合作社入股面积 1300 公顷，其他合作社流转土地面积 3053 公顷。

【土地承包纠纷仲裁调处】 2015 年，加强专职仲裁员队伍建设，聘请 32 名兼职仲裁员。全年共有 14 个农户申请仲裁，立案审理 3 起。推进“诉调对接”机制，注重与人民法院、信访大调解部门和镇(乡)沟通联系，形成土地纠纷调处机制。

【农民负担监督管理】 2015 年，继续执行农民负担预决算审批、农民负担监督卡和专用票据制度。全市农民负担监督卡发卡率达 98%以上，专用票据使用率达 100%。没有出现“乱收费、乱摊派、乱集资”和变相加重农民负担的事件。

【一事一议资金项目化管理】 全市议立项目 856 个，项目资金总额 2016.25 万元，占议筹资金 73.3%，其中农田水利项目 183 个，安排资金 408.3 万元；道路桥梁项目 174 个，安排资金 405.93 万元；环境整治项目 202 个，安排资金 652.25 万元；路灯亮化项目 154 个，安排资金 355.62 万元；植树造林项目 84 个，安排资金 94.65 万元；公墓管理项目 50 个，安排资金 85.47 万元；偿还债务项目 9 个，安排资金 14.03 万元。

【发展村级集体经济】 通过扶持、盘活、挖掘、管控等措施，发展村级集体经济，全市实现村级总收入 2 亿元，全市 261 个村的经营收入都超过 30 万元，181 个村的村营收入超过 50 万元，87 个村的村营收入超过 70 万元，其中最高的汇龙镇城北村达到 881 万元。

【扶持集体经济薄弱村】 2015 年，168 个村的扶持项目中有 130 个村项目基本完成，其余 38 个村项目仍在实施，有 37 个村项目办理房屋产权证和国有土地使用证。每个集体经济薄弱村 15 万元的扶持项目返还收益全部划转到村账上。寅阳镇 15 个村、合作镇 1 个财政补贴型物业项目正式启动。

【农村集体三资管理】 从 6 月起，全面实施村级票据电脑打印。11 月，全市选择 14 个村重点围绕会计基础、科目运用、规范核算、资金管理等内容开展村级评账活动。

【化解村级债务】 市建立村级债务申报制度，严格债务化解要求。至年底，全市村级债务总额为 3928 万元，比年初 4172 万元减少 244 万元，化解率 5.85%。

【农村财会人员培训】 针对各镇(园区)培训不同需求，采取分镇分批分层次的方法，对村会计和村民主理财组人员进行培训，全年共计培训人员 349 人次。

【农村脱贫帮扶】 2015 年，完成全市人均纯收入低于 5000 元的农村贫困户的建档立卡和更新工作。全市共有低收入农户 16314 户 26146 人，至年底，低收入人口脱贫 24146 人，脱贫率累计达 100%。

【城乡建设用地增减挂钩】 在南阳镇、北新镇两个中心镇开展城乡建设用地增减挂钩工作，实施窑厂拆除工程，全年有 19 家窑厂签约关闭，复垦面积 167.3 公顷，下拨拆旧复垦成本和相关的工作经费 8314 万元。

(卜锦明)

村庄环境整治

【概况】 2015 年，全市重点开展以生活垃圾处理、沟河保洁、农路管护、绿化养护、乱堆乱放整治、乱贴乱画清理为主要内容的农村环境长效管理工作，加强量化考核和督查催办，市长效办全年共发出整改通知书 3841 份，各镇(园区)共发出整改通知书 16780 份。实施服务外包，有效开展环境整治。启东市在省水利厅、财政厅组织的河道管护绩效评价考核中获优秀等次。加强绿化管护,把政府实施的主要公路和一般生态林、镇村造林等管护责任落实到各镇(园区),并鼓励返租倒包发展适合的林下经济。农村环境面貌进一步改善。近海镇、东海镇获评“南通市农村环境长效管理示范镇乡”称号,北新镇红阳村、海复镇滨海村获评“南通市美丽乡村”称号。

【服务外包】 2015年,市委农工办将实施服务外包列入各镇年度考核。东海镇在2014年试点基础上全面实施服务外包,承包额为262万元,比上年减少20万元。5月,吕四港镇对全镇农村环境管护工作实施服务外包,在市级平台上分六个标段进行招标,7月起开始运作,总额764万元。6月,启隆乡将农村生活垃圾收集和沟河保洁工作进行招标,7月起运行。7月起,海复镇将原海复镇范围的8个村农村生活垃圾收集承包给专业保洁公司。9月起,圆陀角度假区通过招标,将环境整治工作承包给保洁服务公司。此外,寅阳镇将全镇分三个片进行服务外包。南阳镇、汇龙镇每村成立保洁服务社,以村为单位将农村环境长效管理工作承包给各保洁服务社,三级河道和横河承包给水环境保洁服务社。合作镇、北新镇、近海镇、开发区也开展服务外包。惠萍、王鲍两个镇将河道保洁外包。

【生活垃圾无害化处理】 全市12座农村生活垃圾中转站运转正常,农村生活垃圾实现100%无害化处理。全年无害化处理农村生活垃圾13.01万吨,达到每人每天0.5公斤。

【农路养护】 市农路管护办采取日常巡查与定期检查、明察与暗访、抽查与必查等多种检查方式,加大对日常农路养护质量的检查考核力度。每月对全市各镇(园区)的农村公路管护情况进行专项考核,严格按照标准评定打分,排出名次,给予通报。对管护工作中的存在问题在催办单附上图片给予及时通报,限期整改,三次整改不到位,全市通报批评。

【财政投入】 全年市级财政共投入村庄环境整治经费7252.07万元,其中1636名管护员工资1158.08万元,管护员保险费8.15万元,垃圾焚烧费1248.96万元,农村生活垃圾中转站支出1166.88万元,农村公路养护经费400万元,安保及养护示范村补助1320万元,绿化管护经费200万元,沟河保洁和管护支出1750万元。

(卜锦明)

拆除网簖后的泯沟。 (市新闻信息中心/提供)

种植业

【概况】 2015年,全市农业实现产效并举。现代农业稳步发展。全市新增1.4万亩,高效设施农业面积累计达22.12万亩,占总耕地面积的20.67%。全市新建规模以上设施大棚(钢架大棚、钢架连栋大棚、竹架大棚、智能温室等)面积7000亩。传统农业生产形势总体平稳,小麦单产创历史新高。结构调整取得初步成效,四青产业、果蔬产业、特色产业稳步发展,露地蔬菜生产特色凸显。青皮长茄获评国家级地理标志。外向农业实绩显著,农产品出口创汇9937.9万美元,列南通六县(市、区)第二。

【粮棉油生产】 2015年,油菜亩产205.4公斤,比上年增长8%;小麦亩产408.3公斤,亩产比上年增长3.9公斤,创历史新高。玉米亩产412公斤,亩产比上年减少2公斤;大豆亩产153公斤,亩产比上年增长2公斤;棉花亩产80公斤,与上年持平。

【蔬果生产】 2015年,全市蔬菜播种面积73.17万亩,比上年增加1.67万亩;蔬菜总产量116.41万吨,比上年增长0.63万吨;蔬菜总产值18.06亿元,比上年增长2.11亿元,总体上蔬菜产品较为丰富,销售顺畅;根据全市10个蔬菜生产信息监测点调查,前期受极端低温天气影响,对蔬菜生产有较大影响,常规蔬菜价格变动幅度与上年相比有所扩大。以青毛豆为主的“四青作物”种植面积接近50万亩,大葱、“地产三宝”(香沙芋、香芋、山药)、韭菜、洋扁豆、青皮长茄等启东特色蔬菜在省内外有一定知名度,其特点表现为产品优势明显,市场需求发展潜力较大,生产规模渐增,大葱、“地产三宝”、洋扁豆、青皮长茄种植面积分别为3.14万亩、1.32万亩、2.59万亩和洋扁豆5.6万亩。

采摘新棉。 (潘　杨/2015年10月摄)

【农产品质量建设】 2015年,全市获无公害农产品认证的农产品285个,比上年增加63个,产量34.9万吨,比上年增加3.85万吨,占可食用农产品比重为28.07%;获绿色食品认证的农产品有7个,产量为3175吨,占可食用农产品比重为0.26%,获得有机食品认证的农产品为48个,占可食用农产品比重0.056%。开展无公害农产品监督抽检和蔬菜农残例行监测工作,对相关的农贸市场、蔬菜生产基地、批发市场和超市的蔬菜进行农药残留监测,监测品种基本涵盖启东市场上常见的蔬菜品种,至年底,共检测样品3746个,其中定性检测3435个,定量检测样品311个,检测合格率为99.89%。向南通市农检中心报送检测简报33期,完成省农委要求的例行抽样任务4次,共抽取样品180个。

【农业技术服务】 2015年,市农委继续开展好以科技一村一名农技员、农业部基层示范县、"科技三下乡"、农技培训和"农技110"咨询为主要内容的为农服务工作,普及农技知识,推广新技术、新品种,共举办培训班26期,培训3547人次。全年共组织农技人员280多名驻村蹲点,送科技"三下乡"活动10多次,发放各类技术资料累计20万余份。获南通市级三等奖以上的科技成果2项,分别是"启东市新型农技推广模式的应用与推广"和"杂交肉用商品乳鸽生产性能研究与推广"。全市四大主导产业良种覆盖率达98%以上,新技术应用覆盖率达97%以上。

【农业行政执法】 2015年,全市开展春季农资打假护农专项整治行动、种子"双打"专项行动、农药市场专项整治行动、夏季农资打假百日行动、秋冬季农资打假专项整治行动5个专项整治行动。全年共抽检农资样品168个,其中种子54个、肥料26个、农药58个、兽药25个、饲料5个,对检测到不合格的12个产品均立案查处。累计出动执法人数800人次,检查农业投入品销售场所350多家,共查处案件17起,其中农药9起、肥料3起、兽药3起、饲料1起、种子1起,结案17起,办案准确率100%,涉案金额8万元,挽回经济损失30万元。全年受理电话、来信、来访投诉、举报案件及督办案件2起,对于电话、来信、来访举报案件做到100%受理。

(张凯杰)

养殖业

【概况】 2015年,全市生猪出栏量为35.62万头,其中规模养殖出栏量为34.15万头,规模养殖比上年净增1.73万头,规模占比达95.87%,其中大中型养殖场规模比重为67.1%,超额完成省年初下达的目标任务。家禽全年总出栏量为1418.56万羽,其中肉鸡总出栏量为1058.12万羽,规模出栏量为986.20万羽,规模出栏占比93%;蛋鸡年末存栏188.65万羽,其中规模养殖存栏163.2万羽,规模占比86.7%。奶牛年末存栏1045头,其中规模养殖1045头,规模占比100%。

【动物疫病防疫】 2015年,及时做好春、秋两季重大动物疫病的集中免疫行动,开展夏季消毒灭源工作。全市畜禽的免疫密度继续保持100%,耳标佩戴率达100%,抗体有效保护率达80%以上,完成动物疫病免疫工作。修订完善《启东市突发重大动物疫病应急预案》,全市未发生一起重大动物疫情。

2015年,市农委科教站全力实施全国基层农技推广体系改革与建设补助项目,在南通市综合考核中获第一名。图为7月3号,市农委科教站召开项目推进会。

(市农委/提供)

12 月 25 日，市人大常委会组织委员调研沼气集中供气现场。 （市农委/提供）

【动物卫生监督】 加强对规模养殖场的监管，以及对动物及动物产品饲养、经营、加工销售等企业和个人防疫条件的监督。严格把好动物及动物产品的检疫关，规范检疫，动物及动物产品检疫率、检疫出证率达100%。全市共检疫生猪 21 万头，无害化处理病害动物产品及“三腺”（甲状腺、肾上腺和病变淋巴结）2.4 万公斤，确保畜禽产品质量安全。开展畜禽养殖环节投入品监管专项活动。加强“瘦肉精”常年监测工作，全市共抽检生猪 2.3 万头份，检测结果都为阴性，为市民吃上“放心肉”提供保障。

【规范生猪屠宰】 2015 年，市农委会同市发改委、公安局、市场监督管理局分批对全市范围内的 11 家不合格屠宰场进行清理整顿，依法撤除不合格屠宰点的标记，并拆除屠宰设施，按规范设立汇龙、吕四 2 个生猪定点屠宰场，从根本上改善和规范生猪屠宰市场环境秩序，从源头上确保猪肉产品质量安全。至年底，共关闭 6 家不合格屠宰场。

【畜禽粪污治理】 2015 年，市继续开展畜禽养殖粪污治理工作，完成对全市养殖场（主要是生猪）化粪池、沼气工程建造。全年全市共计建设完成 20 立方米化粪池 658 个；新建完成两个中央大中型沼气工程，年处理粪污水 3.84 万吨，年产沼气 72 万立方米；新建完成省级工程 13 处，年处理粪污水 5 万多立方米，年产沼气不少于 80 万立方米。

（张凯杰）

林果业

【概况】 2015 年，全市重点实施农村区域绿化、两沿绿化、交通绿化、城区绿化、农村家园绿化、优质苗木基地、造林补助和省级村庄绿化示范村建设等八大工程，森林资源增速明显。根据南通市检查结果，全市新增成片造林面积 40466 亩，完成南通市下达任务数的 101.17%，列南通市第一。其中二沿造林 12831 亩，交通绿化工程 500 亩，城镇绿化面积 330 亩，农民家园绿化 2190 亩，优质苗木基地建设 4860 亩，未成功小班（林业术语）的补植达标工程 19755 亩。全市创建森林生态示范村 1 个，省级绿化示范村 14 个。经省林业局森林资源监测中心核查：上年度造林保存率抽查吕四港镇，保存率达 100%。启东市实有林木覆盖率超过省 24%的现代化指标任务。完成国家森林资源一类调查工作，共完成 124 个固定样地复位调查、4 个生态小样方的地面布设和调查工作。

【林政管理】 2015 年，全年共进行林政执法检查 30 多次，其中放生野生动物 6 次。开展森林植物检疫工作，检疫调运植物或植物产品，开出出省检疫证 92 张、省内检疫证 33 张。严格执行林地征占用审批制度，依法办理林地占用手续。

（张凯杰）

6 月，市农委在田间进行造林苗木规格质量检查。 （市农委/提供）

6月16日,市农委开展2015年蚕桑科技入户工程培训。 (姜新春/摄)

蚕桑业

【概况】 2015年,全市投产桑园面积3500亩,共发蚕种4754张,全年生产蚕茧201.5吨,平均张种产茧42.4公斤,全市蚕茧总产值604.64万元,全年平均茧价30.01元/公斤。通过推广蚕桑资源综合利用技术,增加蚕桑生产综合效益,全市蚕桑总产值853.49万元,亩均产值2438.54元。

【养蚕保险】 2015年,全市参加保险蚕种4445.63张,其中190.73张蚕种发生不同程度险情,蚕农户获保险赔偿5.76万元。

(张凯杰)

海洋与渔业

【概况】 2015年,全市下辖渔业镇1个,渔业村8个,渔业服务有限公司16家,渔业户35752户,渔业人口53040人,其中传统渔民18214人,渔业从业人员42819人(渔业专业人员28603人)。全市实现渔业总产量36.6万吨,其中捕捞产量20.8万吨,养殖产量15.8万吨,与上年基本持平;渔业总产值突破65亿元,比上年增长3.2%。

【海洋捕捞】 2015年,全市拥有海洋作业渔船616艘,总吨位8.29万吨,总功率11.17万千瓦。作业类型包括刺网、张网、拖网及杂渔具等。渔获物资源特征为鲳鱼、带鱼、小黄鱼等经济鱼类,渔获量为9.2万吨,比上年减少0.3吨。其中鲳鱼1.8万吨,带鱼3.08万吨,小黄鱼1.13万吨;小杂鱼(黄鲫、梅子鱼等)等次生资源产量为10.7万吨,比上年增产0.2万吨,其中黄鲫0.6万吨,梅子鱼6.3万吨。渔业产量与上年基本持平,产值比上年略有增长。

【远洋渔船出航作业】 10月21日,启东市顺丰远洋渔业有限公司的“顺丰001”号、“顺丰002”号两条大型专业鱿鱼钓渔船从南通经济技术开发区中集码头启航,赴大西洋从事鱿鱼钓作业。两艘远洋渔船船长60.9米、功率1103千瓦、总吨位985吨、造价4000万元,是江苏省最大的专业鱿鱼钓渔船。市海渔局为两家远洋渔业企业争取国家财政渔船建造补助资金6640万元,促进远洋渔业发展。

【渔船更新改造】 2015年,推进渔船更新改造工程,即在省财政对更新改造45米级、36米级、24米级钢质海洋捕捞渔船,分别补贴45万元/艘、30万元/艘和20万元/艘的基础上,对建造完工的渔船实行1:1配套财政补助,力求全面完成海洋捕捞老、旧、差渔船“小改大、木改钢”的目标。全年拆解老旧渔船169艘,新建标准化渔船127艘,共发放渔船标准化改造财政补助资金3000多万元,受惠渔民达127人。

【高效现代渔业】 2015年,通过在沿江沿路低洼低产区进行土地集中流转,着力打造万亩南美白对虾产业园区、扣蟹临时养殖区建设,引导发展浅海高腿浮筏紫菜养殖等措施,推动高效设施渔业建设,新增高效渔业1.8万亩。启东市财政投入114.86万元,在启东黄海滩涂公司现代渔业精品园建成万亩水产养殖物联网设施和水质在线监测系统示范工程,投入运行。通过该系统的建设,可实现集中监测控制、远程设备操作等自动化程控功能,促进传统养殖模式的提档升级。在该工程的示范引领下,启东五福、东茂、庆晨水产养殖专业合作

10月21日上午,启东市顺丰远洋渔业有限公司的“顺丰001”号、“顺丰002”号两条大型专业鱿鱼钓渔船举行首航仪式。 (市海渔局/提供)

社、万源农副产品专业合作联合社等单位开始实施物联网技术，运用面积2000余亩。

【培育新型渔业经营主体】 2015年，市海渔局加强对龙头企业、家庭渔场等新型渔业主体建设的引导，开展龙头企业和家庭渔场的组织申报工作，全年新增省级示范家庭渔场1家、南通市级示范家庭渔场3家、南通市级龙头企业2家，累计建成农业部水产健康养殖示范场8个、省级示范家庭渔场1家、省级水产品出口示范基地6个、江苏省级渔业龙头企业4家、南通市级渔业龙头企业31家。

【编制渔业地方标准】 2015年，市海渔局编制的《三疣梭子蟹立体笼养技术规程》省级地方标准于6月26日通过江苏省技术监督局组织的专家评审，《脊尾白虾、青虾培育规程》南通市级地方标准也顺利通过南通市技术监督局的专家评审，并颁布实施。这两项地方标准的建设，标志着启东的三疣梭子蟹立体笼养技术及脊尾白虾、青虾培育技术将在全省起着示范引导作用。

【水产品质量安全监管】 2015年，市海渔局加大执法检查力度，确保无水产品质量安全事故发生。全年共组织水产品质量安全执法检查38次，出动执法人员363人次，检查养殖生产经营企业及养殖户98家，发放水产食品安全生产相关法律法规资料6460余份。强化生产源头管理。重点对养鱼户、水产品养殖基地、水产品市场销售的水产品进行抽样检测。全市有市水生动物疫控中心1个、乡镇农业服务中心4个、吕四盈港市场1个共6个水产品质量快检室，完成400个水产品药物残留快检任务，孔雀石绿和呋喃唑酮代谢物残留抽检合格率为100%。配合农业部、省检测中心开展无公害产地、无公害水产品抽检18次，海捕水产品质量抽检2次，无公害产地和产品抽检合格率均达100%。

【无公害水产品建设】 2015年，市海渔局完成1个无公害产地和4个无公害产品复评材料的收集、整理和上报工作，并通过南通市现场验收，复查换证率达100%。无公害水产品产地面积占养殖总面积的92%以上。

吕四盈港市场。　　（潘　杨/2015年2月摄）

【渔业科技服务】 2015年，全市共举办各类渔业科技培训班95期，培训渔业一线人员4555人次，建立10个“村级渔业技术服务示范站”。培育示范户450户，示范面积达1.16万亩，其中文蛤养殖面积1193亩，扣蟹养殖面积4334亩，梭子蟹与脊尾白虾混养面积6073亩。辐射带动周边渔（农）民2250户、辐射面积3万亩，户均亩增效10%以上。市渔业技术推广站获评全国基层水产技术推广示范站，是全省14个全国基层示范站之一。

【水生动物疫病监控】 2015年，市海渔局共检测样品81份，其中扣蟹15份、南美白对虾33份、脊尾白虾19份、小龙虾2份、淡水鱼12份。检测指标覆盖寄生虫类、病毒类、细菌类三大类。开展远程诊断，使用远程诊断系统协助病害检测。每月编写发布一期水产养殖渔事信息，定期通过南通“渔技110”手机短信平台群发手机短信19条，及时发布病害测报和预测预警信息。

【渔业安全生产】 2015年，市全面落实安全生产监管责任，未发生较大以上渔业安全生产责任事故。加强渔港水域安全监管和执法检查，全年累计开展港口专项检查42起，共出动检查人员518人次，检查渔船589船次、港口6个，查处违规违法船95起。开展职务船员持证情况执法检查，严肃查处“人证不符”、过期证件、无证出海等行为，确保市出海捕捞作业的职务船员持证上岗率、人证相符率达100%。6月16日，在大唐电厂外海域（小庙洪水道）举行渔业水上搜救应急演练。有海巡0691、海警32021、海监5030、海监5003和渔政32541、渔政32543等6艘公务船以及3艘编组渔船，参演人员80多人。

【海洋渔业行政执法】 市海渔局推进河道清障及网簖拆除工作，严厉打击内河电捕、无证养殖等违法行为，查处非法捕鱼案件100多起，没收违法捕捞工具200多台（套）。7月17日，南通市“绝户网”（指那些网眼极小，往往都在一两厘米左右的渔网，这种渔网会将大鱼小鱼一网打尽）公开销毁活动在市连兴港中国海监南通维权基地码头举行。抓好长江禁渔、海洋伏季休渔工作，开展伏季休渔“清网”行动，查获非法捕捞网具163条、地笼210个，查扣非法作业船舶、浮子筏16艘。做好海洋捕捞许可证年审及渔船柴油补贴发放工作。全年共发放渔船燃油补贴12065.54万元。

【养殖用海使用改革】 2015年，市海渔局探索养殖用海长效管理机制，

6月16日,启东渔业水上搜救应急演练在大唐电厂装载码头附近海域举行。(市海渔局/提供)

改革滩涂养殖以租代证的管理模式,制订养殖用海管理制度实施方案,全面推行海域使用权证制度。结合市海域管理的实际,市政府出台《启东市落实陆海统筹发展综合配套改革养殖用海管理制度改革实施方案》,基本实施到位。全年办理海域使用权证23宗。推进海域使用权证换发土地使用证工作,探索推进陆域土地与新围垦土地统筹利用机制,为吕四港、吕四渔港等重大用海项目做好换发土地证服务工作。完成吕四港物流中心、启东市滨海工业园等项目填海竣工验收工作,完成吕四渔港经济区区域建设用海12宗项目竣工验收,为海域证换发土地证完成前期工作。

【海洋管理能力建设】 全年完成海洋环境监测站的设计和报批、人员招聘等相关工作,确保海洋环境监测站正常运行。加强市海域使用动态监管中心人员、设施建设,规范运作程序,海域使用动态监管工作向科学化、数字化、网络化方向推进。

【海洋监察与生态环境保护】 2015年,中国海监启东大队加强海洋监察工作,加强海域动态监管,确保每宗用海项目符合海洋功能区划及市社会经济发展规划、沿海开发规划。加大海监执法力度,开展"碧海""海盾"等执法专项行动,严厉打击违法用海行为,共查处海监案件2起。通过尾水达标排放、岸线综合整治、推广应用新型环保渔用网标灯、海洋环境监视监测等一系列措施,修复和改善市海洋生态系统。

(冯 琪)

现代农业

【概况】 2015年,全市新增扩建农业项目206个,完成项目农业投入总额22.9亿元,其中超千万元项目投入总额16.1亿元,占总投资额的70%。

【农业龙头企业】 全市新增扩建农业龙头企业92家,总投入金额11.4亿元,其中农产品加工71家,总投资金额10.1亿元。新增省级龙头企业3家、南通市级龙头企业8家;新增省名牌农产品1个、南通市名牌农产品3个、省著名商标1件、南通市知名商标3件。新获得"三品"认证的农产品63个。

【农业园区建设】 全市新增扩建农业园区114个,总投入金额11.5亿元。新增高效设施农业面积934公顷、设施大棚面积493公顷、连片露地蔬菜面积600公顷。启东青皮长茄获国家级农产品地理标志认证,启东瑞鹏牧业有限公司启隆基地获农业部"畜禽标准化示范场"称号。

【农业招商引资】 6月,市在浙江省宁波市举办现代农业招商推介会,获投资16.3亿元。其中内资项目20个,投资额14亿元;外资项目3个,投资额3500万美元。总投资6亿元的标准工厂化室内养殖项目、总投资6500万元的江海智能农业科技项目等23个项目集中签约。12月,市在福建省漳州市举办现代农业招商推介会,获投资20亿元。总投资2.05亿元的玲珑生态休闲庄园项目、总投资1.5亿元

7月17日,南京市"绝户网"公开销毁活动在连兴港举行。(市海渔局/提供)

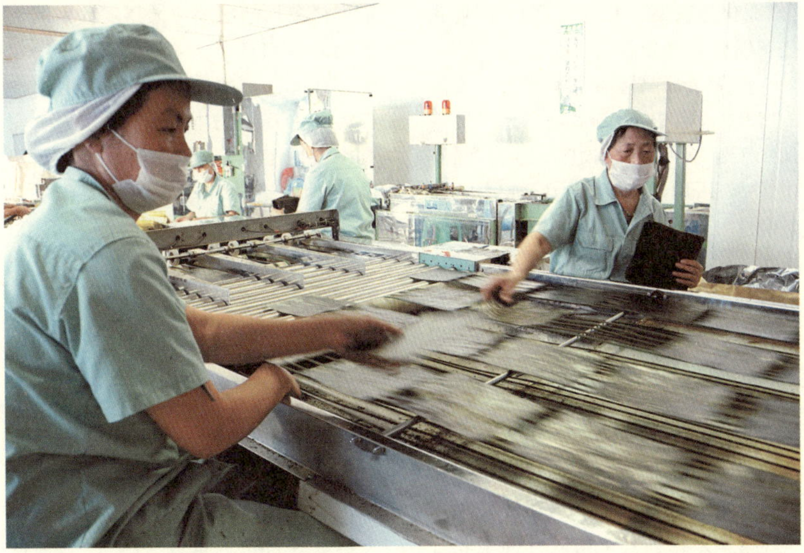

南通丁布儿海苔食品有限公司生产车间。 (姜新春/2015年8月摄)

的渔光互补项目、总投资1.5亿元的杰相生态植物园建设项目等16个项目集中签约。

【农民专业合作】 2015年，市选择160家农民合作社，建立政府优先重点扶持名录，重点扶持以秸秆综合利用的启东市天蓝秸秆综合治理专业合作社。开展示范合作社的评比工作，共有20家合作社被评为南通市级示范合作社社、8家省级示范合作社。

（卜锦明）

农业机械化

【概况】 2015年，全市农机装备总量持续增长，新增各类农机具2621台(套)。其中大中型拖拉机129台，各类联合收割机77台。全年农机总动力达56.89万千瓦，农机化综合水平达75.9%。

【农机购机补贴】 2015年共计发放中央、省补贴资金676.74万元、启东市级财政补贴资金157.90万元，购机补贴惠及全市944户。

【农机安全生产】 2015年，发放农机驾驶证31本，审验换证331多人，新入户拖拉机115台、联合收割机77台，检验变型拖拉机554台、手扶及小型拖拉机200台、大中型拖拉机225台，检验联合收割机189台，注销拖拉机152台，当年新增拖拉机、联合收割机上牌率达100%，存量拖拉机、联合收割机补上牌20台，参加农机政策保险近400台，无挂车手扶拖拉机实行备案管理997台。全年共开展农机安全检查68次，出动农机监理人员212人次，开展联合执法12次，出动安监、交警等人员98人次，查处纠正各类违章142起，安全隐患整改45次。

【农机项目编报和实施】 2015年，启东市农机推广站承担江苏省农机三新工程项目《农作物秸秆青贮新型装备设备技术试验示范项目》。在实施该项目的基础上，5月12日，在启东举办农机现场会，会上演示克拉斯、美迪两种联合收割机秸秆青贮收获。市农机推广站被江苏省农业机械技术推广站评为2015年度江苏省农机新技术推广先进单位。

【农机化科技示范基地】 按照南通市、启东市《农业机械化科技示范基地评选奖励办法》，经各镇(乡)、园区申报，市农机局和市财政局联合审核验收，评选出2015年度2个南通市级农机化科技示范基地、4个启东市农机化科技示范基地。

【农机培训】 2015年，共培训拖拉机、联合收割机驾驶员95名，其中92人取得驾驶证，合格率达96%；举办农机获证奖补培训班6期，培训学员470名；举办新型职业农民农机培训班三期，培训学员200名。在省农机局组织的新型职业农民培训工作绩效考评中，市农机推广校获全省第一。

（张凯杰）

农业综合开发

【概况】 2015年，全市国家农业综合开发项目共有9个：6个土地治理项目，其中高标准农田建设项目5个、生态综合治理项目1个；3个产业化经营财政补助项目，财政总投资4500万元，其中争取上级财政资金3937.5万元。

【土地治理项目】 6个土地治理项目分别为：

8月27日，市农委组织开展农机培训观摩活动。 (王婷婷/摄)

吕四港镇高标准农田建设项目。建设规模1万亩，财政投资1300万元。项目新建灌溉泵站8座、变压器8台、输变电线路3.6公里、低压管道13.66公里、渠系建筑物79座、仓库480平方米、晒场500平方米、水泥路9.75公里，种植女贞11422株，技术培训1185人次，科技推广0.8万亩。2015年，项目完成进度达60%。

汇龙镇高标准农田建设项目。建设规模5000亩，财政投资650万元。项目新建灌溉泵站5座、变压器3台、输变电线路1.79公里、低压管道5.15公里、渠系建筑物147座、仓库240平方米、晒场250平方米、水泥路8.06公里，种植女贞3856株，技术培训585人次，科技推广0.3万亩。2015年，项目完成进度达80%。

北新镇高标准农田建设项目。建设规模5000亩，财政投资650万元。项目新建灌溉泵站5座、变压器4台、输变电线路4.83公里、低压管道5公里、渠系建筑物38座、水泥路8.3公里，种植女贞4546株。2015年，项目完成进度达80%。

海复镇高标准农田建设项目。建设规模5000亩，财政投资650万元。项目新建灌溉泵站4座、变压器4台、低压管道4.93公里、渠系建筑物134座、水泥路8.24公里，种植女贞3846株，技术培训600人次，科技推广0.4万亩。2015年，项目完成进度达70%。

合作锦荣农作物专业合作社实施高标准农田试点项目。建设规模1000亩，财政投资130万元。项目新建灌溉泵站1座、变压器2台、输变电线路0.55公里、低压管道0.58公里、渠系建筑物11座、仓库300平方米、晒场300平方米、水泥路0.9公里，种植女贞2050株。2015年，项目完成进度达80%。

启隆镇生态综合治理项目。建设规模5000亩，财政投资650万元。项目新建灌溉泵站3座、变压器2台、输变电线路0.24公里、河道护岸6.25公里、河道疏浚4.2万立方米、低压管道1.62公里、渠系建筑物19座、水泥路8.48公里。2015年，项目完成进度达70%。

【产业化经营财政补助项目】 产业化经营财政补助项目有3个。

南通市恒昌隆食品有限公司实施的“南通市启东市2000吨水产品冷藏加工新建项目”。总投资615万元，其中财政补助240万元。项目建设2768.3平方米生产车间一幢，购置清洗机2台、冷凝器1套、分级机1台、微波设备(QS50-100)1套、WX-50冷凝器(8ASJ17)1套、中冷(FJ-50)1套、循环桶(HW-50)1套等设备共计8台套。

启东市名胜水产品养殖专业合作社实施的“南通市启东市年产240吨南美白虾养殖基地改扩建项目”。总投资155.4万元，其中财政补助100万元。项目建设钢架大棚70亩，人行便桥70座，购置增氧机35台、增氧管3000米等。

启东市利群水产专业合作社实施的“启东市年产20万斤南美白虾养殖基地改扩建项目”。总投资199万元，其中各级财政补助130万元。项目新建钢架大棚43333平方米，改建标准蓄水池6600平方米，新建供水设施管道4公里、养殖道路1000平方米、低压线路500米、调温设施2公里，购置生产设备23台套。

（张凯杰）

水利

【概况】 2015年，启东市完成水利建设投入15576万元，其中农村水利建设投入10232万元，重点水利工程建设投入5344万元。争取到上级补助资金4295万元，其中中央特大防汛抢险经费250万元、2015年中央财政小型农田水利重点县项目2400万元、2015年农村河道专项工程600万元、小型农田水利维修管护补助200万元、桃花洪闸484万元、水利工程岁修养护361万元，重点用于农田水利工程、水利重点县工程、堤闸改造工程和防汛抗旱工程。

【农村水利建设】 2015年，启东市年度河道疏浚整治任务、沟河贯通专项工程任务均超额完成。年度计划疏浚整治农村河道土方450万立方米，实际完成462万立方米；年度计划埋设贯通涵1万座，实际完成10050座，完成中沟以上建筑物任务4座，拆坝建桥18座。新增旱涝保收田面积7万亩、新增节水灌溉工程控制面积1.5万亩任务。中央财政农田水利项目全面完成。完成2014年中央财政农村水利重点县项目，涉及圆陀角管委会3个行政村，工程总投资4029.58万元。工程主要建设内容为整治河道14条，整治河道长度29公里，整治河坡54公里，河道清淤20公里，草皮护坡绿化10.84万平方米。完成2015年中央财政农村水利重点县项目，总投资4022.54万元，涉及北新镇和寅阳镇9条河道的综合治理，实施总长45.61公里河道的标准化清淤、护坡和绿化。省级农村河道项目完工。项目涉及海复镇、合作镇、近海镇3个项目区，总投资1175万元。主要建设内容：河道疏浚24.5万立方米，河道护坡工程25.2公里，维修新建涵闸3座。完成一二级河道危桥改造。拆除桥梁1座，改建5座，维修4座，总投资600万元。

【水利工程建设】 2015年，推进连兴港套闸工程施工建设，完成主体工程；11月，桃花洪闸拆建工程开工建设，此工程为省海堤巩固完善项目，批复概算投资692万元。获省财政厅和水利厅联合核拨的省级水利工程维修经费242万元、养护资金82万元、骨干河道37.3万元，实施红阳闸交通桥维修改造、崇启大桥上下游堤顶道路、蒿枝港和头兴港部分河段河坡坍塌维修及堤闸养护等工程。完成《启东市“十三五”水利发展规划》《“十三五”河道疏浚规划》《启东市城市防洪规划》等规划的编制工作；编制完成三条港综合整治工程可研报告、五效闸拆建工程初步设计，戤效闸改造方案，塘芦港新闸外迁工程可研，启海界至大洋港西海堤加固工程初步设计；完成江堤提标工程可研阶段的基础调研、堤线的走向和典型断面的确定、工程量的核实工作。先后协助完成京沪重工涉水工程报批、华滋奔腾项目专项设计、

8 月 16 日，连兴港套闸工程建设现场。 （郁卫兵 姜新春/摄）

崇启大桥上游岸线整治项目涉水工程建设方案和采砂许可等的报批服务工作，京沪重工堤防加固及防汛通道专项设计通过省厅的专家审查；《启东市崇启大桥至三和港长江岸线综合整治工程涉河建设方案》获长江委批复；奔腾闸门专项设计方案通过省厅专家审查；崇启大桥至三和港长江岸线综合整治工程采砂论证报告通过省厅专家审查。

【水环境整治】 2015 年初，市第十六届人民代表大会第四次会议决定将《关于深入开展水环境整治的议案》立为人大一号议案，交由市政府办理，市水务局作为水环境整治牵头单位，围绕水环境标本兼治的目标，迅速落实办理议案，加快水环境综合整治。加强宣传，倡导全民治水工作模式，提升全民参与意识。全年编发工作简报 35 期，在《启东日报》开设专版专栏，刊登各类文章 90 余篇，与电视台联合制作两期《社会关注》和《法制广场》节目，结合“送电影下乡”活动制作并播放爱水护水宣传短片，通过微信公众平台宣传水环境整治工作和打击非法电捕鱼行为。加强督察。全年共出动巡查人次 1600 多人次，巡查河道 5.3 万多条，下发整改通知单 7076 份。推进河道清障和粪污沟治理工作，深入加大违法捕鱼行为打击力度，推进“生态治河”长效模式。至年底，养殖捕捞设施清理工作全面完成，共清理各类阻水障碍物 5.2 万多只，清理率达 99%；修建化粪池 3540 立方米，干粪堆场 2800 平方米，治理粪污沟 267 条；清理河道 2 万多条段，发包河道 1.6 万多条；处理违法电捕鱼行为 319 起，收缴电捕鱼器具 319 套。河道长效管理办公室牵头处理毒龙虾案件 4 起，行政拘留 9 人。在全市应用推广河道信息管护监测系统，可直观地看到各个河段的最新图片，实现河道水况实时监控，节省巡查整改时间，促进河道长效管护。

【防汛防旱】 2015 年，启东市修订完善全市防汛抗台预案，编制台风期间人员撤离安置预案、防汛抗台期间应急抢险预案，规范防汛防台工作程序，提高工作效率。针对沿江涉河项目及沿海围垦工程的实际情况，排查梳理每一条岸线、每一个水利工程，落实责任单位和责任人员，确保防汛不留死角。组织对江海堤防、水闸等水利工程设施以及防汛物资配备等进行全面检查，及时做好各类水利工程水工建筑物、机电设备及其配套设施维护和检修。争取上级抢险补助经费，组织完成2014 年度中央特大抢险补助项目（三条港闸下游护坡抛石防护及堤顶道路维修工程、大洋港闸下游西侧护坡维修工程）、2015 年省级应急抢险补助项目（新港新闸防护应急处理工程），及时消除工程隐患。成立防汛专业抢险队伍，汛期防汛抢险队共计排除 40 多次险情。加强防汛物资管理，市级防汛物资储备编织袋 8 万只、铁丝 1250 千克、土工布 2.5 万平方米、防汛块石 8000 吨。市防汛物资仓库完成建设。完善防汛异地会商系统，确保启东市与上级和其他县（市）的防汛实时会商快速、清晰。防御第 9 号、12 号、13 号强台风以及 6 月 3 次强降雨的各项工作，及时发出防御通知。及时掌握全市汛情、旱情和灾情信息，确保报送信息及时准确。第 9 号台风“灿鸿”正面袭击启东市时，全市共转移人员 31528 人，其中渔船转移人数 7105 人，运输及施工作业船只人员 220 人，滩涂养殖、险危房屋、堤外施工作业人员 24203 人。组织 26 个潮汛的引江调水工作，有效改善内河水质。全年累计排水量 5.67 亿立方米，引水量 1.12 亿立方米。

【水政水资源】 2015 年，启东市搞好水法规和节水宣传，抓好水事违法案件的查处，开展各种执法巡查 98 次，出动执法人员 438 人次，现场处理案件 34 起，立案查处 1 起。严格水利工程管理范围内占用审批和凿井审批，完成 8 个乡镇 57 口深井的封填，开展节水型载体创建，抓好水资源费、水费的收缴，征收水资源费 532 万元、水利工程水费 38 万元。

（陆雪蕾）

工业

综 述

【概况】 2015年,全市累计完成规模工业产值1674.02亿元,同比增长10%;累计实现全部工业应税销售629亿元,同比增长6.5%;累计完成工业用电18.1亿千瓦时,同比增长4.32%;完成固定资产投资539.1亿元,增长11.5%,其中工业投资329.3亿元,增长9.1%。1—12月,全市50强重点企业累计实现工业应税销售347.8亿元,占全部工业应税销售总量的55.2%。全市应税销售达50亿元以上企业1家,达10亿元以上企业9家,达亿元以上企业74家。

【转型升级】 随着产业集聚的加速推进,2015年,全市五大产业累计完成工业应税销售252.1亿元,占工业应税销售总量的40.1%,其中新能源产业完成应税销售81.8亿元,同比增长18.3%。产业结构不断优化,高新产业占比不断提升,全市完成高新产业产值778.1亿元,同比增长20.8%,占规模工业总量的47.1%,比上年年底提高2个百分点。单位绩效产出不断提升,在经济结构调整的深入期,启东市更加注重工业经济运行质量和绩效产出,全市每度电产生的工业应税销售和工业入库税金分别达到34.7元和1.13元,分别比南通市平均水平高32.2%和61.7%。

【项目建设】 全市全年新开工亿元以上项目48个,新竣工亿元以上项目50个。省、南通市重大项目完成投资116亿元,实现年初目标翻番。华峰超纤一期主体工程建至地面3层,部分设备签订采购合同;广汇LNG分销转运站项目2台5万立方米储罐土建完成,开展罐体施工,码头、栈桥抓紧施工;华滋海洋LEG海工项目10万平方米钢结构厂房主体工程结构封顶;神通阀门环保设备及核电配套设备项目、国凯机电电力冶金粉体研磨设备等项目竣工投产。

（吕 满）

宏强船舶。 （郁卫兵/摄）

产业发展

【概况】 根据启东市特色产业基地发展的过程和现状,制定出台《关于进一步加快工业经济产业集聚发展的意见》,依托启东市现有的产业基础和载体平台,力争通过3~5年,实现两个“510”的目标,壮大海工装备、新能源及光电、电动工具、新医药和节能环保五大产业集群。2015年,五大产业累计完成产值993.8亿元,同比增长14.53%。

【海工装备产业】 海工装备特色产业是启东市最具发展潜力的特色产业,已经集聚一批国内一流的海工装备制造企业,形成鲜明的产业特色,同时基地充分发挥沿江宝贵的岸线资源优势,全面推进特色基地基础设施和重特大项目建设,全力服务海工装备工业企业发展,并以海洋工程装备、重大技术装备、海工船舶配套、高技术船舶“四业并举”的发展格局为目标,逐步打造成为国家级海洋工程装备产业基地。代表企业中远船务、宏强船舶、胜狮能源装备、宏华海洋油气装备等均为10亿元以上企业。2015年,海工装备产业累计完成产值166.5 亿元，同比增长 11.42%。

【新能源及光电产业】 依托省光伏新能源产业园和龙头企业韩华新能源，重点发展光伏新能源的上下游企业、LED 光电上下游企业、核电风电配套设备、新型高效能量转换、输变电成套设备等新能源装备制造企业，加快建设海上风力发电等新型能源产业，主要产品包括光伏太阳能电池组件、风力发电、风机叶片等，代表企业韩华新能源、东泰新能源以及龙源、华能风电等企业，保持迅猛发展势头，快速发展壮大，韩华新能源 2015 年完成产值 91.1 亿元，同比增长 22.86%。2015 年，新能源及光电产业完成产值 159.6 亿元，同比增长 20.75%。

【电动工具产业】 电动工具产业是启东市区域经济发展中最具地方特色的传统优势产业，也是最具发展潜能的优势产业之一。启东市电动工具整机及零配件生产企业迅速集聚、迅猛发展，已形成规模化的产业集群。同时按照创新驱动、品牌经营、规模集聚、外向开拓四大战略，电动工具产业呈现出量质并升的健康发展态势，许多企业初具品牌意识，拥有自主产品商标，全市电动工具产业拥有中国驰名商标2 个，省著名商标、省级名牌产品 13 个，国内注册商标 729 件。东成、国强的八大系列产品被评为国家免检产品。2015 年，电动工具产业完成产值 292.8 亿元，同比增长9.53%。

【新医药产业】 启东市新医特色产业依托传统支柱产业医药化工产业，逐步淘汰落后化工企业，建设新型医药研发和制造基地，实现产业的转型升级，产业规模逐渐壮大，市场竞争力显著增强，在全市产业格局中的地位不断凸现，呈现出良好的发展态势。全市新医药产业拥有超过 80 家企业，初步具备抗感冒、抗肿瘤、治疗心血管疾病的原料药及中间体、制剂等产品群，拥有“盖天力”“白加黑”“第六要素”“达喜”等名牌产品。随着新医药产业内希迪制药、诚信制药等一批技术含量高、投资规模大、市场前景好的项目加快建设，全市新医药产业加速集聚发展。2015 年，新医药产业累计完成产值 137.8 亿元，同比增长 25.87%。

【节能环保产业】 启东市凭借有利的江海区位优势，借助上海等地在流体传动领域的技术开发和市场优势，大力发展高效节能环保装备及基础件产品，节能环保产业的规模总量、产品门类和竞争实力都得到显著提升。同时充分利用市节能环保装备争创国家火炬计划的有利时机，引导企业整合资源、优势互补，做大企业规模，加快全市工程技术研发中心和重点实验室建设，增强企业自主创新能力，着力培育和引进专业化的研发、技术服务，鼓励企业走“专”“精”“特”“尖”发展道路。代表企业有江苏神通阀门、瑞帆环保、南通南方润滑等企业。2015 年，全市节能环保产业完成产值 237.2 亿元，同比增长 13.28%。

（吕　满）

重点企业选介

【韩华新能源(启东)有限公司】 公司成立于 2004 年 8 月，于 2006 年 12 月在美国纳斯达克上市(NASDAQ:HSOL)，由世界 500 强的韩华集团投资控股。经过 10 年的快速发展，公司拥有领先的光伏技术，打造从硅锭加工、硅片、太阳能电池片，到电池组件、BIPV 的研发、光伏发电系统的生产及销售的完整产业链，提供全面的纵向一体化太阳能解决方案。公司连续三年位列全球十大光伏制造企业，是国家高新技术企业、南通市重点工业和外商投资企业。

【江苏大唐国际吕四港发电有限责任公司】 公司是由大唐国际发电股份有限公司、中国大唐集团公司、南通国有资产投资控股有限公司分别以 55%、35%和 10%的比例出资设立的有限责任公司。公司于 2003 年 9 月 18 日在南通启东市工商局注册成立，负责大唐吕四港电厂项目的建设、生产、经营。项目一期工程建设 4 台 660 兆瓦超超临界燃煤机组，总装机容量 2640 兆瓦，同步建设两个 3.5 万吨级(水工结构 5 万吨）泊位的运煤码头，项目动态总投资 112.7 亿元。

【中远船务(启东)海洋工程有限公司】 启东中远海工是中远集团旗下，主营海洋工程装备制造、改装业务的核心企业，为国际石油公司提供海洋工程装备设计和建造一站式服务，是中国海洋工程装备制造业的先行者和领军者，中国船舶行业唯一“国家科技进步一等奖” 的获得者，是中国唯一具备 FPSO 总包建造能力的企业。启东中远海工基地总投资额达 47 亿元，公司成功交付了一大批世界高端领先的海工产品，包括世界最先进圆筒型超深水钻探平台，世界同类型产品中技术水平最高、满足规范最多最严格、调试难度最大的深海半潜式钻井平台，世界先进海上自升式风电安装船、世界首艘带自航能力的自升式海洋平台以及其他各类钻井辅助船，产品几乎覆盖了从浅海到超深海、从油气平台到海洋工程船舶的全部类型。

【江苏好收成韦恩农化股份有限公司】 江苏好收成韦恩农化股份有限公司，始建于 2002 年，占地面积超过 50 万平方米，建筑面积超过 12 万平方米，是一家集研发、生产、营销于一体的中外合资股份有限公司。公司以生产“低毒、高效、环保”的农化系列产品为主，以医药中间体、精细化学品及循环经济项目等为补充，其主导产品为草甘膦，是中国唯一一家采用自主知识产权工艺技术生产超高含量(98%以上)的草甘膦原药企业。

【江苏东成电动工具有限公司】 公司始创于 1995 年，是国内专业电动工具制造重点骨干企业之一，为中国电器工业协会电动工具分会理事单位。公司建有完善的工业生产基地，占地面积 11.28 万平方米，建筑面积 5.8 万平方米；拥有现代化的工业厂房和专业化的生产及检测设备；拥有一批专业高级工程师，一支中高级管理人员和技术人员队伍；员工 2500 余名。公司主要生产各类电动工具产品及转子、定子等零配件,所生产的电动工具产品凡是在国家3C认证范围内的,均已通过认证并取得认证证书。东成产品在全国各大中城市均设有特约经销商,并同时出口到东南亚、南亚及中东等20多个国家和地区。

(吕 满)

重大项目选介

【华峰超纤产业用非织造布超纤材料项目】 项目地址在吕四港经济开发区,计划总投资41.64亿元,总用地面积1301亩,其中一期用地面积660亩。项目主要建设内容为:新建厂房和配套公辅用房建筑面积26.64万平方米,购置600多台套国产生产设备并引进30多台套进口生产线。项目建成后,形成年产7500万米超纤材料生产能力。

【广汇能源LNG分销转运站项目】 项目地址在吕四港经济开发区,计划总投资53亿元。一期海域建设1个10万吨级LNG卸船泊位、一座3890米引桥,并预留一个卸船泊位和2个液体化工品泊位,陆域建设2座5万立方米LNG储罐、LNG装车区及配套的公用工程设施;二期新增1个16万立方米LNG储罐;三期再新增1个16万立方米LNG储罐。项目建成后,可实现年转运能力300万吨。

【华滋海洋LEG海工项目】 项目地址在海工船舶工业园,计划总投资21.4亿元,总占地面积950亩,项目主要建设内容为:建设舾装码头一座、岸侧材料码头一座,新建钢结构厂房、办公楼等建筑面积10万平方米,添置龙门吊、起重机、油压机等设备共计950台套。项目建成后,年产8.5万立方米大型液罐及系统4船套、3.6万立方米LEG液化气船4艘、3000吨级海洋工程油气模块2套。

【京沪重工海工装备、特种钢结构制造项目】 项目地址在海工船舶工业园,计划总投资20亿元,主要建设内容为:新建生产厂房等建筑面积20万平方米,购置龙门吊、电焊机等设备。该项目投产后,形成年产大型钢结构50万吨、海工模块8套的生产能力。

【东凌粮油加工项目】 项目地址在吕四港经济开发区,计划总投资40亿元,主要建设内容为:150万吨/年菜籽加工生产线,配套12万吨原料立筒仓、16000吨散粕库2座及打包间、4000平方米(含机修、五金库及包装器材库)综合仓,10万吨油罐区、1000吨/天污水处理站;以及3000平方米综合办公楼、6000平方米倒班职工宿舍、1800平方米食堂以及其他生产生活辅助设施。项目投产后,形成年加工150万吨菜籽的生产能力。

【姚记扑克生产基地项目】 项目地址在启东经济开发区,计划总投资10亿元,主要建设内容为:新建厂房等建筑面积12万平方米,添置各种设备545台(套)。该项目投产后,形成年产10亿副扑克牌的生产能力。

【米歌酒庄项目】 项目地址在启东经济开发区,计划总投资10亿元,主要建设内容为:新增厂房等建筑面积10万平方米,添置相关设备。该项目投产后,形成年产黄酒16000吨的生产能力。

【尚华医药启东基地项目】 项目地址在滨海工业园,计划总投资10亿元,主要建设内容为:一是注册成立创新抗体医药研发公司,建立符合cGMP规范的抗体药物产业化基地,总面积2万平方米;二是建设综合性、多功能、现代化的新药研发临床前动物实验平台,整体规划面积1万平方米;三是开发4万多平方米公共服务平台。项目建成后将成为启东市临床前新药研发的现代医药科技外包服务基地。

【胜狮能源全球技术教育基地项目】 项目地址在海工船舶工业园,计划总投资30亿元,主要建设内容为:新建厂房10万平方米,添置起重机、焊接机、喷涂机等相关设备160台(套)。该项目投产后,形成年产近海货柜30万只的生产能力。

【东成电动工具生产项目】 项目地址在吕四港镇,计划总投资10亿元,主要建设内容为:新增建筑面积75000平方米,购买先进的装配生产线等设备280台(套)。该项目投产后,形成年产200万台电动工具的生产能力。

(倪 帅)

民营经济和中小企业

【概况】 2015年,启东市围绕南通民营经济工作会议所确定的民营经济发展总体目标和工作部署,突出“稳中求进、改革创新”的发展总基调,民营经济运行态势总体保持良好。全市个体工商5229户,私营企业1686家,私营企业注册资金94亿元。全市引进境内市外1000万元民资项目101个,注册资本额57.5亿元,其中超亿元市外民资项目18个,注册资本额8.9亿元。中小企业创新培育成效喜人,河海嘉裕节能科技有限公司和东之杰电气有限公司获江苏省“科技型中小企业”荣誉称号。中小企业培大扶强成效显著,神通阀门股份有限公司获省“科技小巨人企业”称号。

【协调推进】 2015年,市组织开展中小企业转型升级等方面的专题调研活动,前瞻性分析宏观经济形势对民营经济发展的影响,科学把握政策走向和发展趋势,对主要经济指标,逐月抓进度、赶序时、搞讲评,每月公布民营经济发展实绩,组织开展民营经济季度考核竞赛,调动各镇、园区发展民营经济的积极性,实现民营经济工作由突击性推进向持续性推进转变。加强全市各镇、园区和相关职能部门的沟通与协调,通过召开镇、园区负责人会议、民发办成员单位会议等,解决民营经济发展过程中遇到的各类问题,形成良性互动的民营经济工作机制。

【科技创新】 推动中小企业加大研发投入,加快技术革新,提高企业核心竞

东之杰施工升降机。 （潘 杨/2015 年 6 月摄）

争力。开展科技型中小企业创建活动，促进中小企业生产经营管理走上科学化、网络化和智能化的轨道，河海嘉裕节能科技有限公司和东之杰电气有限公司 2 家企业被认定为江苏省科技型中小企业。引导中小企业通过提高管理水平，创新管理等方式做大做强，神通阀门股份有限公司获得省科技小巨人企业称号。

【配套服务】 结合启东产业特色和区域发展重点，引导中小企业把创业的焦点集中到全市沿江沿海开发的八大园区平台。推进中小企业创业基地建设，引导启东市科技创业园、启东经济开发区科技创业中心、启东吕四科技创业中心加快完善信贷支持、资金扶持、人才支持等配套服务，为“大众创业 万众创新”提供新的发展空间。加强中小企业公共服务平台建设，启东市长江船舶工业投资公共服务平台获评省第四批中小企业星级公共服务平台，全市星级公共服务平台总数达到 3 个。

【优化服务】 优化服务方式和质量，建立完善在册运行企业联络机制，已有 1670 家企业录入数据库。提高启东企业家队伍的整体素质，推动中小企业人员、文化、技术和管理水平等综合素质的全面提升。市发改委联合工商联共组织 4 次“东疆大讲坛”活动，组织企业家参加上级部门组织的 “企业软实力高峰论坛”“互联网时代下企业商业模式创新”等高端培训 4 次。组织企业参加中国国际中小企业博览会节、南通民营经济转型发展（深圳）投资合作恳谈会等重大活动。贯彻执行上级政府和部门提出的化解中小企业融资难的各项政策措施，加大对中小企业的信贷支持力度。2015 年，在保企业 80 家，在保责任余额 4.15 亿元，新增融资担保额 0.63 亿元。组织举办 3 期“东疆大讲坛”系列专题讲座，提高中小企业主的综合素质。

（费蕴莲）

恒大一景。 （郁卫兵/2015 年 3 月摄）

综　述

【概况】 2015年,商务部门坚持发展第一要务,按照市"四个全面"战略布局和"强富美高"发展定位的要求,顶住下行压力,主动融入新一轮对内对外开放大格局,以改革促进开放,以开放推动发展,开放型经济保持稳中有进、稳中提质的较好局面,为全市经济发展提供有力支撑。

外贸发展好于全国全省。2015年,对外贸易面临较大困难,全国、全省外贸出口均出现负增长,但启东市外贸逆势增长,保持良好的发展态势。全市实现出口24.81亿美元,同比增长7.7%,增幅在南通各县(市、区)中名列第一。全市直接对外贸易企业达330家,其中年度超千万美元企业超30家,超亿美元企业达6家,超千万美元规模企业个数较"十一五"期末翻了一番。

外贸稳增长形势不容乐观。在美元走强的背景下,国际大宗商品价格持续下跌,特别是石油价格下跌对启东市海工船舶、化工及关联行业影响较大,外贸传统增长动力减弱,新增长点还在培育之中,全市外贸下行压力继续加大。

招商引资成效显著。组织启东国际经贸洽谈会、科技节和上海招商大会战,成功举办2015中国高端装备制造业发展论坛、尚华生物医药创新发展论坛。全年新批外商投资企业39家,增资扩股企业10家,累计新增工商登记注册外资7.3亿美元,实际利用外资2.25亿美元,是上年同期的4倍多,增幅在南通各县市区中名列第一。由于在手在谈重大外资项目推进较为缓慢,实际利用外资总量偏小,与兄弟县(市)相比有一定差距。

园区平台发展能级和水平不断提升。启东经济开发区积极争创国家级开发区,互联网产业园加快规划建设,互联网金融、大数据、电子商务等"四新"①经济积极培育。吕四港经济开发区环抱式港池、渔港经济区、新材料产业园加快建设,广汇能源、华峰超纤等项目强势推进,吕四渔港品牌体验馆和海鲜一条街全面开工。滨海工业园坚持科教一体、产城融合发展,尚华启东生物制药科创中心项目正式签约。海工船舶工业园加快企业兼并重组、产业转型升级步伐,中远二期竣工投产,胜狮全球技术教育基地、华滋海工等项目有序推进。江海产业园通用航空机场报批获得军方批复,用海报批取得国家海洋局路条,省级滩涂综合开发试验区报批通过专家评审。圆陀角旅游度假区获批省级旅游度假区,恒大酒店、碧海银沙正式营运,新湖长江公园、滨江沿海景观大道、黄金海滩升级改造加快推进。滨江医药化工园丰益化工、道明化学等项目竣工投产,产业集聚优势不断凸显。启隆生态科技产业园"上海长岛"项目进展顺利,园区功能不断完善。启东市园区产业链条不够完善,缺乏上下游产业配套、竞争力较强的产业集群;生产性、生活性服务功能不够完善,缺乏面向企业的科技创新及成果转化平台、公共技术服务平台,园区在开发开放中的主体作用没有得到有效发挥。

"走出去"步伐明显加快。启东市企业走出去开展境外投资明显加快,全年新批境外投资项目5个,累计实现境外投资中方协议投资总额近1亿美元。

服务外包取得新突破。启东市全年新认定服务外包企业8家,总数达到26家,全年完成服务外包执行额2017万美元,比上年增长43%。瑞帆节能科技、南方润滑股份、鑫业网络科技、启东建筑设计院等一批外包企业积极开拓服务外包业务,有力促进启东市服务外包产业的发展和壮大。

(薛泠凤)

沿海开发

【概况】 为呼应江苏沿海开发上升为国家战略,进一步强化组织力量,优化统筹协调机制,启东市于2012年设立

①"四新"指"新技术、新产业、新业态、新模式",是在新一代信息技术革命、新工业革命以及制造业与服务业融合发展的背景下,以现代信息技术广泛嵌入和深化应用为基础,以市场需求为根本导向,以技术创新、应用创新、模式创新为内核并相互融合的新型经济形态。

启东市沿海地区发展办公室，与市发改委合署办公。2015年年初单独设立，为市政府派出机构，设沿海办党组。

沿海办的主要职责：贯彻落实上级党委政府关于沿海地区发展的方针政策和重大决策部署，协调解决全市沿海地区发展的重大问题；研究提出沿海地区发展战略，组织沿海地区发展重大课题研究，提出沿海地区发展政策建议；统筹协调全市沿海开发各项日常工作，了解掌握全市沿海开发动态，制订沿海开发各项年度重点工作计划并组织实施；参与组织推进沿海地区围垦、建港等各项基础研究工作，参与推进沿海重大基础设施项目投资建设；负责沿海岸线、风能、滩涂、海域等战略资源科学开发利用的规划和统一管理，负责涉岸项目的联审会办，牵头组织沿海战略资源开发利用的联合执法监管；参与市沿海开发融资服务平台建设，承担沿海地区发展的宣传推介和投资促进工作。

【开发规划】 2015年，市沿海办围绕全面完成省沿海开发五年推进计划和“六大行动方案”①的目标任务，按照南通市政府沿海开发重点工作要求，组织推进新一轮沿海开发，加快打造沿海开发升级版，构筑沿海发展新优势，全市沿海开发取得良好的成效，沿海前沿区域经济实力稳步增长。全市沿海前沿区域完成固定资产投资404.96亿元，占全市总量的75.1%；实现一般公共财政预算收入15.72亿元，占全市总量的20.5%。实现规模工业应税销售收入326.84亿元，占全市总量的61.7%。

【基础设施建设】 沿海基础设施建设加快推进。吕四港环抱式港池匡围、防沙导流堤工程及10万吨进港支航道一期工程基本完工。连兴港闸、协兴港码头等工程基本完工。启东港一类口岸正式开放。新材料产业园主干道路、给水管网、消防站等基础设施建设加快推进，港区承载力不断增强。

【项目建设】 沿海重大项目建设顺利实施。启东市列入省沿海开发“六大行动方案”重特大项目27个，全部完成年度目标任务。列入2015年度省沿海开发重大项目计划表的重特大项目12个，全年累计完成投资85亿元。全市沿海前沿区域共实施30亿元以上重特项目9个，其中吕四港经济开发区、滨海工业园、海工船舶工业园三大园区新开工2亿元以上工业项目19个、亿元以上服务业项目8个。

（张　耀）

对外贸易

【概况】 2015年，全市完成进出口总额30.67亿美元，同比下降0.2%。其中，出口24.81亿美元，同比增长7.7%；进口5.86亿美元，同比下降23.7%。

龙头企业支撑作用明显。 2015年，启东市有进出口实绩企业为336家，其中超100万美元企业145家，超500万美元企业63家，超千万美元企业30家，超亿美元企业6家。进出口前二十强企业共计实现进出口24.70亿美元，占全市进出口总额的80.54%。20强企业中有14家企业实现正增长，6家超亿美元企业中有3家企业实现正增长，为启东市外贸进出口增长奠定基础。

2015年外贸进出口前20强企业情况

表9　　　　单位：万美元

序号	企业名称	进出口	同比(%)
1	韩华新能源(启东)有限公司	91815	-7.6
2	启东胜狮能源装备有限公司	29527.6	16.2
3	南通太平洋海洋工程有限公司	28180.7	13.4
4	中远船务(启东)海洋工程有限公司	20368.4	16.9
5	启东太平物流装备有限公司	19645.5	-57.7
6	江苏好收成韦恩农药化工有限公司	13340.9	-32.1
7	江苏东成机电工具有限公司	5598.4	9
8	江苏皇室食品工业有限公司	4318.7	-36.0
9	江苏康耐特光学有限公司	3729.3	-8.6
10	广汇能源综合物流发展有限责任公司	2625.5	—
11	江苏国强工具有限公司	2486.9	27.8
12	南通润邦海洋工程装备有限公司	2364.8	47.8

①六大行动方案：分别为港口功能提升行动方案、沿海产业升级行动方案、临海城镇培育行动方案、滩涂开发利用行动方案、沿海环境保护行动方案、重大载体建设行动方案。

续表 9

序号	企业名称	进出口	同比(%)
13	江苏科本医药化学有限公司	2174.2	28.1
14	南通艾德旺化工有限公司	2073.7	0.7
15	江苏龙腾鹏达机电有限公司	2036.9	-0.2
16	江苏华峰超纤材料有限公司	2008.7	—
17	宏华海洋油气装备(江苏)有限公司	1993.4	861.8
18	欧爱克斯(南通)服饰有限公司	1738.1	11.3
19	江苏海四达电源股份有限公司	1592.9	10
20	启东胜狮海工装备有限公司	1262.3	167.3

负增长企业较多，部分大户下滑严重。全市336家外贸进出口企业中负增长企业共142家，占比42.26%。外贸国际形势恶化、对日汇率波动等因素，造成部分骨干企业进出口量下滑。50家外贸进出口骨干企业中有14家企业进出口同比负增长。

2015年14家骨干企业负增长情况

表 10　　单位：万美元

序号	企业名称	进出口	进出口同比(%)	2014年进出口
1	启东太平物流装备有限公司	14847.7	-57.7	35114.1
2	江苏皇室食品工业有限公司	4318.7	-36	6747.1
3	南通蒂龙针织制衣有限公司	1216.3	-32.2	1793.1
4	江苏好收成韦恩农药化工有限公司	13340.9	-32.1	19645.5
5	启东华新制衣有限公司	774.4	-26.2	1049.3
6	江苏林洋电子有限公司	1029.8	-20.8	1300.0
7	江苏云帆化工有限公司	741.6	-19.5	920.9
8	启东金和食品有限公司	647.8	-16.7	777.8
9	江苏东成服装进出口有限公司	819.4	-13.1	943.4
10	东进电子材料(启东)有限公司	872.4	-9.9	967.8
11	江苏康耐特光学有限公司	3729.3	-8.6	4081.2
12	韩华新能源(启东)有限公司	91815	-7.6	99413.3
13	江苏欣捷衬布有限公司	1060.8	-0.2	1062.8
14	江苏龙腾鹏达机电有限公司	2036.9	-0.2	2041.9

主要外贸板块有增有降。2015年，新能源和海工船舶板块两大板块的进出口总量占比分别为30.8%和32.5%，累计进出口同比较上年分别下降4.99%、8.38%。其他板块增长较为明显，1—12月进出口累计同比增长77.5%，占比为14.6%；电动工具板块增长略为明显，1—12月进出口累计同比增长10.6%，占比为4.9%；食品、医药化工和纺织品1—12月进出口同比下降14.7%、11.03%、13.6%。

2015 年启东市外贸七大板块进出口情况

表 11

单位：万美元

七大板块	进出口	同比(%)	占比(%)
新能源	94526.8	-4.99	30.8
医药化工	28919.4	-11.03	9.4
海工船舶	99811.7	-8.38	32.5
电动工具	14955.6	10.6	4.9
纺织品	12931	-13.6	4.2
食品	10677.7	-14.7	3.5
其他板块	44868.9	77.5	14.6

机电产品出口小步增长。机电产品是启东市第一大类出口产品，出口总量占比达 73.8%，1—12 月累计出口 18.32 亿美元，同比增长 8.1%；高新技术产品作为启东市出口第二大类产品，1—12 月累计出口 9.9 亿美元，同比增长 10.4%；纺织产品出口有所增长，农产品出口略有下降。

2015 年启东市按行业分进出口情况

表 12

单位：万美元

行　业	累积进出口	进出口同比(%)	进出口占比(%)	累积出口	出口同比(%)	出口占比(%)
纺织	16323.3	4.5	5.3	15838.1	5.9	6.4
高新技术	110185.8	-5.3	35.9	98990.1	10.4	39.9
机电	225090.9	-2.9	73.4	183151.0	8.1	73.8
农产品	11119.6	-9.6	3.6	9937.9	-7.0	4.0

亚洲市场出口持续走高。1—12 月，启东市对亚洲、非洲、北美洲、大洋洲、欧洲、拉丁美洲及东盟组织、欧盟组织 146 个国家和地区有贸易往来，其中亚洲依然是启东市最大的出口市场，占比 66.5%，1—12 月累计出口额 16.49 亿美元，同比增长 14.4%。三大传统市场中，欧洲市场出口同比下降 25.5%，日本市场同比下降 15.5%。美国市场同比下降38.8%。

2015 年按产销洲别、国别分进出口情况

表 13

单位：万美元

洲/国	累积进出口	进出口同比(%)	进出口占比(%)	累积出口	出口同比(%)	出口占比(%)
亚洲	192680	1.3	62.8	164927	14.4	66.5
非洲	8032	198.1	2.6	8022	197.7	3.2
欧洲	55988	-13.1	18.3	27839	-25.5	11.2
拉丁美洲	18950	78.6	6.2	18948	78.8	7.6
北美洲	20785	-36.1	6.8	18276	-37	7.4
大洋洲	10249	52.4	3.3	10127	51.7	4.1
美国	19566	-37.6	6.4	17065	-38.8	6.9
日本	41332	-17.4	13.5	39855	-15.5	16.1

加工贸易稳步增长。加工贸易一直在启东市出口产品贸易方式中占主导地位,1—12月累计出口14.21亿美元,占比57.28%,同比较下降1.9%。一般贸易出口10.60亿美元,同比增长23.7%。

2015年按产品贸易方式分进出口情况

表14 单位:万美元

贸易方式	累积进出口	进出口同比(%)	进出口占比(%)	累积出口	出口同比(%)	出口占比(%)
一般贸易	117834	23.2	38.42	105966	23.7	42.70
加工贸易,其中	186945	-9.9	60.96	142086	-1.9	57.26
1.来料加工装配贸易	6606	185.4	2.15	4990	522	1.63
2.进料加工贸易	180339	-12.1	58.80	137096	-4.8	55.25

【重点外贸企业进出口运行情况】 韩华新能源(启东)有限公司。2015年,实现进出口9.18亿美元,同比下降7.6%。2015年进出口同比下降原因在于2014年进行组件自动化改造项目,引进进口设备5286万美元,2015年,引进设备额178万美元,造成一定程度的下降。

南通太平洋海洋工程有限公司。2015年,实现进出口2.82亿美元,同比增长13.4%。2015年该公司有27500立方米LEG船3条,LNG再气化模块1个,道达尔模块1个,2000吨海工吊车1个,2个4000立方米液罐,形成出口2.4亿美元。

启东胜狮能源装备有限公司。2015年9月起,太平物流进出口业务转入胜狮能源装备,全年实现进出口4.43亿美元,同比下降26.7%。

江苏好收成韦恩农化有限公司。2015年,实现进出口1.33亿美元,同比下降32.1%。该公司市场需求平淡,供应与需求不平衡,可能在当前低端价格进一步下行。

中远船务(启东)海洋工程有限公司。2015年,实现进出口2.04亿美元,同比增长16.9%,在上年的基础上做钢结构的进口,加大基建项目的进出口幅度,油价暴跌,全球船舶市场低迷,公司没有船舶出口。

(姚晓波)

利用外资

【概况】 2015年,启东市利用外资稳步推进,增资扩股成为重要支柱。全市累计新批外商投资企业39家,增资扩股企业10家;累计新增工商登记注册外资7.31亿美元,实际到账外资2.25亿美元,完成计划的67%,启东市利用外资在南通六县(市)排名中间。

增资扩股成为利用外资的主要亮点。2015年,启东市增资扩股企业10家,其中超千万美元5家,共计增加注册资本1.88亿美元,当年实际到账1.33亿美元,到账率71%,占全市到账总额的59%。

实际利用外资还未取得重大突破。尽管启东市利用外资比上年有较大增长,但由于大部分在手、在谈外资项目在洽谈推进阶段,尤其是重特大外资项目储备较少,推进较为缓慢,也未能取得突破,实际利用外资总量还是不大,与兄弟县(市)相比还有一定差距。

(郁艳艳)

外经合作

【概况】 2015年,全市新批境外投资企业5家,增资境外投资企业1家,中方协议投资额9856万美元,同比增长12.2%;实现对外承包劳务营业额36222万美元,完成全年计划的75%。至年底共审批备案项目34个,备案人员263人,其中外经公司项目8个,外派人员36人;八方公司项目21个,外派人员93人;中信公司项目2个,外派人员61,江苏启安建设项目3个,外派人员73人。

【对外投资】 通过广泛宣传政策、一站式服务、及时回访等方式,推进现有境外投资企业的中方投资。2015年,中方协议投资额9856万美元。报批境外投资企业5家,增资1家,分别是江苏林洋电子股份有限公司收购立陶宛电子公司股权协议投资63万美元,同年增资63万美元;江苏中信建设集团缅甸分公司中方协议投资额30万美元;江苏好收成韦恩农化股份有限公司在美国设立好收成控股(美国)有限公司中方协议投资额200万美元;江苏中信建设集团(马来西亚)有限公司中方协议投资额1500万美元;江苏银投投资(澳大利亚)有限公司中方协议投资额8000万美元。

【对外承包工程】 壮大队伍。帮助江苏正方基础工程有限公司取得对外承包工程经营资格,至2015年年底,全市有8家承包劳务经营权企业,其中2家劳务合作、4家建筑承包、1家设备安装、1家船舶制造。经营的规模、涉及的行业在不断地扩大。做好跟踪服务工作,支持企业品牌建设。

拓展市场。鼓励开拓对外承包工程市场,提升对外承包工程规模和质量。江苏中信建设开辟新市场马来西亚、缅甸,在沙特阿拉伯承接总包业务;江苏启安建设两支队伍分别进入尼加拉瓜、沙特阿拉伯;江苏南通二建参与尼日利亚、沙特阿拉伯、加纳、缅甸项目的洽谈;外经公司拓展泰国业务,解决国内招工困难的局面。

拓宽渠道。推动相关对外承包工程企业做好对外承包工程项目设备和材料的自营出口,提高经济效益,江苏中信建设实现货物自营出口，江苏启安建设已办好对外贸易经营者备案登记，准备自营出口。

【对外劳务市场集中整治】 在《启东日报》刊登启动对外劳务市场联合整治公告，公布投诉举报电话，在启东电视台连续播放联合整治公告，通过平台电子显示屏不间断播出整治信息、投诉举报电话，协调社区组织出国劳务政策法规宣讲、发放宣传资料，营造联合整治的氛围，提高广大群众的参与度。

【国家外经扶持政策】 积极为外经公司、八方公司、中信集团、启安集团、外派劳务服务中心申报国家对外经济技术合作专项资金，共计获批55.36万元。

【提升服务质量】 两台对外劳务自助查询机安装联网，18米的电子显示屏不间断宣传经营权企业、招工信息、预警信息等，在启东电视台和《启东日报》上刊登外派劳务服务中心公告。印制5000份出国劳务须知、5000份《对外劳务合作管理条例》《对外承包工程管理条例》宣传手册进行大范围发放，根据实际情况及时与公安出入境窗口、人才市场联系，把宣传资料放到出入境办理处、人才招聘处进行发放。引导出国务工人员通过正规渠道报名，提醒劳务人员通过正规途径出国务工。

（黄东辉）

服务外包

【概况】 2015年，全市服务外包企业有26家，其中新认定8家，累计新签服务外包业务合同额3929万美元，比上年增长121%；服务外包执行额2017万美元，比上年增长43%。其中重点服务外包企业为江苏瑞帆节能科技服务有限公司，服务外包执行额达3000多万元。江苏南方润滑股份有限公司，服务外包执行额达2200万元。启东鑫业网络科技有限公司，服务外包执行额达500万元。启东市建筑设计院有限公司，服务外包执行额达500万元。

【重点服务外包园区】 *启东经济开发区创新型经济园。* 创新型经济园是发展服务外包的主要载体，集服务外包基地、科技孵化基地和总部经济基地为一体。已经建成并有企业落户的国动产业园一期和已经建成即将开业的科创大楼等是其主体。2015年位于台角村的启东科技创业园纳入创新型经济园。2015年，创新型经济园划出1000亩地，建设互联网产业园。互联网产业园集“互联网+”产业服务平台、“互联网+”企业集聚平台、“互联网+”人才支撑三大功能平台为一体，构建服务为引擎，企业为核心，人才为根本的发展平台体系。2015年，创新型经济园同以复旦大学、上海交通大学等科研院所为技术后盾的多家服务外包企业进行洽谈，有多个在建在手项目陆续进驻该平台，如艾维特智慧数据科技(南通)有限公司注册资本500万美元，从事数据处理和存储服务；信息科技领域内的技术开发、技术服务、技术转让、技术咨询、网络工程、计算机软件开发，计算机集成、电子商务等。

滨海工业园上海自贸区启东生物科技创新协作园。 5月，上海自贸区启东生物科技创新协作园揭牌。8月，尚华启东生物制药科创中心项目落户上海自贸区启东生物科技创新协作园，总体规划占地105亩，一期开发50亩。一期项目总投入3.6亿元，分两大板块。即在创新协作园建设一个综合性、多功能、现代化的新药研发临床前动物实验平台和公共服务平台，估算投入1.54亿元；注册成立一个创新抗体医药研发公司，估算投入2.06亿元，致力于研发。10月，2015中国·启东科技节期间，尚华生物医药创新发展论坛在启东举行。来自国内外的100多位专家学者、行业精英齐聚一

2015年新认定服务外包企业

表15

序号	企业名称	注册资本	研发方向或从事业务	备　注
1	江苏先科药业有限公司	800万美元	生物医药	省高新技术企业，有博士1名、硕士2名
2	南通布洛思生物科技有限公司	600万元	生物医药	省高新技术企业，有博士2名、硕士2名
3	江苏瑞帆节能科技服务有限公司	500万元	节能服务	
4	南通创赢用电管理咨询有限公司	100万元	电能服务	国家发改委鼓励的电能服务行业，通过信息化管理方式，为客户提供专家级咨询服务，为客户解决用电方面管理问题和技术问题，主要服务对象为用电大户
5	江苏南方润滑股份有限公司	600万元	润滑液压系统专业维护服务	企业由润滑设备制造向产品后市场服务转型
6	启东市建筑设计院有限公司	300万元	工程设计	有服务外包人员74名
7	启东市宝迪生物工程有限公司	300万元	生物医药	有博士1名、硕士2名
8	启东市新向量信息科技有限公司	300万元	信息技术研发和业务流程管理	有博士1名、硕士2名

堂，共同探讨生物医药产业发展的广阔前景。尚华集团通过此次论坛，将启东的项目推介给生物医药行业内的专家，吸引其他优秀企业一同到启东安家落户，延伸整个生物医药产业链，打造更具效应的生物医药板块。

【服务外包扶持资金】 2015年初，启东市根据《市政府关于进一步加快发展服务外包产业的实施意见》，对2014年度服务外包产业进行扶持，对鑫业网络、易平方计算机科技发展、巨成电子科技、南博旺智能科技、龙升高分子材料科技、金才泰丰信息技术、亚鼎网络科技等服务外包企业给予一定的扶持资金，其中鑫业网络因通过软件企业和软件产品认证而获得软件企业和软件产品认证扶持资金。

(孙 林)

招商引资

【概况】 2015年，启东市先后举办第八届国际经贸洽谈会、科技节暨国际经贸洽谈会、在上海、深圳、北京举办2015中国·启东投资环境推介会等58场境内外专题招商活动，并在日本、韩国、瑞典、丹麦、英国、德国、瑞士、澳大利亚、泰国、印尼等国家和中国台湾、香港等地区举办启东投资环境说明会，进一步扩大启东的知名度和影响力。邀请国内外大企业、大公司到启东考察。全年应邀到启东考察企业近千家，其中上市企业、央企、中国500强企业、世界500强企业近百家。全市共新签约项目101个，其中内资项目69个，总投资165.31亿元；外资项目32个，总投资57.67亿美元。全市签约项目超亿元项目76个，总投资532.9亿元，超5亿元项目14个，超10亿元项目10个；签约外资项目中超3000万美元项目15个。项目涉及新能源及光电、融资租赁、通用航空、新材料等新兴产业。这些项目的签约、落户将为启东市经济转型升级、创新发展注入新的活力。

【创新招商模式】 利用启东市招商在线网(www.qdinvest.gov.cn)的载体优势，吸引客商访问、咨询。2015年，通过招商在线网网络咨询和电话咨询的客商近百名，来自于上海、浙江、北京、安徽等地。推进委托招商，利用上海外高桥、台湾工商建研会、普华永道等专业机构客商资源优势，开展委托代理招商，取得积极成效。专门成立产业招商队伍，从全市选拔优秀人才，到招商一线从事产业招商工作，专攻与启东市五大产业配套的项目。拓宽招商思路、招商模式，利用新媒体建设微信招商平台，实现实时互动和有效宣传，努力实现产业招商、网络招商、委托招商、微信招商等招商方式齐头并进。

【重大项目招商】 市把招大引强作为招商引资工作的重点，把国企、央企、世界500强和行业龙头企业作为招商引资的主攻方向，全力攻坚、奋力突破。建立健全重大项目工作推进机制，每个重特大项目都由市领导挂帅、相关部门跟踪推进。2015年，全市共新领证领照项目111个，其中内资项目88个，总投资227.57亿元；外资项目23个，总投资13.56亿美元。内资项目中，超亿元项目44个，超10亿元项目6个，分别为江苏海四达新能源有限公司、江苏植之元实业有限公司、江苏植之元港务有限公司、哈峰新材料科技江苏有限公司、中农批华东国际物流港建设投资有限公司、南通太平洋海洋工程有限公司；外资项目中超1000万美元项目20个，超5000万美元项目6个，分别为启东市环隆贸易有限公司、生态人模块建筑科技（启东)有限公司、华英北上海旅游(启东)有限公司、中马企业管理(江苏)有限公司、启东市金美新能源有限公司、联邦航太航空动力(启东)有限公司。

【招商考核】 坚持强化领导促招商，完善“每月会办、双月点评、每季考核、半年现场会”的工作推进机制和重大项目市领导挂帅责任制，每季由市主要领导召开利用外资点评分析会，加强督促检查，强化序时推进。坚持节会活动促招商，以举办国际经贸洽谈会、科技节暨沿海开发经贸洽谈会等重大节会为契机，对镇乡园区节会目标任务进行考核，实现压力有效传递，以市领导小分队拜访为契机，推进一批重点、重大项目快落地、顺利签约、快速进展。坚持主题竞赛促招商，全年每季度通过开展“听看考”“上海招商大会战”等主题竞赛活动，持续营造比学赶超的良好氛围。坚持点评考核促招商，对招商引资、利用外资、项目建设等工作实行“旬汇报、月点评、季考核”“十天一统计、每月一点评”考核制度，每旬对各镇(乡)、园区新在手在谈、新签约和新领证领照项目实行汇总统计，加强督查考核力度。

(彭 军)

经贸节会

【境内投资推介会】 2015年，市委、市政府先后在北京、上海、浙江、深圳、成都等地成功举办2015中国·启东投资环境推介会、启东—祝桥外迁企业对接会、日本制造业企业专题招商会等一系列启东投资环境推介活动，扩大启东的知名度和影响力，宣传启东拥有的区位优势和资源优势，向数百家的上市企业、央企、世界500强企业介绍启东的发展理念和发展前景。全年有80多批境内客商到启东考察并达成合作意向。

【国(境)外招商】 2015年，市委、市政府先后在日本、韩国、瑞典、德国、瑞士、澳大利亚、泰国等国家开展2015年中国·启东投资环境说明会、现代农业专题招商会等境外招商活动，扩大启东在海外的知名度和影响力，使更多国家和地区的优质企业了解启东的投资环境。通过推介，有50多批次的境外客商到启东考察，并表达合作意向，一些企业签订合作意向书。

(彭 军)

综　　述

【概况】 2015年，各园区平台发展能级和水平不断提升。启东经济开发区积极争创国家级开发区，互联网产业园加快规划建设，互联网金融、大数据、电子商务等“四新”经济积极培育。吕四港经济开发区环抱式港池、渔港经济区、新材料产业园加快建设，广汇能源、华峰超纤等项目强势推进，吕四渔港品牌体验馆和海鲜一条街全面开工。滨海工业园坚持科教一体、产城融合发展，尚华启东生物制药科创中心项目正式签约。海工船舶工业园加快企业兼并重组、产业转型升级步伐，中远二期竣工投产，胜狮全球技术教育基地、华滋海工等项目有序推进。江海产业园通用航空机场报批获得军方批复，用海报批取得国家海洋局路条，省级滩涂综合开发试验区报批通过专家评审。圆陀角旅游度假区获批省级旅游度假区，恒大酒店、碧海银沙正式营运，新湖长江公园、滨江沿海景观大道、黄金海滩升级改造加快推进。滨江医药化工园丰益化工、道明化学等项目竣工投产，产业集聚优势不断凸显。启隆生态科技产业园“上海长岛”项目进展顺利，园区功能不断完善。

（陈广辉）

江苏省启东经济开发区

【概况】 2015年，启东经济开发区加紧加快推进“国家级开发区”创建工作，围绕“江苏省距上海浦东、上海自贸区最近的宜居宜业生态型科技园区”的总体定位，高起点规划，精致化建设、法治化管理、精细化服务，加快产业转型升级。园区依托科创大楼、国动产业园、互联网产业园、大数据产业园等平台，发展研发设计、服务外包、“互联网+”、科技孵化和文化创意等产业，致力于打造一座生态型、园林型商务新区、科技新区、产业新区、人文新区。新能源、电子信息、海工装备、生物医药等先进制造业集聚发展，总部经济、服务外包、科技孵化等现代服务业初具规模，全区经济社会呈现大发展、快发展的良好态势。全年实现地区生产总值82.4亿元，同比增长8.4%；规模工业产值506.05亿元，同比增长11.2%，其中高新技术产值282.1亿元，同比增长20.5%；实现入库税收7.84亿元，完成公共财政预算收入3.32亿元；完成全社会固定资产投资55.36亿元，实现服务业增加值31.2亿元；进出口总额稳步增长，其中出口总额达9.19亿美元，增长11%。在全省89家省级开发区科学发展综合评价中，2014年度启东经济开发区名列第三位。

【产业发展】 2015年，启东经济开发区坚持先进制造业和现代服务业“双轮驱动”战略，积极培育新兴产业。先进制造产业特色鲜明，新能源、电子信息、海工装备、生物医药等主导产业集

2015年启东经济开发区各行政村基本情况

表16

村　名	人数(人)	耕地面积(公顷)	党组织书记	村委会主任
华石村	1994	(拆迁)	陈锦康	陈锦康
城西村	3619	5	陈佩兰	陈佩兰
瑞章村	2095	21.81	许红梅	许红梅
大洪村	4101	101.31	陈锦康	陈锦康
新村村	2295	(拆迁)	卞忠平	卞忠平
小效村	4298	257.89	陈伯涛	陈伯涛
庙效村	2427	168.67	季成辉	季成辉
三星村	1410	126.48	曹文杰	曹文杰

聚发展。林洋电子、优思通讯、乾朔电子、海四达电池等电子信息产业规模不断扩大;韩华新能源、东泰新能源等新能源产业抢滩列阵;盖天力药业、艾力斯医药、绿洲生物等为主体的生物医药产业加速发展。信息服务、电子商务、现代物流、融资租赁等新型服务业初具形态,互联网产业园、大数据产业园等加紧规划设计;国动产业园、姚记文化产业园、塔达希时装研发中心、米歌酒庄生态园等项目加快开工建设。

【招商引资】 2015年,启东经济开发区坚持“项目为王”招商理念,创新工作机制,突出产业链招商,全力招引大项目。注重与上海和苏南等地先进园区进行沟通,招商理念实现质的提升。通过与上海漕河泾开发区开展合作,顺利加入产业转移促进中心(商务部上海基地)项目对接平台,实现在较高层面上与上海园区共享信息、对接项目。先后在上海、深圳等地举办招商活动20次,在手在谈项目15个,其中重特大项目7个;实际到账外资10522万元,完成全年任务的175.4%,招商引资成效显著。

【项目建设】 2015年,启东经济开发区开展“项目突破年”活动,专门成立重点项目建设推进办公室,对办证办照、土地报批、苗木清理、三费发放与保障、土地平整、围墙建设等全程跟踪,挂图作战,努力推进项目早开工、快建设、早达效。占地150亩的姚记扑克文化产业园、占地115亩的大富豪精品黄酒等项目全面开工建设;塔达希时装研发中心围墙和土地平整完成;实验小学开发区分校土地带征工作基本完成、开发区幼儿园完成红线图审批、平面规划图设计。互联网产业园一期500亩地块拆迁工作全部完成,首期建筑扩初设计加紧加快推进。复旦大学科技园互联网产业园完成签约,部分由复旦大学科技园引进的项目洽谈,进展顺利。

【园区建设】 创新型经济园建设全面推进,高99米,建筑面积9.2万平方米的地标性建筑科创大楼主体竣工,围绕“拆迁有新房、往年无欠账”的工作目标,加大投入、加快推进,动迁安置实现良性互动。抓安置房建设。全年竣工安置房共21.3万平方米计1672套。动迁工作实现重大突破,全年完成腾房840户,交净地50块。

(项　羿)

江苏启东吕四港经济开发区

【概况】 2015年,吕四港经济开发区牢固确立“打造上海北翼第一海港、建设沿海开发第一强镇”两个奋斗目标,聚焦“港口开发与开放、产业招商与升级、城市建设与管理、社会服务与治理”四大工作重点。全年实现地区生产总值178亿元,同比增长13%;实现规模工业产值436亿元,同比增长11.5%;工业应税销售106.7亿元,同比增长13.2%;工业入库税收9.5亿元,同比增长9.2%;公共财政预算收入5.21亿元,其中国税2.8亿元,地税2.41亿元。

【港口开发】 环抱式港池控规编制完成;小庙洪10万吨航道疏浚一期工程,环抱式港池10万吨进港支航道一期工程竣工;与中交投资开发有限公司合作总投资20亿元的PPP项目开始实施。渔港经济区“中国吕四国际水产品交易中心”获批;渔港经济区配套项目全面实施,三岛膜结构卸鱼棚、品牌体验馆、海鲜一条街土建施工全面展开。新材料产业园供汽、供电、公共管廊及污水处理等公辅设施加紧推进,港区承载能力不断增强。

【招商引资】 成功举办中国·启东天汾第十六届科技五金交易会,累计成交额70亿元。强化招商信息捕捉,重点拜访北京京能集团、上海浦东新区国资委、上海水产总公司、中农批集团、广州东凌集团、厦门港务集团等多家机构、企业。推进在手在谈项目,重点跟踪PHA降解性树脂、碳纤维新材料、新型建材等重大项目。美国史丹利公司与国强公司完成产权交割,实现引进世界五百强外商独资企业的新突破。全年累计签约大项目5个,其中超10亿元项目3个;新注册项目8个,协议总投资89.3亿元;新增工商注册外资4796万美元。

【项目推进】 华峰项目基础设施完成,全面开始设备安装;广汇能源项目海上打桩工程结束,平台建设基本完成,陆域储罐开始内罐安装;东凌粮油完成公司注册,地块吹填基本结束,报批工作全面展开;东成兆民工业园完成土地平整和100亩土地挂牌等开工前准备工作。区镇共有续建、新开工1000万元以上项目121个,其中新开工5000万元以上重点项目32个,东成(东扩)、彭氏激光、能杨工具、南田工机、合昌机电、新亚新型建材等20个项目竣工投产。全年完成全社会固定资产投资108亿元,同比增长2.4%;完成工业投入工作量72亿元,同比增长10%。

(沈威宇)

启东滨海工业园(近海镇)

【概况】 2015年,全镇总面积109.6平方公里,耕地面积4951公顷。户籍人口64760人,辖20个行政村,1个农村经济合作社,204个村民组。全年实现财政收入3.56亿元;实现全部规模工业产值110.8亿元,其中高新技术产业产值为54.1亿元;实现全部工业应税销售48.64亿元。实现全部工业入库税收2.45亿元;实现全社会固定资产投资66.81亿元,其中工业固定资产投资58.76亿元,服务业固定资产投资8.04亿元。全镇20个村集体经济总收入1360万元,全部村集体经济收入超30万元,其中有9个村超70万元,5个村超50万元。

【工业经济】 项目建设。2015年,全年区镇共签约项目19个,签约总投资55亿元,其中总投资亿元以上项目13个。全年领证领照项目共28个,其中内资注册资金5.7亿元,外资注册资金1.3亿美元。投产企业达256家,其中规模企业75家、亿元企业31家。浦

滨海工业园区。　　(滨海工业园/提供)

东祝桥启东产业园、启东淘金创谷众创空间等落户滨海工业园，促进产业转型升级和结构调整，进一步提升地区产业优势。新开工建设江苏振栋精密材料科技有限公司非晶纳米材料，启东盛丽光电科技有限公司LED照明灯具，东和管道科技(江苏)有限公司不锈钢工业管道配件生产等项目34个。新竣工江苏千力物流装备科技有限公司物流装备，泰腾塑胶制品(启东)有限公司气动工具，江苏金新马家具制造有限公司家具、木制品制造等项目33个。新投产汉福启东空气处理设备有限公司空气处理设备制造项目等项目4个。

新兴产业发展快速。2015年，园区有南通市级以上工程中心等研发平台22家，另有10家平台在申报阶段；有省高新技术业19家，另有6家组织申报。实现高新技术产业产值54.1亿元，科技创新能力持续提高，“312”高层次人才梯队培养计划深入推进，申报省“双创”3人，立项2人，“东疆英才计划”申报4人。

【招商引资】 2015年，园区引进生态人模块建筑科技(启东)有限公司、台一集团、香港8BUS新能源汽车有限公司、中马产业园4个总投资超3000万美金外资；引进尚华医药，浦东祝桥启东产业园、秋乐实业等总投资超亿元内资项目15个。本着“集约用地、节约用地”的原则，基于服务企业、盘活存量厂房原则，通过租赁、股权转让等方式，腾笼换凤，招引佳林木业、东和管道等10多家企业，盘活厂房面积6万多平方米。

【农业经济】 2015年，近海镇培育高效设施农业产业基地。重点推进“一园五基地”建设，龙大高效示范园形成生态循环、立体种养模式；扩展工厂化南美白对虾养殖基地1000亩；培育以森源、景源为代表的苗木种植基地6000亩；巩固特色蔬菜种植基地2000多亩；培育地膜西瓜种植基地6000多亩；发展高效智能产业，雄愈农业、麦田农业智能温室大棚，总投资1.3亿元的15兆瓦渔光互补光伏发电项目实现并网。加强科技实用技能培训，强化新品种、新技术推广，鼓励农产品从“集市农业”向“超市农业”转变，打响产品知名度。加大专业合作社引导、管理、扶持力度，陈氏家禽养殖合作社获省“五好农民合作社”称号，万佳四青作物合作社获评省无公害农产品生产基地、南通市示范合作社，“花石记”产品获评南通市名牌产品。

【产城融合】 基础建设加快推进。拓展区横向道。路延伸工程、东疆河等5千米河道整治工程、拓展区技防工程、路灯亮化工程、通讯提升工程等一大批基础设施快速推进。

配套功能不断完善。四海家园4号人才公寓装修工程竣工，已入住，蓝领公寓二期三幢17层高层施工进入装修阶段。滨海夜市全面开工建设。滨海客运站完成图纸设计、审图等手续。滨海工业园规划展示馆，完成设计、编标，审标。滨海工业园科创基地装修工程全面开工。总建筑面积4.8万平方米，投资3.2亿元的滨海实验学校竣工，滨海幼儿园扩建工程竣工，均于9月投入使用。

【实事工程】 2015年，镇新建规划外农路10公里，建设农村公路桥10座，小型公益事业桥17座，完成6个村“村内通、片相连、互循环”农路路网格局全新构建。完成551盏路灯建设任务，强化农村路灯管护措施，制定使用维修细则，确保亮灯率。投入资金800多万元，埋设涵管6500座，疏浚横河18条、泯沟1500条、土方180万立方米，南通市、启东市水利工作现场会在镇召开，村庄河道引排能力提升。南通市村庄环境整治整村示范镇成功创建。2015年，镇获评南通市卫生示范镇，通过省卫生镇验收。拆除四级以下河道阻水设施3500只、泯沟拦网4500只，全面提升防汛功能。投入20多万元实施生态放养，打击非法电瓶捕鱼行为85起，有效净化养殖环境。

【社会事业】 2015年，农村养老保险制度全面建立，基础养老金实现应享尽享。实施危房改造38户，发放各类民政补助金1000多万元，受惠群众5000多人。开展“情暖夕阳”工程，13名志愿者为1000多名孤寡、空巢、残疾等老年人服务上万次，全市现场会在近海镇召开。学前教育投入力度加大，学前教育质量提高，滨海幼儿园扩建工程竣工并投入使用。协助市教育主管部门实施校舍安全工程，向阳小学、近海小学教学楼加固和新建工程竣工并投入使用。总投资3.2亿元的滨海实验学校竣工启用，教育体系基本形成。文化事业加快发展，培育“舞前一刻钟”“正能量加油站”“一刻钟党员干部服务圈”等群众文化品牌，全镇20个村建立文艺表演队伍和健身操队伍，正能量加油站点54个。

2015年滨海工业园(近海镇)主要经济社会指标

表17

项　目	单　位	数　量	项　目	单　位	数　量
总面积	平方公里	109.6	粮食总产量	吨	23161
年末户籍人口	人	62269	棉花总产量	吨	986
耕地面积	公顷	5000	油料总产量	吨	7327
地区生产总值	万元	402528	水产品总产量	吨	32731
第一产业增加值	万元	59723	工业总产值	万元	1596705
第二产业增加值	万元	234735	企业实缴税金	万元	31754
第三产业增加值	万元	108070	建筑业总产值	万元	99826
财政总收入	万元	35612	小学校数	所	3
农民人均纯收入	元	18169	中学校数	所	1
设施农业占地面积	公顷	1204	医疗卫生机构	个	23

2015年滨海工业园(近海镇)各行政村(社区)基本情况

表18

村(居)名	人口(人)	耕地面积(公顷)	党组织书记	村(居)委会主任
塘芦港村	3380	232	陆建英	陆建英
临海村	2088	231	沈翠如	沈翠如
爱民村	2163	159	黄建兵	黄建兵
大圩村	2078	180.67	龚克娜	龚克娜
海丰镇村	2502	215	苏冲飞	苏冲飞
川流港村	2432	204	王风华	王风华
杨香圃村	2640	181	陈　华	陈　华
合兴圩村	2758	219	顾　群	顾　群
利民村	4012	318.33	黄红香	黄红香
黄海村	4230	418	张晓燕	张晓燕
东进村	4230	418	范本思	范本思
小闸口村	3983	370	薛美珍	薛美珍
海界村	2441	215	毛永芳	毛永芳
协兴港村	3260	272	杨　勇	杨　勇
向阳村	3631	342	陆燕飞	陆燕飞
新阳村	2728	259	陆裕丰	陆裕丰
建东村	2209	190	李炳生	李炳生
向北村	3306	343	张裕玉	张裕玉
向西村	2700	271	陆亚声	陆亚声
公益村居委会	2663	221	韩卫红	韩卫红

(侯钦椿　李海霞)

启东滨江医药化工园（北新镇）

【概况】 2015年，启东滨江医药化工园（北新镇）全区镇实现地区生产总值67.79亿元，其中一产增加值3.52亿元，二产增加值42.59亿元，三产增加值21.68亿元；财政总收入3.52亿元。农村人均纯收入实现18281元，同比增长8.82%。

【工业经济】 区镇合并后，区镇党工委、镇政府以招商引资为抓手，以改革创新为动力，以稳增长调结构为重点，突出经济质量上台阶，2015年，实现工业总产值100亿元；规模工业应税销售70亿元；工业税收3亿元。全社会固定资产投资35.6亿元。

产业招商。2015年，园区党工委立足精细化工、新医药、新材料产业，通过创新招商形式，不断加大招商力度。分别在上海吴泾镇和杨浦区举办投资环境推介会，赴北京、天津、浙江、山东等地开展多种形式的招商会，联合上海涂料行业协会举办涂料、颜料专题洽谈会。全年实现新注册项目5个，分别是4000万美元的台湾兴达喷雾制品、1.2亿元的无锡化工助剂、1.1亿元的宏泽添蓝润滑油、1亿元的汉邦涂料、1亿元的鑫天鼎热熔胶。全年实现新注册外资1375万美元。

项目建设。以重点工作"听看考"为抓手，夯实项目对经济发展的基础带动作用，推进园区项目建设速度。2015年，新开工5000万元以上项目9个，完成工业投资30.1亿元。全市100个重点项目中，联合环境调试运行；派尔科设备调试基本完成；多森、佳友、科本、宏峰、尤希路等项目完成土建，安装设备；开元民生开工建设，欣捷衬布、世纪之花、国信热电、国启环保等新项目加快报批进程。

科技人才。2015年，园区与南京工业大学开展产学研对接会，有10多个项目达成合作意向，新入选省"双创"计划人才4名，新引进千人计划专家1名，成立诚信药业"千人计划"工作站，新兴产业产值、高新产业产值占比均超过50%。

【现代农业】 镇突出农业龙头企业示范引领作用，构建现代农业发展体系。8月，在盐城大丰举办农业招商推介会，引进农业项目3个。全年新(扩)建农业项目19个，完成投资额1.3亿元，新增千亩以上现代农业园区1个、高效农业面积1.65万亩。北新现代农业科技园、恒昌隆2000吨水产品加工等重大项目初具规模，吉利冷库、亘泰饲料等农业龙头企业投产。普东村种粮大户于冬娟被评为"全国劳动模范"。

【中心镇建设】 2015年，区镇通过强化产业发展与基础设施配套衔接，着力实现镇区与园区功能定位上的有机融合。新镇区"两纵一横"道路建设推进，二期功能配套区拆迁全面启动。建新中学异地搬迁，商贸街、农贸市场、农民统建房等集镇配套设施取得实质性进展。天江公路、宁启铁路、中心镇道路、国信热电等区域拆迁全面完成。园区500米隔离带拆迁安置共涉及拆迁户1439户，签约腾房率超过94%。安置房建设加快推进，祥瑞花园、新水湾安置小区交付使用，绿洲嘉园安置房结构封顶。

【社会事业】 2015年，镇村共同投资920万元，对永丰、灯杆、安联等15个村进行农路改造，新建农村水泥公路25公里。为解决群众就医难问题，镇计划对所有村卫生室进行改造，使每个卫生室面积达80平方米以上，建西、永安、新庄、花效4个村成为省示范卫生室。开展"数字电影、送戏下村"活动，确保每村每年有2场演出。

【党建工作】 2015年，镇落实党委书记抓党建工作责任制度，严格执行中央八项规定，深入开展"三严三实"专题学习教育实践活动，深化基层党组织在服务中教育引导群众，探索强组织富群众的"党总支+合作社"模式。完善"北新好人"的评树工作。"正能量加油站"遍及各村，并向网格延伸，2015年网格普及率达50%。

2015年滨江医药化工园（北新镇）主要经济社会指标

表19

项　目	单　位	数　量	项　目	单　位	数　量
总面积	平方公里	105.45	粮食总产量	吨	21122
年末户籍人口	人	73519	棉花总产量	吨	995
耕地面积	公顷	6065	油料总产量	吨	7053
地区生产总值	万元	677913	水产品总产量	吨	5035
第一产业	万元	35205	工业总产值	万元	2302051
第二产业	万元	425862	企业实缴税金	万元	24632
第三产业	万元	216846	建筑业总产值	万元	0
财政总收入	万元	35181	小学校数	所	4
农民人均纯收入	元	18281	中学校数	所	1
设施农业占地面积	公顷	1215	医疗卫生机构	个	41

2015年滨江医药化工园(北新镇)各行政村(社区)基本情况

表20

村　名	人口(人)	耕地面积(公顷)	党组织书记	村(居)委会主任
三和村	2400	174.6	吴忠祥	吴忠祥
北新村	1966	133.9	钱永珍	钱永珍
建西村	2349	197.3	龚卫华	陈　锋
光卫村	2522	225.2	范华华	范华华
富民村	2417	201.2	李红俭	李红俭
灯杆村	4660	427	张建新	陆亚昌
介英村	1874	186.4	陈洪刚	陈洪刚
普东村	2303	189.7	龚　辉	龚　辉
铁昌村	2594	206	方玉英	方玉英
庙南村	1979	165.7	施建香	施建香
新桥村	3217	291.7	李卫忠	李卫忠
双仙村	3062	256.1	庄春花	庄春花
永济村	4984	476.1	杨向红	杨向红
红阳村	2791	300.4	沈赛兵	沈赛兵
花效村	2710	119.9	袁赛杰	陆建冲
邦道村	2309	166.9	倪晓红	倪晓红
永丰村	5086	500.4	袁卫星	袁卫星
振兴村	2579	233.9	薛永斌	薛永斌
民丰村	2389	185.3	陶汉菊	陶汉菊
新庄村	2661	247.4	陈　华	陈　华
建新村	2580	269.2	张　健	张　健
安联村	3168	276	曹　辉	曹　辉
万安村	2325	221.3	袁永香	袁永香
永安村	4195	409.4	陈　辉	陈　辉
居委会	4399		黄卫如	黄卫如

(龚志辉)

启东海工船舶工业园(寅阳镇)

【概况】 2015年,启东海工船舶工业园(寅阳镇)实现规模工业总产值208亿元,同比增长9%。实际到账外资6065万美元,完成年计划151.6%。完成新批工商注册外资8463万美元。完成高新产业产值175亿元。规模工业应税销售88.9亿元,一般公共预算收入2.2亿元。

【工业经济】 2015年,通过增资入股方式,实现中集安瑞科、法国雅凯集团、武船重工等成功入股园区企业,推动太平洋海工、华滋海工、顺恒船舶等成功转型。引导宏强重工、丰顺重工等企业,依靠独立研发、合作和引进、重组等方式,加快技术改造,加强产品研发和升级换代,将生产领域重点转向特种船舶等。依托太平洋海工、中远海工等骨干企业研发团队,做大做强太平洋海工液化气罐船系列、中远船务圆筒型浮式生产储油船等技术领先的优势产品。

【项目建设】 围绕京沪重工、胜狮能源、华滋海工等重特大项目抓好跟踪服务,重点做好胜狮二期、海工大道东延段的拆迁让地工作,在两个月内完成胜狮二期450亩用地区域258户拆迁安置工作,及时解决企业用地问题。做好京沪重工大型特种钢结构制造项目开工前的准备,胜狮全球技术教育基地项目吹沙平整,华滋海工船用装备(船用液罐)制造项目8万平方米液罐联合车间、钢结构厂房开工建设。江苏启泰食品、江苏天宇定安建材等项目快速推进。

【招商引资】 立足优势产业做好资源整合,吸引优质海工制造、重型装备制造的龙头企业参与拍卖重组入驻,先后促成中集安瑞科对太平洋海工的收购、法国雅凯集团和华滋奔腾的合作。抓住上海产业转移带来的契机,招引项目落户。先后引进总投资上海秋乐实业、中易碳素科技、上海中之锦实业等6个项目落户。

【农业经济】 2015年,新扩建现代都市项目11个,新建、扩建农业龙头企业5家、农业园区5个、水产养殖园区1个;新增设施农业3052亩、连片露地蔬菜840亩。全镇12个村的高标准水利建设通过市验收,完成成片造林1155亩,15个村土地确权登记颁证工作顺利推进。

【园区建设】 2015年,投入资金3.6亿元,推进园区基础设施配套,实施项目40多个,办理各类工程招标68项,重点做好中心功能区、西功能区、集镇改造、污水管网改造及海工大道、海工中路等重大工程项目建设。江海污水处理厂及外围管网整改、维修、保养到位,五溆河污水管改造、小春港桥污水管网、西功能区管涵等工程竣工,正常调试运行。中心功能区海欣花苑项目一、二期安置房竣工验收,消防站主体结构封顶,海工大道西段、海工中路、人民东路、西功能区等绿化、亮化工程完成。落实"一路一人"村级道路监管养护措施,农村公路示范村创建成效明显。

寅阳镇东清河村是有名的雪菜村,雪菜种植面积达1500多亩。图为村民在自家地里腌制雪菜。 (王婷婷/2015年3月摄)

【创新治理】 镇强化村级网格化管理,推行网格指导1335工作法。开展网络式、直面式的反邪知识宣传教育,提高抵御邪教侵蚀水平。建立劳资纠纷联席会议制度,提前介入,及早处理。全年共接待受理各类矛盾287件,其中简调11件、庭调34件,接待群众来询来访730多人次,排查各类矛盾242件,及时有效化解矛盾,调处金额达700万元。

【民生实事】 镇推进有线广播电视"双入户"工程,新农合实现全覆盖,新农保完成市下达任务的82%,发放基础养老金超2万人。计生工作做细做实,开展婚育新风进万家、生育关怀、"太阳岛"工程等。城乡低保、医疗救助、临时救助等保障到位,共发放低保补助金342.3万元、医疗救助15万元、临时救助25.3万元,伤残军人抚恤金、复员军人补助金等480万元,合理安排冬令补助、春节救助等资金,缓解特殊群体的生活困难。开展慈善一日捐、助残日、万人捐等慈善募捐活动,捐款总数达35万元。

2015年海工船舶工业园(寅阳镇)主要经济社会指标

表21

项目	单位	数量	项目	单位	数量
总面积	平方公里	106.66	粮食总产量	吨	22755
年末户籍人口	人	83549	棉花总产量	吨	1543
耕地面积	公顷	6144	油料总产量	吨	8244
地区生产总值	万元	630048	水产品总产量	吨	66537
第一产业	万元	64086	工业总产值	万元	2700615
第二产业	万元	294375	企业实交税金	万元	67520
第三产业	万元	271587	建筑业总产值	万元	2635

续表 21

项 目	单 位	数 量	项 目	单 位	数 量
财政总收入	万元	42000	小学校数	所	5
农民人均纯收入	元	16920	中学校数	所	3
设施农业占地面积	公顷	1538	医疗卫生机构	个	24

2015 年海工船舶工业园(寅阳镇)各行政村(社区)基本情况

表 22

村(居)名	人口(人)	耕地面积(公顷)	党组织书记	村(居)委会主任
临海桥村	3007	279.09	施泳帆	高亚英
庆佳村	2820	248.82	郁水华	许菊美
稷字村	2698	256.57	陆正彬	陆正彬
江楼村	2341	188.02	陆 英	陆 英
洪飞村	3055	236.67	沈 燕	沈 燕
和合镇村	4745	295.56	袁 洪	袁 洪
晁汀村	2768	247.06	沈 浩	沈 浩
和丰村	2151	150.15	陆武兵	陆武兵
农武村	2057	187.35	施兴涛	施兴涛
裕丰村	3656	293.81	黄凯萍	黄凯萍
东清河村	2664	240.77	秦汉兰	秦汉兰
步梯村	2212	209.07	黄胤凯	(暂缺)
建丰村	1851	144.87	黄建飞	黄建飞
林启村	3262	281.47	朱红星	秦卫冲
寅南村	2300	168.75	朱海兵	张新宇
寅中村	2704	229.55	吴允辉	(暂缺)
寅北村	2515	229.83	施红辉	鲁俊生
江夏村	2102	146.86	郑芳如	郑芳如
寅西村	2865	241.88	陆亚辉	陆亚辉
侯字村	2210	169.18	施风雷	施风雷
戤效港村	2245	201.71	张 伟	张 伟
益成村	2764	206.76	吕 娟	吕 娟
长兴村	5500	327.34	陆 宏	陆 宏
拥政村	3141	235.46	陆刚强	高赛昆
常乐村	4108	279.65	黄 飞(副书记当家)	(暂缺)
白港村	4309	336.2	尹湘辉(副书记当家)	(暂缺)
寅阳居委会	2858	19.47	郁卫承	郁卫承
和合居委会	5296	8.6	陆正平	陆正平

(谢福林)

启东江海产业园

建设中的江海产业园规划展示楼。 (郁卫兵/摄)

【概况】 启东江海产业园是江苏、上海两地政府为贯彻国家战略开发的沪苏合作示范项目,由启东市人民政府、上海城投(集团)有限公司双方共同投资开发建设。园区位于启东中部沿海区域,北靠吕四大港,南接滨海工业园,西至临海高等级公路,东至围堤岸线,总规划面积约39平方公里。1月,江海产业园管委会正式挂牌,班子人员配备到位。

【项目报批】 *通航机场报批*。4月,江苏省政府同意设立江海产业园通航机场并上报至南京军区空军司令部;11月,南京空军司令部以《关于江苏启东通用机场场址审核意见》(司作〔2015〕108号)同意启东机场选址。

区域建设用海报批。江海产业园南片区域10平方公里区域建设用海总体规划通过江苏省海洋局评审,国家海洋局以《关于江苏省区域建设用海规划有关事宜的函》(海管函〔2015〕268号)同意江海产业园开展下步工作,《海域使用论证报告》《海洋环境影响评估论证报告》《工程可行性研究报告》等相关规划形成送审稿。

省滩涂综合开发试验区报批。江海产业园申报为江苏省滩涂围垦综合开发试验区,列入《〈江苏沿海滩涂围垦开发利用规划纲要〉中期评估报告》,由南京大学城市规划设计院编制的《启东江海产业园滩涂综合开发试验区规划》送审稿完成,启东市环保、住建、国土、海渔、沿海办等职能部门对规划作评审,省沿海办同意原核心区域调整为园区南部区域"6150"地块中。12月,省沿海办组织召开省江海产业园滩涂围垦综合开发试验区规划评审会,规划通过专家评审。

【启动区建设】 2015年,市政府配套的DN600的供水管道接至园区外围红线处,110千伏沿海变电站开始施工。10号地块106.67公顷土地全部完成拆迁理赔工作。总投资1.37亿元的经二路、通沪路、启沪路等5条道路路面、人行道完成竣工验收,完成固定投资额7000万元,道路交通(包括交通标志、标线、信号灯等)等附属工程建设完成。总投资7000万元的规划展示楼的土建工程完工,完成投资额4000万元,开展规划展示楼室电力设备、室内装修、幕墙等工程。

【招商引资】 2015年,园区围绕通用航空、新能源等产业定位,突出产业链招商,重点拜访通用航空、新能源汽车等企业,组织成立招商工作领导小组,由主要负责人和分管负责人分别担任正副组长,制定具体招商激励政策。赴上海、北京、厦门、深圳、西安、南京等地招商,外出拜访客商30批次,美国TSG集团、美国联邦航太、中航通用、京能集团、江苏峰晖新材料、国药集团、中美同学会等30多批次客商到园区实地调研考察。全年完成签约项目4个,在启东注册外资项目1个和内资项目3个。省国土厅批准罗斯福生态园项目所在地块的建设用地指标。

(冯 俊)

启东圆陀角旅游度假区

【概况】 江苏省启东圆陀角旅游度假区位于启东的东南角,南靠长江,东临黄海,规划面积45平方公里。园区以江风海韵为核心特色,按照"日出江海,韵动中国"的总体形象和国家级旅游度假区的标准建设,全方位演绎游艇水上运动、小球运动、户外拓展等运动休闲方式,打造融生态观光、运动休闲、科普教育、会议会展、度假人居等于一体的中国江风海韵体验基地、长江口生态度假基地。

园区内企业有20余家,以旅游开发、休闲观光、酒店餐饮、农贸水产交易等业态为主。园区在建的重大旅游项目有恒大海上威尼斯、新湖长江公园、碧海银沙、海监维权执法基地、黄

2015年启东圆陀角旅游度假区各行政村基本情况

表23

村 名	人数(人)	耕地面积(公顷)	党组织书记	村委会主任
圆陀角村	4632	394.11	施拥军	施拥军
连兴港村	5354	376.47	李平	李 平
胜丰村	3131	287.03	顾新生	顾新生

恒大碧海银沙。 (圆陀角旅游度假区/提供)

金海滩公园、圆陀角景区、沿江滨海景观大道、玉龙寺等。

【重点项目】 恒大海上威尼斯。威尼斯酒店5月底对外试营运起，酒店硬件设施完善、软件配套到位，成为圆陀角旅游度假区乃至启东的高端配套酒店。会议、饮食、商业、健康、儿童、娱乐、运动等九大中心已经分批完工并实现对外开放，酒吧一条街、美食一条街基本完工。

碧海银沙。8月，实现游客体验式开放。相关游乐配套设施人工沙滩、滨海泳池、儿童天地、海上咖吧、游艇码头等全面完工。至年底，共计接待各地游客30多万人次。

新湖长江公园。区内主要市政道路(1号、2号)工程完工，道路景观绿化、路灯管线等完成过半。区内水系的护岸工程结束，河道开始挖掘，两座闸(泵闸、涵闸)竣工。体育公园地形调整接近尾声，草坪种植完成70%，文化挡浪墙开工建设。地产部分，一期C地块共8栋高层(4栋29层，4栋19层)全部实现封顶。

黄金海滩升级改造项目。5月，景区近2700亩的土方造型工程开工，年末全面完工，共计完成土方约120万立方米。景区入口、游客中心以及区内道路、桥梁、管线、绿化等基础配套建设完成施工设计，展开招投标。

江海文化景观大道。完成江之门、海之门景观雕塑的吊装，文化挡浪墙开工建设。江尾海头游客中心、以及巴蜀、荆楚、吴越文化节点观海平台等设施进入招投标程序。

渔人码头项目。连兴港东侧区域100名户头、3家企业的拆迁工作基本结束。项目控规通过评审。

【基础配套工程】 污水管网工程。恒大—临海公路—沿江公路—江海污水处理厂，管线全长11.3公里，中标价5188万元。9月起，完成测量放线、图纸会审、完善变更、临电安装、沿线清障等，年末，1号、2号泵站开工建设，连兴港以东3公里段完成垫层及沉井浇筑，管道开始敷设。

消防站。项目位于圆陀角老景区大门东侧，占地10亩，建筑面积3700平方米，总造价460万元。

新湖大道。经过一年多的司法诉讼程序，基本解决寅阳小农场的遗留问题，道路土地完成回收，清障放线结束。道路设计完成，总造价约3000万元，开展施工前的准备工作。

海防路拓宽工程。结合连兴港港闸改造及以后的整体性开发，将原7米宽的连兴河东侧老海防路拓宽至双向四车道16米。道路拓宽工程于8月中旬开工，下半年完工。

【招商引资】 园区强化旅游开发建设公司的融资平台功能，新注册10多家公司，融资工作进展顺利，为园区的进一步发展奠定资金基础。年末分别到账：贷款招商银行2亿元、南京银行3亿元、广发银行0.3亿元、民生银行0.2亿元、建行3亿元。

园区已签署意向框架协议的项目：马文化产业项目由开开门资产管理有限公司投资，项目占地1000亩，总投资6.5亿港元，10月，签署合作框架协议。房车露营基地项目由上海碧云天房车俱乐部有限公司投资，5月，经贸洽谈会上签约，首期占地100亩，投资3000万元。圆陀角精品农专项目由上海仲震文化传媒有限公司投资，项目占地200亩，投入约1.5亿元，10月，在科技节上签署框架协议。

其他在手在谈的意向项目：国际影视文化城项目、四季花城、温泉产业开发、泰迪熊小镇、宗教文化中心等。

(张露予)

港口建设

【概况】 重点抓好港口规划沟通协调，推进南通港总体规划修编和吕四港区环抱式港池控制性规划。推进重特大项目的服务保障,服务卓达港务、东凌粮油、大唐二期码头工程,推进沿海企业岸线申报前的相关准备工作;服务液化品码头上报岸线延期申请及安全条件审查等;服务广汇推进相关建设。完成小庙洪5万吨级航道疏浚工程。小庙洪10万吨级进港航道工程倾倒区选划工作积极推进。推进港口未批先建行为专项整治行动，向海竣工验收通过整改;奔腾、宏华通过试运行备案;太平港务获得施工图批文;宏强获得岸线批文;京沪重工召开岸线评审会;其他企业办理相关手续。

(陈永兵)

口岸管理

【启东港一类口岸开放】 启东港一类口岸开放正式通过国家验收，中华人民共和国启东边防检查站、中华人民共和国启东海事局、中华人民共和国启东海关、中华人民共和国启东出入境检验检疫局等联检机构即将挂牌成立。江苏大唐国际吕四港发电有限公司煤炭专用码头和中远船务(启东)海洋工程有限公司、江苏华滋海洋工程有限公司、南通润邦海洋工程装备有限公司、宏华海洋油气装备(江苏)有限公司、南通太平洋海洋工程有限公司等海工企业舾装码头等6家企业码头实现正式对外开放。

【筹备成立查验机构】 与各查验单位签订协议后,与各其他部门协调,做好财务、网络、临时办公地点搬迁等后勤保障,确保各筹备组工作正常开展,机构成立工作有序推进。

【口岸运行】 2015年,国际航行船舶进靠启东口岸41艘次，外贸吞吐量515.84万吨,新船出口7艘。共计办理各类支持性文件、报件65批次。

【口岸建设】 2015年,完成启东海事边检大楼及家属楼项目的土建工程、装修工程和空调工程，完成厨房设备以及室内门、电动门等配套设施的采购,有序推进室外配套绿化、广场照明工程、智能化工程和家具的安装施工。启动对国检老大楼的内外改造工程,装修、智能化等分项的设计已完成。11月,启用海关生活保障楼,作为海关大楼改造期间的办公地点，原海关大楼加固及幕墙图纸已完成，内部装修及智能化施工图进行设计。

(蒋青云)

海　关

【概况】 2015年,南通海关驻启东办事处(简称"启东办")共监管进出口货物46.5万吨，货值7.5亿美元;监管进出境船舶43艘,进出境人员733人；审批供船物品56批次价值65.9万美元;征收税款6552万元;办理加工贸易合同设立210份，备案金额2.7亿美元;核销到期手册319份,同比增长4.6%。全年通关无纸化、税费电子支付分别达99%和100%，位列南京关区前沿。

【开放型经济】 2015年,实现外贸进出口总值30.67亿美元，占同期南通市进出口总值的9.7%,均与上年基本持平。其中,出口24.81亿美元,同比增长7.7%,占同期南通市出口总值的10.86%,占比增长0.66%,累计实现贸易顺差18.94亿美元。南通地区进出口十强企业中,韩华新能源(启东)有限公司以外贸进出口总值9.18亿美元位列南通地区进出口十强第2名。2015年,启东办以大型进出口企业为服务重点,推行重点产业个性化服务,积极培育启东外贸增长突破点。

发挥关区首个新造集装箱监管堆场的示范作用。推进新造集装箱备案、审批、放行等网上操作,实现对新造集装箱进出监管的"无纸化",实现辖区新造集装箱管理的规范统一。推进辖区第二家富顺堆场获批建设。年末,富顺堆场的各项硬件设施全部按要求完成，并进入试运行阶段。对于启东市统一新造集装箱监管的做法，南通海关陪同中集顺达集装箱公司专程到启进行考察和学习。

推进启东中远海工加工贸易联网管理。启东办推进加工贸易联网监管工作向深层次发展，探索做好启东中远海工首本电子E账册的核查监管，密切跟踪电子账册的运行情况，对E账联网中监管的项目、流程、要求等进行规范，于6月30日完成E账的实货盘库，11月完成E账的第一期核销。

推进“重点项目专人跟踪制”。贯彻好海关与企业的联络员制度，指派专人跟踪项目进展。2015年，针对富运新造集装箱专用堆场的建设审批、宏华海工15条新造船驳运出口等重点服务事项，启东办制定项目推进表，落实专人予以跟踪辅导，帮助企业按要求顺利推进。

【口岸开放】 2015年，启东办推进各开放码头的海关监管场所建设，对拟开放码头申报设立的海关监管场所逐一进行个性化的规范指导。9月23日，在启东口岸开放省级预验收后，按照启东海关筹建组专题推进会的指导意见，多次派员对6家码头申请设立的海关监管场所逐一逐项进行实地巡查验估，落实整改计划。11月18日，启东港一类口岸开放顺利通过由国家口岸办组织的正式验收，首批6家海关监管场所全部通过验收正式设立。

【机构筹建】 7月25日，海关总署批准设立启东海关。8月14日，南京海关党组决定成立启东海关筹建工作组，全面推进启东海关的筹建工作。启东海关筹建工作组人员于8月24日到位即开展各项筹建工作。10月13日，南通海关与启东市人民政府签订启东海关开关协议。11月8日，启东办人员设备均搬迁至新建后勤保障楼临时办公点并恢复正常工作，原办公大楼进行重新设计和改建。12月18日，南京海关预验收工作组对启东海关筹建情况进行预验收，认为启东海关各项筹备工作基本就绪，基本具备向海关总署申请正式验收及开关的条件。

【文明创建】 2015年，启东办创新文明服务方式，促进服务效能和服务水平的提升。加强与企业面对面的沟通，及时进行政策宣讲和解决问题。启东办分别前往启东滨海工业园区、船舶工业园区，开展与企业面对面交流和政策宣讲活动，先后与20多家40余名企业代表进行座谈，掌握企业的生产经营情况、存在的困难和对启东办的意见等。创新文明服务手段，办好“启东办关企联络微信群”，对辖区业务往来企业进行“无限”服务，微信群有工作对象100多家企业115名人员，累计通过微信群共进行政策宣传250次，回答各类咨询130次，发布通知50次，预约工作20次，缩短关、企之间的时空距离。加强结对共建开展爱心帮扶。全年关员个人捐款5000余元。1人受到南京海关嘉奖，1名党员获南京关区“优秀共产党员”称号，支部负责人被评为南京关区优秀党支部书记。至2015年，启东办连续17年蝉联“启东市文明单位”称号、连续13年蝉联“南通市文明单位”称号。

(毛欣康)

出入境检验检疫

【概况】 2015年，全市共检验检疫出入境货物4451批/6.93亿美元，同比分别减少16.88%和17.76%。其中，出境4166批/6.04亿美元，同比分别下降18.07%和20.25%；入境285批/0.89亿美元，同比增长5.56%和4.43%。签发各类原产地证书3981份/5.78亿美元，同比分别增长11.8%和79.6%。其中，一般原产地证书1303份/2.22亿美元，同比分别增长34.19%和200%；普惠制原产地证书1168份/1.61亿美元，同比分别减少15.48%和增加2.5%；签发自贸区优惠原产地证书1510份/1.95亿美元，同比分别增加25.1%和117%。

【简政放权】 开展涉企收费专项整治，有序关停中威公司启东点，宣传鼓励市场做好代理报检业务承接工作。有1家企业开展代理报检业务。取消出口玩具注册登记制度。南通市检验检疫局启东办事处(简称“启东办”)转变监管思路，落实检验检疫总局、省检验检疫局对出口工业品检验推行信任放行制度，只要企业符合首件检验合格的条件，做到随到随放。试点食品企业检验模式改革。完成所有出口食品企业的分类管理等级确定，结合企业定期监管、日常监管情况，采用风险监控、抽批检验的方式，确定每个厂家的检验监管方式，改变以往批批检验的模式。对于风险较低、出口非敏感国家和地区的产品并且企业管理信用较好的企业不再实施现场检验而直接放行。全年共有10家出口食品企业享受模式转换带来的便利，平均检验检疫周期由3天降至1天。

【贸易便利】 推进“检验检疫全程无纸化”工作模式。3月下旬，成功试行全程无纸化。截至12月底，胜狮能源、恒升化工、欣欣玩具等6家企业1030批次2.6亿美元的货物通过“全程无

11月，南通检验检疫局启东办事处工作人员在江苏龙擎动力科技股份有限公司对出口菲律宾、澳大利亚的发电机组进行原产地标准确认。

(商检局启东办事处/提供)

纸化"出口，分别占启东地区出口批次和金额的25%和43%。以平均每批次节约纸张10元、交通费用100元及工时0.5天估算，可为这些企业节约成本20多万元。

推进检验检疫"区域一体化"模式。通关电子放行范围从南通当地口岸扩大到江苏省内口岸，再扩大到省外的上海、山东口岸。这一模式惠及启东30多家企业，适用启东50%以上的出口货物，可免去口岸换单和查验环节的周转时间和费用。平均每批次可节约口岸查验、仓储等各项费用300元，可为企业节约成本60多万元。

扶持重点装备企业。选定柴油发电机组生产企业江苏龙擎动力科技股份有限公司进行重点帮扶，实地走访，制定产品签证目录，鼓励企业申办原产地证，帮助企业有针对性地去开拓海外市场。该企业出口菲律宾、越南的发电机组成功申办东盟自贸协定原产地证，获国外1%~5%的关税优惠。

【质量提升】 帮助企业培养质量意识。到滨江化工园区危化企业进行安全生产督查和政策宣讲，在启东紫菜交易市场组织21家出口食品企业举办一次失信惩戒管理办法宣传贯彻会，增强企业产品质量第一责任人的意识。推广质量管理经验，组织23家出口食品企业到行业标杆企业"南通皇室食品公司"参观学习。

搭建质量服务公共平台。加快天汾电动工具检测中心建设，联合地方政府加快检测场所、检测设备等硬件投入，联系上海电动工具研究所、江苏检验检疫机电检测中心等权威机构帮助培训专业人才，使检测中心尽快为示范区内企业提供公共平台服务。

提供质量技术咨询服务。多次深入江苏嘉仕有机蔬菜公司的基地，指导企业做好蔬菜基地农药管理、溯源管理、记录完善等工作，确保该基地顺利通过香港食环署卫生官员的检查，为蔬菜供港创造必要条件。为江苏优泰生物科技有限公司的进口猪肠黏膜蛋白液和出口复合配方饲料的申报工作提供指导和咨询，促使其取得市第一家出口饲料资格。为吕四港区华峰集团有限公司连续进口2条货值2000多万美元的海岛纤维生产流水线、100多个集装箱连续加班开箱检验，对进口的无纺布生产线等机电设备严格把关，确保进口设备的质量安全。

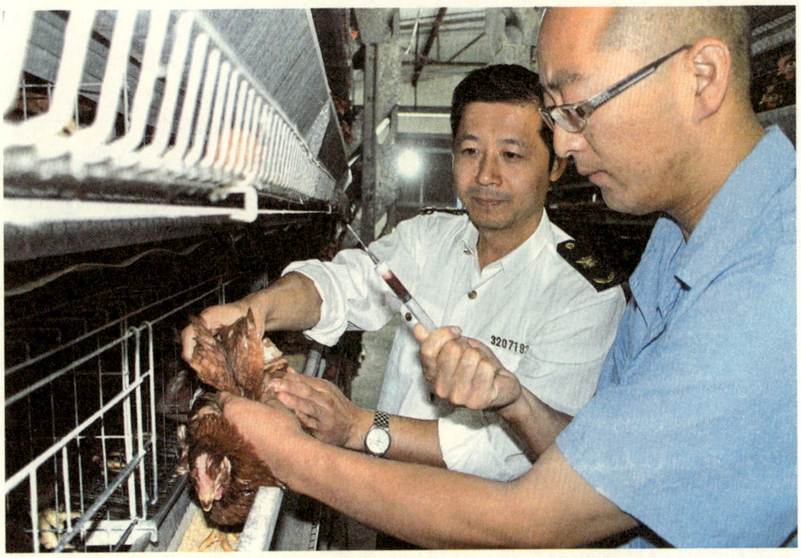

10月，南通检验检疫局启东办事处的检疫监督人员在南通欧福公司禽蛋养殖基地监测取样。（商检局启东办事处/提供）

开展产品质量抽查。按照2015年江苏检验检疫系统目录外商品抽查的工作要求，启东办组织在辖区内市场范围内抽查进口婴幼儿服装、进口食品接触材料等多批次的高风险产品，及时送达相关实验室检测。

【监管成效】 进出口产品检验。全年共检出进出口不合格产品199批，货值2808万美元，同比分别增长146%和366%。其中，出口水产食品方面，共检出不合格产品110批/484.2万美元；工业品方面，共检出不合格进口商品47批/2240万美元，出口商品42批/83.8万美元。对进口设备检验监管过程中发现的同一不合格缺陷连续多次出现的问题，启动约谈程序，要求企业切实整改。

进口货物退运。对启东锦桥轴承有限公司进口的约32万美元的存在生锈现象的滚针成功实施退运。对韩华新能源进口的约20万美元、存在质量问题的真空泵实施退运，降低企业在生产应用中的风险，维护企业切身利益。

帮助出口退运货物查找原因。针对部分企业出口产品因质量问题被退运的问题，启东办及时派人赴现场跟踪调查，查明退运的原因。及时提醒企业提高质量责任人意识，严格把控质量关，同时建议企业在合同中更加详细地阐明质量问题的归属，避免因质量问题的退运给企业带来不必要的损失。

【机构筹建】 8月，启东一类口岸开放获国务院批准。南通局成立启东局筹建工作领导小组，筹建工作正式启动。

（顾　耘）

水上安全监督

【概况】 2015年，南通启东海事处服务启东市一类口岸开放，推动港口安全配套设施建设，全面履行海事职责，开展专项治理，消除安全隐患，全年辖区内未发生水上交通事故、船舶污染事故、因船舶超载的自沉事故，施工区域内未发生船舶交通事故，较好地服务沿江沿海开发。

【日常巡查】 2015年，启东海事处对辖区水工现场进行拉网式巡查。全年出动执法人员352人次，出动执法车辆120余车次，陆域巡820小时，巡查里程近2.53万公里；"海巡06911"巡航42艘次，共计巡航900余海里；每日专人负责使用CCTV、

AIS、GIS 等方式对辖区码头、船舶开展电子巡航。

【专项整治】 2015 年，启东海事处开展“水上交通安全大检查”“安全生产月”、砂石运输船舶整治等一系列专项整治活动，借助联合执法、行政处罚等手段，指导、督促港航企业排查、整改隐患。根据企业提供的隐患自查表，对沿江、沿海水上水下活动进行梳理摸底，排查涉水工程存在的问题和隐患，提出整改建议，跟踪整改落实情况；对水上存在的普遍性交通安全隐患，通过专题报告的形式通报地方政府，从企业和政府两个层面建立健全隐患排查治理及重大危险源监控的长效机制。全年收到企业自查情况汇报材料共计 11 份，企业上报自查自纠隐患 18 项，现场检查发现、督促指导排查整改隐患 20 项。发放安全管理建议书 46 份，事故隐患整改通知书 20 份。

【恶劣天气防抗】 2015 年，在防抗恶劣天气的过程中，海事处共出动执法人员 300 余人次，执法车辆 80 余车次。巡查沿江沿海企业、船舶、施工单位共计 300 余处。疏散船舶 128 艘次，撤离人员 936 人次，发放防风告知书 290 余份，发布恶劣天气预警信息 3.68 万条。

【安全培训】 2015 年，辖区沿海水工项目面临线长、面广、船杂的情况，安全形势非常严峻，为切实提高施工作业人员安全意识和技能，启东海事处多次组织沿海水工业主、建设施工单位开展安全管理培训。培训中，启东海事处执法人员重点解读与涉水工程相关的法律、法规，列举开展水上水下施工作业所需的审批文件，分析水上安全管理形势，介绍启东沿海的水文情况和通航安全环境，讲解海上险情预防、避险、自救、求救以及恶劣天气防抗的相关知识，通过加强培训，让施工单位和施工人员更深入、具体、形象地了解到涉水工程施工安全的重要性。

【突发事件应急协调】 2015 年，启东市水上搜救中心处置各类水上突发公共事件、险情 16 起，其中非启东市搜救责任区 11 起，救助遇险船舶 14 艘，救助遇险人员 162 人，人命救助成功率达 100%。4 月 8 日，浙江籍渔船“浙三渔 0065”在吕四沿海水域搁浅，在南通市水上搜救中心的统一协调指挥下，启东市水上搜救中心迅速反应协调，成功救助船上 16 人。该事迹被中国新闻网、中国江苏网、南通电视台报道。人民网、凤凰网、新浪网等 30 余家网络媒体转载报道。

【服务地方建设】 指导企业完善报批手续，与南通海事局和江苏海事局职能部门沟通对接，完成一大批涉水工程行政许可，5 家码头海事完成专项验收，启东涉水工程 90%获得海事的行政许可。支持启东市国家一类开放口岸开放推进工作。11 月 18 日，启东一类口岸通过国家口岸办验收。

【服务企业发展】 服务新船涉水作业。2015 年，辖区船厂有 31 艘新造船舶、海工平台(其中含宏华海洋 15 条 1400 吨级小油驳船) 进行涉水作业。海事处督促指导船舶修造企业及时申请报备，协助企业制定完善水上安全作业方案，督促企业及时办理许可报备海事手续；加强作业现场监控，为拖轮及辅助作业船舶办理现场签证等手续。服务电煤运输船舶，为其开辟“绿色通道”，缩短船期，保障运煤船安全有序地进出大唐电厂。全年服务电煤运输船 272 艘次，运煤量 380 余万吨。针对中远船厂的大型海工平台“高德 2 号”“高德 4 号”下水、移泊作业，上海振华启东海工的 20 万吨 5 艘巨无霸出坞、拖带作业以及宏华海洋 15 条油驳船吊装、过驳、运往尼日利亚等涉水作业，海事处协助南通局从编队、气象、作业时机、应急处置等方面提出意见和建议，要求办理适拖证书等有关手续，提前清理碍航渔船渔网。作业中，加强现场检查，提供信息服务和交通组织维护，保障作业顺利完成。

(彭玉章)

公安边防

【概况】 2015 年，启东市公安局边防大队以“严防大案要案、紧抓民生小案、压缩民转刑案”为重点，维护启东边防辖区的治安秩序，圆满完成两会安保、“抗战胜利 70 周年纪念活动”安保等警务工作任务。大队各级共出动警力 640 余人次，车辆 310 台次，调处各类矛盾纠纷 840 余起，成功处置 16 起群体性事件与 6 起群众进京赴宁上访事件。安保期间，启东边防辖区未发生重大恶性案件、安全责任事故以及民转刑案件。全年共接处警3820 起，

2 月，吕四边防所做好节会安保。 (市新闻信息中心/提供)

破获各类刑事案件44起,查处治安案件433起,调解各类矛盾纠纷1883起,成功处置各类群体性事件57起。做好港船管理,维护和保障沿海地区安全稳定,实现“爱民固边实施战略”总目标。

【巡逻防范】 2015年,边防大队通过勤务制度改革,逐步形成“有警出警,无警巡逻”的日常巡逻防范机制,路面巡逻警力实行“巡逻、处警、查控”三位一体运行模式,在辖区重点区域和案件高发地段实行24小时巡逻防控机制,强化社会面管控能力,确保辖区社会治安秩序的持续稳定。全年大队各级共盘查可疑人员5421人、盘查可疑车辆2192辆,盘查过程中成功抓获网上逃犯7人,及时发现并救助群众42人,调处各类矛盾纠纷510余起,可防性案件较2014年月均下降7.6%。

【案件查处】 2015年,边防大队对“黄、赌、毒”及其衍生的违法犯罪活动始终保持高压严打态势,对“民事转治安”类案件坚持做到依法公正处理。先后查处各类治安案件433起,处罚567人。将辖区内发生的各类刑事案件统一交由大队侦查办案队扎口办理,并定期汇报案件侦查进度,先后组织(协助)侦破各类刑事案件44起。其中,协兴所成功捣毁一聚众赌博窝点;五仓所抓获犯罪嫌疑人2名,带破盗窃案11起。

【“爱民固边”战略落实】 围绕“完善群防群治力量、促进沿海经济发展、密切警民鱼水关系”三项工作目标,全面整合资源,挖掘爱民固边战略潜在优势。推进社区工作,各所共走访群众90843人,走访率均达到98%以上,群众见警率与识警率显著提升。创新工作方法,探索“互联网+”时代下的警务工作新模式,茅家港、吕四等单位建立微信公众平台,通过平台向辖区群众发送安全防范知识、法律法规宣传等内容,同时借助平台后台管理模块及时解答群众疑难问题。

【平安港口建设】 针对“浮子筏”违法出海、摩托艇无证载客出海等港口突出问题,加强与涉海职能部门的联合处置,先后组织12次海上联合执法,共办理船管案件149起,处罚161人。针对港口区域治安乱点盲点以及消防安全隐患,采取走访摸排、重点管控、建立档案和联合处置等方法,打击违法行为。联合渔政、海事等多家涉渔部门开展绝户网清理、水上搜救演练、禁捕期港口清查等活动,维护港口生产秩序。在台风“灿鸿”与“苏迪罗”来袭期间,做好防御工作,引导船舶停靠安全地带。中央电视台、江苏卫视、南通电视台等多家媒体报道大队防汛抗台工作。

【基础设施建设】 协调争取地方党委政府资金310余万元,建设新营房。改造升级原有的边防辖区治安监控,实现部队内外“全视通”。与市局协调,由市局为大队所有社区民警配备警用PAD,提升信息收集效率。健全联防队伍,增强勤务指挥能力。加大辖区常住人口、流动人口、出租房屋、社会化视频探头、非标准信息等基础信息实时采集与动态录入。2015年,依托已采集基础信息,侦破查处各类案事件67起、抓获网上逃犯12人。

（鞠坤安）

柳生芽游人醉。　　（郁卫兵/2015年2月摄）

产业发展

【概况】 2015年，全市建筑业总产值完成744亿元；缴纳税收20亿元。第四次包揽“鲁班奖”“国优工程奖”“詹天佑奖”三项国家级优质工程大奖，刷新年度创国家级优质工程数量新纪录。全市有建筑业企业262家，其中特级资质2家、一级10家、二级48家、三级117家，涵盖房建、市政、机电、装饰装修、电力、通信、隧道等领域。二建、建筑、启安集团获全国优秀施工企业和江苏省建筑业竞争力百强企业。二建集团跃升中国企业500强第288位，排名中国建筑业竞争力百强企业第13位，第八次居省建筑业百强企业综合实力类第1名；启安集团连续六次荣登省建筑业百强企业建筑安装类机电安装第1名，跻身中国建筑业成长性百强企业；中信集团名列全球最大国际承包商250强。

【经营业绩】 全年完成房屋建筑施工面积8068万平方米；承建10万平方米以上项目173个，超高层(29层以上)项目696个；完成企业营业额801.8亿元，同比保持基本稳定。建筑业总产值中，二建集团完成410.6亿元、中信集团完成95.8亿元、建筑集团完成70.6亿元、启安集团完成58.9亿元、启益集团完成37.2亿元。二建、建筑、启安、银洲集团成为全市纳税强企。

【市场开拓】 区域市场发展。东北市场完成产值77亿元，上海市场完成产值43亿元，天津市场完成产值41亿元。南通、启东、无锡、新疆及西南、南方等区域市场继续发展。

承建项目档次提升。全年共承接造价亿元以上大型房建项目、机电安装、市政、装饰装修等专业项目80多项。其中南通二建东凯兴事业部签约造价15亿元的启东新村沙B地块项目；南通二建中润东睿事业部签约合同价13.8亿元的保华地产大连信托证券大厦项目；中润东宸事业部承接的宿迁双星大厦装修工程，合同额4.5亿元；东裕事业部、第三事业部共承接15.8亿元工程量的光伏项目。启安集团以工程总承包方式承接合同总价6亿多元的山东省滨州市无棣县120兆瓦光伏发电项目。

境外市场持续壮大。中信集团完成境外劳务营业额15.84亿元，跃升江苏省建筑业百强企业外经类十强第四位。相继签约造价870.8万美元的阿布巴克尔地下道项目、造价3.4亿元的沙特国防部舍鲁拉医院项目；4.5亿里亚尔的沙特kap2c警卫队训练中心3型宿舍楼项目进入建设施工阶段；与马来西亚高峰集团签订总投资195亿元的关丹滨海度假城项目。

【名优工程】 2015年，全市建筑企业创省市级以上优质工程奖43项，其中国家级10项。承建或参建的4个工程项目获中国建筑最高荣誉“鲁班奖”。南通二建中润东腾润苏州2014-G-36号地块获朗诗全国年度总冠军。南通二建山海同湾工程获全国建筑业创建农民工业余学校示范项目部称号。

2015年获创优夺杯奖建筑工程及企业

表24

奖项名称	获奖工程名称	获奖企业
鲁班奖	新疆维吾尔自治区人民医院门诊、病房综合楼工程	江苏南通二建集团有限公司(承建) 江苏启安建设集团有限公司(参建)
	重庆国际博览中心工程	江苏启安建设集团有限公司(参建)
	珠海十字门会展商务组团一期国际展览中心工程	南通金典装饰工程有限公司(参建)
	北京日出东方酒店工程	江苏中信建设集团有限公司(参建)

续表 24

奖项名称	获奖工程名称	获奖企业
国家优质工程金质奖	中国石油独山子石化分公司改扩建炼油及新建乙烯工程	启东建筑集团有限公司(承建)
国家优质工程奖	苏州中央景城二期 15 号~24 号、33 号、34 号住宅及地下车库(含人防地库泵房)、配电房 1 号 2 号工程	江苏南通二建集团有限公司(承建)
中国土木工程詹天佑奖	常州华润国际花园 3.2 期	江苏南通二建集团有限公司(承建)

【科技创新】 2015 年,全市共取得国家级 QC 成果 29 项、省部级工法 20 项、发明专利 2 项、实用新型专利 21 项、省级新技术应用示范工程 17 项。南通二建东良事业部第一 QC 小组获全国工程建设优秀 QC 小组活动成果一等奖。南通二建绿城华府住宅小区 QC 小组获全国工程建设优秀质量管理小组一等奖。启安集团利盟多分公司的《降低储罐 T 型接头热裂纹一次发生率》和金炜达分公司申报的《施工吊篮多界面施工安装创新》QC 课题及活动小组获中国建筑施工企业协会二等奖。南通二建苏州润华环球大厦超高层施工关键技术创新成果获首届中国建设工程施工技术创新成果三等奖。启安集团的《大中型石油化工工程管道安装信息化管理软件新技术研发及应用》获中国安装协会科技进步二等奖。吕四卓达绿色建筑新材料启东产业园正申报为产业化示范基地。

【产业结构调整】 拓展投融资领域。二建集团参股投资成立江苏足财电子商务有限公司,发挥互联网在建材采购中的优化集成作用。增持启东农商银行股份和购买工商银行基金,实现银企合作共赢。通过中国建设银行和民生银行,成功发行 6 亿元中期票据和 3 亿元理财直融。骅东公司通过二建集团、名瑞商贸、名仕建设三大融资平台,拓宽融资渠道,有效缓解贷款难和开发资金不足的状况。建筑集团加快建筑现代化的步伐,设立 BIM 技术中心,并在淮安华信广场商住楼工程项目进行初步试点。

调整经营模式。二建集团第九事业部全面实行“项目公司化管理”;东裕事业部将常规的年度项目结算缩短至一个月,把材料、民工工资等风险控制在一个月内,有效避免粗放式管理给企业带来的经营管理被动和支付结算风险。建筑集团建设装配式建筑、预制构件基地,装配式房屋进入建造和推广。中信集团签订中国首个国家生态经济示范区中的航空器具产业园项目。建设宁夏云数据中心项目,启安集团光伏领域成绩显著,业绩占据集团业绩的三分之一。

【教育培训】 2015 年,全行业有注册建造师 3627 人,其中一级建造师 1082 人、二级建造师 2545 人。705 名安全生产 B、C 类人员通过考试,1500 多人参加特种作业人员考试。组织 800 多人参加建筑业企业小型项目管理师(简称小管师)、二级建造师继续教育培训考试,完成 2000 多人次中岗人员继续教育和新证培训考试。南通二建首家在线商学院在北京成立。

(陈　华)

获奖建筑工程选介

【新疆维吾尔自治区人民医院门诊、病房综合楼工程】 工程由新疆维吾尔自治区人民医院投资建设并使用,乌鲁木齐建筑设计研究院有限责任公司设计,新疆卓越工程项目管理有限公司监理,江苏南通二建集团有限公司总承包施工。工程于 2012 年 7 月 16 日开工,2014 年 8 月 19 日竣工,2014 年 9 月 2 日备案并交付使用,总投资 7.6 亿元。建筑面积 108935 平方米,檐高 97.8 米。地下 3 层、地上 23 层。地下 2 层、3 层为车库及设备用房,地下 1 层为医技用房,地上 1~7 层为门诊部,其中 4 层设 5 间手术室,8 层为会议教学用房,9 层为手术室,10~23 层为住院部,设 900 张床位。

【重庆国际博览中心工程】 该项目位于重庆市渝北区悦来片区 D06/02 地块,为政府投资项目,是重庆市 2012 年度重点工程。工程由北京市建筑设计研究院负责设计,重庆赛迪工程咨询有限公司实施监理,中国建筑股份有限公司实行总承包,集团石化安装工程有限公司实行机电安装专业分包。参建内容为博览中心(南区展馆)水电及空调安装工程(一标段)的给排水、电气以及通风空调安装。工程造价 1.51 亿元,面积 17.34 万平方米,层数 1 层局部 2 层,结构形式为框架结构与钢结构网架屋面,屋面钢结构网架跨度 71.4 米,高度 23.73 米。整个场馆总建筑面积 60 万平方米,为全国第二,西部第一。

【珠海十字门会展商务组团一期国际展览中心工程】 珠海十字门中央商务区会展商务组团一期国际展览中心室内装饰装修工程位于珠海市香洲区湾仔,展览中心总用地面积(组团一期)203332 平方米,总建筑面积 19.4 万平方米,其中地上 6.2 万平方米,地下 13.2 万平方米,建筑基底面积 4.4 万平方米.建筑消防高度 14 米,最高点标高 35.5 米。2013 年 8 月 10 日开工,2014 年 8 月 31 日竣工。

【北京日出东方酒店工程】 整个大酒店项目位于北京雁栖湖的核心景区,占地 14 平方公里,共有 595 间客房和套房,其中 306 间客房设于北京日出东方凯宾斯基酒店的主体建筑,北京雁栖湖精品酒店和 12 栋北京雁栖湖精品别墅则坐落湖心小岛,分别设有 111 间和 178 间客房。工程将可持续发展和生态环保作为核心，电力来自绿色环保的水力发电，照明系统也多是由LED节能灯组成的。酒店是全中国第一家采用三联供设备的酒店。“三联供设备”是运用天然气供应能源对酒店供热和制冷。它同时也是第一家使用天然气发电系统以此降低能耗的酒店。所有酒店房间除了中央空调提供的新风以外，拥有独立的通风槽，保持室内新鲜空气的流通。

【中国石油独山子石化分公司改扩建炼油及新建乙烯工程】 启东建筑集团有限公司承建的中国石油独山子改扩建炼油及新建乙烯工程，是国内迄今为止最大的炼化一体化工程，是中国石油“十一五”规划重点建设项目，也是西部大开发标志性工程之一。该项目总投资300亿元，是中国石油一次性投资最大的工程。项目共计160个单项工程，1151个单位工程。公司承接新建乙烯工程包括：10万平方米聚乙烯库房、55万吨/年聚丙烯装置、32万吨/年苯乙烯装置、13万吨/年聚苯乙烯装置、第一控制室、第二控制室、空压站、储运系统、化工管廊5公里。承接改扩建炼油工程包括：炼油第二联合装置、炼油储运系统、炼油管廊9公里、地下管网。合计建筑面积20万平方米，造价5.6亿元。该工程被评为2015年度国家优质工程金质奖。

【苏州中央景城二期15号~24号、33号、34号住宅及地下车库（含人防地库泵房）、配电房1号2号工程】 工程位于苏州市工业园区星湖街与西沈浒路交叉口。由苏州工业园区建屋发展集团有限公司投资建设，苏州东吴建筑设计院设计，安徽省建设监理有限公司监理，江苏南通二建集团有限公司总承包施工。工程于2008年9月15日开工，2011年11月10日竣工验收。建筑总面积163762.44平方米，其中30层2栋、18层6栋、16层4栋、一个2层人防车库、一个2层汽车库及2个配电房。

【常州华润国际花园3.2期工程】 常州华润国际花园3.2期由地下车库及两幢33层住宅组成，工程位于常州市天宁区和平中路1号。由常州华润置地有限公司投资建设，上海联创建筑设计有限公司，南京工大建设监理咨询有限公司，江苏南通二建集团有限公司总承包施工。工程总建筑面积5.53万平方米，由地下车库及两幢33层住宅组成，其中地上面积4.39万平方米，地下面积1.14万平方米，工程于2012年11月开工，2014年11月竣工。

（陈　华）

行业管理与服务

【概况】 市委、市政府把鼓励、加快建筑业发展摆在重要位置，精心组织，全力服务。安排专项资金对建筑业企业创优夺杯、科技创新等进行奖励。行业主管部门紧扣监管环节，推进安全质量重点工作。常态化开展安全质量隐患整治，先后查出事故隐患1575条、开具整改通知书562份、停工通知书23份、移交通知书13份，约谈7个单位。建筑工程质量稳步提升，安全生产形势持续稳定。制度化开展“打非治违”专项行动。2015年，全市建筑业企业共获评“AAA级安全文明标准化工地”8个、省级以上安全文明工地16个。省建安总站组织全系统观摩南通二建南通公司承建的盐城凤凰文化广场项目，成为行业标杆。市工程建设领域的信用信息体系建设逐步建成，推进企业诚信信息平台与有关行业管理部门信用平台的对接，加强与社会信用体系的信息互联互通，实现对企业诚信信息的即时检索查询。

（陈　华）

铁军风采

【概况】 2015年，南通二建集团获得“中国驰名商标”称号，继续被评为全国优秀施工企业、全国“守合同、重信用”企业、中国施工企业协会AAA级信用企业称号。竞争力排名持续上升，集团第十一次获中国500强企业称号，位列第288位；连续第五次获中国建筑业竞争力百强企业称号，位列第13位；连续十一次获中国承包商80强企业称号，位列第15位；连续位列江苏省建筑业综合实力百强第一名和江苏省建筑业竞争力百强第一名。陆永飞当选全国劳动模范，南通二建卞汉新被评为全国优秀项目经理，黄涛获中质协质量技术突出贡献奖。全年实现企业总产值446亿元，新签合同额485亿元，剩余合同额450亿元。

启东建筑集团依托诚信、资金、品牌三大优势，实现量效并举、稳健发展的局面。全年实现经济总量73.82亿元，其中建筑施工产值70.57亿元。

骅东公司全年实现投资收益6210.42万元，完成各类经济收益7687.66万元，其中理财收入6965.54万元，交纳各项税费1721万元。

启安集团获“全国守合同重信用企业”称号，并再次位列江苏省建筑业百强企业机电安装类榜首，成为全省唯一的六连冠企业。全年累计完成建筑总产值60.6亿元，比上年增长0.8%；在手合同总额129亿元，比上年增长2.4%。

中信集团名列“江苏省建筑业百强企业”综合实力50强第21位和外经10强第4位、“全球最大国际承包商250强”第147位。2015年，公司完成施工总产值111.72亿元，其中国内总产值95.88亿元，国外总产值15.84亿元。

银洲建设集团全年新签合同额10.1亿元，实现施工产值6.85亿元，完成施工面积48万平方米。建筑业产值同比增长15%。完成入库税收3037.5万元，涨幅达154.8%。

（陈　华）

苏州中央景城二期

常州华润国际花园3.2期工程

北京日出东方酒店

新疆维吾尔自治区人民医院门诊病房综合楼

珠海十字门会展商务组团一期国际展览中心

重庆国际博览中心

中国石油独山子石化分公司改扩建炼油及新建乙烯工程

2015年启东建筑企业获创优夺杯奖建筑工程　　（市建工局/提供）

住房和城乡建设

【概况】 市住房和城乡建设局(以下简称“住建局”)以完善规划体系、做大城市规模、增强服务功能、打造宜居环境、提升住房保障为工作抓手,全面推进城乡建设。全年完成城乡建设总投资100亿元,其中市政基础设施建设25亿元。

【城乡规划】 住建局围绕新一轮《启东市城市总体规划(2012—2030)》进一步完善城乡规划体系,高质量开展各专项规划、地块控规的编制,加快实现启东建成“上海一小时交通圈内重要节点城市、苏中苏北接轨上海的桥头堡”目标。

城区规划编制和研究。2015年,在城市总体规划的框架下,加快推进铁路枢纽等重点片区规划编制,不断完善各类专项规划。先后完成启东经济开发区、城北工业园、东城区、铁路枢纽(火车站片区)控规编制,开展新城区重要地段和城市东出口立面改造设计,进行城区重要交通节点、老城区拟出让地块、老城区水环境整治规划研究,编制城市亮化、色彩、邻里中心、绿线、人防等专项规划。城市地下管线完成普查,系统平台加快建设。

镇乡规划调整和修编。南通市级中心镇北新镇、南阳镇完成总体规划论证和报批,以及道路系统、绿地系统、水环境系统、空间特色等专项规划的编制和报批。沿海重点镇吕四港镇总体规划通过省建设厅组织的论证,进入成果完善报批阶段,并完成供电、供水、道路等专项规划的编制。寅阳镇、近海镇的总体规划得到市政府批复;惠萍镇、海复镇、王鲍镇、东海镇、启隆乡的总体规划完成成果论证和报批工作,获得市政府的批复。北新镇和南阳镇在镇区建设用地范围内编制镇区控制性详细规划,获得政府批复。寅阳镇海工园区的控制性详细规划在编制之中,等待成果论证。全市村庄布局规划在惠萍镇完成试点,并在全市各镇、园区全面铺开。

规划审批与管理。2015年,住建局严格规范“一书两证”审批程序,实行逐级报批,层层审核,严把建设项目的报建关、审核关。全年发放规划条件意见书203份;选址意见书90份,发证面积731.2万平方米;用地规划许可证192份,发证面积923.2万平方米;建设工程规划许可证178份,发证面积316.2万平方米;规划核实发证101份,发证面积241.5万平方米。

头兴港河畔。 (黄燕鸣/摄)

【市政设施建设管理】 以“路畅、树绿、水清、街美”为目标,住建局大力推进城市基础设施建设,城市面貌日新月异,城市功能不断提升。

市政道路。城市环线道路不断延伸,瓶颈路断头路逐步打通,城区路网进一步畅通。开工建设城市道路21条。外环线丁仓港路南延、世纪大道西延、中央路西延、西苑路及南苑东路、紫薇东路、惠阳北路等11条道路建成通车,民乐中路(民胜路至启东宾馆)、翠阴路及支路完成改造,黄埔江路、和平南路、江海路南延等加快建设。全年新增道路14公里。在市政道路建设过程中,供水、路灯、雨污水管网、交通设施和其他专业管线等配套设施同步实施,有效杜绝道路的二次开挖。

中央大道景观绿化工程。　　（潘　杨/2015年1月摄）

城市园林绿化。住建局全力推进“绿色启东、生态启东”建设，全年新增绿地71万平方米，总投资约2亿元，获得省“园林城市”的称号。建设开放式公园绿地，完善配套设施功能，重点推进灵秀公园和蝶湖片区景观工程。灵秀公园位于市中心，总占地面积8万平方米，总造价约4000万元，结合周边的法音寺，将灵秀公园打造成具有佛教文化的集休闲、健身为一体的特色古典园林。蝶湖片区景观工程位于新城区，占地面积50万平方米，加快建设。全面布局节点小游园，均衡城市绿地分布。利用城市中小块零星空地，倾力打造市民休闲健身的好去处。2015年，建设完成紫薇苑东南侧、南苑中学西侧、城市一品东侧、城河小游园4个节点绿地，总面积2.5万平方米。注重配套绿地建设。全年开工建设惠阳路、世纪大道西延、中央路西延、紫薇东路、南苑东路、和平北路、华石北路等13条生态景观大道，开工面积约67万平方米，竣工53万平方米。完成北上海花园二期、城东花园二期、文汇新村、台角四期、伊顿公馆、汇金原香、中邦上海城等住宅小区10.3万平方米配套绿化。着力打造城市绿道建设。实施惠阳路、中央路等慢行步道7公里，较好地解决市民的绿色出行和锻炼的需求。

排水设施。加快城市封闭式排水系统建设。全年新建各类涵闸泵站15座，逐步实现对城区水流的全面控制；完成长龙东路、长龙西路、公园北路、建材街、民乐中路等80多处排水管网改造，增加排水连接管、盖板沟共计12公里，疏通市政管网150公里；实施紫薇河、民乐河、牡丹江路河、灵秀河、南郊家园北横河、惠阳河等10多条河道整治或生态修复工程。成功完成汇东小区、汇东新村、彩臣三村、建都小区4个小区雨污水分流改造。

污水处理。全市建成污水处理厂11座，实现集镇生活污水处理全覆盖。9个建制镇污水管网加快建设，全年新增集污管网17.3公里。2015年，城市污水处理厂共处理污水1587.63万吨，COD累计削减量约2885.24吨，日平均处理污水量达4.3万吨，污水经处理后各项指标均达到国家排放标准。城市污水集中处理率90.7%以上。

基础设施维护。做好市政基础设施维护管理，完善养护管理考核办法。对养护的任务下达、现场签证、竣工验收等各项流程制定规范标准。在日常养护月考核的基础上要求养护单位进行自检，由公司领导把关。建设科进行定期和不定期的抽查，确保从制度上杜绝质量和造价中的漏洞。重点对市区低洼易涝片区进行排查和整治。先后对城河新村、职工新村、长龙一村、长龙二村、长龙街、公园北路等小区和路段进行改造，埋设排水管道4.5公里。完成边检、海事等5座公共建筑和城市一品、汇金原香等4个商品房项目的亮化；3个高速出入口景观亮化得到提档升级。切实维护路灯的正常照明，确保亮灯率≥98%。

【房地产市场管理】　2015年，全市房地产市场保持稳定发展。全年共批准商品房预售许可47个、共计123.64万平方米，批准商品房现售备案35个，共计126.45万平方米。全市累计销售商品房11820套，同比增长30%；销售面积126.25万平方米，同比增长31%；销售金额79.84亿元，同比增长31%。商品房销售套数、销售面积、成交合同金额等指标在南通各县市中名列前茅。二手房累计交易4243套，同比增长72%，销售面积44.84万平方

9月1日，城河新村社区新增排水管道。　　（姜新春/摄）

米,同比增长43%。全年完成商品房网上合同备案11867份;商品房网上合同变更、撤销510份。在稳步推进商品房开发销售的同时,住建局不断提高行业管理水平,出台《关于加强商品房预售资金监管工作的通知》,进一步规范预售资金的使用情况,保障买受人的购房权益;对全市在建并已预售和在建尚未预售两种类型的项目,合计42个,进行风险排查。对各个房地产项目售楼处的现场公示情况进行抽查,抽查情况良好,各个售楼处均能按照相关要求进行现场公示。

※附※

房地产企业(项目)选介

江苏中成华地置业有限公司

【概况】 江苏中成华地置业有限公司成立于2010年11月5日,注册资金2000万元,公司主要从事房地产开发业务,房地产开发资质为暂定二级。公司开发的商住地块中成壹号花园、中成河滨花园。2015年,总销售431套,销售额35409余万元。

启东市开来房地产有限公司

【概况】 启东市开来房地产有限公司成立于1993年3月,贰级资质,各类专业和技术人员近40人。先后开发建设多处景观工程和商住小区。企业多次被评为启东市"文明单位""纳税20强企业""金牌企业"等,还被评为南通"最佳信贷诚信企业""房地产企业诚信单位"和江苏"AAA"资信等级企业。2015年,销售面积2768平方米,销售额2184余万元。

南通润江置业有限公司

【概况】 南通润江置业有限公司成立于2011年1月18日,是上海润丹置业有限公司位于江苏启东的子公司,注册资本2000万元,由上海润丹置业有限公司出资。公司以房地产综合开发为主,兼营房屋销售、物业管理等业务,拥有二级开发资质。公司开发项目"润江·伊顿公馆",2013年9月正式对外发售。项目总占地51778平方米,总建筑面积达15万平方米,由8栋高层住宅和7栋多层洋房组成。2015年,销售263套,面积30196.27平方米,销售额25272余万元。

启东碧桂园房地产开发有限公司

【概况】 启东碧桂园房地产开发有限公司于2014年5月23日摘牌启东市南苑中学东地块,项目总占地153.6亩,总建筑面积约33万平方米。2015年,售出1039套,销售面积130371.36平方米,销售金额8.66亿元。

启东崇和置业有限公司

【概况】 启东崇和置业有限公司隶属于绿地控股集团,以房地产综合开发为主的房地产开发企业,公司成立于2013年,二级房地产开发资质,注册资金6000万元。"上海长岛"项目是启东崇和置业有限公司在启东市启隆乡新村沙开发的工程,项目总占地面积约17平方公里。2015年,售出签约1634套,总签约面积143505.98平方米,总签约金额达12.12亿元。

启东绿城香格置业有限公司

【概况】 启东玫瑰园项目所在地块系启东绿城香格置业有限公司于2009年6月通过招拍挂取得,并进行开发建设。启东玫瑰园项目占地约16万平方米,总建筑面积约45万平方米,小区规划由12幢多层洋房、13幢高层公寓、14幢联墅、叠墅、法式多层以及两大主题会所、一条社区商业街组成。2015年,启东玫瑰园销售额7.28亿元。

启东市建都房地产开发有限公司

【概况】 启东市建都房地产开发有限公司成立于1997年10月,具有房地产开发一级资质,注册资本5000万元。公司主要开发的楼盘有豪门广场、博圣广场、明天广场、北辰公寓、车城公寓、东辰公寓、环球大厦、滨海福海新城白领公寓、吕四港城公寓、福港公寓和御龙苑等。2015年,销售房屋340套,销售面积4.33万平方米,销售额2.43亿元。

启东市取生置业有限公司

【概况】 启东市取生置业有限公司,成立于2010年12月。股东为泰兴市兴隆房地产开发有限公司。注册资金5618万元。公司开发的启东市凯旋华府,占地约10万平方米,地上总建筑面积27万多平方米。地下建筑面积为4.5万多平方米。其中高层住宅15幢26万平方米,高档会所2幢3700多平方米,2幢门面房5700多平方米。总投资16亿元。已投入资金8.5亿元。该项目竣工交付住宅楼4幢555套,封顶住宅楼3幢494套、会所2幢。4幢住宅楼和2幢门面房在建。2015年,销售房屋331套,面积3.13万平方米,销售金额2.08亿元。

江苏欣乐城投控股集团

【概况】 欣乐集团始建于1996年,是一家集资信投资、房产开发、建筑施工、新型材料、文化传媒、物业管理、商业贸易、宾馆服务等行业于一体的综合性、多元化产业集团。2015年集团整合所有与房产开发关联的企业,成立江苏欣乐城投控股集团。启东欣乐城项目占地面积47470平方米,建筑面积18万平方米,总投资8亿多元。2015年,销售235套,销售面积为2.195万平方米,销售额1.58亿元。

南通银洲房地产开发有限公司

【概况】 南通银洲房地产开发有限公司成立于1991年,2004年4月,以南通银洲房地产开发有限公司为核心,组建江苏银洲集团,形成以资本为主要连接纽带的实业型企业集团。国家一级开发资质企业,企业资信等级为AAA级。公司在职员工200余人,注册资本6000万元。公司以房地产开发经营为核心主导产业,连续多年获江苏省房地产开发企业综合实力20强,南通市建筑业优秀企业、金牌企业,江苏房地产"50强企业""纳税20强企业"。2015年,销售套数70套,面积8378.86平方米,成交金额7086.2万元。银洲·城市一品签订备案套数94套,建筑面积1.12万平方米,成交金额1.13亿元。

启东御河湾置业有限公司

【概况】 启东御河湾置业有限公司由西欧集团专门组建，从事御和湾的开发。御河湾中央公园项目位于启东市城区东北部。2015年，销售193套，面积2.07万平方米，销售额1.56亿元。

恒大海上威尼斯项目

【概况】 位于启东市寅阳镇圆陀角风景区，与上海隔江相望，是集酒店、会议、健康、饮食、娱乐、运动、儿童、羽毛球、网球、商业中心及酒吧、商业美食街等配套于一体的国际级海洋生活旅游度假居住区。项目规划建设用地面积约9000亩，总建筑面积约700万平方米，至2015年末，该项目首期、二期开发建设基本完成，其中住宅约130万平方米、商业约70万平方米，住宅涵盖独栋，双拼，情景洋房，小、中、高层等各式类型。项目整体销售1784套，约17万平方米，市值约11亿元。

中邦上海城项目

【概况】 项目位于启东市城市核心区，属原"城中城"综合改造开发项目，总占地1067亩，总建筑面积100多万平方米。2015年，销售房屋316套，面积4.33万平方米，销售金额3.28亿元。

【住房保障与建设】 住房保障房。2015年，按照省市住房保障工作要求，扎实推进保障性安居工程建设，以"制度健全、政策完善、供应有序、进退规范"为目标，构建住房保障体系，突出问题导向，探索住房保障工作难点，抓好住房保障各项工作。全年新开工公租房740套、棚户区改造4580套，均超出年度目标任务。持续加大廉租房租金补贴力度，实际享受补贴40户，全年补助金额共计97141元。所有符合条件的困难家庭都已领取租金补贴，实现廉租住房保障的高水平"应保尽保"目标。

加强老楼危楼安全管理。下发《关于进一步全面开展老楼危楼安全排查治理工作的通知》，开展全市老楼危楼拉网式全面安全排查，切实加强对城市危险房屋的治理，严格落实老楼危楼安全排查治理责任。各镇乡、园区、街道及市有关部门共排查房屋2101幢，排查总建筑面积160.72万平方米。其中公房266幢，建筑面积13.63万平方米（教育系统6幢2.15万平方米，粮食系统92幢2.16万平方米，卫生系统57幢3.21万平方米，供销系统68幢4.25万平方米，宗教局10幢1.09万平方米，通兴农场33幢0.77万平方米）；私房1835幢，建筑面积147.09万平方米。组织相关技术人员对所排查的危房问题进行实地调查摸底，对初步确定为危险房屋，不适宜继续居住的住户，由街道、社区或公房产权主管部门发放危房撤离告知书，共计发放危房撤离告知书524份。

安置房建设。安置房建设初步实现市委市政府提出的"零过渡、零脱幅、零差距"的目标。全年施工总面积达212万平方米，其中新开工105.1万平方米，完成目标任务105.1%。包括城东花园C标、惠萍家园、彩臣三村多层、法院南侧、法院东南侧、南郊家园C区二期、南郊家园邻里中心、惠丰双庆村安置区、东疆婚房、北上海A区农贸市场、凯洪家园C区二期、善成三村北区等16个地块；竣工84.13万平方米，完成目标任务的140.2%。包括北新新水湾、台角新村、文汇新村一期、团结新村一期、团结新村二期、北上海邻里中心、文汇新村二期、锦绣花园一期、善成一村D区等13个地块，交付使用安置房6200套。建设过程中，严格落实《安置房建设项目安全质量管理意见》和《安置房建设项目安全质量管理考核办法》《安置房建设管理办公室工程建设内部管理办法》等文件，重点强调"三个严格、三个确保"制度，确保工程建设质量。即对工程施工、监理和材料选用，严格实行招投标制度，以确保质优价廉；对工程项目质量管理，建立一套严格的质量监管体系，实行建设单位、监理单位、施工单位、质检单位四层把关制度，对建设的每道环节进行全面把关验收。对各分项工程，严格实行交叉作业、整体推进的施工操作制度，以确保一次性到位。

【房屋产权交易】 进一步规范房屋登记行为，完善登记发证工作流程及工作要求，加强登记质量管理。严格执行岗位责任制，精心审核校验办证登记的前置条件，做到一项不能漏，一件不能少。全年共办理商品房注册登记91宗、房屋初始登记112宗、商品房转移登记9420宗、二手房转移登记4537宗，他项权登记11625宗，变更、遗失、更正、限制登记共计2793宗，房屋面积测绘150件，接待单位或个人查阅房产档案8.1万余人次。全年实现房屋登记质量零事故。

【房屋征收】 严格按照《启东市国有土地上房屋征收与补偿暂行办法》等政策法规，完善城市规划区内拆迁补偿方法，明确房屋征收范围、标准、程序，确定征收补偿内容、安置方式。依法发出房屋征收决定1份。2015年，共受理裁决申请10份，召开裁决前调解会10次，通过调解签约5户，作出裁决3份。全年全市共计完成拆迁腾房4017户、交净地125块。积极做好房屋搬迁行业管理工作。对有关镇、园区拆迁人员进行政策辅导和拆迁现场案例分析；对拆迁评估机构进行重新备案，通报拆迁评估机构的审查结果；对入启施工的拆房公司全部备案，并签订房屋拆除施工安全责任状，做好日常拆房现场安全管理工作；对历年来已拆迁未注销的房屋产权进行清理，全年注销清理200多份。

【民生项目建设】 公共服务设施建设。文峰大世界竣工营业，欣乐商业中心、大润发、城市综合体金融中心等一批大型商业设施加快建设。

城区建成农贸市场3个、公共厕所3座，公共停车场3个。新城区第一中学已投入使用，英邦小学、克明村小学幼儿园、南郊家园小学幼儿园加快推进。

安全供水。全市全年累计完成售水5810万吨，水费回收率总公司97.73%、吕四水厂97%，漏损率总公司14.63%、吕四水厂22%，水质综合合格率100%。区域供水通久线(启东专线海门段)开工建设，惠阳线、惠萍泵站加快建设。市区伊顿公馆、南郊

小区停车位改造。 (姜新春/2015 年 4 月摄)

家园 C 区、御和湾二期等 20 个小区完成自来水安装，吕四完成锡康村、巴掌村、通兴村、元鹏村、二补村等拆迁安置区的室外供水管道安装工作，完成海洋经济开发区江苏华峰超纤材料有限公司供水计量设施、吕四开发区污水处理厂 DN100 流量计的安装任务等。全市累计铺设 DN100 以上管道 76121 米。

安全供气。2015 年，全市液化石油气用量 20000 吨，天然气用量 3000 万立方米；城市气化率达 99%；新增居民用户 7000 多户，新增市政管道 100 公里，更换不合格钢瓶 5 万余个。共对全市 470 名送气服务人员进行岗前培训、考核和发证工作。全年对所有燃气企业开展安全检查 50 余次，组织 4 次燃气安全生产专项大检查，进行为期两个月的燃气安全生产摸底专项普查，共开出整改通知书 10 份，查处非法倒气窝点 5 个、无证上岗 15 起。对全市 11 处违章压占现场进行检查，并提出整改要求。

老小区改造。完成阳光花苑、滨江花园、紫薇花苑、汇东小区、香格花园、汇东新村、长龙一村、长龙三村、御龙街九个老小区改造，新增停车位 2454 个，有效缓解老小区停车难的问题。

【白蚁防治】 坚持“预防为主、防治结合、综合治理”的指导思想，以“服务社会、服务群众”为宗旨，切实做好全市房屋白蚁防治工作。全年完成施药面积 310 万平方米，945 幢房屋，其中下乡施药 115 次。接报白蚁危害 70 户，上门鉴定 73 户，灭治施药 34 户，灭治处理面积 2900 万平方米。推广实施 IPM(有害生物综合治理)示范项目，实现白蚁防治绿色环保。完成 2003 年、2007 年、2011 年度白蚁预防房屋的回访复查工作。

【基本建设管理】 住建局认真落实施工许可管理办法，严格把好发证关。全年共核发施工许可证 123 份，许可建筑面积 197.6 万平方米。严格审查建设单位法定手续办理情况、房地产项目容积率的执行情况，对符合竣工验收备案条件的工程及时给予办理备案手续，办理房屋竣工验收备案项目共 112 个，备案面积 228 万平方米。组织对惠萍家园安置房及长龙怡景公寓、凯洪家园 C 区等项目的深基坑支护工程的评审，确保基坑施工的安全。

严格施工图审查，从源头上确保建设工程质量。全年发放施工图设计审查合格证 112 份，审查面积 238 万平方米，确保报建项目的施工图设计审查合格率达 100%。

加大对建筑工程抗震设计审查力度，在初步设计评审阶段就对抗震专项审查，严格把关大型公共建筑及学校、医院等人员密集场所的抗震设防力度，强调寅阳、和合、惠萍、东海应进行 7 度设防。切实把好抗震设防审查证书发证关，全年发出抗震审查证书 87 份，审查面积 179.3 万平方米。

根据《江苏省建筑节能管理办法》和《南通市建筑节能管理实施细则》，加大建筑节能宣传力度，修订完善《建筑节能宣传手册》并发至全市各房地产企业、施工企业、设计企业、监理企业。抓好建筑节能闭合管理，从规划评审、初步设计评审、施工图审查、建筑节能专项验收各个环节抓好建筑节能的落实。2015 年，民用建筑节能专项验收备案 39.8 万平方米，其中居住建筑 34 万平方米，公共建筑 5.8 万平方米。

严把项目信誉保证金、工程款支付保证金的交纳关，要求建设单位签订自律公约，作出按合同付款、不拖欠工程款的承诺。全年收缴建设单位信誉保证金和项目支付保证金共计 1637 万元，办理保证金退款 2421 万元。

【教育培训】 全面服务好全市建筑业的教育培训工作。完成 1077 名中岗人员的新证报名和 985 名中岗人员继续教育；组织全市 762 名二级建造师、99 名小管师继续教育培训学习考试。对全市建筑业企业技工人员的需求情况进行调查摸底，组织 7500 人参加人社局 27 个工种的初、中、高级技能培训鉴定。根据省住房城乡建设厅的要求，确定启东市中等专业学校为市安全员(B、C 类)考证的定点考场，并组织建筑业企业“三类人员”(建筑施工企业主要负责人、项目负责人和专职安全生产管理人员)新证考试 705 名，完成 248 名“三类人员”继续教育。完成《2015 年启东市专业技术人员管理工作要点》规定的各项工作任务，组织 335 名建设系列中级职称的申报和初审。

【建设工程造价管理】 贯彻住建部《工程造价信息管理办法》，建立健全启东工程造价信息网络平台，加快市工程造价管理工作向规范化、流程化、便捷化迈进的步伐。做好人工成本信息采集与发布工作，并根据市场变化情况及时发布价格调整文件，全年共发布《启东建设工程造价信息》6 期，出台烧结保温砖(淤泥)补充定额、三轴搅拌桩机机械台班补充定额、灌注桩后注浆补充定额三个补充定额，完善计价机制。全年共受理现场安全文明施工措施费考评单 102 个，核定现场安全文明措施费 347 个项目、工程类别及工期 12 个项目。

【建设工程质量监督】 2015年，受理建设工程质量报监项目110个，建筑面积558万平方米，其中新开工83个，建筑面积248.6万平方米；住宅工程分户验收覆盖率、合格率均为100%。严格落实五方企业主体责任，明确建设单位、勘察单位、设计单位的项目负责人和施工单位的项目经理、监理单位的总监工程师为工程质量终身责任人，并按要求设置永久性责任标牌。健全和完善日常巡查、专项检查、综合检查、监督抽查等监督检查制度，确保对工程质量实施有效监督。对全市进入主体施工阶段的安置房工程进行拉网式检查，对其他房屋建筑和市政工程进行质量抽查，共发现质量问题146条，质量隐患628处，发出整改通知书205份，质量检查情况通报4期。加强对检测过程和检测行为的监管，坚决依法严厉打击虚假检测报告行为，对有检测行为不规范的检测单位进行不良行为记录，纳入诚信管理。加强对重要建筑原材料的质量控制，进入市工程项目的重要建筑原材料除实施登记和按规范要求由各方责任主体进行送检外，加大抽检力度。加强工程质量通病的防治工作，针对渗漏、裂缝、空鼓等质量常见问题，要求新建工程应当将有关质量常见问题防治措施纳入施工图设计文件。

【档案管理】 2015年，住建局继续加快全市建设档案信息化步伐。投入50万余元对城建档案信息管理专用软件、服务器、存储器、防火墙等专用设备升级更换，并完成部分馆藏档案在新疆自治州地区异地备份，确保档案信息化管理上一个新台阶。全年共接收、组卷、入库档案3942卷，扫描图纸11600张，文字材料38520张，对入库档案进行常态化数字化处理；接待查档者727人次、提供档案1119卷、出具复印凭证6002份。全年与建设单位签订档案报送责任书99份，出具建设工程档案专项验收意见书158份，出具工程档案接收证明书154份，在建工程业务指导65次；加大重特大项目的提前介入通知单、安全监督报告、质量监督说明等必要档案的收集力度。指导寅阳镇、近海镇两个村镇建设档案室顺利通过省特级村镇建设档案室目标评估考评，有效促进下阶段其余乡镇全面铺开村镇建设档案的创级工作。全年组织27人分别参加江苏省城建档案和南通市村镇建设档案管理培训。开展以“档案——与你相伴”为主题的“国际档案日”宣传活动；会同市政园林绿化建设管理处制作“《绿意渲城》——启东园林绿化建设掠影”专题图片展。100多张照片从滩涂生态、公园绿化、滨河绿地、道路绿化、立体绿化、防护绿化等角度展示城市绿化建设的成果。相继在市行政中心二楼展厅、紫薇公园展出。

【城建监察】 围绕城市建设、工程管理、房产开发、村镇建设、公用事业五大监察重点，认真开展城建监察执法工作。共查处各类案件154起，其中规划建设类42起，安全监督类6起，市政公用事业类3起，住宅装饰装修103起；已查处结案30起，罚款总额200.8万元。执法过程中，每一个行政处罚案件均做到事实清楚、程序合法、法律适用正确、自由裁量适中，无错案、积案，无行政复议、行政败诉案件。利用“安全生产月”“12·4”全国法治宣传日等，深入建筑市场、工地、群众中宣传相关法律法规，共制作下发《中华人民共和国城乡规划法》《中华人民共和国建筑法》《建设工程质量管理条例》《江苏省实施〈中华人民共和国人民防空法〉办法》等宣传册3000余册，发放燃气、住宅室内装修等方面宣传单4000多份。

（陈　华）

国土资源管理

【概况】 2015年，市国土资源系统按照“保护资源、节约集约、维护权益、改革创新”工作总要求，拓展用地空间，破解用地难题，维护国土民生权益，为经济社会发展提供有效用地保障。局被南通市委、市政府授予“南通市文明单位”荣誉称号。

【服务发展】 主动服务重大项目，完成胜狮二期、京沪重工项目用地报省审批，为京沪重工项目争取重大产业项目用地计划305亩。积极向上争取未利用地追加计划，2015年，共为市增加未利用地指标2102亩。共完成建设用地报批9个批次、28个单独选址项目，报批总面积7688亩。完成市土地利用总体规划调整修改，将9500多亩土地从有条件或限制建设区调整为允许建设区，获得省政府批准。通过申请修改重点建设项目清单方式，将345国道启东段改扩建工程和动物无害化处理中心两个项目成功纳入重点建设项目清单，对市热电联产项目建设用地位置进行调整，获得省政府批

9月11日，市民观看园林绿化建设图片展。　（姜新春/摄）

准。共计完成挂牌出让土地150宗379.51公顷(5692.6亩),其中工业用地68宗163.67公顷(2455.05亩),商服、商品房等经营性用地76宗194.19公顷(2912.85亩)。

【资源保护】 完成2015年度耕地保护责任书签订,明确各级政府一把手对耕地保护工作的责任。对各镇(乡)开展耕地保护目标责任考核,市12个镇全部达到标准,达标率达到100%。全面组织开展涉及南阳、北新、寅阳等镇62个项目城乡建设用地增减挂钩工作,申报验收新增农用地面积计46.34公顷,新增耕地达42.51公顷。向各镇下达2015年度耕地占补平衡补充耕地指令性任务2080亩,分解到各镇,落实实施计划2500亩,超额完成420亩。合作镇、东海镇两土地整理项目于2015年完成并顺利通过省厅专家组验收,为市分别净增耕地45.8公顷和47.41公顷。耕地占补平衡项目入库新增耕地面积计12.57公顷,申请验收新增耕地面积12.49公顷,完成向南通市申报验收。在南阳镇、合作镇组织开展高标准农田建设项目,上述项目进入扫尾申验阶段。

【督察检查】 2014年度国土部下发市卫星遥感监测图斑1206个计23063.7亩。市"一上"成果,一次性通过部、省内外业核查,另对城镇地籍数据进行汇总上报,成功通过省厅及国土部核查。2015年,国家土地督察南京局反馈市需整改图斑774个计7112亩。9月,国家土地督察南京局又向市反馈九大类19小类637项问题,涉及土地21367亩,金额381403万元。11月27日,国家土地督察南京局审核认定市上述问题整改到位594件,履职到位43件,成功通过此次土地例行督察。

【土地节约集约】 开展存量土地清理盘活,对已供地项目的用地开工、竣工和土地闲置情况实施清查,对照出让合同对全市已供建设用地建设情况进行全面梳理,严把供地准入关口,在容积率、投资强度等方面设定规范和准入门

6月27日下午,市举办依法依规节约集约用地专题讲座。
(市国土局/提供)

槛,引导企业开展内部挖潜和建设高标准厂房。7月,市荣膺"2014年度江苏省国土资源节约集约利用模范县(市、区)"称号,并获500亩用地奖励指标。

【维护权益】 推进"全流程优化审批、全区域便民服务、全业务网上办理、全节点效能监管"国土业务"四全服务"试点工作,深化落实"保姆式"服务,再次压缩市国土业务23项行政审批办理承诺时限,提升服务效率。向南通市局、市政府报送信访复查佐证材料11件,向省厅报送信访复核佐证材料9件。共发放国有土地使用权证3224宗,发放他项权证1944宗,无一宗出现差错。

【市不动产登记局挂牌】 建立由市政府办、法制办、编办、组织部、财政局、人社局、国土局、住建局、海渔局、农委、政务中心等共同组成的市不动产统一登记工作联席会议制度,制定《启东市不动产统一登记工作实施方案》。9月14日,南通市编办发文(通编办发〔2015〕142号)同意市国土资源局增挂启东市不动产登记局牌子,9月23日,市编委发文(启编发〔2015〕36号)同意局增挂启东市不动产登记局牌子,机构编制和启动资金得到落实。严格按照规定及时受理各类信息公开申请,共受理办理信息公开74件。

【法治建设】 在"4·22"世界地球日、"6·25"国土日、"8·29"全国测绘法宣传日、"12·4"国家宪法日和全国法制宣传日等时间节点,全面开展国土法律、法规、政策宣传活动。6月下旬,邀请南通市局领导赴启东市开展"依法依规、节约集约用地"专题讲座。6月底,局走进市人民广播电台政风行风直播室,通过电波就国土业务、政策与百姓群众进行零距离交流。共计办理处理涉土行政复议案件1件,涉土行政诉讼案件15件,已审结的上述案件无一起败诉。

(丁 一)

城市管理

【概况】 2015年,启东市城市综合管理局(以下简称"市城管局")围绕"精致、细腻、整洁、有序"的城市管理要求,坚持依法行政,深化改革创新,不断强化党风廉政建设和作风效能建设,圆满完成各项目标任务。

【城市环境综合整治】 牵头组织实施三年(2013—2015年)城市环境综合整治行动,着力对老旧小区、城郊结合部、背街小巷、占道经营、车辆停放、户外广告等群众反映强烈的热点、难点问题和管理薄弱环节进行整治和规范。定期召开城市环境综合整治成员

单位工作推进会，与各责任部门相互沟通、协调，共同构建城市精细化、长效化管理机制。列入2015年度整治目标责任书的36个“九整治”项目和114个“三规范”(户外广告、占道经营、车辆停放规范)项目全面完成。

11月11日，市城管局志愿服务总站举行揭牌仪式。 （姜 斌/摄）

【市容市貌管理】 组织开展户外广告、违章建筑、渣土运输、车辆停放等专项整治。制定《启东市户外广告设施设置管理办法》，于2015年8月1日起施行，完成江海北路商业街店招提档升级工程，完成市区候车亭广告位整治出新项目，开展灯杆广告和“牛皮癣”集中清理，拆除灯杆广告近800对，清理违法广告5000多份。民乐路沿街商铺店招改造工程，进入招投标阶段。健全违法建设防控网络，通过日常巡查、条块结合等有效措施，做到早发现、早制止，由市政府牵头，城管局、开发区、公安局、司法局等13个部门联合行动，对银河路两侧83间违章彩钢房进行强制拆除。2015年，现场拆违5600多平方米，整改约2100平方米，出台城市建筑垃圾管理办法，构建建筑垃圾处置专项整治和联合执法机制。联合公安交警部门对城区内“僵尸”车进行集中清理整治，依法对长期占用公共资源的67辆“僵尸车”予以拖离。对市区夜排档进行全面调查摸底，将分散在各街道、路面的64家夜排档的经营地址、经营项目、经营时间、经营者姓名、联系电话等基本信息逐一登记在册，并进行集中整治，共查处占道和超出门窗经营夜排挡26处，下达责令改正通知书18份，有效改善夜间市容环境秩序。对市区早点摊设置情况进行逐一核实，规范摊位设置。先后设置并巩固5个节庆期间民俗用品销售点、37个季节性自产地瓜果疏导点，安置及疏导水果、早点、修理、小百货等摊点近千个。

【环卫管理】 对市区重点区域、重点路段延长保洁时间，城区环卫保洁实现全覆盖。全面推行大中型扫路车普扫、小型电瓶车巡回清扫保洁、高压冲洗车冲刷、洒水车降温除尘，人行道、绿化带人工捡扫相结合的环卫作业新模式。成立建筑垃圾清运队，对城区内建筑垃圾实行及时自主清运。建立了城乡一体化的垃圾收集、中转和无害化处理体系。2015年，日清扫城市道路面积450万平方米、清运城区和农村生活垃圾760多吨、保洁公厕63座，设置道路果壳箱1000多个。积极推进在滨江化工园区建设的生活垃圾飞灰填埋场、在世纪大道南侧和中央大道北侧港东路东侧建设的垃圾中转站的项目进度。垃圾飞灰填埋场主体工程竣工。

9月14日，汇龙镇城管中队和机动中队联合执法，清理学校门前占道经营的小商贩。 （市城管局/提供）

【物业管理】 完善物业属地管理职能，建立乡镇物业管理网络，健全规范物业管理行业进出机制，自2016年1月1日起在全市范围内正式实施《启东市前期物业管理招投标监管程序》。制定《启东市住宅专项维修资金管理实施细则(试行)》，全面规范物业维修资金的交存、使用、管理。2015年共收缴维修资金8961.83万元，使用145.84万元。召开属地部门物业管理分管领导、各物业公司负责人出席的消防工作会议，切实加强物业安全生产管理。推进示范社区创建活动，万豪花园通过南通市示范社区验收。

【城管体制机制】 城管职能延伸。推进城市管理相对集中行政处罚权向建制镇延伸，派驻海工船舶工业园、滨海工业园、滨江精细化工园的城管执法中队正式上岗执法，市城市管理逐步实现城乡一体化。

“数字城管”建设。数字化城管项目于2015年6月正式通过省住建厅验收，集信息采集、事件处置、综合评价为一体的长效管理机制日趋完善，城市管理实现从单一执法向综合管理转型，为“大城管”管理框架提供政策支撑。“数字城管”投入运用起，总计受理案件已突破6万件次，处置率达98.5%，结案率实现99.5%。

【民生实事项目】 落实市政府为民办实事项目，顺利完成公共自行车交通服务系统二期建设，共新增设网点15个，新增桩点300个。至2015年年底，市区公共自行车网点达76个、桩点1920个，投放车辆1400部，日均借车达1370人次。在市区花园路、江海路、和平路、紫薇路等7条主要道路两侧人行道上划设非机动车停车位35千米，规范非机动车有序停放。

(沙晓辉)

供电

【概况】 2015年，启东境内共有35千伏及以上变电所31座，其中220千伏变电所4座，110千伏变电所12座，35千伏变电所15座，主变容量255.675万千伏安，35千伏及以上输电线路770.432千米。另有110千伏用户变2座，35千伏用户变14座。全年国网启东市供电公司累计完成供电量27.87亿千瓦时，同比增长5.75%；售电量26.71亿千瓦时，同比增长6.01%；最高负荷57.66万千瓦，同比增长19.88%。完成固定资产投资2.87亿元，同比增长1.5%；业扩报装完成2.59万户，同比增长5.8%，新增容量40.91万千伏安，同比增长8.7%。

【电网基本项目】 2015年，竣工投运110千伏惠阳输变电工程、220千伏邢柏至新安线路工程及220千伏吕四港电厂改接线工程。开工建设110千伏圆陀角输变电工程，有序推进220千伏沿海输变电工程。开展电网规划，完成110千伏久隆输变电工程立项前期工作，启动配网单元制规划工作。

【配农网建设】 2015年，完成配农网工程建设投资3.22亿元，为沿海、沿江和工业园区建设提供电力支撑。新建10千伏架空线路14.38千米，新增配变194台，增容配变852台；更换低压配电箱318台，改造低压线路869.7千米，更换接户线1093.42千米；完成1011台配变“卡脖子”治理工程，配变居民户均容量全部超过1.5千伏安。

完成110千伏惠阳变10千伏配套出线的建设与投运，解决汇龙镇南部地区供电能力瓶颈问题，基本完成农村地区配网主干线路的改造；完成10千伏新乡线、10千伏惠乡线负荷分割，为迎峰度夏期间电力有序供应提供保障。优化配网结构，城区配电线路全部实现“手拉手”或环网供电，农村配网逐步增加分段开关或联络开关，进一步提高供电可靠率。

【供电服务】 推进“智能互动心服务省心省钱绿色电”优质服务主题活动，组织开展供电服务“四个百分百”提升活动，优质完成用户联系信息核查、1000千伏安及以上大用户的AAAAA级自评和专家评审、利税大户及重要用户的用电体检等工作，提升服务水平。推广带电作业，全年减少停电3.12万时·户。成立农电管控中心，健全完善1.96万人组成的台区服务网络，农电管理得到有效提升，吕四供电所获“五星级供电所”和“全国最美供电所”称号。

(姚薇薇)

交通运输

【概况】 至2015年年底，全市公路总里程3575.96公里，公路密度达244.19公里/百平方公里。其中，高速公路40.25公里，一级公路233.40公里，二级公路144.22公里，三级公路301.19公里，四级公路2846.93公里，等外公路9.99公里。公路客运站场8个，其中一级站1个，三级站3个，四级站4个。航道总里程649.3公里，其中五级航道53.85公里，六级航道88.15公里，七级航道73.42公里。通航船闸1座。港区2个，其中吕四港区规划岸线33.3公里；启海港区规划岸线18.3公里。码头泊位64个(生产性泊位6个，修造船、海工泊位58个)。

【交通工程建设】 铁路施工有序推进，施工便道全线贯通，累计完成投资7亿元。海启高速开工建设。海启高速是上海连接苏中、苏北地区的重要通道，对市吕四港开发和中西部地区发展具有重要的意义。2015年，按照省、市要求，会同各镇乡全力推进拆迁工作，全线866户拆迁户，完成签约96%，拆迁90%。同时抓好铁路的规划沟通，配合上级部门做好北沿江城际铁路的规划工作，力争高铁经启东过江至上海。加快推进志圩公路中段、天江公路和永

2月，供电公司在海复镇高陆村进行低电压改造，确保供电。

(王婷婷/摄)

兴路东段等工程建设前期工作,拆迁工作进入尾声,施工队伍进场。完成天汾大道和头兴港河护岸工程建设;完成临海公路南段绿化工程,北段绿化工程全力推进,土方完成40%,绿化种植完成30%。完成汇大线等5条道路、18公里县乡公路大中修工程。县乡公路重点路段亮化工程全力推进,采用市镇合办的形式完成30公里亮化工程。完成1000公里农村公路安保工程和8座交通危桥改造工程。重大项目报批工作加快推进,国道345、省道335绕城段进入初步设计阶段。完成"十三五"交通规划的编制工作。

【行业管理】 稳步推进城乡公交发展,增密105路城东至城西站班线、调整103路公交班线、新开通306路上和合至三阳镇班线和大学城班线,满足市民出行需求。开通北新、王鲍两镇镇村公交建设。抓好出租汽车管理工作,开展出租汽车专项整治活动,做好出租汽车稳定工作。加快推进站场建设,城东客运站年初正式开通,滨海客运站重点做好规划等前期工作。启沪快线持续发展,日发班次达187班,停靠上海12个站点。以"12345"服务热线为平台,集中处理群众关心的热点、难点问题及相关投诉,及时处置率达100%。

【航道管理】 依法维护航产航权,收足收好航道补偿费。2015年,共收航道补偿费128.92万元,其中收取固定设施及浮吊船补偿费21.22万元,建设桥梁、临时设施等补偿费107.70万元。严格审批,减少违章。2015年,共审批临跨过河设施22起,其中报南通市处审批7起,站审批15起。贯彻巡航制度,确保航道畅通。全年巡航天数236天,巡航总里程1.2万公里。强化航标管理。加强航标维护保养,对所有发光航标重新安装遥控遥测装置,并做到上标检查与遥测检查相结合,随时掌握航标工作运行情况,确保航标正位率100%。

【运输生产】 2015年,全市境内公路客运量901万人次,旅客周转量6.43亿人公里,货运量836万吨,货物周转量13.32亿吨公里。内河货物运输量182万吨,货物周转量3.99亿吨公里。

乡村道路护坡工程。 (郁卫兵/摄)

【公路环境管理】 2015年,市公路管理以迎国检为契机,全面开展路域环境"三整治一提升"活动,取得显著成效。推进马路市场专项整治。采取宣传发动、开辟市场、联合执法、物理隔离、技术监控"五步曲",彻底取缔沿江公路大兴路口马路市场。推进桥下空间专项整治。对临海公路、吕北公路沿线6座桥梁下堆积物全部清理完毕,并投入500万元种植绿化,保障桥下空间安全美观。推进废品回收站专项整治。以336省道北新段为样板,通过设置安全防护网、彩钢围挡、砌筑围墙等多种方法,大力推进,整治任务全部完成。推进公路绿化提档升级。共投入1400多万元,对全市东惠公路等23条县乡公路及336省道部分路段进行绿化补植,全市公路环境焕然一新。

【安全管理】 通过健全安全生产网络、开展安全生产检查、完善安全应急预案等措施,提升安全管理水平,确保安全生产形势持续好转。推进专项行动,强化安全监管,确保全行业安全稳定。严格安全生产"一岗双责"职责,专门制订安全生产管理目标责任制,层层细化分解,安全生产各项工作任务落到实处。安全隐患治理有力推进。组织实施"安全隐患排查治理"活动,深入企业、单位、现场严格安全隐患排查,把隐患解决在萌芽状态。开展春运、国庆节重大节日安全生产大检查、"夏季安全生产百日竞赛活动""安康杯"劳动竞赛、"七打七治"专项活动,做到有方案、有计划、有部署、有检查、有总结。"科技兴安"加快推进。全面完成南通市局"科技兴安"各项任务,飞鹤分公司、公交公司、各出租汽车公司、危货企业全部安装营运车辆GPS监控系统,所有客运车辆全部安装3G监控设备,实行实时监控,运行状态良好。

【文明创建】 开展党建工作"三进"主题活动。发挥基层党组织的作用,带领广大党员干部和一线职工参与交通运输行业争先创优和党建工作"进工地、进班组、进车厢"系列主题活动,动员全系统228个一线岗位参创"共产党员先锋岗""和谐客运红旗岗"。南通汽运集团启东分公司党组织找准日常站务工作与服务乘客的结合点,组织培育"彩虹特色服务组",创造以"听、看、答、做、勤"为主要内容的"启东站务工作法",成为南通市客运服务品牌,获启东市"巾帼标兵"和"南通市工人先锋号"称号。开展机关党员干部"双联双争"惠民服务活动,重点对海复镇四堤村董兴祥等5名特困户和海复镇北固及竹亭村5名老军人发送慰问金5600多元。

【作风建设】 以交通工程建设和交通行政执法领域为重点,抓好纪检巡查工作,完善廉政合同制、质量责任人档案制、竣工决算审计制、资金互审拨付制等制度,加强重点工程、重点部位、重点环节的监督管理,倾力打造廉洁工程,全年全系统未发生重大违法乱纪行为。加强行政执法教育培训,开展普法宣传教育活动,推进系统内的法制宣传教育工作,全系统未发生行政复议被撤销或变更案件。参与政风行风热线活动,抓好"12345"热线和网民投诉,全年解决群众关心的热点、难点问题2571起。办理人大代表建议、政协委员提案39件,满意率达100%。

(陈永兵)

铁路建设

【概况】 2015年,启东市政府专门成立宁启铁路二期工程建设服务指挥部,负责铁路沿线6个镇的拆迁、安置、清障工作。3月25日,召开全市铁路征拆动员大会,全面配合中铁十局加快宁启铁路二期工程的建设。至12月底,铁路沿线乡镇拆迁基本完成,拆迁总户数为910户,签约909户,签约率为99.8%;拆除909户,拆除率为99.8%。宁启铁路二期工程建设服务指挥部协调铁路沿线乡镇积极做好铁路红线内的清障让地工作,配合中铁十局打通施工便道40公里,中铁十局按照3年建设完成目标,在2015年完成7.3亿元的投资产值,圆满完成年初制定的任务。

【规划设计】 市政府委托中铁上海设计院进行启东站房和站前广场的设计,中铁上海设计院在交通局、住建局的配合下,结合启东的人文历史,经过多次修改,启东站房的设计通过中国铁路总公司鉴定中心的审批。市交通局铁路科配合中铁上海设计院和江苏省交科院完善、修改《沪崇启铁路通道规划研究咨询报告》,紧盯省铁路办,由省铁路办邀请国家铁路局组织上海、江苏两地相关部门的领导和国家层面的专家,为召开沪崇启铁路通道规划咨询会做好前期准备。同时,吕四港专用线委托中铁上海设计院开展前期调研,做好预可报告。

(陈永兵)

环境保护

【概况】 2015年,市环保局认真落实国家、省、南通市环保工作会议要求,以改善环境质量为主线,强化环境调控,深化污染治理,严格环境监管,着力解决危害群众健康、影响可持续发展的突出问题,全市环境保护工作稳步推进,为打造"强富美高"新启东提供有力的环境支撑。大力推进创建国家生态市和国家环保模范城市工作,突出重点,强化措施,狠抓落实,严标准、高质量、快节奏,国家生态市创建于7月19日高标准通过环保部验收。

【环境空气质量】 二氧化硫(SO_2)、二氧化氮(NO_2)、可吸入颗粒物(PM_{10})、细颗粒物($PM_{2.5}$)、一氧化碳(CO)、臭氧(O_3)。2015年,启东市市区建成区内共设置2个大气自动监测站点,分别在启东市环境监测站和南苑中学。南苑中学子站因网络故障,全年共获有效监测数据363天;环境监测站子站全年共获有效监测数据364天。对照《环境空气质量标准》(GB3095-2012)标准,2015年市区建成区受细颗粒物和可吸入颗粒物影响,环境空气质量未达到二级标准。环境空气质量日综合评价达标天数为283天,达标率为77.5%。具体结果如下:二氧化硫年均值为15微克/立方米,24小时平均第98百分位数为42微克/立方米,均达到年均值一级标准和日均值一级标准,日评价达标天数365天,达标率100%。二氧化氮年均值为17微克/立方米,24小时平均第98百分位数为54微克/立方米,也均达到年均值一级标准和日均值一级标准,日评价达标天数364天,达标率99.7%。可吸入颗粒物年均值为65微克/立方米,24小时平均第95百分位数为136微克/立方米,均达到日均值二级标准,日评价达标天数353天,达标率96.7%。细颗粒物年均值为45微克/立方米,未达到年均值二级标准,超标倍数为0.29倍,24小时平均第95百分位数为102微克/立方米,未达到日均值二级标准,超标倍数为0.36倍,日评价达标天数312天,达标率84.7%。一氧化碳年均值为0.8毫克/立方米,24小时平均第95百分位数为1.4毫克/立方米,均达到年均值一级标准和日均值一级标准,日评价达标天数365天,达标率100%。臭氧日最大8小时滑动平均值的第90百分位数为151微克/立方米,达到日均值二级标准,日评价达标天数331天,达标率90.7%。

降尘。2015年,市区自然降尘平均值为6.7吨/平方公里·月,比参照标准(8.0吨/平方公里·月)低1.3吨/平方公里·月,与上年相比有所下降。

降水。全年共收集降水样品82个,降水量为1506毫米。PH值范围为5.41~6.18,年平均值为5.68。全年酸雨出现频率为34.1%,与上年相比有所下降。

【水环境质量】 水源水。饮用水源地南通洪港水厂取水口:2015年南通市环境监测中心站的监测结果表明,南通洪港水厂水质达到《地表水环境质量标准》(GB3838-2002)中Ⅲ类水质标准,全年12次监测水质的达标率为100%。

备用水源地汇龙地面水厂取水口:2015年监测结果表明,汇龙地面水厂各项监测指标年均值能达到《地表水环境质量标准》(GB3838-2002)中Ⅲ类水质标准,全年5次监测的达标率为80.0%,主要超标项目为五日生化需氧量、总磷、高锰酸盐指数。

长江水。2015年长江北支启东段的总体水质符合《地表水环境质量标准》(GB3838-2002)中的Ⅱ类水质标准,达到其水质功能类别的要求。

近岸水域(距北岸500米)水质:各项水质指标年均值均符合《地表水环境质量标准》中的Ⅱ类水质标准,水质状况为优。

中泓两侧水域(距北岸1000米、2000米)的水质:各项水质指标年均值均符合《地表水环境质量标准》中的Ⅱ类水质标准,水质状况为优。

与上年相比,长江北支启东段水质无明显变化。

主要内河水。市监测的6条主要内河水系的水质均达到相应的水质类别要求。

通启运河：近海大桥监测断面（省控）总体水质符合《地表水环境质量标准》GB3838-2002中的Ⅳ类标准，水质为轻度污染，主要污染物为总磷、高锰酸盐指数，与上年相比，水质状况无明显变化；聚南大桥监测断面（省控）总体水质符合Ⅳ类标准，水质为轻度污染，主要污染物为总磷，与上年相比，水质状况有所下降；塘芦港新闸监测断面（省控）总体水质符合Ⅳ类标准，水质为轻度污染，主要污染物为高锰酸盐指数、总磷，与上年相比，水质无明显变化。通启运河整体水质符合Ⅳ类标准，水质为轻度污染，与上年相比，水质状况无明显变化。

通吕运河：天汾大桥（省控）监测断面水质符合Ⅳ类标准，水质为轻度污染，主要污染物为总磷，与上年相比，水质状况有所下降；大洋港桥（南通市控）总体水质符合Ⅳ类标准，水质为轻度污染，主要污染物为总磷，与上年相比，水质状况无明显变化。通吕运河整体水质符合Ⅳ类标准，水质为轻度污染，与上年相比，水质状况无明显变化。

三和港：沿江公路桥断面（启东市控）总体水质符合Ⅳ类标准，水质状况为轻度污染，主要污染物为氨氮，与上年相比，水质状况无明显变化。

蒿枝港：海复大桥断面（启东市控）总体水质符合Ⅳ类标准，水质状况为轻度污染，主要污染物为高锰酸盐指数、化学需氧量，与上年相比，水质状况无明显变化。

南引河：民主三条桥（南通市控）总体水质符合Ⅲ类标准，水质状况为良好，与上年相比，水质状况无明显变化。

头兴港：永阳南桥（南通市控）总体水质符合Ⅲ类标准，水质状况为良好，与上年相比，水质状况无明显变化；沿江公路桥断面（启东市控）总体水质符合Ⅳ类标准，水质状况为轻度污染，主要污染物为高锰酸盐指数、化学需氧量，与上年相比，水质状况无明显变化。头兴港河整体水质符合Ⅳ类标准，水质状况为轻度污染，与上年相比，水质状况有所下降。

城镇地表水。头兴港河永阳南桥断面水质指标的年均值符合《地表水环境质量标准》（GB3838-2002）中的Ⅲ类水质标准，水质状况为良好。南城河和平南桥断面水质指标的年均值符合《地表水环境质量标准》（GB3838—2002）中的Ⅳ类水质标准，水质状况为轻度污染，主要污染物为氨氮、总磷。两条河水质相比较，头兴港河的水质好于南城河。与上年相比，两断面水质均无明显变化。

地下水。2015年，全市潜水层设1个测点：汇龙镇民主街高宅浅井；第三承压层设2个测点：东元水厂深井和吕四水厂深井，于5月、8月各监测一次，分析项目22项。监测结果表明，汇龙高宅浅井水质类别仅符合《地下水质量标准》（GB/T14848-1993）Ⅳ类标准，污染程度为“较差（Ⅰ类）”，主要超标项目为氨氮、亚硝酸盐、总硬度，说明本地潜水层受地表径流有机污染影响较明显，且含盐较高，属矿化型水质。东元水厂深井水质符合Ⅲ类标准，为“良好（Ⅰ类）”，主要污染物是氨氮、亚硝酸盐氮、氯化物；吕四水厂深井水质符合Ⅲ类标准，为“良好（Ⅰ类）”，主要污染物是氨氮、亚硝酸盐，从两口深井水质状况可以看出，启东市第三承压层总体水质符合地下水标准Ⅲ类，水质级别为“良好（Ⅰ类）”，主要污染物是氨氮、亚硝酸盐氮，水质含盐偏高，属矿化型水质。

【声环境质量】 功能区噪声。2015年，市区共设7个功能区噪声测点，其中居民文教区3个测点、混杂区2个测点、工业区1个测点、交通干线两侧1个测点。监测结果表明，各个功能区环境噪声年均值均符合《声环境质量标准》（GB3096-2008）中的相应标准，各测点季度的测定结果也均符合《声环境质量标准》（GB3096-2008）中的相应标准。和上年同期相比，功能区噪声质量等级没有变化。

交通噪声。2015年，市区主干道昼间交通噪声平均值67.9分贝，符合《声环境质量标准》（GB3096-2008）中4类区昼间标准，道路交通噪声质量等级为好，所有监测路段的交通噪声值均达标，与上年相比，交通噪声质量等级无变化。

区域环境噪声。2015年，市区设置128个区域环境噪声监测点，覆盖面积18.0平方公里。昼间等效声级平均值为54.4分贝，噪声质量等级为较好，与上年相比，区域环境噪声质量等级没有变化。声源构成以生活源为主，占58.6%，其次是交通源，占21.9%，工业源占11.7%，施工声源为7.8%。

（茅文湖）

【国家环保模范城市和生态市创建】 细化任务分解。作为牵头单位，针对创模创生态进程中存在的薄弱环节，结合广大人民群众关心的热点、难点问题，迅速进行分析梳理和动员部署。为使创建工作落到实处，严格按照市委、市政府的文件要求，先后起草《启东市创建国家环保模范城市国家技术调研意见整改方案》《启东市创建国家生态市国家技术评估意见整改方案》，并将涉及环保局的考核细则细化落实到具体的职能科室、单位，倒轧时点，责任到人。

抓实工作推进。坚持治标与治本相结合、综合整治与长效管护相结合、硬件与软件建设相结合的方式，严格对照标准，扎实做好各项整改工作、亮点培育工作。组建创建台账资料组，完成对2012—2014上半年台账资料的汇总、编制工作。对创建宣传手册、宣传展板、技术报告、资料片等进行修改完善。

营造创建氛围。在《启东日报》每月开设环保专版，与启东广播电视台《江海潮涌》合作，以专题形式宣传环保工作。举办“中远杯”环保科普知识竞赛，发动全市各单位、组织及公民参与环保法的学习宣传。6月5日，在人民公园广场开展大型环保宣传活动，现场接受市民环保咨询，受理环境信访，营造“全民参与创建”的良好氛围。

【污染物减排】 抓好总量减排基础工作。严格按照标准发放排污许可证，发放新版式的排污许可证15家，对43家已持有许可证企业进行年度审核。着手开展排污权核定基础登记工作，加快摸清区域内重点污染企业排污底数工作步伐。顺利完成2014年环统工作，被纳入环统的工业企业共计150家。对南通和启东审批的24个新项目实施总量指标核定。

完成清洁生产企业审核。将清洁生产列入年度重点工作任务，引导和鼓励企业采用清洁生产技术、工艺和设备，把清洁生产审核验收作为已建企业申报第二次新项目的条件之一。精心制定《全市重点工业企业清洁生产审核方案》，采取“以企业为主体、上下联动内部合作”的清洁生产审核管理和运作机制，23家企业通过清洁生产评估审核。

*落实大气污染防治任务。*督促大唐电厂两台机组开展燃煤电厂超低排放改造试点工程，国信启东热电开展脱硫脱硝项目工程。组织2家企业开展水泥行业(粉磨站)粉尘提标改造项目工程。化工园区7家企业完成挥发性有机物污染治理。加强10蒸吨以上燃煤锅炉烟尘提标改造，大力整治燃煤锅炉，全市61台10蒸吨以下燃煤锅炉完成淘汰。完善秸秆禁烧工作网络，淘汰黄标车1475辆。

【污染专项整治】 *加强重点行业环境综合整治。*严格开展电镀生产企业、印染企业等专项整治。对全市17家重金属排放企业进行集中治理。10家要求关停电镀企业中，3家搬入电镀中心，7家关闭。7家就地整治的企业中，1家破产，6家完成整治。

*巩固化工园区专项整治成果。*提升区内51家企业治理水平，重点企业雨水排口安装COD在线检测仪。园区远程监控天网全覆盖，实现企业污水治理装置、雨水排放口、区内河道、道路全线监控。强化废水收集和处理、加强废气收集和治理、加快环境敏感目标搬迁、完善环境风险防控体系等。

*加强固废、辐射等污染防治。*严把危险废物经营许可与转移审批初审关，加强危险废物重点源动态管理，对危险废物的产生、收集、贮存、利用、处置实施全过程控制。加强辐射环境安全管理，从项目审批、许可环节上加强管理。组织开展全市危险废物规范化管理的专项整治，共检查企业150多家。指导全市医院重新办理好辐射环评和辐射安全许可证审批手续。

*提升环境应急响应处置能力。*会同市有关部门在滨江化工园区组织南通市环境应急演练，省、南通市和兄弟县市环保部门领导到场观摩演练，得到省厅和南通市局的高度肯定。把推行保险与建立污染风险防范体系相结合，加快推进企业的环境安全达标建设，40多家重点化工和电镀企业参加环境污染责任险，列南通市前列。

【环境准入审批】 *规范行政审批行为。*按照《启东市环保局建设项目试生产核查和竣工环保验收管理规程》，加强和规范环评审批，对项目受理、环评审查、审批等环节进行程序规定，严把建设项目环境准入关，慎重审批。对符合国家产业政策和环保要求的项目，及时跟踪掌握项目进展情况，对材料齐全、符合环评审批条件的建设项目，严格在规定的时限内完成审批。

*加强重特大项目服务。*完成上海电气危废处置中心、蓝岛重工、海四达电源扩建、化工园区污水处理厂提标改造、江海污水处理厂、北部区域污水处理厂等一批重大项目的环评审批。协调上级环保部门完成华峰超纤、道明化学、宏华重工、宏强重工等一批重大项目的环评审批及环保竣工验收。对中远船务项目验收、欣捷公司整体搬迁、国信热电搬迁等项目进行全程跟踪，解决项目推进中的各种问题。

*做好项目审批服务。*对不符合市产业结构转型升级政策、科技含量低、污染重的项目，根据生态环境功能区规划、区域行业规划环评、污染物总量控制和产业优化、转型升级等准则要求，依法加强和规范环评审批，严把建设项目环境准入关。全年共审批及预审建设项目385个，项目审批过程注重现场踏勘与公众参与的有机结合，提升审批效能和质量。

【环境执法监管】 *环境监察执法。*深化环保执法“亮剑行动”，采取明察与暗访、日查与夜查相结合的方式，对各类工业园区和排污企业进行全面排查整治。联合各乡镇采取日常监察、信访调处、夜查、节假日和风雨天气司法联动的突击检查等方式，重拳打击一批环境违法行为。全年共计对79家排污单位进行立案查处，共计罚款485万元。运用新环保法4个配套办法执法共10起，包括按日计罚1起，移交公安机关3起，查封扣押2起，限产停产4起。

*环境信访调处。*以开展环保服务月活动为契机，加强与企业之间的交流，及时了解和掌握群众的诉求，解决因信息不畅，沟通不够而导致的环境信访。同时，将环境安全隐患排查作为信访应急的重要内容，全面掌握风险源企业的环保措施、应急预案、责任制的落实情况，对环境安全问题和污染隐患做到“早发现、早处置、早消除”，信访案件的调处率、按期办结率均达100%。

*环保大检查。*及时督促各镇乡、园区对现场检查时发现的情况进行梳理，采取实地检查、听取汇报和查看材料等方式，重点督促企业突出环境问题做到及时整改到位，对违法行为进行立案查处。组织各分局(中队)对所辖区域的企业环境问题整改情况进行跟踪督查，及时掌握并通报工作进展情况。全年共有1587家企业完成“一企一档”网上填报。

【环保基础工作】 *科学编制建设规划。*《启东市生态文明建设规划》通过市人大审议，即将正式颁布实施。规划以建设成为国家生态文明建设试点示范市为目标，构建生态空间、生态经济、生态环境、生态生活、生态文化、生态制度六大体系，提出60项重点工程，总投资约64.56亿元。

*落实排污申报工作。*加大排污费征收力度，落实专人建立完整的排污收费档案，规范征收程序、拓展征收项目。坚持以管促收、以收促治的原则，注重以征收排污费为手段促进企业加强治理，减少污染物的排放，以达到改善环境质量的目的。共计征收企、事业单位330家，累计征收排污费1230万元。

*完成各项环境监测。*对省控、市控和县控6条主要入江入海河流共计11个监测断面，185个农村地表水点位和26个重点水环境功能区点位，城区128个点位的区域环境噪声和7个点位的功能区环境噪声，以及长江北支湿地保护区、近岸海域环境质量调查开展监测，共取得各类环境质量监测数据151230个。市区2个环境空气自动监测点位实现SO_2、NO_2、PM_{10}、$PM_{2.5}$、O_3、CO监测能力全覆盖，自动监测数据传输实现全面完整地与省、市数据传输平台的实时连接。

(朱文津)

邮 政

【概况】 中国邮政集团公司江苏省启东市分公司(以下简称“启东邮政”)有在编员工534人，内设综合管理部、人力资源部、市场经营部、财务核算部4个职能部门和金融业务、电子商务、函件业务、发行投递、集邮5个专业。2015年，实现业务总收入1.6亿元，完成收支差额3739.96万元。储蓄余额规模80.26亿元，汇兑业务完成3.95万笔，全年订销报纸累计1824.3万份，订销杂志累计113.2万份，国内小包业务完成3.25万笔。2015年，公司获南通市“五一劳动奖状”、南通市文明单位、南通市机关事业单位治安保卫工作先进集体等称号。在南通地区信息网运行维护竞赛活动中获一等奖，全年通信质量综合考评98.83分，在全区排名第二，邮政服务综合满意度达96%。南阳支局获评南通市文明单位。

【机构设施】 启东邮政有营业网点50处，其中金融类服务网点45处，均配齐补登折机、ATM(CRS)自助机具，纯邮政服务网点5处。2015年，邮政平均每一营业网点服务面积为24.2平方公里，平均每一营业网点服务人口为2.24万人。苏邮惠民加盟店143个，村邮站157个，自提点20个。全市共有邮政信箱(筒)257个，邮政报刊亭23处，各类服务用车20辆；有计算机(在用)190台，终端机301台，投递手持终端32台，农投智能手机115部。

【通信网络】 全市汽车邮路5条(其中南通邮路1条)，投递邮路总条数114条，其中农村投递线路92条，全部摩托化，农村投递线路长度(单程)7756公里。城市投递线路22条，全部更新为电动自行车，城市投递线路长度(单程)828公里。城市小包专投线路4条，专投线路长度(单程)208公里。邮政城区投递无休，每日平均投递2次，农村每周平均投递6次。

(王 欢)

电 信

【概况】 2015年，中国电信启东分公司以“让客户尽情享受信息新生活”为使命，秉承“用户至上、用心服务”的核心价值理念，深化改革，推进互联网化转型，加快全业务规模发展步伐，加大社会渠道建设力度，加速通信网络升级换代，致力为广大市民用户提供内容丰富、业务领先、服务贴心、价格合理的优质服务。2015年，绩效考核列南通六县(市)前列。

【经营发展】 2015年，坚持“规模发展、转型升级、变革创新、提质增效”的工作主线，围绕“4G遭遇战、宽带反击战、新兴业务突围战、光网乡村大会战”四大战役，投身政务信息化、行业信息化、农村信息化建设，业务涵盖4G移动业务、宽带接入业务、电信电视业务、固定电话业务、网元出租业务以及各种行业信息化业务。启东电信在“十二五”期间业务收入复合增长率保持南通地区领先。加大社会渠道建设力度，基本形成覆盖全市的代理零售网络；持续开展“通信升级、满意服务”系列活动，丰富完善电信政企通信网络；推广行业信息化应用，推进全市企业“数字化”进程，《启东农电抢修智能服务平台》被评为“2015年度启东市政府科技项目”。

【网络保障】 推进通信网络升级换代，逐步调整投资结构，重点投资全市光网建设、4G网络建设，已经建成一个业务种类全、覆盖范围广、通信质量高、服务能力强的综合信息网络。至10月，启东电信率先实现启东范围内全光网覆盖；4G网络覆盖优化，网络质量指标在全行业领先，QC成果《降低LTE基站中断率》获“国优”称号，天翼4G+业务最高网速可达300兆。

【服务优化】 2015年，启东电信加强客户响应及重大项目支撑保障工作，缩短响应时限，提升服务感知，完成市公安局指挥中心机房搬迁、圆陀角天网工程、无线城市等重大项目的建设和响应工作；持续提升客户服务能力，开展“为民服务、创先争优”活动，完善各项服务规范，落实“首问负责制”，使服务管理规范化、制度化，提升客户满意度，分公司电子渠道运营中心被市妇联评为2015年“巾帼建功”先进集

9月11日,电信公司施工人员在紫薇公园铺设Wi-Fi线路。(姜新春/摄)

体;加强网络媒体舆情监控,做好电信服务的宣传解释,树立良好的服务品牌,分公司获2015年全国“用户满意标杆服务”称号。

(张 端)

移动通信

【概况】 2015年,中国移动通信集团江苏有限公司启东分公司(以下简称“启东移动”)坚持依法经营,通过技术创新、管理创新、服务创新提升自身竞争力,自觉维护市场竞争秩序,促进移动通信市场持续、健康、和谐发展。公司依托4G网络优势,推出VOLTE高清语音业务,让网络体验畅快便捷。提升渠道优势,加强城市、乡村的网络布点,全市共有190多家营业厅,特约代理店遍布启东城乡。为让市民足不出户轻松办理业务,公司推出网上营业厅和掌上营业厅,用户普及率达60.77%,立体化的服务渠道赢得用户的广泛认可。先后被评为“江苏省文明单位”“江苏放心消费创建活动先进单位”“南通市优秀志愿服务集体”等称号。

【信息化能力提升】 2015年,启东移动加快实现转型,在提供移动通信业务基础上,依托自身完善的集团综合信息服务能力和互联网服务能力,为各行业提供固定电话、互联网专线、数据专线、室内无线覆盖、监控网络以及智能化工程、软件平台开发、信息系统集成等综合信息化服务。建设“蓝天卫士”实时监控平台,在实时监控秸秆禁烧禁抛状况中发挥重要作用,解决各乡镇在秸秆焚烧期间采用人海战术进行防控的难题,得到各级政府的肯定。

(卞红华)

联合网络通信

【概况】 2015年,中国联合网络通信有限公司启东市分公司(简称“启东联通”)围绕全年重点工作安排,执行上级公司的经营部署和改革要求,扎实推进,实现收入稳定增长。全年完成收入约6000万元,用户数约20万户。公司在规范客户服务、安全生产管理、参与社会公益等方面,坚持全方位发展,得到社会的支持与认可。分别荣获南通市、启东市“文明单位”称号。

【网络建设】 以全业务经营和4G发展为引擎,坚持以用户为中心,加强技术、业务、服务和管理创新,推进固定网络和移动网络的宽带化,为广大用户提供全方位、高品质信息通信服务。在全国范围启动“光网世界·沃宽天下”宽带提速工作,计划利用3年左右的时间在城市区域逐步普及10兆~20兆,部分区域和用户可达50兆~100兆。

加大技术创新力度,构建下一代信息网络基础设施,在网络保障方面,以“加快目标网建设,提升网络全业务服务能力”为主线,全力推进“沃超越”精品网络建设工程。完成语音网工程,启东联通共开放2G基站200多个、3G基站150多个,4G基站300多个,为启东地区的联通用户提供良好的网络服务。

(袁海洪)

中广有线

【概况】 2015年,中广有线启东分公司抓住国家文化产业振兴带来的新的发展契机,深化体制改革、推进业务转型升级。对内改造网络、细化管理、优化运营体系,为分公司的持续发展夯实基础;对外拓展市场,强化服务,创新营销模式,以服务带动效益提升,按序时进度完成各项目标任务。

【业务拓展】 稳步发展数字电视业务。由于电信IPTV和直播卫星的原因,数字电视市场竞争越激烈,分公司及时出台应对措施,大力整治、清理卫星天线用户,巩固数字电视用户群。做好优质服务,分公司员工加班加点,分工协作,为用户做好数字电视机顶盒安装和咨询工作。

发展宽带业务。“有线宽带”是在三网融合的大背景下,分公司与江苏有线合作,推进有线数字电视基础业务和增值业务发展、构建全业务广播电视网的重要举措。与江苏有线网络股份有限公司开展业务合作,巩固数字电视用户群,实现启东广电网络宽带用户稳步增长。在做好宽带用户开通配置、故障修理工作的同时,做好宽带流量的监测、分析和出口的扩容工作,确保用户良好的上网冲浪体验。

【优质服务】 为确保网络的安全播出和正常运行,2015年,公司在网络运维方面除进行日常的线路巡查、机房、设备清理等常规维护之外,对全市环网干线进行全面的维护整理,并组织各基层站对在网设备进行一次全面摸底、排查，消除事故隐患，确保网络安全运行。对城区所有的无源机房进行多次全面检查。全年呼叫中心呼入电话95833次，接通电话91335次，平均接通率95%。回访用户57961户，处理用户投诉14次，解决特殊问题45起。全市共计处理用户有线电视故障34618例，机房广播设备故障12起，大面积故障173起，管道抢修34起，技防故障5564起，城区故障维修无一例违诺投诉。所有故障处理均做到有处理、有结果、无违诺、无争端。

【事业建设】 2015年，面对全市商品房、安置房建设带来的大量有线电视设计任务，高质量、高标准完成大量的有线电视网络规划、设计和预算工作。全年共累计完成市区及各镇乡小区及机房的有线电视管道、网络设计、农村网改累计100多项。

工程技术部为农村网改做好规划工作，根据全市农村有线电视网络建设现状，参照其他县（市）双向网改建设经验，融合设备供应商的意见和建议，起草并讨论通过《启东市农村广电网络FTTH改造规划方案》，方案从农村未来的业务需求出发，分别对有线电视传输网络和数据宽带传输网络进行总体规划。涉及传输体制、网络结构、系统指标、频谱规划、设备选型、分配网割接等诸多细节，是下阶段网络设计、工程施工、运营维护的指导性文件，为农村三网融合的推进和全业务开展奠定基础。

【安全播出】 2015年，启东分公司抓好网络安全，做到人防和技防相结合、预防和应急相结合、维护和维修相结合。严格执行安全播出、机房值班、零报告、安全生产等相关制度，加强安全教育，提高安全意识，不断规范安全施工操作。尤其是在安全播出敏感时段，严格按照上级广电主管部门、总公司、华数传媒集团的相关要求全力做好安全播出工作。

【内部管理】 2015年，公司以市政府开展的政风、行风纠风工作活动、“人民满意服务示范窗口”的创建和“政风行风”评议为契机，贯彻服务、质量、效益、创新等理念，加强队伍建设，强化服务意识。分公司及基层站的效能建设排名名列前茅。公司主动与启东市政府公共服务“12345”热线进行系统对接，及时答复和处理来自于政府平台的报修、投诉、建议和意见，全年累计处理各类诉求咨询1400多起，无一违诺。

（施鸣健）

庙港河滨河绿带。　（市新闻信息中心/提供）

服务业综述

【概况】 2015年,全市实现服务业地区生产总值348.56亿元,同比增长10.8%,服务业地区生产总值占比43.4%,同口径提高1.8个百分点,分别超全市地区生产总值和二产生产总值1个百分点和0.6个百分点,总量和占比分列南通五县(市)第三和第一。实现全市服务业应税销售615.53亿元,同比增长66.3%;实现服务业税收42.4亿元,同比增长25.7%。应税销售、入库税收增速均列南通五县(市)第一,分别超南通五县市平均增幅22.5个百分点和15.5个百分点。

【项目建设】 2015年,全市共完成服务业投资209.5亿元,同比增长15.7%,继续保持良好势头。全市共实施20个启东市级重大项目,计划总投资114亿元,其中欣乐城、恒亚四期、新村沙绿地长岛等10个项目列入南通市级重大项目,胜狮全球技术教育基地项目列入省重大项目。

【企业培育】 强化服务业企业的跟踪服务,对重点企业落实专人负责,按月分析,促进服务业企业提高能级。2015年,应税销售1000万元以上的重点服务业企业达265家,其中应税销售超亿元企业33家,超5亿元企业9家,超10亿元企业21家,总数较上年新增60家,重点服务业企业税收质量有所提高,同比增长0.63%。新增规模以上服务业13家,达259家,实现营业收入81.5亿元,同比增长23.4%。

【集聚发展】 全市4家省、南通市级集聚区入驻企业达1100多家,实现营业收入193.25亿元。第十六届中国启东天汾科技五金交易会在天汾国际电动工具商贸城举行,交易会场总面积达5万多平方米,总摊位1200多个,参展企业近千家,汇聚牧田、博世、东成等国际、国内知名品牌,3天展期,累计入场参观人数8万人次,意向成交额达60亿元。南通市级集聚区重新认定工作积极推进,启东科创园、圆陀角旅游度假区、金凤凰科创园3家南通市级集聚区按照要求积极开展规划修编工作。启东科创园被列为南通市现代服务业集聚示范区。

(张　华)

商贸流通

【概况】 2015年,全市实现社会消费品零售总额293.06亿元,同比增长10%,镇(乡)、园区限额以上社会消费品零售总额93.93亿元,同比增长10.2%。全市新增上限企业14家,全市完成商贸流通业项目建设实物工作量26.5亿元,同比增长32.5%。商贸流通增势平稳。

【重点商贸流通项目】 2015年,市商务局重点关注的总投资2.5亿元的启东文峰大世界二期大厦全部竣工,12月26日正式开业并全部投入运行。由瑞德集团有限公司(香港)及启东荣泰商城开发有限公司合作投资的启东大润发项目,预算投资5.23亿元,占地45.7亩,主体项工程基本完成。由启东城投公司投资建设在惠萍镇的二手车交易中心建筑面积1.3万平方米,占地50多亩,12月正式开业。

【市场运行监测预警】 根据商务部和省商务厅对2015年主要生活必需品、生产资料和重点流通企业进行监控的要求,全市网上直报企业共有40家,确保数据上报的及时、正确,使整个市场运行监测和网上直报工作井然有序;全年报送周分析50篇,商务信息151条,并先后完成药品流通统计、商务服务业、商务流通业、再生资源回收行业等统计工作。开展典当、拍卖等行业风险排查工作,上门了解企业的运营模式,确保企业依法经营;做好再生资源经营企业备案登记和报废汽车拆解监管工作;完成2015年度1527辆黄标车核查工作。

【行业管理】 商贸流通领域的行业管理主要包括拍卖行管理、典当行管理、再生资源管理、二手车市场管理、报废汽车回收拆解管理等。再生资源经营企业备案、报废汽车回收拆解等在手管理内容,根据省和南通市商务局的要求,把相关工作列入重要议事日程,做好检查督促,按序时进度完成相应工作。

【酒类流通管理】 2015年,酒类经营网上备案登记新增5家。按要求实行窗口对接，按时限和规范进行办理，确保服务对象便捷满意，提高服务效能。对酒类批发经营的发放随附单，并编号、网上登记，向社会公布。开展执法检查，促进和推动酒类商品经营者行为规范，确保酒类流通正常有序。全年共组织力量履行日常检查35次，参与检查360人次，规范酒类经营者经营行为，净化酒类流通市场秩序。

【成品油市场管理】 全年共组织69次重点检查活动，由消防和安监共同参与的23次，由局分管领导带头参与的15次，由职能科室组织的31次，发现问题及时提出整改意见，并责令限期整改，指导成品油经营企业的安全生产工作。会同安监、消防等部门开展安全月活动，对全市109家加油站（点），协同所在镇（乡）开展拉网式专项检查活动。会同质监局召开全市成品油经营企业管理工作会议，贯彻落实安全生产工作，通报加油站年检工作情况，宣传计量标准化工作，并提出要求。组织全市109家加油站（点）负责人进行安全知识培训，印制发放加油站安全工作台账300多套，实行规范化管理。整顿行业秩序，开展塘芦港、连兴港地区加油站（点、船）专项整治活动。在2014年重点整治的基础上，2015年对全市群众反映的热点问题和重点户头，开展专项整治检查活动，协调矛盾。配合市有关部门和上级商务部门，对塘芦港、大洋港加油企业了解工作，做好对个别企业的接访、协调和应诉等处置工作。在做好全市加油站点的规划工作，修编全市加油站发展规划的同时，做好2015年加油站新建和迁建计划的编制工作，并报省厅同意。做好年检工作，对全市109家加油站点进行一年一度的证书年检。对年检中查出的存在问题，及时反馈给各有关企业，进行限期整改。指导加油站的管理工作，不断提升加油站的管理能力，有效监管成品油经营市场。

【“双打”工作】 市政府专门成立由21个核心部门组成的启东市打击侵犯知识产权和制售假冒伪劣商品工作领导小组。各部门成立部门“双打”工作组，建立上报案件及信息制度，根据部门职能工作的实际情况确定“双打”侧重点，将“双打”工作成果进行量化考核，引导市场主体诚信守法经营，形成全市“双打”行动的高压态势。结合全市侵犯知识产权和制售假冒伪劣商品行为的特点，明确全市“双打”工作的执法重点：以打击侵犯著作权、商标权、专利权以及植物新品种权等行为为整治重点内容；以产品制造集中地、商品集散地、侵犯知识产权和制售假冒伪劣商品案件高发地为整治重点地区；以新闻出版业、文化娱乐业、高新技术产业和农业为整治重点领域；以图书、音像、软件、汽车配件、手机、药品、种子等为重点查处产品。严厉查处侵犯驰名商标、涉外商标的违法行为；严厉查处违法印制、出售商标标识及包装、装潢的行为；严厉打击利用互联网侵犯注册商标专用权和销售假冒伪劣商品的行为；加强对著名商标、地理标志的保护；查处假冒伪劣商品的源头，构成刑事犯罪的坚决移送。

【安全生产】 2015年，市商务局与重点企业签订安全生产责任状，将责任落实到位，同时多次召开专题会议，牵头消防等部门对重点商贸流通企业进行多次实地检查，开展夜间巡查，查找隐患，落实整改，确保商贸流通领域安全无事故。对各重点商贸流通企业、加油站、A级景区、星级饭店、旅行社下发多项安全生产文件，督促其做好安全生产工作，全年没有发生重大安全事故。

（徐　健　林建飞）

供销合作经济

【概况】 2015年，市供销总社学习贯彻《中共中央、国务院关于深化供销合作社综合改革的决定》，抓住市现代都市农业发展新机遇，全面推进全市供销合作社的综合改革，拓展经营服务，增强服务“三农”综合实力。

【为农服务社】 2015年，供销总社推进以建设为农服务社为主要内容的全市农村社会化服务体系进程。至年底，经由供销总社组织建设完成的村级为农服务社累计达245家，村级覆盖率达91.4%，提前完成南通市政府下达的行政村覆盖率85%的建设目标。为农服务社的建设，基本形成全市农村布局比较完整、服务功能齐全的为农综合服务网络体系。

【启东农资行业协会】 市供销总社所属启东市农资行业协会，汇集全市多家农资龙头企业和60多家批发销售规模企业。2015年，供销总社依托农资行业协会平台，整合全市农资市场资源，加强行业自律和行业监管，促进全市农资连锁网络的组建。供销总社参与建立以海滨农资为龙头的农资连锁配送网络，连锁销售点达200多家，基本形成完整的农资销售连锁网络。

【启东农产品流通协会】 供销总社所属启东农产品流通协会汇集全市100多家农产品企业，形成旗下1家联合社、5家农产品配送中心、1家农产品网站的产供销一体化格局。供销总社借助协会企业资源，从提高农产品企业组织化程度着手，促进产销一体化建设，提高全市农产品产销的组织化、集约化程度，引领全市农产品营销。

【基层供销社重组】 2015年，供销总社贯彻落实省、南通市供销社有关重组基层供销社网络的工作部署，拓宽思路，创新工作理念，通过依托集体商业基层企业，科学规划重组方案，全年先后完成全市13家建制镇（乡）的基层社重组工作，恢复供销社原有的大部分经营项目，完成全市基层供销社的网络重组工作。

（施新建）

粮油贸易

【概况】 2015年，粮食系统贯彻市委市政府总体要求，加快转型升级，推动科技创新，在科学保粮、仓储设施建设、放心粮店管理、市场监管职责等方面取得显著成绩。

【"放心粮店"创建】 2015年,在"放心粮店"创建工作中着重抓好质的提高。做好放心消费创建工作。组织食品安全宣传周活动。开展复审工作。维修"放心粮店"店牌。

【粮食流通监管】 加大储备粮检查力度,促使企业在粮食安全、台账资料、库区环境、粮温监测等各个方面强化管理。创新粮食收购秩序、粮食库存、放心粮店、成品粮油销售、粮食质量安全监测等专项检查,共检查各类粮食主体的粮食100多批次,维护市场秩序稳定。

【仓容仓貌】 2015年,加快储备库建设速度。抓住机遇,编制规划,筹措资金,储备库项目投入2000万元,用于仓房建设和设备添置,夯实"粮安工程"基础。5栋高大平房仓库结构封顶,内部设备安装完成。

【地方储备粮管理】 市粮食系统贯彻落实省政府丰产增储行动计划,适度调整地方储备粮规模,在原有的基础上翻番。严格执行储备粮轮换管理制度,创新轮换方式,按照粮食市场供求和需要轮换的实际情况,确定轮换数量,保证轮换目的,增加市场供应。夯实政府调控粮食的物质基础,为销区粮食安全提供有力保障。

(季 辉)

盐业盐政

【概况】 2015年,启东市盐务管理局(盐业公司)围绕盐业转型发展大局和年初工作目标任务,狠抓主营业务,坚持依法行政,强化食盐市场监管职责,规范营销业务流程,保障启东食盐市场的供应和食盐安全。全年实现销售总量14571吨。

【食盐市场监管】 2015年,市盐务局坚持依法行政,加强盐政管理基础工作,保持对打击各类盐业违法行为的高压态势,规范食盐市场流通秩序。全年累计共出动执法人员800余人次,出动执法车辆200余台次,检查碘盐零售户2000余户,走访食品加工点150家、餐饮点300家、各类食堂300家、农户和居民灶台2500余家,共查处盐业违法案件60起,移交公安刑事侦查1起,立案1起2人,罚款1万余元,查处盐产品16.42吨,没收盐产品4.97吨。以食盐放心店为抓手,扎实做好食盐放心消费创建工作。全市未发生任何食盐安全事故。

【盐政宣传】 "3·15"消费者权益日围绕"携手共治、畅享消费"这一活动主题,设立健康食盐、便利购盐等宣传展板,共计发放食盐产品宣传手册300余份。在"5·15"全国碘缺乏病宣传日,联合市疾控中心开展第二十二届碘缺乏病日宣传活动。现场接受群众咨询200余人次,发放碘缺乏病宣传资料500多份,取得较好的宣传效果。

【工业副产盐监管】 针对工业副产盐供大于求的情况,加强对好收成公司库存工业副产盐的监管,确保不流入食盐市场。

(茅海荣)

烟草专卖

【概况】 2015年,启东市烟草专卖局(分公司)共完成卷烟销售34761箱(每箱250条,下同),同比下降0.43%;实现含税销售额11.69亿元,同比增长11.54%;税利3.12亿元,同比增长25.45%;销售结构134.52元/条,同比增长12.05%;费用率2.48%,同比下降0.23%。

【专卖管理】 2015年,市烟草局(分公司)集中开展"冬季会战""闪电17号、18号"专项整治行动。全年查处涉烟违法案件105起,同比增长5%,1万元以上案件27起,其中5万元以上6起,50万元以上1起,破获涉烟违法网络案件1起,查获各类违规卷烟5276条,没收假烟79.5条,到账罚没款28.8万元,同比增长145%,抓获涉案人员8人,依法判刑8人。高度重视和加强专卖内管,提升市场净化水平,市场净化率保持在98%以上。强化证件管理,确保无证经营控制在2%以内,发放许可证282份,延续许可证895份。

【卷烟营销】 2015年,市烟草局(分公司)开展精准营销,重点品牌销售持续向好,全年在销重点品牌28个,重点品牌销售32418箱,占比93.25%。销售名列前茅的品牌:中华1895.48箱,增长28.89%;利群1300.32箱,增长14.45%;云烟2454箱,增长59.33%;黄鹤楼1018箱,增长8.89%;苏烟3607箱,增长28.61%。加强市场培育,有效促进细支卷烟销售的快速发展,细支烟销量215.67箱,增长30.17%。低焦油卷烟销量2547.592箱,占比为7.33%。

【管理建设】 2015年,市烟草局(分公司)全面推进精益管理,坚持"以管理支撑发展"理念,将目标管理的重点落实到专卖、营销、物流、财务、人力资源等主要业务领域和资源领域。全年安全无事故,被评为2014年度江苏省"安康杯"竞赛优胜单位。加强五星档案的创建工作,11月,以高分顺利通过省档案局创建五星级档案管理达标验收。加强营销目标、市场分析、客户服务、品牌培育、规范经营和营销创新工作,客户满意度不断提升,全年综合服务质量分数名列南通六县(市、区)第一。全年受理"12345"热线40起、"12313"举报81起,处理满意率100%,通过南通市局优秀县级局考核验收。

【文化建设】 坚持员工教育培训制度,参加学术交流,加强宣传报道。开展"书香企业"系列活动,全年学习教育培训1200人次,撰写各类论文8篇。服务零售客户,重点做好推进客户经理职能转型升级。创建文明单位,履行社会责任。全年慰问贫困户80户,开展学雷锋5次,爱心服务活动8次,为敬老院捐赠洗衣机5台。全年捐助资金6万元。局被评为2012—2014年度南通市文明单位。

(苏建辉)

石油经营

【概况】 2015年,中石化启动石油分公司完成销售总量101816吨,其中零售90929吨、汽油59759吨、柴油31170吨,直分销1.29万吨,实现非油销售1113万元。IC卡充值1.91亿元,发卡8000多张。

【精细管理】 公司改造加油站运营的相关设备设施,服务客户。通过改善道口,确保方便各类型长车出入;将普通柴油机更换为大流量加油机,加快加油机出油速度;开展"名品进万家"销售竞赛活动,对易捷门店进行标准化改造;开展加油站风险排查和隐患整改工作,消除安全隐患;规范发票管理,为客户开票提供方便,规避税务和舆情风险;严禁"三违"(违章指挥、违章作业、违反劳动纪律)行为,避免加油过程中的喷洒滴漏现象;做好车辆疏导,防止磕碰造成客户纠纷。推广加油卡电子商务平台,方便客户网上充值,自助圈存,完善加油卡系统服务功能。

【非油业务】 公司重视非油品质量管控,严禁假冒伪劣、过期变质商品进店,践行"易捷万店无假货"承诺。制定油品和非油品任务指标,完善油品损耗考核办法;从门店布局、商品智能订货、商品陈列、门店装设氛围营造等,规划不同类型摆位图,在全区域开展地堆摆放、重点商品陈列竞赛活动,并通过非油微信平台交流学习推广,开发、延伸非油业务,优化便利店商品结构,优选地方特色商品,为集团客户提供送货上门服务,全面提升门店形象及知名度。

【提升服务】 公司立足加油现场,开展对标杆、比技能、比服务活动,及"多卖一吨油"等销售竞赛活动,提升服务质量。

针对客户实际需求,开展"一站一策"活动,开辟现金与IC卡分车道加油,免费提供导游、引路等服务,赢得众多好评。在"三夏""三秋"农忙供应期间,开辟"农用油绿色通道",只要一个电话,把油送到田间地头。

【安全生产】 公司引导全员自觉遵守各项安全制度和操作规程。开展全员安全培训,安全技能竞赛比武,提升全体员工的安全能力。开展隐患排查,落实隐患整改等一系列措施,组织员工进行应急预案演练,合格率达100%。强化安全环保意识,开展"低头捡黄金"活动,发动全体员工在日常的现场巡查和作业场所查找安全管理漏洞,查找安全薄弱环节,杜绝安全事故的发生。

(陈 胜)

映日荷花。 (郝卫兵/2015年6月摄)

财 政

【财政收入】 2015年,全市一般公共预算总收入103.87亿元。全市一般公共预算收入76.86亿元,比上年增加9.61亿元,增长14.3%。其中,税收收入63.44亿元,增长13.5%,占一般公共预算收入的82.5%。中央税收返还收入3.28亿元,一般性转移支付收入7.44亿元、专项转移支付收入8.82亿元、地方政府债券收入1.4亿元,上年结余结转6.07亿元。全市政府性基金收入41.36亿元,下降38.6%。全市社会保险基金收入35.09亿元,增长17.98%。

【财政支出】 全市一般公共预算支出86.28亿元,增加12.27亿元,增长16.6%。上解上级支出9.91亿元、地方政府债券还本支出0.5亿元。全市政府性基金支出42.05亿元,下降27.1%。全市社会保险基金支出31.45亿元,增长22.94%。

【平衡情况】 全市一般公共预算可用财力103.87亿元(含上年结转及上级专项补助),一般公共预算支出96.69亿元,收支相抵结余7.18亿元,为结转下年支出。全市基金预算财力41.35亿元,基金预算支出42.05亿元。

【财源建设】 2015年,市财政局落实好各项财政政策措施,增强宏观调控力度,发挥财政政策、资金在推动经济增长中的引导和促进作用。

实施产业扶持政策。支持企业技术改造,鼓励企业开拓市场,有效应对错综复杂的经济形势。全年累计发放各级各类支持产业发展专项资金6190万元。

助力企业科技创新驱动。实施对高新企业、高新产品等基础创新工作的财政奖励政策,支持农业科技园、企业技术中心、研发中心等平台建设,为建立创业创新的众创空间提供政策、资金双保障。全年共安排科技三项经费2934万元。

推进实施知识产权战略。鼓励企业及社会力量申报国内(境)外专利,鼓励高质量专利产出,支持企业开展知识产权管理标准化建设,助推企业把科技成果转化为现实生产力和利润增长点。全年共拨付专项扶持奖励资金1200万元。

【民生支出】 坚持教育优先发展战略。树立教育为民生之本理念,加大投入力度,夯实教育发展基础。按照省定标准,足额及时拨付义务教育阶段学校、幼儿园、高中及职业学校公用经费;推进"校安工程"建设,核拨教育校舍标准化建设、校舍安全、校舍维修改造、义务教育阶段薄弱学校改造等各类工程建设资金28399万元。支持学前教育加快发展,安排汇龙、海复、吕四和南阳4个镇8所公办幼儿园建设资金850万元。

保障医药卫生体制改革。全年核拨各级公立医院和卫生机构补助经费25286万元。安排专项启动资金,促进两大医疗管理集团筹建运行。安排专项资金更新基层医院医疗设备,支持示范村卫生室创建工作,提高医疗卫生机构的服务能力。

强化社会基础保障。落实城乡低保、五保、孤儿、低保重残和各类优抚对象生活保障正常增长机制,全年拨付各类生活和物价补贴22615万元。实施大病医疗救助即时结算,全年支出医疗救助资金1756万元。提高新农合和城镇居民医疗保险筹资补贴标准,全年补贴支出29800万元。提高城乡居民养老保险基础养老金标准至每月105元,全年财政补贴支出22290万元。

推动"三农"事业发展。落实各项强农惠农政策,努力促进农村农业发展。全年通过"一折通"发放粮食直补、良种补贴、农资综合补贴等各类涉农补贴资金13189万元。加强农业基础设施建设,改善农民生产、生活条件,安排农村水利建设专项资金3231万元、农村绿化造林专项资金9800万元、农业综合开发建设资金4113万元、农村桥梁改造资金1897万元、农村清洁能源工程建设资金850万元、村级公益事业"一事一议"财政奖补项目资金2314万元。全年拨付渔船更新改造资金8210万元。

【财政监管】 扩大绩效管理范围。坚持试点先行,逐步推开,扩大绩效监管覆盖面。在编制年度部门预算时,将37个民生保障和社会关注度比较高的项目作为重点,编制绩效目标,强化运行监管,涉及绩效管理资金达到

90316万元，资金使用绩效意识加强。

强化支出绩效评价。选取4个单位开展部门整体支出绩效目标管理试点工作，重点评价投入、过程、产出和效果四个方面指标。全年共选取汇龙中学、南苑中学、滨海实验学校、实验小学等10个相关重大项目，委托专业机构会同住建、审计及相关部门专家，开展方案、报告评审和绩效再评价，促进财政资金使用质效提升。

强化财政内部监管。开展乡镇(园区)财政财务检查监督，规范固定资产核算、政府采购执行、专项经费管理等工作，确保财政资金安全、规范、高效运行。加强财政业务内部监督检查，检查社保资金存款、账户管理、专项资金使用情况，促使监管流程严密，内控机制完善。

【财政改革】 实施财政专项资金管理改革。强化整合、规范管理。将14个专项资金整合为“发展、民生、建设”三大类，建立政府专项资金管理机制。探索发展类专项资金资本化运作方式，改革财政资金无偿补助扶持方式，发挥财政资金的杠杆作用。

推进投融资体制改革。顺应投融资体制改革和政府债务管理新要求，积极探索政府和社会资本合作(PPP)模式、政府性建设基金等新常态下投融资新渠道。建立PPP项目储备32个。其中，20亿元的吕四港环抱式港池PPP项目成功签约并加快推进。

(王　雷)

国家税收

【概况】 2015年，全年共组织入库工商各税35.45亿元，同比降低3.35%；实现公共财政预算收入10.26亿元，同比增长2.3%，圆满完成目标任务。加大科技创新、小微企业、促进消费、保障民生等方面的税收政策支持力度，发挥税收政策在推动经济发展方式转变中的引导、管理与服务作用。全年办理各类政策性减免1.12亿元，出口退(免)税19.92亿元，支持企业的发展。

【风险管理】 市国税局强化信息情报驱动，建立情报采集专业团队，加强数据情报采集和应用，融入32个部门常态化情报交换体系。全年累计采集情报17568条，匹配比例100%，形成情报类专项任务27户次，情报驱动成效1.83亿元。建立市局级、分局级风险应对团队15个、支持保障团队1个，推行按需调配、团队化工作模式，分管局长、分局领导团队实现实体化风险应对；推进应对分局集中办公和科室化管理，集体审议室、查账室、约谈室投入使用，建立配套制度，“无风险不应对、无需求不打扰、无审批不下户”的执法、服务原则得以落实，提升风险管理质效。2015年，全市完成风险应对422户次，应对成效2.8亿元，应对入库税款2.45亿元，应对贡献率为6.91%。风险应对总成效及风险应对贡献率均名列南通六县(市)第一。

【纳税服务】 市国税局贯彻落实国家税务总局《纳税服务规范2.0版》及江苏省国税局税收职责清单(2015版)，升级“一站式”服务，设置办事指南触摸屏，公开办事事项、流程和时限，实行阳光办税；强化前后台衔接管理，优化办税流程，精简办税资料，主要涉税事项办结用时缩短40%以上。推进“非接触式”服务，推广网上办税、移动查询、自助服务等手段，提高线上业务处理量。全年代开发票网上申请户数面、份数面都稳定在90%以上，网上办税注册用户达98%；纳税人通过自助办税设备办理认证的业务量占总认证业务量的60%。深化国地税合作，在导税叫号、税务登记、代开发票业务上实行联合办税，实现纳税人“进一个厅、在一个窗、办两家事”。深化分级分类服务，实施诚信激励，对一类出口企业和A级纳税人，响应服务需求，实现差别化纳税服务；与江苏银行联合推出“税e融”金融服务，全年为25家纳税信用等级在B级以上的小微企业申请获得1500多万元的“税e融”信用贷款，受到纳税人的欢迎。

【法治建设】 市国税局坚持将内控机制建设与税收改革同步谋划和实施，建立与职责清单相配套的抽查复查、内控测试制度，完善日常监管清单，修订风险应对复核及稽查案件审理制度，对自由裁量标准进行细化和统一，健全内控体系。落实税收执法责任制，全年开展税务行政处罚、风险应对调减亏损等8项次专项执法督查，执法责任追究25人次，规范执法行为。执法督察案例《关注热点　聚焦民生　督察助力政策落实》成为南通唯一被省局选送总局的案例。创新学法普法方式，编写“法治三字经”，建立法理融通平台和税律师维权服务团队，全年为纳税人提供法律咨询、解决涉税争议300余次，协助拟定法律文书10余篇，编发《税律师维权简报》6期，取得良好的社会效果，全年全系统未发生一起涉税复议或行政诉讼案件。作为全省13家单位之一，参加总局法治税务示范基地创建。

【队伍建设】 市国税局加强新常态下的干部管理工作，对接“税收改革”，推进绩效管理现代化。加强岗位激励，坚持换岗交流，全年全系统共计调动干部20人，遴选3名年轻干部充实市局机关。深化国税文化建设，举办全系统志愿服务推进仪式，弘扬向上向善的国税正能量，得到省局领导的肯定。开展“志愿服务进社区”“随手公益、日行一善”等活动，8月，牵手甘肃东乡县瓦房小学的贫困学生走进启东国税，启东电视台、《启东日报》等媒体进行持续报道。

(杨天涯)

地方税收

【概况】 2015年，南通市启东地方税务局全年共组织入库全口径税收收入(含两税)62.6亿元，同比增收4.33亿元，增长7.4%；入库地方公共财政预算收入53.18亿元，同比增收7.31亿元，增长15.9%，完成人代会计划49.7亿元的107.01%，完成政府加压目标51.1亿元的104.08%。入库各项基金合计3.6亿元，完成政府计划的127.02%。入库社保(四险)9.94亿元，增长11.3%;入库医保基金7.03亿元,增长20.6%。

【依法治税】 2015年,市地税局建立各层级依法行政工作领导小组,建立完善《党组议事规程》《重大决策集体讨论机制》《行政决策过错追究办法》等一系列规定。举行"宪法日"系列活动,全系统配备专职法制员20余人,参与系统内相关事项的法律审核。在市行政权力网上公开透明运行系统中,对98项行政权力事项进行调整录入,清理规范性文件28个,建立外部监督机制。征求纳税人意见和建议,畅通执法公开渠道,推进税收救济关口前移,有效化解行政争议15起。

【税收征管】 2015年,市地税局开展"税源基础管理质量年"活动,形成税源管理合力,提升重点税源掌控能力。强化建筑项目清理核查,清理项目3143个,清理入库税款1.46亿元;加强房地产项目预售收入风险管理,强化企业开票信息与月度申报营业税的信息比对,全年通过该类涉税提醒补申报入库税款3800万元。提升数据管理质量,数据审计疑点处置率、数据交换部门、交换类别和数据量在南通名列前茅。与征科处联合开发"风险应对动态管理平台",紧抓中等风险应对关键环节的可视化、痕迹化、精细化管理,该平台获南通市局年度创新项目二等奖。加大对大额欠税、长期欠税和行业性欠税联合管控力度,累计清理当期欠税7246万元,累计清欠绝对额在南通处于领先水平。加强破产企业税收债权管理,全年申报债权6户,申报债权金额333万元;与法院建立社保费欠费强制执行联动机制,对6户企业成功启动社保费强制执行程序,申请对2户欠税企业法定代表人依法实施阻止出境。全年查处百万元以上大案要案3起,积案清理率位列南通前茅。强化对低价、平价等异常转让股权的评估核定工作,对195户自然人股权变更开展核查,入库个人所得税5290万元。完善存量房交易征管流程和评估系统标准房基准价格动态更新维护机制,核查资产转让108户,入库税款3009万元。

【纳税服务】 2015年,市地税局与市房交所合作搭建网络查询平台,强化二手房交易、私房出租等热点难点管理,科学配置服务窗口,强化前后台衔接流转,开展"税援进二建""送税法上岛""健康式体检"等活动,受到纳税人的认同;结合《国地税合作规范》1.0版,与国税对接,统一受理,联合开展导税服务、税务登记、代开发票等工作。

【争先创优】 2015年,市地税局深化绩效管理,成立绩效办,编制年度绩效管理工作指南,突出分序列、分岗位、分事项的评价体制,激活干部职工内生动力,省局《绩效动态》刊发相关做法;深化教育培训,组织全员外培,持续开展"东疆税校"活动,打造"8090"工程,激发年轻干部的进取心和积极性;深化文明创建,"地税爱心服务站"获评南通市优秀志愿服务项目,地税局被评为南通信息化建设先进单位。

(徐坚笙)

惠萍镇白港村梨园。 (王婷婷/2015年4月摄)

综 述

【概况】 2015年，全市共有各类金融机构70个。其中，银行业金融机构19个，保险机构26个，证券机构2个，私募基金及投资管理企业11个，融资性担保公司4个，小额贷款公司6个，典当行1个，融资租赁公司1个。至12月底，全市金融机构各项存款余额1083.65亿元，各项贷款余额651.28亿元。金融城乡网点布局全面拓展，全市设银行网点机构153个，其中农村网点机构88个。恒昌财富等一批互联网金融、第三方理财等新兴业态在启东市蓬勃发展。制定《关于进一步深化陆海统筹发展金融改革创新的实施意见》《全市社会信用体系建设工作意见》《启东市农村土地承包经营权抵押贷款办法(试行)》等政策文件，为地方金融稳定、健康发展提供制度保障。

【直接融资】 工商银行为启东市华虹电子有限公司承销短期融资券3亿元；中国银行对江苏南通二建集团有限公司成功注册非公开定向债务融资工具15亿元，成功发行10亿元；农商银行开展票据融资，至12月末新增9.47亿元。5月，林洋电子成功定增募资18亿元，用于投资光伏发电项目。地方财政发行置换存量债务债券22.3亿元；市国投公司18亿元企业债券上报发改委审批。

【改善金融环境】 2015年，全市通过宣传金融生态环境建设、探索信贷机制创新、整治非法金融活动等形式，开展“金融生态优秀县”“金融生态村”等评选活动，加强银企通力合作，强化金融体系建设，改善金融环境，维护金融稳定，形成政府、银行、企业之间诚信合作、良性循环、互动共赢的良好局面。

(朱怡蓉)

中国人民银行启东市支行

【概况】 至2015年12月末，全市本外币各项存款余额1083.65亿元，比年初增加133.51亿元，增幅14.05%。各项贷款余额651.28亿元，比年初增加88.76亿元，增幅15.78%。

【金融服务创新示范区建设】 为深度融合上海自贸区建设，促进实体经济和金融经济融合发展，打造具有启东特色的金融服务体系，6月，市政府出台《关于进一步深化陆海统筹发展金融改革创新的实施意见》。支行围绕辖区实际情况，依托人行南通市中心支行关于创建陆海统筹发展金融服务创新启东市示范区的指导意见，推进金融服务创新示范区建设。

【金融生态创建】 根据市政府新出台的《关于强化动态评估完善金融生态县考核的意见》，支行完善金融生态创建内容、考核办法和金融投资者教育工作机制，提升创建工作成效。助推市政府出台《全市社会信用体系建设工作意见》，为信用建设提供制度保障。组织开展金融生态优秀市复查验收回头看和金融生态宣传月活动，顺利通过金融生态优秀县的重新认定。3月起，在全市范围内开展严厉打击非法集资活动。全年共审理金融借贷纠纷案件25件，企业借贷纠纷案件26件，担保合同纠纷案件12件，抵押合同纠纷案件5起。

【风险防控】 支行抓好地方法人金融机构信贷调控工作，着重引导法人金融机构统筹安排全年进度，注意保持月度间、季度间贷款的平稳投放。加强辖内金融机构日常风险监测，对建筑行业、房地产业信贷风险、P2P平台管理风险、个人贷款转移用途风险、民间高利借贷向银行业传递的风险进行预警，及时做好防控和处置工作。对贷款周转困难的企业单位，通过出台帮扶自律公约、召开融资协调会，为困难企业提供金融支持，确保辖区经济金融安全运行。

【外汇管理改革】 支行强化外汇政策改革对接工作，通过季度例会和走访企业的形式，把外汇改革的新政策及时传送到各银行和企业。2015年，为辖内中资企业争取外债指标360万元，并帮助韩华新能源(启东)有限公司取得跨国公司集中运营资格。

【金融维权】 支行加强金融知识宣传，提高市民维权意识。召开金融消费者权益保护工作座谈会，与金融办、消协、法院、各金融机构等联合，建立健全部门间联席会议制度。加强与“12345”热线联动，畅通金融消费者维权渠道。全年直接受理投诉案件8件，全部妥善办结。

【人民币流通满意工程】 支行合理组织发行基金调拨，保证辖区现金供应和发行基金安全。做好新版100元人民币调拨、保管、宣传、发行等各项工作，提升辖区流通人民币质量。推进现金社会化清分试点，12月，社会化清分中心正式运行。

【农村金融综合服务站建设】 支行通过与启东农商银行沟通联系，丰富金融产品，开展便民服务，促进农村金融发展。至12月末，全市建成240家农村金融综合服务站，发生取款、现金汇款、转账汇款、代理缴费等业务27.54万笔，金额6258.75万元，其中与百姓生活密切相关的代缴水电气费、通信费、新农保等业务11.8万笔，金额1748.52万元，惠及72万余农村人口。

【金融产品创新】 商誉贷。支行指导启东农商银行创新推出“商誉贷”产品，支持电动工具行业发展。全年累计投放贷款金额3亿元，支持近百家电动工具企业。

海域使用权抵押贷款。支行指导工商银行推出海域使用权抵押贷款，支持海洋经济发展基础设施建设，共发放贷款金额20.27亿元。

鑫渔业。支行指导南京银行推出“鑫渔业”产品，服务吕四港镇渔民支付码头租金，给予启东吕四渔港实业链式项目整体授信1.5亿元。

【支农信贷产品】 支行引导启东农商银行开发“开心农场惠农宝”和“农户消费方便贷”两个支农信贷产品，有效解决新型农业经营主体——家庭农场的经营资金和普通农户的消费资金信贷需求问题，降低融资成本，助推农村经济产业结构调整。至12月末，发放专项贷款2803万元，93户家庭农场获益；发放农户消费贷款330万元，65个农户获益。

【农村土地承包经营权抵押贷款试点】 支行联合市农工办、金融办出台《启东市农村土地承包经营权抵押贷款办法(试行)》。12月，推动启东农商银行成功发放4笔农村土地承包经营权抵押贷款，合计发放贷款2110万元。

(朱怡蓉)

中国工商银行股份有限公司启东支行

【概况】 截至2015年12月31日，中国工商银行股份有限公司启东支行本外币各项存款余额98.13亿元，较年初下降1.59亿元，其中储蓄存款余额66.28亿元，较年初增加0.13亿元；对公存款余额31.85亿元，较年初下降1.72亿元。本外币各项贷款余额68.85亿元，较年初增加12.89亿元，其中公司类贷款余额60.72亿元，较年初增加12.17亿元；个人类贷款余额8.13亿元，较年初增加0.71亿元。全年完成中间业务收入1.37亿元，实现拨备前经营利润2.93亿元。

【个金业务】 2015年，支行打破个金分工界限，主动联动对公业务，抓好代发工资客户拓展，促进零售客户批量式营销。加强客户维护，增配理财经理，规范理财经理建档维护制度。抓好产品交叉营销，推进“N+3”产品营销和“点睛行动”，提高客户产品覆盖率，提升客户服务体验。加强客户风险教育，通过合理配置客户资金，避免存款过度理财化，不断提升客户资金储蓄占比。抓好储蓄存款日常经营推动，加大储蓄存款日均考核。年末，个人金融资产余额92.26亿元，较年初增加6.9亿元。

【对公存款业务】 支行加强客户维护，将存量客户清单细化分解，明确维护和提质目标，责任落实到相关部门，提升存量客户存款。拓展新户，派专人进驻市行政中心工商窗口，深入推进“工商企业通”专项营销活动。加强财政服务，通过做好代理国库集中支付财政业务等配套服务，保障财政存款及时入库。拓展上市公司市场，为上市公司直接融资做好配套服务，吸收定增资金入行。2015年，日均新增对公存款及全年目标任务完成率在南通工行系统中排名均为第一。

【资产业务】 支行支持优质项目，其中支持吕四港开发、启东经济开发区产业升级、长江水利改造等项目融资12亿余元。创新拓展供应链融资，全年拓展供应链客户6户，成功发放贷款1.8亿元。主动服务园区和入驻企业，成功拓展蓝岛海工等一批优质客户。推进个贷业务实现恢复性增长，利用房产信息部门公布的楼盘地图及开盘信息，开展个人信贷营销专场活动，全年共新增按揭贷款楼盘5个。2015年，新增贷款始终保持当地同业第一。

【中间业务】 支行加强个金产品拓展，抓好POS收单商户拓展，加强重点基金保险理财产品销售，抓好私人银行客户投资理财营销，拓展汽车分期付款，个金产品贡献显著提升。全年新增POS收单商户37户，办理信用卡分期付款1.29亿元。加强现金管理，通过上门走访、营销推介、方案制定等提供优质服务，成功办理南通工行系统首笔跨境资金池业务。拓展对公理财业务，抓好重点产品营销，产品规模和销售收入均有较大提升，累计销售对公理财产品17.06亿元，完成年度计划213%。举办“金羊贺岁 工行送福”“月圆金秋 礼赞国庆”等贵金属营销活动，实现交易额近400万元。拓展电子银行业务，通过面对面营销和短信营销等方式，宣传网上银行、手机银行等，实现电子银行新提升。新增手机银行客户数16681户，企业网银客户数157户，电商平台累计交易额超过3亿元。

(周　健)

中国农业银行股份有限公司启东市支行

【概况】 至2015年12月31日，中国农业银行股份有限公司启东市支行各项存款余额 137.46 亿元，比年初增加 10.41 亿元，总量和增量均列四行第一。其中，个人存款余额 114.16 亿元，比年初增加 10.11 亿元，总量和增量均列四行第一；对公存款余额 23.3 亿元，比年初增加 0.3 亿元，对公存款增量市场份额列四行第一。各项贷款余额 57.11 亿元，比年初增加 12.77 亿元，人民币贷款比年初增加 13.85 亿元，两项增量均列系统内第一，四行分列第二、第一。其中，个人贷款余额 15.52 亿元，比年初净增 4.01 亿元；法人类贷款余额 41.59 亿元，比年初增加 8.76 亿元，贷款增量市场份额列四行第二。

【存款业务】 储蓄存款。提高网点的现场管理水平，通过差别化、人性化的服务，吸引、锁定客户；发挥银行卡对储蓄存款的绑定功能，抓好金穗借记卡、贵宾卡以及惠农卡等银行卡的发放工作；开展储蓄存款增存"龙虎榜"、新春储蓄存款上台阶专项营销活动等，激发全员增存积极性。

对公存款。从注册性资金、日常结算资金、机构类资金、客户项目建设资金、产品锁定资金等多个来源，寻找对公存款增加的途径和方法，在克服大唐发电到期 1.62 亿元信托，江州、德驰到期理财 2 亿元，消化上年年末临时冲刺近 4 亿元虚增存款的情况下，2015 年主要新增林洋电子 0.5 亿元、为民建设 0.795 亿元、景瑞置业 0.2 亿元、保障房建设 0.78 亿元、神通阀门 0.9 亿元的结构性理财，新增德驰公司大额存单 0.5 亿元、低风险质押 1.85 亿元。改变一季度余额负数近 5 亿元、日均负增长 1.4 亿元的局面。

外汇存款。狠抓资本金和结算账户的开立，通过做大资金流量，争取沉淀更多存量资金，全年外汇资本金累计到账 2227 万美元，比上年同期增加 536 万美元；通过分析不同币种之间的汇率和利率的走向，充分运用掉期存款、远期结汇等产品，有效稳定资金留存。

【信贷投放】 大项目、大客户的项目贷款投放。全年共投放项目贷款 11.75 亿元，其中海启高速 6 亿元、鑫城建设 3.5 亿元、启东市自来水总公司 1.25 亿元、碧桂园 1 亿元。在手已批未实施项目贷款 3 户近 25 亿元。

流动资金贷款投放。对拟定的目标客户，制定营销方案，由行长室带头营销，成功营销大唐发电 1.2 亿元、神通阀门 0.3 亿元流动资金贷款的投放。

小企业信贷业务。至年末，小企业贷款新增 2 户、贷款 370 万元，已批未放 1 户 800 万元。

个人贷款投放。通过对个贷中心实行事业部制考核引导、网点主任直接下达穿透式个人贷款营销目标方式，全行个贷增量实现较大突破。

【三大营销板块】 电卡板块。至 12 月 31 日，电卡年度条线考核排名第一位，贷记卡、电子银行收入完成全年目标的 120%；惠农通收入、信用卡不良管控完成全年目标；信用卡分期、E 商管家、电子渠道分流率等几个关键指标均名列全市前两位。

国际业务板块。外汇日均增量 280 万美元，外汇时点增量 38 万美元，分别列全市行第二、第三位；全年贸易融资发生量 19.77 亿元，市行排名第二位；跨境人民币结算量 4.24 亿元，同比增加 2.81 亿元，增幅达 196%；累计营销互换宝产品 4.25 亿元，是 2014 年全年发生额的 372%；国际部发挥网点和部门联动，在市场客户拓展方面、外汇产品、中收等方面成效显著。

个贷板块。楼盘拓展、资料申报、贷款投放均创历史新高。

【经营效益】 至 12 月 31 日，支行实现拨备前利润 1.92 亿元，同比多增 1463 万元，完成全年目标的 111.44%；实现拨备后利润 1.76 亿元，完成全年目标的 137.87%；实现经济增加值 8449 万元，完成全年目标的 125.17%；完成中间业务收入 6315 万元，同比增加 2243 万元，完成全年目标的 101.99%。

【优质客户群体拓展】 支行全面对接经信委、发改局、招商局、商务局、工商局等信息源头，及时掌握启东地区新建企业、新批项目及外商投资企业信息情况，抢占核心客户、扩面提质中小客户、主动抢挖"三农"客户。在内资客户方面，成功拓展宁启铁路指挥部、苏通大桥、东凌粮油、中合农产品、上海电气等一批大客户、大项目，与其建立业务合作关系。在外资项目方面，对接日立金属三环磁材有限公司、台一国际股份有限公司、生态人模块建筑科技有限公司、兴达日化(启东)有限公司等资本金超千万美元的外商投资项目，其中生态人模块及兴达日化资本金户落户支行。至年末，全行新开各类账户 703 户，其中基本账户 497 户、一般账户 115 户、其他账户 91 户。全行新注册企业新开户数 277 户，开户率 14.03%。其中，注册资本 500 万元以上的新开户 82 户，开户率 20.44%。针对个人优质客户的不同特点，注重目标客户细分，建立优质客户台账和服务"回访"制度，加快个人贵宾客户的有效发展。至年末，全行个人加权贵宾客户增量 6318 户，完成全年目标的 103.6%，比上年同期增长 1264 户；个人贵宾客户金融资产增量 15.79 亿元，比上年同期增长 27435 万元。

【产品营销】 电子银行业务。挖掘国家公务员、企业中高层人员等个人中高端客户的潜力，提高贷记卡业务的渗透率；联合上海庄园等有影响力的商户策划一系列促销活动，扩大卡交易业务量；瞄准各类专业市场，加大转账电话投放力度，抢占和锁定优质客户资源及结算资金；拓展启粮驾校微信移动支付项目，抢占新兴支付市场。至年末，信用卡中间业务收入 683 万元，完成目标任务的 100.44%；电子银行中间业务收入 940 万元，完成目标任务的 97.92%。

外汇业务。收集并下发全市进出口大户的信息，支行本部对目标客户排队分析，找准重点，有的放矢，各个击破，全行国际业务取得较大进步。

代理保险、基金、国债、实物黄金等产品的销售。其中代理保险、基金等产品同比均有大幅提升。至年末，全行代理寿险总额 1.47 亿元，完成率 104.95%；代理传统财险 110 万元，完成率 138.41%；代理保险中间业务收入 275 万元，完成率 106.03%。基金销售 1.37 亿元，同比多销 779 万元；实物贵金属销售量30.63公斤，同比增加10.11公斤，两金实现中间业务收入384万元，同比多增276万元。

信用卡分期。通过柜面营销、亲友营销、短信营销、车展营销、4S店营销等方面建立汽车分期营销网络。与个贷中心联动，批量推送装修分期的营销短信，同时做好商铺分期。全年分期交易额4973万元，同比多增2261万元。

【风险控制】 至年末，全行法人实现零不良。全年成功堵截各类诈骗案件19起，金额350万元。全行未发生重大案件、责任性事故及声誉风险事件。强化信贷风险管理，及时调整信贷策略，严格客户准入，加强潜在风险治理，做实贷后管理，及时化解风险。成功化解、压降中信建设公司到期贷款1900万元的不能如期偿还风险，完善应收账款和追加抵押担保程序，全年到期贷款现金收回率100%。

(汤威巍)

中国银行股份有限公司启东支行

【概况】 2015年，中国银行股份有限公司启东支行本外币各项存款余额86.13亿元，较年初增长2.89亿元；本外币各项贷款余额57.76亿元，较年初减少3.64亿元；实现营业净收入2.69亿元，拨备前利润1.83亿元。

【资产业务】 2015年，支行人民币贷款余额为57.76亿元。其中，人民币公司贷款余额42.33亿元，贴现贷款余额8759万元，零售贷款余额15.73亿元。围绕陆海统筹启东金融示范区的服务优势，加大重点项目投放。全年新增企业授信额度15.66亿元，其中大企业额度新增14.64亿元，中小企业额度新增1.02亿元。拓展零售贷款业务，其中2015年住房贷款新增量2.87亿元。

【负债业务】 2015年，支行争取基础建设资金、企业代发薪、年终分配资金、股票募集资金等资金的落地，并通过配备理财类、交易类等产品提升落地资金黏性，提高资金留存率。全年实现企业代发薪14.60亿元，千元客户数为80181户，私人银行客户数较年初增长6户。支行人民币储蓄存款余额54.06亿元，较年初增长3.90亿元。

【产品拓展】 2015年，支行营销跨境人民币业务，实现跨境人民币交易量7.32亿元，占启东市场份额的42.93%。国际结算贸易量8.78亿美元，占启东市场份额的28.62%。即期结售汇交易量5.97亿元，年化进步率6.54%。个人电子银行存量交易客户数21027户，中银易商交易客户数1010户，新增保障卡3915张，新增非保障借记IC卡7883张，全量信用卡分期3920万元。全年共实现中间业务净收入5591万元。

(王　健)

中国建设银行股份有限公司启东支行

【概况】 2015年，中国建设银行股份有限公司启东支行实现中间业务收入1.30亿元，当地份额占比33.71%，列四行第二位、南通六县(市)系统第一位，较上年净增1823万元，增幅16%；主营收入4.09亿元，较上年减少2200万元。完成拨备前利润2.99亿元，较上年减少1900万元；税前利润2.62亿元，较上年减少6500万元。加强案件风险专项治理、合规经营管理年等工作，全年零事故零案件，成功堵截电信诈骗3起。

【存款业务】 支行围绕低成本吸存、客户资金总量等重点，拓展一代三卡、理财产品、银企直联、现金管理系统等业务，以有效产品的覆盖带动存款稳定增长。全年完成全口径存款年日均余额128亿元，份额占比28.91%；日均新增9.98亿元，新增占比29.76%，均列四行第二。一般性存款年日均余额127.82亿元，四行份额占比28.91%；日均新增10.13亿元，新增占比29.86%，均列四行第二。其中，储蓄存款年日均余额80亿元，日均新增7.84亿元，四行占比分别为25.43%、28.68%，均列四行第二；对公存款年日均余额47.82亿元，份额占比37.5%，列四行第一；日均新增2.29亿元，新增占比34.71%，列四行第二。

【信贷业务】 全年完成各类贷款时点余额70.59亿元，年日均余额71.27亿元，份额占比各为27.61%和38.66%，同列四行第一；余额较年初下降2.4亿元，日均负增长4.57亿元。其中，对公贷款余额51.76亿元，负增长4.6亿元，四行占比26.54%，列第二；个贷余额18.83亿元，四行占比32.83%，列第一；较年初新增2.2亿元，新增金额在四行中的占比28.68%，列第二。当年累计发放委托性住房公积金贷款755笔2.88亿元，余额达9.48亿元，较上年新增1.9亿元，同列四行第一。年内化解潜在风险客户1户2650万元，回收压缩不良贷款3户9700多万元，年底对公不良贷款余额为零。

【国际业务】 支行实现到账外汇资本金(含外债)6729万美元，列四行第一；跨境人民币业务量17.57亿元，列四行第一，同比增加7亿元，计划完成率130%；金宏口径外汇结算7.42亿美元，同比增加6854万美元，列四行第二；结售汇2.43亿美元，网银结汇1.04亿美元，列南通六县(市)系统内第一。完成外汇中收1048万元，总额及计划完成率均列南通六县(市)系统第一。

【战略性业务】 支行新增AUM1000万元以上客户19位，完成市分行计划126.67%，累计77位，保有率72.41%，列南通六县(市)第二；新增AUM500万元以上客户36位，累计158位，客户保有率79.51%，南通系统第一。实现真实代发工资单位账户共228户，当年新激活客户数55户，个人代发账户数38236户，累计代发金额17.64亿元，户均代发4.61万元，系统内排名第一，代发资金沉淀4.46亿元。各类贷记卡新增16355张；贷记卡客户新增12368户，其中ETC交通龙卡新增13363张。全年新增鲁班龙卡46004张，并形成有效代发，累计发卡61823张，年末存款沉淀1亿多元，较年初新增8469万元。电子银行开卡同步率84.88%，移动金融替代率109.23%。完成信用卡分期交易额9978万元，同比增加1293万元，增长率为115%。其中汽车分期3138万元，列四行第一，较上年增长12.6%。

【业务创新】 支行创新非贷综合融资服务。结合启东产业结构特点，发展投行、理财、融资租赁类产品，全年累计发行投行产品11.96亿元。创新小微企业融资服务。与市金融办搭建市第一个"助保贷"平台，入池企业达9家，并成功发放南通地区首笔"助保贷"贷款500万元。创新本外币业务联动。成功办理南通分行系统首笔外汇远期换币种资金交易20亿日元、150万美元首单外币跨境归集资金池业务入账，以及全省系统首笔跨境融资性风险参与业务1050万元。创新提升个金中收水平。为每个网点配备专职产品经理，加大买单考核与产品培训力度，有效提增个金主打产品的销售业绩。全年实现基金销售2.31亿元，列四行第二，同比净增2.11亿元；代理保险3.03亿元，列四行第一，同比净增1.69亿元；账户贵金属交易465.56万克，列南通六县(市)系统第一。

(吴玉章)

江苏银行股份有限公司启东支行

【概况】 2015年，江苏银行股份有限公司启东支行实现本外币一般性存款年末余额达55.24亿元，比年初新增9.84亿元；各类贷款余额达48.18亿元，比年初新增10.39亿元。加强内控管理，全年安全运营无事故。

【资产业务】 至12月末，支行各类贷款余额达48.18亿元，比年初新增10.39亿元，其中公司贷款新增9.54亿元。抓好信贷资产有效投放，支持和服务地方经济和中小企业。与市科技局对接，超额完成全年科技金融贷款指标，与市国税局合作开展"税e融"产品推介活动，成功为15户小企业投放贷款。通过与政府有效对接，发放启东市第一中学、城投、交通、海工船舶、滨海工业园等政府平台类贷款8亿多元，强化个贷营销，组织营销团队到各机关事业单位及大中型企业开展"卡易贷""分期付"等个人消费金融产品路演活动，成效显著。

【负债业务】 至12月末，支行本外币一般性存款年末余额达55.24亿元，比年初新增9.84亿元，其中对公存款46.69亿元，比年初新增8.86亿元；储蓄存款8.55亿元，比年初新增0.98亿元。支行从授信资源入手，强调对公授信企业的存贷比，通过投行、保函、银承、现金池管理等公司业务拓展存款渠道，营销绿色存款，持续开展"广开户"活动，巩固对公存款。深化零售业务转型，先后在东珠新村、世纪家园、天一花园、开来华府等小区举办"情系社区"纳凉晚会，在活动现场宣传"智存宝""惠多宝"、电子银行等优势产品。

【中间业务】 支行创新中间业务收入的方式和渠道，加强理财基础资产项目的营销和上报，牵头投放第一中学银团贷款，金额2亿元；发展圣合旅游等多笔委托贷款业务，贷款金额1亿元；传统国际业务在辖内继续保持领先，全年完成国际结算量4.4亿美元，超额完成全年任务；完成中间业务收入2710万元；个贷、保险、基金、贵金属等指标完成率在辖内均名列前茅，有效确保支行中间业务收入的稳步增长。

(张 艳)

交通银行股份有限公司启东支行

【概况】 至2015年末，交通银行股份有限公司启东支行各项存款余额达14.5亿元，各项贷款余额达13.5亿元。支行积极应对风险形势，及时化解风险，全力稳定资产质量。创新电子银行，加快推进手机银行、微信银行、网上银行、自助银行等电子渠道和产品创新；抓客户经理队伍建设，持续提升客户经理数量和履职能力，实现人工网点、电子银行和客户经理"三位一体"融合发展。努力提升服务品牌，围绕会计安全营运、服务质量提升、应急预案管理三个方面展开工作，参与分行星级网点建设，成绩显著。

(谢忠涛)

上海浦东发展银行股份有限公司启东支行

【概况】 至2015年年末，上海浦东发展银行股份有限公司启东支行实现各项存款余额18.29亿元，比年初新增3.78亿元，增长26.04%，其中对公存款余额14.7亿元，储蓄存款余额3.59亿元。各项贷款余额12.34亿元，比年初新增1731万元，增长1.42%，其中对公贷款余额10.42亿元，个人贷款余额1.92亿元。至年末，支行表外敞口10.87亿元，其中银票敞口2.21亿元，信用证敞口5850万元，再保理敞口2340万元，券商定向资管5亿元，银租保2.85亿元。

【经营效益】 全年实现营业净收入8587万元，其中对公营业净收入7342万元，对公中间业务收入1812万元；对私营业净收入1224万元，对私财富类中收245万元；信用卡分期中收43万元。

【业务拓展】 支行挖掘存量信贷客户潜力，通过精细化管理，梳理原有信贷客户，向老客户要贡献度。重点抓重大项目落地，继续通过创新产品和项目撬动，批量化获取资金，做大存款规模。推进营销企划工作，每月开展以回馈客户为主题的专项营销活动，利用理财产品做好营销。实施重点客户重点营销，对重点客户特别是行政事业单位、无贷户，通过多资源投入、外部有效资源协助等措施攻关营销。开展"走出去"办业务，拓展零售板块。做好坐销服务，提升营销能力。

(沈翠娥)

中国邮政储蓄银行启东市支行

【概况】 2015年,中国邮政储蓄银行启东市支行以转型发展为中心,坚持科学发展观主线,严格执行精细化管理,稳步推进经营体制改革,强化风险管控制度,加强队伍建设,优化资源配置,推动企业良性高效发展。全年实现储蓄存款余额97.29亿元,个人贷款余额14.07亿元。

【个人贷款】 结合农业现代化衍生的金融需求,做好农村信贷服务创新,发展如渔船网批质押贷款、渔船改造工程贷款、滩涂养殖批量化小额贷款、紫菜加工行业小额贷款等,丰富信贷种类,扩大规模。全年发放各类贷款2552笔,金额9.03亿元,信贷总规模处于南通六县(市)支行第一。

【对公业务】 支行以负债项目为立足点,推进项目营销。跟进法院清算项目,建立银企合作关系,至年底,共有破产清算活期账户10户,定期账户3户,沉淀余额7000多万元。开展供应链融资、同业授信、公司信贷、福费廷、外汇业务、票据贴现等市场调研工作,储备、开发新客户,完成1亿元的福费廷业务及1.3亿元的同业理财业务量。

【风险管控】 支行加强全面风险管理体系建设,构筑业务、风险、审计多层级全过程的防控体系。健全案件防控领导小组,构建资金安全联动机制。加强邮银案件联防,坚持邮银联席会议、案防工作会议及风险报告工作制度,深化案件专项治理。开展多类别检查活动,加强检查的深度和力度,提高检查质量。落实资产保全制度,建立部门间信息沟通和联合机制,有效控制不良贷款逾期率,至12月底全行总体不良率0.32%。全年组织安全检查12次,发现的隐患全部按期整改。

(沈玲妤)

中国农业发展银行启东市支行

【概况】 2015年,中国农业发展银行启东市支行累计发放贷款13.31亿元,累收贷款5.99亿元,到期贷款收回率100%;年末贷款余额达29.68亿元,比上年增加7.32亿元,增长32.75%;存款日均余额达8.85亿元,年末存款余额达10.63亿元,比上年增加6.5亿元,增长157.8%;实现中间业务收入323万元,比上年增加160万元,增长98.16%;全年实现账面利润5080万元。

【履行支农职责】 支行参与政府粮食、财政等部门对粮食增储方案的研究,提前做好信贷资金需求测算和风险防范措施落实工作,及时向上级行申报贷款材料,并进行流程跟踪,确保信贷资金的及时足额供应,确保地方粮食安全。全年支行累计发放县级储备粮贷款6710万元,支持企业增储、轮换储备小麦800.29万公斤、稻谷1600.13万公斤。

【服务地方经济】 支行加快政府项目的投放,全年共上报中长期项目贷款4个,分别为南郊村农民集中居住项目、协兴港外延段综合整治项目、启东市内陆水系统综合整治工程项目、启东创新型经济园北片区整体城镇化建设项目,贷款总金额62.3亿元。全年累计发放中长期贷款12.25亿元,在支行信贷结构中,政府主导的中长期贷款达27.97亿元,比年初净增7.19亿元,增长34.59%。

(陈思屹)

江苏启东农村商业银行股份有限公司

【概况】 至2015年年末,江苏启东农村商业银行股份有限公司各项存款余额312.94亿元,比年初增加42.98亿元,增幅15.92%;各项贷款余额188.97亿元,比年初增加20.04亿元,增幅11.87%,其中实体经济贷款比年初增加15.07亿元。五级分类不良贷款余额3.27亿元,比年初上升5869万元;不良贷款占比1.73%,比年初上升0.14个百分点。营业收入20.86亿元,营业支出16.82亿元,实现利润总额4.01亿元,比上年增加3409万元,增幅9.29%;净利润2.9亿元,比上年增加1265万元,增幅4.57%。

【信贷服务特色产品】 启东农商银行推广升级版"流转贷"产品,将适用对象扩大到税统销售5000万元以内的小微企业和个人,并实施名单制管理,累计为237户小微企业(含个体工商户)办理281笔流转贷业务,金额4.39亿元,年末余额4.11亿元。针对全市新型农业经济主体,根据田亩、预期产出等要素量身设计开心农场"惠农宝"信用或简单担保信贷产品,共支持新型农村经营主体95户,累计发放惠农宝贷款2641.3万元,发放大型农机具抵押贷款60万元。针对电动工具行业,推出依托核心企业的"商誉贷"产品,以应收账款为依据,创新贷款方式,满足配套生产企业的资金需求,累计发放商誉贷320万元。针对水产行业,升级、推广"船易贷"产品,用于生产经营周转、短期流动资金或船舶改造,累计发放船易贷25户38笔,贷款金额3225万元。针对小微企业的应收账款,推出应收账款质押贷款产品,较好地缓解小微企业融资难的问题,累计发放应收账款质押贷款7500万元。针对农户无有效抵押物的难题,试点发放土地承包经营权抵押贷款,共发放贷款金额2110万元。针对农户、城镇居民消费环节,推出升级版"方便贷"产品,提升贷款额度,丰富担保方式,累计发放331笔,余额2544.03万元。

【电子银行业务】 2015年,启东农商银行微信公众号正式上线,关注量达27455户;6月30日,发行圆鼎贷记卡;在市一中应用以圆鼎学生IC卡为基础的校园一卡通系统;开展电子银行进企业、进社区、进学校现场营销活动。年末电子银行替代率达71.46%。

【特色支行建设】 2015年,启东农商银行全面推进特色支行建设,形成服务建筑业发展的文峰建筑特色支行、服务海洋渔业及水产养殖业的吕四海洋经济特色支行、服务天汾地区电动工具企业的天汾电工工具特色支行、服务沿江海工装备制造业的和合海工特色支行、服务化工园区企业的北新精细化工支行、服务滨海化工园区企业的滨海新城支行等6个特色支行,支持地方产业经济发展。

【"阳光信贷"限时服务】 启东农商银行全面实施无纸化审批,缩短贷款送报审批流程所占用的时间,提高办事效率。推行"阳光信贷"限时服务承诺,授信材料在资料集齐(影像资料上报)的前提下,流转到授信部门办结时间一般情况下无特殊原因可在一个工作日内完成。

【服务节点建设】 启东农商银行推进全行网点装修改造工作,加快自助设备投放,投放存取款一体机58台,取款机48台;新建恒大威尼斯、市第一中学、吕四车站3个离行式自助银行。在金融服务站新开通电费、水费和电信费等公用事业费缴费业务。全市设240个金融服务站。

【信贷"网格化"服务】 2015年,启东农商银行按照专业网点服务专属区域的原则,对城区、园区、乡镇等三大板块重新划分,实施信贷服务网格化管理。开展走访客户活动,做好客户经济资料建档工作,对客户信息进行标准化数据管理;将已建档客户的用信比例纳入考核之中,做好客户有效信息的收集、挖掘,扩大信贷投放。

【"富盈东疆——好礼送到家"活动】 1—3月,启东农商银行举办"富盈东疆——好礼送到家"文明服务有奖征答活动。活动期间,累计收到有效奖券10多万份。活动中,1名幸运客户获得轿车大奖。

(陶帅君)

江苏常熟农村商业银行启东支行

【概况】 常熟农商银行启东支行是专营小微贷款的特色支行。截至2015年底,有贷款户数3230户,贷款余额4.39亿元,其中涉农贷款3.44亿元,占总量的78.4%,且均为农户、个体工商户、小微企业等一些小微实体经济。

【业务拓展】 支行主要满足"三农"、小微企业实体经济及农户、城镇居民家庭生活经营、消费等家庭综合服务型需求,在业务拓展过程中逐步推进网上银行、手机银行、卡通宝等结算工具,方便客户资金运作,加快理财产品、黄金等中间业务的推广,多层次提高客户资产升值意识。与启东市场有品牌实力和良好口碑的家居市场合作,推出买车、装修、买家具、建材装修分期付款等消费贷款服务,满足老百姓装修、投资。

(王向阳)

中国民生银行股份有限公司启东支行

【概况】 至2015年12月31日,中国民生银行启东支行各项存款余额17.84亿元,比年初增加4.88亿元,其中大公司存款余额13.39亿元,较年初增长4.48亿元;中小存款余额276万元,较年初减少3833万元;小微存款余额486万元,较年初减少136万元;储蓄存款4.37亿元,比年初增加8010万元;贷款余额3.7亿元,比年初减少9585万元。其中公司贷款5户1.15亿元,较年初减少3750万元;个人贷款424户余额2.56亿元,较年初减少5835万元。零售贵宾客户数1055户,私人银行达标客户数15户,全年累计管理理财资产9.91亿元。

(陆红池)

招商银行股份有限公司启东支行

【概况】 2015年,招商银行股份有限公司启东支行广拓营销渠道、精耕基础客户、深入产能飞跃、提升双金客群、提高服务效率。至年末,存款余额达15.89亿元,比上年增加5.2亿元;贷款余额达12亿元,比上年增加5.4亿元。全年开具银承14.18亿元、信用证2.5亿元。

(施晓燕)

中信银行股份有限公司启东支行

【概况】 至2015年12月31日,中信银行股份有限公司启东支行各项存款时点余额13.4亿元,其中公司存款时点余额11.87亿元;储蓄一般性存款时点余额1.12亿元,储蓄存款日均余额1.62亿元。各项贷款时点余额15.59亿元,比年初增加8.21亿元,其中公司贷款时点余额15.33亿元,比年初增加8.08亿元;零售贷款时点余额2600万元,比年初增加1300万元。开发对公授信客户3户,新增敞口授信11亿元;开发对公结算户38户、基本户35户。零售管理资产余额3.2亿元,比年初增加4500万元;个人理财销售2.67亿元;实现零售中收167万元;代发1977万元。零售目标客户年增量410户;信用卡累计进件799张;POS商户新增145户。

【银政合作】 2015年,支行在银政合作上实现两大突破:中长期项目合作实现零突破,年度获批保障房、土储、创新园3个项目共计11亿元;机构存款实现亿元突破,至12月31日,各项机构存款余额4.47亿元,比年初2.74亿元新增1.73亿元。在上年签约国投二期债券的基础上,2015年签约启东江海交通发展有限公司15亿元一期债券的监管和代理协议。

【不良贷款化解】 2015年,支行深入企业了解经营状况,重点关注企业的现金流、融资情况;逐一逐户排查,定期梳理风险隐患,制定切实可行的退出计划;切断互保链,把握有利时机实施退出计划。全年退出授信客户15户共计金额9.63亿元,压缩授信客户3户共计2900万元。与银洲、市政府沟通,达成一致意见,由银洲全额代偿金双喜不良贷款5000万元。

【授信结构优化】 2015年,支行实现"四个压退四个转化":压退流动资金贷款,向中长期贷款转化;压退担保方式授信,向抵押方式转化;压退低层级平台授信,向高层级平台转化;压退互保联保授信,向担保圈外转化。至年底,支行中长期贷款授信额占比达53%;追加流贷授信抵押物2户,追加抵押物评估价2169万元,抵押贷款授信额占比59%;低层级平台授信全部退出;所有互保联保圈切断,实现结构优化的年度目标。

【零售渠道拓展】 2015年,支行加强公私一体化建设,坚持支行公司部与零售团队联合营销,办理代发业务,提供上门激活电子银行账户、薪金煲等一系列零售服务。推进渠道建设,巩固深化老年大学、启东中学国际班原有渠道,新开发中信证券、移动、联通等合作渠道,扩大零售客户来源;注重个人资产业务开发,择优选择楼盘合作,加强新业务宣传,主要在个人消费贷、公积金网贷业务上有突破。

(郁海燕)

江苏启东珠江村镇银行股份有限公司

【概况】 2015年,江苏启东珠江村镇银行股份有限公司存贷规模进一步扩大,资产质量保持稳定态势。截至年底,资产规模达9.08亿元,同比增加3.31亿元,增长57.3%;负债8.03亿元,同比增加3.28亿元,增长69.01%;所有者权益1.05亿元,同比增加293万元,增长2.87%。各项存款余额6.52亿元,同比增加2.72亿元,增长71.46%。信贷风险有效控制,其他风险监管主要指标持续达标。至12月,不良贷款余额824万元,较年初增加93万元,不良贷款占比由年初的1.90%下降为1.48%。新增贷款没有一笔逾期欠息,资产质量明显改善。

【产品创新】 2015年,公司IC银行卡上线,网上银行、手机银行、POS机等业务得到推广,并且有针对性地推出"富渔贷""随薪贷"等新型小贷产品,有效满足启东当地小微企业的融资需求。截至年末,"三农"和小微企业贷款余额4.81亿元,占贷款总额的86.65%。

【授信风险管理】 2015年,公司根据国家宏观政策和市场变化,及时调整信贷结构和投放导向,强化信贷政策前瞻性、针对性、有效性;完善授信审批及合规运行管理机制,优化授信业务流程,强化过程管理和关键点管理,提升授信管理水平,严控信用风险;加强贷后管理,对客户进行动态跟踪,发现问题,及时处理,加大防控力度,加快问题贷款清收处置力度,确保重点领域风险得到有效控制,全面提升信贷资产质量;提升风险识别、评估水平,合理配置资金,引导信贷资源向低风险、高收益业务配置。

(李玲玲)

广发银行股份有限公司启东支行

【概况】 截至2015年年底,广发银行股份有限公司启东支行各项存款余额达14.56亿元,比年初增加2.27亿元。其中对公存款余额达13.21亿元,储蓄存款余额达1.14亿元。

【金融服务创新】 2015年,支行开展"2015年金融知识进万家""金融知识万里行"等宣传活动。宣传方式多样:采用LED屏和液晶电视宣传;采用横幅、KT板、宣传折页开展宣传;在周边社区和广电广场设点宣传,开展以"智慧金融,广发一路陪您"为主题的骑行活动,宣传效果很好。

(顾伟玲)

兴业银行股份有限公司启东支行

【概况】 2015年6月,兴业银行启东支行成立。截至12月31日,支行各项存款余额达8.3亿元,其中对公存款余额7.64亿元,储蓄存款余额6600万元;各项贷款余额6.57亿元,其中对公贷款6.54亿元,个人贷款余额280万元。

(兴业银行)

中国人民财产保险股份有限公司启东支公司

【概况】 2015年,中国人民财产保险股份有限公司启东支公司累计实现保费收入1.78亿元,同比增长13.24%;市场份额占36.71%,处理各类财产险赔案10359件,同比增长23.1%,累计支付赔款1.07亿元,同比增长13.24%,案件处理率98.3%,财务口径赔付率59.67%,综合成本率为93.22%。

【产业结构优化】 公司成立渠道业务部,负责新车和邮政业务拓展。及时调整车险业务承保和费用政策,全年车险业务保持13%以上的增长速度,超过启东财产保险市场的平均增速。非车险业务保持快速发展,成为公司效益的主要来源。独家承办农险业务,效益较好。

【服务水平提升】 公司加大对服务投诉的处罚和力度,实行"首问负责制"。对待大客户和黄金客户,客户经理提供从承保到理赔全过程服务。提高理赔服务质量及理赔速度,首推小额赔款手续齐全立等可取办法,推广车险理赔在全国"通赔"。加强理赔管控,加大第一现场查勘力度,规范零配件询报价制度。定期对赔案进行抽查和复查,定期对理赔人员实施岗位培训,提高理赔人员的从业素质,严把赔案质量关。拓展展业渠道,扩展兼业代理单位,加强与经纪人公司、代理公司的联系。为江海文化节、科技节提供公众责任保险服务。

(陆凯兵)

中国人寿保险股份有限公司启东支公司

【概况】 2015年,中国人寿保险股份有限公司启东支公司呈良好的发展态势,期交业务发展迅速,市场份额占比为60.09%。总保费收入4.01亿元,同比增长12.32%,其中首年期交保费7762.46万元,同比增长62.19%;短期险保费2044.18万元,同比增长5.2%。个险业务,实现首年期交保费6236.75万元,同比增长65.87%;10年期及以上首年期交保费4062.38万元,同比增长50.65%。银保成长业务,实现新单保费10424.55万元,同比增长25.7%;首年期交保费1516.9万元,同比增长49.70%。团险业务,实现短期险保费1366.02万元,同比下降2.75%。全年理赔给付1596.7万元。队伍发展迅速,年底持证人力1045人,人数仅次于如皋、如东、海安,跻入全辖第二梯队。

【服务创新】 2015年,中国人寿开展国寿"云健康"APP推广活动。通过添加中国人寿江苏省分公司发布的国寿"云健康"客户端,对徒步健走、增加运动锻炼发出倡议,开启每天行走计步、关注健康的生活模式。"云健康"客户端连接中国人寿e宝账中心,方便客户开展保单管理、查询、保全等自助电子化服务。

【实施"安康关爱"行动】 2015年,中国人寿为市55周岁(含)以上的老年人提供农村小额意外伤害保险,向百岁以上老年人赠送意外伤害保险。全年为全市1433位贫困老人赠送保险,捐赠保额2866万元;为全市263位贫困学生赠送学生平安保险,保额1578万元。

(宋泽源)

中国太平洋财产保险股份有限公司启东支公司

【概况】 2015年,中国太平洋财产保险股份有限公司启东支公司实现保费收入4000万元,全年处理财产保险赔案4100件,赔付金额2196万元。拓展新险种,做好新车代理承保业务,加强日常管理、业务管理、单证管理,严格核赔制度,加强理赔力量,提升客户服务质量。

(赵海阆)

中国太平洋人寿保险股份有限公司启东支公司

【概况】 2015年,中国太平洋人寿保险股份有限公司启东支公司实现总保费6500万元,其中包括个险、团险、银邮代理等业务,占年计划的135%,同比增长30%。全年受理各类理赔案件260起,赔付总金额达435万元,同比增长150万元。累计实现利润500万元。

(黄凯南)

天安财产保险股份有限公司启东支公司

【概况】 2015年,天安财产保险股份有限公司启东支公司继续实行"效益、管理、改革、创新"的经营方针,坚持有效发展,坚持管理转型,坚持以客户为中心,坚持降本增效,优化险种结构,保费规模稳步攀升。全年实现保费收入1925万元,比上年增长15.16%。其中非车险823.9万元,占比42.8%,赔款支出1051万元,简单赔付率54.59%。

【服务质量提升】 天安财产保险公司在全系统启动"客户关怀工程",即实行3G移动查勘、微信查勘等快速查勘手段;实行理赔人伤、法律诉讼前置服务工作;开展派送燃油、电瓶充电等道路救援服务,强化理赔服务,实现对消费者无盲区、零距离服务。

(秦晓春)

启东市龙城典当有限公司

【概况】 2015年,启东市龙城典当有限公司严格执行《典当管理办法》,强化管理,合法合规经营典当业务。全年共办理各类质押典当业务6013笔,累计发放典当贷款金额2737.63万元,全年营业收入85.09万元,实现利润10.8万元。

(孙裕平)

南通恒源拍卖有限公司

【概况】 2015年,南通恒源拍卖有限公司共组织拍卖会41场,拍卖标的涉及房地产、地方储备粮、库存物资、机器设备、租赁权、强制拍卖物品等各类资产,全年累计成交额4300多万元。

(倪 霞)

国有资产投资管理

【概况】 2015年,启东市国有资产投资控股有限公司总资产为49.85亿元,净资产达10.4亿元,在建工程完成实际投入7.91亿元,直接融资17.6亿元,公司营业收入突破1350万元。

【重大投资项目建设】 蝶湖酒店项目。至年底,该项目主体结构通过验收;幕墙、钢结构、消防、水电安装基本完成。通过对外招商,继续推进蝶湖酒店整体转让。

南通大学启东校区项目。一期第二批图书馆、实训楼、报告厅,第三批学生宿舍、教学楼、教工宿舍竣工验收,移交南通大学。

人才公寓项目。人才公寓工程桩全部完成,土建进场施工,基坑支护桩基本完成,人防及二层地下室完成总体量的80%。

协兴港综合开发项目。该项目码头工程于2014年6月开工建设,2015年7月基本完工,码头相关配套工程进入扫尾阶段。吹沙及场地设计初步完成,进入专家评审阶段;吹沙平整工程监理单位完成招标。

安置房开发项目。克明村天主堂东侧安置房项目办结前期立项建设相关手续。项目地质勘查工作基本完成,施工、监理招标等工作完成。

【融资工作】 2015年,获批贷款授信23.8亿元,到账13亿元。兴业银行8亿元信托融资、南京银行3亿元项目贷款、建设银行6亿元项目贷款、常熟农商行2亿元流贷、江苏银行3.5亿元城市基金、徽商银行10亿元城市基金和光大银行本年债券本息债务置换,推进蝶湖酒店资产融资租赁。推进18亿元的二期企业债券的申报工作,11月2日,国家发改委正式批复同意发行企业债券,额度15亿元。

【担保工作】 2015年,公司下属子公司国投担保公司新增担保额2.71亿元,出保额2.55亿元,担保余额1.97亿元,在保企业22家。至年底,担保公司累计为各类企业提供担保总额达6.47亿元。

【资产管理】 公司资产主要是农业用地及政府授权委托经营管理的滩涂资产。年初对“336线顶端滩涂池塘”租赁使用权公开拍租,租金比原来增长24%。4月,公司通过司法拍卖,受让南通贸联科技公司。公司按照评估表对受让资产进行盘点,确保接受资产账实相符。全年资产管理收益达1156万元。

(王 栋)

城市投资经营管理

【概况】 2014年8月,启东市城市建设投资开发总公司(以下称城投公司)成立,拥有全资、控股子公司11家,总资产237亿元,净资产121亿元,是全市城市基础设施建设、安置房建设和

安置房建设。 (市城投公司/提供)

重点工程建设的重要平台。2015 年,城投公司完成项目投入 25 亿元,净增融资近 40 亿元,实现收入 16.44 亿元。

【项目建设】 安置房项目。全年开工面积达 100.7 万平方米,安置套数 7138 套,涉及城东花园 C 标、惠萍家园、彩臣三村东侧多层等 15 个项目。竣工面积 83.55 万平方米,竣工交付 6047 套,涉及彩臣三村东侧多层、北上海 C 区、法院南侧、法院东南侧、东疆花苑三期、北新新水湾等 14 个项目。

市政项目。全年竣工丁仓港路南延、世纪大道西延等 12 条道路,通车里程 25.22 公里;改造民乐中路、河南中路、建设中路等 4 条道路;新开工世纪大道东延、松花江路东延。

绿化项目。全年实施公园绿地、节点绿地、道路绿地、安置小区绿地等 39 个项目。至 2015 年年底,完成绿化面积 70.45 万平方米;灵秀公园完成总工程量的 80%;蝶湖景区进入招投标阶段。

重点民生项目。长龙一村等 9 个老小区改造工程完工;区域供水惠阳线管道施工完成,通久线管道施工完成工程量的 10%;污水处理厂三期项目竣工;城郊涵闸泵站建设按计划完成;停车场、菜市场建设完成目标。

【融资工作】 城投公司在传统的银行贷款及信托等融资业务外,通过在中小产权交易所发行私募债,在上海证券交易所发行资产证券化债,在深圳证券交易所发行公司债,成立投资管理公司等方式,开展私募基金业务。2015 年,共融资近 80 亿元,新增项目资金近 50 亿元,为各项民生工程建设有序开展提供资金保障。

【事业发展】 2015 年,完成二手车交易市场建设,项目占地近 60 亩,建筑面积 2800 平方米,总投资 3000 多万元(不含土地款),停车位总量近 1000 个。市场功能包含车辆展示、交易手续办理及相关配套服务,缓解城区乱停乱放、占道经营及交易过户难的问题。成立投资管理公司。经市政府批准,与上海凯璞庭集团开展 PPP 项目,合资成立启东衡麓投资管理公司,9 月正式营业。至 2015 年底,共筹集资金 4 亿元,支持城投公司融资及项目建设推进需要。推进妇幼保健院、社会福利中心、文化体育中心三个项目开工前准备工作。

(陆 星)

灵秀公园。 (市城投公司/提供)

人事管理与人才资源开发

【概况】 2015 年,市委、市政府把人才工作摆在优先发展的战略位置,在深入实施"东疆英才计划"基础上,启动"1233 产业人才行动计划",形成"1+5"产业引才政策体系①,相继出台产业紧缺人才资助实施细则、招才引智奖励实施办法等政策文件。高端人才加速集聚,以各类重点人才工程和科技节等招才引智平台为依托,先后引进各类创新创业领军人才、"千人计划专家""长江学者"等。至 2015 年年底,全市人才资源总量达 22.95 万人,年均递增率为 12%。引进国家"千人计划"专家 2 人、创新创业人才团队 5个、领军人才 101 人,4 人入选省"双创"计划、7 人入选省"双创博士"计划。累计拥有"千人计划"专家、"长江学者"等顶尖人才 14 人,享受国务院特殊津贴专家、省以上突出贡献专家等杰出人才 138 人,省级以上技术能手 14 人。累计入选省"双创人才"35 人、省"双创团队"1 个,省"双创博士"10 人,列南通市第一;入选省高技能人才引进计划 3 人,列全省第一;入选省"六大人才高峰"6 人。优化人才发展环境,市人才服务市场和市级人才公寓建设加快推进,建成国家级创业园 1 家、省级孵化器 3 家,博士后工作站 3 家、院士工作站 3 家、"千人计划"工作站 3 家,工程技术研究中心、企业技术中心等省级研发机构 57 家,全市规模以上企业基本实现研发平台全覆盖。

【考试录用】 坚持凡进必考,按照"分类考试,突出能力"的要求,完善考试录用机制。组织实施 2015 年度江苏省

①"1+5"产业引才政策体系:即制定以《关于实施产业人才发展 1233 行动计划》为统筹纲领,配套出台《启东市引进顶尖人才专项计划实施办法》《启东市引进人才团队专项计划实施办法》《启东市引进企业紧缺人才专项计划实施办法》《启东市鼓励引荐高层次人才暂行办法》《启东市鼓励企业建设"千人计划"专家工作站暂行办法》五个产业引才政策体系。

国家公务员招考录用工作，启东市经考试录用公务员99名。9月，对101名公务员及省委组织部选调生开展初任培训。面向社会为109家事业单位公开招考工作人员282名，其中医疗卫生系统115名，教育系统41名，其他事业单位126名。做好全市范围内的公务员公开选调和事业人员公开选聘工作，先后为11个机关部门面向市级机关、乡镇、园区、街道公开选调公务员19名，为3个事业单位面向全市事业单位公开选聘工作人员3名。

【人才引进及人才资源开发】 2015年，市人社局与园区联合举办3场大型人力资源市场；开展启东人才服务进高校及上海、西安等地市场招聘22场次；举办10场启东当地集市，9场夏季高校毕业生就业“双选”洽谈会；人才网每日平均点击率8000人次。11月14—15日，市委、市政府在武汉举办长江经济带人才科技合作交流系列活动。市南通二建、神通阀门等17家重点企业与武汉理工大学专家教授进行产学研合作洽谈，形成创业投资、产学研合作意向项目21个。15日，启东市重点产业人才专场招聘会以及启东市优秀青年人才招聘活动，在武汉市洪山体育馆举行，林洋、韩华、中远等25家企业参加招聘会，提供岗位近1000个，现场接收简历1350份，达成就业意向550人。组织滨江医药化工园等单位参加深圳第十三届中国国际人才交流大会，近十位海外人才有意向到启东投资考察创新创业；协同人才办、滨海工业园参加第八届中国留学生南京国际交流与合作大会；邀请海外高层次人才参加2015年南通江海英才创业周活动；申报2015年省“双创博士”(博士后类）计划引进项目，2个项目入选面试答辩；启东市人民医院外国专家盼特里西·英格纳获2015年江苏友谊奖；启东盛丽光电科技有限公司申报中国留学人员回国创业启动支持计划；启东市向阳镇佬仔砂水产养殖场、江苏林洋电子股份有限公司2家单位申报2015年省级引智成果示范推广基地及示范单位。

【军转干部安置】 2015年，市人社局采取积分选岗的办法，依据军队转业干部档案材料进行定性、定量积分。10名转业干部按积分排名顺序在12个待选岗位中选定岗位，2名转业干部参与条管单位考评。

【职称管理】 2015年，市人社局共审核、中转各系列高级职称材料206份；中级职称材料432份；申报初级职称21人；完成大中专毕业生初定专业技术职务1137人。组织全市2000多人参加继续教育第四轮公需课的网上培训及考试。成功申报2014年度享受政府特殊津贴的人员2人、2014年度省有突出贡献中青年专家2人。

（祝　赞）

2015年市首场人才招聘会。　　（市人社局/提供）

机构编制管理

【概况】 2015年，全市由编办管理的机构有458个，其中行政机构74个、事业机构384个。全市编制总数为17236名，实有人员总数为15525人。其中行政编制3326名，实有在编行政人员3096人；事业编制数13910名，实有在编事业人员12429人。

【行政审批制度改革】 改革行政审批事项和流程。协同法制办取消、下放、整合443项行政审批事项，彻底取消非行政许可审批类别，推进市级经济社会管理权限向基层下放，指导协调基层做好下放权力的承接工作，出台《关于完善政务服务体系构建“三级便民服务网络”的意见》。协调推进行政审批流程优化，在南通各县(市、区)率先推行“三证合一”(即工商营业执照、组织机构代码证、税务登记证三证合一)，率先实行建设项目“三个一”(“一窗式”综合受理、“一车式”联合踏勘、“一表式”联合竣工验收)联合审批新模式。市“三个一”联合审批模式被列入《江苏简政放权100例》。

实施相对集中行政许可权改革试点。出台《启东市相对集中行政许可权改革试点方案》，召开全市相对集中行政许可权改革试点工作推进会议。12月1日，市行政审批局正式对外运行。至年底，办件量近2500件，列南通县(市、区)之首。市行政审批局亮相《江苏新时空》，为南通市唯一。

编制公布责任清单。率先组织全市政府部门编制责任清单，25个部门责任清单经部门确认、政府常务会议讨论，通过政府门户网站、政务中心网站、机构编制网站等媒体统一及时对外公布。

构建科学监管机制。出台《关于深化行政审批制度改革加强事中事后监管的意见》《关于加强行政审批中介服务机构监督管理工作的意见》，加强对与行政审批相关的中介机构和服务单位的监管，压缩中介服务时限，规范中介服务收费。

试点环保综合执法。制定出台

10月28日，全市相对集中行政许可权改革试点工作推进会议召开。
（市编办/提供）

《启东市环境保护领域综合行政执法体制改革试点实施意见》，进一步理清环保管理职能与行政执法职能的关系。

【关键领域体制机制改革】 2015年，全市政府机构改革全面完成，县域政府组织体系架构更加完善；重点区镇改革稳步推进，吕四港镇镇、村两级政务体系建设试点加快；北新镇、近海镇、寅阳镇便民服务、综合执法、社会管理“三大平台”建设工作基本到位；南阳镇行政管理体制改革试点工作启动；以吕四港镇和北新镇为试点，探索编制重点区镇“5张清单”①，进一步明确乡镇一级权责清单，努力实现“清单之外无权力”。

【事业单位改革】 撤并整合小散和职能交叉的事业单位，优化功能布局。指导卫计委推进事业单位法人治理结构建设试点工作，整合全市13家医院及24家分院，建立启东市第一、第二医疗集团。在全省率先出台《关于创新医疗集团人员编制管理的实施办法（试行）》，探索创新医疗集团人员编制管理，盘活用好编制资源，激发医疗集团生机和活力，结合集团的实际情况，为两大医疗集团核定首批人员总量4600名。依法规范事业单位登记管理，345家应参加年度报告、应公示的单位全部审核通过并公示，公示率100%。开展中文域名注册挂标工作，全市共注册政务域名77个、公益域名395个，注册率100%。

【机构编制监督检查】 结合事业单位改革，新增综合检验检测中心、镇社区卫生服务中心、“12345”、农村产权交易中心等单位69名事业编制；新增南北城区街道、镇（园区、街道）行政编制34名。全面落实机构编制监督检查。会同组织、人社部门对“在编不在岗”“吃空饷”等问题进行专项督查。全市机关、事业单位134名吃空饷人员，8人解聘，22人辞职，104人返岗。会同组织、审计等部门对2015年确定的42家单位进行“三责联审”。制定下发《关于开展全市控编减编工作的实施意见》，加大机构编制监督检查力度。

（王 佳）

市场监督管理

【机构改革】 2014年12月29日，启东市市场监督管理局成立（简称市监管局）。由原启东工商、质监、食药三局合并而成，设置13个内设机构和13个市场监督管理分局。机构改革后，迅速推进机构整合，全面理顺职能分工，下沉药品医疗器械、食品生产和餐饮、特种设备三项监管职能。建立健全制度规范。制订“三重一大”制度的实施意见等一系列规章制度，统一规范行政许可、日常监管、执法办案、内部管理等各项行为，确保权力依法依规运行。

【市场主体准入】 2015年，市监管局实行商事登记快速准入，推进“三证合一”“一照一码”制度。4月，在南通六县（市）中首家实行“三证合一”。10月1日起，全面实行“一照一码”登记模式，将原由市场监督管理部门核发营业执照和组织机构代码证、税务部门核发税务登记证，改为由市场监督管理部门核发一个加载18位法人和其他组织统一社会信用代码的营业执照。2015年1月1日—10月30日，新设立登记内外资企业（含分支）1545户，新增注册资本149.22亿元，其中内资有限公司1265户，外资有限公司31户、合伙企业224户、个人独资企业25户；新增个体工商户5479户、农民专业合作社139户。10月30日后，该项工作职能划归市行政审批局。

【年报公示】 2015年，市监管局推进2013年度、2014年度市场主体年报公示工作，两个年度年报率均为83.7%。根据省市局的统一部署，开展对企业注册资本、广告企业、农资经营企业等信息公示情况的抽查，共抽查4次，抽查企业396户，2户通过经营场所登

①精简行政审批事项和环节，建立行政审批事项目录清单；梳理明晰政府职权，建立政府行政权力清单；推进投资审批制度改革，建立投资审批“负面清单”；规范收费行为，建立行政事业性收费目录清单；清理项目资金，建立政府部门专项资金管理清单。

记却无法取得联系的企业，被列入经营异常名录。

【“1520”商标战略】 2015年，围绕争创1个驰名商标、5个著名商标、20个知名商标的目标，全市“三名”商标、区域品牌培育均实现新突破。南通二建商标被认定为中国驰名商标，新认定江苏省著名商标7个、南通市知名商标14个。至年底，累计有中国驰名商标8个、江苏省著名商标45个、南通市知名商标109个。查处和打击侵权行为，全年共办理商标侵权案件22件。

【名牌带动战略】 市监管局跟踪服务天汾电动工具品牌基地，举办南通市名牌产品和江苏省名牌产品申报工作辅导培训会，加深企业对名牌申报工作业务知识的理解和掌握，挖掘企业品牌创建潜力，提升企业名牌创建意识，激发争创名牌的积极性，为进一步推动全市名牌战略打下良好基础。2015年，获评江苏省名牌产品7个，其中新评1个、复评6个；获评南通市名牌产品33个，其中新评17个、复评16个。

南通县区首张“三证合一”营业执照在启东市颁发。 (姜雨蒙/摄)

2015年启东市“三名”商标新认定企业名录

表25

商标类型	序号	商标注册人(利害关系人)	商标名称
中国驰名商标	1	江苏南通二建集团有限公司	二建
江苏省著名商标	1	江苏启尖丝杠制造有限公司	启尖及图
	2	启东巨力电机厂有限公司	JLS及图
	3	江苏海四达电源股份有限公司	HIGHSTAR
	4	江苏康耐特光学有限公司	conant
	5	江苏宏强船舶重工有限公司	宏强及图
	6	南通金鼎海苔有限公司	J.TOP
	7	江苏启安建设集团有限公司	图形
南通市知名商标	1	南通宏慈药业有限公司	宏慈
	2	启东高压油泵有限公司	精工
	3	江苏科瑞工具制造有限公司	科瑞
	4	坂田工具(南通)有限公司	坂田
	5	南通博宇机电有限公司	博宇
	6	兆东机电(启东)有限公司	zhaodong
	7	江苏海四达电源股份有限公司	海四达
	8	启东市天意纸业有限公司	幸运果
	9	启东本洲海苔食品有限公司	本洲

续表 25

商标类型	序号	商标注册人(利害关系人)	商标名称
南通市知名商标	10	南通天福海苔水产有限公司	菱屋
	11	南通国安水产有限公司	GASC
	12	启东市联福天一饮用水有限公司	联福天一
	13	南通中超建设工程有限公司	忠超
	14	江苏恒泰自动化润滑设备有限公司	鑫恒泰

2015 年启东市获评名牌产品企业名录

表 26

产品类型	序号	企业名称	产品名称	新评/复评
江苏省名牌产品	1	江苏欣捷衬布有限公司	“欣捷”牌机织热熔粘合衬	复评
	2	江苏好收成韦恩农化股份有限公司	“好收成”牌草甘膦原药、草甘膦水剂、草甘膦可溶粉(粒)剂	复评
	3	江苏林洋电子有限公司	“林洋”牌电度表	复评
	4	江苏捷捷微电子股份有限公司	“捷捷”牌功率半导体分立器件	复评
	5	启东金和食品有限公司	“金和屋”牌紫菜	复评
	6	启东盖天力药业有限公司	“金克”牌槐耳颗粒	复评
	7	南通丁布儿海苔食品有限公司	“丁布儿”牌海苔	新评
南通市名牌产品	1	江苏嘉盟电力设备有限公司	“MELEC”牌双节穿刺线夹	新评
	2	江苏嘉盟电力设备有限公司	“MELEC”牌耐张线夹	新评
	3	江苏江海润液设备有限公司	“唇齿”牌燃气轮机润滑油模块	新评
	4	启东市三花环境工程公司	“三花”牌重叠环螺旋压滤脱水机	新评
	5	江苏捷捷微电子股份有限公司	“捷捷”牌功率半导体分立器件	新评
	6	南通鑫磁机械制造有限公司	“鑫磁”牌铣边机用电磁铁	新评
	7	南通东利德工具有限公司	“东利德”牌电锤	新评
	8	启东市群英制帽有限公司	“QUNYING”牌针织帽	新评
	9	启东市东浦五金有限公司	“东浦”牌焊钉	新评
	10	南通恒立机械设备有限公司	“HENNLY”牌行星式混合机	新评
	11	启东泰安建材有限公司	“太安”牌通用硅酸盐水泥	新评
	12	启东市希士水泥有限公司	“希士”牌通用硅酸盐水泥	新评
	13	启东市华华针布厂	“华华”牌起毛弹性针布	新评
	14	南通市喜利得润滑设备有限公司	“喜利得”牌智能润滑设备	新评
	15	南通恒昌隆食品有限公司	“恒昌隆”牌速冻四青作物	新评
	16	启东市恒富隆农产品种植专业合作社	“恒富隆”牌速冻蔬菜制品	新评
	17	南通金鼎海苔有限公司	“明邦”牌烤海苔	新评
	18	启东安升润液设备有限公司	“ANRUN 安润”牌电动润滑泵	复评
	19	南通三信塑胶装备科技股份有限公司	“三信”牌多层共挤流涎薄膜机组	复评

续表 26

产品类型	序号	企业名称	产品名称	新评/复评
南通市名牌产品	20	江苏广能重工有限公司	“广能”牌输送机械系列	复评
	21	江苏恒通电气仪表有限公司	“HENGTONE 恒通”牌防爆电器	复评
	22	江苏陆氏金刚石工具有限公司	“陆氏王”牌金刚石圆锯片	复评
	23	江苏昂彼特堡散热器有限公司	“昂彼特堡”牌室内加热器(智能暖吧)	复评
	24	兆东机电(启东)有限公司	“三和”牌砂盘	复评
	25	启东市恒盛仪表设备有限公司	“恒盛”牌液位计	复评
	26	启东市恒怡电源有限公司	“恒怡电源”牌电池隔板	复评
	27	启东吉莱电子有限公司	“JILAI”牌可控硅、晶体管	复评
	28	启东凯雷达模具制造有限公司	“Carida 凯雷达”牌模具及压铸件	复评
	29	江苏富勒水泵系统有限公司	“富勒”牌电泵	复评
	30	启东高压油泵有限公司	“精工”牌液压轴向柱塞泵	复评
	31	启东市久正支架制造有限公司	“悠视”牌液晶电视挂架	复评
	32	江苏启力锻压机床有限公司	“启力”牌压力机	复评
	33	启东屹森水产有限公司	“GASC”牌冷冻水产品	复评

【质量信用建设】 市监管局将质量强市工作纳入政府年度重点工作，强化考核激励。推进工业产品生产许可证获证企业分级分类监管，加大对工业产品生产许可证和3C获证企业的督查力度。组织开展“守重”企业评定，完成15家省级“重守”企业的年度复查，新申报AAA级“重守”企业11家。指导申报市长质量奖1家、现场管理良好行为企业8家。

【企业技术标准实施】 市监管局对全市参与制修订国家标准、行业标准的工业企业进行摸底调查，指导相关企业申报标准。全年共指导帮助70家企业完成网上备案249个产品标准，有5家工业企业7个标准申报立项，协助农业局组织申报农业地方标准6个，申报省高新技术创新标准化试点2家，实施电动工具联盟标准化试点项目1项。

【服务企业发展】 综合运用股权出质、动产抵押、商标权质押、“重守”企业信用资质担保等措施，协助企业有效化解制约发展资金瓶颈。为78家企业实现融资11.13亿元。通过进一步下放审批权限，提高办事效率，严格落实即时办结、一次性告知等工作制度，做好企业各类登记事项。全年帮助37家重大项目企业顺利落户。

【食品安全监管】 食品监管基础性工作。推进基层食安办规范化建设，制订《2015年度启东市食品安全监管工作意见》《分局食品安全监管考核细则》等管理制度、工作计划和考核办法。建立规范的食品生产经营主体信用档案，截至年底，共完成7275家食品生产经营户的“一户一档”建档工作，对661家“一条龙”家政服务主体实行备案管理。

专项检查和监督抽查。集中组织集体食堂、家政服务、重点产品(乳制品、肉制品等)、重点区域食品安全专项整治，通过各类检查，与食品经营主体签订责任状8523份，发出行政提示

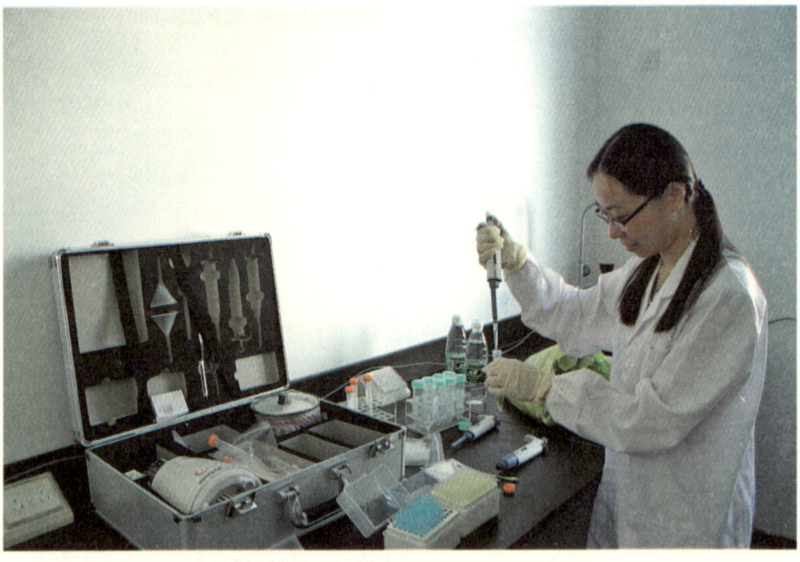

9月10日，工作人员进行食用农产品快检。 (市市管局/提供)

书1085份、责令整改通知书386份，立案查处食品案件181件。

保障重大活动食品安全。圆满完成两会、"小高考"、国际经贸洽谈会等重大活动期间食品安全保障工作，共监督抽检餐饮食品42批次、快速检测蔬菜108批次、肉类42批次，保障活动期间中外客商1580多人、中高考师生9000余人次的用餐安全。

食用农产品监管。在6个市场监管分局建立农产品快速检测实验室的基础上，加快推进农贸市场、商场、超市建立农残自检室，至2015年年底共投入使用自检室10个。全年全市检测蔬菜样本5000批次，检测合格率为99.75%，对确认不合格的，依法进行处置工作。

【药品医疗器械安全监管】 2015年，市监管局先后完成药品、医疗器械日常监管基础知识等多项培训。通过培训促进企业诚信自律意识，全年协助对2家药品生产企业进行GMP检查，组织实施GSP认证药品零售企业90家，确保全市所有药品零售企业达到新版GSP标准。

药品电子监管。2015年年底，全市药品批发、零售连锁、零售企业全部入网。并对市3家制剂生产企业进行专项检查，确保入网企业按规定进行核注核销，企业预警处理率达100%。

风险监测体系建设。指导分局建立动态监管台账、档案、数据库，推动全市药械监管信息化。全面完善药品医疗器械不良反应监测体系，全年完成药品不良反应监测上报报告654例，其中新的、严重的报告174例，占比达26.6%。全市医疗器械生产、经营企业及一级以上医疗机构全部申请成为医疗器械不良事件报告系统注册用户，覆盖率达100%，上报器械不良事件136例。2015年，三次组织对辖区内医疗机构、药品经营企业紧急排查问题生脉注射液、黄体酮注射液等，有效地防范药品风险。通过排查，未发现涉事批号的药品。

专项检查与日常监管。开展春节和两会期间药品、医疗器械、化妆品安全检查。对全市147所中小学、幼儿园进行自查自纠。开展"五整治"(整治虚假注册申报、违规生产、非法经营、夸大宣传、使用无证产品等五种行为)专项整治回头看活动。开展中药饮片、明胶空心胶囊和胶囊剂药品等专项检查。加强对生产企业的日常监管。全年共出动检查人员1211人次，检查单位380家次。

【特种设备安全监管】 特种设备安全责任体系建设。全年发放回收安全责任告知书和企业隐患自查自纠表2520份。落实分局监管责任，通过量化考核、责任区考核和业务考核等方式，加强特种设备安全监察工作部署和责任落实。

特种设备隐患治理。2015年，全局共检查特种设备使用单位1154家，排查出存在特种设备安全隐患单位139家，设备244台，各类隐患303条，发放特种设备安全监察指令书118份，立案查处特种设备案件52起。推进气瓶充装检验、电梯安全、"防爆炸"等薄弱环节的安全专项整治工作，共检查气瓶充装单位75家次、电梯使用单位133家，对存在严重隐患拒不整改的4家单位进行立案查处。推进96333电梯应急响应平台建设，至年底，覆盖率达100%。

安全监察基础工作。开展特种设备一企一档建档工作，在"3·15""安全生产月"等活动中，制作宣传资料和展板，发放资料300多份，接受咨询200多人次，通过邮政系统投递电梯安全宣传手册7000份，通过启东电视台等当地多家媒体，向市民宣传气瓶、电梯使用安全知识。组织编写考试机构的质量管理手册、安全操作规程汇编等体系文件，完成考试机构认定工作。

【产品质量监测】 全年共抽检钢材、成品油、皮革制品、眼镜、液化气、燃气具、电动车、油漆、床上用品、钢材等13种商品共计180个批次，对检测不合格的43批次商品依法处罚。

【计量监督管理】 全年完成对全市集贸市场、农村医疗机构计量"两免费"检定建档工作，共检定医疗计量器具1012件；检定集贸市场计量器具2350台，收缴作弊电子秤41台。开展元旦、春节期间餐饮业和超市计量专项监督检查，检查超市饭店在用衡器100台件；水产品、肉制品零售预包装产品25批次；糕点、乳制品及小食品等预包装产品105批次。开展2015年涉农计量监督管理"春播"专项监督检查，检查销售企业13家，检查农资62批次，抽检30批次。

【检验机构建设】 加强装备建设，2015年，采购食品等各类检测仪器近350万元，购置砝码20吨，同时派人参加省局组织的实验室资质管理办法培训，提高质量负责人、技术负责人的业务能力。全年综合所完成计量器具检定、校准4362台件，计量所出具检定报告14206份，质检所完成各类监督抽查、企业送样1100批次，出具检验报告1100份。

【行政执法】 "双打"(打击侵犯知识产权和制售假冒伪劣商品)专项执法行动。全年共出动执法人员1000多人次，执法车辆200多台次，先后检查食品经营户1812户次、钢材经营户60户、农资经营户305户、商标标识印制企业45户、其他各类经营户4000多户。查处侵犯"BL""鲸海""ERA公元""海螺"等注册商标侵权案件，罚没入库162.39万元，货值金额300万元。

食品药品安全打假专项行动。围绕"保食品药品安全"，全年共抽检药品80批次。"20150505"生产销售假药案被列为国家食药监总局督办案件。与公安部门联合执法，查获3起涉嫌非法添加罂粟烤鸭案件，共有5人被追究刑事责任。

打击商业贿赂专项行动。重点打击医药购销等突出领域和行业的商业贿赂违法行为。全年立案查处医药购销领域商业贿赂案件15件，办结6件，罚没款入库40.53万元。

实施"商业秘密保护工程"。核定30多家企业填报商业秘密保护备案表及商业秘密保护现状问卷调查，引导企业确立商业秘密保护范围，帮助企业制定和完善商业秘密保护制度，以健全的制度保护商业秘密。全年查处各类经济违法案件533件，办结

417件,案值1200万元,罚没款入库金额680.33万元。

【市场安全监管】 农贸市场安全隐患排查。在全市农贸市场推行早管巡查制度,检查经营者的经营资格、上市商品质量、市场内经营者的交易行为及市场内的设施、卫生、秩序、环境、安全等各类创建情况和风险隐患。

“红盾护农”专项行动,加强农资质量监测。联合省质检所,对全市农资企业经营的农资进行抽检,全年共抽检20个批次。

农产品农药残留检测。完成《全市农贸市场农药残留快速检测现状的调查报告》,同时加强政府部门之间的联络,确定每月农贸市场抽检100个批次的农产品,确保民众菜篮子安全。

【消费维权】 推进平台建设。归并“12345”“12315”“12331”“12365”“城市数字化监管”等平台数据,通过实施“集中信息接收,单一渠道分流”模式,实现信息数据流动的有序顺畅。全年共分流投诉1358件,举报531件,处置数字化城管平台信息171件。

消费知识宣传。结合“3·15”、食品安全宣传周、“5·20”计量日等活动,开展现场咨询服务活动。3月15日当天,受理投诉19件,现场调解纠纷5起,接受消费者咨询512人次,发放宣传资料6800余份。适时发布消费提示,共发布消费提示及典型案例20期。开展残疾人辅助器具专项检查活动和为残疾人提供消费教育等系列活动。

【依法行政】 市监管局推进落实部门“权力清单”和“责任清单”,梳理行权事项1179项。全年核审案件99件,行政诉讼15件、行政复议5件、参加听证3起。对执法办案中常用的45类文书、日常监管中常用的12类表格进行重新审查、规范和编印。完成全系统255名具备行政执法资格干部的执法证件的重新申领、换发和上报工作。推进简政放权。将组织机构代码登记业务、特种设备开工告知和注册登记业务下放至分局窗口,拓宽“一站式”服务范围。对药品经营许可、餐饮服务许可中涉及现场核查的事项,在窗口受理后及时流转至分局,使各类许可经营行为在第一时间纳入监管范畴,做到行政审批与执法监管的无缝衔接。

(茅双双)

物价管理

【价格指数概况】 2015年,启东市居民消费价格总指数为101.1%,商品零售价格总指数为99.7%。烟酒类价格98.9%,医疗保健和个人用品类105.7%,有所上升;食品类102.0%,娱乐教育文化用品及服务类100.5%,居住类99.4%,衣着类102.3%,略有下降;家庭设备用品及维修服务类101.8%,交通和通信类97.2%,价格平稳。其中,食品类中油脂价格为95.4%,粮食类103.1%,蛋类96.3%,水产品类103.4%,菜类107.1%,肉禽及其制品104.6%。总体来看,2015年居民消费价格未显大起大落。

【平价商店管理】 按照《关于对农产品平价商店实施考核奖励的意见》,采取定期考核与不定期考核、社会力量监督与行政力量监督相结合的办法,指导监督平价商店加强长效管理。考核针对销售价格、品种、公示牌、供应量、产品质量等方面展开,对考核中发现的问题要求及时整改到位,并按实记入考核得分,对全年综合考核不合格的取消平价商店资格并摘牌。定期开展复验工作,复验工作严格按照平价蔬菜销售价格、品种执行规定情况;平价粮、油、肉、蛋销售价格、品种执行规定情况;平价销售区面积情况;平价农副产品价格对比表或标价签规范使用情况;平价农副产品品种供应量、新鲜度、质量标准执行情况;店容店貌、铜牌标识、门头招牌、服务承诺等情况;台账信息记录上报情况等9个方面展开。落实考核通报制度,完善动态管理机制。全市有平价商店3家,累计检查800家次平价商店的经营管理情况,规范拨付省级平价店奖励经费共计6.5万元。

【价格调控】 市物价部门支持国家和省、市实施重点领域价费改革,保障各项价费政策执行到位。贯彻落实国家和省市关于明确电价执行政策,调整农村道路用电价格。放开部分服务价格,如部分邮政业务资费,由医疗机构自主合理制定制剂价格价格。改进中药饮片价格管理。降低涉房等部分行政事业性收费标准,清理规范涉房收费,编制《启东市市级涉及房地产收费项目目录》,共涉及政府性基金6项,行政事业性收费10项,政府定价的经

加强平价商店建设,发挥稳价惠民作用。 (市物价局/提供)

营服务性收费24项。调整水资源费。规范救护收费管理。取消有线电视移机费、社会力量办学机构举办的非法定培训收费备案等。调整高污染企业污水处理费征收标准，并对企业环保信用评价确定为“红色”等级的6家企业和“黑色”等级的3家企业分别执行差别水价。调整市热力销售价格。7月起，市热力销售价格下调为205.00元/吨。合理调控房价。继续完善普通商品房价格备案制度，引导房地产开发企业在宽松的市场环境下合理定价。主动公开21个房地产开发企业楼盘的商品住房销售价格。

【价格调研】 2015年，开展五项调查：水价基本情况调查，8家公立医院2014年度救护收费及成本运行情况调研，农村饮水安全工程管网改造收费和农户接水安装收费情况调查，价格工作服务现代农业建设和农村发展调研，《江苏省城市供水价格管理暂行办法》效应评估调研工作。

【医药价格综合改革评估】 2015年，根据省、南通市物价局工作要求，分别对人民医院、中医院2家县级公立医院和6家中心卫生院从2014年10月1日至2015年3月31日期间医药价格综合改革实施情况开展绩效评估工作，主要评估医药价格调整情况、改革前后医院运行基本情况、医院补偿机制情况、医院医药费用控制情况4个方面。实施改革后，2家县级公立医院平均开展医疗服务项目数1285项，价格提高839项，价格降低（包括取消）61项，价格未调整385项，所有项目加权平均调价幅度15%。改革后，基本药物和廉价药品份额增加，实际降价幅度为15%。6家中心卫生院平均开展医疗服务项目数455项，价格提高205项，价格降低（包括取消）29项，价格未调整193项，所有项目加权平均调价幅度12.01%，实际降价幅度为7.50%。8家医院医疗收入、财政补助收入均有所增加，中心卫生院其他收入有所增加，县级公立医院的其他收入有所减少，人员经费支出比率和管理费用率有所下降。医疗成本均有所增长。从门诊情况看，门诊费用、化验费、核磁共振扫描费、药费、耗材费等相关费用均有所增加；从出院情况看，出院者总费用有所增加，人均医药费用增加，其中药费减少，医疗费中检查费和化验费有所增加，公立医院耗材费有所减少。医药总费用增加，药占比下降。

【重点价格监管】 跟踪热点问题。严格审核小区停车收费标准，完成市自来水厂2012—2014年供水价格的成本监审，选择重点物业企业开展对市住宅小区汽车停放服务和地下车位建设成本、对市外贸企业付费负担及棉花种植情况、吕四港区渔业生产等专项调研任务。

【价格秩序维护】 市物价部门开展商品房、餐饮等行业明码标价的专项检查，以及对市卫计委、殡仪馆和中小学的收费检查，开展涉企收费检查和药品价格专项检查，完成对3家医院和2家银行违规收费的检查处理。指导商业银行开展好服务价格信息公示工作。组织执法人员参加省、市组织的关于价格执法检查等多项培训，提高执法预见性。

【价格维权】 2015年，市物价部门把矛盾不反复作为“12358”价格为民维权目标，价格举报中心全年共受理办结价格举报及政务热线转办的价格咨询或投诉案件108件，重点查处涉及商品房“一价清”收费、物业收费、停车收费、明码标价以及医院药品价格等举报案件。

【价格监测和成本监审】 市物价部门继续提高价格监测服务功能，捕捉好价格苗头性、倾向性问题，完成上级部门布置的专题价格监测调查任务，利用政务网站、信息公开平台等多渠道发布民生价格信息。完善成本工作机制，兼顾做好价格成本监审和调查，坚持精准“出数字”。为热能价格、农村道路客运票价、小熟油菜籽种植成本及收益情况、供水价格等提供成本支持。

【价格认证公共服务】 全年价格认证中心共完成：公安部门委托刑事案件价格鉴证263件，价值478万元；法院等委托民事案件价格鉴证8件，价值1543万元；地税部门委托涉税房地产交易个案272件，价值2.88亿元；涉税企业股权转让案件48件，价值9.15亿元；新增小区基准价格认定上线8个；1—6月完成车损170件，价值328万元；各类行政执法案件8件，价值27.65万元。

【价格认证中心机构转型】 7月1日起，启东市价格认证中心停止一切社会中介性质的业务。其中包括个人或企业委托的各类民商事价格鉴证、拆迁评估、抵押评估、诉讼保全、企业产品价格认证其他价格咨询服务等。

（陈赛群）

统计管理

【概况】 2015年，启东市统计局实施改革创新，抓好以GDP核算为龙头的方法制度改革，推进投资统计改革和能源统计改革，做好1%人口抽样调查；抓法治建设，提高统计数据质量；注重统计服务，发挥统计的监测预警功能，为促进全市经济社会平稳健康发展提供统计保障。在南通市统计学会举办的第五届县（市、区）青年统计干部（人员）论文交流评选活动中，市统计局选送的《启东市休闲产业发展研究》获一等奖、《从基本单位变化看启东经济发展趋势》获三等奖。

【专项统计】 *以GDP核算为龙头的方法制度改革。*根据省统计局制定的GDP核算方案，强化月度GDP数据的监测和评估分析工作。建立核算部门联席会议制度，定期召开部门联席会议，研究解决地区生产总值核算中的重点问题。严格按照制度和方案的要求，对核算数据进行审核和评估。

*投资统计改革。*在全市范围内开展固定资产投资统计新老制度双轨运行工作，加强统筹协调，强化培训指导。强化新增投资项目入库。严格按照国家规定标准和程序，把好新进项目入库关，坚持分级管理，确保资料齐全

规范。加强现场查验和资料比对,不符合入库标准的项目坚决不予入库。强化源头数据和数据处理过程的质量审核、评估和监控,健全可操作性强与适应实际需要的数据审核办法,加大当月异常数据的审核力度,完善主要指标数据评估办法,科学审核评估数据。分析研究部门统计资料,如发改委的审批项目、住建局的施工许可等相关统计资料之间的关系,科学评估投资统计数据。强化投资统计业务规范化工作,加大对基层单位统计人员的业务培训和指导,坚决杜绝无中生有等违规行为。

能源统计改革。面对企业能源统计制度不完善,能源统计基础台账不完整等客观情况,市统计局要求企业统计人员必须持证上岗,企业妥善保管好能源购进发票、用电量发票以及从其他部门取得的原始凭证等,抓好源头数据的准确性。实施审核多元化,完善评估制度。严格执法,开展事后抽查。企业数据上报后,定期开展事后数据质量抽查,对数据波动较大或能源品种出现变化的企业加大核查力度,如发现漏报、瞒报、错报数据等问题依法处理,并要求企业限期整改。加大对重点耗能行业、耗能大户的监测力度,深入开展节能降耗进展情况分析,及时把握能源经济运行和节能工作的走势。加强与发改委、供电部门的沟通衔接和协作,加大对企业节能措施落实的督查和用电情况的监测。

1%人口抽样调查。强化调查员对入户调查数据的保密意识,对抽中样本的地址码、城乡属性、村、居委会名称等指标进行核实,存在变更的及时反馈;根据第六次人口普查小区图实地核查样本小区是否发生重大变化,例如拆迁、改建等;核实调查小区内拥有居民户数,确定样本框数量。

组织大型普查各项工作。做好全市第三次经济普查公报的发布、资料的编写、课题的开发研究,全面形成普查成果。启动全市第三次农业普查准备工作。

【统计服务】 市统计局加强月度、季度指标的跟踪监测。及时跟踪分析工业、投资、贸易、能耗、房地产等月度当期和累计经济运行情况,研究市场需求变化对经济增长的影响程度,对起伏较大的重要指标及时作出预警判断,为市委、市政府提供决策依据。加强与经济主管部门的沟通协调,通过部门协作,共同研判行业经济的运行状况,找出增长亮点和关键问题,努力准确把握经济发展的动向与趋势。发布《2014年启东市国民经济和社会发展统计公报》,出刊《启东统计手册2014》,编纂《2014年统计年鉴》。建设统计发布平台,开通“启东统计”微信公众账号,提升统计信息电子服务功能。抓好统计数据诠释解读工作,丰富发布内容,提高频率,提升数据发布权威性和可读性。开展各种民意调查,提高服务调查水平。向调查对象提供生动便利实用的信息,定制行政指导和咨询服务项目,强化对联网直报企业、基层统计机构和统计人员的有效服务。

【统计执法检查】 市统计局开展自查自纠和数据质量查询,通过专业联手,加强对乡镇、单位和项目主要统计数据的监控,提高源头数据质量。开展统计监审,主要对未认真开展统计自查自纠、数据质量问题较大的乡镇(园区),对重点行业和重点部门、重点企业和重要项目以及专项工作进行监审。加大对重点行业、重点企业统计违法案件的查处、通报力度,结合第三次经济普查,对普查登记中存在的各种不配合行为采取政策宣传讲解、下发催报单等方式全部予以解决。先后组织工业、投资、服务业等执法专项检查。核查库内调查单位基本情况,按要求及时清理已关、停、并、转的企业,及时更新入库企业的资料,严格按名录库管理要求申报企业入库,在申报、更新名录库工作中严禁弄虚作假的行为。坚决杜绝代填代报的行为,在企业登录系统报送数据前,要求企业提供真实的统计资料。企业上报数据不完整或有逻辑错误时,严格按照统计工作业务流程通知企业,按报表制度给企业讲解清楚,由企业自主修改。加大数据核查,建立各专业数据核查制度。做好新增调查单位的抽查核实,确保调查单位符合制度要求。加大对数据的评估力度,分析研究税务数据、货运量、用电量与相关统计数据之间的关系,科学评估专业数据。抓好源头数据质量管控,扩大电子台账试点。做好基本单位名录库的“四上”企业(规模以上工业企业、房地产企业和资质等级以上建筑业企业,限额以上批发零售业、住宿和餐饮业企业,规模以上服务业企业)后备库建设。

【统计基础建设】 统计信息化建设。市统计局以《江苏省统计信息化建设指导意见》为指引,上下协作,统建共享,逐步实现全系统信息资源的统一管理和应用。完成视频会议系统建设,加快OA系统改造。贯彻执行信息安全“三同步”(同步规划、同步建设、同步投入运行)原则,全面落实网络与信息安全责任,完善信息安全等级保护、风险评估等保护措施,努力构建层层把关的信息安全防护体系。持续推行统计数据联网直报,多次开展对企业一套表平台操作应用和管理的集中培训。

完善统计单位名录库。市统计局依据第三次全国经济普查资料全面更新基本单位名录库,全面使用PDA(手持电子终端)采集新增联网直报单位证照与相关信息,实现按季维护名录信息。优化完善统一平台数据查询、审核、加工、汇总等功能,实现投资、农业等相关专业纳入平台直报。健全乡镇(街道、园区)统计基础规范化管理制度,全面完成基层基础规范化建设目标任务。探索专人包片、专业融合的基层统计管理模式,提升乡镇(街道、园区)统计机构规范化管理水平,加强对联网直报单位统计规范化指导。

强化考核机制。市统计局重点对《启东市2015年度镇(乡)、开发区(园区)、街道办统计工作考核办法》《启东市统计局2015年度统计分析、信息考核办法》等行政管理制度进行修改和完善,细化对全市乡镇(街道、园区)和联网直报企业规范化创建标准的要求。

(陈静红)

※附※

国家统计局启东调查队

创新开展农业、畜牧业调查。国家统计局启东调查队加强夏秋粮生产形势调研，首次建立农情联系定点观察制度。统一全省主要畜禽监测调查制度，5月，启东队深入现场，根据核查名录对符合上报条件的养殖场养殖情况进行核实、比对，顺利完成万头猪场(户)联网直报试点工作。

推进电子记账。做好记账培训，强化技术指导。及时下发电子记账操作流程、操作手册，以备调查员和记账户随时参考和自学。通过上门安装指导、集中培训等方式，做到人人掌握。开展住户调查示范点工作，通过完善城乡住户调查工作网络、加强住户调查规范化建设、加强考核管理提高辅助调查员业务素质、建立各类台账等措施，提高记账质量。

完善价格调查，规范采价工作。2015年，启东队做好新基期CPI(居民消费价格指数)、PPI(生产者物价指数)的价格调查样本轮换工作。在权数测算阶段，以"管好大类、锁定中类"为原则，严格按照方案要求的权数整理和调查办法开展权数测算工作，利用住户调查资料，对照流通和消费价格指数商品目录，严格分类口径，保证权数测算工作有序开展。

推进企业调查。2015年，开展新设立小微调查工作、建筑业小微调查工作。采购经理、规下工业等实现企业全部联网直报，直报率大幅度提升。

开展专项调查。首次组织开展月度劳动力调查，专业开展小微企业税收减免落实情况、小微工业企业库存压力情况等一次性调查。开展专项调查，做好南通调查队委托的居民出行调查，南通市食品安全社会满意度调查。由启东市政府指定，在启东全市范围内开展秸秆机械化还田面积核查，如期保质保量地完成核查。

加强分析信息报送。在做好专业进度数据分析的基础上，多次组织人员深入基层，到企业、养殖大户、农户家中调研，开展春耕备耕情况调查、小微工业企业库存压力情况调研、企业融资情况调研、小麦油菜长势情况等专题调研。2015年，被总队内网录用工作信息23篇、经济信息15篇、统计分析6篇。

加强统计宣传。强化部门协作宣传，与市文广新局合作，联合发布主要农产品价格数据，每月定期在《启东日报》等媒体提供发布城乡居民收入、价格指数等主要调查指标信息。加强网络宣传，与全市政务信息公开平台联网，及时更新维护发布全队工作动态、调查信息、调查数据等栏目，通过政务信息公开扩大调查队的影响力。

统计执法检查。制定2015年法治工作要点，修订完善启东队数据质量管理、业务标准化流程以及各专业的工作规范和考核办法，加强法治队伍建设，开展统计执法检查程序的专题培训及统计法律法规知识测试。建立统计执法和规范化检查常态化机制，加强对源头数据质量的监督检查，健全完善专业人员的岗位责任制。探索和推进柔性执法，通过政策和法律引导等途径，推进调查工作的正常开展。

(范蓓蓓)

审计管理

【概况】 2015年，市审计局共完成财务类审计和审计调查项目93个，工程类审计项目539个，其中500万元以上工程项目75个。审计查出违规金额和管理不规范金额59968.74万元，促进增收节支11250.78万元。审计发现并移送案件线索7件，其中检察院立案1件，纪检监察机关立案6件，13人分别受到党纪政纪处分。

【预算执行审计】 2015年，市审计局以财政审计为主导，持续关注预算体系和结构、行政运行成本和管理绩效，促进厉行节约和提质增效；重点关注中央"八项规定"精神等政策措施落实情况，"三公"经费节减情况。对审计指出的部分非税收入未及时入库；部分应纳入政府性基金核算的收入被列为其他行政事业性收费收入；部分渔业成品油价格补贴资金未及时拨付；部分省财政下达及市、县配套的专项资金滞留于乡镇财政所，工程项目未足额完成、资金未拨付到位；部分农业项目专项资金未按照县级报账制的要求实行全县统一核算，结余资金分散滞留在乡镇财政所等问题，被审计单位整改到位。向人大常委会作的本级预算执行和其他财政收支情况审计工作报告获高票满意通过。

【储备粮专项资金和国有粮食企业审计调查】 2015年，市审计局以企业经营情况为主线，对企业粮食购销的规范性、地方储备粮轮换的真实性、财政专项资金使用的合理性、国有资产管理的效益性等进行重点关注，对企业管理体制是否合理、经营活动是否合法进行全面分析，指出储备粮轮换不规范、专项资金不能专款专用、闲置资产利用率低下等7个问题，并提出切实可操作的3条审计建议。审计建议被采纳，整改工作于11月底完成。

【政策性农业保险资金专项审计】 2015年，市审计局通过审计发现农户对政策性农业保险认识不够，主动投保积极性不高，农户不应保尽保、选择性投保，夸大受灾受害情况，查勘定损采取抽查办法，无法做到准确核实受灾面积和受损程度等问题。还指出起保规模大部分不符合规定，赔案资料不完善，部分养殖业理赔时间超过规定时限等具体问题。在7月召开的全市农村工作会议上，市领导专门通报审计中发现的政策性农业保险方面存在问题，要求各镇(乡)、园区加强组织领导，严格执行标准，做好整改工作。会后，市农委会同市财政局等有关部门组织承保工作回头看，并抽调人员组成两个核查工作组，深入镇(乡)、园区核查整改情况。

【领导干部经济责任审计】 2015年，市审计局根据市纪委、市委组织部委托，共实施38个部门、单位43个领导干部经济责任审计项目。加大对权力集中部门和资金、资源密集领域领导干部的审计力度，密切关注经济责任审计整改情况，开展整改联动督查工作，对当年及以前年度整改情况进行回访检查，并将检查结果写入审计报告;严格依法规范审计内容和审计评价,切实推动问责、追责。

【政府投资审计】 2015年,共审计政府项目投资额32.49亿元,核减投资1.04亿元。在依法核定工程造价的基础上,重点关注项目设计、工程招投标、投资控制、工程质量等方面存在的突出问题。坚持贴近项目、贴近现场、贴近问题,把握现场踏勘、总价核对、处理争议问题等关键环节,加强审计质量控制,防范审计风险。

【保障性安居工程跟踪审计】 2015年,根据江苏省审计厅统一部署,市审计局选派5名审计干部赴苏州吴江区开展保障性安居工程跟踪审计,同时配合盐城东台审计组在启东开展审计工作。

【上下联动审计】 2015年,市审计局根据南通市审计局交办,实施全市出租房税收征缴情况专项审计调查。配合南通市审计局开展引江调水绩效审计项目,审计关注引江调水工作完成状况、成本运行情况、资金使用的规范性、合理性、效益型,并抽查2010—2014年完成的河道疏浚工程、涵闸工程,协同南通市水文局抽检市内三四级河道的水质。

【内部审计建设】 2015年,全市内审机构共完成内审项目298个,促进增收节支418.38万元,提出建议意见被采纳303条。查出并移送案件线索6条,18人受到党内警告处分,11人受到党内严重警告处分,收缴违纪所得44970元。启东市内部审计协会选送的《启东市公安局监管大队大队长李建新同志任中经济责任审计》获南通市优秀内部审计项目二等奖。

【审计整改】 审计整改工作主要由市纪委督察落实。农村纪检工作室及时调查处理辖区内农村审计工作室审计发现并移送的案件线索;市纪委牵头财政、效能办等部门,对审计反映的白条支付工程款、往来款清理不及时、个人借款长期不结算等多年存在的问题,进行整改工作专项督察。在市纪委、效能办的督察下,被审计单位问题整改速度明显加快。

(沈晓燕)

安全生产监督管理

【概况】 2015年,全市工商贸企业共发生生产安全亡人事故9起、死亡9人,亡人事故起数、死亡人数较上年同期分别下降18%和25%,未发生较大以上生产安全事故。亡人事故起数、死亡人数同比连续3年实现两位数下降,这两项安全生产主要工作指标连续两年在南通市各县(市)中最低。

【宣传培训】 2015年,市安监局采取“送教下乡”的方式,自编教材,根据实际需要确定相应的教育培训内容,逐个镇(乡)、园区对企业主要负责人、安全管理人员进行拉网式轮训。共组织一般企业主要负责人、安全生产管理人员培训23期2528人次;烟花爆竹零售经营户培训11期1202人次;农药零售经营户培训5期443人次。通过启东市安康职业技术培训中心,培训特种作业人员(特种设备除外)13期1693人次。3月7日,《中国安全生产报》以《江苏启东市源头做起减少伤亡的经验——抓培训就是抓预防抓治本》为题报道市安全生产教育培训的做法和成效。

【专项治理】 2015年,市安监局开展以“防燃烧、防爆炸、防化工事故、防高处坠落”为重点的“四防”工作专项行动和安全生产“三项行动”(执法行动、治理行动、宣传教育行动),全面实行领导带头检查、企业全面自查、属地政府复查复核、行业主管部门抽查检查、安委办巡查督查等“五个查”,推进安全生产“三项行动”向纵深拓展。全市共组织1441个检查组,派出2843人次,检查2630家生产经营单位,发现隐患20876条;下达执法指令书1028份,责令改正、限期整改、停止违法行为724起,责令停产、停业、停止建设6家。南通市级挂牌督办市6条重大安全隐患,启东市级挂牌督办的30条重大安全隐患、全部按时整改到位。全市隐患排查治理信息系统共录入企业1874家,其中规模以上企业数量386家,同时延伸至小微企业和人员密集场所,全市镇(乡)、园区和各重点行业领域已实现全覆盖。

【法治建设】 2015年,市安监局制订年度安全生产监管执法计划,采取全面检查执法与专项检查执法相结合的方式,通过组织开展打非治违专项行动,严厉打击非法违法生产经营建设行为,对事故频发、隐患突出、非法违法行为突出的地区、行业和单位,实施重点执法和精准执法。全年共执法检查生产企业1697家,排查一般隐患2359条,全部整改到位。坚持将工作重心从事后查处向事前防范转移,全年共立案查处安全生产违法行为98起,其中事故处罚24起,事前处罚74起。全年无行政复议,行政诉讼无败诉案件。

【基层安监机构建设】 2015年,市安监局调整优化全市镇(乡)、园区安全生产监管机构,合理配置专职安监人员人数。全市镇(乡)、园区专职安监人员数达到南通市要求的88名。市南阳、东海、寅阳、北新、吕四、汇龙、王鲍、近海、经济开发区等9个镇、园区通过江苏省基层安监机构能力建设项目达标验收。

【事故防范和应急演练】 全年组织开展受限空间火灾应急疏散演练、危险化学品事故应急救援双盲演练等综合性演练14次,提高相关行业领域应对突发事故和应急救援能力。6月16日,省海渔局、省安监局在市大唐电厂码头举行渔业水上搜救应急演练。9月25日,省农机局在市北新镇鑫磊农场举行农机事故应急演练。

(陆辉标)

科技管理与服务

【概况】 2015年,市科技局全面贯彻市委十二届十次全体（扩大）会议精神,以科学发展观为指导,以推进创新型城市建设为核心，着力加强产业技术创新、企业自主创新和社会发展创新,加快推进创新人才、创新载体和创新环境建设,加速高新技术产业发展,促进产业转型升级，实现科技进步与经济社会发展的紧密结合、相互促进与协调发展,全面提升沿海开发水平,为率先基本实现现代化提供强有力的科技支撑。启东市被确认为江苏省可持续发展实验区，被确认为南通国家农业科技园区(启东示范园),近海镇被评为省创新型试点乡镇。

【高新技术产业】 2015年,全市实现高新技术产业产值778.13亿元,占规模工业的比例达46.48%,较上年同期提升1.24个百分点。企业研发投入占GDP比例达2.48%。有85个产品被认定为省级以上高新技术产品,27家企业新被认定为高新技术企业。

【产学研合作】 2015年,市科技局组织开展“上海地区高校产学研合作洽谈会”“滨江医药化工园—南京工业大学洽谈会”“启东—武汉理工大学洽谈会”“走进中科院研究所系列活动”“2015中国·启东科技节产学研洽谈会”等多次较大规模的产学研活动。全市企业的产学研合作范围扩大、领域拓宽、程度加深、质量提高。全市组织实施产学研合作项目172项，技术交易额2.5亿元，带动企业投入30.2亿元,项目实施后可新增销售75.4亿元。

【知识产权工作】 2015年,市科技局全面推进知识产权工作。运用多种媒体,加大知识产权宣传教育力度,以增强全民自主创新能力和知识产权保护意识。全年举办专利知识培训班6期,参训1200多人次。培育12名知识产权工程师和10名知识产权总监。开展专利消零企业专项行动，对全市200多家零专利企业开展专门培训辅导,促进企业知识产权创造。开展企业知识产权标准化建设，参加贯标的企业达42家,其中通过第三方认证企业9家。全市实现专利申请量4410件,授权量2302件，其中发明专利申请1912件。万人发明专利拥有量达12.12件。江苏道达海上风电工程科技有限公司发明专利“海上风机的安装方法及回收方法”获第十七届中国专利奖优秀奖。江苏神通阀门股份有限公司发明专利“一种安全级高压球阀”获省第九届专利奖优秀奖。全市获省第四届民间发明创新奖一等奖1个、二等奖1个。

【科技项目与科技成果】 全年立项省级以上项目39项，其中国家级6项。获南通市级以上科技进步奖20项,其中省科学技术奖二等奖1项、省科学技术奖三等奖2项,南通市科技进步特等奖1项、二等奖4项、三等奖12项。全年共组织南通市科技成果鉴定21项。全年共向高校、科研院所输送企业项目需求信息400多项,向企业发布高校、科研机构最新成果信息2000多项。

2015年启东市立项科技项目

表27

序号	项目类别	项目名称	承担企业
1	省创新资金企业研究生工作站	新型超长保质期即用型细菌培养基	南通布洛思生物科技有限公司
2		南京农业大学	南通千鹤食品有限公司
3		江南大学	南通好又鲜水产食品有限公司
4		东南大学	朗峰新材料南通有限公司

续表 27

序号	项目类别	项目名称	承担企业
5	省创新资金企业研究生工作站	南通大学	江苏昂彼特堡散热器有限公司
6		南京林业大学	江苏津启沿海生态环境研发有限公司
7	省企业重点研发机构	重点研发机构	启东东岳药业有限公司
8	双创博士	张永平	江苏好收成韦恩农化股份有限公司
9		张友法	江苏神通阀门股份有限公司
10		杨宏旻	江苏瑞帆环保装备股份有限公司
11		黄龙江	启东东岳药业有限公司
12		李　彬	南通柏盛化工有限公司
13		安高成	江苏欧盛液压科技有限公司
14	省工程技术研究中心绩效评估优秀	江苏省高性能特种金属焊接材料工程技术研究中心	南通市东港焊接材料有限公司
15		江苏省萘系列中间体清洁生产工程技术研究中心	南通柏盛化工有限公司
16	省成果转化	电动汽车用高能比长寿命强续航锂电池及管理系统研发与产业化	江苏海四达电源股份有限公司
17	科技服务超市	南通恒昌隆食品有限公司	
18	省工程技术研究中心	江苏省智能电采暖设备工程技术研究中心	江苏昂彼特堡散热器有限公司
19		江苏省高空作业设备工程技术研究中心	美通重工有限公司
20		江苏省生物酶绿色合成工程技术研究中心	江苏诚信药业有限公司
21		江苏省润邦海洋石油工程船舶工程技术研究中心	南通润邦海洋工程装备有限公司
22		江苏省发动机测试装备工程技术研究中心	南通力达环保设备有限公司
23		江苏省电力系统液压润滑设备工程技术研究中心	江苏江海润液设备有限公司
24	南通市工程技术研究中心	南通市先科药业控缓释新药研究工程中心	江苏先科药业有限公司
25		南通市宏华海洋海工平台工程技术研究中心	南通市宏华海洋油气装备(江苏)有限公司
26		南通市河海嘉裕冷却塔专用水轮机技术研究中心	江苏河海嘉裕节能科技有限公司
27		南通市 LED 照明工程技术研究中心	江苏林洋照明科技有限公司
28		南通市纳米晶软磁材料与器件研发中心	朗峰新材料南通有限公司
29		南通市神州碳制品工程技术研究中心	江苏神州碳制品有限公司
30		南通市汉盛海洋装备工程技术研究中心	江苏汉盛海洋装备技术有限公司
31		南通市百特新型多功能家用电器工程技术研究中心	江苏百特电器有限公司
32		南通市中冶润滑液压设备工程技术研究中心	启东中冶润滑液压设备有限公司
33		南通市迪因秸秆综合利用工程技术研究中心	江苏迪因生物科技有限公司
34	国家星火计划	启东小辣椒品种提纯及繁育技术集成应用与推广	南通宏利调味品有限公司
35		特定分子量氨基多糖提高西瓜品质产量技术集成与示范	江苏双林海洋生物药业有限公司
36		淡水小龙虾、台湾泥鳅套养模式示范	南通积盟生态农业有限公司
37		盐碱地蓝莓种植技术的应用及推广	江苏红阳河生态农业科技发展有限公司
38		农业可再生资源循环利用	启东多吃点绿色有机食品有限公司
39		耐盐碱苗木新品种繁育与推广	启东江天苗木种植专业合作社

2015 年获南通市以上科技进步奖项目

表 28

序号	项目名称	申报单位	获奖类别
1	滨海盐碱地加速治理培育与农业高效利用	南通华林生物科技发展有限公司	江苏省科学技术二等奖
2	太阳能光伏及风力发电用大容量储能系统	江苏海四达电源股份有限公司	江苏省科学技术三等奖
3	大规模酶法制造高纯度 5′-核苷酸的新工艺	南通秋之友生物科技有限公司	江苏省科学技术三等奖
4	无摩擦型低温强制密封球阀	江苏神通阀门股份有限公司	南通市科技进步特等奖
5	超级 247 晶闸管器件	江苏捷捷微电子股份有限公司	南通市科技进步二等奖
6	27500 立方 LNG 船	南通太平洋海洋工程有限公司	南通市科技进步二等奖
7	宽温幅高容量车用锂离子动力电池	江苏海四达电源股份有限公司	南通市科技进步二等奖
8	高结温双向可控硅器件	江苏捷捷微电子股份有限公司	南通市科技进步二等奖
9	国产 660MW 超超临界锅炉氧化皮研究及对策	江苏大唐国际吕四港发电有限责任公司	南通市科技进步三等奖
10	VM 系列平板电视机支架	南通市久正人体工学股份有限公司	南通市科技进步三等奖
11	雾化喷涂油性铝合金脱模剂	启东尤希路化学工业有限公司	南通市科技进步三等奖
12	智能调光 LED 亮化工程照明灯具	江苏林洋照明科技有限公司	南通市科技进步三等奖
13	余热回收系统用大型阀门	江苏神通阀门股份有限公司	南通市科技进步三等奖
14	绿色节能多功能 LED 灯	江苏林洋照明科技有限公司	南通市科技进步三等奖
15	智能售电抄表复合终端	江苏林洋电子股份有限公司	南通市科技进步三等奖
16	持续气道正压通气治疗阻塞性睡眠呼吸暂停综合征合并缺血性心脏病的临床和生活质量研究	启东市人民医院	南通市科技进步三等奖
17	600MW 汽轮发电机Ⅱ型大锥环	南通东泰电工器材有限公司	南通市科技进步三等奖
18	抗肿瘤药物槐耳颗粒的指纹图谱鉴定及检测方法	启东盖天力药业有限公司	南通市科技进步三等奖
19	电动工具用高容量锂离子动力电池	江苏海四达电源股份有限公司	南通市科技进步三等奖
20	高性能可视频监测智能控制 PM2.5 净化机组	江苏风神空调集团股份有限公司	南通市科技进步三等奖

【农业与社会发展】 2015 年，市科技局推动农业和社会发展科技创新。积极培育各类科技创新服务载体，全面推进产学研合作，组织申报实施各类农业和社会发展科技计划项目，开展可持续发展实验区建设，开展科技“强农惠民”工作。全市累计拥有国家农业科技园区 1 个、省级现代农业科技园 1 个、省级农业科技型企业 7 家、省级科技型农业专业合作社 4 家、南通市级农业科技型企业 14 家。全市新增省级启东海洋水产产业分店 1 家、便利店 3 家，开展科技服务活动，带动农民增收致富。在 2015 年省厅组织专家组开展的省科技服务超市万村行活动中，市省级设施蔬菜产业科技超市分店被评为优秀，2 家便利店被评为合格。

全年共组织开展各类送科技下乡活动 12 次，制作设施蔬菜、特种水产等产业各类科技展板 70 多块，展出 160 多板次，发放科技图书和科技资料 3500 多份。与农委、海洋渔业局组织推广农业新技术新成果 10 项，其中农业 8 项、海洋渔业 2 项，惠及农民群众 6 万人。

【科技创新服务体系建设】 滨海工业园众创空间建设有力推进，滨海博士创业园内开辟 2000 平方米左右空间，成立启东淘金创谷。国动产业园按照一楼一产业的布局，进入实质运转。2000 平方米左右的众创空间启动，有 18 家电子信息类企业完成注册，入驻电子信息产业楼。启东科创园与复旦科技园股份有限公司正式签约，在开发区建立复旦大学科技互联网产业园。全市累计拥有国家级科技企业孵化器 1 家、省级科技企业孵化器 5 家。全年新增省级工程技术研究中心 6 家、南通市级工程中心 10 家。新增省企业研究生工作站 5 家、省重点企业研发机构 1 家。2015 年，启东市海信机械等 11 家企业获省科技成果转化风险补偿专项资金贷款 3950 万元。

【科技宣传】 2015 年，强化科技进步在综合考核中的考核力度，通过全市组织实施的“人才科技杯”夺杯竞赛活动，每月通报各镇(乡)、园区科技创新工作目标任务完成情况；专题组织召开科技创新工作点评会，总结经验，指出问题，分析原因，发挥激励作用。组织召开高新技术企业推进会，分析形势，宣传政策，落实各项工作措施，调动企业抓创新、谋发展的积极性。加大科普宣传力度，营造创新创业氛围。2015年，科普宣传周和科技节期间，科技局编印《科技创新政策百问》宣传手册，发放到全市科技型企业手中，会同有关部门，共同组织开展科普宣传周活动。组织开展科技节期间的科技进村入户、科技融入社区等系列活动。发放科普资料8000份。各镇(乡)印发科普小报、科普资料近1.5万份。

(许海英)

防震减灾

【概况】 2015年，市地震局重点围绕健全地震监测预报、震灾预防和地震应急救援三大工作体系，不断加强防震减灾能力建设。

【地震监测与应急】 圆陀角强震台建设完成并开始试运行。加强对地震台站设施的维护，做好地震观测环境的保护工作。做好宏观测报管理工作、异常的核实工作。全年共接报2起异常报告，其中1起井水水位异常、1起人感摇晃震动，及时调查核实，分析原因，作出判断。制定2015年度震情监视及短临跟踪工作措施，强化震情监视和短临跟踪工作。

【震害预防】 贯彻《中华人民共和国防震减灾法》《地震安全性评价管理条例》及有关规定，做好新建、扩建、改建建设工程的抗震设防监督管理工作。对必须进行地震安全性评价的重大工程项目实行跟踪管理，确保监管到位。

【防震减灾社会动员】 市地震局开展地震安全社区示范建设工作。长龙三村社区按照地震安全示范社区创建标准，开展创建活动。开展防震减灾法律法规及地震科普知识宣传，参与科技送下乡、科普宣传周、防灾减灾日等活动。全年共发放宣传资料6000多份，赠送防震减灾书籍300套。

(许海英)

气象测报

【概况】 2015年，启东市气象局加强软硬件设备设施建设，形成布局合理、覆盖全面、功能先进、保障有力的现代化气象监测网络和预报服务体系。建成9210卫星通信、卫星云图接收、人工影响天气设备、省市县视频会商系统、吕四大功率电台，以及由2个有人值守的国家级气象观测站、24个无人值守的新型野外多要素气象自动观测站组成的大气连续探测网络。新购置1辆集卫星通信系统、远程视频会商系统、大气多要素探测系统和应急保障系统于一体的多功能应急保障探测指挥车。

【气象设施现代化建设】 大气探测网络。2015年，根据江苏省气象局统一部署，完成新型自动气象站社会化保障移交工作，统一采用江苏省无线电科学研究所提供的现代化维护、维修、保养系统，确保气象观测数据实时采集、显示、上传，传输稳定。完成沿江沿海8套自动气象站风向风速传感器升级改造，探测功能进一步升级，为市沿江沿海航运、渔业生产安全提供更强大的服务和保障。布设在全市各乡镇田间的23套区域自动气象站，运行稳定，其数据除上传至省气象局外，能够实时显示在各乡镇办公大楼的多媒体气象信息屏上。此外，市气象局在藏缘、新桃源和江天生态园等新农业生产基地设立农田小气候观测站，采集农业气象数据以供相关单位研究利用。

气象业务系统。2015年，市气象局完成网络机房升级改造，在新的预报服务业务一体化平台基础上，完成气象数据采集和使用的无缝对接，提高天气预报的时效性和准确率，气象服务的精细化程度越来越高。在市区的部分社区、各乡镇部分村委会，示范建设45块户外LED电子显示屏，用于实时发布各类气象信息（含实时天气预报、预警信息和渔场预报等）。

【气象服务】 公共气象服务。在新的预报服务业务运行机制下，市气象台做好每天常规天气预报的制作和发布与传递，加强与广电和报纸等传统媒体的合作，市气象局开通“启东气象”新浪和腾讯微博、“启东天气”微信公众号，有效拓展和群众的交流渠道。通过学习辅导、岗位培训和竞赛，提高灾害性天气、节假日和重大社会活动期间的服务能力与质量。2015年，市气象局和民政局、环保局、安监局等单位签署合作协议，加强部门联合，提高气象部门在各行业的服务保障能力。

为农气象服务。2015年，市气象局向国家气象局争取“三农”服务专项资金40万元，全部投入乡镇气象信息发布体系建设。在推广原有气象信息服务站和气象信息原队伍建设的基础上，依照市委、市政府颁布的《启东市气象灾害防御规划》进行气象灾害应急准备认证工作，完成全市四分之一行政村的认证。市气象局和市农委作栽站、植保站、蔬菜站、市蔬菜专业合作社、市家庭农场、镇农村服务中心等专家多次举办座谈会，请他们对农村专项气象服务提出意见和建议，为做好“三农”服务、完善气象服务体系和农村气象灾害防御体系，提高气象为农服务能力和水平奠定良好基础。通过和市农工办合作，市气象局将种养殖大户和参加农业保险的用户纳入气象专业服务对象，进行“直通式服务”。

专业气象服务。2015年，市气象局加强对江对海气象服务的力度。和多家沿江沿海大型船舶制造企业，如中远海工、太平洋海工、宏华海洋以及大唐电厂、中交三航局广汇能源码头建设项目组等签订气象服务合同，为其提供定时、定点和随时的气象服务，在工程进度安排和安全作业生产等领域密切合作，为企业产生良好的经济效益。

【气象宣传】 “3·23”世界气象日前后，市气象局除在人民广场开展定点宣传外，针对2015年“气候知识服务气候行动”，市气象局联合汇龙中学、南苑中学和长江小学等学校组织气象知识进课堂、中小学生进气象站等科普活动，拓展孩子们的知识面，使他们在遇到灾害性天气时能及时有效应对。

(黄诚 李静)

综 述

【概况】 2015年，全市共有中小学校幼儿园141所，其中包括小学48所，初中23所，普通高中7所，职业高中2所，特殊教育学校1所，注册幼儿园60所。小学在校学生共计37514人，一年级至六学级学生数分别为6318人、5842人、6349人、6351人、6076人、6578人；初中在校学生19075人，初一至初三学生数分别为6307人、6187人、6581人；普通高中在校学生9983人，高一至高三学生数分别为3073人、3163人、3747人；职业高中在校学生总计为5585人，职高一年级至三年级学生数分别为1814人、1976人、1795人；特教学校在校学生共有102人；在园幼儿17778人。全市共计在校学生90037人。有在职教职工7237人，离退休教职工6202人。全市学校占地面积2764240平方米，校舍建筑面积1223066平方米。

【教育现代化】 全年新增公办幼儿园6所、省优质幼儿园2所，公办幼儿园、省优质幼儿园占比分别为61%、76%。推进校安工程建设。全年计划加固校舍2.9万平方米，实际完成2.3万平方米。新建项目按序推进。和睦幼儿园一期工程开工建设，城南小学、幼儿园、城北小学、实小开发区分校等项目手续基本就绪，市第一中学2015年9月正式启用。数字化校园创建工作全面启动，38所中小学完成网上申报和市级初审。

4月23日，2015年南通市第十五届“东疆之春”教研活动在实验小学举行。
(王婷婷/摄)

【课堂教育改革】 全市举办小学“东疆之春”、高中“江海星光”大型教研活动；承办江苏省小学特级教师论坛、南通市名师第一梯队培养对象会课、南通市中青年名师活动，课堂改革经验在全省教研室主任会议和南通教科研中心作专题介绍。学科教学质量稳中有升。高考继续位居全省前列，本一上线率24.45%，超省平均13.94个百分点；本二上线率66.12%，超省平均30.48个百分点。

【素质教育】 市制定出台《启东市义务教育阶段学校素质教育考评实施方案（试行）》，全面规范中小学办学行为。举办启东市第六届中小学校园艺术节，5个节目参加南通市级展演，其中，折桂中学《真实的传奇》入围省中小学艺术节。《启东市少先队地方课程的开发与运用研究》获省少工委2014年度少先队工作优秀项目。实验小学乒乓球队获南通市少儿乒乓球比赛儿童组女子团体冠军。北新小学男子足球队获南通市少儿组第三名。少直小学、南苑中学女子篮球队，启东中专高中男子、女子篮球队分别获南通市中小学生“三人制”篮球比赛第一名。海复小学男子、女子排球队，长江中学女子排球队分别获南通市儿童和少年组第一名。

【完善公共体育服务体系】 城区建成健身步道27公里，新增全民健身路径

6月12日，第六届中小学校园艺术节汇演举行。 (郁卫兵 姜雨蒙/摄)

16套。市体育馆10月1日起对公众开放。成立健美协会、足球协会、力达乒乓球俱乐部、瑜伽协会、风筝冲浪协会等协会组织。举办全市篮球、游泳、乒乓球、中国象棋等比赛。组队参加江苏省县组田径比赛及南通市少儿篮球、排球、足球比赛。

【教育公平】 做好义务教育免收学杂费、免费发放教科书工作，使各项免费政策落实到每一个义务教育阶段学生。2015年春季学期发放生活补助费261.25万元，涉及学生4652人，资助面达8.12%；发放高校学生生源地信用助学贷款89万元，涉及学生110人；发放普通高中国家助学金110万元，涉及困难学生1100人；发放中等职业学校助学金40.2万元，涉及学生402人；学前教育家庭经济困难儿童生活补助费89.5万元，涉及在园儿童1790人。实施启东中学指标生定向分配工作，将启东中学招生计划的70%定向分配到各初级中学，并全面取消高中择校生计划。

【校园安全】 全市教育系统开展“安全生产隐患大排查专项整治行动”，对学校的安全状况、校园周边治安专项整治情况、接送学生车辆安全情况、学校重要设施、场所和校舍的安全情况、安全教育落实情况、食品卫生安全情况等方面进行排查整改工作，未发生重大安全责任事故。全市所有学校均创建为启东市“平安学校”和南通市“最安全学校”，36所学校获江苏省“平安校园”称号，28所学校通过南通市“长安学校”的验收。

【教师队伍建设】 市组织开展园丁奖、优秀教育工作者等评比表彰活动，严格把好教师入口关，全面实施“凡进必考、双向选择、择优录用、竞争上岗”的教师准入制和人事代理制。强化继续教育制度，启动教师三年专业成长规划，实施学历达标工程。实施“三名”工程，组建15个名师工作室。有5人次获江苏省优(微)课评比一等奖，32人次获南通市优课和基本功竞赛一等奖。在首届全国“一师一优”活动中，共有60节课获省优，入围数居南通市第二。在江苏省职业教育技能大赛中获1银5铜。教师科研能力不断提高，有2个国家级课题、59个“十二五”省市规划课题结题。在南通市第十二次优秀教育科学成果评比中，2项成果获二等奖，5项成果获三等奖。在“第八届教师专业成长优秀论文”评选中，参赛人数与获奖比例均位列南通第二。

【行风建设】 市出台《关于进一步规范启东市义务教育阶段学校招生工作的意见》等规范性文件，对招生、分班工作提出明确的要求，实现透明运行。制定《启东市教育系统重点岗位干部定期轮岗交流实施办法》《重点岗位廉政测评制》制度，把党风廉政建设和行风建设工作与业务工作同部署、同落实、同检查、同考核。建立教育系统党风廉政巡检工作机制，把学校(单位)领导班子及成员执行《廉政准则》的情况及学校(单位)招生管理、教育收费、物品采购、财务收支、后勤服务等方面的情况作为巡检工作重点。在南通市率先实施学校食堂采购管理信息及满意度评价网上公示机制，10所学校食堂被授予“南通市学校A级示范食堂”称号。

(费雷雷)

学前教育

【概况】 全市有幼儿园60所，办园点28个。在园幼儿17778名，幼儿入园

8月20日，2015年启东市教育局直属幼儿园抽号招生。
(郁卫兵 姜雨蒙/摄)

率98.15%。市制定《启东市第二期学前教育五年行动计划（2016~2020年）》，完成6所镇（乡）公办幼儿园建设，大同幼儿园、王鲍幼儿园成功创建江苏省优质幼儿园，城北幼儿园、秦潭港幼儿园成功创建南通市优质幼儿园。

【提高保教水平】 借助“启东幼教团队”“启东名园长打造工作室”、QQ群、微信群，组织公办幼儿园教师基本功等级考核，实施幼儿园名师带教和支教园长工作制度，开展城乡幼儿园对口支教工作。围绕江苏省教育规划“十二五”重点课题“基于幼儿可持续学习的教师教育行为优化研究”总课题展开市本研究，帮助农村幼儿园提高保教质量和教科研水平。在南通市青年教师基本功比赛中，1人获一等奖，3人获三等奖；1人获南通市好课比赛二等奖。5月、12月，两次组织幼儿园好课评比与“幼儿园名师送教”活动，辐射和推广41个优秀活动。滨海幼儿园、实验幼儿园、豆豆幼儿园、长江幼儿园、陈邱翠凤幼儿园与和睦幼儿园被确认为南通市级幼儿园课程游戏化建设项目单位。

（费雷雷）

小学教育

【概况】 全市有小学48所，其中直属小学2所、镇（乡）小学46所。教学班844个，在校学生数37514人。

【丰富学生活动】 全市组织学生参加省“小小数学家”推选评比活动，近800名3~6年级的小学生参加活动。实验小学、南苑小学、长江小学、紫薇小学、海复小学、新安小学获优秀团体奖。12月18日，在大洋港小学举行启东市小学素质教育现场会。现场开展毛笔、钢笔、铅笔、指印画、剪纸贴画等学生社团活动，进行校本课程展示。12月25日，启东市第四届“小学英语文化周”成果汇报展在江苏省启东实验小学举行，此届英语文化周活动以“爱阅读·乐展示”为主题，为期一个多月。

12月，南通市情境教育实验学校小学数学优课展示观摩活动在实验小学举行。（市教育局/提供）

【提升教师水平】 2015年，市小学阶段语文、数学、英语、思想品德、科学、音乐、美术、体育、信息技术等学科共370位教师参加教育部组织实施的“一师一优课、一课一名师”活动，共有26节课获得部优。4月，在南苑小学举办启东市小学语文定向师范毕业生课堂教学评比活动。11月，在实验小学举行启东市小学英语“青蓝工程”汇报展示活动。

（费雷雷）

初中教育

【概况】 全市有初级中学23所，其中直属初中8所、镇初中15所。教学班402个，在校学生数19075人。

【教学质量管理】 1月12—21日，组织对初中教育共同体和初中学校教学管理工作情况专项检查。3月2日，召开2015年启东市初中教学质量分析暨教学管理点评反馈会。11月30日，召开启东市初三教学工作会议。

【高效课堂】 9月起，在全市组织初中“好课堂”教学竞赛活动，分14个学科开展，有23所学校共176名教师参加，百杏中学、折桂中学、鹤城中学、滨海实验学校4个共同体分获共同体组前四名。

【教育教学竞赛】 组织初中教师参加省、南通市优课评比和基本功竞赛，1名教师获省一等奖，9名教师获南通市一等奖，32名教师获南通市二等奖。

（费雷雷）

高中教育

【概况】 2015年，全市共有普通高中7所，有68个高一班级、75个高二班级、80个高三班级。共有在校学生9983人。

【高考成绩位居全省前列】 2015年，市文科均分313.28分，超出全省本科线0.28分；理科均分329.56分，超出全省理科本科线19.56分。全市本一上线率24.45%（全省本一录取率为10.51%），超出13.94个百分点，和2014年基本持平；本二上线率66.12%（全省本二录取率为35.64%），超出30.48个百分点，比2014年提高6.34个百分点。有5人进入全省前100名，

27 人进入全省前 1000 名。

(费雷雷)

中等职业教育

【概况】 全市共有中等职业学校 2 所,即江苏省启东中等专业学校、启东市第二中等专业学校。学校开设数控、机械、电子、计算机应用、财经商贸、建筑等 10 多个大类 30 多个专业，在校生近 6000 人。2015 年,全市招收新生 1823 人,完成计划的 104.2%,职高学生毕业率为 100%，毕业生就业率为 98.3%。对口高考报考人数为 522 人,本科上线率为 50%,比省平均高出 29 个百分点,总上线率达 100%。市中职学生参加中级工考核通过率为 97.5%。

【办学水平提升】 2015 年,第二中专的机械加工技术、启东中专的会计专业被评为省级品牌专业，累计市在“十二五” 期间建成 7 个省级品牌专业,提升市职业教育的办学质量和社会信誉。在 2015 年南通市职业学校技能大赛中，启东获 9 金 17 银 36 铜,金牌数量比上年增长 50%,在省比赛中获 1 银 5 铜。在 2015 年南通市信息化大赛中获 3 金 5 银 6 铜,在省比赛中获 2 银。有 3 位教师在江苏省职业学校教师“两课”评比中获一等奖,2 个项目被南通市教育局列为省教学成果培育项目。

(费雷雷)

南通大学启东校区图书馆竣工。 (潘　杨/2015 年 8 月摄)

普通高等教育

【南通大学启东校区】 南通大学启东校区位于启东市滨海工业园，东临黄海,西靠振海河,占地面积 1200 亩,校区总体规划建筑面积 32.7 万平方米。办学层次以本科办学为主，校区有杏林学院 17 个专业，在校学生数 1841 人,教职员工 157 人。第三批建设项目于 2015 年 1 月开工建设,5 月底主体结构全部封顶,9 月交付使用,其中包括教学楼 (3 号、4 号)、学生宿舍(4 号、5 号)、教师公寓共 5 个建筑单体,总建筑面积 2.36 万平方米。

5 月,启东中专新生参观滨海工业园。 (滨海工业园/提供)

9 月 12 日,启东校区第二批录取新生 978 人,录取率 100%;实际报到 951 人,报到率 97.25%。校区第二批招生杏林学院 17 个专业:国际经济与贸易、行政管理、城市管理、汉语言文学、日语、英语、广播电视学、工程管理、电子信息工程、计算机科学与技术、光电信息科学与工程、微电子科学与工程、自然地理与资源环境、人文地理与城乡规划、海洋技术、化学工程与工艺、会计学。

1 月 12 日,启东慈善基金会滨海工业园分会在启东校区设立 “启东滨海工业园高等教育发展基金”,每年向启东校区捐赠 10 万元,捐赠时间暂定为 5 年。3 月 12 日,启东校区开展师生员工共同捐建“共青林”活动,共种下 130 棵女贞树。5 月 19 日,棕榈园捐建仪式在启东校区举行。捐建人朱祖德、施玉英夫妇,捐出亲手种植 22 年的 55 棵棕榈树。11 月 3 日,启东校区举行樱花园共建仪式。樱花园位于启东校区教师公寓南侧，占地 1.4 万平方米,栽种 1400 棵樱花树,总投入 90 万元。其中,启东滨海工业园区管委会出资 10 余万元购买树木,启东国投公司出资 35 万元进行土壤改良,天津海林园艺股份有限公司出资 10 万元购置文化石及三年养护费 25 万元,启东校区师生承担挖穴、除草、浇灌及三年后的养护。

(吉海燕)

特殊教育

【概况】 2015年,启东市特殊教育学校有13个教学班,教职工41人,在校学生102人。学校获南通市残疾儿童阳光体育运动会第一名,1名教师获南通市青年教师讲故事比赛一等奖,3位学生在南通市中小学生纵横码输入法比赛中获团体一等奖,3位学生在启东市残疾人才艺比赛中获三等奖。

(费雷雷)

成人教育

【构建学习型社会】 加强"江苏学习在线"应用推广,倡导"江苏学习在线"网上课程自主学习,全市在"江苏学习在线"注册学习用户3702个,实名注册用户3286人,累计学分85万分,共获学习证书2956张,获得月度、季度和年度"学习之星"共223个。2015年,市第三年蝉联"江苏学习在线"应用推广先行区(南通市唯一)。12月,市教育局开展的"江苏学习在线"应用推广项目被市委宣传部表彰为2015年度启东市"优秀读书活动项目"之一。

【现代农民教育培训】 全市各镇(乡)成人教育中心校、各职业中学,实施现代农民教育培训工程,开展农民实用技术培训、创业农民培训、返乡农民工培训等,共举办现代农民教育培训班163期,受训15868人次,完成南通市教育局下达任务数的106%。

(费雷雷)

民办教育

【概况】 2015年初,全市有民办幼儿园29所。至年底,永阳幼儿园等6所民办幼儿园回归公办。年初,全市民办非学历教育培训机构有19个。6月,启东市创新电脑培训中心被注销。7月,批准设立启东市金思源少儿英语培训中心。至年底,全市民办非学历教育培训机构仍为19个。11月,启东市金笔教育培训中心、启东春晖补习学校被南通市教育局表彰为2011—2014年度南通市民办非学历教育机构诚信办学先进单位。

(费雷雷)

市直属学校选介

【江苏省启东中学】 2015年,学校有学生2331人,班级53个,教职工271人。其中,专任教师236人、江苏省特级教师5人、硕士研究生38人、南通市级以上学科带头人及骨干教师18人,启东市学科带头人及骨干教师24人。学校升学率100%。

创新人才培养模式。学校形成以学科竞赛为龙头,文艺、体育、科技特色并举的办学特色,深化教学改革,构建实践性、体验性、自主性教学相结合的"新课堂",促进学生多元发展。4名学生入选全国中学生数学、物理、化学奥赛冬令营。以发明创造为主的科技创新项目在各级各类比赛中获奖36项,其中国家级奖4项、省级奖9项、南通市级奖7项、启东市级奖16项,2人获市"优秀辅导教师"称号。2015年,学校获评"南通市科普教育基地"。

教师队伍建设。学校注重"教、学、研"相结合,以科研带动和促进教师培训,以教师提高促进教学有效性的提升,以教学有效性的提升促进学生学习质量的提高。教师自制课件到录播教室上课,拍摄多堂高质量的教学观摩课及微课。3人获"一师一优课"教育部优课奖,2人获"一师一优课"江苏省优课奖,1人江苏省基础教育青年教师基本功大赛三等奖,4人获青年教师基本功大赛南通市一等奖。

【启东市汇龙中学】 2015年,学校有学生2516人,班级53个,教职工317人。其中,专任教师270人、江苏省特级教师1人、硕士研究生28人、南通市级以上学科带头人10人、骨干教师6人、启东市学科带头人及骨干教师59人。学校为江苏省四星级普通高中,被评为全国生命教育科研先进单位、南通市教育工作先进集体、南通市高中英语学科基地学校。

教学管理。加强校本课程和环境活动课程的建设,推进课程改革,加强教研组、备课组建设。以学校的发展为根本,以新课程改革为动力,以"绿色课堂"为抓手,以教研组、备课组建设和课堂教学效益监控为保证,切实做到制度科学化、管理精细化,丰富师生的精神内涵,全面提高教育教学质量,夯实教育教学的过程管理,突出理念先进的管理思路。组织青年教师参加"一师一优课、一课一名师"和微课比赛等活动,2015年度有17位老师在各级优课比赛中获奖,2015年高考本二升学率高达85.6%。

队伍发展。通过教科研"青蓝工程"建设,深入推进教科研队伍建设;建立名师工作室,组织各级各类的课题研究和撰写教科研论文;组织教师参加论文评比活动。2015年,有9人参加省第八届教师专业成长优秀论文评比获等级奖,8人获"行知杯"论文比赛等级奖,1人在教育管理论文比赛中获奖。

【启东市第一中学】 学校由市政府投资兴建,是一所现代化全寄宿制高级中学。地处市新城区,总投资4亿元,占地面积300亩,建筑面积约10万平方米。学校按30轨建制,2015年9月开始招生,有在校学生1800名。有特级教师、正高级教师1人、南通市级以上骨干教师5人。学校被省教科院确立为"普通高中科研基地"。

学校拥有设施先进的教学楼、办公楼、科技馆、图书馆、艺术馆、体育馆和四季恒温游泳馆。其中艺术馆建筑面积3550平方米,有功能教室18间;体育馆建筑面积300平方米,内设标准篮球场,有2200个座位;游泳馆有8泳道、50米国际标准比赛泳池;体育看台有3760个座位。

学校科研氛围浓厚,2016年共开了33节启东市级以上公开课,其中

10 节属南通市级，在优课、教师基本功比赛中，获南通市一等奖 1 个，二等奖 2 个，三等奖 5 个。学校重视体艺教学，有 32 名学生在启东市级以上文体比赛中获奖。

【启东市大江中学】 2015 年，学校有学生 1437 人，班级 44 个，教职工 286 人。其中，专任教师 250 人、硕士研究生 13 人、南通市级以上学科带头人 1 人、骨干教师 3 人、启东市学科带头人及骨干教师 13 人。学校升学率 98%。先后被评为第 30 届全国青少年科技创新大赛科技教育创新优秀学校，南通市依法治校先进学校、南通市法治建设工作先进学校。1 人获“全国模范教师”称号，1 人获“南通骨干教师”称号，1 人获南通市园丁奖，1 人获启东园丁奖，7 人通过启东市教育局优秀教育人才的考核，2 人获“中学高级教师”称号，5 人获启东市“优秀教育工作者”称号。

教学管理。学校强化重点开展科技活动，“学会发明”校本课程的开发与实践研究获省教学成果一等奖，江苏电视台到学校就科技创新教育作专题采访，9 件创新作品南通市出线，获省青少年创新大赛参赛资格。

【启东市东南中学】 2015 年，学校有学生 802 人，班级 20 个，教职工 148 人，其中专任教师 123 人、研究生(含在读)19 人，启东市骨干以上教师 10 人。2015 年高考，学校升学率为 100%，本科率为 61%，创历史新高。

教育科研。开展课题研究，省级课题《提升高中语文课堂教学品质策略研究》进入中期评估，并开展《农村中学已代信息技术与综合实践活动的整合与研究》课题研究。开展教科研活动，撰写教科研论文。全年有 60 多篇论文在南通市级以上刊物发表。1 人在启东市教育局、南通市教育局组织的班主任优秀班会课比赛中，获启东特等奖、南通一等奖。高三数学组被评为优秀备课组。

素质教育。学校团委举行第二届校园“一站到底”活动，英语组开展英语角活动，两位学生获南通市中学生英语口语比赛等级奖。组织参加南通市中学生田径运动会、启东市中学生田径运动会。学生思想面貌端正，精神状态良好。两个班被评为南通市优秀班集体，35 人获启东市级以上“三好生”“优秀学生干部”称号。

【启东市吕四中学】 2015 年，学校有学生 1623 人，班级 32 个，教职工 199 人。其中，专任教师 177 人，硕士研究生 22 人(13 人在读)，市县级学科带头人、骨干教师、教坛新秀 33 人。2015 年高考，本一上线 4 人，本二上线 109 人，高二年级小高考参考人数 508 人，通过率达 98.23%，5 人达 4A。升学率 100%。

教学管理。学校推行备课组建设，以各年组为单位开展“三段四模块”课型的组内示范课，组织准备典型的校级教研课，共开设校级教研课 120 节。有 25 人次在各级刊物上发表论文，其中省级以上论文 25 篇，有 20 人次教师论文或成果在各级比赛中获奖，有 47 人次在各项教学技能比赛中获奖，有 7 人次辅导学生参加各级各类比赛获奖。

【启东市江海中学】 2015 年，学校有学生 482 人，班级 12 个，教职工 145 人。其中，专任教师 136 人、硕士研究生 4 人、启东市学科带头人及骨干教师 5 人。学校升学率 100%。

创新人才培养模式。学校以感恩教育、心理健康教育为办学特色，重视全方位提升学生素养，深化教学改革，构建以实践为主的“新课堂”，促进学生多元发展。成功创建“南通市依法治校示范校”“南通市数字化校园”；2 人获评江苏省“三好”学生，4 人获评南通市“三好”学生，1 人获评启东市“美德少年”；3 个班级高考成绩优异，获评启东市优秀班集体。

教师队伍建设。学校以“152010”课堂教学模式为基础，推进“三段四模块”课堂教学范式。拍摄高质量的教学观摩课及微课。在“一师一优课”活动中 3 人获省优，多人次获市优；3 人获南通市优秀微课；7 人在“启东市好课堂”评比中获一等奖，1 人获二等奖；在读书征文活动中 3 人获南通市二、三等奖，3 人获启东市一、二、三等奖；3 人在启东市班主任论文评比中获一、二、三等奖。

【江苏省启东中等专业学校 南通广播电视大学启东分校】 2015 年，学校有中职学生数 2393 人，成人教育学生数 1242 人，全日制班级 74 个，成教班级 35 个。2015 春季共招函授本专科学员 84 人、开放本专科学员、奥鹏西南大学本专科学员 134 人，合计 228 人。教职工 321 人，其中专任教师 281 人、硕士研究生 26 人、南通市级以上学科带头人 1 人、骨干教师 7 人、启东市学科带头人及骨干教师 22 人。单招升学率 100%，就业班学生就业率 98%。学校培训处在全市开设 30 个授课点，办班 38 个，培训农村劳动力、技术人才 7997 人；涉及 10 个工种，涉及企业 10 多家。

加强教学科研，提升教学水平。2015 年，学校 2 项省级课题、3 项南通市级课题结题，新增省级课题 5 项。承办南通市职业教育计算机应用基础中心组、财经商贸中心组、语文中心组活动。学校在南通市中小学教师远程网络培训评优中，评为“先进项目学校”。在 2015 年江苏省技能大赛中，1 人获二等奖，11 人获三等奖。在江苏省第六届职业教育创新大赛中，10 个项目入围省创新比赛，并分获一、二、三等奖，成绩南通各职业学校前茅。

【启东市第二中等专业学校】 2015 年，学校有学生 2858 人，班级 65 个，教职工 231 人,其中专任教师 195 人、硕士研究生 16 人、南通市级以上骨干教师 1 人、启东市级学科带头人 3 人、启东市级骨干教师 6 人。学校专科升学率为 100%。参考的有 388 人，其中 205 人考上本科，本科率 52.84%。学校共有 25 人次在南通市技能大赛中获等级奖，并有 3 人代表南通参加江苏省技能大赛。完成省级职业教育教学改革研究课题 1 个、省“十二五”规划课题 2 个、南通市教改课题 4 个，教师发表或获奖的论文达 45 篇。

教师队伍建设。学校加大教师培训和考核的力度，实施专业课教师“技师化工程”，鼓励专业教师利用节假日进企业实岗训练。按照《学校骨干教师

示范课活动方案》，推动教研活动。开展所有教研组长在内的好课评比，各专业办开展专业教师的技能比赛，提高教师教学素养。

培训工作。学校开设建筑类施工预算等培训，合计 108 人。组织一次建筑专业统一岗位考试考前培训，培训 74 人次。实施“校校联合”“校企合作”，探索“订单式”人才培养模式。南通市迪皮茜公司与该校的合作被评为南通市校企合作最佳组合。

【江苏省启东实验小学】 2015 年，学校有教学班 90 个，学生 4000 人，教职工 307 人，有江苏省特级教师 2 人、南通市名校长 1 人、南通市名师培养一梯队成员 2 人、导师 1 人、南通市学科带头人 10 人、南通市骨干教师 12 人，南通市教坛新秀 1 人、启东市学科带头人 7 人、启东市骨干教师 23 人、启东市教坛新秀 15 人。

学校占地面积 71027 平方米；建筑面积 52752 平方米；室外活动场地 17778 平方米；绿化面积 26711 平方米；穿梭在教学楼间的活性水面 3500 平方米。学校办学条件达省实验小学标准建设要求，拥有藏书 79300 册，学生计算机网络教室（电子阅览室）5 个、多媒体教室 100 个、课件制作室 1 个、校园网络管理中心 1 个、美术专用教室 9 个、音乐专用教室 12 个、舞蹈房 1 个、科学实验室 5 个。建有少儿科学院、师生作品展览收藏馆、启东市少儿版画苑、金海豚少儿电视台，有较为成熟的校本课程体系。

学校先后被评为全国百强特色学校、全国教科研百强校、全国幸福教育联盟江苏区骨干学校、江苏省文明单位等。先后被确认为全国艺术教育实验学校、全国信息技术道德教育实验学校、江苏省教育科学研究所科研基地、中国尝试教学理论研究会实验基地、中国青少年科技发明实验基地、全国中小学师生藏书票教学基地等。

（陆允辉）

10 月 28 日，“阅读吧，少年”读书分享活动在实验小学举行。 （黄晓燕 姜新春/摄）

文化综述

【概况】 2015年,市文化广电新闻出版局加快文化改革发展,完善公共文化体系,弘扬江海特色文化,做大做强文化产业,为启东开启全面小康社会建设新征程提供强大的精神动力。广电新闻宣传凸显亮点,市委十二届八次、九次全扩会、市两会、经贸洽谈会等市重要会议、重大活动报道及时,"贯彻党的十八届四中、五中全会精神""奋力实现开门红、双过半""学习践行三严三实""传递文明、共创和谐(文明城市创建)"等主题报道策划精准,4件作品获南通市一等奖,1件作品获省二等奖。文化体育中心建设有序推进,并完成规划设计。全面完成图书馆镇(乡)分馆建设,实现全市镇(乡)图书通借通还"一卡通"服务,南阳镇和启隆乡通过南通市农家书屋先进乡镇评估验收。全年新增四星级农家书屋2家。群众文化活动蓬勃开展,文化"四送"工程如期达标完成,成功举办庆祝"三八"妇女节全市歌咏活动、非遗展览进校园活动和首届职工文化艺术节系列活动。"村村乐""百姓自助舞台"等传统群众文化活动品牌可圈可点,开展第二届"启东好声音"评选活动,社会各界热烈响应。首个"江苏全民阅读日"暨启东市首届全民读书节启动仪式在启东市图书馆举行。以"启吾大讲堂"为载体,坚持每月一次文化讲座、每季一次专家学者讲座,全年举办各类讲座共13场。文艺精品创作成果丰硕,《闹海滩》获江苏广播电视总台电视传媒"2015青春舞曲"第二季亚军。《暖春》参加江苏省业余民乐团队比赛,获第二名。长篇小说《风乐桃花》成为中国作家协会2015年度重点作品,散文集《马蹄上的歌谣》出版发行。版画院2件作品入选"2015中国观澜国际版画双年展",《西游日记·维也纳》《西游日记·慕尼黑》《索线》系列作品分别入选韩国"2015蔚山第四届国际木版画博览会"和英国"亚洲艺术在伦敦"展览。"中国版画第一院——启东版画院建院三十周年作品展"开幕式在江苏省美术馆举行,《中国版画第一院——启东版画院建院三十周年作品集》正式出版发行。文化产业发展动力强劲。全市有8个项目被列为南通市文广新系统文化产业重点项目。成功举办抗大九分校纪念馆开馆座谈会。吕四进士府修缮及范龙街文化历史街区修建、沈铁公故居利用、曹家镇天主教堂产业园区服务、张成龙主题公园建设筹备等工作有序推进。全年共办理政协委员提案12件、人大代表建议5件。

(季洪丹)

6月16日,启东版画院建院三十周年作品展在江苏省美术馆开幕。

(市文广新局/提供)

文化活动

【文艺演出】 1月下旬,市文化科技卫生"三下乡"服务团慰问演出分别在南阳镇和东海镇举行。配合完成"江苏

7 月 16 日，"千戏下基层"纳凉晚会在寅阳镇江夏村举行首场文艺演出。

（市文广新局/提供）

省道德模范与身边好人现场交流会"各项任务，开展庆"三八"全市妇女歌咏活动、首届启东市职工文化节文艺调演和"正能量加油站"年度展演活动，展示市各行各业的人文风采。7 月 16 日，"千戏下基层"夏季纳凉晚会在寅阳镇江夏村举行首场文艺演出，此项活动是 2015 年政府"文化惠民工程"之一，旨在推进新农村文化建设，加快完善农村公共文化服务体系。7—9 月共计送戏 80 场，送戏范围覆盖全市 12 个乡镇以及街道社区等，观众超过 10 万人次。

【市首届全民读书节】 4 月 22 日，2015 首个"江苏全民阅读日"暨启东市首届全民读书节启动仪式在市图书馆举行。市委宣传部向市民发出"多读书、读好书"的倡议，号召市民"用书籍武装头脑、用智慧面对人生"，养成良好的阅读习惯，将有限的时间用于丰富自己的知识储备。6 月 13 日，启东市"爱上阅读 书写梦想"征文比赛颁奖仪式在市图书馆举行。此次活动评选出一等奖 3 名、二等奖 5 名、三等奖 8 名、优秀奖 10 名。一等奖获得者现场诵读征文，和大家共享读书心得。

【第二届"启东好声音"】 第二届"启东好声音"共有 1000 多名选手报名参赛，年龄最大的 79 周岁、最小的 7 周岁。经过 21 场海选、9 场初选、2 场复选，15 组选手进入总决赛。决出金奖 1 名、银奖 2 名、铜奖 3 名、优秀奖 9 名。第二届"启东好声音"活动是深化"传递正能量、共建好家园"文明创建主题活动的重要载体，是丰富群众性文化生活、发掘本地文艺人才的崭新平台。

【"深入生活、扎根人民、发现启东"主题创作】 市文广新局组织广大文艺工作者先后走进王鲍、南阳、惠萍、吕四等乡镇，通过新闻媒体和微信等新媒体展示所创作的优秀作品。

（季洪丹）

文化市场管理

【概况】 2015 年，市文化市场管理工作围绕"文化大发展，市场大繁荣"的目标，坚持"一手抓繁荣、一手抓管理"的指导方针，加快转变政府职能，坚持依法行政，推进简政放权，放管结合，在文化市场管理、服务及提高管理队伍素质等方面进行有益的探索和创新。一批上规模、上档次的文化场所不断涌现，产业结构不断完善。至 12 月底，全市共有娱乐场所 74 家，其中歌舞厅（KTV）31 家、游戏厅 43 家，网吧 63 家、出版物发行经营单位 176 家、印刷企业 142 家、演出经营单位 5 家、电影放映单位 7 家、文化市场经营单位 467 家，从业人员近万人。

深化文化市场行政审批制度改革，不断推进简政放权，规范行政审批行为，坚持依法审批、公开公正、便民高效，注重事中、事后监管。文化市场监管立足长效，制定岗位责任制度、目标考核制度等多项工作制度，抓好日常检查，做好重点巡查，充分发挥社会监督的作用，加强多部门联合执法；以创文明、优环境、保平安为己任，开展"文明场所""诚信场所"和"平安场所"的创建活动，抓好"星级场所"创建活动；组建社会治安综合治理、安全生产等创建工作领导机构，签订社会治安综合治理、安全生产工作责任状，组织开展消防灭火演练，确保整个文化市场平安有序；宣传、保护知识产权，巩固政府机关软件正版化整改成果，推动建立软件正版化工作长效机制。全年市文化市场综合执法大队开展以网吧接纳未成年人为重点的寒暑假网吧整治行动，集中开展文化市场各项专项治理，开展打击"三假"查堵政治性非法出版物、扫除淫秽色情文化垃圾、整治学校周边环境和迎青奥文化市场专项整治等活动；以"净网行动""清源行动"和"秋风行动"为载体，深入开展"扫黄打非"活动，严厉打击侵权盗版和非法出版物。全年文化市场综合执法大队先后出动检查 650 多人次，检查经营单位 250 多家次，收缴盗版光碟 6000 余张，收缴盗版书刊 3000 余册，行政处罚 8 家，罚款 4.2 万元，取缔游商地摊 5 个。

（季洪丹）

图书发行

【概况】 2015 年，市新华书店以推进书香社会建设为宗旨，开展形式多样、富有特色的全民阅读活动。3 月，与启东市图书馆合作"爱上阅读书写梦想"全民征文活动。4 月，邀请著名儿童作家、中国当代幻想大王杨鹏到市部分学校做讲座，进行为期三天的签名售书活动。5 月，由市委宣传部、市教育局牵头，在全市中小学生中开展以"阅读成就梦想"为主题的读书征文活动。6—10 月，开展读书"四走进（走进学校、机关、企业、农村)”活动;12月,组织成立启东书友会,在全市发展和吸收会员,开展读书交流活动等。全年实现图书销售近4200万元,利润25万元,同比增长18%。

(曹金金)

市图书馆

【概况】 2015年,启东市图书馆全年累计办理新证3731张,验证6391张,接待外借读者143949人次,接待内阅读者94252人次,借还图书626344册次,新增馆藏12450种,新增图书35308册次。

【读者活动】 为推进全民阅读,不断提升居民综合阅读率,提高城市文化品位和人民群众的文化素质,推进书香启东建设迈上新台阶,图书馆组织开展“迎新送福送春联”“大年初一开门送书”“爱上阅读 书写梦想”征文、“沐浴书香,快乐成长”亲子共读、“书香飘万家、服务你我他”宣传周出摊宣传、2015年首个“江苏全民阅读日”暨启东市首届全民读书系列活动,纪念中国人民抗日战争暨世界反法西斯战争胜利70周年向启东抗战老兵致敬图片展等各类读者活动近20个。采购5台电子图书借阅机,安装点分别位于市政府、市行政中心、图书馆、车站及新文峰大世界,广大读者通过扫描二维码安装移动图书馆即可下载电子图书进行阅读。“启吾大讲堂”成为市文化品牌,全年举办“孔氏家族祖训家风”“健康女人,幸福生活”女性健康知识公益讲座、“点亮一盏心灯”心理辅导等20场专题讲座。先后举办启东版画院2015年度版画作品展、追寻经典——启东市首届书法协会理事作品展、“翰墨江海”江海画社成立暨首届国画展、地税清风漫画作品展等8个展览,吸引大批读者。

11月10日,市图书馆总分馆建设现场推进会召开。 (市文广新局/提供)

8月25日,向抗战老兵致敬图片展览开幕式在市图书馆举行。

(市文广新局/提供)

【总分馆建设】 10月13日,图书馆派出工作人员对首个乡镇分馆——南阳镇分馆进行业务指导,开始市乡镇总分馆建设。11月10日,总分馆建设现场推进会在南阳分馆召开。图书馆组织力量,赴各乡镇调试安装设备,指导具体业务。至12月底,市图书馆共有乡镇分馆12个、村级分馆2个。

(季洪丹)

市文化馆

【文艺创作】 2015年,市文化馆创作一批文化精品:杨晓燚的民乐合奏《暖春》代表南通在江苏省文化厅主办的江苏省业余民乐团队比赛中获第二名;创作编排的女声小组唱《滩涂之恋》赴金湖县参加由省非遗保护中心举办的江苏省秧歌号子展演。袁水芳的论文《浅析城镇化进程中文化建设的趋向》入选由江苏人民出版社出版的《新型城镇化进程中的文化建设》一书;创作的配乐诗朗诵《苦菜花儿开》在南通市妇联、南通市残联、南通市文明办等多家单位组织的各类活动中演出,在启东乡镇文艺会演中获一等奖;作词的歌曲《忆往昔》入围2015首届世界互联音乐大赛。江帅的论文《浅谈文化馆总分馆制建设》入选第二十六届苏锡常通群众文化信息交流暨理论研讨会;杂谈《小城“大”舞台》《乳燕归新“巢”》在《启东日报》发表。马瑞雪的音乐作品《山艺往事》在山东艺术学院举办的“山艺往事”主题音乐征集评选比赛中获二等奖。陈艳艳编排的民间舞蹈《断桥》获第十届“明珠杯”全国中老年音乐舞蹈服饰国际邀请赛金奖,《共圆中国梦》获启东市妇联举办的合唱比赛特等奖,《爱的天使》获启东市总工会举办的文艺会演二等奖,舞蹈《心梦飞》参加2015中国南通江海国际旅游节开幕式演出。尹一玲参与编排的舞蹈《建设者》获启东市总工会举办的首届职工文化艺术节会演一等奖。

【评估定级】 根据《文化部办公厅关于开展第四次全国文化馆评估定级工作的通知》,文化馆对台账进行综合整理，顺利完成第四次全国文化馆评估定级迎检准备,保持一级馆称号。

【品牌建设】 10月,“百姓自助舞台”集中演出15场。继续每月一场的“少儿雏鹰天地”。12月18日,举行“百姓自助舞台”年度优秀节目展演。“百姓讲堂”正式开讲,邀请浙江省嘉兴市文化馆馆长、研究馆员马学文为启东的文艺爱好者作题为“群众文化的繁荣与创新”的专题讲座。《启东文艺》共出版4期，为广大文艺爱好者提供各类演唱材料50余份。数字文化馆全年共上传各类活动信息、文艺作品、网上展板等共计800余件，网站总点击量超过50万次。维护较成熟的文化品牌创建成果。举办第三届市民文体周暨2015年新春文体活动；办好2015中国象棋擂台赛活动(每周一场);1月，完成2014年度象棋擂台赛的年度总决赛;4月,南通市第三届企业家棋牌联谊赛在文化馆举行；完成启东市第十届青少年才艺大赛承办工作；做好2015年音乐考级服务工作。

【文化服务】 10月22日，编创歌舞《爱的天使》等赴崇明参加交流演出；在“文化大串门,乐惠老百姓”南通市公共文化服务展示月中与如东县进行两场文化串门交流演出；在崇明南门广场进行专场演出；组织两台节目参加第三季“伶工学社——百姓舞台周周演”启东专场的演出。全年完成送戏下乡70场；新春慰问驻启部队官兵；配合市妇联举办2015年“三八”妇女节歌咏活动;4月,为消防大队、汇龙镇及其他相关文艺团队的新年演出编创各类文艺节目十余个;5月,为寅阳镇文化站排练舞蹈《和谐中国》《天路》等;6月,为吕四镇文化站排练情景剧《入党为什么》；配合市委宣传部的江苏省道德模范与身边好人现场交流活动,编排表演唱《启东好人多》。

【非物质文化遗产保护】 非遗项目“沙地灶头画”和“洋钎说书”入选江苏省第四批非物质文化遗产项目名录。开展以“难以忘怀的沙地记忆”为主题的2015启东非遗项目巡回展活动,6月16日—7月3日,在10所学校巡展。非遗摄影作品征集活动共征集作品200余幅。收集贝雕、蛋画、陶瓷等优秀民间工艺作品，选送参加南通市文联主办的首届民间工艺作品大赛及江苏省委宣传部、省文化厅等主办的第二届“紫金奖”民间工艺作品大赛。8月7—8日，非遗中心创作编排的女声小组唱《滩涂之恋》赴金湖县参加由省非遗保护中心举办的江苏省秧歌号子展演。11月，上海音乐学院研究生部师生到启东，在文广新局演播厅进行一场具有非遗特色的演出。

(季洪丹)

启东版画院

【概况】 2015年,启东版画院创作34件新作，其中朱建辉的作品先后参加“去年夏天·艺术家旅欧作品展”“第四届(韩国)蔚山国际木版画展”“亚洲艺术伦敦周作品展”等;朱燕、朱海燕的作品入选“2015中国观澜国际版画双年展”,朱燕的作品还入选第六届“北京国际美术双年展”。在“首届江苏美术奖·美术作品展览”评选中,朱建辉、章水雄、朱燕、朱海燕、陈刚、王帅等创作的6件新作入选,其中朱建辉、章水雄的2件作品获提名奖。

【启东版画院建院三十周年作品展】 6月16日，由江苏省美术家协会、中共启东市委、启东市人民政府等联合

向往苍穹(黑白木刻)获“首届江苏美术奖·美术作品展览”提名奖 作者:章水雄

冬天里(套色木版画)获“首届江苏美术奖·美术作品展览”提名奖 作者:朱建辉

主办的“中国版画第一院——启东版画院建院三十周年作品展”在江苏省美术馆开幕，画展集中展出启东版画院20位画家近十年创作的100幅作品，并编辑成册由上海人民美术出版社正式出版，展示启东版画院建院三十年来的创作成果和创作实力。江苏省文化厅、江苏省文联、南通市委宣传部、南通市文广新局、江苏省美术家协会等单位领导、专家共200多人出席开幕式和研讨会。中国艺术研究院中国版画院院长王炜专门为版画院建院三十周年题词:“再创版画三十年”。

【“甘南行”采风实践】 2015年,启东版画院组织“甘南行”主题采风实践活动。全体画师奔赴甘南、深入藏区,感受藏民的平实生活，了解藏风民俗和藏民们的情感世界，收集大量的创作素材。

(季洪丹)

广播电视

【概况】 2015年,启东广播电视台围绕“领跑沿海、融入上海、包容四海”的发展战略,唱响主旋律,打好主动仗。系列报道《聚焦市深化医改先行先试》,受到《南通收听收看》的高度肯定。“精彩启东,走进镇乡园区”主题采访,先后走进汇龙、王鲍、惠萍、海工船舶工业园等镇区,推出多组深度系列报道;纪念抗战胜利70周年,开辟《重走抗战纪念地》专栏,见证抗战历史,聆听老兵讲述,生动再现启东抗战的烽火岁月。开辟《启东建筑业发展巡礼》专栏,报道启东建筑铁军在新疆、西藏、东北、京津地区取得的成就。深化广播电视节目改版,广播节目按照节目品牌化、运营市场化、包装时尚化、传播多元化的要求不断调优,做到定位准确、特色鲜明、注重民生、突出服务,打造品牌节目,创造品牌效应。电视节目坚持做强《启东新闻》,做优《东疆闲话》,做精专题节目,坚持“亲民化”导向,凸显地方特色,扩大新闻容量。用事实说话,讲好身边的故事。打造新媒体平台。6月,台与南京言妙文化传播有限公司签约合作,加入FMRADIO8电台联盟，成功开发建设微信电台助手,并利用新媒体平台，打造微新闻版块。中广有线启东分公司对广播、电视设备进行升级换代,满足广电事业快速发展的需要。升级改造农村有线电视网络,满足广大用户对数字电视和宽带的需要。做好网络设计系统的规划，为广播电视事业的进一步发展,提供技术支持和保障。举办第二届“启东好声音”,共有1000多人报名参赛,丰富群众文化生活,发掘当地文艺人才参与南通市广电节目抽查评比,听取专家意见,创新节目形态,改进播报细节,节目质量进一步提高。

(季洪丹)

启东日报

【概况】 2015年,启东市新闻信息中心坚持正确的舆论导向，坚持“三贴近”原则,创新办报理念和办报思路,用新闻手法及时准确地传递市委、市政府的声音,反映人民群众的需求,沟通党和人民的联系，引导社会舆论的方向,激励广大民众的意志,在服务市委、市政府中心工作、服务全市改革发展稳定大局、服务民生实事工程和弘扬、传播正能量等方面作出积极的探索和实践，为全市经济发展和各项事业的全面进步提供有力的思想保证、精神动力和舆论支持，同时也在办报水平、事业发展、新媒体建设和队伍建设方面取得新的进步。

【新闻宣传】 *版面联动、载体互动,报深、报透重大主题报道。*围绕党的十八届三中、四中全会和市委、市政府在产业升级、沿海开发、融入上海、科技强市、城镇建设、民生改善、生态建设、党建创新等方面的具体部署和工作实践,通过专栏宣传、专题报道、评论引导、专版展示和公益宣传的形式,充分报道各地、各部门的生动实践。宣传社会主义核心价值观和依法治国、依法治市等重大主题,宣传广大党员干部中改进作风、服务群众、服务民生,为群众解难事、做好事、办实事的典型,为各项中心工作的深入开展提供正能量。

*加大民生新闻的宣传力度。*市新闻信息中心坚持把民生新闻作为采访报道的重点内容,组织记者转作风、下基层，报道各级党组织和党员干部听民声、解民难的典型,报道群众的愿望和诉求，在党和群众之间起到桥梁和纽带的作用。

*精心改版,调优新闻内容。*加大对《启东日报》的全新改版力度,对重大活动、重要新闻、重点工作的宣传报道,打破版面、题材等限制,全方位、立体化、高密度,联动地做大做强主流新闻,影响主流高端读者,提升媒体影响力。《启东日报》增扩至定期八版,自采新闻量、启东地区新闻资讯量进一步扩大。

【新媒体建设】 *创新机制，试水新媒形态。*引进图片视频制作专业人才,起用年轻人担当新媒编辑，由有一定经验的原社会部编辑统率，组成新媒体团队。原社会部记者在全报社率先转型为全媒体记者。

*平台融合，补足报纸短板。*市新闻信息中心已拥有7种媒介形态:报纸、数字报、新闻网站、手机报、微博、微信、移动客户端。对一些社会关注的舆论热点以及两会、公路自行车赛、科技节等重大新闻题材进行专题策划,在不同平台以不同形式和角度播报同一新闻,内容丰富,形成强大的宣传声势,覆盖各类受众,满足不同阅读需求。

*全媒联动,延伸宣传触角。*各采编部门联动策划,形成良好的报网互动,构建全媒体宣传矩阵，有效提升媒体的传播力、引导力、影响力。《启东日报》日发行量2.7万份,启东新闻网平均日点击量在4000以上,《启东手机报》用户超过5000户,《启东日报》官方微博粉丝超过1.5万人，微信粉丝超过2万人，微信单篇图文阅读量最高突破10万人次,《启东日报》公众微信号综合影响力在全省各级各类媒体中名列第九名。

(陈小菊)

启东通讯

【概况】 2015年,《启东通讯》履行党委、政府机关刊物发布政令、指导工作、探索思路、传递信息、交流经验、展示风采、开拓视野、服务经济等工作职责,围绕市委、市政府的各项中心工作,深入全面地宣传市委、市政府的重大决策部署,及时反映全市经济社会发展过程中的新动态、新举措、新经验,在发挥好党委、政府机关刊物的舆论导向和工作指导作用方面作进一步的努力和尝试。

【主题宣传】《启东通讯》重点宣传贯彻中共启东市委第十二届八次、九次全体(扩大)会议,市人大十六届第四次、市政协十四届第四次会议等重大会议精神,设置《领导要论》《本刊特稿》等栏目,安排足够版面,进行较大篇幅的宣传报道。围绕市委、市政府提出的"顺应新常态、谋求新跨越,奋力谱写全面小康社会建设新篇章"等工作主题,在《政务论坛》《工作研究》《深化改革》《转型升级》等栏目中,对各镇(乡)、园区、部门探寻的良策、采取的举措、取得的成绩,作深入细致的报道。全年采编《关于我市发展通用航空产业的思考》《启东旅游业发展之畅想》《关于我市农业龙头企业发展的调查与思考》等一批有深度和质量的文章,全方位、深层次、多角度反映启东经济社会发展的崭新面貌和深远规划,发挥机关刊物探索思路、指导工作、展示形象的阵地作用。

【创新特色】《启东通讯》进行全新改版,从版式设计、印刷装帧到专题策划、栏目设置都进行大胆的尝试和探索,获得广大读者的认可和称赞。增设《行家视点》《企业风采》等专题栏目,分别从相关领域的专家权威人士以及成长型企业的管理者视角见证透析启东的发展成就和发展前景。加强党风廉政建设教育,开设《从严治党》等栏目,增设《三严三实》专题栏目,用生动现实的例子和言简意赅的道理警示教育广大党员干部廉洁自律、奉公守法、勤政为民,发挥党刊在思想宣传阵地中应有的教育引导作用。办好《文化建设》《城市建设》《三农发展》等栏目,及时反映各行各业的优异成绩,为城乡统筹发展、精神文明建设等提供现实经验和先进典型。在丰富杂志内容、提升杂志可读性上作进一步完善,办好《瀛东漫笔》《江海潮汐》《读书札记》《旧史钩沉》等特色专栏,围绕启东江海地域特色文化和东疆优秀儿女作笔触细腻的报道,全年采编《启东设县分治始末》《老街的印记》《烟尘琐记》等一批可读性强的文章。在文章插图上也作较大的努力,增加富有艺术气息的图片,力求新颖、美观,使刊物的质量从内容到形式都有一定的提高,更具特色。

(朱鼎鼎)

体　育

【概况】 2015年,启东市基本建成"功能明确、网络健全、城乡一体、惠及全民"的公共体育服务体系,成功创建为江苏省第二批公共体育服务体系示范区。

【"正能量加油站"名动全省】 2015年,借助广大群众广泛参与广场舞健身锻炼之热潮,在多部门共同努力下,把各健身点建成以广场舞为主要依托的"正能量加油站"。"正能量加油站"在群众参与广场舞活动的基础上,融入纠纷调解、法律宣传、好人好事宣讲、交通法规宣传等众多宣传内容,成为政府和基层联结的桥梁、干部和群众沟通的阵地。全年全市共建成"正能量加油站"898个,实现296个村居全覆盖,其中115个村居实现网络全覆盖,常态化参与活动超过3万人,全年开展各类活动5000多场次,辐射和服务群众超过30万人。"正能量加油站"获省宣传思想文化工作创新奖。启东市成为全省唯一获此殊荣的县级市。

【体育设施建设】 市建成使用大型主题体育公园——丁仓港体育公园。该体育公园南北长约4000米,东西宽约75米,占地总面积约32万平方米,总投资约1亿元。除广场、园林绿化、雕塑小品和灯光音响等设施外,园内体育元素众多,有健身场地、健身步道、南北两个灯光篮球场、羽毛球场、旱冰场等,可满足不同年龄和群体市民的健身需求。完善城区"10分钟体育健身圈"建设。在城区兴建16条健身路径,缓解日益增长的居民健身需求与健身设施相对缺乏的矛盾。做好健身步道规划、建设、管理工作。全年新增由公园绿道、滨河绿道、景观绿道组成的绿色慢行步道5.2公里,市区建成步道22.9公里。10月1日,投入资金1000万元的启东体育馆向市民开放,馆内设有乒乓球、羽毛球、跆拳道、多功能健身房等各类健身项目。

【全民健身】 2015年,新成立市足球协会、瑜伽协会、健美协会、风筝冲浪协会、微型马拉松协会、台球协会、搏击协

4月24日,市第八届老年人体育健身节开幕式在人民公园广场举行。

(郁卫兵/摄)

会、排舞协会8个体育社团,成功创建江苏省级体育健身俱乐部1个(善成小学羽毛球俱乐部)。至年底,全市共有体育社团34个、民办非企业单位10个。全年先后组织各体育社团开展“红红火火过大年”系列健身活动、启东市2015年庆元宵万众健步走暨第十八届全民健身节、第八届老年人体育健身节、自行车嘉年华(环启东全境一周168公里)、足球赛、瑜伽日、城乡中老年广场舞大赛等活动;送培太极拳、木兰拳、空竹、轮滑等协会参加省市社会体育指导员再培训。尝试政府购买体育服务,2015年全市篮球比赛、羽毛球比赛、乒乓球比赛、游泳比赛以及第九届老年人体育健身节等都依托协会开展。

【参与省市体育竞赛】 2015年,组队参加多项赛事。在2015年江苏省县组田径比赛(第二赛区)中,由市少体校和实验小学田径队16员小将组成代表队参赛,取得4枚金牌、2枚银牌、1枚铜牌,计21人次获等级名次的佳绩。参加南通市少儿田径、乒乓球、排球、足球、羽毛球、摔跤和击剑等比赛,也取得较为理想的成绩。承办江苏省“鸳鸯杯”门球比赛、南通市少儿羽毛球比赛等赛事活动。

7月16—20日,江苏省第二十二届中学生排球锦标赛暨体育传统项目排球赛在市汇龙中学举行。 (潘 杨/摄)

【学校体育】 做好全国青少年校园足球特色学校申报工作。及时转发省教育厅办公室《关于做好全国青少年校园足球特色学校及试点县(区)申报工作的通知》,鼓励各学校积极申报,申报率占全市中小学校的67.5%。其中,启东中学、大江中学、折桂中学、南苑中学、北新小学、善成小学6所学校,通过省专家组评审,成为第一批全国青少年校园足球特色学校。做好教练员队伍培训工作。先后选派20多名校长、教练员、裁判员到上海、广州、北京、扬州等地参加相关培训活动,2位教师获金牌教练证书。组队参加南通市第四届青少年校园足球阳光联赛和南通市普通高中足球联赛。市获青少年校园足球阳光联赛高中男子组第二名;普高足球联赛女子组第二名、第七名,男子组第五名、第七名。

【体育产业】 体育彩票销售量持续增长。2015年,体育彩票销售总量1.10亿元,位居全省29名,增幅22.8%。规范高危险性体育项目经营,下发《关于要求经营性游泳场所办理〈高危险性体育项目经营许可证〉的通知》,对各经营单位进行宣传、动员。全年共发放许可证书9张。

(吴 伟)

“传递正能量、绿色滨海行”启东滨海新城绿色骑行活动。 (郁卫兵 施莹莹/2015年6月摄)

综 述

【概况】 2015年,全市卫生计生工作以“建立现代医疗卫生体系,创人民满意卫生计生”为目标,突出“深化医药卫生体制改革,创建人口协调发展县(市)”两大主题,全面完成各项工作任务。截至年底,全市有医疗卫生机构401家,其中三级医院2家(人民医院和中医院)、镇中心卫生院(社区卫生服务中心)11家、分院24家、村卫生室(社区卫生服务站)269家、民营医院6家、个体诊所55家。全市卫生技术人员3643人,每千人拥有卫技人员3.81人,高级职称324人,中级职称1192人,执业医师(助理)2137人,注册护士1704人,平均每千人执业(助理)医师2.18人,平均每千人注册护士1.78人;病床3800张,每千人拥有床位数3.97张。

【医政管理】 市卫计委从严落实核心制度,加强“三基”训练和考核。全力推行“三好一满意”活动,严格落实“三合理”规范,努力控制药占比和医疗费用。开展医疗质量专项检查,加大对急诊人才引进和培养力度,开展多层次多方位急诊知识培训,提升全市急诊急救学科水平。狠抓医患沟通,在省内率先成立第三方调解组织——启东市医疗纠纷人民调解委员会,全年因医患纠纷引起的医闹次数、出警次数、赔款金额同比下降50%以上,调解成功率96.97%。全国基层中医药先进单位成功创建,第一届启东名中医评选圆满完成,国医大师贺普仁教授传承“贺氏针灸三通法”工作站在合作中心卫生院建立。人民医院被列为国家卫计委全面提升县级医院综合能力建设第一阶段单位,基层医疗机构7个科室评为南通市基层医院特色专科,陈黄秀珍医院中医科被评为江苏省乡镇卫生院示范中医科,第七人民医院被评为国家级群众满意的乡镇卫生院。

6月14日是市第12个世界献血日,主题是“感谢您挽救我的生命”。
(潘 杨 李沈杰/摄)

【公共卫生】 12类45项基本公共卫生服务项目稳步推进,人均项目经费50元。年度动态管理健康档案50万份,适龄儿童预防接种率达95%以上,儿童保健覆盖率96.1%,孕产妇早孕建卡率99.13%、常规产检率98.79%、产后访视率98.66%。老年人免费健康体检率93.5%。重性精神病患者免费健康体检率85.36%,完成新一轮重性精神疾病患者复核诊断,检出率4.6‰,超过省定标准。高血压、糖尿病患者规范管理率分别达90.79%、90.40%。甲乙类传染病发病率下降至115.62/10万。结核病患者系统管理率96.66%。基础免疫接种率99%以上。全人群艾滋病抗体筛查率12.84%。通过省实验室资质认定和食品检验机构资质认定复评审。北新、吕四通过南通市卫生应急示范乡镇评估。基层妇幼保健和计划生育技术服务资源平稳整合。“两癌”筛查任务完成率116.08%,目标人群知晓率和满意率为100%,“两癌”患者和疑似病人治疗率、随访率均为100%。全年有2894名符合补助条件的农村孕产妇领取住院分娩补助,任务完成率112.52%。全年新增叶酸服用3911人，任务完成率128.65%。艾滋病、梅毒、乙肝母婴传播项目检测率100%，发现梅毒抗血清阳性孕产妇11人，均予免费治疗，为199名婴儿免费注射乙肝免疫球蛋白。妇幼健康优质服务示范工程创建活动深入开展，妇幼保健院建设全面启动。全市剖宫产率降至62.03%。产前筛查知情同意率100%，可疑阳性追踪随访率100%。8家医院获评省爱婴医院、1家社区卫生服务中心获省爱婴社区卫生服务中心称号，爱婴医院复核评估通过率100%。全年开展各类计划生育手术9890例。6家镇社区卫生服务中心完成妇产科规范化门诊建设改造。公共场所卫生监督管理覆盖率、量化分级管理率、公示率均达100%。学校卫生档案建档率100%。放射诊疗与职业卫生监督专项检查覆盖率100%，立案查处2家。传染病防治与消毒卫生监督检查覆盖率100%。完成1家集中式供水单位和8家二次供水单位监督检查，覆盖率100%。处置非法行医投诉举报70多起，立案查处医疗服务违法案件57件，罚没款金额17.6万多元，对30起涉嫌非法行医犯罪的违法案件，移送公安机关处理。

【爱国卫生】 市卫计委巩固国家卫生城市创建成果，针对容易反复的卫生问题定期巡查暗访，使城市卫生面貌保持良好状态。全面推进卫生镇村创建和复审工作，圆满完成全年创建任务。全市设置生活饮用水监测点52个，其中市政供水监测点8个、国家饮水安全工程监测点40个、省级监测点4个，监测点覆盖率100%，水样合格率97.12%。开展改厕回访考核验收，“回潮”现象再次下降。全年投入“四害”消杀经费30多万元，发放灭鼠药900多公斤、粘鼠板1万多张、灭蟑药物14.8万多包、灭蚊蝇药700多公斤，“四害”密度及其媒传疾病发病率得到有效控制。健康教育与促进取得新成效，市民健康知识知晓率提高。开展健康素养与烟草流行监测项目，有3个镇6个点作为全国居民健康素养和烟草流行国家级和省级监测点。巩固禁烟工作成果，广泛开展以“无烟生活”为主题的宣传活动。

【基层基础】 市卫计委推进乡镇卫生院、村卫生室示范化达标创建，南阳镇卫生院通过省示范乡镇卫生院验收，53家村卫生室达到省示范村卫生室标准，全市示范村卫生室数增至36.8%。省卫计委补助购买的心电图机、全科诊疗系统、血糖仪等50万元设备全部配置到位。对达标的村卫生室实施每家10万元财政补助。全面加强基层医疗机构设施设备改造，聚南、向阳医院完成医养结合型转型改造，东海、聚阳、永和卫生院新病房楼竣工使用。市财政安排2000万元用于基层医疗机构设备提档升级，新增DR12台、彩超21台、生化仪7台。加强基层人才队伍建设，为基层医院招聘本科毕业生24名、编外卫技人员51名，为村卫生室定向培养农村医学专业生40名。全面实施新进人员岗前培训和执业医师规范化培训，利用集团远程教育平台加强对基层卫技人员的业务辅导，定期送骨干到上级医院进修，全面提升基层医院技术能力。

【卫生行风】 坚持党纪条规“常学习”、廉政约谈“常提醒”、重要时节“常鸣钟”、廉政文化“常熏陶”，打造“一网、一台、一信、一屏、一课”多维度廉政教育平台，筑牢拒腐防变的思想道德防线。开展“查找廉政风险、强化制度防范”活动，42个单位2900多人参与岗位风险排查，形成制度汇编42份。机关排查出83个岗位风险点，形成集53项制度和30个工作流程图的制度汇编。加大治理医药购销领域商业贿赂工作力度，重点、热点岗位负责人实施刚性轮岗交流。推进院务、党务公开、开门评医、“阳光用药”工程、第三方函调工作，全年委托第三方对全市医疗卫生单位服务对象进行满意度抽样调查2.2万人，综合满意度97.74%，同比提高1.71个百分点。“无红包医院”建设扎实推进。抓机关效能建设，2家卫生单位名列全市前十，1家镇社区卫生服务中心被评为镇“人民满意服务示范窗口”。

（徐卫菊）

疾病预防控制

【疫情报告管理】 培训督导医疗机构疫情报告管理。对各医疗单位传染病管理专线人员召开传染病疫情与突发公共卫生事件报告和管理工作培训，提升网络直报工作水平和技术指导与处置能力，参加培训人员共41人。邀请南通疾控中心的专业人员对全市各医疗卫生单位的网络直报人员进行2015版《传染病信息报告管理规范》培训，参加培训人员共73人。全年共报告法定传染病15种2406例，2例死亡病例（为艾滋病病例，另有5例HIV死亡病例）。总发病率214.22/10万。无甲类传染病报告，报告乙类传染病10种1299例，丙类传染病5种1107例，其他传染病7种117例。实行疫情报告实时监测、审核制度，定期分析疫情报告质量。全年未报告狂犬病病例。通过综合防控措施，全市未发生甲肝、戊肝等暴发疫情，全年伤寒、痢疾未发生暴发疫情。

疫情预测预警。全年共发生预警信息173起，无疑似事件，均及时调查并处理。对各医疗单位的日常疫情报告和管理做好业务指导。针对全年手足口病疫情防控的严峻形势，各级成立防治领导小组和疫情处置组，对辖区内网络报告的手足口病病例每月开展常规采样监测，对聚集性病例及时采样检测。根据疫情发展趋势不定期开展专题分析。为做好重大疫情和突发公共卫生事件的应急处理，制定各类突发公共卫生事件应急预案，并做好各类应急物资的储备。全年全市共报告1起突发公共卫生事件，为3月24日海复镇东元初级中学流行性感冒暴发疫情，经过疫情追踪处理，前后共发现17例病例，经积极治疗，全部恢复健康，未发生疫情扩散。

【疾病防治】 对各医疗机构传染病管理专业人员进行培训。4月1日起全市各医疗单位恢复设置规范的腹泻病门诊。流行前期和流行期组织2次霍乱防治工作检查，并以简报形式通报检查过程中发现的存在问题。全年由各医疗单位对采样送检的腹泻病人进行霍乱金标试剂初筛。4—10 月,全市共报告腹泻病人 12171 例,检索 2126 例,检索率为 17.47%。6 月上旬,市卫计委针对肠道传染病高发季节防治工作的实际情况，组织一次霍乱疫情应急处置演练。6 月 10 日,对海复镇一例霍乱金标试剂初筛阳性病例及时进行流行病学调查，后根据实验室结果予以排除。

结核病防治。取消半年度、年度考核,加强平日考核、季度考核和漏报调查、院内结核病防治工作管理、痰检实验室盲样考核、放射科疑似肺结核病人发现率考核等重点专题考核。创新结核病人督导管理方式，以现场访视督导与电话督导相结合的方式，开展对结核病患者的督导管理,及时分析、评估各社区卫生服务中心和村医对结核病人督导治疗管理质量，并将其列入平日工作考核的重要内容。2015 年，市结核病定点诊治医院确诊活动性肺结核 543 例(含胸膜炎),完成肺结核病人全年计划数的 107.00%。全市发现学校肺结核疫情 4 所 5 例。对 1451 名密切接触师生进行电视透视筛查和结核菌素试验，累计发现 PPD≥15 毫米但胸部摄片检查无异常的结核病高危人群 127 人，结核病高危者发现率为 8.75%。在教育部门和患者监护人配合下，先后对 4 所学校 5 例首发肺结核病例落实规范化的抗结核治疗和督导管理，对 127 例结核病高危者进行医学观察，未发现续发性病例。

采取多种措施提高高血压、糖尿病等慢性病发现率、管理率和控制率。至 12 月,全市共登记管理高血压患者 145108 人,管理率达 54.64%,规范管理 131748 人,规范管理率 90.79%;登记管理糖尿病患者 39508 人，管理率 74.38%,规范管理 35715 人,规范管理率 90.40%。

艾滋病病毒抗体筛查。全年共筛查外出劳务人员 1221 名、看守所拘押人员 546 名、临床手术病人和孕产妇等人群 77106 例、城区娱乐场所从业人员 165 名，共发现 HIV 感染者 72 人(其中死亡 3 人)。

【免疫规划】 接种点按周接种。全年共报告 AFP(甲胎蛋白)病例 3 例,报告率为 3.01/10 万。全市通过大疫情系统报告麻疹疑似病例 70 例,其中实验室确诊麻疹病例 35 例,确诊风疹病例 5 例,排除病例 30 例,共接种密切接触者 7334 名,有效控制麻疹疫情的扩散和蔓延。严格落实“谁接生,谁接种”责任制，在稳固提高新生儿乙肝疫苗接种率和首针及时接种率的基础上，开展乙肝病例的流行病学调查和实验室检测。全市大疫情系统共报告急性乙肝病例 8 例,个案调查 8 例,个案调查率 100%。开展入托、入学查验接种证工作,共对全市 133 家幼儿园、小学进行查验工作,查验率 100%。创建数字化预防接种门诊，提升服务水平。2011 年起，创建数字化预防接种门诊,先后有北新、吕四、寅阳、王鲍、惠萍、南阳等 6 家单位参与数字化门诊的建设并投入使用。2015 年,东海镇加入创建数字化门诊的行列。

【地方病、寄生虫防治】 *碘盐监测*。对全市碘盐批发层零售及居民户碘盐进行监测;加工层监测 10 批,监测结果表明合格率均为 100%,没有发现不合格碘盐;对居民层随机抽样监测,采集 5 个镇 20 个村 300 份居民盐样,合格碘盐食用率为 97.33%;碘营养抽样调查:完成 8~10 岁儿童 200 份和育龄妇女 100 份盐样和尿样检测。饮用水水碘监测:以各乡镇为单位开展农村饮用水水碘含量监测,并以乡镇为单位完成水碘监测数据转化工作。全年增加城市生活用水出厂水和末梢水的检测。

疟疾防治。结合中央公共卫生专项资金疟疾防治项目,2015 年，加强组织领导,提高疟疾传染源发现能力、病例诊治能力和应急处置能力，开展健康教育和科学研究，巩固消除疟疾工作成果。共发现 5 例疟疾现症病人,均为输入性病例,其中 4 例为恶性疟,1 例为卵形疟,发病率为 0.5/10 万,全部现症病人跟踪治疗到位，并在一周内进行疫点处置。

一类口岸医学媒介生物监测工作。2014 年底接到开展口岸医学媒介生物监测任务后,中心做好各项工作。通过学习，掌握医学媒介生物监测的具体方法、操作等。制定完善《启东口岸及相邻边境线医学媒介生物本底调查专项工作方案》，采购相应的器材。采用理论和现场操作相结合的方式，对监测人员集中培训。市设 3 个沿江监测单位:胜狮货柜、南通润邦海洋和中远船务;3 个沿海监测单位:大唐吕四电厂、吕四大洋港、东灶港。完成部分蚊类、蝇类和鼠类的标本制作。

【健康教育与健康促进】 提供宣传资料。编印健康教育入户资料、编制健教处方、编制各类卫生防病宣传折页、向省征订健康知识入户挂历等分别发至相关基层单位及健康指导员。开展阵地宣传。向省市征订《健康之窗》宣传画 360 套,发至农村各医院、服务站等单位,并要求在宣传橱窗中每月更新;编制《健康之窗》专刊,每季 6 版,全年 24 版，挂卫生局网站供城区街道、机关企事业单位下载刊出；在市区主干道、公园、车站等宣传专栏中,每期刊出 108 块版面,全年 2 期。开展咨询与讲座。开展“健康大讲堂”活动,开展进农村、进社区、进单位健康宣讲活动，全年中心开展 12 场;开展健康教育宣传月、结核、碘缺乏病、“5·31”控烟、糖尿病、高血压、艾滋病等宣传咨询活动,全年中心开展 8 次公众咨询活动。调整充实健康指导员。共有 544 名,分 3 批邀请南通专家进行培训与考试。开展公民素养知识的学习与考试。全年共有 8000 余人参与健康素养知识测试。

【公共卫生监（检）测】 全年对全市 9927 名从业人员进行健康检查。对 68 家企业进行职业性健康监护，职业健康体检 2038 人次,发现职业禁忌症 8 人,建议调离原工种,并建议进行临床复查、治疗和医学观察,发现疑似职业病人 2 人,及时上报卫计委和安监局,并通知单位及当事人，建议其到上一级职业病诊断机构检查确诊。常规开展职业卫生网络直报工作。消毒效果监测:幼托机构消毒质量监测,共监测全市幼托机构 59 家。放射卫生监测:配合南通市疾控中心对全市 41 个放射单位 158 人放射作业人员进行个人剂量每 3 个月 1 次的收、发、送监测;

对全市34个放射单位放射线装置进行监测。学校卫生监测:开展学生常见病督导以及学生常见病监测与防治现状调查;对全市所有中小学校学生的因病缺课情况进行调查,全年由于无重大传染病的流行,学生缺课情况相对较少;开展小高考前、高考前、中考前考点以及考生食宿点的餐具监测;开展学校教育环境卫生监测28家。公共场所委托监测:公共浴室监测、旅馆业卫生监测、歌舞厅、电影场馆等娱乐场所监测、车站商场监测、美容美发业监测、足浴业监测、游泳场所监测、餐饮场所监测。水质监测:全市共设置生活饮用水监测点数52个,其中国家饮水安全工程监测点40个,省级监测点4个,市政供水8个监测点(包含3个二次供水监测点);不同水源类型枯丰水期水样监测;不同水型水质指标超标率统计分析。

(董凯英)

卫生监督

【卫生许可】 2015年,市卫生监督所对公共场所自受理申请至发证的期限,从法定的20日,提速至7日。深化网上公开透明运行,所有许可事项全部实现网上实时运行,并与纸质流转审批同步一致,录入信息完整、规范。在各项制度执行到位的同时,卫生监督所严把现场审核关,严格卫生许可审查标准,规范使用卫生许可文书及现场技术审核表,新发证单位技术审核率100%。全年共发放公共场所卫生许可证353件(新申请办证145件、换证208件);受理公共场所卫生办证申请172件,办结172件,无1件违诺、超时;卫生许可证变更15件;卫生许可证注销10件。所有许可档案均收集完整,及时归档。探索新、改、扩建项目的预防性卫生审查及技术指导工作,全年实施公共场所预防性卫生监督5户共8个项目。

【食品安全标准跟踪管理】 经现场核查,全市备案企业共有36家(省卫生监督所提供的名单有43家,其余7家已关门),主要从事甜酒酿、水产品、腌腊肉制品、维生素矿物质咀嚼片、醉蟹、醉虾等系列食品生产经营活动,分布于各乡镇。卫生监督所对其中5家企业进行核查,通过核查发现,企业标准文本方面:核查5家企业,4家食品安全企业标准有效期未届满,1家已届满,重续备案;现场检查5家企业,食品生产工艺、产品原辅料均与企标一致,4家单位产品出厂检验、型式检验均能满足企标要求,另1家单位产品出厂检验、型式检验不能满足企标要求,据该单位负责人自述,该单位没有检验人员。食品标签方面:核查5家企业,5家单位的产品名称、执行标准、配料等与备案企标均一致,营养标签名称符合要求;问卷调查5人,食品安全法律法规和标准知识调查知晓率达80%以上。

【学校卫生监督】 2015年,对全市的144所学校进行综合性检查,包括高等院校1所、中等专业学校2所、中学29所、小学50所、托幼机构62所。此次检查内容涵盖学校饮用水卫生、传染病防控工作、教学环境和生活环境,并根据"学校卫生监督检查评价表""学校卫生监测检查评价表"的结果开展校园卫生综合监督量化评价工作。此次专项检查共出动卫生监督员542余人次、卫生监督车辆156余台次。

在专项检查中,对全市25所中学、小学校园卫生综合监督量化评价试点学校的教室人均面积、课桌椅、黑板、采光、照明、微小气候、噪声等教学卫生环境开展现场速测工作。检测结果表明,黑板照度符合卫生要求的学校数为19家,教室采光符合卫生要求的学校数为24家,灯管垂直黑板的有24家,教室照明系控照式灯具为23家;综合监督结果合格的为25家。检测结果及时录入《江苏省卫生监督综合管理信息系统》。对在检查中发现问题的10家学校,卫生监督员当场出具卫生监督意见书,责令限期整改。卫生监督所完成对全市范围内中小学(含农村学校、寄宿制学校)等所有学校基本情况的调查,全面掌握辖区内学校卫生基本情况;建立健全学校卫生档案,做到一校一档,建档率达100%。

【公共场所卫生监督】 全市有公共场所单位1562家,持有有效卫生许可证951家,无卫生许可证611家。无证单位大多集中在乡镇理发店、美容店和饭馆。对这些单位,卫生监督人员实现100%监督覆盖,对无证单位均当场下达"卫生监督意见书",责令限期办理相关证件。在日常监督中,卫生监督所采取"错时监督"和"回头巡查"等有效措施,在全覆盖检查的基础上,重点加强对市区美容美发、歌舞厅、旅店、沐浴场所等公共场所单位的督查指导整改。

根据国家卫生计生信息报告系统统计,全市共计有证公共场所946家,监督检查2048户次,户监督频次为2.16次(其中因省卫生监督综合管理信息系统与国家卫生计生信息报告系统数据交互问题,国家系统相关数计略低于省系统)。

对全市住宿业、沐浴场所(含足浴)、游泳场所、美容美发业进行量化分级管理评分工作,量化分级率100%。住宿业213家,其中A级单位7家,B级单位69家,C级单位137家;沐浴场所(含足浴)206家,其中A级单位2家,B级单位29家,C级单位175家;美容美发场所341家,其中B级单位31家,C级单位310家;游泳场所9家,其中A级单位2家,B级单位5家,C级单位2家。

【生活饮用水监管】 2015年,对全市1家集中式供水单位和8家二次供水单位进行检查,包括组织管理、人员管理、设施卫生、消毒情况、水质检测、二次供水设施维护清洗情况等,并规范各二次供水单位的卫生管理档案。对市区内8家二次供水单位的水箱水每季度进行监督采样。监督检查覆盖率100%。依法开展涉及饮用水卫生安全产品重点监督,对涉水产品的标签说明及索证情况实施检查,暂未发现违法行为。6月25日晚9点40分左右,因区域供水管道北新段突然爆裂导致启东市城区全面停水,卫生监督所接报后第一时间启动生活饮用水突发事件应急处理预案,于6月28日早晨7点半左右恢复区域供水。

【医疗服务市场整顿规范】 打击非法行医监测监控体系建设。2015年,卫生监督所制定《启东市2015年涉医违法监测监控体系常态化管理工作方案》，召开全市涉医违法监测监控体系常态化管理暨业务培训工作会议。加强打非监测哨点的考核，落实打击非法行医监测监控体系建设专项经费发放，全面更新非法行医监测哨点数据库及各级哨点公示宣传牌，实行即时报告书面记录制度，并对各级哨点的指导、培训、考核等职责作出明确要求。

医疗服务监督专项检查。2015年，医疗机构监督检查覆盖率100%。其中对违规发布医疗广告的5家单位进行行政处罚(其中罚款1家，罚款金额4000元，警告4家)，拆除违规医疗广告牌36家。对汇龙镇炫靓美容美体生活馆、苗方清颜美容院、苗颜坊美容店等5家美容店进行行政处罚，共计罚款5000元。

打击非法行医整治行动。2015年，采取明察暗访、划定重点路段、复查等形式进行综合彻底整治，对一些躲避检查、暂时关门的非法行医场所采取不定时督查，一经发现坚决予以取缔。全年联合公安部门开展查处非法行医行动，共出动执法人员400多人次，处置非法行医投诉举报70多起，立案查处医疗服务违法案件48件，罚没款金额18.59万元。对30起涉嫌非法行医犯罪的违法案件，及时移送公安机关处理并抄送检察院。

【行政执法案件查处】 2015年，各类行政处罚结案176件，罚没款35万多元，平均每人办案16件。其中，传染病防控、消毒管理案件32件，罚款金额2.8万元；放射卫生案件2件，罚款金额0.1万元；公共场所案件94件，罚款金额13.51万元；医疗服务案件48件，罚款金额18.59万元。其中30件非法行医案件，因当事人经卫生部门两次行政处罚后，再次非法行医，涉嫌非法行医犯罪，依法移送公安机关查处。

【投诉举报】 2015年，卫生监督所共受理相关投诉举报102件。其中，直接受理群众投诉举报43件，未查实7件、责令整改15户、依法取缔8户、立案查处13件；受理市政府"12345"热线转办群众诉求54件；市长信箱及省政府阳光信访系统投诉举报5件，在规定期限内处置并答复。对经查实的违法行为，处置率100%；对留有联系方式的投诉举报，反馈率100%。

【卫生监督宣传】 2015年，卫生监督所共计发表各类工作报道65篇。全年先后组织和参与"3·15"消费者权益日宣传活动、爱国卫生月宣传活动、食品安全周宣传活动、"12·4"法治宣传日活动等，共计4次。

(丁 恒)

市直属医疗卫生单位选介

【启东市人民医院】 2015年，启东市人民医院门急诊诊疗人次603782人次，住院病人48024人次，手术台次(住院)10210台次，实际占用总床日数497987床日，病床使用率134%，平均住院日10.3天，病床周转次数47.17次，抢救危重病人2851人次，完成业务总收入76925.72万元，同比增幅8%，净资产67161.77万元。全年840人次参加国家、省、市级短训学术活动，53人次到国内著名三甲医院进行专科进修，邀请上级专家到院会诊361人次，外出会诊16人次，组织院内大会诊15次，医疗质量得到进一步提升。全年接收南通大学、体臣卫校等学校的实习生163人，实施省部级以上课题5个，临床多中心合作课题3个，市厅级课题18个，南通市科技进步三等奖1项，南通市新技术引进奖一等奖1项、三等奖7项，启东市科技进步奖2项；发表SCI论文3篇、中华医学系列杂志论文1篇、核心期刊论文36篇，实现医、教、研协调发展。

加强医疗质量和安全管理。全面启动三级乙等综合医院创建工作。严格落实医疗准入制度，规范执业行为。构建全质量管理体系，完善、落实医疗护理质量管理制度。以病历书写为抓手，注重环节管理，提升病历质量。畅通绿色通道，提升危急重病人抢救率。推进临床路径管理，实行检验结果互认。加强抗菌药物临床合理应用管理，做好处方监测、医嘱点评工作。加强医患沟通，完善纠纷处置机制，及时化解各类医患矛盾。以筹建盐城卫生职业技术学院临床学院为契机，加强住院医师规范化培训和教学工作，教学相长，营造浓厚的学习氛围。

提高医院科学管理水平。加强人才队伍建设，全年共录用进编人员41名、编外聘用人员45名。做好送医下乡工作，全年共组织开展21次送医下乡活动，共接诊群众1436人次，会诊68人次，测血压1486人次，接待其他咨询1023人次。完善综合目标考

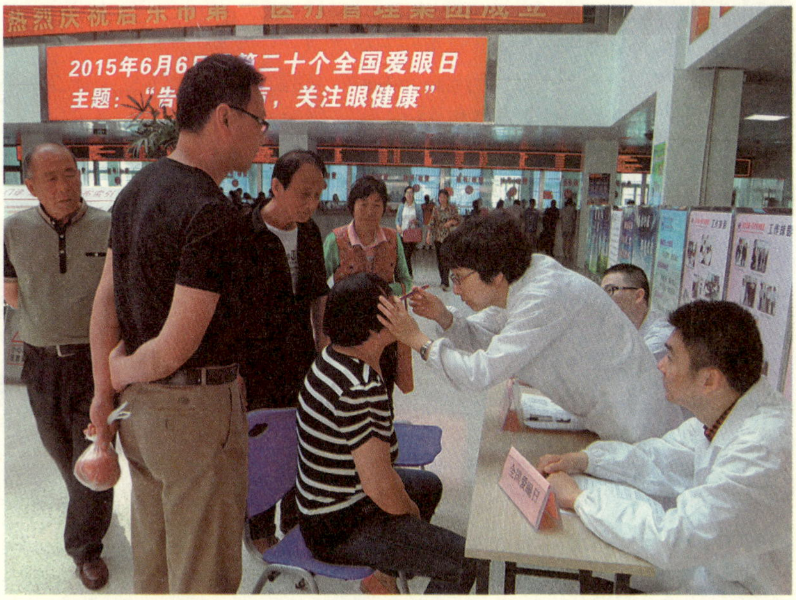

6月6日，市人民医院开展爱眼日活动。 (梁 枫 姜新春/摄)

核和绩效分配方案，加大考核力度。加强医院各项规章制度建设。做好院务公开，推进医院科学化、民主化管理。加快推进医院基本建设，医院新病房大楼完成结构封顶，室内安装、装修接近尾声。修订完善医院基本建设规划。

(人医办)

【启东市中医院】 启东市中医院有高级职称75人，中级职称138人，硕士研究生38人，在职在读研究生118人。江苏省及南通市各类专家14人。设有临床科室18个、医技科室8个，其中江苏省中医重点建设专科1个(耳鼻咽喉科)、南通市中医重点专科3个(耳鼻咽喉科、外科、骨伤科)、南通市中医重点建设专科3个(妇科、康复科、心病科)。有东芝64排螺旋CT机、西门子1.5TAVanto18通道核磁共振仪、西门子双板DR机、进口彩超、进口全自动生化仪、血气分析仪、CCU中央监护系统、多功能血透仪、体外冲击波碎石机、多人高压氧舱、全自动呼吸机、进口高清腹腔镜、膝关节镜、电切镜、电子胃肠镜、支气管镜等大中型医疗设备。2015年，完成总门诊量294927人次，收住病人81337人次，平均住院日9.4天。中药饮片占比逐年上升，根据名老中医药专家提供的临床验方，医院制剂室常年生产多个品种的特色制剂，深受广大患者的欢迎。2015年，医院在取得三级乙等中医的基础上，创新管理手段、强化管理环节、落实精细化管理、注重中西医齐头并进、促进医院可持续发展。成功承办江苏省眼科学术交流会、第三届泌尿外科学术会议和同济十院医疗集团年会。

(中医办)

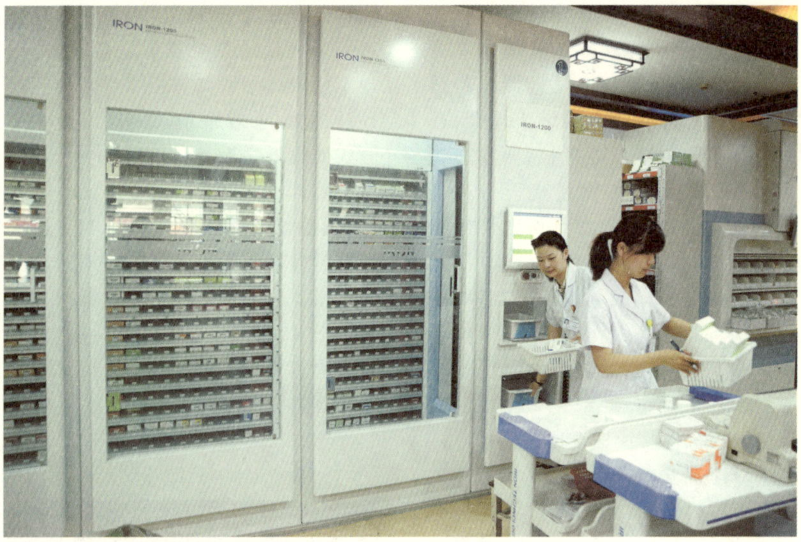

市中医院三维智能自动化药房。 (潘 杨/2015年6月摄)

如画的紫薇公园。 (刘 勇/2016年2月摄)

人民生活

【概况】 2015年，全市居民人均可支配收入26071元，比上年增长9.0%。其中，城镇居民人均可支配收入34566元，增长9.0%。农村居民人均可支配收入18287元，增长9.1%。全年居民人均消费支出20244元，比上年增长7.8%。其中，城镇居民人均消费支出28060元，增长6.9%。农村居民人均生活消费支出13083元，增长9.7%。年末，全市城镇常住居民人均住房面积42.9平方米，比上年增长4.4%，农村常住居民人均住房面积61.2平方米，比上年增长2.7%。

（市统计局）

劳动就业

【概况】 2015年，全市新增就业8078人，促进城镇失业人员再就业3500人，其中援助困难人员再就业510人；城镇登记失业率控制在3%以下；新增转移农村劳动力4050人。全年共开展就业技能培训4760人，其中新成长劳动力技能培训1400人，创业培训1100人，参加青年职业见习260人；职业技能鉴定取证14000人，其中新增高技能人才4000人。全年处理劳动争议案件504件；各类劳动保障违法案件249件，群体性欠薪和未参保案件30件，讨要劳动报酬2366.78万元，案件按期结案率100%；认定工伤1034件，组织劳动能力鉴定480人次；完成行政复议、行政诉讼55件；受理书面信访87件；办理市长信箱来信164件；受理12345办件单226次。启东市获评首批省级创业型城市，1人获评全国优秀农民工，2人获评全国技术能手，1个养殖基地获评省引进国外智力成果示范推广基地，1个创业园获评省级创业示范基地。

【创业机制创新】 2015年，市人社局不断完善企业孵化、创业培训、创业指导和创业扶持“四位一体”的工作机制。以南通市级创业孵化基地、省级创业示范基地金凤凰科技创业园为龙头，向各镇（乡）、园区延伸10个创业孵化基地，为创业者提供创业平台。在市科技局、团市委配合下，组织企业参加南通市青年创业创新大赛，有10家优秀企业和个人参赛，2家进入分赛区决赛。在“今日启东”设立创业专栏“创业风向标”版块，提供专业指导，普及创业知识，解决创业难题。发挥职教中心、社会培训机构等培训主体作用，扩大创业培训人群范围，抓好就业困难人员培训。6月，联合市法院针对即将刑满释放人员开办“创办你的企业”培训班，使刑满释放人员掌握一定的生存技能，拓宽刑满释放人员的就业安置渠道。以帮助农民工返乡创业为突破口，推进统筹城乡就业创业。对创业人员从事个体经营给予政策扶助，放宽市场准入、简化年检手续和审批程序、落实税收优惠政策等；扩大小额贷款担保覆盖群体，提高贷款额度。全年共办理小额担保贷款1605万元，帮助1301名群众实现创业。

【就业培训】 2015年，市人社局组织企业开展高技能人才培养。开展校企合作，落实企业内培训，在船舶园区、亚太化工、职教中心、南通二建等几家企业和学校组织落实职业技能培训17119人，取证14030人。开展有针对性的职业技能培训。组织各定点培训机构开展市场需求较大的养老护理员、家政服务员、育婴师、电机装配工等培训，共计400多人次；组织人力资源管理师、劳动关系协调员、保安员和物流员等，培训和考试180人；由学校委派骨干教师到企业实地考察，根据企业特点、设备状况及技术要求等制定相应的教育计划并编写教材，开展在岗培训或岗前培训；为服务市电动工具产业群，举办电动工具维修创业能力培训班。将毕业学年普通高校毕业生、退转复军人、留学归国人员、登记失业人员和农村劳动力等列入创业培训扶持对象；制定创业培训补贴政策，对申报主体、补贴对象、补贴项目、补贴标准、申报审核和资金拨付做出明确规定；建立创业培训课程体系，针对不同群体的创业需求，并结合地区特色开设创业培训课程体系。组织创业“三进”（进校园、进社区、进乡村）活动，举办讲座、培训8期，培训1100人。

【劳动关系协调】 开展以农民工工资支付为重点的专项检查。年初开展农民工工资支付情况专项检查工作，结合市实际，2014年12月1日起至2015年2月10日，开展农民工工资支付情况专项行动，共检查用人单位813家，涉及职工5.57万人，其中94家用人单位有拖欠农民工工资现象，涉及农民工8900人，拖欠金额8937万元，通过限期整改，已如数发放。

开展清理整顿人力资源市场秩序专项行动。3月20日~4月20日，市人社局会同工商、公安等部门在全市范围内开展清理整顿人力资源市场秩序专项行动。共检查各类从事职业介绍活动的单位和个人19家，其中取得职业介绍许可证的单位11家，未取得许可擅自从事职业介绍活动的单位和个人8家，检查用人单位23家，涉及劳动者1030人。

开展2014年度劳动保障书面审查。结合市劳动保障监察工作实际，对启东市区域内的各类企业，有雇工的个体经济组织、民办非企业单位，对2014年度劳动用工方面整体情况进行书面检查。共检查1023家，涉及从业人员66180人，其中790家达到良好等级，2家列入重点监察对象。

女职工劳动保护专项检查。全年共排查企业892家，涉及女职工2.35万人。

【人力资源服务】 2015年，市人社局加快推进就业管理机构、人力资源市场以及基层平台服务体系标准化建设。根据市人力资源市场尚处迁移新建的现状，利用有限的资源优化窗口服务，添置身份证读卡器等硬件设施，开展录用退工登记、职业介绍等工作。对村级平台加强检查，落实督查考核，做到“三个优化”：以培训指导优化素质，以规范标准优化服务，以目标考核优化绩效。做好失业保险规范化建设，执行失业保险最低标准、物价补贴等政策规定，采取代缴方式为失业人员办理医保缴费手续。筹备建立就业社保一体化信息系统，推进就业服务信息化建设。

（祝　赟）

社会保险

【概况】 2015年，启东市不断完善社会保险政策体系，五大保险（养老保险、医疗保险、工伤保险、失业保险、生育保险）参保率均达96%以上，社会保险覆盖面进一步提高。至年底，全市城乡居民养老保险参保人数达27.2万人，领取待遇人数25.3万人；全市企业职工养老保险参保人数达13.78万人，领取待遇人数5.27万人。全市基本医疗、生育、工伤、失业保险参保人数分别为20.83万人、8.72万人、12.52万人、8.43万人。

【养老保险】 2015年，城乡居民基础养老金标准从每人每月90元提高到105元，从2014年7月1日算起；离退休人员养老金实现11连增，月人均调增额212元，调整后全市离退休人员人均月工资1939元。由市农保处与市慈善基金会联办“携手养老”工程，对当年参保缴费的低保户和重度残疾人员给予补助，补助标准从上年每人每月80元提高到100元。至年底，有5212人享受补助。提高城乡参保人员死亡待遇，根据苏政办发〔2014〕104号文件规定，对在2015年1月1日以后死亡，且已享受城乡居民基本养老保险待遇、上年度已缴费或累计缴费已满15年的参保人员，除将包括财政补贴在内的其个人账户全部资金余额退还给其法定受益人外，另其家属可享受1000元丧葬补助金。建立缴费激励长效机制，根据新出台的市政府文件规定，连续缴费超过15年的参保人员基础养老金将按比例增发。根据《启东市征地补偿和被征地农民社会保障办法》，配合市委农工办等部门，对所有符合条件的被征农民实行刚性进保。全年为新增的93名被征地农民办理城乡居保参保手续，150名参加企业职工养老保险。

【医疗保险】 1月1日起，启东市实施职工基本医疗自费补充保险暂行办法，所有参加职工基本医疗保险的人员均参加自费补充保险。参保人员在定点医疗机构住院期间，使用符合南通市自费补充医疗保险报支范围的药品、诊疗项目和医疗服务设施的医疗费用，由自费补充保险资金支付50%。一个医保结算年度内，自费补充保险资金支付给参保人员个人的医疗费用最高限额为10万元，减轻职工医疗保险参保人员个人医疗负担。全市共有16.41万人参加职工医疗保险，4.42万人参加居民医疗保险。

【生育保险】 2014年10月起，开展全市机关事业单位生育保险费征缴工作，生育保险金由原财政支付变为生育保险基金支付。全市共有8.72万人参加生育保险。

【工伤保险】 6月1日起，《江苏省实施〈工伤保险条例〉办法》正式施行。新办法规定补助金根据伤残等级确定，同时扩大工伤适用对象，对解除劳动关系时距法定退休年龄不足5年的，支付一次性工伤医疗补助金和一次性伤残就业补助金作了更加细化的规定。新办法实施前，启东市一次性医疗补助金根据职工的年龄、伤残等级及社会平均工资水平等多方面因素确定。新办法实施后，补助金由伤残等级来确定，每个等级都有具体的补助金金额。至年底，全市共有12.52万人参加工伤保险。

【社保卡发放】 9月22日，启东市首批社会保障卡在人社局正式发放，全市机关企事业单位人员作为首批对象领到社会保障卡。社会保障“一卡通”采用全国统一标准，实现“一人一卡一号”，全省各地通用、市民终身受用。至年底，全市共发放社保卡1.1万张。

【经办机构优化】 原社会保险处工伤与生育保险支付职能调整至医保中心，基金征缴职能仍保留在社保处，理顺征缴与支付环节，提高业务经办效率。

（祝　赟）

民政事业

【养老服务】 2015年,全市新建民办养老机构5家,新增床位800张,累计有民办养老机构36家,床位3396张。全年发放养老机构建设补贴和运营补贴304万元。AAA级、AA级居家养老服务中心(站)分别新增2家、12家,累计各有14家、70家。虚拟养老院(老年呼叫服务中心)在城区范围内施行,全年服务享受政府补贴的老人136人,自费老人2637人。利用市职教中心资源,成立市养老技能人才教育培训基地。组织开展初级、中级养老护理员培训各1期,向100名经考试合格者统一发放国家职业资格证书。

【尊老金发放】 2015年,全市5.4万老人享受尊老金3999.2万元,其中,80~89周岁老人46235人、90~98周岁老人7137人、90周岁以上老党员419人、百岁老人308人。

【安康关爱行动】 全市共投保老人意外险96612份,参保率达37.06%,理赔人数744人,赔付金额183万元。

【社会福利】 落实城乡低保标准自然增长机制,7月1日起,城镇居民、农村居民最低生活保障标准分别从每人每月540元提高到580元,370元提高到460元。至年底,全市有323户、522人享受城镇低保,发放低保金259.7万元;有8524户、12642人享受农村低保,发放低保金4557.5万元。城镇三无集中、分散供养标准分别从每人每月1200元提高至1350元、980元提高至1100元。至年底,全市有城镇三无集中供养对象1人,支出1.5万元;分散供养对象11人,支出13.7万元。农村五保集中、分散供养综合标准分别从每人每月680元提高到750元、500元提高到600元。至年底,全市有农村五保集中供养对象777人,支出515.5万元;分散供养对象803人,支出677.2万元。孤儿集中供养、社会散居供养标准分别从每人每月1460元提高到1600元、870元提高到960元。至年底,全市社会散居供养对象57人,支出60.1万元。享受民政部门定期补助的60年代精减老职工生活补助标准,城镇居民每人每月540元提高到580元,农村居民每人每月520元提高到560元。至年底,全市享受该类补助对象104人,发放补助金70.32元。

【优抚安置】 2015年,全市为残疾军人修理配发假肢及病理鞋60人次,完成12名调评残人员的伤残鉴定工作、49名带病回乡退伍军人的病情鉴定工作。分2批次组织62名老复员军人短期疗养。向110名城镇义务兵家属发放优待金和现役军人立功奖励金及大学生入伍奖励金,共计157.28万元。全面实施退役士兵城乡安置一体化安置,全年安置退役士兵491人。义务兵安置补助金基本标准从3.13万元提高到3.46万元,转业士官自谋职业一次性补助金标准从12万元以上提高到13万元以上,全市共发放退役士兵安置补助金1734万元。开展退役士兵教育培训,2015年冬季退役士兵的相对参训率达91.7%。

华联社区做好尊老金发放工作。 (姜新春/摄)

【救灾救济】 2015年,市加强临时救助力度,全市投入临时救助资金468.41万元,发放春荒冬令款77万元。

【医疗救助】 2015年,全市投入医疗救助资金2630.23万元,资助困难群众参合参保、即时、门诊和住院医疗救助。

【烈士纪念设施保护】 2015年,市出台《关于加强和改进对重要纪念设施管理保护工作的通知》,投入90余万元用于北新镇施简烈士墓改建和市烈士陵园改造修缮。

【婚姻登记与儿童收养】 2015年,办理结婚登记9623对,离婚登记2825对;办理儿童收养登记14件。

【行政区划】 市民政局完成启隆乡撤乡建镇审批,9月11日,省政府(苏政复〔2015〕92号)批复同意:启东市撤销启隆乡,设立启隆镇。至年底,启东市辖12个镇,2个街道办事处,2个省级经济开发区,261个行政村,43个城市居委会。

【地名普查】 2015年,开展平安边界创建和行政区域界线联检工作,启动第二次全国地名普查工作,对地名普查中标单位各项工作推进情况进行督查。

【城乡社区建设】 2015年,全市推进10个新扩建社区公共服务中心达标建设,联合推进"政社互动""三社联动"工作机制,推进农村社区民主协商机制建设。城乡和谐社区建设合格率分别达98%、95%。

4月19日,市民政局走进社区宣传民政惠民利民政策。(王婷婷/摄)

【社区社会组织】 2015年,市民政局推动市、镇两级社会组织孵化基地建立运作,全市培育社区社会组织35个,开展示范社区社会组织创建表彰活动,推进社会组织评估,评估率达50%以上。

【福彩销售】 2015年,市民政局加大福彩宣传和销售力度,全年完成销售1.5亿元,筹集福彩公益金1370万元,销售总量实现"南通第一、全省第八"。启东市被省民政厅评为省福利彩票销售十强县(市)。

(丁建新)

老龄工作

【概况】 2015年,市老龄协会加强老龄工作宣传,建立为老维权组织网络,开展为老维权服务,重点对基层老龄(老年)协会建设情况和全市居家养老情况进行调研,与市卫计委联合,在全市组织开展为期6个月的"情系夕阳"健康知识系列讲座活动。至年底,全市共开展健康知识讲座154场次,听课老年群众达1.15万多人。

【老龄工作宣传】 2015年,市老龄协会与启东电视台联手制作"大爱夕阳"电视专题新闻;在《启东日报》开辟"夕阳红"老龄专版;创作和编排一批以宣传"老年法""敬老孝亲""安康关爱""长寿之乡"为主要题材的文艺节目,在全市6个片区巡回演出;向上级推送尊老孝亲典型,王鲍镇外来媳妇武彤被评为全省第二届"百佳孝星"称号。全市各级老龄协会共印发宣传资料1.3万多份,举办知识竞赛35场次,组织"敬老月"文艺演出48场次,开设宣传橱窗及板报285期。

【为老服务】 2015年,市老龄协会组织开展"情系夕阳"健康知识讲座活动。全市共开展讲座154场次,听课老年群众达1.15万人次。配合推进"安康关爱"进万家活动。全年全市老年人意外伤害保险参保人数达10万人,参保率35.2%,为参保老年人赔付意外伤害保险人数721人,赔付金额181万元。协助创维集团开展"爱心敬老惠万家"活动,发放"惠民补贴折"10050份,有1105户受益。组织发动为老志愿服务活动。全市建立各类为老服务志愿者队伍325去,志愿者人数6200多人。全市绝大部分镇村都建立以"五老"(老党员、老干部、老代表、老军人、老教师)为主要成员的为老维权组织网络;与市司法局、市大调解中心联合召开全市法律援助和为老维护工作推进会;组织基层协会骨干法援业务培训;配合开展法律援助"进村入户"活动。全市受理老年人矛盾纠纷案件1830多起,成功调解1470多起。

【老龄课题调研】 2015年,重点开展两个课题的专题调研:对四年来启东市基层老龄(老年)协会建设情况开展调研;对全市居家养老情况调研。所撰写的调研报告,为上级领导了解掌握情况提供参考。

(洪善宽 李松涛)

慈善事业

【概况】 2015年,启东市慈善基金会在推进基层慈善组织建设,不断完善善款募集、项目救助、慈善宣传、自身建设等方面工作,取得良好的成绩。全年总收入1986.44万元,救助支出1236.67万元。加强对资金的管理,以稳妥的方式将积存的慈善资金用于保值增值。全年资金增值收益494.5万元。2月,启东市慈善基金会在评估工作中获评5A级,为2014年度全省唯一一家5A级县级市基金会。

【善款募集】 2015年,市慈善基金会通过协议认捐,接收捐款783.9万元。做好定向捐赠的宣传、引导和服务,加强监督管理。全年接收定向捐赠资金345.97万元。引导冠名基金稳定运行。慈善基金会有"佳琪助学基金"(用于桂林小学、鹤城初中、吕四中学奖教奖学)、"新悦爱心助学基金"(资助贫困中小学生)和"昌新敬老基金"(吕四镇原境东村60岁以上老人敬老金)3个大型专项冠名基金。全年基金会接收冠名基金60万元,支出60万元。开展"慈善一日捐"活动,接收资金294.26万元。新增开展"一张纸献爱心"行动,即把家中、单位的废纸、书刊出售所得捐出做慈善。全市共捐赠废旧报纸、书刊80多吨,计51527.6元,有20多万人参与此项行动。2015年,市多家企业开业庆典助力慈善。张家港农商银行启东支行将30万元开业费用捐赠给市慈善基金会;中艺财富大生文化艺术园揭牌,向市慈善基金会捐资50

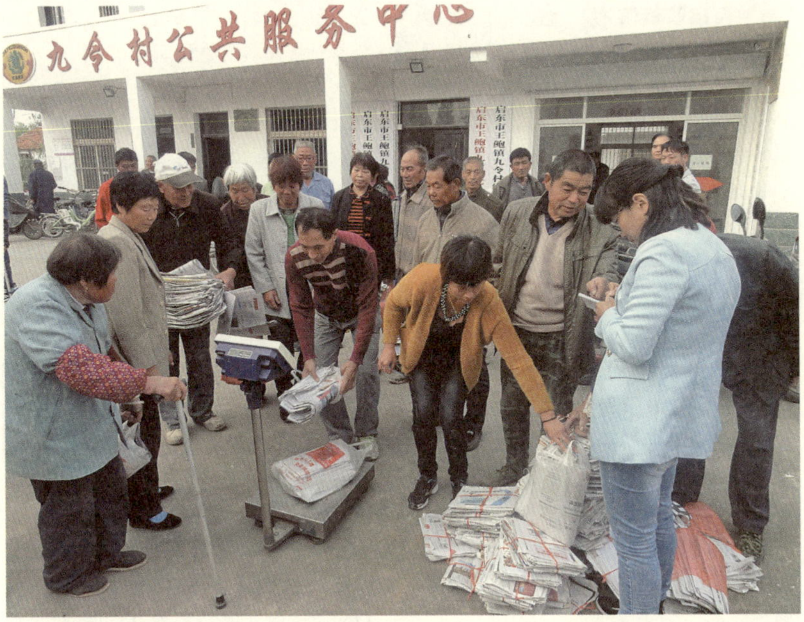

11月,王鲍镇九令村村民开展"一张纸献爱心"行动。 (市慈善基金会/提供)

万元,用于支持建设王鲍镇幼儿园;启东文峰大世界二期揭幕，向市慈善基金会捐资10万元。市国税局组织成立"爱在国税"志愿者服务基金。探索新型捐款模式。6月,南城区街道慈善分会利用官方微信平台，开展为期一个月的"小红包大公益"救助白血病患者专题慈善募捐活动，共收到捐款3.2万多元,其捐款明细在微信平台公布。

【助学】 2015年，市慈善基金会对全市小学、初中、高中阶段的贫困生给予资助。小学600元/人，初中1000元/人,高中1500~2000元/人,其中对孤儿资助2500元/人，共发放资金105.76万元(其中孙氏基金会出资10万元),1038名贫困生受助。资助开发区中学晨曦班30万元,用于补贴贫困学生生活费和奖励优秀学生。资助在校贫困大学生和2015年度新录取本三、大专的贫困生。在校贫困大学生每人2000元,共发放2.8万元,本三、大专贫困新生救助标准为低保家庭子女5000元/人,低收入家庭子女4000元/人,共发放资金17.2万元,38名学生受助。

【助医】 2015年,市慈善基金会实施江苏省贫困家庭儿童重大疾病慈善救助,做好申请材料的接收、上报工作,争取做到应救尽救。全年有59人次受助,发放省、市慈善资金43.71万元。对低保、低收入家庭大病患者实施临时救助。完善规范临时救助项目的救助标准和救助方式，并采取高频率小批次的方式对申请对象给予救助。全年有221人受助，发放救助资金126.65万元。其中,对7名重大器官移植者给予大额救助,支出救助资金23万元。配合南通市慈善总会实施"牵手助医"项目,主要资助南通地区贫困家庭大病患者，按每人1万元的标准给予救助。全年有10人受助。

【助残】 2015年,市慈善基金会实施"启聪工程"项目,资助0~5周岁适合安装人工耳蜗的贫困家庭听障儿童实施安装手术。2015年,调整救助标准,由原来的5万~8万元提高至6万~10万元。全年4人受助,支出22万元。配合南通市慈善总会实施为听力障碍残疾人免费安装助听器项目，全市共上报20名贫困听障人员。该项目实施后,全市有36人受益。

【助老】 2015年,市慈善基金会实施"携手养老"项目,配合政府推进和完善覆盖全市城乡居民的基本养老保险制度,为市低保、重残参保人缴费提供资助。2015年,基金会调整资助标准,由80元/人提高至100元/人，共支出养老金55.52万元,5552人受益。新增实施"关爱失能老人、共享生命尊严"项目，为公办和民办养老机构购置护理型床位。基金会出资78万元,由市民政局通过政府采购与招投标中心采购550张护理型床位。

【助困】 2015年,市慈善基金会在全市范围内开展"慈善情暖启东"春节慰问活动，慰问家庭成员患重特大疾病的低保户或低保边缘户(优先考虑低保户)。省慈善总会、南通市慈善总会各出资8万元,市慈善基金会配资10万元,共26万元,共慰问260户,每户1000元。

【救灾】 2015年，市慈善基金会对突遭天灾人祸的家庭实施人道主义救助,2015年救助吕四港镇2008年"8·6"事件中受灾户15万元。

2月,启东市慈善基金会举行血透机捐赠仪式。 (市慈善基金会/提供)

【基层慈善组织建设】 5月，市民政局发出《关于大力推进全市基层慈善组织建设的意见》，至年底，全市建立16个镇(乡)、园区、街道慈善分会，并正常运作，及时开展各项工作。在2015年的“慈善一日捐”和“一张纸献爱心行动”中，分会募集善款近300万元。

(陆成璐)

人口与计划生育

【概况】 2015年，全市共出生5468人，出生率4.81‰。其中，政策内出生5412人，一孩3998人，二孩1408人，多孩62人。全市共死亡8816人，死亡率7.76‰。人口自然增长率-2.95‰，2014年为-1.69‰，与上年相比下降1.26‰。男女出生人口性别比为107。免费孕前优生健康检查省下达任务完成率57.55%。

【计划生育奖励扶助】 计划生育奖励扶助对象资格确认工作扎实推进，全年确认奖励扶助对象80701人，特别扶助对象2549人，并发症对象541人，发放奖励扶助金和特别扶助金8813.6万元，确认城镇持证企业退休职工4383人，老年居民160人，发放奖励金1453.8万元。

【打击“两非”专项行动】 2015年，深入开展整治“两非”(非医学需要的胎儿性别鉴定和非医学需要的人工终止妊娠行为)专项行动，落实部门职责，建立部门协调、区域协作工作机制，联合市场监督管理局、妇联等部门，抽调12名人员组成联合检查小组，对全市部分医院联合开展整治“两非”专项行动。2015年，全市出生人口性别比为107，保持在正常范围之内。

【流动人口信息统计】 2015年，对全市8万多条流动人口底数及计划生育情况进行全面清查核实，及时变更信息档案。开展流动人口动态监测调查，完成吕四3802人、寅阳3910人抽样框编制。

【单独两孩政策落实】 2015年，再生育审批时限压缩至27天，全部实现网上运行，全年受理再生育审批1834份，发证1816份，其中农村单独571份、双独391份，城镇单独300份，同上年基本持平。

【社会抚养费征收】 全年征收社会抚养费400多万元，坚持票款分离，社会抚养费及滞纳金全部上缴国库。

【生育关怀“太阳岛”关爱服务活动】 2015年，为1695名49周岁以上计划生育失独家庭成员购买综合医疗保险，计生特殊家庭在享受社会基本医疗、计生福利救助保障的基础上，增加大额健康保障，提高计生失独父母抵御风险的能力。

(徐卫菊)

住房公积金管理

【概况】 2015年，启东市住房公积金总体运行继续保持快速健康态势。至12月31日，全年归集住房公积金75452.68万元，完成年度目标75400万元的100.07%，比上年同期增加8889.36万元，同比增长13.35%。归集余额208028.33万元，比上年同期增加29341.44万元，同比增长16.42%。全年新建人数13027人，已建净增人数为6456人，完成年度目标4800人的134.5%。全年新建单位159个，新单位实缴存额为906.76万元，已建单位净增数为154个，完成年度目标110个的140%。月缴额达6233.42万元，比上年同期增加907.04万元，其中月缴额低于210元以下的职工仅有37人，占正常状态职工55975人的0.07%。未缴单位有44个，已建单位1388个，单位欠缴率约3.17%左右。44个欠缴单位中当年缴满12个月的有25个，实际欠缴单位仅有19个，实际单位欠缴率仅为1.37%。全年为1706户家庭发放住房贷款61247.80万元，比上年同期增加30769.8万元，同比增长100.95%。至2015年，累计为14167户职工家庭提供住房贷款，放贷总额313416.53万元。至年底，贷款余额达174810.42万元。

2015年，全年业务收入8784.04万元，业务支出2118.96万元，共实现住房公积金增值收益6665.08万元。其中提取城市廉租住房建设补充资金2560.58万元，用于支持当地政府经济适用房和廉租房建设。

(徐　菊)

社会矛盾调解

【概况】 2015年，全市市、镇、村三级调解组织接待来访群众4878批次，受理各类矛盾纠纷3270件，成功调处3252件，调处成功率为99.4%，防止群体性事件130批2154人次，防止民转刑案17件，防止越级上访23起。全市大调解工作总体上保持平稳有序的良好态势。

【“强基提质”工程建设】 2015年，全市部署开展镇乡“强基提质”工程建设活动。制订《镇乡大调解“强基提质”工程重点工作清单》，确定五方面十七项重点工作。通过一系列举措，实现强化组织网络建设、强化调解制度建设、强化调解队伍建设，提升管理服务水平、提升排查预警水平、提升矛盾化解水平、提升调解员能力水平，组织落实、人员落实、制度落实、经费落实、责任落实“三强化、四提升、五落实”。全年社会矛盾调解中心(简称“市中心”)共接待群众来访539批次2665人次，直接受理调处各类矛盾纠纷178件，分流16件。镇乡调处中心共受理调处矛盾纠纷517件。全市村居受理调处矛盾纠纷2575件。充分依托基层矛盾纠纷排查调解组织网络，重点发挥镇乡调处中心的作用，紧紧依靠村居老干部调解员、信息员，严格实行自下而上层层排查、突出重点集中排查、抓住苗头超前排查、严格制度定期排查的“四排查”工作制度，切实把各种不安全、不稳定的矛盾和问题排查彻底，不留盲点和死角。开展元旦春节矛盾纠纷集中排查活动、农民工工资专项排查调处活动。春节前，市中心共接待调处欠薪事件16批次382人次，处置解决农民工工资207万元。全年市中心共召开案件协调会3次，妥善调处3件重特大矛盾纠纷。对重大疑难和久拖不决的矛盾纠纷，市调处中心以预约市领导接访、及时编发《重点矛盾纠纷快报》向市委、市政府报告等形式，争取市领导支持。

【大调解机制创新完善】 2015年，确定11个创新重点工作，实施项目化组织管理。启动政府购买调解服务和调解个案补贴。全年共对2326件矛盾纠纷案件补贴14.48万元。推进调解员专职化建设，在南通县（市）中率先成立市调解员管理办公室，落实2名政府购买服务的工作人员编制，负责全市调解员的学习培训、案件奖补、绩效考核和统一管理。总结医调委2014年7月运行后的经验，不断完善创新运行机制。制订《关于完善医疗纠纷处理便捷通道实施方案》，强化联动联调平台建设和一站式服务，健全首问负责制、即受快调制。全年医调委共成功化解医患纠纷47起，调处成功率95.7%、履约率100%，经调解后实际赔付金额104.1万元。实施调解精英培育工程，在全市重点培育20名调解精英，发挥品牌示范带动效应，鼓励和引导基层单位和广大调解员更新调解思路、创新调解方式、改进调解方法，提高矛盾纠纷调处成功率。

【调解员队伍建设】 2015年，全市开展镇、村两级调解员培训。5月、10月，分别举办1期镇乡调处中心主任和调解骨干调解业务培训班。全市镇乡创新教育培训方法，以以会代训、集中培训、庭审观摩、案例讨论等形式，丰富教育培训内容，提高教育培训效果。全年全市镇乡共举行有关调解业务培训活动33次。为了确保大调解信息平台顺畅运行，市中心分管领导带领信息科工作人员逐镇逐村进行面对面培训辅导，启东市大调解信息平台登录率和录入率保持在南通市六县（市）前列。研究制订《关于加强专职调解员队伍建设的意见》《调解员持证上岗和等级评定办法》，全面启动调解员等级评定工作。

（徐建平）

关心下一代

【概况】 2015年，全市各级关工委组织发展到1157个，其中成立关工委的社区（村）297个，参加关心下一代工作和活动的“五老”（老干部、老战士、老专家、老教师、老模范）9500人。系统关工委建设进一步加强。全市各级机关成立关工委组织18个，企业关工委组织有735个。关工委工作成绩显著，市关工委获评全国关心下一代宣传工作先进单位，王鲍镇关工委常务副主任高飞昌获评全国关心下一代工作先进工作者。

【主题教育活动】 2015年，全市组织开展“学法守法、崇德立德”和“纪念抗日战争胜利70周年” 两大主题教育活动。各级关工委通过编发主题教育系列宣讲材料，召开主题教育现场推进会，组织演讲比赛、图片展等方式，推动主题教育活动深入开展。各地校外辅导站通过宣讲、观看、寻访、比赛、联动等方式开展主题教育活动。宣讲，即运用市、镇区（街道）编写的宣讲材料，结合启东抗战史料、抗日老兵典型或身边鲜活案例、对学生进行生动活泼的宣传教育，或邀请“普法名嘴” 到社区校外辅导站作法制宣讲，或“五老”走进学校给中小学生作法制报告。观看，即组织学生或观看主题教育图片展，或参观抗大九分校、革命烈士纪念馆、首战胜利抗日纪念碑、军队干休所等，或在电子阅览室观看抗战影片、“纪念抗日战争暨世界反法西斯战争胜利70周年”阅兵式。寻访，即组织小朋友走访启东抗日老兵。全市有6000多名“五老”和小朋友，共走访187名抗战老兵。在省关工委“阳光少年网”的“老少携手千站万人走访抗日老英雄”主题教育活动中，全市32个校外辅导站被评为先进集体，116名校外辅导员和学生被评为先进个人，104篇征文获得等级奖。市关工委获评优秀组织奖，在全省会议上交流发言。比赛，即组织中小学生进行“做个守法小公民”和“牢记历史，珍爱和平”两大主题演讲比赛，据不完全统计，全市有5100多人次中小学生参加主题演讲活动。市推荐的4名中小学生在南通市主题演讲比赛中获3个特等奖、1个一等奖，市教育局关工委被评为优秀组织奖。联动，即开展村际、村校等互动，联手组织主题教育活动。

【校外辅导站建设】 2015年，全市有村（社区）中心校外辅导站297家，辅导分站和家庭辅导站600多家，参加校外辅导的“五老”辅导员2700余人，在职教师、村官、大学生等志愿者辅导员约4000人。全市村（社区）校外辅导

8月2日，南城区街道彩臣三村社区关工委组织青少年慰问抗战老兵倪善芝。
（市关工委/提供）

站电子阅览室实现全覆盖，据不完全统计，全年参加电子阅览室活动的中小学生累计达40000人次。加强业务培训。2015年，市关工委举办校外辅导站负责人培训班、基层干部电脑培训班，共240多人参加培训。开展教案评比。组织开展全市校外辅导站活动案例和计划的评比表彰活动，25篇优秀教案获表彰奖励。其中2篇教案分别被评为江苏省校外教育辅导站优秀辅导活动计划(案例)一、二等奖。创新办站模式。面对村行政区划规模扩大带来的新情况、新问题，寅阳镇关工委探索建立中心辅导站、校外辅导分站和家庭辅导站统分结合的办站模式，即中心辅导站重在示范指导，安排关工工作，布置活动课题，以分站为主组织实施，再由家庭辅导站巩固消化。王鲍镇关工委在巩固和加强中心校外辅导站建设的同时，力争村村建立网格校外辅导站。其中聚星村12个网格全部建起网格校外辅导站。推进电子阅览室建设管理使用。各镇区(街道)关工委举办"五老"电脑操作技能培训，组织小朋友开展电脑操作技能比赛。市关工委在调研的基础上，形成《高标准建设和管理校外辅导站电子阅览室》的经验材料，在南通会议上作书面交流。

【"三好"标兵竞赛评选】 2015年，全市评出启东市级校外辅导站好学员100名，其中择优36名入选启东市级"三好"标兵，13名学生获评南通市"三好"标兵。汇龙镇光荣村校外辅导站、启东实验小学获评南通市"三好"标兵竞赛评选活动常态化建设先进单位。

【参与社会治理】 加强全市少年法学苑建设，在南城区街道关工委成立东疆少年法学苑，在12个社区设立分苑，为启东市首家。全市有法制报告团17个，参加的"五老"130人，共举办报告会600余场，受教育3万人次。有"五老"网吧义务监督员180人。2015年，有12名"五老"被评为南通市优秀"五老"网吧义务监督员。启东市关工委、汇龙镇南城区街道关工委获南通市"五老"网吧义务监督工作组织奖。南城区街道关工委工作在南通会议上作交流发言。

【特殊青少年群体关爱】 2015年，据不完全统计，全市各级关工委累计扶贫助学学生512人，帮助孤残弃青少年147人，筹集助学困资金18.76万元。11月，吕四港镇召开留守、流动儿童现场推进会。市教育局关工委组织全市1765名老教师结对关爱3626名留守儿童，组织1221名老教师结对帮教问题学生，1761名问题学生得到有效转化。圆陀角旅游度假区关工委组织留守儿童开展22次"留守儿童微关爱"假日活动。

【组织建设】 召开表彰会议。2015年12月，市委市政府召开五年一次的关心下一代工作"双先""双优"表彰会。表彰38个关心下一代先进集体、50名关心下一代先进个人、25个优秀校外教育辅导站和47名优秀校外教育辅导员。表彰会上，举行反映全市关工战线上"五老"风采的人物通讯集——《火红的夕阳》首发式。完善组织机制。增设圆陀角旅游度假区关工委。在南通大学启东校区建立关工联系点，滨海工业园建立关工委工作站。王鲍镇167个网格都建立关工组织，形成镇—村—网格三级关工组织网络。加强宣传。全年各级关工委在关工委机关刊物、报纸杂志、网站等录用稿件500件，其中有6篇稿件被《中国火炬》和《江苏关工》录用。

(施洪辉)

12月，市委、市政府召开全市关心下一代工作"双先""双优"表彰会。

(市关工委/提供)

社会万象

【新农合越来越"合"民心】 "村里利用'正能量加油站'向我们解读了今年新农合的新政策，这新农合越来越合我们心意了！"11月12日，北新镇介英村村民张士芳到村委会缴纳2016年新型农村合作医疗参保费。

2015年，全市新型农村合作医疗参合人数841254人，参合率99.96%。截至8月底，全市住院医药费补偿9.15万人次，补偿金额2.35亿元；门诊医药费补偿153万人次，补偿金额2060万元。同时，2016年新农合参保缴费工作启动，广大农村居民参保热情高涨。

提标扩面，报销比例加大。2015年，市对2016年新农合政策再次进行调整，使参合农民受益更多。即在筹资标准、基金分配、补偿标准等七个方面作调整。新农合筹资标准由每人每年600元提高至700元，其中个人缴费标准由120元增至140元。基金分配中，用于补偿参合者门诊医药费用的门诊补偿基金由人均110元调整为150元，用于补偿参合者住院医药费用的住院补偿基金由人均480元，调整为540元。对于门诊补偿的标准，普通门诊医药费用的报销比例由55%提高到70%，每人每年累计补偿限额由100元增至140元。大额门诊医药费用的全年累计补偿限额由1500元提高至2000元。住院医药费的补偿，由市区二级医院按75%补偿，其他定点医院按 90%补偿，调整为市级医院按 75%补偿，基层医院按 95%补偿。双向转诊后，补偿比例超过 100%的按 100%计算。看病的自费部分越来越少，老百姓受益良多。为减轻大病患者家庭的经济负担，缓解大病家庭“因病致贫、因病返贫”的问题，市对大病保险补偿标准也进行大幅调整。大病保险补偿起付线门槛大幅降低，由原来 15000 元调整为 10000 元，封顶线则由 15 万元提高至 16 万元，惠及更多的患病百姓。

双向转诊，破解看病难题。11 月 8 日上午，南阳镇 84 岁的王老太到镇卫生院看病。老人患有高血压、脑梗塞等多种疾病，最近天气大幅降温使老人感觉非常不适。经过一系列检查之后，镇卫生院的医生告知老人需要做脑部 CT，镇卫生院无法接诊，必须转到上级医院。随后，医生开出一张双向转诊(上转)单。“有了这张单子，出院时比没有单子的报销比例提高两成。”医生叮嘱老人家属保管好这张单据。2015 年，市全面启动分级诊疗工作，建立市级医院与基层医疗机构分工协作、基层首诊、双向转诊、急慢分治的诊疗模式。普通病情在基层卫生院首诊，遇到基层卫生院解决不了的问题，再转诊到市级医院。经过市级医院的治疗，再转回基层。分级诊疗机制推行后，各级医疗机构通过提升服务能力、远程诊疗等措施建立和完善分级诊疗制度。

为鼓励患者多到基层医疗机构就诊，市加大对基层医疗机构改造建设力度，推进乡镇卫生院、村卫生室示范化达标创建，加大基层医疗机构设施设备投入，加快基层人才引进培养，吸引更多专业人才到基层医疗机构工作，让老百姓在家门口同样享受到好的卫生医疗服务。

域外定点，实现即时结报。为方便参合市民在市外定点医院就医即时获得医药费用补偿，2015 年，市卫计委与南通市第三人民医院、第四人民医院和第五人民医院三家定点医院签订“即时结报”协议。

所谓“即时结报”，是指参合市民出院时凭合作医疗证、身份证等有效证件，即可直接获取医院先行垫付的补偿金，垫付资金由市新农合管理办公室定期与医院结算。在实施即时结报以前，参加新农合的市民到南通相关医院就诊后，需将医疗费发票、费用总清单、出院证等报销材料提交至市便民服务中心新农合管理窗口，经审核批准后方可拿到补偿金。

开通区域外定点医院即时结报，可实现参合市民“哪里住院，哪里报销”“当天出院，当天补偿”，能免除参合患者多次往返办理报销手续的麻烦，做到参合市民医疗救助“一站式”服务。南通市的三家定点医院实施即时结报是一次有效的探索，启东市筹划联系更多域外的医疗机构，进一步完善定点医院的即时结报工作，为更多需要在外就医的病人提供便利。

不让“双向转诊”沦为“单向流动”。如何使双向转诊不出现“一头热”的局面，市卫计委通过“一提升、双引导、双规范”，确保分级诊疗、双向转诊工作稳步推进。“一提升”是提升基层医疗机构的服务能力。全市 67%的乡镇卫生院建成省示范乡镇卫生院，所有村卫生室完成省标准化改造，20%的村完成示范化创建。市财政每年专门安排资金用于基层医疗机构购置医疗设备。同时，通过委托培养、定向培养医学生和将人才送出去、请进来等办法加快基层医疗机构的人才培养。以市人民医院、中医院为龙头的两大医疗管理集团，建立对口支援、结对帮扶、技术共享、同质管理等制度，并以卫生信息化为依托，组建远程会诊、教育、影像、临检、心电中心，实现集团内部技术资源共享互助和检查检验结果互认，促进城乡医疗水平的均衡发展。双向转诊能否“向下转”，也要看病人是否愿意。市卫计委通过“双引导”强化医保政策和舆论宣传引导。调整市级医院和基层医院的起付线和报销比例，拉开基层医院、市级医院、市外医院诊疗报销差距；发挥媒体作用，做好政策解读，让老百姓充分了解利弊。此外，市卫计委通过规范分级诊疗制度、规范分级诊疗考核，对分级诊、双向转诊进行制度约束。

【政府助力　动出健康】 随着市民生活水平的不断提高，崇尚健康已成为共识。市委、市政府应势而动，以构建“党委领导、政府负责、社会协同、公众参与”的全民健身工作新格局为目标，加强体育场地设施建设，鼓励体育产业发展，积极开展全民健身活动，推动城乡健身事业发展。

体育服务政府埋单。2015 年，市先后出台《关于进一步引导和鼓励社会力量参与公共体育服务的若干意见》《启东市本级向社会组织购买公共体育服务暂行办法》等一系列政策性文件，对政府购买公共体育服务的流程模式进行规范。政府出资购买体育公共服务，就是通过政府采购的规范程序，把市本级向社会公众提供的部分公共体育服务事项交由具备条件的社会组织承担，并根据服务数量和质量向其支付费用。过去，由于缺乏资金，协会主办的比赛活动规模小、影响弱，参与和服务人群有限；现在，政府资金可作为比赛启动经费，再加上协会的市场化运作，举办大规模的棋类比赛活动成为现实。

实施政府购买公共体育服务，一方面转变政府的职能，使体育局由具体举办赛事变为指导社团办赛，另一方面引导促进体育社团向专业化、规范化、社会化、实体化发展。公共体育服务由政府埋单之后，体育社团的积极性大幅提高，依托体育社团组织的活动项目也更加丰富，惠民对象更为广泛。

健身设施覆盖城乡。2012 年，为适应新农村建设的需求，市对全市行政村体育设施进行提档升级，涉及经费超过 530 万元。所谓提档升级，就是村级体育设施由三类标准升为二类标准，即在每个行政村有 1 个水泥地篮球场、1 个有 2 张球台的乒乓球室和1 个棋牌室的基础上，再增加 1 条 10 件以上的室外健身路径。至 2015 年，全市 298 个行政村实现健身路径全覆盖。

针对城市居民，除健身路径外，市还打造“一横二纵一环”环绕市区的全民健身步道。“一横”即丁仓港滨河公园，“二纵”即头兴港河两侧和庙港河东侧，“一环”即东至丁仓港河沿河、西至华石路、南至世纪大道、北至中央河沿河。市已建成由公园绿道、滨河绿道、景观绿道组成的绿色健身步道总长 16 公里。

体育指导员活跃在一线。每天清晨，在市人民公园广场上，近百名健身爱好者跟着沈季刚的口令热烈舞动。

沈季刚是国家一级社会体育指导员,长年为群众进行社会体育辅导,人民公园广场是他的教学点之一。"体育指导员只有不断充电,才能厚积薄发。"为此,沈季刚积极参加省和南通市组织的各类健身项目培训。仅2015年,就新学健身气功、健身操、第九套广播体操等多个项目。市体育局定期组织各个级别的社会体育指导员参加上级主管部门组织的专业体育项目培训。将专业体育协会的体育爱好者、大学生村官等纳入市级层面的社会体育指导员队伍,为老百姓提供体育指导服务。全市有在册体育指导员2400多名。

带动全民健身须"软硬兼施"。记者通过微型调查发现,四成的市民平时有运动的习惯,其中绝大多数市民选择的是广场跳舞、公园跑步等费用低、时间灵活的运动方式。剩下的市民谈到不常运动的原因时,主要包括没有场地、没有时间、费用高等。为带动更多的市民加入健身的行列,启东市在加大体育场地设施建设的同时,在各个领域开展各具特色的体育活动,取得较好的成效。

然而,要达成"人人参与健身,人人享受健康"的目标,一方面继续需要政府层面的政策支持,需要大力投资体育场馆等基础设施建设,另一方面,必须高度重视思想意识上的"软引导"。譬如,广大中小学生体质欠佳现状,与很多人根深蒂固的"应试教育"思维不无关系,欲改变之,非一朝一夕也非一个部门一纸文件就可以做到;再好的体育设施,没有时间参与使用,也只能是纸上谈兵不切实际。因此,正常的休假制度等应该严格贯彻实施。此外,很多人不愿参与体育锻炼,更多地与长期以来形成的不良个人生活方式及习惯有关,未明确认识到健身的重要性,客观上也是阻碍全民健身氛围形成的一个重要原因。

【让孩子共享教育阳光】 优秀的生源、优质的师资……这种"强强联合"的分班方式不仅催生"择班热",也滋生社会上的一些不良风气。为了让自己的孩子能上个好班级,有个好老师,不少家长托关系、找熟人,这个公开的秘密破坏教育公平。

6月1日,市教育局出台《关于进一步做好义务教育阶段学校"阳光分班"制度的实施意见》,要求2015年秋季入学时,全市义务教育阶段学校起始年级新生全面实行"阳光分班"。这一举措,不仅进一步规范学校的办学行为,同时让所有的孩子能够更加公平地享受教育资源。

先让新生分班,再由班主任抽签"认领"。市民陆女士的女儿即将上小学一年级。前些日子,陆女士四处托人找关系,想给女儿分个好班级找个好教师。然而,打听下来的结果却是,2015年一律实行"阳光分班",每个班级的学生和老师素质也相对均衡,没有照顾的可能性。

记者从市教育局基础教育科了解到,市教育局向部分人大代表、政协委员、学校校长、家长代表等征求意见,于6月1日出台《关于进一步做好义务教育阶段学校"阳光分班"制度的实施意见》,并将文件下发到全市72所中小学。

以前新生入学时,大多数学校先确定每个班级的教师人选后再进行分班。而"阳光分班"的工作程序是,首先根据招生计划和学校实际的入学人数,确定开办教学班的班数。其次,根据班数确定班主任的人选,按照"均衡搭配、结构合理"的原则,确定与班主任工作搭配的各学科任课教师。学校要将班主任名单在校内公示,班主任与任课教师组合名单报教育局基教科备案。再次,学校将学生均衡分成若干个班级,并把各班级学生名单在校内公示。最后,学校召开"阳光分班"现场会,在纪检监察、部分人大代表、政协委员以及家长代表、学生代表的共同监督下,由班主任抽签来确定任教的班级,抽签结果现场公布、校内公示。

男女比例均衡,所有新生将一视同仁。实施"阳光分班"后,男女比例均衡、综合素质均衡是分班的标准,所有入学的新生分班时将一视同仁。市区某中学一位教师向记者坦言,"以前没有实行'阳光分班'时,每个班级的男女比例、学生素质都有一定的差异,有的班级人数较多,有的班级人数偏少。如今实行'阳光分班',学生的素质会相对均衡,教师教起来也更省心。感觉师生都在同一个起跑线上,不存在好与差,我们也有信心把孩子们全都教好。"这位教师说道。

2015年,市首次尝试"阳光分班",根据市教育局的相关规定,学校不得变相进行分班考试,不以学生成绩作为分班依据。新生在进行报名登记时,工作人员会对学生进行一个简单的了解。根据不同孩子的情况,最终让每个班级学生的综合素质能够均衡搭配。学校还必须严格执行教育现代化标准学额规定,原则上小学每班40人,初中每班45人,每个班级男女生人数要求基本相同。

用"阳光分班"推动教育公平。每年中小学生开学时,新生家长最关心的就是孩子的分班问题。在启东,为了能让孩子有一个好老师,不少家人四处托人打听教师的情况,为孩子的分班到处奔波。"择班热""择师热"与"择校热"一样,成了令众多学生家长为之劳心费力的事儿,也在一定程度上催生出教育上的潜规则甚至腐败现象。"阳光分班"的施行,将打破教育上的一些不公平现象。通过科学、细致、严谨的工作程序,不但让新生分班在透明、公正的环境中运行,也让各类学生群体能够充分享受到教育资源分配上的公平,享受到平等接受教育的机会。

【我们的晚年,何处安身】 "最美不过夕阳红",但许多老年人却面临着"晚年何处安身"的困惑。随着人口老龄化的加剧,老年人长期照护和服务的需求越来越大,从2012年起,市将社会养老服务体系建设作为"民生一号工程"大力推进。然而,养老人才稀缺却成为养老产业快速发展的瓶颈。

社会养老服务体系覆盖城乡。启东市是江苏省较早进入老龄化社会且老龄化程度较高的地区之一,老龄群体呈现基数大、增速快、寿龄高、空巢多等特点。2012年开始,市推进社会养老服务体系建设,建成以居家养老为基础、社区服务为依托、机构养老为支撑、信息服务为辅助的社会养老服务体系。

至2015年,全市建有居家养老中心312家。城区建有老年助餐点1家,社区日托养老机构2家。2013年12月,虚拟养老院(老年呼叫服务中心)在城区范围内试点运行,以社区为依托,打造真正意义上的“没有围墙的养老院”。

为了解决农村老人养老难题，市在全省范围内率先探索农村老年关爱之家建设。截至2014年底，全市共建成农村老年关爱之家27家，总床位2548张，成为民办养老机构中的新生力量。另外，首创“医养结合”的养老新模式，将农村老年关爱之家的建设与乡镇卫生院结合，让老人足不出户就可享受优质的诊疗和护理服务。至2015年，全市各类养老床位总数7705张，每千名老人拥有养老床位数达29.8张，初步形成“五保老人进中心敬老院，高龄、空巢、失能半失能老人进老年关爱之家，健康老人进居家养老服务中心”的“启东模式”。

专业人才稀缺成发展瓶颈。市养老服务行业协会会长、汇龙中心敬老院院长刘伟告诉记者，虽然市养老产业发展态势良好，但在发展过程中还存在一定的困难。市大部分养老机构只能提供简单的院舍管理和生活照顾，老年精神文化需求难以满足，造成这一局面的主要原因是缺乏相应人才。2014年，市面向社会招聘40名养老护理人员，仅有22人报名被录用。汇龙中心敬老院共有253名老人，而护理人员只有22人。因为要轮休，算下来，1名护理人员需要护理近20名老人，配比远低于国家标准。

刘伟说：“招不到人的原因一方面是劳动强度大，另一方面很多人在观念上不能接受，认为是伺候人的工作，但最关键的原因还是工资待遇低。”据了解，启东市公办养老服务机构护理人员月平均工资在2000元左右，扣除保险后，拿到手的只有1500多元。民办养老机构护理人员的工资仅有1500元左右，且还没有保险待遇。

此外，市8所中心敬老院养老护理人员年龄结构相对老龄化，35岁以下的护理人员仅有15名，36~55岁的护理人员有124人，其余的均在56岁以上。而市老年公寓、民办养老机构70%以上的护理人员年龄都在60岁以上，不少民办的养老机构，甚至出现“老人照顾老人”的现象。

职业标准和职业准入制度是一个行业规范化发展的必由之路。作为公办养老机构，市8个中心敬老院和市老年公寓共有221名工作人员取得相应技能职业资格证书，持证上岗率达78.7%。其中，中心敬老院持证上岗率达95%，老年公寓持证上岗率仅为24%。而31家民办养老机构从业人员中，有142名护理人员取得技能职业资格证书，持证上岗率为58.1%。养老机构服务人员年龄老化、服务技能不高、工资待遇偏低等问题与当前日益增长的养老服务需求形成鲜明的对比。

“三大行动”，破解人才稀缺难题。为有效提高市养老机构护理员的持证上岗率，2015年，市在启东中专建立养老培训基地。4月27日~5月25日，来自全市各家养老机构的50多名护理员参加首期培训。2014年7月起，市对养老服务机构中取得职业资格证书并连续从业1年的护理人员给予特殊岗位津贴。然而，每个月不到100元的津贴对于提高养老从业人员待遇仍显得捉襟见肘。刘伟认为，除了培训专业人才，政府急需出台鼓励养老机构从业人员的相关优惠政策，安排专项资金补贴养老机构从业人员，提高工资待遇。另外，要给养老服务人员职业提升的空间，让他们看到辛勤工作带来的希望和回报。

志愿者队伍是养老服务的有力补充，其地位和作用不可忽视。全市有不少爱心志愿者团队，逢年过节前往养老机构慰问、看望和陪伴老人，给予老人心灵上的安慰。市民政部门表示，下阶段，将引入社会工作机制，协调劳动保障、财政等部门，为养老服务设置公益性社工岗位，让社工参与到为老服务中来，提高养老服务队伍的专业化水平。壮大志愿者队伍，倡导社会各界志愿者与养老服务机构开展结对活动。“人才培训、政策扶持、公益组团，有了这三大行动，能更好地让老人们实现老有所养、老有所依。”刘伟说。

【让阅读成为一种生活方式】 从党的十八大报告提出“开展全民阅读活动”，到2014年政府工作报告中“倡导全民阅读”，再到2015年政府工作报告中的“倡导全民阅读，建设学习型社会，提高国民素质”，全民阅读正受到越来越多的关注。启东市已经构建村镇市三级公共图书馆服务网络，然而在当下手机网络快速浏览充斥、各种信息纷繁、功利性阅读甚至不阅读日益盛行的大背景下，市民的阅读现状依然让人堪忧。

打造载体平台，建成三级图书馆服务网络。2013年初，市新图书馆建成，总投资3800万元，建筑面积7864平方米。自正式对外开放后，图书馆成为市文化建设的标志性建筑。市图书馆收藏各类图书近40万册，共向市民发放3万多张借阅证，日平均接待读者500人次。图书馆还开通微信公众平台。以市图书馆为核心，全市形成村镇市三级全覆盖式的公共图书馆服务网络。2006年起，市坚持政府主导、社会参与的建设机制，全面推进农家书屋建设。全市256家行政村实现农家书屋村村全覆盖。市文广新局不定期开展送书下乡活动，为农家书屋更换新书、添置好书。全市12个镇乡均落实综合文化站阵地用房，面积分别达500~1000平方米，每个乡镇文化站都开辟图书室，藏书在12000册左右。

阅读状况堪忧，市成人综合阅读率仅65%。尽管市已构建完善的公共图书馆服务网络，然而市民的阅读状况依然堪忧。记者从汇龙镇、北新镇等多地了解到，乡镇文化站、农家书屋的利用率并不高。为全面了解居民的阅读状况，2014年，中国新闻出版研究院受南通市全民阅读办公室委托，在对全省各地开展居民阅读状况调查的基础上，组织调查人员对南通各区县居民阅读情况进行入户调查。调查报告显示，启东市成年居民综合阅读率在65%左右，远低于江苏省成年居民综合阅读率。

很多人不读书的原因在哪里？不少受访者表示，主要因为工作太忙，没时间。某事业单位的张女士告诉记者，以前她还会买些书看看，自从结婚生子后，所有的时间被工作、带孩子、做家务所占据。没有读书习惯、找不到感兴趣的书等都是受访者不读书或少读书的原因。另外，记者还发现，市民的阅读方式也发生改变。传统的纸质阅读方式以中小学生和老年人为主，而随着电脑、手机等电子产品的飞速发展，年轻人则更青睐于各种便于携带的电子书。大学生村官小姚告诉记者，现在很少看纸质的书,更多的是浏览电子书和网上查资料。从网上获取信息更加便捷,精准的搜索也更有针对性。

市图书馆馆长彭忠忠说,越来越多的人选择看电子书,这是社会发展的大趋势,是一种进步。但传统的纸质书不能丢。“对于图书馆来说,我们只能不断地创新服务方式、服务内容、改善服务条规等方式,来满足不同年龄、不同文化程度读书人群的个性化阅读要求,让他们享受阅读带来的快乐!”

*从倡导到自觉,让阅读成为一种生活方式。*在前几年开展“全民阅读、书香启东”系列活动的基础上,4月22日,市全面启动首届全民读书节。首届全民读书节的活动时间为4—10月,读书节期间,全市将开展“爱上阅读、书写梦想”全民阅读征文活动,让市民根据提供的书目,撰写读后感;以市图书馆为阵地,举办“启吾大讲堂”系列讲座、“我最喜爱的一本书”评选活动、“十佳书香家庭”评选活动、“书香机关”“书香企业”“书香校园”“书香军营”“书香社区”“书香新农村”读书活动;组织评选年度“十佳书香家庭”“读书之星”“优秀阅读推广人”等。完善公共图书馆阵地的建设。2015年起,全市逐步实施公共图书馆总分馆制先进模式,推进公共图书馆“一卡通”建设。

“全民阅读的推行,不仅需要政府的倡导和推动,更需要每一位市民的积极参与。”彭忠忠认为,读书对于提高个人素质,陶冶情操有着很重要的作用。现在很多人以工作太忙、没有时间为推辞和借口,不愿读书。而事实上,只要肯读书、喜欢读书,再忙也能抽出时间。“我们希望,每个人能够从现在开始,从自己做起,每天抽一点时间来读书,让阅读成为一种生活方式。”

【变“雁南飞”为“凤还巢”】 毕业之后,是选择在大城市就业,还是回家乡发展?这一直是大学生们比较纠结的一个问题。

春节过后,不少面临毕业的应届大学毕业生开始着手准备找工作,在网上投递简历、参加各类人才招聘会。记者了解到,市不少大学毕业生表现出这样一种求职心态。他们认为,单从就业的月收入来看,选择大城市就业收入普遍要高于在家乡就业;但就工作稳定性和就业满意度看,在他乡工作不如回家乡工作。

*大多应届生不愿回乡就业。*2014年,有关部门对启东市1200余名未就业大学毕业生做了一次调查。调查结果显示,尚未就业的本地大学生中,有意愿留在启东找工作的仅占一成。多数人认为,个人职业发展空间狭小与缺乏良好的个人再深造平台,是他们想走出启东的主要原因。

陈庆庆,南阳镇人。2014年从江西某高校毕业后,不顾家人的反对,毅然选择在上海找工作。刚开始,他去了上海一家保险公司做业务员,“刚开始3个月,平均每月只有1300元,最多时也不超过2000元,这点收入根本无法维持在上海的基本生活费用。”陈庆庆说。没多久,陈庆庆就跳槽出来,到一家汽车4S店做销售员。业绩好时,每月能有近万元的收入。“在上海工作节奏特别快、生活压力也很大,即便我在老家的同学、朋友收入比我少一些,但他们的收入完全可以过更安逸、更舒服的生活。”如今,是否在上海娶妻生子成了陈庆庆一个很大的困扰。“回家过年时,父母亲总是唉声叹气地唠叨,邻居们也总在议论,陈家的儿子在上海工作收入虽然蛮高,可要想在上海安家却也难。”但即便如此,陈庆庆仍然愿意为了更好的未来留在上海奋斗下去,他觉得大城市的发展机会比在老家多太多了。

*多年后开始眷顾老家的工作。*一边,刚毕业的大学生瞧不上老家的工作环境,而另一边,在外打拼多年的大学生们却渐渐选择回乡“安定”下来。据不完全统计,启东籍的大学毕业生在外打拼三五年后,有近六成的人愿意回启东工作。

与刚毕业不久的陈庆庆想法不同的是,家住寅阳镇的张海健放弃了留在大城市打拼的机会,选择回家过安定的生活。30岁的张海健在上海读完本科后又考上上海另一所高校的研究生。毕业后,他同身边的很多同学一样选择留在大城市。工作3年后,已经成为上海某企业的中层干部,收入也节节攀升。然而2014年,他放弃上海的高薪工作,选择返回启东发展,在老家找到一份电子公司技术员的工作。“在上海,每天上下班高峰期挤地铁、挤公交,耗时间又耗精力。虽然收入不低,却一直买不起房,还不如回老家。”张海健告诉记者,他有一个在南京工作的同学,房子买在浦口,上班在市区,每天转公交、挤地铁,光上下班的时间就要耗掉3个小时。在老家工作不久,张海健就凭着自己的实力和努力,被公司任命为部门主管。张海健告诉记者,不管大城市还是小城市,适合自己是最重要的。在小地方混,只要肯拼搏,一样会成功。

*让飞鸟投旧林池鱼恋故渊。*吸引人才,首先就应该吸引本土的人才。市人社局副局长王红忠在接受记者采访时介绍,启东作为一个县级城市,越来越多的本地人才愿意回乡,一方面是因为启东经济快速发展,对人才需求量不断增加;另一方面,也缘于启东对人才的重视,对“人才强市”理念的高度认可和切实践行。

随着招商引资力度的加大,越来越多的上市企业、大中型企业落户启东,带来地区就业需求量的增加。为适应地方经济发展需要,改变人才外流的尴尬局面,市出台一系列政策,其中包括强化校企合作促进人才就业、组织人才招引进校园活动、东疆英才计划、“312”高层次人才梯队培养计划等一系列举措,吸引更多的启东籍高校毕业生回乡就业。

王红忠说,凭借稳定的事业平台和良好的薪资待遇,已有越来越多的启东籍大学毕业生燃起在家乡创业的热情。他相信,随着“人才强市”理念的不断深入,启东籍高校毕业生“凤还巢”的比例将会越来越高。业内人士指出,目前大学生就业观念还比较保守,大多数还是希望去大公司或者考上公务员。所以,高校毕业生转变就职理念,就要在就业观念上打破去大城市、大公司或政府机关、事业单位、国有企业等传统思想的束缚,努力适应市场主体的需求。而人力资源部门也要为启东籍高校毕业生建立信息数据库,多为高校毕业生提供政策咨询、创业培训、跟踪服务等指导和帮助,增强他们的家乡归属感和优越感,吸引更多的启东籍高校毕业生回乡创业就业。

(黄亦美整理)

汇龙镇

【概况】 2015年,全镇行政区域面积134.63平方公里,耕地面积5346公顷。总人口26万人,其中农村人口8.3万人。有27个行政村、3个居委会。全年实现地区生产总值239.42亿元;完成一般公共预算收入5.4亿元,增长0.6%;全社会固定资产投资65.3亿元,增长19.5%;城镇居民人均可支配收入34400元、农村居民人均可支配收入18400元,分别增长8.5%、9.8%。3月,汇龙镇被评为全国文明镇。曾先后被授予全国建设社会主义新农村典型镇、全国创建文明村镇工作先进村镇,省文明乡镇标兵、省公共文化服务体系示范区、省老年人体协工作示范乡镇及省和南通市科技工作、平安建设、教育现代化、文化工作、群众体育先进镇等30多项荣誉称号。其中大陆、南郊等村获"江苏省文明村"称号,鹤群、近江、临江、圩北等村获"南通市文明村"称号。

【工业经济】 全镇实现规模工业产值149.1亿元,完成年计划的99.8%;新竣工5000万元以上项目12个,完成年计划的120%;外资实际到账4769.4万美元,完成年计划的476.9%;新批工商注册外资6045.2万美元,完成年计划的302.3%。

【项目建设】 镇组织小型专题招商会和小分队、网络招商,2015年,签约冠城置业等外资项目5个,总投资1.2亿美元,注册资本7700万美元。年末,在手在谈项目30余个。齐哈哈、永圣乳胶等6个项目开工建设。总投资200万美元的泰腾塑胶项目建成投产。

韩华新能源工人检测焊接工序。　(潘　杨/2015年2月摄)

【科技创新】 镇组织企业申报各类科技创新基金项目,林洋电子等6家企业被市评为科学发展能力五星级企业,吉莱电子等20家企业被评为科学发展能力三星级企业,林洋电子国家级企业技术中心公示,三信科技在"新三板"挂牌上市。授权发明专利29件,实用新型专利158件。引进国家"千人计划"专家1名、创业人才2名、创新人才6名、产学研人才6名。龙昇高分子公司成功引进高层次创业人才,列入市"东疆英才计划"。巨龙石化成套装备研发、捷捷微电子开发项目列入省科技支撑计划,南通三信的双面无水印花生产线、万惠机械与大连理工大学合作研发的强夯机等项目填补国内技术空白。

【现代农业】 加强项目农业建设。新建(扩建)旺达食品、金豆豆制品、金大康食品等农业项目10家,投资达8500万元。投资660多万元在大陆村、正诗村建设5000亩高标准农田项目,基础建设全面竣工。镇强化配套服务,加强生态建设,提高生产效益。加强植树绿化。共完成造林面积2000多亩,其中成片造林1300亩,补植1000亩。制定绿化养护长效管理措施,建立管护队伍,落实管护人员,签订管护合同,清除林内间作高秆植物。推进环境整治。投入50万元共清理网簖2130个、沉船22条、沉桥5座。采用市场化模式,实施沟河保洁。

镇投入近500万元，将全镇151条横河、576条泯沟，统一对外发包。推进畜禽粪污治理，拆除2家较大规模的养殖场。结合环境整治，加强水利建设，疏浚横河9条、泯沟322条，完成土方19.7万立方米。实施沟河贯通工程，埋设坝涵701座5081米。实施市镇公路亮化工程，东汇线、圩志线和新兴线亮化工程有序推进。

【现代服务业】 镇出台加快工业经济转型升级奖励办法，鼓励企业做大做强。建立网格指导员联络帮带制度，重点对64家规模企业实行“一对一”服务。支持配合三信塑胶、恒瑞电源成功举办全国性行业协会会议，提升启东知名度。投入10万元外包专业机构定期检查，督促企业落实主体责任经常检查，确保全镇安全生产形势持续好转。全年共培训企业安全管理人员300人次，依法处罚5家企业。

【城市建设】 2015年，全镇完成拆迁签约1283户，累计完成净地35块。做好火车站区域拆迁。镇成立27个工作组，镇村干部包片负责，会同拆迁公司、评估公司进驻一线，完成铁路主线及站台区域拆迁任务。推进结转项目拆迁。镇聘请外来拆迁公司与镇村工作相结合，定期召开会商会议，破解拆迁难题。完成南郊村12个村民组整组腾房，惠阳路克明村区域拆迁全部完成，道路建设全线展开。推进拆违控违工作。全年发出限期整改书331份，控制违法建设面积2.5万余平方米，控制清理苗木6.34亩，强拆违法建设35起5465平方米。

【民生事业】 全镇27个村“一站式”便民服务大厅建设全面完成。投入100多万元对4个村公共服务中心进行改造，群众办事环境得到改善。着力解决群众看病难问题，做好创建省示范村卫生站工作。投入100万元创建4个村。加强学前教育，回购并对天天幼儿园、永阳幼儿园进行装修，确保如期使用。采取多种形式，推进养老事业，公建民营敬老院建设进展顺利。坚持“三公开”，抓好各项慰问资金发放。做好“安康关爱行动”老年意外险保费收缴、义务兵家庭优待金核发等工作。做好城乡居保工作，及时办理和发放养老保险金和老人基础养老金。加强世代服务，开展计生关怀“太阳岛”工程系列活动，完成“两癌”普查7000人次。

汇龙镇南郊花园。 (市新闻信息中心/提供)

【社会治理】 镇提升政法工作科学化水平，确保全镇社会稳定。加强矛盾排查化解。镇村两级共调处各类矛盾纠纷299起，调处率、成功率分别达100%、98%。推行阳光信访，网上平台共受理处置信访案件47起，妥善化解多起信访积案。创新社会治理。深化“三强化、三提升”，推行“四议两公开”工作机制。构建立体化治安防控体系，巩固“天网工程”建设成果，加强设施设备使用管理。抓好社会面巡防，全镇建有群防群治队伍975人。深化综治信息系统建设和管理，增强驾驭动态治安局势的能力。加强法治政府建设，深化“法治型机关”创建，行政机关主要负责人出庭应诉制度推开。组织开展基层执法评议活动，落实党政领导干部年度述法制度。强化法治宣传，“六五”普法通过省、市终期考核验收。推行“一镇一品”法治文化阵地建设和“一村一品”法治文化阵地“村村有”工程，实现镇、村两级法治文化阵地全覆盖。

2015年汇龙镇主要经济社会指标

表29

项目	单位	数量	项目	单位	数量
总面积	平方公里	134.63	粮食总产量	吨	23668
年末户籍人口	人	256483	棉花总产量	吨	546
耕地面积	公顷	5346	油料总产量	吨	9686
地区生产总值	万元	2394192	水产品总产量	吨	3082
第一产业	万元	49576	工业总产值	万元	8564366
第二产业	万元	1253550	企业实缴税金	万元	195908
第三产业	万元	1091066	建筑业总产值	万元	7161884

续表 29

项　目	单　位	数　量	项　目	单　位	数　量
财政总收入	万元	208743	小学校数	所	9
农民人均纯收入	元	18564	中学校数	所	9
设施农业占地面积	公顷	2020	医疗卫生机构	个	93

2015 年汇龙镇各行政村基本情况

表 30

村　名	人数(人)	耕地面积(公顷)	党组织书记	村委会主任
城北村	3267	46.43	陆碧辉	陆碧辉
克明村	4359	181.15	吴春花	吴春花
汇东村	3485	56.92	陆　里	(暂缺)
城河村	2073	17.77	姜卫娟	姜卫娟
圩北村	2550	193.17	陈松岩	陈松岩
合兴村	1811	90.19	施蕴松	沈燕燕
汇龙村	2186	3.22	施建英	施建英
东郊村	1782	77.05	吴正辉	吴正辉
城东村	3261	168.85	李雷兵	张瑞生
亚光村	4532	308.2	陆　美	陆　美
五四村	1978	105.96	施卫兵	施卫兵
永阳村	3969	275.18	张学洲	张学洲
台角村	3454	131.71	倪建辉	李学明
冬藏村	3806	309	周洪菊	周洪菊
士清村	3685	311.4	刘　辉	刘　辉
圩南村	2471	191.57	朱峰鹤	朱峰鹤
爱新村	3308	215.84	杨健能	(暂缺)
万英村	2489	209.7	陆永辉	陆永辉
光荣村	2520	223.37	茅海红	茅海红
正诗村	4733	416.47	陈学兴	陈学兴
大陆村	2374	214.83	单　华	陈　平
近江村	3443	340.85	吴振兵	吴振兵
取丰村	1978	185.23	张亚琴	张亚琴
鹤群村	2450	178.5	刘永兵	刘永兵
临江村	2509	200.07	秦　忠	秦　忠
双庆村	3999	320.36	陈曙光	施正忠
南郊村	5257	339.65	郭正飞	郭正飞

(陈小茂)

惠萍镇

【概况】 2015年,全镇行政区域面积75平方公里,耕地面积6407公顷,常住人口7.2万人,年末户籍人口70615人,辖15个行政村。有工业企业近千家,其中规模以上工业企业9家。企业从业人员1.3万人。辖区内有集贸市场5个,集贸市场成交额6亿元。全镇地区生产总值63.78亿元,财政收入1.14亿元。农民人均纯收入18446元,比上年增长0.7%。

惠萍镇的旅游集聚区项目——水果小镇。 (郁卫兵/摄)

【工业经济】 通过转型升级、扩量提质,积蓄后劲,全镇形成精密机械、轻纺制造、电子电器等特色产业,综合竞争力进一步增强。2015年,实现工业总产值59.44亿元,其中规模工业产值18.63亿元,规模工业应税销售4.9亿元,企业实缴税金1.64亿元。完成全社会固定资产投入12.15亿元,同比增长7.4%;高新技术产业产值10.08亿元,同比增长12%。拓展惠萍工业园区,盘活停办企业集体用地,引导招引企业和搬迁企业落户,集聚效应显现。

【项目建设】 2015年,悉典生物医药、东风机械装备等重点项目开工建设,旅游集聚区、水果小镇影响省内外。二手车市场竣工运行,红星美凯龙项目签约。

【城乡发展】 2015年,镇调整修编镇域总体规划,实施镇区"南拓"工程,镇区亮化、绿化、美化加快进行。完成丁仓港南路、世纪大道东延、旅游集聚区、丁仓港安置区一期、建设南路项目拆迁任务;惠和安置区和商业地块完成拆迁计划的82%;市政府南侧商业地块拆迁签约率达92%,腾房率达85%;庙港新城拆迁安置区一期工程净地完工。

【品牌旅游】 2015年,镇政府投入2000多万元推进乡村旅游集聚区发展,新增建设1000亩果园基地和1200平方米的农产品展示中心,创建生态环境好、文明程度高的"水果小镇",打造适合大众旅游消费的沿江旅游经济带,构建"产业、市场、旅游"的格局。12月,乡村旅游集聚区内的果园村获"全国一村一品示范村镇"称号。

【镇域管理】 镇加大全镇违章清理和管理力度,新招20名城管协管员,清除拆迁区域树苗150多亩,清理大兴镇区40多处违章建筑,拆除干线公路沿线违章建筑30多处。

【民生实事】 全镇养老保险参保率84.6%,列全市第二位。推进以邻里互助为主要内容的居家养老服务体系建设,"惠风暖阳"活动在3个村试点推开。完成350公里农路亮化工程,补植绿化1781亩,完成10公里农路建设。疏浚泯沟1400条、横河8条,疏浚土方110万立方米,贯通沟河500余条。集中治理二、三、四级河道网簖3944只,养殖网箱13只,腰网40条,清除泯沟网簖4200只,收缴电瓶捕具42套。集中清理宅垄和沟河恶性水生植物,实现对畜禽养殖场所整治的全覆盖。

【社会管理】 镇注重防控并举,开展"三强化三提升"活动,镇村干部主动倾听群众诉求,完善矛盾纠纷常态化排查机制,健全预警和应急处置机制,执行领导干部接访、下访,领导包片、包线、包案制度,稳控和化解社会矛盾纠纷。开展24小时安全巡查,提升打击犯罪、治安防范能力,实施普法宣传、社区矫正、帮教安置工作,社会治安满意度进一步提升。

2015年惠萍镇主要经济社会指标

表31

项目	单位	数量	项目	单位	数量
总面积	平方公里	75	粮食总产量	吨	16099
年末户籍人口	人	70615	棉花总产量	吨	653
耕地面积	公顷	6407	油料总产量	吨	5950
地区生产总值	万元	637764	水产品总产量	吨	5750

续表 31

项 目	单 位	数 量	项 目	单 位	数 量
第一产业	万元	45126	工业总产值	万元	594392
第二产业	万元	312158	企业实缴税金	万元	16387
第三产业	万元	280480	建筑业总产值	万元	19871
财政总收入	万元	11443	小学校数	所	4
农民人均纯收入	元	18446	中学校数	所	2
设施农业占地面积	公顷	1617	医疗卫生机构	个	28

2015 年惠萍镇各行政村基本情况

表 32

村 名	人口(人)	耕地面积(公顷)	党组织书记	村委会主任
永胜村	5020	413	王 斌	王 斌
河湾村	3238	242	金卫东	金卫东
东兴镇村	3990	360	施 健	施 健
鸿东村	4045	304.7	蔡汉忠	高源
海鸿村	4187	343	顾云忠	顾云忠
鸿西村	3523	274	郁振群	郁振群
惠安村	3960	312	施冬平	施冬平
临河村	5050	361	李 红	李 红
惠和镇村	5545	378	沙振雄	沙振雄
士连村	4871	347	姜惠平	姜惠萍
南清河村	4523	419	施振权	施振权
大兴镇村	4938	378.8	王欢欢	王欢欢
公和村	5281	490	施海燕	施海燕
庙港村	6645	5493	施伟巍	施伟巍
果园村	3710	201	卫奇杰	卫奇杰

（李茂松）

东海镇

【概况】 2015 年，东海镇行政区划面积 85.4 平方公里，耕地面积 5441 公顷，户籍总人口 68501 人，下辖 18 个行政村。全镇实现地区生产总值 23.12 亿元，实现规模工业产值 7.24 亿元，完成年计划的 100%，同比增幅 12.04%；规模工业应税销售 1.79 亿元，实施工业技改项目 12 个，完成实物工作量 4.44 亿元。

【工业经济】 2015 年，全镇入库税收 4580 万元，其中国税收入 3624 万元，同比增长 15.1%；地税收入 956 万元。

招商引资。全年组织上海、北京、广东、四川等地专题招商活动 15 次。全镇新增注册外资 359 万美元，实际到账外资 359 万美元。跟踪的重大项目有：北京厚元新乐投资管理有限公司总投资 3 亿元的光伏发电项目，由香港普约尔电子集团公司计划总投资1.5 亿美元的 3D 打印及生物医药项目，华东理工大学华昌聚合物有限公司总投资 1.5 亿元的树脂生产项目，由中广核香港上市公司中广核电力投资的太阳能、风能及污泥发电项目，上海西普尔—必凯实验动物有限公司总投资 6000 万元的测试评介中心项目。

项目建设。全年全镇推进和建设的项目共有 5 个，其中超 10 亿元项目 2 个、亿元项目 2 个、5000 万元项目 1 个。引进广东东凌集团粮油加工项目，江苏植之元产业有限公司和江苏植之元港务有限公司注册，启东欧瑞食品有限公司食品添加剂项目竣工投产。

【社会事业】 镇社会保障规范健全，全镇新农保参保人数为20584人，其中新增人数为1150人，完成全年任务的84.61%。新型农村合作医疗制度普及，农民参合率在99.7%以上。完善养老服务体系，对全镇7家养老机构进行安全宣传和检查指导。落实优抚安置工作，定期核实发放全镇1115名优抚对象的抚恤补助金。教育建设精益求精，全镇适龄幼儿入园率达100%，小学三率均达100%，全镇义务教育各项相关指标达到省市有关标准。惠农补助发放到位，全镇共发放粮食直补资金、良种补贴及民政定补等各类惠农补贴资金3000多万元。基础设施协调推进，全年完成横河疏浚6条，高标准泯沟疏浚380条，填埋泯沟180条，完成机耕路贯通工程通水涵填埋1900座，建设农田机耕路基116公里。全年建设农村公路7公里，改造建设桥梁15座，安装路灯7108盏。创新增强生态效应，全镇418.2公里农路、15条三级河、143条四级河、4653条泯沟、2.9万户庭院垃圾全面实行“路长制”“河长制”“生活垃圾专业清运制”管理。全年河道网簖拆除3700处，泯沟网条拆除2840条，初步实现“河畅、水清、道洁、景美”。启动畜禽养殖粪污治理，全镇新建养猪化粪池37只。锦绣村畜禽粪污处理中心试运行，月处理猪粪60吨，沼气能源向周边200户提供，实现燃料沼气化使用。全年共接办“12345”政府服务热线任务单近1245件，单次办结率达96%，回复处置满意率稳步上升。

东海镇云祥村整治后的水环境。 (姜新春/2015年4月摄)

【平安建设】 2015年，全镇各级调解组织共接待调解纠纷294起，其中镇调处中心庭式调解16起。组建150个关爱小组，其中帮控工作小组19个。突出安全生产措施，抽调专业安监员，采取互相轮流监督检查的方式，发现和清除事故隐患，确保全镇无重大安全事故发生。

2015年东海镇主要经济社会指标

表33

项目	单位	数量	项目	单位	数量
总面积	平方公里	85.4	粮食总产量	吨	212478
年末户籍人口	人	68446	棉花总产量	吨	1362
耕地面积	公顷	5534	油料总产量	吨	5955
地区生产总值	万元	248948	水产品总产量	吨	26094
第一产业	万元	57146	工业总产值	万元	161357
第二产业	万元	114456	企业实缴税金	万元	9506
第三产业	万元	77346	建筑业总产值	万元	3690
财政总收入	万元	7014	小学校数	所	3
农民人均纯收入	元	18597	中学校数	所	1
设施农业占地面积	公顷	600	医疗卫生机构	个	27

2015年东海镇各行政村基本情况

表34

村名	人口(人)	耕地面积(公顷)	党组织书记	村(居)委会主任
武东村	3394	272.61	张健	张健

续表 34

村 名	人口(人)	耕地面积(公顷)	党组织书记	村(居)委会主任
丰盛村	3894	266.62	顾海涛	顾海涛
大丰镇村	3679	239.04	张 波	张 波
东安镇村	4471	362.39	徐建新	徐建新
丰利村	3424	274.24	崔 健	崔 健
仲辉村	2655	187.07	陆建标	陆建标
云祥村	3045	190.65	黄 刚	黄 刚
建民村	3373	267.82	倪菊英	倪菊英
锦绣村	3370	263.15	陈 楠	李建冲
显中村	3575	263.04	郁 健	黄沈冰
兴旺村	2411	257.67	施群峰	施群峰
兴垦村	4525	375.61	胡松波	胡松波
东海镇村	2578	280.45	吴沈兰	吴沈兰
共乐村	3683	390.47	樊燕英	樊燕英
戴祥村	4579	405.08	费永珍	费永珍
德字村	4581	438.17	陈永逵	陈永逵
东余镇村	4196	372.92	陆溢波	陆溢波
星宏村	3699	314.93	张玉辉	张玉辉

（黄俊晶）

南阳镇

【概况】 2015年，全镇总面积126.8平方公里，总耕地面积7768公顷，辖29个行政村，1个居委会。全年实现地区生产总值40.86亿元，同比增长11%；实现财政总收入1.13亿元，同比增长22.8%；农民人均纯收入17652元，同比增长12%。

【工业经济】 镇加强对接上海研究，加快友好乡镇互通协作，推动产学研联动，提升项目建设质量。推进区域招商和产业招商。全年在建项目8个，在手在谈项目20个，完成注册外资2400万美元，内资4.2亿元。总投资50亿元的中国供销华东农产品国际物流港肉牛屠宰加工项目正式签约，落户于吕四港开发区，总占地4000亩。引进落户平台项目3个。完善重点项目跟踪“一对一”、重大项目会商交办等推进机制。加快推进核电阀门生产基地、省级现代农业示范园区和商贸物流集聚区的建设进度。神通阀门能源装备工程项目投产，中友海鲜城进入营运。中国供销启东农产品国际物流港等项目基础设施建设开工。全年申报“科技领军人才”7人，立项5人。其中，创业类1人、创新类3人、产学研类3人。实现高新产业产值7.9亿元，新实施产学研合作项目2个。

【农业经济】 2015年，镇加快启东市现代农业产业园区建设步伐，打造“一港三区三基地”。核心区建设面积达

10月26日，市2015年第三期新型职业农民农机培训班在南阳镇富兴村举行。
（南阳镇/提供）

南阳镇各村开展改善水环境宣传工作。 (南阳镇/提供)

5500亩，核心区活动板房建设完成，节水灌溉、泵房和电力设施完成安装并投入生产。农产品展示、检测中心完成规划设计及招标程序，物联网建设全面推进。新引进入区企业5家，总注册资金2亿元。加大土地流转力度和农业招商力度，全年新增流转土地5000亩，新建高档智能温室400亩，引进农业项目7个。新发展露地蔬菜连片面积300亩。加快农业技术推广及应用，农民专业合作社累计62家，农民经纪人队伍发展到4600人，入社农民3.8万户。全年开展农民实用技术培训80多次，发放农资综合补贴935.6万元，涉及农户38645户，提升农民增收能力。

【城镇开发】 镇编制南阳镇区汽车商贸城规划、省级农业园区规划、南阳镇区滨河景观规划。制定集镇综合治理及景观设计规划，促进中心镇绿色发展。推进宁启铁路、海启高速南阳段拆迁安置工作，海启高速拆迁顺利，宁启铁路拆迁安置全部完成，同时启动征地及配套工程建设。推进“农村亮化两年行动计划”。集镇区2年道路硬化计划实施，腾飞路改造完成。推进神通阀门能源装备项目、农产品国际物流港、商贸汽车城配套建设。完成南阳汽车城规划设计，加快进口高档汽车平台建设，推进二手车交易市场、4S店、汽车主题公园等建设。

【社会事业和平安创建】 镇回购南阳幼儿园、长胜幼儿园，新建南阳神通幼儿园，聚阳幼儿园建设进入设计阶段，完成省级示范卫生室5所。开展城乡居民社会养老保险工作，全镇参保人数29166人，新增1676人。新型农村合作医疗参合率达100%。1165户低收入困难群众享受低保待遇。加大农村水利建设力度，开展水环境综合整治，农村环境保洁服务实现常态化管理。全年疏浚土方50多万立方米，拆坝建涵700座；拆除各类阻水设施6857套；清理宅埂2103条；保洁河道6012条。加大绿化造林力度，新增绿化面积500亩，创建省级绿化示范村2个。

全年共办理案件12起，其中自办案件6起，处理来信来访6件。组织实施“12345”政府服务热线受理工作，办件满意率达97.3%。投资150多万元建设村一站式便民服务站，扶持启兴村公共服务中心建设，建成窗口式公共服务中心。组建“1+1+X”帮扶团队，共代办群众事项650多起，解决群众民事矛盾、纠纷30多起。

2015年南阳镇主要经济社会指标

表35

项目	单位	数量	项目	单位	数量
总面积	平方公里	126.8	粮食总产量	吨	33263
年末户籍人口	人	103829	棉花总产量	吨	1057
耕地面积	公顷	7768	油料总产量	吨	12141
地区生产总值	万元	408552	水产品总产量	吨	3311
第一产业	万元	53795	工业总产值	万元	501628
第二产业	万元	171131	企业实缴税金	万元	14576
第三产业	万元	183626	建筑业总产值	万元	1132
财政总收入	万元	11343	小学校数	所	4
农民人均纯收入	元	17652	中学校数	所	2
设施农业占地面积	公顷	2021	医疗卫生机构	个	35

2015 年南阳镇各行政村基本情况

表 36

村 名	人口(人)	耕地面积(公顷)	党组书记	村委会主任
启兴村	4687	298	董国飞	董国飞
南兴村	3240	214	施陈泉	施陈泉
东昌镇村	5163	370.08	项 菊	唐士平
南阳村	5600	333.33	陆成兵	杜玉琴
秉章村	3085	252.5	陆 辉	陆 辉
佐鹤村	3300	226.2	龚峥嵘	龚峥嵘
良仁村	2112	150.2	曹丽平	曹丽平
红星村	3849	300.13	沈黎明	沈黎明
合丰村	2745	292.3	张 飞	黄鹤厅
汇城角村	3035	271.13	顾春英	顾春英
永和村	2646	378	王海龙	管 兵
安平村	2515	206.03	孙建新	孙建新
中北村	2785	213	顾琳琳	徐建彬
光明村	2485	259.53	包汤兵	朱丽丽
武陵村	3884	315.42	沈建兵	沈建兵
康乐村	2589	197	曹美香	袁雨琴
北清河村	4350	333.33	钱素菊	钱素菊
正谊村	3020	222.67	龚卫英	龚卫英
乐庭村	3108	207	钱素红	钱素红
新河村	4593	309.71	王元飞	王元飞
富兴村	2400	224.64	曹 辉	曹 辉
悦兴村	3402	293.33	龚黄新	龚黄新
永兴村	5232	353.3	杜建忠	杜建忠
曦阳村	2293	181.5	蒋洪兵	蒋洪兵
元祥村	2279	192	政 辉	政 辉
聚阳村	4639	316.05	陆海蓉	陆海蓉
元庆村	3113	244	黄玉萍	黄玉萍
耕南村	3835	260.7	冯 霞	冯 霞
小塘沙村	4215	331.67	徐海红	徐海红

(陈卫华 吴佐海 陈曙光)

海复镇

【概况】 海复镇行政区划面积 73.8 平方公里，耕地面积 4123 公顷。户籍人口 55112 人，其中常住人口 51200 人，下辖 17 个行政村。2015 年，镇获评省综治信息平台建设工作先进集体、2013—2014 年度南通市文明乡镇等称号。

【工业经济】 2015 年，全镇实现地区生产总值 22.66 亿元，同比增长 9.8%；一般公共预算收入 1340 万元，预算外收入 1064 万元，非税收入 250 万元；完成全社会固定资产投资 7.1 亿元，同比增长 8.9%。完成工业投资 3.94 亿元，规模工业产值 1.12 亿元，同比增长 14%；规模工业应税销售达 1.04 亿元。完成服务业投入 3.13 亿元，服务业投入占固定资产投资比重加大。实现社会消费品零售额1.67亿元,同比增长18.4%;完成进出口总额1192万美元,其中出口额1169万美元。新引进5个1000万元以上项目,全部投入生产。

【农业建设】 全年实现项目农业投入1.25亿元,新增农业龙头企业2个、农业(水产)园区14个,垦牧故里山羊深加工、启东市渔家乐二期工程等超千万元农业项目建成投产。流转土地3000亩,其中全托管管理2000亩。引进福鼎生态农业科技有限公司现代产业园项目,完成智能温室大棚及配套设施建设250多亩。建成优质苗木基地1个,占地110亩。新增高效设施农业面积250亩、渔业面积3300亩,发展露地连片蔬菜种植基地9个、面积2000亩;新增专业合作社5个。加快提升农村基础设施水平,完成租地造林面积700亩,新建农村道路3公里,建成2个绿化示范村。疏浚土方35万立方米,填埋废沟宅坟510条,增加可利用耕地面积338亩。埋设波纹管实现沟沟相通1350座,实施拆坝建桥新建桥梁15座。畜牧养殖粪污治理工作深入推进,建造化粪池80多座、沼气池2座。开展浮子筏专项整治活动,共拆解浮子筏4个。全年未发生渔业安全生产事故。

【城镇建设】 镇投入1050万元,启动老镇区改造一期工程,250米步行街主体箱涵工程完工。总投资5000万元的富民路铁路拆迁集中安置区工程启动。优化镇区"四纵四横"道路架构,投入25万元的环城西路南延工程建成通车;投资100万元的复兴路西延道路拓宽及桥梁改造工程完成招标,镇区通行能力及出行环境提升。总面积1.67万平方米的海韵花园工程竣工并通过验收。全面完成宁启铁路海复段拆迁工程,涉及拆迁户153户,建筑面积23834平方米。严格执行农村建房审批制度,完成村民建房选址审批46户,总建筑面积6374平方米,建房户定桩放线达95%。集中全镇36支民建队伍力量,取缔违章建设行为,城乡建设秩序规范。安排资金78万元改造农村危房102户,面积5082.4平方米。开展年度环保大检查,检查全镇52家工业企业及规模化养殖场,落实整改措施25项。

4月,海复镇庙基村"全托管"的710余亩良田开始耕种。(海复镇/提供)

【社会事业和平安建设】 镇落实城乡五保、医疗救助等政策,完善全镇救助体系,全年新增低保67户、五保13户,实现医疗救助63人次、18余万元。"安康关爱行动"老年保险普及率达全镇老年人的45%,城乡居保收缴完成率达80.23%。推进7个村省卫生村创建,改善农村人居环境。成立启东市慈善基金会海复镇分会,发动在外成功人士等社会各界力量,筹集善款30余万元。新增垦牧艺术团、海复腰鼓队、搬场村反家暴爱心协会等社会组织8家。扩大村级居家养老和农村幸福院普及面,让农村老年人就近享受日托服务,村级服务功能完善。建立全镇食品安全组织网络,对农村聚餐从业人员实行备案登记,"绿色餐桌""放心餐桌"形成。建立老镇区综治服务中心,全年接待受理矛盾纠纷70起,其中庭式调处28起,简易纠纷42起,涉案金额42余万元,矛盾纠纷受理率和调处成功率均达100%。落实信访预警排查、积案化解工作,共处理信访案件10起,化解信访积案3起。落实安全生产责任制,共开展安全检查115次,查处隐患145条,整改142条,整改率98%。

【党建和精神文明建设】 镇开展"听民意、察民情、办民事"主题活动,作风建设成效明显。提高行政效率,压缩会议、文件、简报,政府性发文减少26%,公务接待费用下降。建立健全财政资金分类监管机制,54项涉农资金全部纳入财政"一折通"平台管理。开展"三扬开态、沧海扬帆"系列主题活动,依托农民学校、"正能量加油站"、远程教育平台、海复镇微信公众号"四大平台",开展千人百团连民心活动36场次,建立农民学校17所,正能量加油站网格演出专场召开现场会1次、演出18场次,开展远程教育每月1次,微信发布每周2期,加强服务效能。

2015年海复镇主要经济社会指标

表37

项 目	单 位	数 量	项 目	单 位	数 量
总面积	平方公里	73.8	粮食总产量	吨	14969
年末户籍人口	人	55112	棉花总产量	吨	807
耕地面积	公顷	4123	油料总产量	吨	4568
地区生产总值	万元	226594	水产品总产量	吨	35657
第一产业	万元	45437	工业总产值	万元	115012
第二产业	万元	103375	企业实缴税金	万元	4295
第三产业	万元	77782	建筑业总产值	万元	10780
财政总收入	万元	5522	小学校数	所	2
农民人均纯收入	元	16713	中学校数	所	3
设施农业占地面积	公顷	672	医疗卫生机构	个	20

2015年海复镇各行政村基本情况

表38

村 名	人口(人)	耕地面积(公顷)	党组织书记	村(居)委会主任
季明村	2680	233	曹春健	曹春健
均里村	3060	259	黄新忠	黄新忠
复南村	2613	218	王瑞金	黄红雷
糖坊村	2099	172	沙亚昌	沙亚昌
清虎村	2603	160	赵卫生	赵卫生
搬场村	2406	205	郁卫飞	郁卫飞
垦牧村	3721	337	宋卫星	朱建东
北固村	4486	381	王永煌	蔡忠昌
兴益村	3161	260	龚向东	杨美兰
滨海村	2495	174	顾海勇	顾海勇
家禄村	3780	344	顾松林	顾松林
五圩村	2218	164	姜建飞	姜建飞
庙基村	3050	230	丁 辉	丁 辉
四堤村	2894	248	姜善新	宋美华
三圩村	3884	321	徐莉娟	吴学兵
桃洪村	2640	183	陈 辉	陈 辉
安东村	2696	215	葛祥辉	葛祥辉

(祁钱洋)

合作镇

【概况】 2015年,合作镇行政区划面积88.7平方公里,耕地面积4991公顷,户籍总人口63099人,辖17个行政村。全镇辖区内有集贸市场4个,文化站1个,卫生院2个,中小学校6个,幼儿园、托儿所3所,银行办事处、信用社网点8个。全镇完成财政预算总收入2791万元。

【工业经济】 2015年,全镇实现规模工业应税销售2.57亿元,规模工业入库税收1500万元。共签约投资项目8个,其中涉及新能源、新材料等新兴产业项目3个,机械及食品加工等传统产业项目4个,现代服务业项目1个。全年新开工项目10个,其中入选全市100个重大项目2个,在建项目9个,竣工投产3个。落户于滨海工业园的江苏新维科研磨科技有限公司,占地22.4亩,新建厂房12000平方米,完成设备安装。落户于合作的群乐船舶项目,占地67亩,新建标准厂房6栋35000平方米,总投资1.57亿元。

【农业经济】 2015年,全镇完成农业总投入1.6亿元。实现村级总收入960万元,村级经营收入325万元。流转土地面积3100亩(除租地造林外),其中完成连片500亩以上2个、200亩以上1个、100亩以上1个。推进兴隆村1000亩牡丹花基地、圣合玫瑰园250亩玫瑰花基地、五星村600亩樱花基地和沿志圩线水杉树基地建设,“三花一树”基地雏形基本形成。推进农民土地全托管服务,全年上报6家“全托管”经营组织,新增面积1300多亩。新增投入1.2亿元,推进农业龙头企业发展。

【新农村建设】 2015年,全镇修建农村公路10.5公里;高标准水利建设完成疏浚横河7条,疏浚泯沟200条,总土方31.74万立方米,完成沟河贯通884座,完成泯沟宅陇填埋76条段,长度11761米,完成拆坝建涵8处。9个海启高速拆迁的村共完成拆迁近600户,签约率达98%,拆房率达92%。推进以曹家镇天主教堂德勒撒堂为中心的圣合·圣心玫瑰文化产业园建设,圣合·圣心玫瑰文化旅游项目占地180亩,总投资3亿元。老教堂修缮完成;情景街区、酒店、酒店式公寓等主体结构竣工,员工生活区施工完成。启动民俗风情园建设,以臣义村三丫枝老镇为试点,打造与圣合玫瑰园、集结号旅游项目相呼应的乡村旅游新线路。“六位一体”管理深入推进,河道清障和生态保洁工作取得阶段性成效。推进绿化造林,全年完成造林面积3500亩,占市下达任务的103%。

【社会事业和平安创建】 2015年,镇推进农村卫生事业发展,8个村申报省级卫生村创建。优化教育资源配置,新义幼儿园开工建设,志良幼儿园完成维修加固。推进乡镇文化站阵地建设,丰富群众的文化生活。扩大新农保、新农合覆盖面,参保率分别达80.2%和99.9%;规范农村低保审批流程,全年受理审核低保申请84户,五保申请8户。开展低收入家庭认定工作,共审核上报90户。做好农村大病重病对象的医疗救助工作,36名群众得到医疗救助。强化大调解机制、大防控体系和基层基础建设,组建七级矛盾排查化解责任体系,开展重点信访、矛盾纠纷大排查工作,全年调处矛盾纠纷143起,调处成功率达100%。

【党建和精神文明建设】 2015年,镇推进乡村文化建设,全年新建51个“正能量加油站”站点,9个村实现网格全覆盖。举办3场“传递正能量共建好家园”夏季乘凉晚会,组织演讲比赛19场次,开展读书交流会4次,开办合作镇官方微信、微博,全年推送信息70期200余条。加强村干部队伍建设,全年录用后备村干部9名,其中大专以上文化3人。

2015年合作镇主要经济社会指标

表39

项　目	单　位	数　量	项　目	单　位	数　量
总面积	平方公里	88.7	粮食总产量	吨	21543
年末户籍人口	人	63099	棉花总产量	吨	701
耕地面积	公顷	4991	油料总产量	吨	6454
地区生产总值	万元	202191	水产品总产量	吨	2275
第一产业	万元	33802	工业总产值	万元	109437
第二产业	万元	96267	企业实缴税金	万元	3360
第三产业	万元	72122	建筑业总产值	万元	5820
财政总收入	万元	4333	小学校数	所	3
农民人均纯收入	元	17971	中学校数	所	3
设施农业占地面积	公顷	938	医疗卫生机构	个	22

2015 年合作镇各行政村基本情况

表 40

村 名	人口(人)	耕地面积(公顷)	党组织书记	村委会主任
达育村	4640	389.27	朱培生	朱培生
兴隆村	4457	371.79	杨永新	杨永新
曹家镇村	5370	396.2	黄 新	黄 新
周云村	4856	391.27	陆卫东(副书记当家)	宋家辉
洋桥村	2165	188.5	顾正辉	顾正辉
五星村	5249	382.43	朱卫忠	朱卫忠
臣义村	2588	212.99	顾晓焱	顾晓焱
四楼村	2600	208.77	庄贵昌	庄贵昌
竖海村	3151	258.63	蔡 英	蔡 英
新义村	3306	225.48	黄 为	周建康
庙店村	2606	226.29	袁菊香	袁菊香
蟠龙村	3295	253.12	黄 亮	倪红梅
二效镇村	2342	180.55	陆卫峰	陆卫峰
竖河镇村	3798	236.84	苏国飞	苏国飞
中央镇村	3216	242.26	龚正涛	龚正涛
无畏村	3244	227.77	何金美	黄新辉
志良桥村	3017	242.36	丁健森	沈 华

(沈春雅)

王鲍镇

【概况】 王鲍镇行政区划面积 126 平方公里,耕地面积 6883 公顷,其中高标准农田面积 3066.67 公顷,户籍人口 89879 人,其中农业人口 84410 人,下辖 22 个行政村。2015 年,全镇实现地区生产总值 33.6 亿元,同比增长 10%;完成财政总收入 8667 万元,一般公共财政收入 9106 万元;全社会固定资产投资 10.5 亿元,同比增长 105%;农民人均纯收入 17959 元,同比增长 11%。

【工业经济】 2015 年,全镇实现规模工业产值 48.24 亿元,同比增长 17%;高新技术产值达 29 亿元,同比增长 7%;全镇规模工业应税销售 12.42 亿元,同比增长 27%;规模企业入库税收 4930 万元。总投资 10 亿元、注册资本 3.5 亿元的中艺财富大生文化艺术园项目落户王鲍镇;总投资 8000 万元、注册资本 3500 万元的佳林木业,总投资 1 亿元、注册资本3500 万元的金新马家具落户滨海工业园,实现当年引进、当年开工、当年投产的目标;总投资 4100 万美元、注册资本 1375 万美元的兴达制罐落户于滨江化工园,当

位于王鲍镇的恒亚国际家具购物广场。 (王鲍镇/提供)

年到账外资139万美元。推动总投资10亿元,注册资本3.17亿元的海四达新能源项目落户。全镇新增小规模纳税人198家,完成年计划的110%;净增增值税一般纳税人19家,完成年计划的126%;期末个体工商户数492户,完成年计划的105%;期末私营企业数82家,完成年计划的37%。

启东市丰泽园蔬菜生态种植专业合作社。 (王鲍镇/提供)

【农业经济】 全年项目农业投入2.47亿元,其中投入1000万元的5家、3000万元以上的2家、1亿元以上的1家;新增新型家庭农场20个,粮食全托管主体8家,百亩以上露地蔬菜15家(总计3503亩),绿化造林977亩,"三品"认证数3个。2015年,全镇22个村经营性收入均达到或超过30万元,其中50万元以上的村11个,70万元以上的村4个。培育和发展农村专业合作组织18个。11个村完成首批土地确权颁证工作。全年疏浚三级河1条,横河10条、泯沟332条,治理粪污沟34条,完成贯通工程1440座,沟河拆除各类阻水网簖2449条。

【村镇建设】 新港花苑建成,首期房源交付使用。大生文化艺术园项目成功收储土地100亩,完成概念性规划编制。总投资1400万元的久隆幼儿园,按照省优质幼儿园标准,完成施工图设计、审图、预算编制、地块拆迁让地。完成宁启铁路93户、海启高速25户的前期拆迁、安置让地工作,宁启铁路建设全面展开。天江公路完成38多万立方米积土工程。全年完成农村公路建设6.28公里,改造各类险危桥梁45座,安装农路路灯1200盏,亮化农路60公里,修理桥梁25条、破损农路4000多平方米,改善镇民出行条件。

【社会事业】 全年向3915个民政对象一折通打卡发放1850万元,其中新增低保户95户,总数达1201户,全年保障金额达620万元;向662名困难群众发放临时性救助款26.8万元;向156名患者发放大病救助资金34.3万元;向5331位80周岁以上老人发放尊老金366.5万元。新增农村老年幸福院3家,居家养老服务中心2家。新农保、新农合参保率分别达83.16%、99.99%。

【平安法治】 镇健全重大决策社会稳定风险评估机制,做好源头预防,重点落实"三个一"工作制度,推行"三议"工作法。2015年,接访139件,处理67件,化解信访积案1起。加强镇、村两级法治文化阵地建设,投入3万元建设1个镇级法治文化示范点和2个村级法治文化示范点,全镇村级法治文化园覆盖率达100%,新增家庭普法站8家。

2015年王鲍镇主要经济社会指标

表41

项 目	单 位	数 量	项 目	单 位	数 量
总面积	平方公里	126	粮食总产量	吨	25554
年末户籍人口	人	89879	棉花总产量	吨	1012
耕地面积	公顷	6883	油料总产量	吨	11199
地区生产总值	万元	336044	水产品总产量	吨	4642
第一产业	万元	43131	工业总产值	万元	739983
第二产业	万元	176277	企业实缴税金	万元	19517
第三产业	万元	116636	建筑业总产值	万元	10180
财政总收入	万元	13984	小学校数	所	4
农民人均纯收入	元	17959	中学校数	所	1
设施农业占地面积	公顷	1470	医疗卫生机构	个	25

2015年王鲍镇各行政村基本情况

表42

村　名	人口(人)	耕地面积(公顷)	党组织书记	村委会主任
建群村	3718	354.07	王永刚	王永刚
安良村	2481	204.15	朱建英	朱建英
三岔店村	3001	261.28	顾建磊	顾建磊
中施村	5693	408.44	宋振新	宋振新
长安村	2675	242.71	费海荣	秦建妹
松桥村	3561	295.08	倪礼兵	倪礼兵
洪桥村	5437	467.75	李祥飞	李祥飞
聚星村	5458	438.12	陶　平	陶　平
黄英村	2141	186.94	袁允辉	袁允辉
九令村	3414	314.91	马卫锋	马卫锋
义南村	4741	444.88	倪亚兵	倪亚兵
元北村	2890	222.54	施耀辉	施耀辉
二厂村	2500	217.95	徐晓艳	徐晓艳
新港村	2917	225.41	黄菊飞	黄菊飞
大生村	5401	323.10	周　义	周　义
合南村	3652	415.97	陈　辉	陈　辉
庙桥村	2715	224.69	施豪杰	周永新
新桥镇村	5098	433.68	郁　健	郁　健
久西村	4868	364.07	陈建雷	陈建雷
久隆村	4702	300.75	华玄章	华玄章
久东村	2497	210.90	沈　波	沈锦新
更生村	4501	370.25	徐向东	徐向东

（刘　杰）

吕四港镇

【概况】 2015年，吕四港镇实现地区生产总值158.55亿元，同比增长13%。实现财政总收入13.71亿元，公共财政预算收入5.39亿元。城镇居民人均可支配收入和农民人均纯收入分别达35037元、18696元，分别增长10.5%、11.5%。

【工业经济】 2015年，吕四港镇完成规模工业产值436亿元，同比增长11.5%；完成工业应税销售106.7亿元，同比增长8.8%；完成工业入库税收9.5亿元，同比增长12%。培育新增长点16个，组织31家工业企业参与科学发展能力评价，10家企业申报信用管理贯标，申报省著名商标2件，江苏龙腾鹏达机电公司进入“新三板”上市审查阶段。引导企业完成各类专利申报1134个，新增专利消零企业35家，申报江苏省知识产权强省建设区域示范重点项目（专利导航），新签约产学研合作项目18个，新认定高新技术产品10个。与上海工程大学共建智能电子与控制工作站；完成启东市电动工具联盟标准化试点、电动工具行业知识产权联盟预警等项目。引进各类创业创新、产学研领军人才18人，企业紧缺人才100人，申报“省博士计划”“东疆英才计划”6人，培养企业技能型人才1250人。全年完成高新技术产业产值25.5亿元，同比增长15%；完成新兴产业产值18.5亿元，同比增长20%。镇获评南通市新型工业化示范基地。

【招商引资】 2015年，吕四港镇成功举办中国·启东天汾第十六届科技五金交易会，达成意向成交额70亿元。美国史丹利公司与国强公司完成产权交割，实现引进世界五百强外商独资企业的新突破。全年累计签约大项目5个，其中超10亿元项目3个；新注册项目8个，协议总投资89.3亿元；新增工商注册外资4796万美元，到账100万美元。

【项目建设】 2015年,吕四港镇共有续建、新开工1000万元以上项目121个,其中新开工5000万元以上重点项目32个,新亚新型建材等20个项目竣工投产。全年累计完成全社会固定资产投资108亿元，同比增长2.4%；完成工业投入工作量72亿元，同比增长10%。

【现代农业】 2015年,吕四港镇围绕打造现代农业园区、现代特色产业示范基地、现代农业示范村,加快现代都市农(渔)业发展。全年完成项目农业总投资3.2亿元;新(扩)建农业项目12个,其中1000万元以上10个。实施土地流转7200亩，新增高效农业3100亩，发展百亩露地蔬菜基地2个；落实百亩农业生产全托管经营主体6个,认定家庭农场7家。集体经济不断壮大,21个村集体经济收入超70万元,12个村超50万元,2个村超30万元。海洋渔业稳步发展,全年更新改造大马力渔船86艘,75艘渔船享受“渔跃贷”优惠政策;顺丰远洋渔业公司2艘远洋渔船顺利首航,6艘在建。全年实现渔业总产量18.4万吨,总产值20.1亿元,比上年增长3%。

【现代服务业】 2015年,吕四港镇现代服务业发展迅猛，实现全部服务业投入36亿元，完成服务业入库税收2.05亿元，服务业应税销售增幅达60%;新开工总投资1000万元以上服务业项目10个。规模服务企业营业收入6.2亿元,净增规模以上服务企业5家、规模以上贸易企业2家,新增重点服务企业5家。电动工具公共服务中心(检测中心)大楼土建竣工。商贸业稳步攀升，实现限上企业社会消费品零售增速22%。

【港口开发】 2015年，吕四港镇港口功能日趋完善。环抱式港池控规编制完成;吕四港区10万吨进港支航道一期工程完成;环抱式港池东港池疏浚接近尾声;与中交合作总投资20亿元的PPP项目开始实施。渔港经济区中国吕四国际水产品交易中心获批;中国·吕四港国际冷链物流规划研究顺利推进;渔港经济区配套项目全面实施。

建设中的鹤城公园二期改造工程之一——洞宾楼。(潘 杨 郁卫兵/摄)

【城镇建设】 2015年，吕四港镇交通城建前期工作推进，宁启铁路吕四段拆迁让地全面完成;海启高速、天江公路等路段拆迁接近尾声；完成涉及9个行政村的大唐、邢柏电力线路改造105.3公里;新增供水管道130公里、临海公路管网45公里。旧城改造步伐加快,通兴等19个集中居住区有序推进,全年累计完成商品房、集居区建设16.2万平方米。新建材市场扩大规模,基础设施基本到位;新环卫所、粪便处理厂完成施工图设计。农村基础设施推进有力，改造险危桥梁30座,农村公路养护510公里,创建农村公路安保示范102公里。省级新型城镇化试点镇成功申报，省特色景观旅游名镇创建通过专家评审验收。

【城镇管理】 2015年,吕四港镇执法事权整合到位,“两违” 整治打击力度加大,镇、村“防违拆违”考核机制健全完善,开展城市管理、安全生产等领域的整治执法活动。全年开展综合执法740余次，处置建成的违章建筑46起,拆除违建面积4807平方米;及时制止在建违章建筑226次，涉及面积约1.2万平方米。协同市安监局做好全镇35家液氨企业专项督查活动。“四项维护”管护到位,镇区污水管网建成4000多米,公厕改建5座,巷道改造19条,路灯安装362盏。

【生态环境】 2015年，吕四港镇农村环境长效保洁管理实行服务外包;水环境整治成效显著,6000余条一至四级河道阻水设施全面清除;拆坝建涵948只,河道贯通1110条,河道土方疏浚63.1万立方米；完成新造林3900亩，建成绿化示范村2个;建造畜禽粪便处理池50座。环境污染整治有力，秸秆禁烧和综合利用力度加大；燃煤锅炉淘汰专项整治扎实开展；依法关停1家镀饰厂、2家砖瓦厂,电镀行业、窑业整治成效显著。

【民生实事】 2015年,吕四港镇十项惠民实事项目基本完成,全年民生投入占公共财政支出比重达57%。城乡保障体系不断完善,在全市率先建立城乡居保参保信息系统,新农合、城乡居保完成率分别达100%、91.38%。在全市率先完成6000多名企业退休人员认证。社会救助规范健全,在全市完成低保规范化管理,全年累计发放低保补助9714人次、903.22万元；救助困难群众7500多人次,发放春荒款、临时救助款、医疗救助款等共190.66万元；发放80周岁以上老人尊老金575.28万元；慰问贫困残疾人、发放免费服药卡、残疾学生教育专项补助279人次,慰问资金10.88万元；发放重残补助4740人次、556.85万元;发放困难渔民、盐民补助10921人次、2876.93万元;改造困难户危房116户;完成慈善一日捐29.21万元。处理农民工欠薪62起，为农民工讨回欠薪680多万元。新建农村幸福院、居家养老服务站3个。

【社会事业】 2015年，秦潭港、茅家港、鹤城3所幼儿园回购创建成公办幼儿园，大洋港、秦潭港幼儿园成功创建南通市级优质幼儿园；推进鹤城中学异地新建工程前期工作；全镇中考普高上线率近50%。7家省示范村卫生室成功创建。“语言文字规范化达标乡镇”通过验收；送戏送影下乡、纳凉晚会、“启东好声音”吕四地区海选等各类文化活动开展96场次。全年发放各类计生奖励补助1271万元，18600人次获益。

【社会治理】 2015年，吕四港镇全年累计排查化解矛盾纠纷356起，处理非正常死亡8起，涉及赔偿金额680余万元。培育新增社会组织27家、示范社区社会组织14家；39个社区“一站式”服务窗口正常运行。特殊人群管理加强，社区矫正对象实现24小时定位服务管理，“青少年零犯罪社区”“无毒社区”和“无邪教示范点”等创建工作扎实推进。建成“四级”监控综合指挥平台，镇巡防中心建设切实加强，实现实战指挥“可视化”和治安防控“实时化”“全覆盖”。

【依法行政】 2015年，吕四港镇全年受理群众办件147653件。官方微博、微信公众平台“港城吕四”注册开通，官方网站运行逐步完善；行政权力网上公开透明运行，387项权力清单梳理到位；网络舆情、网络问政工作扎实推进，走在全市前列。主动接受镇人大依法监督，办理人大代表建议54件，办复率100%。“依法治镇”工作开展，行政机关主要负责人出庭应诉、社会稳定风险评估等制度落实到位，累计出庭应诉5个，完成稳评项目17个。“一镇一品”平安法治惠民工程推进有力，设立新渔港综治服务室；新建8个家庭普法站；秦潭小区、鹤城法治文化广场和天汾镇村、太阳庙村法治文化墙修整到位；“宪法进万家”活动开展，全民法治意识提高。

2015年吕四港镇主要经济社会指标

表43

项 目	单 位	数 量	项 目	单 位	数 量
总面积	平方公里	152.8	粮食总产量	吨	28841
年末户籍人口	人	177996	棉花总产量	吨	1009
耕地面积	公顷	8190	油料总产量	吨	10978
地区生产总值	万元	1585512	水产品总产量	吨	177369
第一产业	万元	220383	工业总产值	万元	5425622
第二产业	万元	659719	企业实缴税金	万元	61202
第三产业	万元	705410	建筑业总产值	万元	24210
财政总收入	万元	137052	小学校数	所	9
农民人均纯收入	元	19512	中学校数	所	4
设施农业占地面积	公顷	1426	医疗卫生机构	个	51

2015年吕四港镇各行政村基本情况

表44

村 名	人口(人)	耕地面积(公顷)	党组织书记	村委会主任
东皇山村	5338	108.49	汤金妙	汤金妙
念总村	4307	268.54	唐美玲	唐美玲
太阳庙村	3043	177.83	钱丽辉	钱丽辉
菜园村	6111	176.21	张立新	张立新
袁家灶村	3339	84.38	周玉玲	周玉玲
吕滨村	4108	93.77	陶新华	陶新华
吕北村	4184	62.55	朱小林	朱小林
三甲村	5036	224.49	彭雪华(副书记当家)	(暂缺)

续表 44

村　名	人口(人)	耕地面积(公顷)	党组织书记	村委会主任
十甲村	4164	234.69	高培华	江晓君
十二总村	2849	164.98	王海坤	王海坤
海晏村	6302	184.076	彭井池	彭井池
海渔村	6215	0	杨来生	杨来生
石堤村	5602	442.136	倪伯兴	倪伯兴
垦北村	3494	291.1	汤振东	汤振东
二补村	4105	333.45	严玉如	严玉如
边防村	5499	47.4	李　忠	李　忠
秦潭村	5368	95.92	崔林华	崔林华
培根村	6205	445.43	陆圣英	陆圣英
吕复村	4814	360.79	严裕群	严裕群
南星桥村	3551	209.04	陈　卫	陈　卫
锡康村	4512	303.96	王　欣	王　欣
通兴镇村	6296	414	陈学红	陈学红
巴西村	2786	204.98	瞿友林	瞿友林
平东村	2621	197.15	王金美	(暂缺)
巴掌村	3163	253.84	万洪彬	万洪彬
元鹏村	3057	221.83	顾红卫	顾红卫
洋章村	2954	198.63	姜卫东	姜卫东
如意村	4385	159.37	成林芳(副书记当家)	成国华
天汾镇村	5699	294.23	汤国祥	汤国祥
闸河村	5747	369.86	潘雪华	潘雪华
六斧头村	4976	220.72	蒋春华	蒋春华
念四总村	2441	145.85	陶建军	(暂缺)
念五总村	3812	247.44	李洪昌	李洪昌
西宁村	3072	184.62	王建生	张国兰
范龙村	3157	203.03	汤　忠	(暂缺)

(林佳燕)

启隆镇

【概况】 2015年,启隆乡撤乡建镇。全年镇实现地区生产总值6.02亿元,同比增长6%;完成固定资产投入20.5亿元,完成年计划的102.5%。入库税收1.92亿元,同比增长3%,其中入库国税3280万元,与上年基本持平;入库地税1.6亿元,同比增长7%。

【项目建设】 2015年,新开工项目6个,完成年计划的85.8%;新竣工项目4个,完成年计划的100%;新投产项目1个,完成年计划的33.3%。新村沙道路、桥涵、电力、燃气、河道整治、景观绿化、路灯等基础设施全线开工建设,工程总投资约20.6亿元。绿地商住房产项目启动区5个地块开工,总建筑面积约135万平方米,结构封顶及建成投用的面积超50万平方米;游艇会所、马术俱乐部、体育公园等配套设施基本完工;卡丁车游乐场开工建设,完成工程量的20%。约63.5万平方米的商住房办理预售许可证,销售金额超10亿元。

【招商引资】 2015年,启隆镇在北京、上海、福建等地举办多场小型招商推介会；邀请接待中印教育科技联盟等10多家企业实地考察和投资洽谈。对接的上海祝桥镇有6家企业与滨海工业园成功签约；注册资本3500万元、总投资1亿元的无锡化工助剂项目签约落户滨江医药化工园；注册资本2000万美元、总投资3000万美元的合资企业启东江洲生态科技发展有限公司领取营业执照。

【村镇建设】 镇永兴东路新建工程完成招投标，组建城管队伍，加大对镇区市场、违章建筑管控力度。加强生态环境保护，及时整顿环境污染企业，对乱倒工业废渣的企业进行依法处理，对群众反映强烈的环境问题进行整治。跟踪监督奶牛场的排污情况，镇区环境好转。成功申报中央海岛和海域资金重点支持项目——兴隆沙生态保护与修复项目，共申请中央资金5200万元，用于河道驳岸、绿化和防护林工程建设。

【惠农工程】 新河港拓宽工程各项手续顺利报批，与崇明方正式签订《崇明新河港北延伸段工厂(配套工程)项目管理合同》。完善农田水利基础设施，完成小型水利建设全年任务。绿化工作超额完成市下达任务，完成绿化补植500亩，新造林面积650亩。设施农业发展提速，融欣生态农庄、崇启花卉城智能温室抓紧建设，嘉仕有机农业和君领游艇俱乐部获评南通市三星级旅游景点。完善农村环境长效管理体制，通过市场化运作，政府购买服务，全面实施服务外包。集中清理南沿片鱼塘，共签订鱼塘收回协议34户。开展水环境综合整治，全年清理泯沟336条、横河25条。

【社会保障】 镇完成全年农村合作医疗收缴任务。推进新建医院建设工作，项目总投资600多万元。启隆幼儿园新建工程土建部分完工，投入50多万元添置和更新设施设备。全年共临时救助困难群众74户次，合计3.17万元；慰问救助困难群众154人，合计5.78万元；发放优抚对象生活补助6.8万余元。全年完成老年优待证办理发放82人次；完成“安康关爱”老年人意外保险508份；新增享受80岁以上老年人尊老金8人，全年发放尊老金44460元。

2015年启隆镇主要经济社会指标

表45

项　目	单　位	数　量	项　目	单　位	数　量
总面积	平方公里	46.80	粮食总产量	吨	5205
年末户籍人口	人	3860	棉花总产量	吨	0
耕地面积	公顷	1242	油料总产量	吨	81
地区生产总值	万元	60172	水产品总产量	吨	900
第一产业	万元	4158	工业总产值	万元	192663
第二产业	万元	47901	企业实缴税金	万元	13291
第三产业	万元	8113	建筑业总产值	万元	0
财政总收入	万元	19291	小学校数	所	1
农民人均纯收入	元	18439	中学校数	所	1
设施农业占地面积	公顷	388	医疗卫生机构	个	1

2015年启隆镇各社区基本情况

表46

社区名	人口(人)	耕地面积(公顷)	党组织书记	居委会主任
永隆社区	3020	512.27	倪和生	倪和生
兴隆社区	840	729.73	张爱华	张爱华

(王雪红)

南城区街道

【概况】 2015年,南城区街道有社区13个,总人口9.52万人,其中户籍人口7.31万人,外来人口2.21万人。街道办做好民政保障、劳动保障、计生服务、城市管理等各项工作,为居民做好服务工作。

【民政保障】 2015年,南城区街道新增低保3户,注销4户,普遍提标92户,在享受对象90户147人,月保障金5.69万元。新增重残疾救助对象4人,注销8人,在享受对象119人,月保障金6.81万元。优抚享受对象169人,季保障金47.16万元。发放优抚门诊定补55人9150元。全年共实施临时救助214人次、医疗救助16人次,救助金额10万元。

【劳动保障】 街道办为220名军转干部发放45.56万元慰问金,为94名土地保养工发放生活补贴45.85万元。对辖区内近10000名退休职工年检认证。为20名年满60周岁,可享受企业职工基本养老保险待遇的城镇居民办理基础养老金保险。

【计生服务】 全年共办理一孩服务证292份,独生子女父母光荣证386份,流动人口婚育证明69份,在线及上门为生育二孩居民上报生育材料139份。建立新婚、出生信息卡300多张。开展多项"生育关怀零距离服务"活动,关怀育龄群众生殖健康,完善"失亲妈妈"爱心救助站,关怀计生特困家庭。免费为流入人口提供政策法规、生殖健康、优生优育知识咨询、免费发放避孕药具,开展送政策、送知识、送服务上门活动,及时帮助解决流入人口在办证、就业、子女入托入学等方面遇到的问题。

【特殊群众管理与服务】 街道办对在册的44名社区服刑人员严格落实各项规定。对73名人员诫勉谈话、14名人员警告处分。为流动人口提供就业岗位,开展各种问题活动,促进流动人口与当地人口的融合。开展演讲比赛、画展等系列青少年教育活动。帮扶刑释解教人员,建立"一对一"帮教机制,实行定对象、定小组、定措施的"三定"制度。关怀特殊困难群体,构建困难群体公益服务体系。社区大学生村官定期到孤寡老人、残疾人家中义务劳动;为辖区内弱势群体开展"全程代办"服务,建立法律援助服务体系;开展"法律进社区"活动,上门为辖区内弱势群体实施免费法律服务。

【城市管理】 街道办开展环境卫生综合治理工程,打造"清洁街道"。开展各项环境卫生综合整治活动,有效改善辖区市容市貌。全年共查找出楼道堆积物、饲养家禽、绿化带堆积物等问题2719处,认真落实整改。清理卫生死角562处,拔除小菜园535余处,拖运绿化带漂浮物142.7吨,修理破损窨井盖680多只。对"12345"中反映的环境卫生问题,当天转发社区处理。2015年共接到涉及环境卫生投诉1328件,全部解决。

2015年南城区街道各社区基本情况

表47

社区名	人口(人)		社区面积(公顷)	党组织书记	居委会主任
	户籍人口数	外来人口数			
彩臣二村	5305	1959	52.68	王　佳	王　佳
彩臣三村	3021	2422	184.12	沙春娟	沙春娟
东洲新村	6246	1246	36.65	应红娟	应红娟
南苑一村	5914	1804	29.12	(暂缺)	黄翠英
南苑二村	6813	1509	34.73	施卫东	施卫东
世纪家园	1657	1353	36.52	陈松英	陈松英
城河新村	8166	998	136.52	赵海娟	赵海娟
建都新村	9171	2334	54.36	黄　静	黄　静
职工新村	5606	1666	13.77	王春燕	王春燕
华联新村	4415	1705	31.96	张　群	张　群
东珠新村	10259	1054	34.33	王素娟	王素娟
香榭水岸	5685	2583	33.87	蔡　丹	蔡　丹
汇东新村	878	1516	33.92	黄丽历	黄丽历

(黄胤荃)

北城区街道

【概况】 2015年年底，北城区街道辖区在原有15个社区的基础上，经市政府批准，新成立绿城花园、御和湾、克明花园、长龙五村4个社区居委会。

【人口计生】 2015年，街道办共办理一孩服务通知单270份、独生子女父母光荣证210份、流动人口婚育证明75份，受理初审份再生育一孩材料150份，为786名持证企业退休职工和城镇老年居民办理享受计划生育一次性奖励，为2名独生子女死亡家庭成员办理特别扶助。

【民政社会救助】 2015年，街道办共计慰问困难家庭478户，发放慰问金13.15万元。做好临时生活困难救助群众的入户调查和资金发放工作，全年共有175个困难群众获7.84万元的救助。做好物价补贴的核算、发放，全年共计发放566人次27734元。做好红十字会“613”助老资金和福彩中心白血病患者的救助慰问，共有30个困难老人和5个白血病患者获4万元救助。开展“慈善一日捐”活动，共计捐款5.46万元。做好1195名80周岁以上老年尊老金的申请、受理、发放。

【劳动保障及退休人员社会化管理】 2015年，街道办慰问特困就业人员和退休人员105人，慰问金额2.25万元。收缴城乡居民养老保险费，全年新增31人，审核发放基础养老金29人。为退休人员年检5500人，完成土地保养工审核71人。完成4050城镇就业困难人员灵活补贴登记审核，共上报494人。

【环境卫生综合整治】 2015年，街道办开展爱国卫生工作，清理城中村、工地周围及北街小巷的卫生死角、蚊蝇滋生地，改善环境卫生质量。做好重点时期环境保障工作。配合开展老小区实施基础设施改造，改造车位1.2万平方米，修补路面1200平方米。做好“12345”热线、数字化城管处置工作，全年共接收处置2600余件“12345”热线和5944件数字化城管案件，结案率均在98%以上。做好物业管理，对辖区12家物业公司进行日常督促和物业管理的季度考核，全年共协调处置物业矛盾100多起。

【平安建设】 街道办全年发放法制宣传手册3万份，举办“法在我心中”法治纳凉晚会12场。制作“12348法润千万家”宣传册及展板2万份，赠送法律类图书3000本。开设“北街法律讲堂”，巡回宣讲38场。加强网格员队伍管理，对190名网格员开展满意度测评。各社区开展“平安网格”“平安社区”及“民主法治示范社区”等特色创建活动。开展婚姻家庭、邻里纠纷、非法集资等矛盾纠纷“大排查”活动，矛盾纠纷调处成功率和重大矛盾纠纷预警率保持98%，成功调处邻里矛盾145起。

【党建和精神文明建设】 街道办推行社区党建创新项目化管理，开展“千人百团连民心”活动，组织5个宣讲团，举办各类宣讲57场次，受益群众近万人次。开展在职党员进社区志愿服务协议，进入社区开展志愿服务活动。建立社区后备干部人才库，加强对大学生村官的管理培养。开通北街道公众微信号，重点推送“最美北街人”等内容，发布动态1300多条。

3月，北城区辖区单位、共建单位的志愿服务团队与街道办签订志愿服务协议。 （北城区街道办/提供）

2015年北城区街道各社区基本情况

表48

社　区	人口(人)		社区面积(公顷)	党组织书记	居委会主任
	户籍人口	外来人口			
民乐新村	7154	28	210	陆爱华	陆爱华
幸福一村	2162	120	36	吴卫卫	吴卫卫
幸福二村	6958	260	30	顾金花	顾金花
和平新村	4574	40	55	袁赛花	袁赛花
万豪花园	4146	49	65	朱培培	朱培培

续表 48

社　区	人口(人)		社区面积(公顷)	党组织书记	居委会主任
	户籍人口	外来人口			
文汇新村	6920	20	60	朱洵颐	朱洵颐
长江新村	4982	22	25	王　慧	王　慧
明珠新村	5300	114	50	陈东伶	陈东伶
紫薇花苑	3585	47	45	陈　鸿	陈　鸿
紫薇一村	2928	32	50	江秀泉	江秀泉
长龙一村	3356	31	54	顾红梅	顾红梅
长龙二村	1831	21	60	陈　燕	陈　燕
紫薇二村	6380	36	95	陆红梅	陆红梅
紫薇三村	3134	41	50	蔡　娟	蔡　娟
长龙三村	2059	29	100	岑峻巍	岑峻巍

(王胜花)

吕四港镇街道

【概况】 2015年，吕四港镇街道办事处进一步加强社区建设，优化社区职能，增强服务意识，提高社区效能，美化社区环境，强化社区稳定，全面提升和谐社区建设水平，促进社区各项事业和谐发展。仙鹤社区被评为南通市文明社区。鹤东社区“正能量加油站”事例被评为启东市“正能量加油站”优秀案例。

【社区服务】 街道办开展便民服务活动，建立社区居委会居家养老服务站和党员志愿者服务队，为社区空巢老人、下岗职工、留守儿童等困难群体提供服务和帮助。对社区内5000多名企业退休人员进行年检，同时对社区内年满60周岁的老年人进行免费体检。完成新型农村合作医疗的宣传和收缴工作，总计参合达3700多人。由社区居委会牵头，联合四项维护，整修镇区范围内道路、窨井盖，改造下水管道，为黑暗路段安装路灯。做好民政救济工作，对新增低保做好初审、复审、申报。至12月，社区有低保户26户，重残户31户。做好新型农村社会养老保险的宣传收缴工作，收缴农保529人；为200多名4050人员办理社保补贴；定期开办远程教育技能培训活动，为失业人员进行业务技能培训，帮助他们再就业。街道办组织35~65周岁妇女免费两癌普查体检1000余人次。深化宣传二胎政策，做好服务工作，通过电话、上门随访等方式主动联系、关心育龄妇女。社区及时宣传免费孕前优生健康检查，鼓励群众参加免费孕检，优生优育。加强社区流动人口管理，查验补缺流动人口婚育证明。对育后妇女做好随访调查工作。协助居民办理好各种计生证件，做好独生子女奖励金办理工作。每季度开展“关爱女孩”“婚育新风进万家活动”“幸福家庭”等活动。

【社区治安】 街道办定期开展“矛盾纠纷排查”活动，创建平安和谐社区；清查流动人口，了解矫正对象、刑释解教人员、吸毒人员、上访人员的动向，排查邪教组织，排除不稳定因素，及时处理，协助社区民警，杜绝各类社会治安案件的发生。2015年，各社区内未发生重大刑事案件、集体上访事件和安全事故。做好法治宣传进社区活动，各社区每月举办一次法治讲堂，完善综合治理组织网络建设，及时收集民情民意，做好反馈工作。

2015年吕四港镇街道各社区基本情况

表49

社区名	人口(人)	党组织书记	居委会主任
鹤南社区	3603	张海英	张海英
鹤东社区	2886	孙爱华	孙爱华
晓明社区	3218	顾　慧	顾　慧
公园社区	4186	陶丽玉	陶丽玉
仙鹤社区	3459	丁　玉	丁　玉

(茅忠民)

新任市领导

王 凯

王 凯,男,汉族,1975年10月出生,江苏海安人。1998年8月参加工作,1997年6月入党,研究生学历。启东市委常委,市人民政府副市长、党组副书记。

1994年9月—1998年8月,中国政法大学外语系英语专业学习;1998年8月—1999年9月,南通市崇川经济开发区管委会工作;1999年9月—2000年5月,南通市崇川经济开发区党工委、纪工委工作;2000年5月—2001年4月,南通市崇川经济开发区团工委副书记;2001年4月—2002年2月,南通市崇川经济开发区招商局副局长;2002年2月—2002年4月,南通市崇川区外经贸局副局长;2002年4月—2002年8月,南通市计划委员会对外经济科副主任科员;2002年8月—2005年8月,南通市发展计划委员会对外经济处副处长(2001年9月—2003年7月,南京大学国际商学院企业管理专业研究生课程进修班学习);2005年8月—2009年2月,南通市发展和改革委员会对外经济处处长(2006年9月—2009年7月,江苏省委党校世界经济专业研究生学习);2009年2月—2010年11月,南通市发展和改革委员会国民经济综合处处长(2009年9月—2010年9月,挂任南通市崇川区观音山街道党工委副书记);2010年11月—2015年11月,南通市发展和改革委员会副主任、党组成员;2015年11月起,启东市委常委,市人民政府副市长、党组副书记。

朱晓阳

朱晓阳,男,汉族,1970年6月出生,江苏南通人。1992年8月参加工作,1996年1月入党,大学学历。启东市人民政府副市长、党组成员(挂职),科技镇长团团长。

1988年9月—1992年8月,苏州大学化学教育专业学习;1992年8月—1993年9月,南通医学院化学教研室助教;1993年9月—1997年8月,南通医学院学生处团总支书记、年级副主任(副科级);1997年8月—2004年8月,南通医学院学生处党支部书记、年级主任、讲师(正科级);2004年8月—2006年10月,南通大学基础医学院、临床医学院党支部书记、年级主任、讲师(正科级)(2005年12月,获扬州大学教育学专业硕士学位);2006年10月—2009年7月,南通大学医学院学生工作办公室主任、副教授(正科职);2009年7月—2015年8月,南通大学公共卫生学院副院长、副书记(副处职);2015年8月—2015年11月,启东市人民政府党组成员,科技镇长团团长;2015年11月起,启东市人民政府副市长、党组成员(挂职),科技镇长团团长。

俞旭明

俞旭明,男,汉族,1970年7月出生,江苏泰兴人。1993年8月参加工作,1993年6月入党,大学学历。启东市人民政府副市长、党组成员(挂职)。

1989年9月—1993年7月,西南政法学院法律系学习;1993年7月—1994年8月,宜兴市人民法院工作;1994年8月—1999年6月,江苏省高级人民法院执行庭书记员;1999年6月—2004年4月,江苏省高级人民法院执行庭副科级助理审判员;2004年4月—2010年8月,江苏省高级人民法院执行局正科级助理审判员;2010年8月—2012年9月,江苏省高级人民法院审监一庭正科级助理审判员;2012年9月—2015年11月,江苏省高级人民法院审监一庭副庭长、审判员;2015年11月起,启东市人民政府副市长、党组成员(挂职)。

(市委组织部)

先进人物

于冬娟

于冬娟,女,1970年12月出生,启东市北新镇普东村村民。“冬娟家庭农场”创办者。2008年获“江苏省明星农机大户”称号;2010年获全国经纪人证书;2010—2012年获评“全国农机大户示范点”;2012年被江苏省政府表彰为“种粮售粮大户”;2014年,所办的农场获评“江苏省级示范性家庭农场”。2015年,于冬娟获“启东好人”——敬业奉献提名奖。同年,作为科学种粮的农民代表,被国务院授予“全国劳动模范”称号。

1996年,于冬娟和丈夫从上海崇明返回家乡创业,夫妻俩承包海门临江一个小农场的100亩地。第一年种粮食,亏了1万元,第二年种西瓜,卖不出去……正当夫妻俩开始动摇的时候,村里的干部主动找上门,希望夫妻俩回到村里承包农户的抛荒地。为提高效益,仅有初中文化的于冬娟重新捧起书本,购买农业科技书籍,订阅《科学种养》《致富快报》等10多种农业科技刊物,一有空就学习。同时,她积极参加市、镇举办的各类农业技术培训班,自学计算机,利用网络浏览各类农业信息。为了实现低成本经营,减少中间环节,于冬娟先后投资150多万元购买拖拉机、联合收割机等农机设备。

她勇于探索,和丈夫为当地农户开展“全托管”服务,将土地集中起来打理,农户年终每亩可获800元的固定收益。2014年,于冬娟试验“旱改水”,秋熟改种亩产效益较高的水稻。面对重重困难,她一个个突破。2015年,“旱改水”获得成功,增收效益明显。

(市总工会)

陆永飞

陆永飞,男,1957年2月出生,启东市惠萍镇人,中共党员,高级工程师,南通二建集团沈阳分公司东方凯尔事业部总经理。2015年被评为“全国劳动模范”。

2004年,陆永飞任项目经理后,从事项目质量安全工作,先后承建的沈阳皇姑区海丽德商厦、沈阳铁西区丽水金阳小区等14个工程项目获评江苏省、辽宁省和沈阳市优质工程、辽宁省文明工地、全国AAA级安全文明标准化诚信

工地、全国建筑施工安全标准化示范单位。他关爱农民工,积极参与社会公益活动,连续多年被评为沈阳市和辽宁省优秀项目经理,获全国优秀项目经理、全国优秀建造师称号。2006年起,先后获沈阳市“五一劳动奖章”、沈阳市“金牌工人”、辽宁省“五一劳动奖章”、全国“优秀农民工”称号。2011年,获全国五一劳动奖章。

(市总工会)

张雄伟

张雄伟,男,1969年11月出生,启东市近海镇人,中共党员,上海建筑业首位农民工劳模、上海首批农民工人大代表、上海建工集团第一个农民工高级技师。2015年被评为“全国劳动模范”。

1987年3月,张雄伟到上海金山石化三期工程工地打工。2001年10月,他参加上海建工安装技校高级焊工培训班,获职业资格证书。2002年5月,他拿到高级技工职业资格证书。在随后的几年中,他又相继获得技师、高级技师的职业资格证书。六年里连跳三级,成为上海建筑业农民工中第一个高级技师。此后,拿到上海城市管理职业技术学院大专文凭、上海电力学院本科文凭,并且成为上海建工集团第一个农民工党员。

凭着过硬的焊接技术,他先后参与坦桑尼亚维多利亚湖水厂一期工程建设和俄罗斯圣彼德堡波罗的海明珠工程建设,以精湛的手工打底技术使焊口拍片合格率100%,令工地上的俄方管理人员叹服不已。他参与上海市东方体育馆、虹桥高铁、浦东机场、国家会展中心、上海迪士尼建设,由他带队的自动焊接团队攻下许多工程建设难关。以他名字命名的劳模创新工作室负责的“提高薄壁不锈钢自动焊的焊接质量”课题获得上海市2014年度QC质量管理成果发布一等奖。劳模创新工作室还聘请专业顾问指导,开展课题研究,形成“传、帮、带”效应;开展技术培训、技术交流、高师带徒等活动,推动和带领更多的职工成为知识性、技能型、创新型职工。

(市总工会)

周　浩

周　浩,男,1959年8月出生,中共党员,生前是启东市中医院脑外科副主任医师、外科副主任。启东市优秀共产党员、南通市优秀共产党员。2015年3月,入选“中国好人榜”,被评为“敬业奉献好人”。

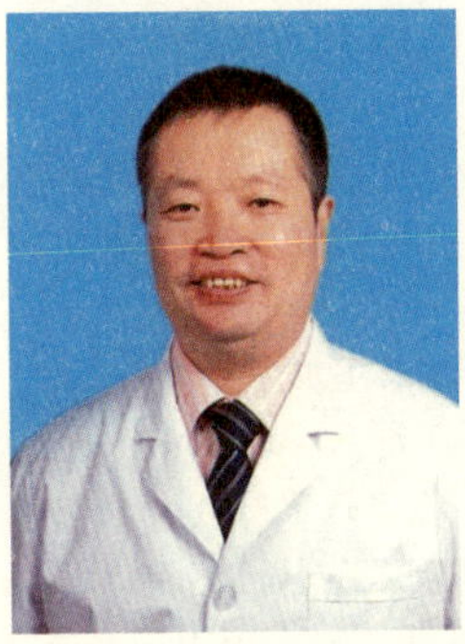

周浩从医32年。他早先是一名军医，之后被调派到启东市中医院工作。由于忙着加班医治患者，周浩三年前就被查出患有膀胱结石，而多年工作压力也使他出现高血压、心脏病等症状。尽管时常隐隐作痛，但周浩一直没能空出时间去动手术。

2015年1月，在家里人的苦劝下，周浩安排好手头工作，决定接受膀胱结石消除手术。作为医生，周浩知道，术后一定要少走动，以免挫伤膀胱伤口，容易引发各种并发症。

但是1月27日凌晨5点，周浩接到自己主治病人的女儿打来的求救电话。电话中，该女士希望周浩尽快前往ICU重症监护病房查看父亲的病情。周浩并未告知她自己的身体状况，只连声应允。7点左右，周浩和妻子商量，让其帮他脱去病员服，换上出诊服装。此时距他术后还不足48小时，妻子的劝阻没能拦住周浩，他急切地想前去探望病人的情况。

尽管尚处于术后膀胱清洗的阶段，周浩却忍痛拔下了引流袋，在妻子的帮助下蹒跚走下病床，并将导尿管包好塞进裤袋里。在妻子的搀扶下，周浩向距病房10米的电梯口挪去。走到电梯门口，还没能按下2层的按钮，周浩就在妻子眼前慢慢瘫倒下去……

周浩不幸离世的消息传开后，在社会上引起强烈反响。2015年1月30日上午，500多名周浩的亲人、同事、战友和其曾救治过的病人及家属，参加他的遗体告别仪式。《人民日报》“点赞中国”栏目和新华社、人民网、《新华日报》等几十家媒体报道他的感人事迹。启东市委追授周浩为启东市优秀共产党员，并在全社会开展向周浩学习的活动。南通市委追授他“优秀共产党员”称号。

（市文明办）

黄建生

黄建生，男，1956年6月出生，启东市公安局启隆派出所民警。2015年先后当选为“南通最美警察”“江苏最美警察”。10月，入选“中国好人榜”，被评为“敬业奉献好人”。

1985年，启东市公安局启隆派出所建立。黄建生从合同民警到正式警察，从只身守岛到妻女跟随，所里的领导换了一茬茬，民警换了一批批，只有他从没挪过窝。他是所里最老的“守岛人”。

二十几年前，派出所驻地在永隆沙，往东是兴隆沙，两沙间隔着一条江洞，来往要靠摆渡，然后再步行到村居开展工作，虽然辖区常驻人口不足500人，但下社区的时间大都花在路上。为了摸清兴隆社区的实有人口，老黄风雨无阻，行走近2万公里，穿坏10多双鞋，走遍兴隆社区的每家每户，对社区和每家每户的情况了如指掌。与黄建生共事过的同事都称他为岛上的“活地图”“活字典”。

从警30年，黄建生养成一个习惯，就是把群众当作乡里乡亲，把自己融入群众当中。家住启隆乡永隆社区的种植户陈晓萍，说起能回乡安家，至今仍对黄建生充满感激。几年前，陈晓萍大学毕业后准备户口回迁，由于当时的农场集体户每月可享有特定补贴，户口迁入“门槛”较高。已怀孕七个月的她多次往返于乡政府和工作地居委会，却始终未能解决，眼看孩子即将出生，全家人焦急万分。为了帮助她尽快落户，黄建生乘轮渡往返市里协调，有一次因返程晚了，没赶上最后一班轮渡，只好自己花钱在小旅馆住了一宿。“只要能帮老百姓把事情办好，再辛苦也值得。”看到小陈拿到准迁证，黄建生觉得没白费心思。

“你不把群众当外人，老百姓才会拿你当亲人。”黄建生是这么说的，也是这么做的。在从警生涯中的2000多次警情中，每个警情都与700户岛民生活息息相关，大到农场改制，小到邻里纠纷，远到江边滩涂，近到农田埭路，他用最朴实的方法赢得百姓信任，成为百姓心中第701户“岛民”。

人们常用“鱼和水”来形容警民关系，而黄建生却说他和岛民们就像“水和水”一样，患难见情，血浓于水。由于崇明岛地处江海交汇，防汛抗台最为吃紧，每逢遇有暴雨台风，都会给沿岸百姓带来灾害。2011年夏台风“梅花”入境前，所里接到紧急警情，在滩涂养殖区还有10多名养殖户未及时撤出，此时风力已达10级以上，警车行驶在坑洼路面上被风吹得摇晃。黄建生与同事们赶到现场后，第一时间发现被困养殖户，经验丰富的他连忙拉起同事的手，在风雨中手挽手跳入江水中，将一名名养殖户安全营救上岸，而他却最后一个上岸。

2012年，黄建生患上严重的帕金森病，病情严重时，连正常活动都非常困难，但他没有被病魔击倒，一边每天服药医治，一边带病坚持工作。临近退休的他遇上接处警，总是和年轻人一起去。“老黄其实有好几次机会调到市里去工作，却都被他拒绝了。”所长施程俊说。乡亲们知道消息后，还找到所长挽留老黄。关于这事，黄建生有着自己的想法：“我知道调回去好，可是我对小岛有感情，只要乡亲们需要，我会一直坚守下去。”

（市文明办）

高飞昌

高飞昌，男，1947年5月出生，王鲍镇关心下一代工作委员会常务副主任。曾获“启东市关心下一代工作先进个人”“江苏省关心下一代工作先进工作者”“南通市关心下一代工作先进个人”“启东市优秀党务工作者”等称号。2015年，被中国关工委、中央文明办授予“全国关心下一代工作先进工作者”称号。

2005年9月，高飞昌在乡镇配套改革中提前离岗退养。当时有好多家企业的老总向他抛来“橄榄枝”，承诺每月给4000元的薪酬。就在高飞昌犹豫不决时，王鲍镇党委主要领导找到他，要他留在镇经发办协助招商引资，顺便带一带乡里的关工工作。经费上开出的“条件”是每月补助电话费400元。“自己受党教育数十年，尽管收入大相径庭，但组织需要，我一定愉快地服从，努力地服务。”高飞昌毅然决定留在乡里做关工工作。但他的决定受到家人的嗔怪，高飞昌跟爱人和儿子推心置腹地讲理由，并且打动了他们。母子俩不仅不反对他，还时不时地当起他工作中的“左臂右膀”。就这样，高飞昌全身心投入关心下一代工作，一干就是10年。

关心下一代工作面广量大，工作任务重，一个人的力量毕竟有限。高飞昌认识到只有把全镇的“五老”力量集聚起来，共同参与关心下一代工作，关工工作才能有声有色。于是，他骑着单车深入各村进行专题调查。高飞昌将目光聚焦在许多退休老校长、老教师在内的农村300多名“五老”身上，有的放矢地做好发动工作。在高飞昌的发动和倡导下，王鲍镇关爱工作网络覆盖全镇167个网格，“五老” 志愿者队伍从2005年的50多人扩大到2015年的300多人，村村建起关心下一代工作委员会。在社会管理创新工作中，高飞昌建议的“把对下一代的关爱网络建到社区网格”，得到镇党委政府的支持，镇党委明确网格员对未成年人的管理和服务职能，使全镇的关工工作增加新生力量。

关爱贫困儿童。2005年起，在高飞昌的牵线搭桥下，王鲍镇先后向黄桥老区人才培训中心选送51名贫困学生，通过学习培训，绝大部分安排就业。真诚对待留守儿童或边缘少年这一特殊群体，做好教育转化工作。王鲍镇常年有500多名留守儿童，有28周岁以下的刑释解教、社区矫正的对象82名。其中，54名留守儿童都存在不同程度的心理失衡、行为失当、学业下滑、亲情冷漠等问题。这些严重影响着孩子的健康成长。高飞昌与其他54名“五老”一起，与这些留守儿童结成关爱对子，做好思想疏导工作；与100名“五老”一起，与解教对象结成帮教对子，采取“一对一”“多对一”的帮教措施，做好失足青年的转化工作。10年中，高飞昌先后50多次亲自率团或组织村校外辅导站进中小学校进行法制宣讲，受众达15000多人次。2011年起，全镇没有一名未成年人犯罪。在高飞昌等镇、村关工委全体工作人员的努力下，王鲍镇关工委2005—2009年连续5年被评为南通市关心下一代工作先进集体，2006—2010年连续被评为启东市关心下一代工作先进集体。

(市关工委)

陆海峰

陆海峰，男，1975年3月出生，启东市人民法院司法警察大队副大队长。2015年，被最高人民法院评为“全国法院司法警察先进个人”。

2008年，陆海峰调入司法警察大队工作，围绕规范刑事押解、看管工作特点，推进各项工作，以无私奉献和甘当

公仆的精神，履行司法警察的职责和使命。

他善于学习，增强自身素质。从警几年，始终注重各方面知识学习，特别是思想政治理论学习。他经常利用休息时间进行自学，借阅法警业务、心理等各方面书籍，不断拓宽自己的知识面。他刻苦钻研，勇创工作佳绩。除负责法院、法庭的机关安全保卫工作外，他还参与日常刑事押解、看管等庭审保障和处置突发事件任务，多次纠正刑事押解、看管过程中存在的安全隐患，提出刑事押解、看管合理化建议。作为副大队长，每天在安检、巡庭、刑事押解、看管前都会对司法警察的警容姿态、单警装备的佩戴仔细检查，发现不足直接指出。作为技能教官，他言传身教，理论与实际相结合，为新警开展各类技能培训。2010年、2011年、2014年，他均代表南通参加全省司法警察体能、技能大比武。2011年，他带队获体能团体第二名，个人获100米第二名、1000米第一名的成绩。2014年，获个人综合全省第三名，其中25米手枪射击打出98环全省第一名的好成绩。他在工作中热情服务，构建和谐司法。在安检值班和巡庭时，服务周到，耐心引导，对不理解的群众能够微笑地做好解释工作，对老弱病残者派法警搀扶；在协助执行过程中，带领法警做好相关解释、耐心劝解双方当事人，化解双方当事人之间的误会和仇怨，真正体现和谐执法、司法为民的法治理念。他遵纪守法、严于律己，在工作、生活作风方面注重提高自身廉洁自律意识，受到院党组和同事们的肯定和赞扬。

(陆海峰)

朱卫忠

朱卫忠，男，1963年出生，启东泰安建材公司电气技师、生技部部长。曾获“南通市劳动模范”“南通市有突出贡献技师”“江苏省企业首席技师”“江苏省技术能手”“全国建材行业劳动模范”等称号。2014年12月，在全国第十二届“中华技能大奖”和“全国技术能手”评比活动中，被人社部授予“全国技术能手”称号。

朱卫忠，因幼时罹患小儿麻痹症，右腿失去知觉，生活不能完全自理。自1993年进入启东泰安建材有限公司生产技术部后，他珍惜岗位、刻苦钻研，在平凡工作岗位上不断创新发明，先后发明“可编程控制技术”“兼容节能接触器”“通用型二线制智能电子开关的微功耗电源”“待机耗电自动控制插座”“启停时间间隔设置”“皮带状态检测装置”等10多项主要针对水泥生产环节及企业管理的国家发明专利，为国内水泥行业技术革新和企业发展壮大做出突出贡

献，直接为企业降本增效超过1000万元。

向高端科技进军，发明两项节能专利技术。一是“微待机功耗的电器”，该项技术可以最大限度地降低和消除现有家用电器的待机耗电现象，节能空间巨大。并已获国家专利。二是“不额外耗电的楼道灯延时开关”，利用该项技术把现有的楼道灯延时开关全面更新，每年可节约40多万吨标准煤，已完成功能验证。

（朱卫忠）

倪建明

倪建明，男，中远船务（启东）海洋工程有限公司技师。曾获江苏省船舶行业“新世纪杯”电焊工技能大赛二等奖，在南通中远船务第七届职工技能（电焊工）竞赛活动中，获“实际操作三等奖”。并先后获“江苏省技术能手”“江苏省五一创新能手”“南通中远船务技术能手”等称号。2014年12月，在全国第十二届“中华技能大奖”和“全国技术能手”评比活动中，被人社部授予“全国技术能手”称号。

自从到南通中远船务工作，倪建明一直勤奋刻苦，凭着常人难以想象的热情与执着，用心钻研，勇于创新，多次改进焊接工艺，积累大量的一线电焊经验，成功解决现场诸多难题，创新与实践技能非常突出。2008年，他研究制定凯撒轮铺管器焊接工艺，填补焊接技术上的一大空白；2009年，完成GM4000项目，解决焊接磁力偏角问题；2010年，研究解决决心系列桩靴F36板材高强钢严重裂纹返修问题；2012年，完成东安吉2号围井FH36板材疲劳节点焊缝裂纹返修WPS制定、修正。2014年，海工制造X射线探伤合格率整体下滑严重，经统计分析，薄板自动焊接部分尤为明显。针对薄板大电流易击穿、小电流熔不透的特殊情况，倪建明查阅资料、反复试验后，确定适用的具体焊接参数，并组织外包方焊接带班及自动焊工进行系统学习。2015年1月统计显示，X射线探伤合格率环比上升10%，薄板自动焊焊接探伤合格率上升20%。

倪建明作为企业考试组负责人，为中远海工培训了大批焊工人才。为培养专业焊接人才，倪建明创办焊接技能知识窗，手把手教，用心教导。2015年，倪建明在车间的安排下担任一大批新员工的选拔和培训工作。面对这批从零开始的新工人，倪建明参与并制订详细的培训计划，其中理论培训25项、技能培训21项、脱产培训22项，涵盖理论知识、实操要点、设备工具维修保养等诸多方面。面对繁重的培训任务，他每天坚持加班，攻坚克难，在3个月内完成对105人的船级社焊接资质取证工作。

（倪建明）

陆琛杰

陆琛杰，男，1976年9月出生，启东市社科联副主席、江苏省启东经济开发区副主任。2015年10月，被全国大中城市社科联工作会议主席团授予“全国社科工作先进个人”称号。

陆琛杰撰写的《江海交汇的南通现代化国际港口城市发展战略研究》获江苏省哲学社会科学界第六届学术大会苏中片区二等奖（2012年）。由他策划的《百晓得·社科365》专栏获2012年江苏省社科普及特色活动优秀项目。撰写的《南通重点中心镇规划发展研究——以启东市吕四港镇、寅阳镇为例》获南通市2013年度经济与社会发展重点热点问题研究成果三等奖。

（市社科联）

年度“启东好人”

刘汉成
（助人为乐好人）

刘汉成，男，1948年9月出生，中共党员，启东市癌友康复协会会长。担任协会会长十多年，刘汉成不计名利，不辞辛劳，把癌友当成亲人，把协会办成大家的避风港。在他刚担任会长时，自己也是一位血液病初愈的病人，但他面对癌友的咨询依然做到有问必答，在心理、中西医治疗、饮食、体能锻炼等方面反复和大家强调该怎么做，应该注意什么，还发动癌友一起学习《抗癌健身法》。他多次组织上海、南通甚至国外的著名肿瘤专家到启东进行讲座与义诊，联系医院为癌友进行免费体检，为启东癌友的康复事业奉献自己的余热。

安东精英678
（助人为乐好人）

2015年年初，海复镇安东村党总支书记葛祥辉利用微信，组建“安东精英678”微信群，将在外经商的成功人士、在机关事业单位任职的工作人员、流动党员、村干部等76名关爱家乡、心系群众的人员吸收到群里。他在群内提出爱心慰问的提议，得到群内成员的热烈响应。爱心在微信群和困难群体间传递，累计筹得善款11850元，开展重阳爱心慰问等活动，得到广大村民的一致好评。2015年2月，安东村23组的陆胜妹查出患有白血病，“安东精英678”的成员伸出援助之手，并扩散至其他公益团队，号召全社会共同参与帮助。至11月，共为陆胜妹筹得捐款8万多元。

海复镇安东村“安东精英678” （郁卫兵/摄）

倪正昌
（助人为乐好人）

倪正昌，男，1950年9月出生，吕四港镇元鹏村人。患有心脏病、仅享受低保待遇的他，心怀慈念，十几年始终如一照顾双腿瘫痪的黄志高。他给自己定了规矩，每隔一天去黄志高家煮饭烧菜，洗衣打扫。每逢冬天来临，倪正昌把黄志高的被褥、蚊帐、衣服都要带回家洗净晒干后再送去。2014年3月，黄志高病情加重，就是拄拐杖也不能下地，完全瘫倒在床上，连吃饭和撒尿也不能自理。倪正昌就把他接到自己家中照顾，端饭端茶，端屎端尿，还帮他全身擦洗。黄志高逢人便夸：“倪老是我唯一的亲人和恩人。”

陆建兴
（见义勇为好人）

陆建兴，男，1948年10月出生，中共党员，启东市合作初级中学原教师。2015年4月2日下午4点半左右，天下着蒙蒙细雨，陆建兴突然听到有人喊“有人落水啦”，他立即前往事发地，来不及脱衣服，扎入水中，把78岁的落水老人沈玉英推到岸边。周围的邻居也闻讯赶来，一起把老人抬到屋里。见老人没事，浑身湿透的陆建兴才返回家中换下湿衣裳。事后他一再表示，自己是出于本能救人的，以后碰上这样的事儿，一定还会出手相救。2015年5月，陆建兴被市政府授予“启东市见义勇为先进分子”称号。

陈耀明
（敬业奉献好人）

陈耀明，1965年12月出生，南通二建集团副总经理、南通二建新疆公司总经理。陈耀明以诚实守信、一诺千金的人格魅力，二十多年在乌鲁木齐建筑市场独领风骚，先后在医院、商检、学校、公安、交通、文化、房产开发等单位多次承接工程项目。以建一项工程、树一座丰碑的质量意识建设精品工程，以过硬的建筑质量、优良的善后服务，赢得所有业主的一致好评和敬佩。2015年，创中国建筑工程鲁班奖1项（新疆维吾尔自治区人民医院门诊、病房综合楼项目）；创省级以上优质工程天山杯奖2项；创乌鲁木齐市级优质工程“亚心杯”奖3项；获国家AAA级安全文明工地1项；获省级以上文明工地3项；获评乌鲁木齐市级优质结构新疆维吾尔自治区级工法，创乌鲁木齐市级质量安全观摩工地1项等，成绩突出。

曹书嘉
（敬业奉献好人）

曹书嘉，男，1989年3月出生，中共党员，启东市刑事侦查大队汇龙中队民警。曹书嘉作为一名优秀的一线刑警，参与侦破过多起大要案件，多次受到南通市公安局和启东市政府嘉奖。2014年在抓捕一名犯罪嫌疑人的过程中，曹书嘉面对持刀歹徒毫不畏惧，奋不顾身地冲上前去将其制服，以致右手中指被利刃划伤，伸肌腱断裂。他用行动感染着身边的同事、朋友，用热血牢筑忠诚警魂！

茅敏华
（敬业奉献好人）

茅敏华，女，1973年6月出生，启东市人民医院呼吸内科主任、副主任医师。20年来一直从事临床呼吸内科专业技术工作，坚持每天参加科室查房、治疗、抢救、会诊等各项医疗活动，指导医生用药和临床操作，尤其对下级医师手把手做好带教。在她的行医生涯中，从未出现过患者投诉、医疗差错或事故。她注重科技创新，曾获南通市新技术引进奖8项，在核心期刊发表论文6篇，有在研课题2项。多次被评为启东市“十佳医生”“五高型”医务工作者、“最美医务工作者”。

黄晓军
（敬业奉献好人）

黄晓军，1969年11月出生，中共党员，启东市第一中学学生发展成长中心主任。2006年，黄晓军取得国家二级心理咨询师资格证书。2007年，她在大江中学成立启东第一个学校级心理咨询室。8年间，她通过QQ、书信、面询、爱心邮箱、知心电话等多种方式，为大江中学师生提供心理咨询600多次，编写学校心理简报100多期，心理健康教育的校本教材从无到有修改3版，学校心理网站改版2次，讲座40多场。为社会上各类人群进行心理咨询，特别针对全市中小学生及其家长进行心理咨询，共300多次。挽救几十个因孩子问题而面临破碎的家庭，劝导迷失方向的青少年50多人次重回课堂。她的工作得到社会和学校的认可，被电视台、广播、报纸等媒体宣传和报道。

杨忠琴
（孝老爱亲好人）

杨忠琴，女，1962年11月出生，寅阳镇东清河村9组村民。杨忠琴和丈夫育有一子，名叫杨光，28岁，启东中学高中毕业后考入南京农业大学。大学毕业后，在上海一家企业找到一份不错的工作。不幸的是，2013年9月，杨光被确诊为慢性肾衰竭，随后转入上海长征医院接受治疗，但是情况不见好转，最后转为尿毒症。医生告诉杨忠琴夫妇，必须立即换肾才能保住杨光的生命。但是等待一个合适的肾源，不是一件容易的事，运气不好的话可能要等几年。“不能等，我要救我的儿子！”杨忠琴当即要求，割自己的肾救儿子。2014年3月12日，杨光在上海长征医院接受换肾手术。

顾邦祥
（诚实守信好人）

顾邦祥，男，1946年11月出生，中共党员，启东市黄海滩涂开发有限公司总经理。2006年，启东市黄海滩涂开发有限公司改制，党组织村企合一，进入花甲之年的顾邦祥被东海镇党委任命为黄海滩涂公司党委书记。“要是村里还有人过着苦日子，就是我这个党委书记的失职”，顾邦祥把村企共同奔小康当作自己的承诺。村企结对、共同繁荣，在他的带领下，黄海滩涂公司建成农业部水产健康养殖示范场，增收7000余万元。在他的建议下，公司出资让3个村6800多村民免费参加合作医疗，并替村民交纳参合款，5年总额达35万元。公司建立扶贫开发领导小组，将有养殖池塘和自我发展能力的16户贫困户列入2015年扶贫计划，每户增收2500多元。顾邦祥虽然三度更换心脏起搏器，但他始终用行动践行着“村强企富民增收、村企同步奔小康”的诺言。

（市文明办）

天水一色——紫薇公园一景。　（刘　勇/摄）

先进集体

启东市获得的荣誉

表 50

荣誉称号	授予单位
国家卫生城市	全国爱国卫生运动委员会
2012—2014 年度江苏省文明城市	省委、省政府
江苏省园林城市	省人民政府办公厅
江苏省级“四有一责”建设先进县(市、区)	省委组织部、省委农办、省财政厅等部门
江苏省公共体育服务示范区	省体育局
2014 年度江苏省国土资源节约集约模范县(市、区)	省国土资源厅

国家部委(协会)表彰的部分先进集体

表 51

荣誉称号	获得单位	授予单位
第四届全国检察机关派驻监管场所二级规范化检察室	启东市人民检察院	最高人民检察院
2015 年度全国检察宣传先进单位	启东市人民检察院	最高人民检察院检察日报社
爱民固边先进集体	启东市连兴港边防派出所	公安部边防管理局
2015—2019 年度全国科普教育基地	启东市大江中学	中国科学技术协会
全国青少年足球特色学校	启东市大江中学	教育部
首批全国体育工作示范学校	启东市南苑中学	教育部
全国基层团建创新典型案例	启东市大江中学	团中央
全国关心下一代宣传工作先进单位	启东市关工委	中国关工委
全国巾帼文明岗	启东市法院诉讼服务中心	最高人民法院、中华全国妇女联合会
用户满意标杆服务	中国电信启东分公司	中国质量管理协会
2014—2015 年度中国最美供电所(优质服务)	启东市供电公司吕四供电所	中国电力传媒集团有限公司
国家电网县供电企业管理提升工程成绩突出单位	启东市供电公司	国家电网公司

续表 51

荣誉称号	获得单位	授予单位
第四届全国文明镇	汇龙镇	中央精神文明建设指导委员会
全国一村一品示范村镇	惠萍镇果园村	农业部
全国基层水产技术推广示范站	启东市渔业技术推广站	农业部全国水产技术推广总站

省厅级表彰的部分先进集体

表 52

荣誉称号	获得单位	授予单位
江苏省“巾帼文明岗”	启东市国税局第一税务分局、启东市国税局第七税务分局	省妇女联合会、省城镇妇女“巾帼建功”活动领导小组
江苏省委机要系统先进集体	启东市机要局	省委机要局
第七批江苏省廉政文化建设示范点	南通市启东地方税务局	省纪律检查委员会、省委宣传部
2015 年县(市、区)民防工作先进集体	启东市人防办	省民防局
江苏省安康杯竞赛优胜单位	启东市烟草专卖局(分公司)	省总工会、省安全生产监督管理局
2015 年度江苏省厂务公开民主管理先进单位	启东市供电公司	省总工会、省厂务公开协调小组办公室
江苏省电力公司工人先锋号、2015 年度安康杯竞赛优胜企业	启东市供电公司	省电力公司
第三批江苏省乡镇卫生院示范中医科	启东市陈黄秀珍医院	省卫生和计划生育委员会、省中医药管理局
江苏省基层医疗机构中医特色专科建设项目	启东市中医院骨伤科	省中医药局
全省扶残助残前进集体	启东市残疾人消费维权中心	省残疾人工作委员会
江苏省“三八”红旗集体	汇龙镇妇女联合会	省妇女联合会
全省学生资助工作绩效评价优秀	启东市教育局	省教育厅、财政厅
江苏省第五届中小学生艺术展演活动优秀组织奖	启东市教育局	省教育厅
江苏省第十四届中小学生健康教育知识竞赛优秀组织奖	启东市教育局、启东市鹤城初级中学	省教育厅
江苏省四星级普通高中	启东市汇龙中学	省教育厅
第十届江苏省少年儿童书信文化活动优秀组织奖	启东市教育局	团省委、省教育厅、省少工委、省邮政公司
江苏省五四红旗团委	启东市折桂中学	团省委
江苏省优秀少先队集体	启东市和合小学	团省委、省教育厅、省少工委
绿色学校	启东市南苑中学	省环境保护局、省教育厅
江苏省节水型学校	启东市南苑中学	省水利厅
第十五批“绿色学校”	启东市汇龙小学	省环境保护厅、省教育厅
江苏省充分就业示范社区	香榭水岸、华联新村社区	省人社厅
江苏省民主法治社区	彩臣三村、职工新村社区	省依法治市省领导小组

南通市委、市政府表彰的部分先进集体

表 53

荣誉称号	获得单位	授予单位
2013—2014 年度南通市文明单位	启东市城市综合管理局、启东市公安局、启东市交通警察大队、启东市惠萍派出所、启东市近海派出所、自来水公司、二建、建筑、启安启东市供电公司、启东市第四人民医院、启东市人民检察院、启东市国家税务局、启东市国家税务局第三税务分局、启东市国家税务局第二税务分局、启东市国家税务局第七税务分局、启东市国家税务局第一税务分局、启东市国家税务局第四税务分局、启东市国家税务局第五税务分局、启东市国家税务局第六税务分局、启东市国家税务稽查局、启东市人民检察院、启东市长江小学、启东市东南中学、启东市农工办、启东市审计局、中国电信启东分公司、启东地方税务局、启东地方税务局第一税务分局、启东地方税务局第二税务分局、启东地方税务局第三税务分局、启东地方税务局第四税务分局、启东地方税务局第五税务分局、启东地方税务局第六税务分局、启东地方税务局第七税务分局、启东地方税务局稽查局、启东市信访局	南通市委、市政府
南通市安全生产先进乡镇	汇龙镇人民政府	南通市政府
2015 年度南通市安全生产先进集体	启东市供电公司	南通市政府

先进个人

国家部委和省委、省政府表彰的部分先进个人

表 54

姓　名	单　位	授予称号	授予单位
于冬娟	“冬娟家庭农场”创办者	全国劳动模范	国务院
陆永飞	南通二建集团沈阳分公司东方凯尔事业部	全国劳动模范	国务院
张雄伟	上海建工集团	全国劳动模范	国务院
周　浩	启东市中医院	2015 年 3 月“中国好人榜”敬业奉献好人	中央文明办
黄建生	启东市公安局启隆派出所民警	2015 年 10 月“中国好人榜”敬业奉献好人	中央文明办
高飞昌	王鲍镇关工委	全国关心下一代先进工作者	中国关工委、中央文明办
陆琛杰	启东市经济开发区	全国社科工作先进个人	全国大中城市社科联工作会议主席团
朱卫忠	启东泰安建材有限公司	全国五一劳动奖章	全国总工会
		全国技术能手	人社部
倪建明	中远船务(启东)海洋工程有限公司	全国技术能手	人社部
陆海峰	启东市法院	全国法院司法警察先进个人	最高人民法院
万菊英　徐施红　朱汉飞　袁建飞　施红华　陈　庄　陈　黎	启东市法院	荣誉天平奖章	最高人民法院

续表 54

姓　名	单　　位	授予称号	授予单位
陈建国	启东市人民医院	全国肿瘤登记“杰出贡献奖”	全国肿瘤登记中心
盼特里西·英格纳	启东肝癌防治研究所荣誉教授	江苏友谊奖	省政府
陈　郁	启东市东海镇社区卫生服务中心	2012—2013 年度全国无偿献血奉献奖银奖	国家卫生和计划生育委员会、中国红十字总会、中国人民解放军总后勤部卫生部
邢永新	启东市第七人民医院	2012—2013 年度全国无偿献血奉献奖铜奖	国家卫生和计划生育委员会、中国红十字总会、中国人民解放军总后勤部卫生部

省厅级表彰的部分先进个人

表 55

姓　名	单　　位	授予称号	授予单位
黄建生	市公安局	江苏最美警察	省公安厅
黄振辉	启东市人防办	通讯报道先进个人、全省民防“六五”普法先进个人	省民防局
陈　忠	启东市供电公司	2015 年度班组建设工作先进个人	省电力公司
吴士元	启东市供电公司	2015 年度乡镇供电所管理提升劳动竞赛先进农电员工	省电力公司
张　瑛	启东市人民医院	江苏省“五一”巾帼标兵	省总工会
施殿刚	启东市卫生和计划生育委员会	江苏省疾病预防控制工作先进个人	省卫生厅
黄爱华	启东市人民医院	江苏省卫生计生系统护理专业“巾帼建功标兵”	省卫生和计划生育委员会、省妇女联合会
张　瑛	启东市人民医院	2009—2013 年度江苏省红十字会系统优秀会员	省红十字会
苏晓琳	启东市阳光电脑维修部	江苏省自强模范	省人力资源和社会保障厅 省残疾人联合会
陆海峰	启东市法院	司法警察业务能手	省高级人民法院
陆海峰	启东市法院	江苏省技术能手	省人力资源和社会保障厅
杨凌捷	启东市国税局第五税务分局	第五届江苏省道德模范提名奖	省精神文明指导办公室
徐嘉佳	启东市国税局第三税务分局	江苏省青年岗位能手	省团委
姜卫娟	汇龙镇城河村	江苏省“三八”红旗手标兵	省妇女联合会
郭世卫	启东市紫薇小学	江苏省优秀少先队辅导员	省教育厅、省团委
张海兵	启东市农工办	先进工作者	省委组织部、省委农村工作领导小组办公室、省经济和信息化委员会、省财政厅、江苏省农业委员会
施敏捷	启东市地税局	2015 年税收执法督察人员通报表扬	省地税局
黄茂茂	启东市地税局	2015 年大企业税收风险管理工作先进个人	省地税局

续表 55

姓　名	单　　位	授予称号	授予单位
顾　莉	启东市地税局	江苏省地税系统首届“逐梦杯”税收新闻摄影比赛优秀奖	省地税局
沈晓燕	启东市审计局	江苏省审计系统先进工作者	省人力资源与社会保障厅、省审计厅
汤水娣	启东市司法局	江苏省社区矫正先进个人	省司法厅
陆爱辉　许瑛瑛	东珠新村社区、建都新村社区	“老少携手千站万人走访抗日老英雄”先进个人(辅导员)	省关心下一代工作委员会
徐建成　韩卫军	华联新村社区、世纪家园社区	江苏省优秀校外辅导员	省关心下一代工作委员会
徐建成	华联新村社区	“文明江苏和谐社区”江苏省优秀社区志愿者	省民政厅
黄丽历	汇东新村社区	江苏省优秀应急志愿者	省志愿者协会、江苏省城市应急协会、江苏省地震学会

南通市委、市政府、南通军分区表彰的部分先进个人

表 56

姓　名	单　　位	授予称号	授予单位
周　浩	启东市中医院	优秀共产党员	南通市委
钮庆红	启东市供电公司	2015 年度南通市安全生产先进个人	南通市政府
茅石彬	启东市安监局	2015 年度南通市安全生产先进个人	南通市政府
黄建生	启东市公安局	南通最美警察、记个人二等功	南通市政府
邹海彬	启东市人武部	优秀共产党员	南通军分区
黄洪生	启东市人武部	装备管理先进个人	南通军分区
徐焕焕	南阳镇	作战标图第二名	南通军分区
袁裕兵	近海镇	自动步枪精度射击第一名、3 公里第一名	南通军分区
沈　凯	东海镇	个人综合第八名	南通军分区
沈　浩	惠萍镇	优秀“四会”教练员、军事训练先进个人	南通军分区
金忠榜	汇龙镇	优秀教案(所编教案:火灾救援行动的组织与实施)	南通军分区
蔡嘉华	汇龙镇	军事训练先进个人	南通军分区

(陆金红整理)

重要文件摘编

关于加快发展都市农业推动现代农业建设迈上新台阶的意见

2015年是全面深化农村改革，奋力实现攻坚突破的关键之年。全市农业农村工作要主动适应新常态，奋力谋求新发展，突出改革主旋律，加快农业基本现代化建设，为确保全市农业农村工作取得新进展、新成效，推动全市现代农业建设迈上新台阶，提出如下意见：

一、指导思想

深入贯彻党的十八大、十八届三中、四中全会和习近平总书记视察江苏时的重要讲话精神，落实中央、省和南通市农村工作会议精神，坚持以加快实现农业基本现代化为方向目标，以转变农业发展方式为鲜明导向，以促进农民持续增收为中心任务，以改革创新为强大动力，以统筹城乡发展为重要途径，促进农业强、农村美、农民富。

二、总体目标

（一）*都市农业发展更加强劲*。全市实现农业总产值129亿元，农业增加值71.3亿元；项目农业投入总量22亿元，总投资5000万元以上项目10个；新增省级农业龙头企业2家，国家级农业龙头企业1家，农（渔）业"三品"占比40%以上；启东现代农业产业园打造国家现代农业示范区，省级吕四水产品加工集中区新区落户企业3家，投资超2亿元。全市高效农业、现代渔业、外向型农业确保全省领先，农业现代化指标实现度力争进入全省第一方阵。

（二）*农村生态环境更加优美*。扎实推进村庄环境长效管护，创建省级美丽乡村1个、南通市农村环境长效管理示范乡镇2个以上。全面开展水环境综合整治，切实做好河道清障和生态保洁工作，争创10个省级"水美乡村"。新增造林绿化面积4万亩，建设省级绿化示范村15个。全面完成畜禽养殖污染治理和粪污沟河治理，秸秆综合利用率达93%。

（三）*农民生活水平更加富裕*。全市农村居民人均可支配收入18440元，增长11%以上。村级集体经济加快发展，不断增强造血功能，全市所有村村营收入达到30万元以上，其中20%的村达到70万元以上。加大精准扶贫力度，落实帮扶措施，确保完成脱贫任务。

三、推进重点

（一）*构建农业产业体系，促进现代农业转型升级*。

1.打造高效农业园区。以六大园区建设为重点，深入推进现代农业示范区建设。启东现代农业产业园（南阳、海复）全年建成核心区面积10000亩，打造国家级现代农业示范区。启东渔业精品园要加快池塘标准化改造，打造高效设施渔业养殖样板区。北新现代农业园和近海现代农业园要结合高标准农田建设项目，加大基础设施投入，完善园区功能配套，建设万亩农业园区。王鲍丰盈现代农业园和吕四港现代农业园要加快提档升级，加大园区辐射力度。同时，根据国家、省和南通市级农业园区建设要求，六大园区要结合自身发展需要，切实制订好农业园区发展规划。

2.调整优化农业结构。充分发挥我市农业资源比较优势，大力发展特色种养业，积极推进供应上海的菜篮子工程建设。优化农业区域布局，逐步形成特色分明的产业基地板块。重点发展南阳、海复沿221线的高效设施农业板块，惠萍优质果园基地板块，北新沿336线规模农业板块，合作镇"三花"基地板块，吕四港、近海、东海现代渔业板块，王鲍镇高效露地蔬菜板块等。全年创建全国"一村一品"示范村1

家。同时,要抓好优质稻种植试验,逐步增加粮食供应种植面积,提高粮食产量。

3.提升农产品加工业。加大农产品开发利用的深度,实现农产品多重转化增值,全市农产品加工值与农业总产值之比提升0.5个百分点,重点发展以农产品为原料的生物医药、新能源、新材料、高端食品等项目。扩大农产品加工生产规模,提升对基础农业的带动作用,重点加快水产品、四青作物加工业的提档升级,分别形成产值在100亿元和20亿元的特色产业体系。全年新增省级农业龙头企业2家,国家级农业龙头企业1家。省级吕四水产品集中加工区新区确保有3家企业进区投资兴业,投资超2亿元。农产品精深加工(出口)区争创省级出口示范区。

4.加快升级现代渔业。以渔业设施、渔船改造和渔港建设为重点,提高海洋渔业现代化装备水平。要着力推进池塘标准化改造,发展物联网技术和"台一"科技化工厂养殖。新增8艘远洋捕捞船投入生产,新建大马力钢质渔船100艘。渔港经济区水产品交易市场开工建设,渔需物资等配套项目基本完工,品牌体验馆、海鲜一条街等项目建成开放,条斑紫菜良种标准化育苗基地建成使用。全年完成水产品总产量38万吨,总产值64亿元。

5.精心打造休闲农业。大力发展休闲观光农业、创意农业和体验农业,挖掘江海特色,提炼沙地文化,提升启东休闲农业品位。打造沿江风光带、沿海风情带、乡村旅游三大板块。重点推进吕四渔港风情街、协兴渔港综合开发、惠萍镇乡村旅游集聚区等项目建设。培育南通市级以上农家乐专业村4~5家。

6.健全市场流通体系。进一步深化与上海市场的对接,新建50家直销蔬菜基地。加快推进中国供销·启东农产品国际物流港建设。大力拓展农村电子商务,把启东传统的特色产品经营与电子商务结合起来,发展农产品网络直销等现代流通业态。加强启东农产品供应网网站建设,促进我市农产品网络销售。

7.完善社会专业服务。加快构建覆盖全程、综合配套、便捷高效的农业社会化服务体系。鼓励农技推广、动植物防疫、农产品质量安全监管等公共服务机构拓展服务范围。积极发展良种种苗繁育、统防统治、测土配方施肥、粪污集中处理等农业生产性服务业。扩大农业农村公共气象服务覆盖面、提高农业气象服务和农村气象灾害防御科技水平。不断提高农业保险覆盖面和风险保障水平,全市高效农业保险保费比重达到60%以上。继续建办村级为农综合服务社,全市为农综合服务社覆盖率达到85%以上。

(二)培育新型经营主体,提高现代农业组织水平。

8.积极发展家庭农场。加快推进家庭农场的培育发展,促进其壮大实力、提升水平,进一步夯实我市现代农业发展的组织基础。重点培育土地经营规模100~300亩的家庭农场100家,全年新增启东市级示范家庭农场50个,南通市级以上示范家庭农场10个。

9.力推全托管组织建设。积极培育农业生产"全托管"服务主体,不断拓宽"全托管"经营内容,新增200亩以上"全托管"服务主体50家,其中500亩以上20家,加强对"全托管"服务主体的指导培训,使其达到"五有"标准,提高经营管理水平。

10.规范提升合作组织。积极扶持100家经营规模大、服务能力强、产品质量优、民主管理好的示范合作社,突出抓好产权明晰、章程可行、制度健全、财务规范、分配合理、运行良好等示范社建设内容,全年创建国家级示范社1家,省级示范合作社12家。鼓励农民合作社组建专业联社和销售联社,提升"苏合"销售联社发展层次。

11.突出龙头企业引领。引导龙头企业通过实行保护价收购、利润返还、信贷担保、吸收农户入股等方式,建立"公司+基地+农户"的经营模式,强化和农民的利益联结。支持龙头企业为农户提供技术、信息、农资和购销等多种服务,充分发挥龙头企业在构建新型农业社会化服务体系中的骨干作用。引导龙头企业建立现代企业制度,加大科技创新、品牌创建、市场开拓力度,提升企业竞争力,打造一批旗舰型的农业龙头企业,带动我市四青作物、优质山羊、蔬菜园艺、特色水产等主导产业发展。

12.加快培育职业农民。大力培养爱农业、有文化、懂技术、善经营的新型职业农民。加大对专业大户、家庭农场经营者、农民合作社带头人、农业企业经营管理人员、农业社会化服务人员和返乡农民工的培养培训力度,重点抓好实用技术的培训推广,提高农业从业人员的素质。全年农业职业技能培训1700人,创业培训450人。

(三)提高装备技术水平,夯实现代农业发展基础。

13.推进设施农业建设。广泛应用现代农业设施装备,建立标准化生产体系。提高日光温室、智能温室、钢架大棚、自动种苗生产线、自动喷灌系统等现代化的农业装备的覆盖面和普及率,农业信息化覆盖率达75%。新增一批具有一定规模的设施种植、养殖、渔业基地。新增高效农业面积10万亩,其中高效设施农业面积3万亩、高效设施渔业面积2万亩以上。

14.加强农村水利建设。加强防洪排涝和水资源配套工程建设,提升流域性工程防御标准,提高农业抗御水旱灾害能力。加强农田灌排设施建设,大力发展节水灌溉。全年完成土方450万立方米,修建沟河坝涵1万座,改善灌溉和除涝面积15万亩。完成连兴港新闸工程,启动长江堤防提标工程建设。

15.加大高标准农田建设。以大规模开展高标准农田建设为抓手和平台,加强农业综合开发、农田水利、土地整理等项目和资金的整合,集中连片、整体推进,提高旱涝保收、高产稳产高标准农田比重。全年新增高标准农田4万亩以上,提高4个百分点。

16.加快农业机械推广。推进大田作物生产全程机械化,提高设施农业、特色农业的农机装备水平和作业水平。发展农机合作社等农机合作组织,加强农机驾驶员队伍建设,拓宽农机社会化服务领域。扶持农机制造企业和农机使用、推广单位实施新型适用农机的开发、试验、集成项目。培育发展各级农机化科技示范基地5~10家。支持粮食烘干设备、农机场库等设施建设,秸秆机械化还田面积力争达到6万亩。

17.强化农业科技创新。启东市级以上重点农业园区和南通市级以上农业龙头企业要加强与农业科研院校的合作，建立科技服务平台或专家工作站。掌握一批对我市特色优势产业发展有明显带动作用的关键技术，形成一批具有自主知识产权的新品种、新技术、新装备，推广和应用一批对我市农业农村经济发展有明显支撑作用的科技成果。全年重点示范推广30个高效高产优质新品种，示范推广10项农业实用技术。

（四）推进生态农业建设，促进现代农业良性发展。

18.注重农业生态保护。加强农业面源污染治理，深入开展测土配方施肥，大力推广生物有机肥、低毒低残留农药，开展秸秆、畜禽粪便资源化利用，继续做好病死畜禽无害化处理工作。东海镇完成畜禽粪污中心及沼气处理工程建设，完成供气入户200户。海复镇完成环益动物无害化中心建设。加大区域造林力度，创新造林管护机制，实施造林绿化八大工程，全年新增造林绿化面积4万亩以上，建设省级绿化示范村15个。

19.优化农村环境管理。巩固和提升农村环境“六位一体”长效管理机制，全面推进服务外包工作，全力打造美丽乡村，全年创建省级“美丽乡村”1个，南通市农村环境长效管理示范镇乡2个。全面开展农村水环境整治工作，突出抓好河道清障及生态保洁工作，落实“河长制”和以河养河管护机制，争创10个省级“水美乡村”。

20.严格农产品质量监管。完成市级农产品质量安全监管平台建设，完善农产品质量安全追溯体系。加大农产品检测力度，全市蔬菜生产基地、批发市场、农贸市场和超市农产品农药残留检测，每月检测样品不少于300个。严格农业投入品管理，大力推行农业标准化生产。积极发展无公害农产品、绿色食品、有机农产品和地理标志农产品。全年新增农（渔）业“三品”产品40个以上，培育省级以上名牌农产品和著名商标各2个，申报国家地理标志产品和集体商标各1个。

（五）实施农村改革创新，激发现代农业发展活力。

21.完善农村产权改革。组建市级农村产权交易市场，镇乡设立交易服务中心，形成市镇两级联动的农村产权交易市场体系。引导土地承包经营权、集体资产所有权、养殖水面承包经营权、房屋所有权等进场交易。加强农村产权交易市场的组织管理和市场监管，科学制定交易规则和交易程序，推动农村产权流转公开、公正、规范运行。扎实推进农村土地确权登记工作，全年完成确权登记行政村101个。有条件的村组建社区股份合作社，农村经营性资产量化到村民，创新村级集体经济发展的途径。

22.促进适度规模经营。坚持以新型经营主体为主发展适度规模经营，因地制宜发展土地承包经营权流转、股份合作、全托管经营、联耕联种等多种形式的规模经营。全年连片土地流转150亩以上田块37个，连片土地流转250亩以上田块23个，全市农村承包土地向新型农业经营主体流转比重达到48%以上。健全土地承包经营权流转纠纷调解仲裁机制，切实保障农民群众的合法权益。

23.创新金融支农机制。鼓励金融机构进行订单融资、供应链融资、存货抵押、农业机械设施抵押等产品服务创新。完善“金农贷”、“富农贷”、“渔网贷”等金融产品的管理办法，增加放贷金额。健全完善农村信用担保体系，开展集体土地承包经营权、农村集体经营性建设用地使用权、农房（宅基地）使用权抵押贷款试点。创新政府融资担保方式，设立融资担保专项资金，破解融资难的瓶颈。

（六）统筹城乡一体发展，优化现代农业发展环境。

24.加快建设新型城镇。着力提高中心镇和乡镇集镇的整体规划、建设、发展和管理水平，完善公共基础设施配套，增强城镇综合承载力。按照整体形象美、经济实力强、体制机制活、集约水平高、带动效应好的要求，加快中心镇建设。南阳镇重点做好供销物流港、汽车商贸中心等主体工程建设。北新镇重点推进城镇综合体、滨江实验学校等新镇区开发建设。

25.做强村级集体经济。坚持走物业兴村发展之路，通过村级抱团联合、上级财政适当支持、跨区域集中式发展符合市场需求的物业项目。城中村、城郊村要充分利用区位、资金等优势，参与建设标准厂房、专业市场、仓储设施等，大力发展第三产业。远郊村要充分利用村集体所有的土地、水面等自然资源，引进农业新型主体，开展土地流转、兴办现代种养项目，获取基础设施使用费和管理服务费。鼓励村集体创办各种服务组织，增加集体收入。确保2015年全市所有村村营收入达到30万元以上，20%的村达到70万元以上。推进农村集体“三资”管理制度化、规范化、信息化，确保集体资产保值增值。

26.全力促进农民增收。大力实施“农民收入倍增计划”，多措并举促进农民增收。要继续把促进农民转移就业作为农民增收的主渠道，全年转移农民就业3000人次。通过股份合作、社区合作等合作经济发展，增加农民财产性收入和经营性收入。要注重创业带动就业的作用，积极支持农民在社区物业、家政服务、居家养老、家庭手工、卫生保洁等领域广泛开展劳务合作，培育农民成为创业致富能手，开辟增收新渠道。要加大精准扶贫力度，对有劳动能力的落实帮扶措施，没有劳动能力的纳入农村低保对象，全年实现5000人脱贫，确保圆满完成脱贫任务。

四、保障措施

（一）加强组织领导。各地要把“三农”工作摆在更加突出位置，进一步加强组织领导、统筹协调和改革创新，从政策制定、工作安排、财力投放以及人才培养配备等方面体现“重中之重”要求。主要领导要亲自抓、分管领导要具体抓，让“三农”战线干部群众感到有干头有奔头。建立健全“三农”工作责任制，加强工作指导，严格监督检查，强化考核奖惩，确保责任落实。

（二）强化招商引资。要把农业招商选商作为各镇乡、园区和各涉农部门贯穿全年的重点工作，主要领导要亲力亲为抓农业招商，层层传递农业招商压力，精心组织农业招商活动。要组织小分队招商，行业板块招商，与重大企业一对一、面对面招商，提高农业招商成功率，组织开展全市性大型综合性农业招商活动2次以上，各镇乡、园区也要全年开展不少于4次的农业专题招商活动，确保在引进超亿元知名农业龙头企业上有突破。加大农业招商引资奖励力度，设立招商引资有功人员专项奖，对成功招引带动本地农业产业化发展，具有一定规模的农产品加工、流通项目，给予招商引资有功人员一定奖励。要不断跟踪服务签约项目，确保签约项目早落户、早开工、早建设、早竣工、早投产。

(三)增加财政投入。全面落实中央、省、市各项强农惠农富农政策，健全投入稳定增长机制。整合、优化财政支农资金，更多投向基础设施、农民增收、农村公共服务等农民直接得益受惠的领域。通过财政资金贴息、奖励、风险补偿等措施，引导更多的金融和社会资金合理投向农业农村，拓展“三农”投入渠道。

(四)严格依法行政。落实行政权力清单制度，按照“法定职责必须为、法无授权不可为”要求，依法履职办事。落实强农惠农政策，接受农民群众和社会监督，不断增强执行力和操作力。按照“谁主管、谁负责”的原则，认真履行工作职责，建立有效的监管机制，确保强农惠农政策落到实处。

(五)加大考核评比。按照全市农业区域布局规划，根据各镇乡区位条件、产业基础、土地和人口情况，明确各镇乡(园区)发展现代都市农业的目标任务、重点工作及责任要求，实行重点工作专项督查和个性化考核。对照农业农村目标任务，制定对镇乡(园区)工作的目标管理考核细则，建立倒逼机制，制定详细的攻坚方案和实施计划，将任务、责任层层分解落实。强化督促检查，编制工作流程图，倒排时间表，建立完善月度分析、动态报告、专题协调，季度检查考核、分析点评、现场推进等制度，开展农业园区、农业龙头企业和农业基本现代化指标推进的专项督查，对园区、项目、指标等进展较慢的镇乡或单位予以通报，并将完成情况纳入年度考核，确保农业农村工作有力有序推进。

(中共启东市委　启东市人民政府　启发〔2015〕1号)

关于依托“一带一路”、长江经济带和上海自贸区发展战略　推进我市经济转型升级的意见

为深入贯彻落实中央、省委省政府和南通市委市政府关于“一带一路”、长江经济带和上海自贸区等重要战略部署，不断深化沿海开发、陆海统筹发展，进一步加快创新转型步伐，结合我市实际，提出如下意见。

一、重大意义和总体要求

(一)重大意义

推进“一带一路”、长江经济带和上海自贸区建设，是党中央、国务院把握全球形势变化、统筹国际国内两个大局作出的既利当前又惠长远的重大战略部署。我市地处长江入海口，是江苏沿海开发前沿区域，经崇启大桥南连上海自贸区，经沿海高速和临海高等级公路北接丝绸之路经济带，溯江而上西进长江经济带，经吕四大港东出21世纪海上丝绸之路，是三大国家战略的交汇点。依托三大国家战略推进我市经济转型升级，有利于加快实现产业双向转移，有利于加强内联外通双向开放体系建设，有利于实现全面融入上海新目标，对全面提升我市综合竞争力具有重大的现实意义和深远的战略意义。

(二)指导思想

深入贯彻党的十八大、十八届三中四中全会和习近平总书记系列重要讲话以及市委十二届八次全扩会精神，坚定“领跑沿海、融入上海、包容四海”的发展战略，加快现代港口城市、创新型城市和旅游休闲城市建设，主动适应并积极引领经济发展新常态，以陆海统筹、创新驱动、转型发展为导向，以深化改革、扩大开放为动力，以全面融入上海为主线，以打造国家战略互联互通双向开放桥头堡为目标，依托大桥、港口、铁路、公路、通用机场建设，着力构建综合立体交通走廊，着力打造现代产业体系，着力提升对内对外开放水平，加快经济转型升级，推动启东发展迈上新台阶。

(三)战略定位

1.国家战略互联互通双向开放的桥头堡。充分发挥我市东西贯通“一带一路”和长江经济带，南北联通江苏沿海地区和上海自贸区的独特优势，以现代港口城市建设为指引，加快江海陆空铁综合交通枢纽建设，全面放大国家一类开放口岸效应，努力把我市打造成三大国家战略互联互通双向开放的桥头堡。

2.全面融入上海的新天地。以长三角区域经济一体化的视野和战略思维谋划启东未来，建立长效对接机制，巩固深化两地在人才、产业、要素、基础设施等领域的合作，强化两地园区合作、产业协作和人文融合，围绕“2468”目标，加快打造融入上海的升级版，努力建设旅游休闲名城，开辟江苏沿海地区率先全面融入上海的新天地。

3.先进制造业集聚的新高地。加快打造“三优三新”产业集群，在海洋经济、电力及能源装备、精密机械及电子三大支柱产业领域形成新优势，在新材料、新医药和通用航空等三大新领域实现新突破。全面推进创新型城市建设，全力打造产业新平台，努力推动产业结构向中高端迈进，加快建成领跑沿海的先进制造业集聚的新高地。

4.“四新”经济发展的新阵地。以大数据、互联网金融、新医药为突破口，大力发展以新技术、新产业、新模式、新业态为代表的“四新”经济。积极创新管理和政策扶持方式，优化“四新”经济发展的投融资机制，加快形成有利于“四新”经济发展的要素保障体系，率先将我市打造成为江苏沿海地区“四新”经济发展的新阵地。

(四)发展目标

近期目标。到2020年，国家战略互联互通双向开放桥头堡建设取得阶段性进展，重点领域全面融入上海基本实现，经济转型升级取得突破性进展，现代港口城市、创新型

城市和旅游休闲城市初具雏形。

——基础设施建设初见成效。围绕“建设新通道,打造新平台”的思路,加快推进吕四港10万吨级进港航道、沪启铁路过江通道、江海产业园通用机场跑道等海陆空通道建设,全面打造国家级开发区、综合保税区和省级高新区、滩涂综合开发试验区、旅游度假区等产业新平台。确保宁启铁路2018年建成通车,无缝对接国际海运网络基本实现。智慧城市建设深入开展,信息基础设施大幅升级,互联网国际通信专用通道前期工作有序开展。

——现代产业新体系基本形成。以《中国制造2025启东实施计划》为指引的“三优三新”现代产业集群基本形成,一个园区一个主导产业的格局基本建立;以生产生活性服务业和文化旅游业为主体的服务业发展框架基本确立;以大数据、互联网金融等为主的“四新”经济在国民经济中的占比进一步提高。

——融入上海基本实现。交通物流更加便捷,产业协作更加紧密,合作园区深入推进,人员往来更加频密,两地在经济、文化、科技、农业等领域的融合度进一步提升,融合发展的示范效应进一步彰显,全面打造融入上海“2468”目标的升级版。

——双向开放合作新模式基本成型。对内,加大与“一带一路”、长江经济带沿线城市产业合作力度,强化向中西部产业招商;对外,按照对外开放“三步走”的思路,不断提升企业、产业和城市的国际化水平。

——新型城镇化格局初步确立。以人的城镇化为导向,强化产业支撑保障转移人口就业,加快建立以产业发展带动新型城镇化发展模式,围绕“两沿两区一中心”产业空间布局,以沿海前沿区域“区镇合一”镇为重点的新型城镇化建设初见成效。按照“3+X”试点任务要求,加快建立农业转移人口市民化成本分担机制,构建多元可持续的城镇化投融资机制,建立行政管理创新和行政成本降低的新型城市行政管理模式,积极探索创新城乡土地管理等体制机制。

中远期目标。用10~15年左右的时间,建成江海陆空铁综合立体交通体系,建成综合保税区,健全国际海运网络,国家战略互联互通双向开放桥头堡基本建成;全面融入上海基本实现,新型城镇化格局基本确立;力争三个优势产业均超千亿、三个新兴产业均超500亿元,“四新”经济在国民经济中的占比进一步提高;互利互惠合作共赢的开放型经济新体制全面建成;现代港口城市、创新型城市和旅游休闲城市基本建成。

二、重点任务

(一)引进新产业推进产业增量扩张。以《中国制造2025启东实施计划》为指引,围绕海洋经济、电力及能源装备、精密机械及电子三大支柱产业,着力引进百亿级基地型项目,大力培育百亿级企业;以新材料、新医药和通用航空等新兴产业为主攻方向,积极引进行业标杆企业,打造亮点产业,全面构建千亿级“三优三新”产业集群;确立以生产生活性服务业和文化旅游业为主的服务业发展格局,大力引进物流、仓储等生产性服务业项目和生态养老、健康医疗等生活性服务业项目;加快吕四渔港、海洋风情区及吕四水产品国际交易市场建设,积极发展江海旅游,壮大旅游及文化产业,全面建成旅游休闲城市;依托互联网经济产业园、博士创业园等载体,瞄准大数据、“互联网+”等领域大力发展“四新”经济,积极推动产业结构向中高端迈进,全力构建以高新技术产业为主导、服务经济为主体、先进制造业为支撑、现代农业为基础的现代产业体系,力争在产业规模、业态、质效等方面实现领跑沿海。

(二)吸收新技术推进产业存量调优。充分发挥技术改造在推动经济转型中的重要作用,进一步放大工业设计在助推转型中的支撑作用。按照“调高调轻调优调强调绿”的思路,瞄准我市主导产业,进一步加大市财政对技术改造的支持力度,加快存量企业智能化、绿色化改造,加大信息化和工业化融合深度。按照《中国制造2025启东实施计划》确定的技术改造重点领域,加快企业智能化改造,鼓励企业开展智能车间改造。以工业机器人、数控机床、智能仪器仪表、节能环保装备等首台(套)重大装备推广应用为重点,支持、鼓励企业引进先进技术装备,加速装备智能化升级,推进智能研发设计、智能生产、智能管理、智能服务,大力推广3D打印技术在研发设计中的应用。大力扶持企业开展绿色化改造,鼓励企业采用合同能源管理,支持有条件的企业建设能源管理中心,加快推进重点行业脱硫、脱硝、除尘提标改造。积极推广工业大数据、云计算等新技术。

(三)打造新载体推进平台经济集聚发展。加快组建启东产业技术研究院,积极推进创新型经济园、博士创业园和科创园运营管理模式创新。借鉴上海等地先进经验,结合“区镇合一”、审批权限下放实际,加快探索园区由“大管委会+小公司”向“小管委会+大公司”转型的新思路。充分发挥实体平台和虚拟平台、线上和线下平台互动互补的作用,全力构建大众创业、万众创新的新空间,大力完善产业平台建设,以产业平台集聚助推经济转型升级。一是全力推进八大园区平台高端化转型。启东经济开发区加快互联网经济产业园建设,大力培育互联网金融、大数据等“四新”经济,争创国家级开发区;吕四港经济开发区全面优化环抱式港池、新渔港、新材料产业园三大平台,打造上海北翼第一海港;滨海工业园加快科教一体、产城融合发展,争创省高新技术产业园;海工船舶工业园强化“腾笼换凤”,打造“中国一流、世界知名”海工及重装备产业基地;江海产业园加大苏沪合作和协调共建力度,争创省级滩涂综合开发试验区;滨江医药化工园积极创建生态工业园;启隆生态科技产业园积极打造上海北部融都市农业、生态养老、休闲旅游为一体的集聚区;圆陀角旅游度假区积极打造具有国际水准的江风海韵体验基地和长三角休闲旅游目的地;二是积极培育市场化的平台企业。尽快完善对国动产业园、海四达创业园、金凤凰创业园等民营平台企业的扶持政策,高度重视公共技术服务平台的组建和运作,鼓励有条件、有动力的领军企业建立企业研究院,建好工程技术研究中心、企业院士工作站、企业重点实验室、研究生工作站等平台,形成覆盖高端创新、基础创新的多层次的技术创新体系,为创新创业提供有力支撑;三是大力发展互联网平台经济。让“互联网+”加出新业态、新模式、新技术和新创意,加快发展大数据、互联网金融等新业态。加快推进互联网经济产业园建设,推进电动工具互联网金融及贸易平台建设,依托“互联网+”、大数据新平台推动我市经济转型迈上新台阶。

(四)构筑创新链推进科技创新驱动转型。围绕产业链布局创新链,沿着创新链在人才、专利、研发、平台和环境等方面建成新高地。一是实施高新技术产业推进工程。大力扶持企业申报高新技术企业和高新技术产品。有关部门要在企业研发抵扣、高新技术企业所得税减免等方面创造更加宽松的环境,鼓励企业积极申报国家、省、市科技项目,通过项目带动企业研发投入,做强高新技术产业,为经济转型发展提供有力支撑。二是实施企业创新能力提升工程。实施创新型企业“369”培育计划,到2020年培育30家领军型创新企业,60家科技骨干企业,90家科技先进企业。大力培育以高新技术企业为主力军的创新型企业集群,推动企业加大技术创新、管理创新和商业模式创新力度,加快企业转型发展。三是实施政产学研用协同创新工程。鼓励南通大学、职校与企业建立实训基地,支持企业主动对接上海等地高校科研院所,加强信息、技术沟通,实施高校与企业协同创新计划,加快技术引进和成果引入、转化。鼓励企业建立院士工作站、省级和国家级工程技术研究中心、省重点实验室和“千人计划”专家工作站等多种形式的产学研载体。

(五)把握新机遇推进全面融入上海。紧紧抓住国家“一带一路”、长江经济带建设等国家战略和长三角城市群规划加快实施的历史机遇,以长三角区域经济一体化的视野和战略思维谋划启东未来,在积极推进融入上海中实现经济转型升级。进一步强化接轨上海工作的组织领导,成立专门机构,组织专门力量统筹谋划推进全市的接轨上海工作。认真研究上海需求,从产业协作、功能互补等多角度分析探讨与上海互动融合的新路径。深入实施接轨上海“139”工程,巩固深化两地在人才、产业、要素、交通、基础设施等领域合作的成果,加快推进江海产业园、上海自贸区(启东)产业园、上海自贸区启东生物科技创新协作园和绿地长岛项目建设。积极抢抓上海教育、医疗、养老等城市功能外延合作新机遇,大力拓展合作领域,持续强化合作深度,全面提升合作层次,真正实现融合发展、借力发展。

(六)适应新常态推进全面开发开放。加快建立以推进我市产业双向转移为目标的对内对外双向开放的新格局。对内,深化与“一带一路”、长江经济带沿线城市产业合作力度,加大向中西部城市产业招商力度;对外,按照对外开放“三步走”的思路,大力推进企业国际化、产业国际化和城市国际化。推动企业国际化发展,鼓励建筑、电动工具等行业龙头企业走出去,带动成套设备等优势产能走出去。加快提升产业国际化水平,瞄准世界500强外资企业,大力引进电子信息、工业机器人等高端项目,加快探索与海上丝绸之路沿线国家联合建设海洋高新技术产业园、海洋科技合作区和海洋人才培训基地等;不断提升城市国际化程度,充分发挥文化软实力优势,深化与“一带一路”沿线国家在教育、科技、医疗等领域的交流合作,加快中德大数据产业研究院和中德工业4.0培训中心建设,积极与沿线国家友好城市开展结对交流,全面提升我市国际化水平。

(七)突破关键环节推进基础设施建设。充分发挥我市江海组合港优势,加快推进吕四大港10万吨级进港航道建设,加快多式联运中心建设,积极谋划“海进江”大宗货物“水水中转”基地,全力打造衔接长江经济带、“一带一路”的枢纽港;加快江海产业园通用机场报批及建设力度,大力推进宁启铁路、海启高速建设,积极跟踪推进北沿江铁路、沿海铁路和沪启过江铁路前期工作。进一步加大融入长江经济带力度,积极对接国家、省长江口北支航道整治举措,加大长江北支开发力度。大力开展智慧城市建设,大幅提升我市信息基础设施建设水平。加快电力双回路和互联网国际通信专用通道规划建设,全面保障大数据、互联网金融等“四新”经济发展。加快推进国家一类开放口岸验收工作,加快综合保税区报批。加强与江苏、上海有关方面沟通协商,优化和完善沪启物流大通道服务功能。

(八)攻克难点全面推进新型城镇化建设。紧紧抓住国家推进新型城镇化试点机遇,强化产业支撑保障就业,以完善公共服务保障安居。加快完善农业转移人口市民化成本分担机制和多元的城镇化投融资机制,重点创新完善人口服务管理制度。紧紧抓住城乡用地增减挂钩试点机遇,按照“一主两副三片区”的空间布局,大力推进吕四港口、园区和城镇“三位一体”协同发展,加快形成我市重要经济增长极。大力扶持发展吕四港镇和寅阳镇等全国重点镇,加快南阳、北新中心镇建设,围绕“两沿两区一中心”产业空间布局,全市基本形成产城融合的新型城镇化格局。

三、推进机制和保障措施

(一)健全组织领导体系。建立我市依托“一带一路”、长江经济带和上海自贸区发展战略推进经济转型升级的工作领导小组,统筹推进各项工作,协调解决重大问题。密切与上海的沟通合作,做好相关政策、规划、产业、项目的协调衔接,积极承接上海城市功能转移,共同研究重大问题,协同实施重大项目。加强与长江沿线有关省市合作,引导、推动产业联动与承接转移,以产业链、供应链整合提升产业发展水平。建立绩效评估制度,明确各部门的任务分工和时限要求,加大工作目标考核和督查力度。建立健全舆论引导机制,加强与媒体互动,搞好新闻宣传,营造全社会积极参与依托“一带一路”、长江经济带和上海自贸区发展战略推进经济转型升级的良好氛围。

(二)创新财政扶持方式。加快梳理整合各类扶持政策,制定出台以“三优三新”、生产生活性服务业、文化旅游业和“四新”经济为主体的财政奖励(补助)政策体系,提高政策的针对性和有效性。加快陆海统筹发展金融服务创新启东示范区创建工作,用活用好上级政策。鼓励企业多元化融资、开展债券融资和股权融资,加快制定企业债券融资和股权融资的财政奖励政策,进一步降低企业融资成本。大力推动优质企业上市,鼓励企业在“新三板”、上海股交中心、江苏股交中心等场外市场挂牌。建立完善股权投资与财政资金奖励(补助)并行的财政扶持框架,加快组建独立的国有股权投资公司,引进专业基金管理公司联合设立产业投资基金、风险投资基金、种子基金等,扶持“四新”经济发展。

(三)加强人才队伍建设。加快提升党员干部主动适应并引领新常态的能力,加快提升党员干部用新思路把握改革新机遇、用新思维紧跟发展新潮流、用新机制推动发展新事物、用新举措应对发展新趋势的本领。通过专业培训、实岗锻炼等多种方式,加快培养熟悉产业、懂金融、具有国际视野的复合型干部。加快培养高层次的科技企业家、领军人才和创新团队,特别注重引进、培养既懂科技又懂市场的复合型创新人才。深入实施“东疆英才计划”“1233 产业人才发展行动计划”,加快引进两院院士、“长江学者”“千人计划”专家(团队)到启创新创业,发挥领军人才的引领作用。加快建立适宜“四新”经济发展的人才政策体系,加大“四新”经济类创新创业人才引进力度,加快培养跨国经营管理人才和专业技术人才,积极开办跨国经营培训班。大力实施蓝领振兴计划,加紧培养各类实用型人才。充分发挥智库作用,完善智库建设政策,加快建设启东“一带一路”、长江经济带和对接上海自贸区专家库。

(四)优化政务服务环境。着力构建以“5 张清单、5 个平台、5 项重点改革、5 大监管体系”为主要内容的简政放权、转变职能的基本框架,着力打造政务中心、网上审批、资源交易、公共服务、信息公开等“五合一”服务平台,深化建设项目审批制度、市场主体登记制度、重点镇(区)行政审批制度等重点领域改革,推动政府管理由事前审批向事中事后监管转变。加快对接上级关检合作“三个一”,简化通关程序。积极推广复制上海自贸区以负面清单管理为核心的外商投资管理制度和以贸易便利化为重点的贸易监管制度。

(中共启东市委 启东市人民政府 启发〔2015〕26 号)

关于深入实施创新驱动战略促进科技进步和创新创业的意见

为深入实施创新驱动发展战略,大力推进科技创新工程,促进大众创业、万众创新,根据《中共中央国务院关于深化体制机制改革加快实施创新驱动发展战略的若干意见》、《中共江苏省委江苏省人民政府关于建设苏南国家自主创新示范区的实施意见》、《中共江苏省委江苏省人民政府关于深入实施创新驱动发展战略的意见》、《中共南通市委南通市人民政府关于主动融入苏南国家自主创新示范区建设加快实施创新驱动战略的意见》等有关文件精神,结合本市实际,提出如下意见。

一、指导思想

深入贯彻落实党的十八大、十八届三中四中全会和习近平总书记系列重要讲话精神,积极适应经济发展新常态,坚持以企业为主体、产业为方向、平台为支撑、人才为关键、制度为保障,扎实推进科技体制改革,不断增强自主创新能力,围绕产业链部署创新链,围绕创新链完善资金链,统筹推进科技、管理、品牌、组织、商业模式创新,实现科技创新、制度创新、开放创新的有机统一和协同发展,强化科技同经济对接、创新成果同产业对接、创新项目同现实生产力对接、研发人员创新劳动同其利益收入对接,增强科技进步对经济发展的贡献度,营造大众创业、万众创新的政策环境和制度环境,为建设经济强、百姓富、环境美、社会文明程度高的新启东提供有力支撑。

二、奋斗目标

到 2020 年,基本形成适应创新驱动发展要求的体制机制,创新型县市建设取得重大进展,主要创新指标取得明显进步,成为江苏东部、上海北翼有影响的产业科技创新高地。

——区域创新能力显著增强。高新技术产业产值占规模工业产值的比例达到 50%,全社会研发投入占 GDP 的比例达到 2.8%,高新技术企业达到 120 家,大中型企业研发机构实现全覆盖,万人发明专利拥有量达到 16 件,知识产权得到有效保护,企业创新主导作用更加突出。

——创新资源配置效率显著提升。影响人才、资本、技术自由流动的体制机制障碍得到消除,创新成果得到充分保护,创新人才合理分享创新收益,创新创业活力充分释放,政产学研用协同创新机制进一步强化,创新国际化合作迈出突破性步伐,人才竞争力继续保持全省前列,融入上海取得新的成效,大型科学仪器面向中小企业开放,科技服务业迈上新的台阶。

——科技创新促进经济社会发展水平显著提高。产业转型升级取得重要突破,社会生产力和劳动生产力大幅提高,产业结构加快由中低端向中高端迈进,创新成为经济增长和就业创业的新引擎。战略性新兴产业产值占规模工业产值的比例达到 44%,工业全员劳动生产率每年均有较大幅度提高。涉及民生的资源、环境、健康安全等重大瓶颈问题得到进一步解决,单位 GDP 能耗小于 0.5 吨标煤/万元,环境质量达到省定现代化标准,居民科学素质达标率和现代教育发展水平显著提升,信息化发展水平保持全省先进水平,人均寿命在现有长寿之乡标准的基础上进一步提高,可持续发展新格局基本形成。

——创新创业环境显著改善。企业自主创新意识与动力进一步增强,尊重知识、尊重人才、尊重创造的氛围基本形成,大众创业、万众创新蔚然成风。载体建设显著加强,产业技术研究院等高层次研发机构建设取得突破性进展。科技与人才、科技与金融的结合度进一步提高,创新方式与创新产品不断涌现,每万人口拥有研发人员达 100 人。科技人才扶持政策进一步优化,落实力度显著增强,创新成本有效控制,成果转化明显加快,投入绩效明显提高。

三、重点举措

围绕上述指导思想和总体目标，认真组织实施好九大工程：

(一)实施企业创新能力提升工程

1.加快实施科技创新企业“369”培育计划。到2020年培育30家领军型创新企业,60家科技骨干企业,90家科技先进企业,纳入科学发展星级评价体系,给予重点服务、重点扶持。

2.大力凝聚尊重企业、企业家智慧与创造的共识。一是建立常态化、分行业的企业技术创新对话、咨询制度。要吸引更多的企业家参与研究制定技术创新规划、计划、政策和标准,发挥企业和企业家在创新决策中的重要作用。二是建立密切联系和服务企业家的联络沟通机制。市、镇(乡)、园区和市级机关部门都要建立相对固定的挂钩联络制度,及时增进了解,激发企业家创新动力。三是开展“启东科技创新功臣”评选。每两年一次,评选出十名左右对科技创新有突出贡献先进人物,每人给予10万元奖励。切实加强对企业家财产权和创新收益的保护，增强在启东创新创业的安全感和荣誉感。四是鼓励企业申报国家和省级高新技术企业。大力培育以高新技术企业为主力军的创新型企业集群,推动企业加大技术创新、管理创新和商业模式创新力度,加快转型发展。五是积极鼓励企业推进基础创新。鼓励企业申报高新技术产品、专利、各类科技计划项目以及科技成果奖,按照平台、成果的等次和专利种类等,市财政分别给予相应扶持,实现科技基础创新奖补全覆盖。六是支持科技中小微企业开发创新产品、扩大市场份额。在财政出资的重大工程项目以及国有企业采购清单中,须有5%以上额度面向中小企业招标采购,50万元以下的政府采购产品和服务优先考虑小微企业,并给予价格优惠支持。

(二)实施平台建设跨越工程

3.重点突破平台建设的关键环节。着力提升现有八大园区平台科技创新的规划定位和建设水平,按照“一区一战略产业”的要求,建立健全“创业孵化、创新支撑、融资服务”的科技中小企业扶育体系，发挥中小企业在创新中的生力军作用。适应世界科技创新和产业变革大势,集聚各类创新要素，推进原始创新和重大集成创新，促进科技成果资本化、产业化,培育高附加值创新型产业集群。立足比较优势,紧盯物联网、工业4.0、未来网络、机器人等前瞻性产业,着力发展“三优三新”产业集群,加快形成错位发展、特色明显的产业格局。加快高技术服务业与先进制造业、战略性新兴产业融合发展,利用大数据、云计算、移动互联网等推进智能制造、网络制造、绿色制造,催生更多新技术、新产品、新业态和新商业模式。利用高新技术和先进适用技术改造提升传统优势产业,推动产业加快向价值链高端迈进,促进发展模式、资源利用方式向质量效益型转变。

4.加快筹建启东产业技术研究院。整合现有资源,以财政资金为引导,创新投入与管理模式,采取多元投入、重点突破、产业化运作、分阶段推进的方式,组建专门班子,选调精干人员,集中要素重点投入,引入优质科技品牌,瞄准生物医药领域的新药早中期研发、大数据、工业4.0领域、海工装备领域的关键共性技术研发、电动工具领域的小型化、无绳化、高速低噪技术研发等基础强、产业需求明显、市场化前景好的产业创新方向,实现高端技术创新平台零的突破。

5.积极推动八大园区提档升级。切实加快启东经济开发区创新型经济园建设,加快推进科创大楼基础设施建设,抓紧优化整体规划布局,完善功能配套,为入孵企业提供高质量服务。围绕互联网金融、生物医药早期研发、新型能源等特色优势,加快与国内著名大学、研究院所的合作共建步伐,引入著名品牌与管理团队,组建专业技术研究院,引进高校技术转移中心,提高平台支撑能力。切实抓好中德大数据研究院项目的跟踪推进,争取项目快落地、成果早突破。认真学习借鉴外地先进经验,完善现有扶持政策,研究出台科技孵化器专项扶持办法,促进科技成果加快转化。加快滨海工业园区创建省高新技术园区步伐,推进以博士创业园、南通大学科创园为中心的“三创”核心园区建设,强化创新要素集聚,做强产业特色,加快形成“创客空间、孵化器、加速器、产业基地”一条龙创新创业链。高起点规划,快速推进上海自贸区生命科技启东创新协作园建设。抓紧推进华东理工大学功能材料产业基地建设，加快基础设施配套和项目落地；加强对中科院上海技术物理研究所启东光电遥感中心的服务与指导，争取早出成果，发挥技术辐射带头作用。其他园区围绕产业特色,因地制宜加快平台建设步伐。

6.高度重视公共技术服务平台的组建和运作。鼓励有条件、有动力的领军企业建立企业研究院,建好工程技术研究中心、企业院士工作站、企业重点实验室、研究生工作站等平台,形成覆盖高端创新、基础创新的多层次的技术创新体系,为创新创业提供有力支撑。

(三)实施政产学研用协同创新工程

7.主动加强对外协作交流。充分发挥产业基础优势,主动对接上海、南京、北京等高校科研院所,加强信息、技术沟通,加快技术引进和成果引入、转化。实施高校与企业协同创新计划,支持企业主动参与高校院所早期研发。鼓励企业与高校开展深层次合作，市财政按实际确认的技术交易额给予企业适当补助。

8.加强工业园区产学研平台建设。各工业园区根据自身特点,与对口高校、院所建立紧密型协作关系,组建技术转移中心,搭建稳定的产学研合作平台。到2020年,全市工业园区引进高校、科研院所技术转移中心累计不少于15家。

9.扎实开展“百企百校行动计划”。大中型工业企业、高新技术企业原则上都要与相关高校、研究院所建立稳定的产学研协作关系，规模以上工业企业每年至少开展一次产学研对接活动。鼓励企业并购、组建或参股国际研发企业、设立海外研发中心,吸引海外知名大学、研发机构来启合作或设立研发分中心,鼓励有条件的企业“走出去”寻找国际优质创新资源,力争在国际合作上有所突破。

10.继续办好一年一度的“科技节”。以“科技节”为载体，认真组织企业开展多种形式、务实高效的产学研活动，促进技术、成果引进和企业转型升级。支持创新创业领军人才参加国际学术交流等活动，在出入境手续办理上放宽限制。招才引智享受与招商引资同样的审批政策。鼓励企业就近利用上海、苏南等地高校的科技资源特别是大型实验、检测仪器设备，借助外力加快技术工艺研发，共享优质资源。

（四）实施人才培养开放工程

11.切实加快人才引进。坚持人才优先发展，在用好、吸引、培养人才上下更大功夫。加快培养高层次科技企业家、领军人才和创新团队，特别注重引进、培养既懂科技又懂市场的复合型创新人才。深入实施“东疆双创英才集聚计划”“1233产业人才发展行动计划”，加快引进两院院士、“长江学者”、“千人计划”专家（团队）来启创新创业，发挥领军人才的引领作用。修改完善人才引进相关扶持政策，缩短与苏南等先进地区的政策差距。对技术先进、成果成熟、团队较强、市场前景看好、对高新技术产业有重大带动作用的高层次稀缺人才，要敢花成本，千方百计把人才留在启东。

12.重视做好各类人才的服务工作。积极支持、服务好引进的各类人才申报省“双创计划”、科技副总、博士计划等项目，争取上级资金支持。支持、鼓励本土人才扎根启东，立足岗位，创新创业，施展才能。充分发挥南通大学启东校区和我市成教、职教资源优势，大力推进蓝领振兴工程，加快培养各类实用型人才。鼓励企业引进博士、硕士和“211”“985”高校本科毕业生，市财政分别给予相应补助。扎实推进海外人才工作站建设，鼓励建好“千人计划工作站”“博士后工作站”等载体，加快推进人才公寓建设，提高配套能力。充分挖掘、动员启东籍在外毕业生回乡创新创业，发挥才能，回报家乡。

13.进一步完善人才分类评价标准。实行科研岗位分类考核管理，对从事技术开发和科技成果转化的科研人员，在职称评定、科研奖励、人才计划选拔等方面予以倾斜。积极组织参与“江苏技能状元”等职业技能竞赛活动，鼓励建设劳模创新工作室、技能大师工作室，促进人才涌现、技能发挥。

（五）实施大众创业、万众创新生态系统建设工程

14.实施创新创业主体培育计划。通过多种方式支持青年及大学生创新创业。支持企业高管及连续创业者再创业，鼓励创新型企业和行业龙头骨干企业凭借技术、管理优势和产业整合能力，面向企业内部员工和外部创业者提供资金、技术和平台，打造开放的产业生态圈。开展产业孵化和新业态创生，研究制定科研院所、国有企业和事业单位科技人员在岗和离岗创业办法，完善股权激励和创业创新保障机制，鼓励市内外科技人员在启创办、领办或与企业家合作创办科技型企业、科技服务机构，支持科技人员深入镇（乡）、园区、基地挂职创业。支持科技人员优秀创业计划实施，支持电子商务等从业人员加盟品牌商业连锁经营、电商运营服务平台等自主创业。鼓励启东在外成功人士、大学生、有“一技之长”在外务工人员返乡创业、大学生村官引领创业。积极创新投资模式，引入投资基金等社会化资本，以市场化手段集聚资金、加大投入，促进有创意、有技术、有团队、有市场的创业、孵化项目加速成长。市政府设立专项资金，对众创空间建设与营运进行扶持。各主要工业园区和镇（乡）也要设立种子资金或孵化资金，鼓励“新四军”创新创业。

15.实施众创空间建设计划。启东经济开发区和滨海工业园要紧密结合“三创”核心园区孵化器建设，率先建设创客驿站，围绕特色产业，提供不少于2000平方米的空间，打造集培训、孵化、专业服务于一体的众创空间。其余各镇（乡）、园区、街道结合各自特点，充分利用闲置的厂房、车库等设施，优化整合资源，建设“云间小镇”“车库咖啡”“创客小镇”等基于互联网的众创空间，形成特色鲜明、错位发展的格局。市场监督管理部门要为创业企业工商注册提供便利，放宽住所登记条件，实行“单一窗口”“三证合一”登记，推行网上登记管理。主动对接南通技术共享平台和创新南通服务平台，共享文献、数据和检验检测资源，完善项目全过程服务，开展线上线下互动。鼓励各创客空间聘请企业家、天使投资人、专家学者担任创业导师，提供创业辅导与帮助。积极支持技术交易、咨询、知识产权代理、数据服务等科技服务企业发展，努力形成覆盖创新全链条的服务网络，支撑创新创业发展。

16.实施创新创业文化培育计划。大力宣扬倡导“勇于创新，无惧失败”的创业理念和“鼓励创新、宽容失败”的文化氛围，鼓励创客文化、极客精神，营造全社会理解、支持、参与大众创业、万众创新的良好氛围。积极挖掘创新创业先进人物、先进事迹，开展“东疆创业先锋人物”评选，树立一批新时代创业楷模。积极寻找机会、创造条件，承办国家级、省级等高层次创新创业大赛等活动。组织开展具有地域特色的创新创业论坛、创业技术大赛、创新产品展示等活动，扩大影响、增进交流，打造创新创业品牌。

（六）实施科技金融支撑工程

17.探索建立适应创新链需求的科技金融体系。按照省市县联动的总体安排，主动对接、积极创造条件争取加入省科技金融风险补偿资金池，支持科技创业和科技型中小企业发展。进一步调动商业性金融机构积极性，扩大科技信贷投放，支持科技型优秀企业以知识产权质押、信用担保等多种方式获得金融支持。制订完善扶持政策，鼓励创投、风投、天使投资等投资机构来启设立分支机构，扩大投资规模，以“首投”“首贷”为重点，加大对初次创新的支持。充分发挥财政引导资金的作用，推进科技保险试点，增加政府承担比例，提高风险容忍度。充分发挥“苏科贷”作用，加强与江苏银行的沟通协作，扩大放贷规模，及时为科技型中小企业提供资金支持。引导社会资金和金融资本创新方式，支持中小微企业创新发展，支持不同发展阶段的企业开展直接融资，推进科技企业挂牌上市，利用多层次资本市场加快成长。

（七）实施知识产权运用保护工程

18.建立完善以企业为主体、市场为导向、产学研结合的知识产权创造体系。支持引导企业加大自主创新投入，加大专利信息利用，鼓励企业建立知识产权工程师全程参与创新活动制度，促进高质量专利产出。加大对企业、农民专业合作社商标注册的支持力度，努力实现“一企一标”“一社

一标”,着力提升市场主体自主商标拥有率。支持企业加强著作权、植物新品种和集成电路布图设计登记,鼓励企业完善职务发明奖励和报酬制度,采取知识产权入股、股权期权奖励、岗位分红、利润提成等方式,激发研发人员创造积极性。到2020年,企业专利拥有量占全市总量的比重达80%以上,拥有有效注册商标8000件。

19.重视高价值专利的培育引进。充分发挥南通大学的优势,鼓励教师围绕当地产业发展,推进原始创新,获取有价值的知识产权。鼓励与企业有产学研合作关系的高校、科研院所以技术转移中心等为依托,把专利等创新成果落户启东。围绕我市未来发展的战略性新兴产业和传统优势产业开展集成创新,培育一批创新水平高、权利状态稳定、市场竞争力强的高价值专利。引导企业品牌自创与收购相结合,培育一批市场覆盖面广、影响力大、经济价值高的高知名度商标权和核心版权。

20.强化企业知识产权管理标准化建设。以高新技术企业、重大科技项目承担企业、上市企业和外向型企业为重点,大力推进企业“贯标”工作,引导企业建立健全知识产权管理制度,并融入研发、生产、销售全过程。到2020年,全市20家企业通过“贯标”认证。深入实施企业知识产权战略推进计划,支持已通过贯标的企业研究制定知识产权战略规划,运用专利、商标、版权、商业秘密等知识产权提升核心竞争力。对创新实力强、品牌优势明显、发展潜力大的骨干企业和具有国际眼光、战略思维的创新型企业家,同等条件下优先支持建设高水平研发机构、实施科技计划项目,提供高端服务。鼓励引进高层次人才与团队,创造引领产业发展的知识产权成果,培育知识产权密集型企业。围绕传统优势产业和战略性新兴产业,实施专利导航工程,开展专利预警分析,引导专利创造和集聚,大力培育专利密集型、商标密集型、版权密集型产业。

21.加强知识产权运营与保护。充分利用省知识产权交易中心和紧靠上海的优势,促进有价值专利上网交易,降低交易成本。支持、鼓励社会资本投资设立知识产权运营公司,开展知识产权收储、开发、组合、投资等服务。充分发挥市人民法院知识产权庭的作用,加快知识产权法律援助中心建设,强化知识产权执法与司法保护衔接,形成保护合力。实施知识产权护航计划,加大联合执法力度,对重点地区、重点领域开展严格执法,打击侵权假冒违法,对恶意侵权、重复侵权等违法行为依法予以处罚。深入开展打击网络侵权盗版活动,推进企业软件正版化。建立知识产权侵权违法档案,纳入企业或个人征信系统。引导涉外企业加强对国际知识产权制度和规则的学习研究,妥善应对涉外知识产权争端,合理规避风险,维护自身权益。

(八)实施创新驱动政策优化落实工程

22.进一步加大投入,优化创新环境。围绕产业升级和科技进步,坚持“需求导向”,大力推进科技管理体制改革,梳理、精减行政权力清单,加快简政放权,推进依法行政和政务公开,用政府权力的“减法”换取创新驱动的“乘法”。整合全市科技计划体系,在市级层面建立统一协调机制,打破条块、部门隔阂,及时调整科技政策支持重点,避免重复、低效、碎片化。进一步加大政府对创新驱动的投入,确保每年对科技创新投入高于市财政一般预算收入增长5%以上,市科技三项资金投入达到南通市先进水平。进一步突出创新扶持重点,把有限的资源用于基础创新、平台建设和人才支持上来;改革创新扶持方式,对基础创新的奖补实现全覆盖,对竞争性项目的支持更多地采用贴息、后补助、间接投入等方式,提高使用效率。

23.加大科技政策落实力度。进一步落实好企业研发投入加计扣除政策,加大宣传培训、指导力度,帮助企业按研发项目做好财务基础工作,充分享受研发费用加计扣除普惠性扶持政策。切实抓好高新技术企业所得税减按15%征收优惠政策的落实,保持减负总额南通市领先水平,扩大企业享受覆盖面。

24.学习借鉴先进经验。认真学习苏南自主创新示范区和上海自贸区的先进经验,探索建立负面清单管理模式,以工商登记制度改革为突破口,深化行政审批制度改革,打通创新要素快速集聚通道。认真落实国家级科技孵化器、大学科技园免征房产税、城镇土地使用税和营业税等优惠政策,探索企业研发机构、科技企业孵化优先供地政策。学习借鉴中关村6条政策,包括科研项目经费管理改革、非上市股份转让、科技成果使用处置和收益管理、扩大税前加计扣除范围、股权和分红激励、职工教育经费税前扣除等相关政策及其配套措施,积极复制推广中关村先行先试的4条政策,拓展政策空间。通过政策落实和政策创新,完善覆盖主要产业与社会各界、既激励大众又重点高效的政策扶持体系,构筑创新创业政策高地。

(九)实施科技惠民富民工程

25.充分发挥科技在农业现代化中的支撑作用。围绕生物农业、信息农业,组织培育农业优良新品种,强化实用技术开发和集成配套,加快农业高新技术发展和产业关键共性技术创新。

26.切实加强农业创新载体建设。以技术研发、集成创新、示范应用为重点,推进农业科技园区建设。加快以南阳镇为主体的现代农业示范园区建设,努力凸显优势、发挥作用。推进以吕四港镇为主体,覆盖沿海乡镇的国家级南通农业科技园启东核心园区建设,做强海洋生态科技特色产业。

27.积极探索农业产学研结合的新思路、新模式。支持涉农高校、科研院所建立科技示范基地等多形式的科技成果转化平台,支持科技特派员在农业领域创业创新。

28.进一步推进农业科技服务超市分店及便利店建设。充分发挥品种、技术、成果、信息、专家等科技要素的平台作用,提供各种农业科技服务,加快农业科技成果转化与新品种、新技术的示范推广。

29.充分发挥科技在其他民生领域的作用。扎实开展美丽新农村建设试点工作,综合运用生物技术、物联网、智能分析控制等技术,建设信息农业、智慧农业。整合加强现有科技资源,推进智慧城市、智慧社区建设,提升信息化水平。充分利用智能监控、流程控制、快速检测等手段,加强对水和耕地污染防治、食品安全的全过程控制。注重运用互联网、北斗定位、远程控制、大数据分析等技术,推进科技强警，加强对人群和车辆流动的精确管理，缓解交通压力，增强民众安全感。注重加强现代网络、云存储、大数据分析等先进技术与文化传播、教育教学的结合，紧贴时代潮流，提高实际效果。围绕重大新发传染病防控等课题，充分利用长三角优质医疗科技资源，运用先进设备与技术，加大攻关力度，提高临床诊疗和防范能力。推广应用新型节能材料、先进设计施工技术，在城市建设和小城镇开发中实现节能、环保、绿色、安全。推广使用先进保健、康复技术与装备，打造健康养老产业，服务老龄社会，提高生命质量。

四、保障机制

强化领导机制。充分发挥市科技创新领导小组作用，加强组织领导和统筹协调，及时研究、把握工作方向，解决重大问题。各镇(乡)、园区建立相应领导机构，一把手亲自指挥，分管领导具体负责，真正把实施创新驱动战略摆上重要位置。对重点区域、重点工作、重大项目实行领导直接联系制度，重心下移，确保及时掌握情况，解决实际问题。

强化责任落实。把创新驱动发展战略各个环节、各项重点任务分解到职能部门、各镇(乡)、园区，做到任务明确、责任到人，实现压力传递。充分发挥“人才科技杯”考核等机制作用，鼓励争先，推动工作开展。切实加强督促检查力度，及时发现并整改薄弱环节，确保任务落实。

强化协同沟通。进一步明确市、镇(乡)、园区创新职责定位，建立责权统一的协同联系机制，提高行政效能。切实加强对上沟通，及时了解、把握政策变化。注重打破部门、行业界限，加强横向沟通，增强工作合力。组织、人社、发改、财政、国地税、科技等相关职能部门要充分发挥职能作用，保证资金、人才等要素调配供给和创新政策落实，确保创新驱动发展战略有效实施，推动产业转型升级、创新创业计划的顺利开展。

附件：实施创新驱动战略重点任务分解表(略)

(中共启东市委　启东市人民政府　启发〔2015〕27 号)

启东市2015年生态文明建设工作要点

2015 年，全市生态文明建设总体要求是：深入贯彻落实党的十八大、十八届三中、四中全会及省委、南通市委和启东市委全体扩大会议精神，坚持生态立市、环保优先理念，主动适应新常态，坚决向污染宣战，按照“13358”工作思路，即：围绕一个目标(落实生态文明建设工程、实现生态环境南通领先)，突出三大领域(大气、水、土壤)，坚持“三个坚决”(对不符合国家产业政策、“两高一资”项目，坚决不予审批；对环境违法行为，严格执行新《环保法》，坚决采取“零容忍”态度依法查处；对生态文明建设工作不力、造成影响的地区、单位和个人，坚决依法追究相应责任)，落实“五严”举措(实行最严格的准入、最严格的监管、最严格的治理、最严格的执法和最严格的制度)，全面实施“八大行动”(生态创建行动、节能减排行动、循环经济行动、美丽城乡行动、清洁水体行动、清洁空气行动、清洁土壤行动、绿色启东行动)，同步推进生态经济、生态环境、生态文化建设，着力解决好人民群众身边的环境问题，为人民群众创造更好的生产生活空间，为“顺应新常态、谋求新跨越，奋力谱写全面小康社会建设新篇章”多做贡献。

主要目标是：国家生态市、国家环保模范城市通过国家考核验收；全面完成“十二五”节能减排任务；环境质量保持稳定，空气环境质量优良以上天数比例保持 70%以上，大气中 PM2.5 浓度确保比 2013 年下降 9%、力争 12%；集中式备用饮用水源地水质达标率 100%。

一、不断探索生态文明建设新的体制机制

1.落实生态红线区域管控措施。贯彻落实《南通市生态红线区域保护监督管理暂行办法》，制订年度保护方案、资金使用计划并有效执行。建立生态监察制度和年度评估制度，完成生态红线保护区区域立标工作，生态红线保护区域得到有效保护。启动长江口北支湿地生态保护区区域调整科考工作，编制启东长江口北支省级自然保护区保护规划，加强自然保护区管理处能力建设。

2.深化环境影响评价制度改革。根据省、南通市统一部署，探索环评审批正、负面清单管理制度，试行正面清单项目备案管理制度。探索推进环境监测社会化。

3.启动实施排污权有偿使用和交易。在区域排污总量控制前提下，新改扩建项目新增化学需氧量、氨氮、二氧化硫及氮氧化物排放指标实行有偿取得。年排放化学需氧量大于 5 吨或氨氮大于 0.5 吨的印染、化工、医药、发酵、酿造等行业新(改、扩)建项目以及年排放二氧化硫、氮氧化物大于 10 吨的新(改、扩)建项目，实施排污权交易。完成现有企业初始排污权核定。

4.全面深入贯彻环境经济政策。落实区域治污责任，严格执行水环境区域补偿政策。加强环保信用体系建设，完善排污企业信用评定办法。继续实施好绿色信贷、差别水价和环境污染责任保险工作。开征扬尘排污费。

5.深化陆海生态环境一体化管理体系。全面贯彻南通《关于深入推进陆海生态环境一体化管理的意见》，在陆海生态环境建设、涉海工程环评联动审批、主要污染物排海总量、近岸海域水环境治理、水环境质量监测监控、联合执法、突发环境污染事件应急管理等七个方面的加强联动，推动完善陆海生态环境一体化管理体系。

二、推进更高水平生态文明示范建设

6.深入推进生态创建。专题召开生态文明建设大会，深入推进国家生态市和国家环保模范城市建设，确保通过环保部考核验收。发布实施《生态文明建设规划》，启动国家生态文明建设示范区创建。启动生态文明镇、生态文明村创建，新增省级绿色学校 1 所、南通市级绿色学校 2 所、省级绿色社区 1 个、南通绿色社区 2 个。积极推进生态园区创

建,启东经济开发区建成省级生态工业园区,吕四港经济开发区完成生态园区创建前期准备工作。启东经济开发区、滨江精细化工园跟踪环评取得省环保厅审核意见。

7.大力建设“绿色启东”。大力开展绿化造林,全年完成造林面积任务4.3万亩,建设绿化示范村15个。

8.建设一批城市生态工程。加快推进灵秀公园、蝶湖景区、丁仓港滨河、中央河滨河绿化工程,完成紫薇苑、南苑中学、城市一品区域绿化节点工程。完成世纪大道西延、南苑东路、紫薇东路等道路绿化建设,大力推进华石北路、和平北路、新安江路、黄浦江路等绿化工程。完成城东花园二期、北上海花园二期小区绿化工程。

三、持续深入推进节能减排工作

9.大力发展循环经济。组织推进省、南通市两级园区循环化改造试点工作,加快推进风力发电、光伏发电等项目建设。

10.推进重点减排工程项目建设。市城市污水处理厂三期工程9月底前投运并通过环保竣工验收。滨海污水处理厂、江海污水处理厂9月底前通过环保竣工验收。全力推进飞灰填埋场建设,5月份通过竣工验收并投入运行。新增镇乡污水管网10公里,力争19公里。

11.大力推进节能工作。深化推进建筑、交通和公共机构等重点领域节能工作。在重点企业推进能源审计、能源体系建设、能管中心创建工作,扎实推进万家企业节能低碳行动。开展重点行业能效对标活动,实施重点行业能耗限额管理。大力发展节能环保产业,组织申报培育一批节能惠民产品。抢抓国家大气、水环境治理机遇,加大政策扶持力度,推进重大节能减排工程项目建设。推广清洁生产先进技术,完成实施23个清洁生产改造项目。强化节能目标约束,定期分析、预警,加大工作推动,确保完成2015年度和“十二五”节能降耗任务。

12.严格建设项目环境准入。严格执行《市政府关于加强和改进环境影响评价工作的意见》(通政发〔2015〕11号),进一步优化环评审批。推行“区域准入、行业准入、总量准入、民意准入、污防准入”五位一体环境准入,切实做到“五个一律不批”:不符合环境法律法规、国家及我市产业政策的项目一律不批;选址、选线与规划不符,布局不合理的项目一律不批;对饮用水源保护区等环境敏感地区产生重大不利影响,群众反应强烈的项目一律不批;在超过污染物总量控制指标、生态破坏严重或者尚未完成生态恢复的地区,对增加排污总量和严重影响生态环境的建设项目一律不批;经论证存在重大环境风险的建设项目一律不批,从源头控制新增污染物排放总量。严格贯彻执行《市政府关于印发南通市化工产业环保准入指导意见的通知》(通政发〔2014〕10号)及《南通市化学品生产负面清单与控制对策》,推进重污染项目(物质)退出。滨江精细化工园区制订出台化工准入门槛。

四、联防联控推进大气污染防治

13.治理工业废气污染。全面推进全市10吨以上燃煤锅炉提标改造,淘汰10吨以下(含10吨)燃煤锅炉,全年完成170台燃煤锅炉淘汰任务。启东经济开发区、滨江精细化工园、海工船舶工业园、滨海工业园内化工、表面涂装、印刷包装等重点行业要全面梳理排出VOCs治理项目,2015年完成应治理项目总数的50%。已建治理项目要确保治理设施稳定运行。

14.治理机动车排气污染。全面推广使用第四阶段标准车用柴油。鼓励推动绿色交通出行。进一步扩大黄标车限行区范围,全面落实黄标车禁行措施。加大黄标车和老旧机动车辆淘汰力度,年内全市现有黄标车全部淘汰到位。

15.推进扬尘污染防治。市区开展建筑工地扬尘集中整治行动,全面推行“绿色施工”,各类施工工地扬尘污染控制达标率达到80%以上。加强城市道路清扫保洁和洒水抑尘,提高机械化装备、作业水平。城市建成区主次干道机扫率、洒水率达到70%以上。开展码头堆场扬尘治理行动,2015年堆场扬尘治理完成率50%以上。依法开征扬尘排污费。

16.着力推进秸秆综合利用和禁烧工作。不断拓宽秸秆综合利用渠道,重点推进体系建设,培育经纪人队伍,建立完善农作物秸秆收贮、运输、利用体系。示范推广秸秆机械化还田及能源化利用技术,秸秆综合利用率达92%以上。强化重点时段、重点地区的督察巡查,坚决遏制秸秆露天焚烧现象。加大秸秆禁烧工作的宣传引导,不断增强群众禁烧的自觉性。

17.加大餐饮油烟整治力度。开展学校、街道、居民住宅集中区和旅游风景区等地的餐饮行业污染专项整治,大中型餐饮企业手续完备率100%,污染防治设施完备率100%。实施“摊点安家工程”,对城区现有摊点进行专题调研,重新规划和设置。加大对烧烤门店的集中整治。

18.切实强化污染天气预警应急。启动发布空气质量预警预报。严格执行《启东市重污染天气应急预案》,根据情况及时启动应急预案,采取有效措施降低污染影响。

五、全面推进水环境治理

19.确保集中式备用饮用水源安全。做好集中式备用饮用水源地保护区划分、立标等工作,全面排查饮用水源地取水口上游10公里、下游2公里范围内的污染隐患,对违规项目进行清理。继续开展沿江沿河排口规范化整治工作。

20.加快实施流域水污染防治工程。推进长江流域水污染防治规划和通吕运河达标整治规划项目建设,提升入海河流和沿海水环境质量。完成市规模化养殖场污水处理示范工程建设。确保完成治污工程建设任务。确保考核断面水质达标。

21.推进城乡河道治理。按照“政府主导、社会参与、属地管理、分级负责”的原则,全面清理四级(含)以上河道内的拦网、鱼簖、网箱等涉渔阻水障碍物,畅通河道水系,推广原生态(普)养殖,净化河道环境。6月底前,全市一、二、三、四级河内鱼簖、网箱、摇网、拦网全部清理完毕。严格控制三、四级河道水面养殖,实现科学规划、公开招标、原生态(普)养殖。

22.加强海洋环境保护。强化海洋生态环境管控措施,按照《南通市海洋生态红线区保护规划》、《南通市突发海洋环境事件应急预案》、《南通市“十三五”海洋环境保护规划》等配套制度。进一步完善陆海生态一体化管理机制，推行涉海开发规划及涉海项目环评联合会审制度和互备制度，强化海岸带环境保护监督管理和联合监测。积极防治陆源污染，巩固主要入海河流水环境综合整治效果，逐步减轻陆源污染负荷。启动海洋环境容量研究。加强港口码头污染物控制，推进港口船舶油污水和洗舱水处置设施建设，靠岸船舶推广使用岸电系统。加大船舶污染监管。

六、铁腕治理重点区域重点行业污染

23.深化环保执法"亮剑行动"。加强环境执法监管，建立环境监管网格化管理。进一步加强环境执法与刑事司法联动，完善案件移送、联合调查、信息共享和奖惩机制，实现行政处罚和刑事处罚无缝衔接。对环境违法行为"零容忍"，采取"十个一律"措施，严厉打击环境违法行为。挂牌督办一批突出环境问题。强化环境应急，全面落实环境风险防范措施。开展企业环境管理规范化建设，督促企业加强自律，规范环境行为。

24.强化重点行业整治。保持铁腕治污的力度不减、标准不降、考核不松。深入开展化工园区环保专项整治和化工园区生态化创建，通过增量式搬迁、集聚式调整，推动化工企业向园区集中、污染物集中治理达标排放。按照南通市政府批复的化工园区整治方案推进园区整治和园区内企业整治。

25.加强环境隐患排查整治。深入开展环保执法大检查工作，对全市企业进行彻底的环境风险隐患排查，摸清底数，掌握实清。举行突发环境事件应急演练。加强环境信访工作，定期梳理群众反映强烈的环境信访问题，落实专人包案限期解决，做到信访总量、越级信访量双下降。认真做好重点污染企业评定工作，深入推进环境污染责任保险工作。

26.切实加强固废处能建设。大力推进固废基础设施建设，持续提升固废处置利用能力。上海电气启东危废处置中心项目4月底前取得环评批复，年内建成投运。提升固废监管水平，危险废物产生单位及经营单位的规范化管理抽查合格率达95%以上。危险废物利用处置率100%，医疗废物规范化收集处置率100%。危险废物重点监管源动态申报率100%，危险废物转移电子联单运行率100%，危险废物集中焚烧(包括自建设施项目)在线监控联网率100%。

27.完成"十二五"重金属污染防治计划项目。继续开展电镀行业整治，全市五项重金属排放总量分别比2007年削减15%以上。

七、深入开展城乡环境综合整治

28.开展城镇环境综合整治。深入开展城乡结合部、城中村和背街小巷的环境整治，加快推进城市环境基础设施及运行管理向郊区和农村延伸，实现城郊一体、统筹管理。继续开展城市环境综合整治行动，重点推进老旧小区、城中村、河道、公共场所等民生环境问题整治，基本消除城市薄弱地带环境脏乱差突出问题。

29.加强农村环境整治。全面推进全覆盖拉网式农村环境综合整治工作，重点推动农村污水处理和非规模化畜禽粪污处置，力争完成2013—2015三年所有整治项目。巩固村庄环境整治成果，完善农村生活垃圾"组保洁、村收集、镇转运、市处理"模式，创建南通市农村环境长效管理示范乡镇2个。加强农村基础设施改造建设，实施拆坝建桥(涵)工程，疏通农村河道水系。

30.积极控制农业面源污染。推广应用配方肥，更大范围开展商品有机肥、有机无机复混肥，有效降低化肥使用量。加强病虫监测预警，减少化学农药使用次数。推进农作物专业化统防统治，不断提高农作物病虫害防治水平。大力推广高效低毒农药。强化规模畜禽养殖场粪便综合利用，促进畜禽粪污资源化利用。开展生态循环农业创建，推动畜牧业转型升级，减少排污总量；规范中型规模养殖场的排污行为，确保达标排放；扶持大型规模养殖场工程治污，实现资源化利用。

八、进一步加强生态文明建设组织领导

31.不断完善工作推进体系。发挥好市生态办、大气办牵头抓总作用，严格实行目标责任制、督查点评制、百分制考核、保证金制度，完善"河长制"、"段长制"，强化落实工作责任。强化考核奖惩，继续将生态文明建设列入全市经济目标考核重点内容，严格实施量化考核，并实行一票否决制。生态文明建设列入干部政绩考核指标体系。

32.持续提升监管监测能力。启动智慧环保建设，完善水质监测网络，优化大气监测网络。建成滨江精细化工园区大气监测站，提升化工园区挥发性有机污染物监控能力。环境监察标准化建设达到一级标准。加强环保监管队伍建设，乡镇、园区配备专业力量。加强生态文明培训教育，不断提高执法人员依法行政水平。

33.积极推进环境信息公开。继续推进空气和水环境信息公开，向社会实时发布全市PM2.5监测数据和空气质量指数；定期公开地表水、集中式饮用水源地水质状况。全过程公开建设项目环境影响评价审批信息，做好审批过程中的公众参与，畅通公众信息表达渠道，切实保障公众知情权、参与权。定期向社会公布重点企业监督性监测结果。推进企业公开自行监测信息。

34.强化环保科普宣传。开展"生态启东在行动"、"公众看环保"系列主题活动，以"六五世界环境日"、"科普宣传周"、"法制宣传周"等节点开展环保科普和环保法制专题活动。征集、制作、印发一批环保科普手册、宣传画，面向社会各界实施多层次的环境教育与培训，不断提高公众环境素养和环境参与度。

附件：启东市2015年生态文明建设任务分解表(略)

(市委办公室　市政府办公室　启办发〔2015〕45号)

大众创业万众创新启东行动计划

为贯彻落实《国务院办公厅关于发展众创空间推进大众创新创业的指导意见》和南通市关于推进科技创新加快转型升级工作会议精神,深入实施创新驱动发展战略,加快发展众创空间,以大众创业、万众创新打造经济发展新引擎,激发全社会创新创业活力,特制定“大众创业万众创新启东行动计划”。

一、指导思想

以实施创新驱动发展战略为统领,以构建低成本、便利化、全要素、开放式的众创空间等创新创业载体为突破口,以激发全社会创新创业活力为主线,整合创新资源、集成政策扶持、优化服务模式,为广大创新创业者提供良好的工作空间、网络空间、社会空间和资源共享空间,形成“人人创业”“万众创新”的新态势,打造经济转型和保增长的新引擎。

二、总体目标

到2020年底,初步实现创新与创业相结合、线上与线下相结合、孵化与投资相结合的创新创业生态系统。形成创新资源丰富、创新要素汇集、孵化主体多元、创新创业服务专业、创新创业活动活跃、各类创新创业主体协同发展的发展格局,使启东成为沪苏区域协同创新创业的试验区,成为上海科技孵化成果转化的加速区,成为上海创新创业资源外溢的最佳承载区。

1.创新创业人才不断聚集。形成以青年及大学生创新创业者、企业高管及连续创新创业者、科技人员和海归创新创业者为代表的创业“新四军”,全市新增创新创业人才不少于3千人,其中“千人计划”“双创人才”“东疆英才”等领军人才不少于50人。

2.创新创业服务体系更加完善。建设低成本、低门槛、开放式、共享型的创新工坊、车库咖啡等新型创业服务平台4个以上,为创业“新四军”提供具有共享办公、人才交流、技术分享、市场拓展、项目对接等一站式服务的创业孵化平台。

3.创新创业服务资源显著改善。设立支撑“新四军”创业的风险投资引导资金,打造从创业项目植入到产业化发展的全过程投融资服务链条。全市备案的天使投资和创业投资机构超过3家,管理资金规模超过10亿元;科技金融风险补偿资金池规模达2000万,支持100家科技创业企业。科技咨询、知识产权服务等科技服务机构完善,创业导师超过20人。

4.创新创业主体高度活跃。科技型小微企业向新模式、新业态转变。孵化科技型创业企业200家,培育有行业影响力的科技小巨人企业5家,支撑发展特色产业集群1个。

5.创新创业文化氛围更加浓厚。全社会形成鼓励创新、宽容失败的创新创业文化氛围,举办各类创业大赛、创业沙龙、创业培训等活动超过80场,“创新启东”在长三角地区获得广泛认同。

三、重点任务

充分利用启东与上海两地科技发展梯次差异、科技优势各异、科技交往流长等基础优势,以及沿海开发、长三角区域协同创新等区域优势与发展机遇。围绕创新型企业家培育、众创空间建设、融资环境提升、创新创业服务提升、创新创业文化培育等关键环节,组织实施五大行动。

(一)创新创业主体培育行动

1.支持青年及大学生创新创业。探索与省内外高校院所共建大学科技园、研究院等创新创业载体,鼓励青年与大学生创新创业者进入大学科技园、研究院等载体创业孵化。支持众创空间等新型孵化载体和科技创业企业,建设一批创业实训基地,定期发布创业实训岗位,吸引青年及大学生创新创业。

2.支持大企业高管及连续创业者再创业。鼓励创新型领军企业和行业龙头骨干企业凭借技术、平台、管理等优势和产业整合能力,面向企业内部员工和外部创新创业者提供资金、技术和服务,开展产业孵化和新业态创生,裂变出更多具有前沿技术和全新商业模式的创业企业,打造开放的产业生态圈。

3.支持科技人员创新创业。制订、完善科技人员创新创业激励措施和保障机制。吸引市内外科技人员利用科学知识、科研成果、知识产权和信息等在启创办、领办或与企业家合作创办科技型企业、科技服务机构。实施科技特派员创业计划,支持科技人员深入乡镇、园区、基地挂职创业。设立创新创意孵化种子资金,支持科技人员优秀创业计划实施,支持电子商务等从业人员加盟品牌商业连锁经营、电商运营服务平台等自主创业。

4.支持国内外高层次人才落户启东创业。深入实施启东市“东疆英才计划”“产业人才发展1233行动计划”,落实《启东市引进顶尖人才专项计划实施办法》《启东市引进人才团队专项计划实施办法》《启东市引进企业紧缺人才专项计划实施办法》《启东市鼓励引荐高层次人才暂行办法》等扶持激励政策,发挥启东经济开发区创新型经济园、滨海工业园博士创业园等创业平台的作用,大力招揽海内外人才落户启东发展。

5.支持启东籍在外人士返乡创新创业。实施农村创业富民计划,鼓励支持在外工作成功人士返乡创业、大学生村官引领创业、大学生返乡创业、有“一技之长”的在外务工人员返乡创业,大力培育一批新型职业农民,推动“打工经济”向“创业经济”转变。支持创办新型农业经营主体,引导和鼓励农村土地经营权向本地农民创办的新型农业经营主体流转,新增涉农财政补贴向本地农民创办的新型农业经营主体倾斜,持续扩大农村创业规模和富民效应。

（二）众创空间建设行动

6.推进众创空间等新型孵化器建设。支持社会资本或行业龙头骨干企业，高效整合人才、技术、资本、市场等各种要素，兴办主要面向创业者的具有新服务、新模式等特征的新型孵化机构。加快经济开发区创新型经济园众创空间、滨海博士创业园众创空间建设，通过新建或改造升级科技企业孵化器，规划发展一批低成本、便利化、全要素、开放式的创客空间和加速器，为创客活动聚集提供项目孵化空间。凡被认定为南通市众创空间的，市财政给予每个30万元奖励。

7.推动众创空间错位发展。围绕我市产业发展特色，发展产业定位鲜明的专业型众创空间。在优化发展领域方向上，支持以海洋渔业初深加工、冷链物流、电商平台等为重点的渔业众创空间建设；支持以先进制造业、现代服务业、“互联网+”等为重点的新技术、新产业、新业态的众创空间建设。在优化区域布局上，重点建设以生物制药产业为主的启东尚华生物制药众创空间、以海工装备设计及配套产业为主的启东海工船舶工业园众创空间，以互联网金融、云计算产业为主的开发区创新型经济园众创空间，以软件产业为主的金凤凰众创空间，以电子信息产业为主的汇龙镇创业科技园众创空间，以节能环保、光电信息产业为主的滨海博士创业园众创空间，以电动工具产业为主的吕四捷顺众创空间，以通航产业为主的江海产业园众创空间。着力加强各众创空间之间的合作联动与资源开放共享，不断完善富有启东特色的创业孵化空间布局。

8.推动传统孵化器体制机制转换和模式创新。鼓励有条件的孵化器引进专业化的管理团队，加强与民营资本合作，采取“创投+孵化”的发展模式，创新项目发现、团队构建、投资对接、商业加速、后续支撑的全过程孵化服务。实施孵化器建设“引进来、走出去”战略，推动传统孵化器与新型创业服务机构开展深层次合作，充分借用上海科技“带动、辐射、探索、示范”力量和作用，吸引上海科技企业孵化器建设主体到启东新建、参股、合作或受托运营管理孵化器，在此基础上，推动孵化器功能向前后两端延伸，形成适应全程创新创业的“创业苗圃—孵化器—加速器”的孵化服务体系。

9.打造创新创业示范公寓。开发区、滨海工业园、海工园要对现有孵化器、闲置厂房等进行改造，为创新创业者提供集公共办公区、会议室、活动区和住宿区为一体的价廉宜居的众创公寓，集聚相关创新创业服务机构，营造交流、沟通、碰撞、开放、共享的创新创业氛围。

10.优化创客发展生态环境。为创业企业工商注册提供便利，放宽创新创业企业住所登记条件；实行“单一窗口”、推行“三证合一”登记；推行网上登记实施全程电子化登记管理，充分释放市场活力，降低创业成本。对经认定的众创空间等新型孵化机构的房租、宽带接入费和用于创业服务的公共软件费用给予全额免费的优惠，所产生的费用由市财政和各镇（乡）、园区及其他承办主体各半承担。

（三）创新创业融资环境提升行动

11.建立健全创业风险投资引导机制。市财政设立启东创业风险投资引导资金，建立和完善创业投资风险补偿机制，加大风险补贴支持力度。各主要工业园区通过引进专业投资机构，设立总盘子不少于1000万元的孵化种子资金。发挥市创业投资引导资金的带动作用，引导社会资金、民营资本开展创业投资；开展创业投资人培训、创业投资项目与金融机构交流对接等公共服务活动，吸引更多专业化创业投资机构参与。

12. 建立创新创业科技信贷机制。研究出台市科技贷款、科技担保、创业投资风险补偿等“投贷保”相关政策，鼓励和支持金融机构加大对创新创业的信贷投放。加快发展科技支行、科技小额贷款公司等新型科技金融组织，大力推广“苏科贷”科技金融产品，鼓励发展众筹、互联网金融、普惠金融、小微银行等科技创业金融服务方式，增强金融对大众创新创业的服务能力。

13.发挥多层次资本市场的枢纽作用。引导和鼓励科技创业企业在股权众筹平台、新三板等区域股权交易市场进行展示挂牌和融资。积极推动与江苏股交所、天交所、上海股权托管中心等“四板市场”建立稳定的沟通机制，充分发挥场外市场的作用。以创业板、中小板为重点，加强上市培育辅导，推进股份制改造，加快科技企业上市步伐。

（四）创新创业服务提升行动

14.搭建创业导师服务平台。以提升完善创业项目植入到产业化的全过程服务为目标，聘请成功创业者、天使投资人、知名专家担任创业导师，深入众创空间，为科技创业者提供创业培训、创业辅导、创投对接等服务，鼓励创业导师与被辅导企业形成投资关系，建立创业者与创业导师共赢机制。

15.提升科技企业孵化器服务能力。在现有科技企业孵化器的基础上，着力推动科技企业孵化器建设由量的发展向质的提升转变，实现创新与创业相结合、线上与线下相结合、孵化与投资相结合。鼓励孵化器及其管理人员持股孵化，充分调动从业人员积极性。鼓励孵化器与创业投资机构合作，采取“创投+孵化”的发展模式，实现孵化体系内资金和项目的共享。

16.完善创新创业服务机制。着力构建市场主导、政府支持的创新创业服务体系。推进经济开发区、滨海园区、船舶工业园、汇龙镇、吕四等地区创客空间的建设，逐步形成线上与线下实时互动的服务支撑体系。支持各创客空间通过政府补贴或购买服务的方式，引导信息服务、咨询服务、融资服务、财务会计、法律维权、知识产权、技术交易等机构为创业企业提供专业、高端的协同服务，构建“首问负责、质量反馈、线上线下、左右联动”的一站式服务机制。

（五）创新创业文化培育行动

17.优化创新创业文化氛围。鼓励社会力量围绕大众创业、万众创新开展各类公益活动，重点挖掘、宣扬新一代创客精神和成功案例，营造“勇于创新、无惧失败”的创业理念和“鼓励创新、宽容失败”的文化氛围，鼓励创客文化、极客精神，加大对创新创业文化的宣传力度，形成更加有利于“大众创业、万众创新”的舆论导向。

18.打造创新创业活动品牌。以启东科技节为突破口，搭建高端创新创业活动平台，策划举办和承办具有产业特色、国内影响，跨地区跨领域的技术论坛、产品展示等创新创业活动，吸聚国内外一流的企业家、天使投资人、知名创业导师汇聚启东，与创业者互动，分享全球信息、技术、投资和商业模式发展趋势。

19.开展"东疆创业先锋人物"评选活动。研究制订"东疆创业先锋人物"评选办法，奖励成功创业者、天使投资人、创业导师、创业服务专家等创业明星，每年科技节举行集体授奖，推出一批在启成功创业大使。推广先进经验和模式，通过演讲、沙龙、论坛、媒体访谈等方式向社会传播创新创业精神，树立一批成功创业典范。

四、保障措施

1.加强组织领导。市政府建立由各镇、园区主要领导，市委组织部、宣传部、农办、政府办、金融办、发改委、教育局、科技局、财政局、人社局、商务局、市场管理局、国税局、地税局、人行等部门和单位负责人参加的联席会议制度，加强对各镇园区、各部门、各创新创业载体资源的统筹和规划，研究解决大众创新万众创业发展环境中的重大问题，对全市各创新创业载体的空间布局、产业规划、创新资源布局、体制改革和政策创新等重大事项进行统一研究决策。进一步明确各镇园区、各部门、各创业载体在创新创业启东行动中的责任分工。市政府办总牵头，联席会议办公室日常工作推进由市科技局承担。

2.加强政策创新。积极响应国家"创业中国"行动，根据创新创业启东行动计划提出的总体目标和重点任务，按照职能分工，结合实际，制定实施方案，加大资金投入、政策支持和条件保障。各部门要加强在落实工商注册、税收政策、人才流动和专利成果保护等方面的协作联动。认真梳理服务创新创业的扶持政策，及时制定支持创新创业的突破性政策和实施细则，由市科技局汇编成册，集中对外发布。鼓励先行先试，持续突破阻碍创新创业的体制机制。

3.加强评估督导。定期为创新创业提供全面、及时、准确的工商和投融资等信息。建立创新创业者信用评价体系，形成守信受益、失信惩戒的信用激励机制。研究制定众创空间建设绩效评价办法，建立针对众创空间特点，突出创新活力与能力，涵盖体制机制创新、服务标准规范、创业人才引进和企业成长培育等内容的立体化评估体系，定期组织开展评估，及时通报工作进展、创新举措和工作成效。

附件：大众创业万众创新启东行动计划重点任务分解表(略)

(启东市人民政府　启政发〔2015〕55号)

市政府关于加快推进"互联网+"行动计划的实施意见

当今世界互联网+热潮席卷全球，手机互联网、云计算、大数据和物联网等新一代信息技术对传统产业、公共管理等领域正在不断渗透、融合、创新和加速应用，深刻改变着企业的生产方式、市场供给形式、商业服务模式和生活消费范式。积极运用互联网思维，加快实施启东"互联网+"行动计划，促进互联网与产业、城市及公共管理的融合创新，将成为新常态下我市经济发展的新引擎，对加快我市经济转型升级，培育形成新的经济增长点，促进我市经济保持中高速增长、迈向中高端水平具有重要意义。

一、指导思想和发展目标

(一)指导思想

深入贯彻落实党的十八大、十八届三中四中全会和习近平总书记系列重要讲话精神，主动把握和适应经济发展新常态，积极抢抓国家实施"互联网+"计划的重大机遇，充分发挥互联网在生产要素中的优化和集成作用，坚持人才为先、用户思维和环境优化理念，加强技术应用创新，突出商业模式创新，促进跨界融合创新，促进互联网技术、互联网思维及互联网模式与基础设施建设、城市发展、产业升级、服务民生等全面融合，使互联网+成为新常态下增创新优势、推动经济转型升级的强动力。

(二)发展目标

围绕实现产业转型升级、城市管理水平提升和公共服务能力增强三大总体目标，重点组织实施互联网+工业、农业、服务业、城市和公共服务五大行动计划，落实智能制造等十项重点工程。

二、发展重点

(一)实施"互联网+工业"行动计划(责任单位：发改委)

以推进两化深度融合为主线，引导工业企业实现从研发、设计、制造到供应链管理等全流程的互联网转型，推动工业企业生产模式、管理模式和商业模式的变革，培育一批工业互联网领军企业。

1.实施智能制造工程。推动智能制造生产模式的集成应用，打造一批智慧车间、智慧工厂试点示范企业。在"三优三新"产业中，全面推广普及3D打印技术、自动识别、信息物理融合系统、人机智能交互、工业机器人等先进制造技术，研究制定我市智能车间建设标准体系，每年认定10家左右智能车间。总结推广典型经验，推动生产车间智能化改造，实现企业生产过程自动化、流程管理数字化、企业信息网络化、智能制造云端化发展，培育两化融合示范企业40家，全市制造服务化企业达10家，建成5家智慧工厂，30个智能车间，形成互联网与工业深度融合的经济发展格局。建成互联网产业园、中德大数据产业研究院和中德工业4.0培训中心。

2.实施制造业服务化工程。加快推进建设行业性制造业服务化支撑平台、产品全生命周期管理平台。引导海工装备、润滑设备、阀门制造及电动工具等重点行业企业从产品供应商向整体解决方案提供商转型,加大物联网应用,拓展在线监测、数据融合分析处理、远程诊断和产品后市场服务。积极发展按需制造、众包设计等网络制造,鼓励有条件的企业构建网络化制造系统,实现工业生产规模化和定制化相融合,促进制造业企业走向产业价值链高端。

(二)实施"互联网+农业"行动计划(责任单位:农委、海渔局、市场监管局)

3.实施智慧农业可持续工程。加快推进物联网等新一代信息技术在农业上的应用,积极发展智慧农业、感知农业,进一步提高农业劳动生产率,提升农业生产信息化水平,加速传统农业向现代农业转变。加快物联网技术在水产品养殖、畜禽养殖、温室大棚等领域的示范应用,每年建成3~5个农业物联网示范点。加快物联网与重大自然灾害防范预警、农作物生长预测、植物病虫害监测、无损监测诊断等现代信息技术的融合。强化农业生产管理和监测预警,建立农产品安全信息追索系统,全面打造食品安全的智能防火墙。

4.实施农产品电子商务工程。围绕我市海洋渔业、四青作物等重点农产品,扶植建立一批面向上海,服务长三角区域、专业化的特色网站和交易网络,形成以批发市场、商贸中心、物流配送中心和商品集散地为依托的农业电子商务服务体系。大力推进吕四港经济开发区海产品拍卖交易市场、启东农产品国际物流港等项目的建设,每年新建6~8个农产品电商。建立健全农村市场信息化服务体系,突出我市产业特色和区位优势,依托村级公共服务中心,建设专业性农业信息资源服务平台,整合农产品市场分析、价格趋势预测、生产风险预警等涉农服务信息,提供满足农民需要的"个性化"信息服务。

(三)实施"互联网+服务业"行动计划

5.实施互联网+金融工程。以互联网经济产业园、中德大数据产业研究院为载体,大力推动我市互联网金融产业发展。加快启东陆海统筹发展金融服务创新示范区建设,围绕市场融资功能、跨境融资环境、金融基础设施建设等8个方面32条措施开展具体工作。支持小额贷款公司、担保公司等新型金融组织创新开展互联网业务。引进国内外知名网络借贷(P2P)公司在我市建筑业、电动工具行业开展互联网金融业务。鼓励本地有条件的企业发展互联网金融业务,申请有关业务许可或经营资质,发起设立以互联网为主要业务载体或以互联网业务为主要服务领域的各类持牌金融机构。(责任单位:金融办、人行)

6.实施互联网+商贸工程。放大启东国家一类开放口岸优势,积极完善电子口岸功能,积极抢抓跨境贸易电子商务发展机遇,大力发展电子商务集聚平台。着眼当前,依托保税仓库,大力发展保税展示交易等跨境电商业务;着眼长远,加快推进综合保税区建设,加快推进自贸区进口商品展示交易中心建设,深化与上海自贸区的对接。加快在能源、化工、机械等领域建设具有信息展示、电子交易、电子结算、贸易融资和通关物流等功能的电子商务贸易平台。争创省级互联网产业园1家,省级电子商务示范基地1个,建成百亿级大宗商品电子交易市场1个,培育发展电子商务平台企业2个。推动启东天汾电动工具商贸城依托商城自建平台,建立电动工具网上商城平台,开发推出电动工具城手机APP终端、开通运行电动工具城微信公众账号和积极推广电动工具城微店,培育打造中国电动工具设计服务创意平台。加快推进"供应链管理电子商务平台""云公共服务平台"等重点电商发展项目建设。(责任单位:商务局、市场监管局、发改委)

(四)实施"互联网+城市"行动计划

7.实施互联网+公交工程。加快城市智慧交通系统建设,提高道路通行能力和网络服务水平。以建设全市智慧交通公共信息集成平台为基础,逐步建成集动态交通数据实时采集、交通运行态势与趋势实时发布、可视化实时管理与控制于一体的智慧交通系统。重点加快城市交通诱导系统、城市交通信号灯智慧引导系统、智慧公交等子系统的建设与应用,整合出租车电召系统,升级和推广公交一卡通在多领域的应用。(责任单位:交通局、公安局)

8.实施互联网+城市管理工程。进一步深化数字城管建设,推动智慧城市建设,促进地理信息系统、计算机辅助设计和全球定位等信息技术在城市建设与管理中的应用,全面构建集供水、排水、燃气、市政、市容环卫、园林绿化等于一体的智慧化城市管理综合平台。实现城市管理由信息化、数字化向智能化、智慧化的转变。统筹规范市政、通信、广电等管线资源的智慧化管理,为政府提供"广泛互联,动态监管,信息共享,辅助决策,互动服务"等服务,更好的将政民联系在一起,对外更好的服务人民,对内更好的服务于政府。建立和完善社会治安、灾害应急处置、社会保障等智慧信息系统。(责任单位:住建局、公安局、城管局)

(五)实施"互联网+公共服务"行动计划

9.实施互联网+政务工程。加快建设市、镇乡园区联动的网上政务大厅,实现与行政服务实体大厅融合。深化人口、法人、空间地理、信用等基础信息资源开发利用,加快推进政府系统数据开放,建立公共数据服务平台,促进数据创新应用。加强和支持经济大数据和民生服务大数据信息系统建设和应用,提高科学管理水平。推广"12345"、政务中心官方微信等网络平台的应用,拓展公共服务的深度与广度。适应媒体格局深刻变化,推动传统媒体与新兴媒体融合发展,最大程度上满足用户资讯需求,提升用户阅读体验,增强党的主流媒体的传播力、公信力、影响力和舆论引导能力。创新发展现代防控体系,进一步完善村镇"天网"工程、道路交通"320"工程,实现城乡技防全覆盖;有效整合公安、交通、消防等部门职责,加强应急体系建设,实现平安启东。(责任单位:市政务中心、新闻信息中心、公安局、交通局)

10.实施互联网+民生工程。围绕民生热点,以社区及村级公共服务中心为依托构建公共服务信息平台,推动基本公共服务向社区、农村延伸。鼓励各类市场主体共同参与增值性、公益性开发和创新应用,支持发展智慧文化、智慧旅游、智慧卫生、智慧养老、智慧教育等,积极推动区域化线上线下结合(O2O)、为百姓提供便捷实惠的优质服务。鼓励传统文化企业与互联网、移动互联网结合,垂直打通各个文化产业环节,把文化产业做大,共同创造适合于移动互联网的新型文化产业生态。注重食品安全,建立可查询、可追溯、可监控的食品安全系统。努力建成更加普惠的智慧民生综合服务体系,促进全市城乡居民共享智慧化建设成果。(责任单位:市委宣传部、民政局、商务局、卫计委、教育局、市场监管局)

三、保障措施

(一)加强组织领导和统筹规划(责任单位:政府办)

进一步完善分工协作机制,建立"互联网+"行动计划工作推进联席会议制度,统筹协调、合力推进互联网产业发展。设立互联网产业创新发展研究机构,建立专家决策咨询机制,对"互联网+"总体规划、行动方案、推进实施、绩效评估开展咨询指导。

(二)加快基础设施建设(责任单位:电信、移动、联通、供电公司)

重点加快城域网、接入网、互联网数据中心(IDC)、业务系统、支撑系统等基础设施的下一代互联网(IPv6)升级改造,基本建成以4G网络为主、WLAN为补充的无线高速宽带网。加快拓展全市IP城域网出口带宽水平,力争全市城域网出口带宽达400G以上,加快互联网经济产业园电力双回路和互联网国际通信专用通道建设,全面保障互联网经济产业园发展。

(三)建立公共财政稳定投入机制(责任单位:财政局)

市级财政每年统筹安排一定资金,专项用于支持"互联网+"行动计划。实施"互联网+"示范企业培育工程,对符合南通市组织认定的"互联网+"示范企业、成长型企业给予一定的奖励。加大总部经济扶持力度,对在我市设立总部的互联网企业,按照总部经济有关政策给予扶持;对将注册地和纳税地迁入我市的国内300强互联网企业、国际知名互联网企业区域总部,结合其效益情况,给予一定的补贴。鼓励众创空间为创业者提供免费高带宽互联网接入服务,对众创空间等新型孵化机构的房租、宽带接入费用和用于创业服务的公共软件、开发工具费用,给予一定比例的财政补贴。

(四)完善多元化投融资机制(责任单位:金融办、财政局、人行)

积极探索互联网产业发展市场化运营机制,采用政府购买服务、公私合作关系(PPP)等市场化方式,引导各类市场主体共同参与"互联网+"行动计划,形成多元化投融资机制,帮助企业争取上级各类发展引导资金。加快建立包括财政出资和社会资金投入在内的多层次担保体系,加大对"互联网+"行动计划实施企业的融资担保支持力度。推动金融机构对技术先进、带动支撑作用强的重大"互联网+"项目给予信贷支持。鼓励企业通过贷款、私募债券、集合债券和集合票据等多种方式融资。

(五)降低创业门槛鼓励创新创业(责任单位:市场监管局)

互联网企业登记注册可实行"先照后证";支持以知识产权等非货币资产出资形式设立互联网企业;进一步放宽和简化互联网企业经营场所登记手续,允许使用自有、租用的住宅或集中办公区域作为经营场所办理工商登记。鼓励大众创业,建设市级互联网融合创新服务平台,为企业提供投资、技术、人才、孵化等服务。支持发展"创新工场""创业咖啡"等各种形式的众创空间。

(六)强化人才支撑(责任单位:人才办、人社局)

大力培育"互联网+"计划专业技术人才,支持南通大学、中德大数据产业研究院、中德工业4.0培训中心开展不同层次的人才教育培训。鼓励高等院校、职业学校、社会培训机构增设互联网专业技术人才培训课程,联合企业开展相关专业技术培训。创新人才评价体系,注重实战性、创新性和综合性,以更加开放的政策引进互联网创新发展人才,壮大互联网技术开发、应用和管理人才队伍。健全引才、留才、用才和服务人才的工作机制,大力引进并支持互联网领域高层次人才来启创业工作,按照《启东市"312高层次人才梯队培养计划" 实施办法》《启东市引进顶尖人才专项计划实施办法》等文件有关规定,在项目启动、生活津贴、购房补助等方面给予优先支持。

(七)优化发展环境(责任单位:发改委、科技局)

鼓励举办互联网创新创业大赛、项目资本对接会等产业活动。积极组织举办启东全球互联网金融思想者百人论坛、互联网发展论坛、青年电商创业论坛、互联网思维启迪沙龙等活动,培育具有启东地域特色的互联网发展系列活动品牌。积极打造启东亚洲大数据产业联盟,形成对优势潜力项目和优秀创业团队的发现和扶持机制。鼓励开展针对本地互联网产业发展的专项研究,对其中具有前瞻性、创新性、实用性的研究成果,给予一定奖励。

(八)营造良好氛围(责任单位:宣传部)

以"互联网+"行动计划工作推进联席会议为基础,向社会大力宣传"互联网+"环境下的新产业、新业态、新技术和新模式。组织评选年度互联网风云企业和风云人物等,并对入选团队和个人予以表彰。通过多种媒介,大力宣传本地"互联网+"领军示范企业及互联网产业发展成果,开辟互联网经济宣传专栏,树立典型,营造鼓励创新、宽容失败的互联网文化氛围。

(启东市人民政府 启政发〔2015〕56号)

关于进一步深化陆海统筹发展推进金融改革创新的实施意见

根据《省委省政府关于加快推进金融改革创新的意见》(苏发〔2014〕17号)、《南通市委市政府关于南通陆海统筹发展金融配套改革创新的实施意见》(通委发〔2014〕17号)和《中国人民银行南通市中心支行关于创建陆海统筹发展金融服务创新启东示范区的指导意见》(通银发〔2015〕46号)精神,结合市金融业发展现状,围绕"一带一路"、陆海统筹发展,深度对接上海自贸区建设,促进经济金融融合发展,打造具有启东特色的金融服务体系。现就进一步深化陆海统筹发展,推进金融改革创新提出如下意见。

一、总体要求和目标任务

(一)总体要求。全面贯彻落实党的十八大、十八届三中四中全会和习近平总书记系列重要讲话精神,围绕创建陆海统筹发展金融服务创新启东示范区目标,坚持市场运作和行政推动相结合,坚持金融产业与实体经济互动并进,努力提升金融服务实体经济水平,显著增强金融业综合实力、区域竞争力和抗风险能力,发挥金融支持陆海统筹、江海联动,城乡一体融合发展的重要作用,为推进我市陆海统筹发展提供强有力的金融支撑。

(二)目标任务。力争通过五年的努力,到"十三五"期末,金融业在地方经济中的支柱作用进一步凸现,金融业增加值占地区生产总值比重达6%;金融业态丰富多彩,其中银行业金融机构累计达25家,保险机构达30家,证券营业部5家。各类担保公司10家,小额贷款公司12家,实现镇乡、园区全覆盖。企业上市持续推进,力争新增境内外上市公司3~5家,累计达到6~8家,场外市场挂牌企业超20家。债券融资稳步增长,到"十三五"期末各类债券融资累计新增100亿元以上。

二、强化金融招商,引进发展各类金融机构

1.积极发展银行业金融机构。进一步加大金融招商力度,积极引进各大银行,跟踪推进有意向的外资银行落户启东,实现外资银行零的突破。由市金融办牵头协调人行、公安、消防、城管、住建等部门,对有意落户的银行业金融机构实行绿色通道服务。鼓励新设立的银行积极争取政策,服务全市经济发展,扩大信贷投放。对在我市新设立的市级银行业分支机构,正常开业后一年内贷款余额达到5亿元或以服务小微企业为主的贷款余额达3亿元的,给予银行领导班子10万元考核奖励。

2.鼓励发展非银行业金融组织和业态。积极发展保险、证券、小额贷款公司、典当行、融资租赁公司、融资性担保公司、商业保理公司等金融业态,鼓励符合条件的民间资本依法发起设立功能明确、自担风险的中小型民营银行。支持互联网金融创新发展,鼓励符合条件的市场主体依法发起设立网络借贷、网络证券、网络保险、网络支付、众筹等新型互联网金融机构,促进互联网金融产业集聚。

3.大力支持农村金融发展。鼓励和支持市各银行业金融机构设立分支机构,逐步扩大镇乡、园区金融机构覆盖面。凡在镇乡、园区新增设分支机构或营业网点的,给予20万元开办费补助。加快农村地区金融自助服务终端或便民服务点布设,加强农村金融综合服务站建设,对达到规范化运作的服务站市财政给予1万元补贴。鼓励民间资金设立农村小额贷款公司,开业后按已到位注册资本的3‰给予一次性奖励。对经营成熟的农贷公司在镇乡、园区新增设分支机构的,每增设一家,给予10万元开办费补助。农村小额贷款公司当年无违规违法经营纪录且在贷款总量增长的前提下,按其当年投放贷款的季度平均余额1‰给予奖励,当年投放贷款的季度平均余额超过上年部分再按5‰给予奖励。规范保险行业完善弱势群体保险保障机制,拓展农业保险的广度和深度,创新农业保险产品,探索试点家庭农场保证保险、小额信贷保证保险等"保险+信贷"新型险种,进一步降低农业保险理赔门槛,建立快速理赔机制,稳步提高农业保险覆盖面和风险保障水平。

三、引导集聚发展,打造启东金融"一点两区"

4.主动接轨上海,培育提升区域金融节点地位。借助启东与上海邻近的地缘优势,主动接受上海国际金融中心的辐射,不断融入上海自贸区建设,充分分享上海国际金融中心功能和政策的溢出效应,着力建成上海金融产业链中的重要一环和上海国际金融中心北向辐射的先导区。利用启东商务成本低、人力资源丰富的优势,以创新型经济园为主要平台,加快培育和发展金融后台及金融服务外包产业,为上海国际金融中心建设做好配套服务。加强与上海自贸区对接,及时汇总企业的融资需求,充分发挥南通离岸金融分中心的便利资源,对企业跨境融资需求等组织专题培训,实现点对点对接,直接服务启东开放型经济发展。

5.建设新兴金融业态集聚区。加快新城区金融功能区规划建设,形成金融机构新的集聚空间。在金融功能区的核心区,重点发展创投、小贷、科技金融、消费金融等新兴金融业态,大力吸引会计师事务所、律师事务所、融资担保、资产评估、资信评级等金融中介服务机构入驻。大力发展商业、休闲、文化等配套设施。力争"十三五"末,基本形成金融功能区的发展框架。

6.建设金融后台、互联网金融集聚区。依托开发区创新型经济园,积极开拓金融后台及金融服务外包业务,重点引

进呼叫中心、数据处理、软件开发、信息服务、数据备份、银行卡服务等金融后台及金融服务外包产业，逐步形成金融配套产业集聚区。鼓励银行业金融机构积极发展“互联网+金融”业务，在有效管控风险的前提下，重点发展第三方支付、P2P、众筹、网络理财、网络小贷等业态，形成互联网金融产业集聚区，使互联网金融成为规范引导民间金融、发展普惠金融的重要力量。

四、加强融资引导，形成多元化融资模式

7.*充分发挥银行融资主渠道作用*。引导银行业金融机构发挥主观能动性，用足用好现有信贷额度，千方百计盘活存量资金，积极争取上级行倾斜和支持，保持信贷投入稳步增长，贷款增幅超过南通市平均水平。推动各家银行在银团贷款、项目贷款、保理贷款等资产业务，在大额可转让定期存单、可转换债券、次级债券等负债业务，在银行保函、信用证等中间业务创新等方面，均有较大的突破和发展。推动本地银行开展跨业跨区合作，加强与融资租赁、信托、担保、证券等机构的产品对接力度，进一步细分市场和客户，实施差异化战略，努力以业务创新推动融资渠道创新，努力满足更多企业的资金需求。

8.*大力推进优质企业上市融资*。加强企业上市融资的培育和引导工作，按照“发行一批、申报一批、储备一批、培育一批”的原则，建立市上市资源后备库，努力形成企业上市梯次推进格局。力争通过直接上市或通过买壳、借壳、购并等途径，实现境内外上市的公司数量和融资额新的突破，使上市公司成为我市经济持续快速发展的重要引擎。

9.*大力推动企业场外市场挂牌融资*。抢抓国家多层次资本市场发展机遇，积极推动我市更多“创业型、创新型、成长型”企业在“新三板”、上海股交中心、江苏股交中心等场外市场挂牌。为促进企业加快进入资本市场步伐，2016年底前在全国中小企业股转系统挂牌的企业除享受原有扶持政策外再奖励50万元。鼓励金融机构加大对挂牌企业的金融创新力度，有效畅通股权融资渠道，着力推动和推广股权质押融资模式，帮助企业拓展融资渠道。

10.*拓展多元化直接融资渠道*。积极运用债券融资等方式，增加企业直接融资规模。推动重点基础设施、技术改造项目等发行企业债券；支持优质企业通过发行公司债、短期融资券和中期票据等各类债务工具融资；鼓励和引导中小企业发行集合债券和集合票据。支持银行业金融机构大力拓展中间业务和票据融资等表外业务，努力解决因信贷规模偏紧而导致企业贷款难的局面。凡在我市开展债券融资的机构，视同发放银行贷款给予奖励。

五、激发创新活力，为陆海统筹及经济转型升级提供有力支撑

11.*加大金融支持产业升级力度*。加快金融资本与产业资本的融合，支持实施创新驱动发展战略，优化信贷结构。充分发挥规划、产业政策和政府资金的引导作用，鼓励和引导银行业金融机构将资金重点投向海洋经济、电力及能源装备、机械电子、新材料、新医药和通用航空等重点领域。重点引进大型进出口贸易公司，推动金融机构在海工船舶企业综合授信、保函开具等方面取得实质性的突破。积极引导银行业金融机构争取总行支持、探索银团贷款、引入异地资金等措施改善资金供给，保障我市经济社会发展对信贷资金的基本需求。

12.*加快促进科技和金融结合*。引导和促进银行业、证券业、保险业金融机构及创业投资机构搭建服务平台，创新金融产品，改进服务手段，加快推进区域科技金融体系建设。完善财政科技投入方式，积极开展科技金融合作创新，力争取得突破和实效。对经批准设立主要为科技型中小企业提供金融服务的科技支行，给予20万元设立补助。争取条件新办科技小额贷款公司，其扶持政策比照农村小额贷款公司。鼓励民间资本设立创业投资机构。鼓励保险公司开展科技保险业务，支持保险公司创新科技保险产品。市科技主管部门要积极搭建科技金融对接平台，重点落实科技企业、科技项目名单定期发布和信息通报制度，方便金融机构及时跟踪服务。

13.*加大金融支持海洋经济发展力度*。围绕我市产业发展重点项目，定期组织银企对接活动，积极争取和推进国家开发银行等各类金融机构加大对涉海企业、海洋产业项目的金融支持力度。结合我市区域特点，重点在港口建设、海工船舶、沿海滩涂开发等方面提供综合金融服务。鼓励金融机构扶持涉海小微企业、渔业村集体经济组织、渔业养殖经营户融资发展，开展海域使用权、海上构筑物、渔业船舶、捕捞权等抵质押贷款业务，对当年新增的该类贷款按照贷款余额的万分之一给予奖励。

14.*加大金融支持普惠民生建设力度*。加快农村产权交易市场建设，出台“两权”抵押贷款管理办法，积极推进农房、农村土地承包经营权抵质押融资试点。拓宽农村抵质押物范围，支持金融机构因地制宜开展林权、养殖权、农业机械设备、运输工具、订单、存货、应收账款等抵质押和金融租赁业务创新，对当年新增的该类贷款按照贷款余额的3‰给予奖励。对支农效果显著的农村中小金融机构，在货币政策工具使用和风险补偿等方面给予政策倾斜。

15.*加大金融支持中小企业发展*。充分发挥政府性担保解决中小企业融资难的主渠道作用。推动全市融资性担保行业健康持续快速发展。创新政府与金融机构协作模式，设立“助保贷”政府风险补偿金，为中小企业增信，降低融资成本，加快中小微企业转型升级做大做强的步伐。市财政要进一步扩大中小企业信用担保体系建设专项资金规模，国投担保公司要充分发挥金融杠杆作用，进一步拓展业务，扩大担保规模，两年内注册资本超过3亿元。鼓励各大园区吸引民间资本注入，建设若干政府参股、控股的担保机构。建立健全以业务为导向的民营担保机构的政策扶持体系，着力增强融资性担保机构的服务能力。凡新办注册资本在1亿元以上的民营信用担保机构，开业后按其到位注册资本的3‰给予风险补偿。对严格遵守银监会等7部委3号令规定，正常开展业务1年以上的融资性担保机构，在我市全年日均担保责任余额达到实收资本的3倍以上（含3倍），并且环比上年增长的，按其当年日均担保责任余额万分之三

给予风险金补偿，且对其环比上年日均担保责任余额增长部分再按万分之二给予风险金补偿。

16.加快创业投资基金的发展。按照“政府引导、市场运作、科学决策、防范风险”的原则设立总规模2亿元的市级创业投资引导基金，引导基金的50%用于阶段参股，50%用于跟进投资。建立市创业投资和股权投资管理联席会议制度，由市政府分管市长为召集人，市委组织部、发改委、财政局、科技局、市场监督管理局、金融办等部门负责同志参加，负责本市创业投资和股权投资相关重大事项的决策、协调和服务，并承担市创业投资引导基金管理委员会的职责。凡创业投资和股权投资企业在我市设立公司制或合伙企业的，根据公司注册资本或企业当年实际募集资金的规模给予企业奖励，其中公司形式的按注册资本的5‰给予企业一次性奖励；合伙形式的按实际募集资金的3‰给予合伙企业委托的股权投资管理企业一次性奖励，单个企业享受奖励总额不超过100万元。对投资于本市企业或项目，给予项目实际投资总额的5‰的奖励，作为项目的风险补偿。投资本市的项目，因投资不成功导致清算或减值退出而形成的实际投资损失的，按其投资损失额的10%比例给予风险补贴，单笔最高补贴额为50万元，单个创投企业投资损失的总补助金额不超过300万元。

六、加强管理服务，努力打造和谐金融生态环境

17.优化金融生态环境。打造“信用启东”，充分发挥政府推动和引导作用，建立完善社会信用体系建设的组织机构和工作机制。大力支持人民银行金融征信体系建设，重点落实市场监督管理、税务、产权登记、法院等部门和单位的信息采集。推进成立具有国资背景的企业征信机构，提供多维度征信服务，倡导信用产品的使用，积极培育信用市场需求，营造良好的社会诚信环境。健全金融稳定协调机制，广泛开展诚信宣传，积极推进信用企业、信用村、信用镇乡和信用社区创建活动，继续保持省金融生态优秀县称号。

18.强化金融监管。督促地方金融机构加强公司法人治理和内控机制建设，构建外部监管与内部控制相结合的风险防控体系。建立完善对融资性担保、小额贷款等地方性准金融机构的监督和管理机制，强化市场准入和市场行为监管，综合运用现场检查和非现场检查等监管手段，规范地方性准金融机构业务经营活动。

19.深入整顿和规范金融市场秩序。深入开展金融法制宣传，加强投资者教育和消费者权益保护。加快完善金融执法体系，坚决遏制和依法打击非法集资、非法证券、非法外汇、非法支付结算、地下钱庄、地下保单等非法金融活动。加大反洗钱工作力度。制定出台《启东市企业失信行为联动惩戒实施办法》，切实维护好市场竞争秩序，构筑健康、规范、有序的金融发展环境。

20.加强金融风险防控体系建设。增强金融监管力量，调整、理顺监管机制。加快行业自律组织建设，强化行业自律监督和规范发展。加强地方政府与金融监管部门工作协调，加快构建部门联动、综合监控、分级管理的金融风险防范处置工作体系。不断完善金融风险预警监控机制、金融市场舆情快速反应机制、金融突发性事件应急和处置机制。加强对地方金融特别是民间融资的监管。重点研究和推进互保联保风险防范和应急处置机制，标本兼治，堵疏结合，严守不发生系统性、区域性金融风险底线，避免因金融风险引发社会风险，努力构建金融安全区。

21.优化金融人才发展环境。完善引进和培养金融人才的激励机制，搭建金融人才服务平台，研究吸引金融人才并促进其在启发展的政策措施，着重加大对金融高端人才、金融急需人才的吸引聚集力度，为金融人才聚集和发展提供良好的就业、创业、培训、生活等服务。

22.加强金融发展组织协调。紧紧围绕“创建陆海统筹金融服务创新启东示范区”创建活动，成立领导小组，相关部门、各金融机构要整合资源，协调联动，形成银政企对接畅通的格局，确保各项措施落实到位。

（启东市人民政府　启政发〔2015〕57号）

启东市产业紧缺人才资助实施细则（试行）

第一条　为加快集聚各类优秀产业紧缺人才，进一步引领和推动经济转型升级，根据市委、市政府《关于进一步加强人才工作的意见》（启发〔2011〕43号）和《关于实施产业人才发展1233行动计划的意见》（启发〔2013〕14号），就引进产业紧缺人才的生活津贴、购房补贴制订本实施细则。

第二条　资助对象

符合《启东市产业紧缺人才引进指导目录》（以下简称“目录”），本人专业与所在岗位、创业领域相符的各类创新创业人才。

其中，中科院院士、工程院院士、国家“千人计划”专家、中科院“百人计划”专家、享受国务院特殊津贴专家、省“双创计划”人才等省级以上高层次人才来启创新的，须与用人单位签订3年以上劳动合同，每年为企业服务时间符合相关规定要求，且从签订劳动合同之日起，申报单位连续代扣代缴个人所得税基数月均不低于2万元；其他层次人才来启创新的，须与用人单位签订3年以上劳动合同，全职在启东工作，并缴纳启东市城镇职工社会保险。申请购房补贴的，须为创业人才或企业全职引进的创新人才。

第三条　申请资助对象所在企业应具备以下条件

（一）申请对象为创新人才的，所在企业须具备以下条件之一：

1.我市重点发展的产业领域规模以上工业企业；

2.由省"双创计划""东疆英才计划"入选者创办或领办的企业；

3.省级以上科技企业孵化器以及启东经济开发区创新型经济园、滨海工业园博士创业园等"三创"核心园区内的科技型企业；

4.具备施工总承包(或专业承包)一级以上资质的建筑业企业；

5.年应税销售1000万元以上，或从业人员(须缴纳社保)50人以上的现代服务业企业；

6.南通市级以上农业龙头企业。

(二)申请对象为创业人才的，所创办企业须具备以下条件：

1.所创办企业为科技型企业，创业人才须为企业法定代表人或主要负责人，主要工作精力为所创办企业服务；

2.在所创办企业的注册实收资本中，创业人才个人货币投资不少于100万元；

3.企业为员工缴纳启东市城镇职工社会保险，且缴纳员工人数不少于10人。创业人才申请购房补贴的，所创企业还须实现年入库税收不少于100万元。

第四条　资助标准

生活津贴和购房补贴的资助标准，按照启发〔2013〕14号文件执行。

第五条　申报审批

申报审批工作由市人社局具体组织实施。

(一)申报程序

1.下发通知。市人社局下发产业紧缺人才生活津贴、购房补贴申报工作通知。

2.组织申报。符合申报条件的对象所在企业对照年初人社局发布的《目录》，在规定时间内组织申报。符合条件的人员须自创办企业注册3年内或劳动合同签订之日起1年内提出生活津贴资助申请；自享受生活津贴资助期满之日起，2年内提出购房补贴资助申请。

3.填报材料。申报人如实填写《启东市产业紧缺人才资助申请表》，并提供相关证明材料，由所在企业核实后提出推荐意见，经企业所在镇(乡)、园区或主管部门初审后报市人社局(市人才服务中心)。

(二)审批程序

1.资格初审。市人社局对申报对象进行资格审核，对申报材料进行核实。

2.综合评审。市人社局会同科技、财政等部门，对申报对象的申报材料进行评审，提出资助对象建议名单。

3.审核公示。资助对象建议名单经市人才工作领导小组办公室审定后予以公示，其中购房补贴资助对象名单公示之前提交市政府常务会议研究确定。公示时间为7个工作日，公示无异议的，下发资助通知；公示有异议的，由市人社局会同相关部门核查并提出处理意见。

4.签订协议。申请购房补贴资助的，由市人社局(市人才服务中心)与申报对象及其所在企业签订购房补贴资助协议，明确相关权利义务。

第六条　资金拨付

(一)产业紧缺人才资助资金，经市人才工作领导小组办公室、市财政局核准，由市人社局负责拨付至资助对象。

(二)生活津贴资助期为3年，自资助通知发放之日起计算，并按季度进行拨付。如资助等次提升的，可申请提高资助标准，经市人社局审核同意后，自获得提高资助标准所需条件之日的次月起，按照新标准给予资助。

(三)购房补贴资助期为2年，自享受生活津贴资助期满之日起，分2次等额拨付。购房补贴企业承担部分参照上述拨付方式拨付。

(四)受资助对象在享受资助期间离职，但仍在启东工作的，中止资助。到新单位工作后仍符合资助条件的，须申请延续资助，由市人社局提出意见。

(五)产业紧缺人才资助所需财政资金从市人才工作专项资金列支。

第七条　其他事项

(一)市人社局会同市财政局等有关部门，定期开展资助资金专项检查。受资助对象在资助期间有下列情况之一的，取消其资助资格。

1.有违法犯罪行为的；

2.工作调往外地的；

3.受资助对象所在企业不再具备第三条规定相应条件的。

(二)企业及受资助对象若有欺诈或截留挪用资助资金等行为的，一经查实，追缴资助资金并按规定追究相关人员的法律责任，取消相关企业今后申领政府各类人才资助的资格。

(三)本细则由市人才工作领导小组办公室、市人力资源和社会保障局负责解释，自颁布之日起实施。此前规定与本实施细则不一致的，按本实施细则执行。

(启东市政府办公室　启政办发〔2015〕6号)

重要文件目录索引

2015 年中共启东市委重要文件目录

表 57

文 号	文 件 标 题	发文日期
启发〔2015〕1 号	中共启东市委 启东市人民政府关于加快发展都市农业 推动现代农业建设迈上新台阶的意见	2015.01.14
启发〔2015〕2 号	中共启东市委 启东市人民政府关于 2015 年加快发展现代农业的若干政策意见	2015.01.14
启委发〔2015〕4 号	中共启东市委关于贯彻落实党的十八届四中全会精神和省委南通市委意见全面推进依法治市的实施意见	2015.01.14
启发〔2015〕5 号	中共启东市委 启东市人民政府关于深化财税体制改革加快建立现代财政制度的实施意见	2015.01.26
启委发〔2015〕8 号	中共启东市委印发《关于进一步加强党风廉政建设工作的若干意见》的通知	2015.02.12
启发〔2015〕9 号	中共启东市委 启东市人民政府关于表彰 2014 年度先进集体和先进个人的决定	2015.02.16
启发〔2015〕15 号	中共启东市委 启东市人民政府关于开展单项夺杯竞赛活动的意见	2015.03.19
启发〔2015〕16 号	中共启东市委 启东市人民政府关于 2015 年度各镇(乡)、园区工作目标管理绩效考核的意见	2015.03.19
启发〔2015〕17 号	中共启东市委 启东市人民政府关于在全市开展重点突破性工作夺杯竞赛活动的通知	2015.03.19
启发〔2015〕18 号	中共启东市委 启东市人民政府关于印发 2015 年度镇(乡)和园区机关效能建设考核办法的通知	2015.03.30
启发〔2015〕19 号	中共启东市委 启东市人民政府关于印发 2015 年度市级机关(单位)效能建设考评实施办法的通知	2015.03.30
启委发〔2015〕20 号	中共启东市委关于表彰 2014 年度启东好人的决定	2015.03.31
启发〔2015〕26 号	中共启东市委 启东市人民政府关于依托“一带一路”、长江经济带和上海自贸区发展战略 推进我市经济转型升级的意见	2015.06.25
启发〔2015〕27 号	中共启东市委 启东市人民政府关于深入实施创新驱动战略 促进科技进步和创新创业的意见	2015.06.25
启委发〔2015〕31 号	中共启东市委关于推动全面从严治党迈上新台阶的意见	2015.08.03
启发〔2015〕36 号	中共启东市委 启东市人民政府关于表彰 2015 年度启东市“东疆英才计划”资助对象、杰出人才成就奖、高技能人才贡献奖、优秀农村实用人才奖的决定	2015.10.28
启发〔2015〕38 号	中共启东市委 启东市人民政府关于推动文化建设迈上新台阶的实施意见	2015.11.02
启委发〔2015〕41 号	中共启东市委关于常委分工调整的通知	2015.12.02
启发〔2015〕46 号	中共启东市委 启东市人民政府关于全市社会信用体系建设工作意见	2015.12.24
启委发〔2015〕49 号	中共启东市委关于制定启东市国民经济和社会发展第十三个五年规划的建议	2015.12.31
启办发〔2015〕2 号	市委办公室 市政府办公室关于印发《2015 年全面小康社会建设责任分解表》的通知	2015.01.20
启办发〔2015〕3 号	市委办公室转发市委组织部、团市委《关于进一步加强新形势下基层党建带团建工作的实施意见》的通知	2015.01.20
启办发〔2015〕6 号	市委办公室 市政府办公室关于对 2015 年度金融部门信贷投放实行考核奖励的意见	2015.01.30
启办发〔2015〕14 号	市委办公室 市政府办公室关于 2015 年信访工作的实施意见	2015.02.26
启办发〔2015〕22 号	市委办公室 市政府办公室关于下达 2015 年全市国民经济和社会事业指导性目标的通知	2015.03.19
启办发〔2015〕27 号	市委办公室 市政府办公室关于印发《全市社区党组织书记星级化管理实施办法（试行）》的通知	2015.03.31
启办发〔2015〕28 号	市委办公室 市政府办公室关于印发《2015 年法治启东建设工作要点》的通知	2015.03.31

续表 57

文　号	文　件　标　题	发文日期
启办发〔2015〕31 号	市委办公室关于深入开展“千人百团连民心”主题活动的通知	2015.03.07
启办发〔2015〕32 号	市委办公室　市政府办公室关于印发《启东市领导班子和领导干部“为官不为”问责暂行办法》的通知	2015.04.10
启办发〔2015〕37 号	市委办公室　市政府办公室关于对 2015 年全市农业农村工作实行目标管理考核的意见	2015.04.21
启办发〔2015〕40 号	市委办公室　市政府办公室关于印发《法治江苏建设指标体系(试行)任务分解表》的通知	2015.05.14
启办发〔2015〕41 号	市委办公室　市政府办公室印发《市委市政府<关于加快发展都市农业推动现代农业建设迈上新台阶的意见>重要举措分工方案》的通知	2015.05.14
启办发〔2015〕45 号	市委办公室　市政府办公室关于印发启东市 2015 年生态文明建设工作要点的通知	2015.05.25
启办发〔2015〕46 号	市委办公室印发《关于在全市领导干部中开展“三严三实”专题教育的实施方案》的通知	2015.05.26
启办发〔2015〕47 号	市委办公室　市政府办公室关于创新深化大调解工作机制的实施意见	2015.05.26
启办发〔2015〕50 号	市委办公室　市政府办公室关于积极推进全市农村社区股份合作制改革的指导意见	2015.06.25
启办发〔2015〕56 号	市委办公室关于强化基层党组织政治引领功能深化在服务中教育引导群众工作的实施意见	2015.08.10
启办发〔2015〕57 号	市委办公室印发《关于实施党风廉政建设责任追究的办法(试行)》的通知	2015.08.10
启办发〔2015〕58 号	市委办公室印发《关于推动干部担当作为　防治为官不为的办法(试行)》的通知	2015.08.10
启办发〔2015〕60 号	市委办公室　市政府办公室关于印发《落实“三严三实”专题要求开展“领导信访包案百日攻坚”活动方案》的通知	2015.08.11
启办发〔2015〕67 号	市委办公室关于印发《启东市创建全国文明城市测评重点工作任务分解表》的通知	2015.10.09
启办发〔2015〕69 号	市委办公室　市政府办公室印发《关于规范完善农村土地经营权流转的指导意见》的通知	2015.10.19
启办发〔2015〕70 号	市委办公室　市政府办公室关于印发《启东市相对集中行政许可权改革试点实施方案》的通知	2015.10.26
启办发〔2015〕71 号	市委办公室　市政府办公室印发《关于启东市集镇环境综合整治工作实施方案》的通知	2015.10.27
启办发〔2015〕75 号	市委办公室关于深化“三严三实”专题教育　着力解决基层干部不作为乱作为等损害群众利益问题的通知	2015.11.02
启办发〔2015〕80 号	市委办公室　市政府办公室印发《关于落实“谁执法谁普法”责任制的实施意见》的通知	2015.12.02

2015 年启东市人民政府重要文件目录

表 58

文　号	文　件　标　题	发文日期
启政发〔2015〕3 号	市政府关于公布实施启东市城镇 2013 年度基准地价的通知	2015.01.09
启政发〔2015〕9 号	市政府关于印发启东市工业企业科学发展能力评价办法(修订)的通知	2015.02.04
启政发〔2015〕14 号	市政府关于表彰 2014 年度“国家优质工程奖”等单项奖获奖单位的决定	2015.02.12
启政发〔2015〕15 号	市政府关于分解落实 2015 年度重点工作任务及为民实事项目的通知	2015.02.17
启政发〔2015〕16 号	市政府关于贯彻落实国务院加强审计工作意见的通知	2015.02.16
启政发〔2015〕20 号	市政府关于印发启东市水环境综合整治工作实施方案的通知	2015.03.25
启政发〔2015〕29 号	市政府关于印发《启东市城市管理相对集中行政处罚权工作向建制镇和园区延伸实施方案》的通知	2015.03.30
启政发〔2015〕39 号	关于印发 2015 年全市依法行政工作要点的通知	2015.05.04
启政发〔2015〕40 号	市政府关于 2015 年全市秸秆禁烧与综合利用工作的意见	2015.05.20

续表 58

文 号	文 件 标 题	发文日期
启政发〔2015〕56 号	市政府关于加快推进“互联网+”行动计划的实施意见	2015.06.25
启政发〔2015〕55 号	市政府关于印发大众创业万众创新启东行动计划的通知	2015.06.25
启政发〔2015〕57 号	市政府关于进一步深化陆海统筹发展推进金融改革创新的实施意见	2015.06.25
启政发〔2014〕92 号	市政府关于印发中国制造 2025 启东实施计划的通知	2015.06.25
启政发〔2015〕73 号	市政府关于印发加强农村集体聚餐管理实施意见的通知	2015.08.18
启政发〔2015〕78 号	市政府关于取消行政审批项目和承接国务院、省政府、南通市政府下放行政审批项目的通知	2015.08.25
启政发〔2015〕86 号	市政府关于公布实施启东市 2014 年度城镇基准地价的通知	2015.09.21
启政发〔2015〕89 号	市政府关于印发启东市创建江苏省食品安全城市实施方案的通知	2015.10.22
启政发〔2015〕99 号	市政府关于印发启东市第二期学前教育五年行动计划(2016—2020 年)的通知	2015.11.18
启政发〔2015〕101 号	市政府关于将首批集中事项划转至市行政审批局的通知	2015.11.23
启政发〔2015〕102 号	市政府关于表彰 2015 年启东市科学技术进步奖的决定	2015.10.20
启政发〔2015〕103 号	市政府关于印发 2016 年全市造林绿化及管护工作实施意见的通知	2015.11.20
启政发〔2015〕105 号	市政府关于调整市长、副市长分工的通知	2015.12.07
启政发〔2015〕112 号	市政府关于印发加快推进建筑产业现代化 促进建筑业转型升级的实施意见的通知	2015.12.30
启政办发〔2015〕6 号	市政府办公室关于印发《启东市产业紧缺人才资助实施细则(试行)》的通知	2015.01.16
启政办发〔2015〕8 号	市政府办公室关于印发启东市发展村级集体经济物业项目财政补助实施意见的通知	2015.01.29
启政办发〔2015〕11 号	市政府办公室关于印发组织开展“项目建设、绩效产出”双百工程实施意见的通知	2015.02.02
启政办发〔2015〕20 号	市政府办公室关于加强社会保险费征缴管理工作的通知	2015.03.05
启政办发〔2015〕21 号	市政府办公室关于全市引导家庭农场和农业生产全托管经营主体规范发展的意见	2015.03.16
启政办发〔2015〕28 号	市政府办公室关于推进全市村(居)“一对一”法律服务的实施意见	2015.03.26
启政办发〔2015〕29 号	市政府办公室关于启东火车站区域及周边房屋搬迁补偿安置办法	2015.03.26
启政办发〔2015〕31 号	市政府办公室关于印发 2015 年度启东市公民无偿献血应急计划的通知	2015.03.30
启政办发〔2015〕36 号	市政府办公室关于做好北新镇、近海镇、寅阳镇行政管理体制改革事权下放承接工作的通知	2015.04.14
启政办发〔2015〕38 号	市政府办公室关于印发启东市重大气象灾害应急预案的通知	2015.04.21
启政办发〔2015〕40 号	市政府办公室关于印发启东市全面开展农村土地承包经营权确权登记颁证工作实施方案的通知	2015.04.30
启政办发〔2015〕41 号	市政府办公室关于印发启东市突发公共卫生事件应急预案的通知	2015.04.30
启政办发〔2015〕42 号	市政府办公室关于印发启东市突发公共事件医疗卫生救援应急预案的通知	2015.04.29
启政办发〔2015〕45 号	市政府办公室关于进一步做好全市涉渔浮子筏专项整治工作的通知	2015.04.15
启政办发〔2015〕53 号	市政府办公室关于印发启东市处置电网大面积停电事件应急预案的通知	2015.05.15
启政办发〔2015〕54 号	市政府办公室关于印发启东市地震应急预案的通知	2015.05.15
启政办发〔2015〕56 号	市政府办公室关于下达 2015 年实行最严格水资源管理制度目标任务的通知	2015.06.04
启政办发〔2015〕60 号	市政府办公室关于推进公共体育服务体系示范区建设的实施意见	2015.06.09
启政办发〔2015〕61 号	市政府办公室转发市教育局关于进一步引导和鼓励社会力量参与公共体育服务若干意见的通知	2015.06.09

续表 58

文 号	文 件 标 题	发文日期
启政办发〔2015〕62 号	市政府办公室关于印发启东市放宽市场主体住所(经营场所)登记规定的通知	2015.05.08
启政办发〔2015〕65 号	市政府办公室关于印发《启东市燃气突发事件应急预案》的通知	2015.06.11
启政办发〔2015〕72 号	市政府办公室关于印发启东市自然灾害救助应急预案的通知	2015.06.25
启政办发〔2015〕75 号	市政府办公室关于进一步做好全市政府租地造林保护管理工作的通知	2015.06.26
启政办发〔2015〕76 号	市政府办公室关于印发启东市危险化学品事故应急预案的通知	2015.06.24
启政办发〔2015〕79 号	市政府办公室关于印发启东市园丁奖评奖办法的通知	2015.07.09
启政办发〔2015〕80 号	市政府办公室关于印发启东市 2015 年海洋捕捞渔船更新改造补助办法的通知	2015.07.27
启政办发〔2015〕84 号	市政府办公室关于调整城市规划区范围内集体土地上房屋搬迁补偿安置办法的通知	2015.07.16
启政办发〔2015〕88 号	市政府办公室关于印发《启东市群体性事件应急预案》的通知	2015.07.23
启政办发〔2015〕94 号	市政府办公室关于印发《启东市重特大火灾事故应急预案》的通知	2015.08.06
启政办发〔2015〕95 号	市政府办公室关于印发《启东市重特大道路交通事故应急预案》的通知	2015.08.06
启政办发〔2015〕99 号	市政府办公室关于印发启东市重大药品和医疗器械安全事件应急预案的通知	2015.08.10
启政办发〔2015〕100 号	市政府办公室关于印发启东市防汛防旱应急预案的通知	2015.08.11
启政办发〔2015〕106 号	市政府办公室关于印发启东市 2015 年食品安全工作意见的通知	2015.08.18
启政办发〔2015〕108 号	市政府办公室关于印发《启东市贯彻实施质量发展纲要 2015 年行动计划》的通知	2015.08.18
启政办发〔2015〕113 号	市政府办公室关于印发启东市食品安全事故应急预案(试行)的通知	2015.08.20
启政办发〔2015〕116 号	市政府办公室关于印发启东市水上搜救应急预案的通知	2015.08.18
启政办发〔2015〕118 号	市政府办公室关于印发启东市落实陆海统筹发展综合配套改革养殖用海管理制度改革实施方案的通知	2015.09.02
启政办发〔2015〕119 号	市政府办公室关于印发启东市 2016 年度农村水利建设实施意见的通知	2015.09.02
启政办发〔2015〕120 号	市政府办公室关于印发启东市环境污染事件应急预案的通知	2015.09.07
启政办发〔2015〕121 号	市政府办公室印发关于加强行政审批中介服务机构监督管理工作的意见的通知	2015.08.31
启政办发〔2015〕122 号	市政府办公室印发关于深化行政审批制度改革加强事中事后监管的意见的通知	2015.08.31
启政办发〔2015〕123 号	市政府办公室关于印发完善政务服务体系构建三级便民服务网络的意见的通知	2015.09.07
启政办发〔2015〕149 号	市政府办公室关于印发 2016 年启东市新型农村合作医疗管理办法的通知	2015.11.19
启政办发〔2015〕153 号	市政府办公室关于印发启东市特种设备安全突发事故应急预案的通知	2015.12.08
启政办发〔2015〕155 号	市政府办公室关于加快培育新型职业农民的意见	2015.12.16
启政规〔2015〕1 号	市政府关于印发启东市产业发展专项资金管理办法(试行)的通知	2015.01.30
启政规〔2015〕2 号	市政府关于印发启东市小型农田水利工程管理办法的通知	2015.05.04
启政规〔2015〕3 号	市政府关于印发启东市城市建筑垃圾管理办法的通知	2015.05.29
启政规〔2015〕4 号	市政府关于印发启东市农村产权流转交易管理试行办法的通知	2015.06.25

(黄亦美整理)

统计资料

全市概况

表 59

指标名称	计量单位	2015 年	2014 年
一、行政区划			
镇政府	个	7	7
园区	个	5	5
经济开发区	个	1	1
居民委员会	个	36	36
村民委员会	个	261	261
村民小组	个	6314	6319
二、行政区域			
(一)行政区域总面积	平方公里	1714.59	1714.59
# 长江区域面积	平方公里	184.42	184.42
黄海区域面积	平方公里	296.32	296.32
(二)年末耕地面积	万亩	106.23	106.51
(三)江海堤防长度	公里	161.90	153.00
# 江堤	公里	61.96	47.30
海堤	公里	77.50	83.30
洲堤	公里	22.44	22.40
(四)江海岸线总长度	公里	203	203
# 海岸线	公里	77.5	77.5
江岸线	公里	67.5	67.5
洲堤线	公里	58.0	58.0
三、人口			
(一)总户数	户	453227	453653
(二)总人口	人	1120611	1123163
# 城镇人口	人	601993	601406
(三)人口密度	人/平方公里	910	910
(四)年末常住人口	万人	95.40	95.60
# 城镇人口	万人	52.80	51.34
(五)年末城市化率	%	55.4	53.7
四、公路里程	公里	3576	3535
(一)国家级公路	公里	62	62
(二)省级公路	公里	97	97
(三)县级公路	公里	377	377
(四)乡村公路	公里	3040	2999

注:人口密度按陆地面积 1234 平方公里计算。

城区基本情况

表 60

指标名称	计量单位	2015 年	2014 年
一、城区人口	万人	25.65	25.19
#建成区人口	万人	22.00	21.20
城区面积	平方公里	50.00	50.00
建成区土地面积	平方公里	28.30	26.30
城市建设用地面积	平方公里	26.80	24.80
#居住用地	平方公里	7.07	6.82
公共管理与公共服务用地	平方公里	2.68	2.43
工业用地	平方公里	5.90	5.65
绿地	平方公里	5.08	4.78
本年征用土地面积	平方公里	1.00	0.80
#耕地	平方公里	1.00	0.80
水厂综合生产能力	万吨/日	24.50	24.50
供水管道长度	公里	770.40	732.60
供水总量(市区)	万吨	2820	2785
#生产用	万立方米	950	909
生活用量	万吨	687	626
天然气供气总量	万立方米	1765.30	1350.00
#家庭用量	吨	770.81	726.44
供应天然气户数	户	70689	62958
#家庭用户数	户	70404	62695
道路长度	公里	212.50	198.30
道路面积	万平方米	417.00	373.06
人行道面积	万平方米	77.97	74.78
年末实有公共汽车营运车辆	辆	170	169
出租汽车数	辆	434	434
城市排水管道长度	公里	492.20	455.20
生活污水年排放量	万立方米	2260	2257
绿化覆盖面积	公顷	1205	1093
#建成区	公顷	1162	1067
园林绿地面积	公顷	1125	1022
#建成区	公顷	1085	997
公园绿地	公顷	236	220
公园个数	个	8	8
公园面积	公顷	134	132
#水域面积	公顷	36	36
生活垃圾转运站座数	座	4	4
公共厕所数量	座	83	83
#三类以上	座	83	83

农村基本情况

表 61

镇区名称	耕地面积(公顷)	村民委员会(个)	村民小组(个)	乡村户数(户)
合　计	70821	261	6314	386916
汇龙镇	5412	27	560	36145
惠萍镇	6407	15	401	28992
东海镇	5534	18	450	29013
南阳镇	7768	29	383	41947
海复镇	4123	17	334	22350
合作镇	4991	17	481	24758
王鲍镇	6883	22	716	35793
经济开发区	944	8	200	9039
吕四港经济开发区(吕四港镇)	8190	35	1021	62582
滨海工业园(近海镇)	5000	20	204	25753
滨江医药化工园(北新镇)	6065	24	622	29454
海工船舶工业园(寅阳镇)	6144	26	823	34229
启隆生态科技产业园	2188			1970
圆陀角旅游度假区	1172	3	119	4891

启东的一天

表 62

指标名称	单位	1990年	2000年	2005年	2006年	2007年	2008年	2009年	2010年	2011年	2012年	2013年	2014年	2015年
一、每天创造的财富														
1.地区生产总值(当年价)	万元	512	2994	5461	6512	7712	8904	9849	11782	14251	16141	18036	20250	22031
2.工农业总产值(当年价)	万元	1101	7307	14317	19584	25158	31787	35440	44235	48300	55780	60740	64636	69007
农业总产值	万元	331	1501	1677	1775	1868	2129	2422	2662	2738	2984	3170	3329	3503
工业总产值	万元	770	5806	12639	17809	23290	29658	33018	41573	45562	52796	57570	61307	65504
3.规模以上工业企业现价总产值	万元		2383	5638	8362	11662	15068	18110	23439	28192	32925	37421	41099	45864
4.规模以上工业企业主营业务收入	万元		1988	5490	8231	11582	14828	17913	23169	26910	30887	36765	40719	43595
5.规模以上工业企业利税总额	万元		104	470	681	1096	1593	2199	2711	3410	3899	4836	4932	5603
6.财政收入	万元	40	141	439	548	717	954	1243	2056	2837	3379	3822	4614	4055
二、每天消费量														
1.社会消费品零售总额	万元	210	1054	1988	2305	2708	3367	3998	4613	5390	6267	7052	7299	8029
2.全社会用电量	万千瓦时	90	153	263	312	364	407	471	545	613	663	733	736	777
3.农村居民每人生活消费支出	元	865	2266	3801	4185	4487	5743	6895	7792	9018	10620	11784	11931	13083
4.城镇居民每人生活消费支出	元	1285	6010	7599	8541	9263	10217	11274	12571	15164	17575	19543	26249	28060
三、每天固定资产投资完成额	万元	101	938	3014	3968	4689	5514	6479	7692	8301	9850	11155	13244	14769
四、每天人口变动														

续表 62

指标名称	单位	1990年	2000年	2005年	2006年	2007年	2008年	2009年	2010年	2011年	2012年	2013年	2014年	2015年
出生人数	人	52	28	18	20	21	16	18	23	19	21	21	22	21
死亡人数	人	20	20	23	22	22	24	22	21	22	23	22	22	22

地区生产总值

表 63　　单位:万元

指　　标	按当年价格计算		按可比价格计算		增速(%)
	2015 年	2014 年	2015 年	2014 年	
地区生产总值	8031445	7391280	7328991	6675064	9.8
第一产业	654460	629317	567542	553029	2.6
第二产业	3891337	3690256	4063301	3685902	10.2
工业	3066975	2874056	3266007	2948602	10.8
建筑业	824362	816200	797294	737300	8.1
第三产业	3485648	3071705	2698148	2436157	10.8
交通运输、仓储和邮政业	184949	183942	141228	139796	1.0
批发和零售业	1013090	897169	801026	749706	6.8
批发业	712557	614900	550034	512600	7.3
零售业	300533	282269	250992	237106	5.9
住宿和餐饮业	218459	197397	153461	142548	7.7
住宿业	12642	11697	11875	11148	6.5
餐饮业	205817	185700	141586	131400	7.8
金融业	384523	332668	319511	273463	16.8
房地产业	369749	328445	301233	250965	20.0
房地产业(K 门类)	182293	137300	138204	125700	9.9
居民自有住房服务	187456	191145	163029	125265	30.1
其它服务业	1248100	1075901	923589	830306	11.2
营利性服务业	526873	481310	401874	373360	7.6
非营利性服务业	721227	594591	521715	456946	14.2

全社会固定资产投资完成情况

表 64

指标名称	计量单位	2015 年	2014 年
一、全社会固定资产投资	万元	5390609	4834148
第一产业	万元	2700	3500
第二产业	万元	3292922	3019381

续表 64

指标名称	计量单位	2015 年	2014 年
第三产业	万元	2094987	1811267
#房地产	万元	633642	470347
二、工业投资			
项目数	个	581	482
#高新技术产业	个	148	175
投资额	万元	3292922	3019381
#设备投资	万元	2050017	1820041
#技改投资	万元	1940722	1619812
高新技术产业投入	万元	898031	1379194

气象情况

表 65

指标名称	计量单位	2015 年	2014 年
一、年平均气温	℃	16.1	16.0
年极端最高气温	℃	37.3	35.8
年极端最低气温	℃	–5.8	–4.9
二、年总降水量	毫米	1500.7	1296.7
三、年日照总时数	小时	1765.0	1858.8
四、年极大风速	米/秒	18.4	17.3
年最多风向		ESE	ESE
五、年“0”厘米平均地温	℃	17.8	17.6
年极端最高地温	℃	58.6	56.0
年极端最低地温	℃	–4.6	–4.8
六、全年雾天	天	51	46
全年大风天	天	1	1
全年降雪天	天	6	5
全年降水天	天	169	145

注：风向栏各字母代表方向，E 东，S 南，N 北，W 西。

月度气温降水情况

表 66

月 份	月平均气温(摄氏度)		月降水量(毫米)	
	2015 年	2014 年	2015 年	2014 年
一 月	5.1	5.5	45.1	18.3
二 月	6.0	5.4	57.2	128.9
三 月	9.7	10.2	90.2	75.1

续表 66

月 份	月平均气温(摄氏度)		月降水量(毫米)	
	2015 年	2014 年	2015 年	2014 年
四 月	14.5	14.6	78.1	163.2
五 月	19.3	20.4	72.4	57.4
六 月	23.0	22.4	574.9	181.4
七 月	25.8	26.3	160.1	128.2
八 月	26.7	25.5	82.6	284.6
九 月	23.5	23.4	102.2	187.2
十 月	18.9	19.2	34.2	23.4
十一月	13.5	13.9	136.1	39.7
十二月	7.1	4.6	67.6	9.3

环境保护情况

表 67

指标名称	计量单位	2015 年	2014 年
一、环境质量			
1.空气质量			
AQI 指数	%	77.5	83.0
二氧化硫(SO_2)年均值	毫克/立方米	0.015	0.016
二氧化氮(NO_2)年均值	毫克/立方米	0.017	0.020
可吸入颗粒物 PM_{10} 年均值	毫克/立方米	0.065	0.064
细颗粒物 $PM_{2.5}$ 年均值	毫克/立方米	0.045	0.043
一氧化碳(CO)(24 小时平均第 95 百分位数)	毫克/立方米	1.4	0.974
臭氧(O_3)(8 小时平均第 90 百分位数)	毫克/立方米	0.151	0.135
2.水环境质量			
长江(启东段)水质		II 类	II 类
主要内河水质		87.5	87.5
城区地表水水质		100	100
城市水环境功能区达标率	%	73.1	100
3.噪声环境质量			
区域环境噪声平均等效声级	分贝	54.4	54.3
市区交通干线噪声等效声级	分贝	67.9	67.9
二、污染物排放情况			
1.工业废水排放量	万吨	709.55	850.75
# 废水排放达标量	万吨	709.55	850.75
2.工业废气排放量	亿标立方米	548	527
# 废气排放达标量	亿标立方米	548	527

续表 67

指标名称	计量单位	2015 年	2014 年
3.工业固体废物产生量	万吨	140	131
#综合利用量	万吨	140	129
4.化学需氧量(COD)排放总量	吨	8100	10073
#工业 COD 排放量	吨	1932	3198
城镇生活源 COD 排放量	吨	3597	4358
5.氨氮排放总量	吨	1725	1829
#工业氨氮排放量	吨	87	88
城镇生活源氨氮排放量	吨	975	1074
6.二氧化硫(SO_2)排放总量	吨	7899	11100
7.氮氧化物(NO_X)排放总量	吨	9975	11492
8.工业烟粉尘排放量	吨	2802	2370
三、环境科技			
1.环保科技业务总人数	人	60	60
#中级职称以上人数	人	26	26
2.环保科研机构数	个	1	1
四、环保投资			
环境保护投资总额	亿元	20.04	15.60
#城市环境基础设施投入	亿元	17.47	7.10
工业污染防治投入	亿元	2.57	8.50
五、生态建设			
1.启东长江口(北支)湿地省级自然保护区面积	万平方米	21491	21491
2.环境优美乡镇(建成累计数)	个	21	21
#省级以上	个	12	12
3.建成生态村(建成累计数)	个	305	305
#省级以上	个	21	21

注:本表数据由环保局提供,污染物排放非最终数据。

文化事业基本情况

表 68

指 标	计量单位	2015 年	2014 年
一、影剧院	个	7	4
市级	个	5	4
乡镇级	个	2	
二、文化馆、站	个	13	13
文化馆	个	1	1
乡镇文化站	个	12	12

续表 68

指　　标	计量单位	2015 年	2014 年
三、电影事业			
电影放映队	个	12	12
乡镇	个	12	12
电影放映场次	场次	10200	11513
观众人次	万人次	38	41
四、艺术事业			
文艺团体	个	2	2
演职员工人数	人	65	65
演出场次	场次	3350	3280
观众人数	万人次	32	31
五、图书馆			
机构数	个	13	13
市图书馆	个	1	1
乡镇图书馆	个	12	12
藏书册数	万册	66.6	62.3
市图书馆	万册	45.2	41.7
乡镇图书室	万册	21.4	20.6

注：本页数据由文广新局提供。

教育事业基本情况

表 69

指标名称	计量单位	合计	学前教育(幼儿园)	小学	初中	高中	职业教育(含电大)	特殊教育学校(聋哑学校)
学校数	所	141	60	48	23	7	2	1
班级数	个	2140	522	844	402	223	136	13
毕业生数	人							
招生数	人							
在校学生数	人	90037	17778	37514	19075	9983	5585	102
一年级	人	17512		6318	6307	3073	1814	
二年级	人	17168		5842	6187	3163	1976	
三年级	人	18472		6349	6581	3747	1795	
四年级	人	6351		6351				
五年级	人	6076		6076				
六年级	人	6578		6578				
教职员工数	人	7237	362	2623	2268	1391	551	42
专任教师	人	7237	362	2623	2268	1391	551	42

注：教育数据由教育局提供，九年一贯制学校的班级、学生、教职工、专任教师数分别统计在小学与初中内。

科学事业情况

表 70

指标名称	计量单位	2015 年	2014 年
一、全部专业技术资格人员	人	76778	74982
高级	人	3709	3503
中级	人	20332	19901
初级	人	52737	51578
二、全社会研发投入占 GDP 的比重	%	2.48	2.44
三、申报省以上科技计划项目	个	68	62
# 立项省以上科技计划项目	个	39	41
四、累计高新技术企业	个	95	84
# 新认定高新技术企业	个	27	43
五、省以上高新技术产品	个	85	118
六、市以上科技进步奖	个	20	20
七、专利申请量	件	4410	3676
# 授权量	件	2302	1378
八、发明专利申请量	件	1912	1419
# 授权量	件	161	57

体育事业情况

表 71

指 标	计量单位	2015 年	2014 年
一、等级运动健将	人	301	353
# 运动健将	人		2
一级运动员	人	4	3
二级运动员	人	10	12
三级运动员	人	287	336
二、等级裁判员	人	114	225
# 一级	人	12	18
二级	人	17	28
三级	人	85	179
三、全年举办竞赛次数	次	15	12
参赛运动员	人	4162	3956
七、向国家、省、地区输送运动员人数	人	21	48
八、社会体育指导员	人	2043	2493
# 国家级	人	1	3
一级	人	26	44
二级	人	287	493
三级	人	1729	1953

民政事业情况

表 72

指　　标	计量单位	2015 年	2014 年
一、年末优抚对象			
1.革命伤残人员	人	894	922
2.烈军属	人	325	330
3.复员军人	人	979	1075
4.退伍军人年末人数	人	47480	47100
# 当年退伍	人	427	487
二、优抚对象抚恤情况			
1.享受伤残抚恤人数	人	894	922
2.享受定期抚恤金人数	人	325	330
3.享受定期补助人数	人	13432	13425
4.优待烈属户数	户	188	193
5.优抚费用	万元	9784	9761
三、救灾救济费	万元	9049	8931
# 救灾款	万元	185	60
四、社会福利事业			
1.敬老院	个	8	8
集体供养人数	人	803	1036
分散供养人数	人	777	464
2.社会办福利工厂数	个	4	5
安置"四残"人数	人	101	159
五、婚姻登记			
1.年内准予登记结婚数	对	9263	9912
初婚	人	14046	15325
2.年内准予登记离婚数	对	2825	2556
六、全年火化尸体	具	10101	8905
七、民间组织	个	1236	1206
1.社会团体	个	520	511
2.民办非企单位	个	716	695

计划生育情况

表 73

指　　标	计量单位	2015 年	2014 年
一、女性初婚人数	人	4098	3996
# 晚婚人数(23 周岁以上)	人	2748	2591
晚婚率	%	67.01	64.84

续表 73

指　　标	计量单位	2015 年	2014 年
二、已婚育龄妇女数	人	179479	185894
三、现家庭一孩妇女人数	人	149631	155974
四、出生总人数	人	5468	6325
1.计划内出生人数	人	5412	6248
计划内生育率	%	98.98	98.78
# 一孩	人	3998	5027
二孩	人	1408	1251
2.计划外出生人数	人	56	77
计划外生育率	%	1.02	1.22
# 一孩	人	3	4
二孩	人	44	62
五、采取节育措施的人数	人	155883	160426
节育率	%	86.2	86.3

社会保障情况

表 74

指　　标	计量单位	2015 年	2014 年
城镇登记失业率	%	2.60	2.65
年末城镇登记失业人数	人	4680	4800
年末离退休、退职人员数	人	52770	50290
城乡基本养老保险覆盖率	%	96.08	95.99
城乡基本医疗保险覆盖率	%	96.10	96.09
失业保险覆盖率	%	96.68	96.65
社会福利收养性单位数	个	53	53
# 国有和民营老年公寓	个	53	53
社会福利收养性单位床位数	张	8224	7705
# 国有和民营老年公寓	张	8224	7104
社区服务设施数	个	340	340
居民最低生活保障已保人数	人	13164	13723
# 城镇居民	人	522	550
农村五保供养人数	人	1580	1500
参加农村合作医疗的人数	万人	84.13	85.23
参加城乡居民基本养老保险的人数	万人	29.10	30.20

（市统计局）

说 明

一、索引采用主题分析索引方法,依据首字汉语拼音字母同音字同词语顺序排列。

二、主题词后的数字表示内容所在的页码,数字后面的 a、b、c 分别表示从左至右主题词所在栏别。“特载”“媒体聚焦”“年度大事”“附录”篇目及“概况”条目不收入索引。

A

B

C

D

E

F

G

H

J

K

L

Q

R

S

T

W

X

Y

Z

江苏省启东经济开发区

JIANG SU SHENG QI DONG JING JI KAI FA QU

启东经济开发区作风建设暨当前工作会议

2015年，启东经济开发区加紧加快推进“国家级开发区”创建工作，围绕“江苏省距上海浦东、上海自贸区最近的宜居宜业生态型科技园区”的总体定位，高起点规划，精致化建设、法治化管理、精细化服务，加快产业转型升级。同时，依托互联网产业园、科创大楼、国动产业园、大数据产业园和国家级科技企业孵化器等创新平台，大力发展互联网+、科技孵化、文化创意、服务外包等现代服务业,致力于打造一座生态型、园林型商务新城、科技新城、产业新城、人文新城。新能源、电子信息、海工装备、生物医药等先进制造业集聚发展，总部经济、服务外包、科技孵化等现代服务业初具规模，全区经济社会呈现大发展、快发展的良好态势。全年实现地区生产总值82.4亿元，同比增长8.4%；规模工业产值506.05亿元，同比增长11.2%，其中高新技术产值282.1亿元，同比增长20.5%；实现入库税收7.84亿元，完成公共财政预算收入3.32亿元；完成全社会固定资产投资55.36亿元，实现服务业增加值31.2亿元；进出口总额稳步增长，其中出口总额达9.19亿美元，增长11%。2014年，在全省89家省级开发区科学发展综合评价中启东经济开发区名列第三。

科创大楼

机关干部每月举行升旗仪式

开发区全景

启东滨江精细化工园
启东市北新镇

启吾巡讲堂

北新镇地处启东市西南部。面积97.2平方公里，其中耕地9.1万亩、水面1.7万亩。户籍人口7.35万人。东濒三星河与汇龙镇交界，南临长江北支与启隆乡相望，西与海门市临江镇毗邻，北与王鲍镇、汇龙镇接壤。下辖24个行政村（622个村民小组）和1个居委会，分别是三和、北新、建西、光卫、富民、介英、灯杆、普东、轶昌、庙南、双仙、新桥、永济、花效、邦道、永丰、振兴、民丰、新庄、建新、安联、万安、永安、红阳和北新镇居委会。北新镇历史上在1948年由六个小乡组成，即卫东、卫民、新西、立新、新中、和用。1956年调整为三个小乡和一个北新镇，即卫民、北新西、镇南和北新镇。1957年合并为北新乡。1958年撤乡建北新人民公社。1983年恢复为北新乡。1987年撤乡建北新镇。2000年决心乡并入。2008年民主镇并入。2012年根据北新镇中心镇建设总体部署与启东滨江精细化工园合并，取名启东滨江精细化工园（北新镇），镇政府在北新镇，便民服务中心在新水湾小区，园区管委会在滨江精细化工园。新规划的北新镇中心镇镇区座落在建西村。区镇的合并使北新镇中心镇建设如虎添翼，北新镇中心镇建设的宏伟蓝图正在显现，步伐正在加快，不久的将来一个全新的北新中心镇将拔地而起。

2015年全区镇实现地区生产总值67.79亿元，其中一产增加值3.52亿元，二产增加值42.59亿元，三产增加值21.68亿元；财政总收入3.52亿元。农村人均纯收入实现18281元，同比增长8.82%。

全国劳模北新镇普东村家庭农场主于冬娟

普东村家庭农场主于冬娟赴京参加全国劳模表彰大会

北新镇庆祝“六一”儿童节

张家其家庭道德讲堂在为留守儿童讲课

北新镇绿洲嘉园

北新镇祥瑞花园

北新镇便民服务中心

启隆生态科技产业园
启东市启隆镇

镇社区干部学习培训

启隆镇总面积46.8平方公里，全镇辖2个社区，总人口3860人。2015年9月经省政府批准，撤销启隆乡，以原启隆乡行政区域设立设立启隆镇，镇政府驻永兴街262号。2015年，全镇实现地区生产总值60172万元，同比增长6%，全镇完成固定资产投入18.72亿元，完成年计划的102.5%。全镇入库税收19291万元，同比增长3%，其中入库国税3280万元，与去年基本持平；入库地税16011万元，同比增长7%。

市委常委政法委书记朱志强在镇调研

海岛志愿护学活动

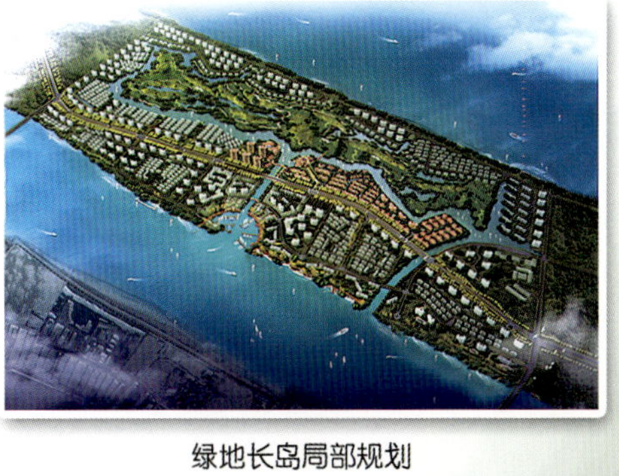

绿地长岛局部规划

绿地长岛项目-长岛大桥

绿地长岛项目一景

汇龙镇

HUI LONG ZHEN

2015年，汇龙镇全镇上下团结拚搏、锐意进取、攻坚克难，面对严峻复杂的经济形势和艰巨繁重的工作任务，以习近平总书记系列重要讲话特别是视察江苏重要讲话精神为根本遵循，在市委、市政府和镇党委的坚强领导下，在全镇人民的共同努力下，坚持“党建率先、城建领先、经济争先、民生优先”目标定位，积极适应新常态、应对新情况、挖掘新潜力、谋求新成效，较好地完成了各项工作任务，实现了“十二五”的圆满收官。2015年，全镇（下同）实现地区生产总值157.1亿元，同比（下同）增长9.9%；完成一般公共预算收入5.4亿元，增长0.6%；全社会固定资产投资65.3亿元，增长19.5%；社会消费品零售总额47.3亿元，增长14.8%；城镇居民人均可支配收入34400元、农村居民人均可支配收入18400元，分别增长8.5%、9.8%。镇获得“全国文明镇”、“南通市安全生产先进乡镇”等荣誉称号，鹤群、临江、近江、圩北等村被评为南通市文明村。

“三严三实”专题教育推进会

建党94周年庆祝活动

安置小区——南郊家园

大棚蔬菜

优秀企业家座谈会

全国流延薄膜行业年会在汇龙镇举办

全国文明镇揭牌

第九届村村乐巡演

安置小区——城东花园

全市最美家庭现场推进会在汇龙镇举行

惠萍镇
HUI PING ZHEN

2015年，全镇行政区域面积75平方公里，耕地面积5299公顷，常住人口72000人，年末户籍人口68526人，辖15个行政村。现有工业企业近千家，其中规模以上工业9个。企业从业人员13000人。辖区内有集贸市场5个，集贸市场成交额6亿元。社区卫生服务中心（医院）1个，分医院及村级卫生机构21个。中心敬老院1个，民办敬老院6个。中学2所，小学3所，幼儿园3所，金融机构7个。全镇地区生产总值63.78亿元，财政收入1.18亿元。农民人均纯收入18000元，比上年增长0.7%。全年综合考核获得全市第二名，经济发展获得金杯奖，重点工作获得银杯奖，项目建设获得铜杯奖。

惠萍镇“百日攻坚”誓师大会

惠萍镇千人百团民心政策宣讲活动

生态种植园

时任南通市委书记罗一民视察水果小镇

南方润滑公司

水果小镇旅游景点

水果小镇旅游景点

崇启大桥南出口

新建成的二手车市场

东海镇 DONG HAI ZHEN

廉政教育课

农村土地承包经营权确权登记颁证工作推进会

东海镇行政区划面积126.86平方公里，耕地面积8.16万亩，总人口68501人，下辖18个行政村。2015年，全镇实现地区生产总值23.12亿元，实现规模工业产值7.24亿元，完成年计划的100%，同比增长12%；规模工业应税销售1.79亿元，实施工业技改项目12只，完成实物工作量4.44亿元。2015年全镇入库税收4580万元，其中国税收入3624万元，地税收入956万元。

基层文化活动

机关志愿者慰问群众

青年志愿者在敬老院

千人百团连民心活动

欢度元宵节

东安中学全景

公益广告牌

南陽镇 NAN YANG ZHEN

党员冬训

全镇总面积126.8平方公里，总耕地面积7779公顷，辖29个行政村，1个居委会。2015年，南阳镇深入贯彻落实党的十八大、十八届五中全会和习近平总书记系列重要讲话精神，积极推进南通市级中心镇建设。实现地区生产总值40.86亿元，同比增长11%；实现财政总收入2亿元，同比增长22.8%；农民人均纯收入17940元，同比增长12%。

南阳镇2015年度网格员测评大会

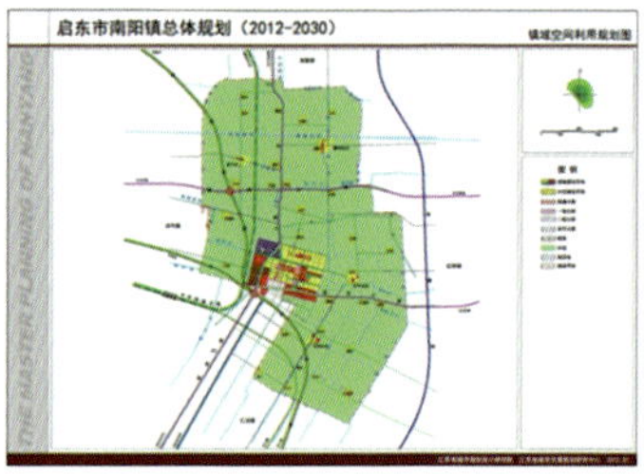

江苏华宏新能源有限公司

南阳镇2015年度纳凉晚会

江苏省启东现代农业产业园

江苏神通阀门有限公司

建设中的南阳商业公司综合大楼

神通阀门新宿舍楼

中友国际海鲜城

海复镇 HAI FU ZHEN

海复镇招商百日攻坚点评通报会

2015年，启东市海复镇紧紧围绕“打造宜居宜业宜发展沿海强镇”工作目标，主动把握、积极适应经济发展新常态，强化统筹协调，突出创新驱动，优化经济结构，在促进经济平稳增长中实现发展转型。主要指标高效完成。全年实现地区生产总值22.95亿元，同比增长9.8%；一般公共预算收入1340万元,预算外收入1064万元，非税收入250万元；全社会固定资产投资7.1亿元，增长8.9%；农村居民人均可支配收入达15760元，增长10.2%。经济质态优化提升。投资、消费、进出口协同拉动增长。工业经济主体地位进一步凸显,完成工业投资39400万元，规模工业产值11186万元，增长14%；规模工业应税销售达10390万元。完成服务业投入31250万元，服务业投入占固定资产投资比重不断加大。实现社会消费品零售额1.67亿元，增长18.4%；完成进出口总额1192万美元，其中出口额1169万美元。项目建设强势推进。突出招商引资龙头效应和项目建设带动作用。紧扣产业升级方向，瞄准上海、宁波等国内重点城市，组织多场专题招商活动，深入对接10多个重大项目；大力推进“招商百日攻坚”活动，全面摸排在外成功人士信息，收集有效项目信息16条。鑫创投资管理有限公司农业生态观光服务等9个5000万元以上项目顺利开工，南通弘农生态农业科技有限公司园区建设等6个项目按期竣工，丰益化工项目全面投产；新引进5个1000万元以上服务业项目全部投入生产。农业经济快速发展。全年实现项目农业投入1.25亿元，新增农业龙头企业2个、农业（水产）园区14个，垦牧故里山羊深加工、启东市渔家乐二期工程等超千万元农业项目建成投产；流转土地3000亩，其中全托管管理2000亩，有力推动农业发展提质增效。

镇领导考察上海锐雅教育集团

上海招商推介会

圣安德烈教堂

龙源风力发电

创鑫农业生态园

镇领导与美国肯纳金属公司签订投资协议

合作镇

HE ZUO ZHEN

合作镇2016年工作动员暨作风建设会议

合作镇行政区划面积88.7平方公里，耕地面积4634公顷，总人口63099人，辖17个行政村。合作镇是一个特色鲜明、景色秀丽、宜居宜业的内陆小镇，紧邻宁启铁路，宁启高速、扬启高速穿境而过，一级公路南海公路和王海公路横贯东西、志圩公路联通南北。合作镇是名扬江海的革命老区，具有深厚文化底蕴，是启东第一县政府、第一党支部所在地，全镇11条寿丰桥，哥特式建筑代表德勒撒堂，与上海徐家汇、佘山天主教堂同等地位。

2015年镇党委顺应新常态，谋求新跨越，振作精神，奋发有为，努力打造“旅游合作、生态合作、和谐合作、美丽合作”。

市委常委、宣传部长姜平在二效镇村第三网格“正能量加油站”站点调研

市长黄卫锋在“集结号”项目现场调研

南通林洋交通建设工程有限公司

臣义村天主教堂

兴隆村文化苑

江苏华磊机电有限公司

合作镇葡萄园

江苏圣合旅游发展有限公司

启东多吃点膜下滴灌水稻基地

王鲍镇

市委书记、市人大常委会主任徐锋在王鲍调研

“两联四讲四引领”活动之道德讲堂

王鲍镇充分发扬“创业”和“奉献”两大精神，以打造启东西部强镇为目标，推进“五大王鲍”工程，经济社会发展取得了积极的成效。王鲍镇行政区划面积126平方公里，耕地面积10.39万亩，其中高标准农田面积4.6万亩，总人口91559人，其中农业人口84061人，下辖22个行政村。2015年，全镇地区生产总值33.60亿元，同比增长8.8%，完成财政总收入12850万元，一般公共财政收入9106万元，全社会固定资产投资14.46亿元，同比增长105%，农民人均可支配收入18438元，同比增长11%。2015年实现规模工业产值48.24亿元，同比增长17%，通过创新引领高新技术产值达29亿元，同比增长7%，全镇规模工业应税销售12.42亿元，同比增长27%，规模企业入库税收4930万元。2015年项目农业投入2.47亿元，全镇22个行政村经营性收入均达到或超过30万元，其中50万元以上的村11个，70万元以上的村4个。全年向3915个民政对象一折通打卡发放1850万元，新农保、新农合参保率分别达到83.2%、99.9%。2015年被南通市委、市政府评为南通市文明乡镇；启东市王鲍烈士纪念馆被南通市纪委评为南通市廉政教育示范基地、被南通市国防教育委员会办公室、南通市委宣传部、南通市社科联联合评为南通市全民国防教育基地；建群村被评为省级美丽乡村。

市委书记、市人大常委会主任徐锋在王鲍镇二厂村调研

纪念抗日战争暨世界反法西斯战争胜利70周年活动

中艺财富大生文化艺术园揭牌仪式

庆祝建党94周年暨夏季纳凉晚会

王鲍中心敬老院

新港花苑

恒亚国际家具购物广场

启东市丰泽园蔬菜生态种植专业合作社

江苏省美丽乡村王鲍镇建群村

启东市科技局

重点企业走进中科院研究所系列活动

启东上海地区高校产学研合作洽谈会

2015年，市科技局全面贯彻落实市委十二届十次全体(扩大)会议精神，以科学发展观为指导，以推进创新型城市建设为核心，着力加强产业技术创新、企业自主创新和社会发展创新，加快推进创新人才、创新载体和创新环境建设，加速高新技术产业发展，促进产业转型升级，实现了科技进步与经济社会发展的紧密结合、相互促进与协调发展，全面提升沿海开发水平，为率先全面实现小康社会提供了强有力的科技支撑。

2015年，启东市近海镇被评为省创新型试点乡镇。

2015年，立项省以上项目39项，其中国家级6项。获省级科学技术奖3项，其中二等奖1项，三等奖2项。南通市级科技进步奖17项，其中特等奖1项，二等奖4项，三等奖12项。全年共组织南通市科技成果鉴定21项。全年共向高校、科研院所输送企业项目需求信息400多项，向企业发布高校、科研机构最新成果信息2000多项。

2015年，全市实现高新技术产业产值778.13亿元，占规模工业的比例达46.48%，较去年同期提升了1.24个百分点。全社会研发投入占地区生产总值比重达2.48%。有85个产品被认定为省级以上高新技术产品，27家企业被认定为高新技术企业，新增省级民营科技企业34家，新增省级工程技术研究中心6家，新增南通市级工程中心10家，新增省企业研究生工作站5家，新增省重点企业研发机构1家。全市实现专利申请量4410件，授权量2302件，其中发明专利申请1912件。万人发明专利拥有量达12.12件。江苏道达海上风电工程科技有限公司一发明专利“海上风机的安装方法及回收方法”获第十七届中国专利奖优秀奖。江苏神通阀门股份有限公司一发明专利“一种安全级高压球阀”获省第九届专利奖优秀奖。全市获省第四届民间发明创新奖一等奖1个，二等奖1个。

复旦大学专家参观海四达电源产品陈列室

省可持续发展实验区揭牌

科技节签约仪式

科技节科技进步奖颁证

国家电网
STATE GRID

国网启东市供电公司
STATE GRID QIDONG COUNTY ELECTRIC POWER SUPPLY COMPANY

2015年迎峰度夏新闻发布会

南通市文明单位奖牌

2015年，国网启东市供电公司累计完成供电量27.87亿千瓦时，同比增长5.8%，售电量26.71亿千瓦时，同比增长6.01%；最高负荷57.66万千瓦，同比增长19.9%；全口径线损率为4.2%，同比降低0.2%；完成固定资产投资2.87亿元，同比增长1.5%；业扩报装完成2.59万户，同比增长5.8%，新增容量40.91万千伏安，同比增长8.7%。被江苏省总工会、江苏省厂务公开协调小组办公室评为2015年度江苏省厂务公开民主管理先进单位，被江苏省电力公司评为2015年度安康杯竞赛优胜企业，被南通市委、南通市人民政府评为2013-2014年度南通市文明单位、2015年度南通市安全生产先进集体。

竣工投运了110千伏惠阳输变电工程、220千伏邢柏至新安线路工程及220千伏吕四港电厂改接线工程。开工建设110千伏圆陀角输变电工程，有序推进220千伏沿海输变电工程。超前开展电网规划，完成了110千伏久隆输变电工程立项前期工作，启动了配网单元制规划工作。有序推进了配农网工程建设，合计完成投资3.22亿元，为沿海、沿江和工业园区建设提供了更加坚强的电力支撑。

组织开展了供电服务“四个百分百”提升活动，优质完成用户联系信息核查、1000千伏安及以上大用户的5A级自评和专家评审、利税大户及重要用户的用电体检等工作，进一步提升了服务水平。大力开展带电作业，全年减少停电3.12万时•户。成立了农电管控中心，健全完善了1.96万人组成的台区服务网络，农电管理得到有效提升，吕四供电所荣获“五星级”供电所和全国最美供电所称号。

集中检修备战迎峰度夏

开展春检、积极备战迎峰度夏

现场服务渔民用电

电力设施保护宣传进校园活动

爱心义卖为贫困儿童实现微心愿

紧急抢修抗击台风“灿鸿”

启东市行政审批局

行政审批局召开重点工作会议

副市长王凯在行政审批局调研

海门市政务中心在启参观

2015年10月28日，启东市行政审批局在原启东市政务中心的基础上正式组建运行，原政务中心改名为市政务服务中心，挂牌启东市公共资源交易管理办公室，下属公共资源交易所和公共权力网上运行控制中心两个事业单位。2015年，市行政审批局（政务服务中心）紧紧围绕年初工作目标，以深化行政审批制度改革、开展相对集中行政许可权改革试点，推行联合审批、“三证合一”，推动三级便民服务网络，规范公共资源交易为重点，进一步优化政务服务体系、提升政务服务效能，各项工作取得了显著成效。

工作人员朱友珍拾金不昧获锦旗

深化行政审批制度改革研讨会

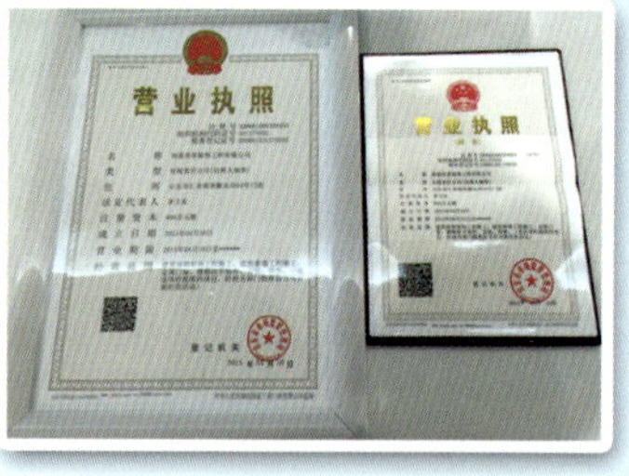

首张“三证合一”营业执照

局（中心）积极部署算好廉政账活动

志愿服务进社区活动

局党组书记杜国华慰问帮扶对象

南通市启东地方税务局

NAN TONG SHI QI DONG DI FANG SHUI WU JU

2015年，南通市启东地方税务局在市委市政府和南通市局的正确领导下，牢固确立“依法征收、管理促收”的理念，建立税收分析联动机制，突出税源监控与税源培育双向发力，强化纳税遵从和税法宣传的双重引导，确保了组织收入在高基数的平台上实现稳步攀升。全年共组织入库全口径税收收入（含两税）625989万元，同比增收43345万元，增长7.4%，入库地方公共财政预算收入531825万元，同比增收73059万元，增长15.9%，完成人代会计划497000万元的107.01%，完成政府加压目标511000万元的 104.1%。入库各项基金费合计35974万元，完成政府计划的127%。入库社保（四险）99431万元，增长11.3%；入库医保基金70343 万元，增长20.6%，为启东经济社会又好又快发展作出了积极贡献，实现了“五星级单位”十一连冠，被南通市局评为年度绩效优良单位。

地税系统“宪法日”系列活动

地税系统庆祝建党94周年党课教学活动

地税中等风险应对案例竞赛活动比赛现场

地税税援团走进南通二建

志愿者深入渔港宣传涉税政策

税法宣传

庆贺“世界无车日”骑行活动

首张“三证合一”营业执照

中国烟草·江苏 CHINA TOBACCO JIANGSU

启东市烟草专卖局

烟草专卖局（分公司）2015年度工作会议

2015年，启东市烟草专卖局（分公司）围绕“行业楷模”发展战略，主动适应行业发展新常态，积极应对卷烟提税顺价的巨大压力，统筹推进战略统揽、规范护航、创新驱动、质效提升、管理升级、文化引领、队伍建设等各项重点工作，经济运行保持稳中有进、稳中有好。全年共完成卷烟销售34761箱，同比下降0.4%，实现含税销售额11.69亿元，同比增长11.5%，税利3.12亿元，同比增长25.5%，销售结构134.52元/条，同比增长12.1%，费用率2.5%。全年查处涉烟违法案件105起，同比增长5%，1万元以上案件27起，其中5万元6起，50万元以上1起。破获涉烟违法网络案件1起，查获各类违规卷烟5276条，没收假烟79.5条，到账罚没款28.8万元，同比增长145%，抓获涉案人员8人，依法判刑8人。高度重视和加强专卖内管，提升市场净化水平，市场净化率保持在98%以上。强化证件管理，确保无证经营控制在2%以内，发放许可证282份，延续许可证895份。被评为2014年度江苏省安康杯竞赛优胜单位，以高分通过江苏省五星档案管理达标验收，被评为2013-2014年度南通市文明单位。

南通市局副经理钱德俊（左二）和启东局局长刘伟（左一）进行市场调研

南通烟草系统迎国庆职工歌咏比赛一等奖

慰问汇龙中心养老院

启东市局分公司被省总工会授予“安康杯”竞赛优胜单位荣誉称号

稽查队员进行真假烟识别训练

南通市总工会组织的“盛世中国 放歌劳动”南通市直属职工小组唱比赛特等奖

客户经理指导客户网上订货

烟草专卖稽查大队与公安部门联合执法

中国邮政
CHINA POST

中国邮政集团公司

江苏省启东市分公司

《纪念中国人民抗日战争暨世界反法西斯战争胜利七十周年》特种邮票首发仪式

中国邮政集团公司江苏省启东市分公司现有在编员工534人，内设综合管理部、人力资源部、市场经营部、财务核算部4个职能部门和金融业务、电子商务、函件业务、发行投递、集邮5个专业。2015年，实现业务总收入1.6亿元，全年完成收支差额3739.96万元。储蓄余额规模80.26亿元，汇兑业务完成3.95万笔，全年订销报纸累计1824.3万份，订销杂志累计113.2万份，国内小包业务完成3.25万笔。

邮政机构设施。启东邮政现有营业网点50处，其中金融类服务网点45处，均配备齐补登折机、ATM（CRS）自助机具，纯邮政服务网点5处。2015年，邮政平均每一营业网点服务面积为24.2km²，平均每一营业网点服务人口为2.24万人。苏邮惠民加盟店143个，村邮站157个，自提点20个。全市共有邮政信箱（筒）257个，邮政报刊亭23处，各类服务用车20辆。有计算机（在用）190台，终端机301台，投递手持终端32台，农投智能手机115部。

邮政通信网络。全市汽车邮路5条（其中南通邮路1条），投递邮路总条数114条，其中农村投递线路92条，全部摩托化，农村投递线路长度（单程）7756km。城市投递线路22条，全部更新为电动自行车，城市投递线路长度（单程）828km。城市小包专投线路4条，专投线路长度（单程）208km。邮政城区投递无休，每日平均投递2次，农村每周平均投递6次。

邮政获得荣誉。2015年，公司荣获“南通市五一劳动奖状”、南通市文明单位、南通市机关事业单位治安保卫工作先进集体、启东市党建“双百”引领工程“党建工作示范点”、“服务业十大行业现代物流类前五名”，在全区信息网运行维护竞赛活动中荣获一等奖，全年通信质量综合考评98.83分，在全区排名第二，邮政服务综合满意度达96%。女工委荣获启东市“巾帼建功”先进集体，南阳支局获评南通市文明单位，久隆等四个支局被评为“启东市文明单位”，和合支局被评为启东市“巾帼文明岗”，新港支局被评为启东市“工人先锋号”。

与市检察院联合开展“预防职务犯罪邮路”工作

红色邮路党员帮扶小分队

“好歌献给党”歌咏比赛

启东市总工会

第十一届"为劳动者喝彩"乘务员技能比武

首届职工文化节

2015年，全市各级工会组织扎实践行"三严三实"，全面深化服务型工会建设，确立并落实重点课题和实事工程，深入开展"工会在身边"主题活动，当好党的助手、企业帮手、职工扶手。全年获省以上表彰6项，市以上媒体报道80多篇次。新建基层工会组织303家，新发展会员14880人，工会会员达到257872人，工会组建率达95%，职工入会率达98%。开展年度职代会规范化建设竞赛活动，达标单位130家，先进单位30家，示范单位14家。全市集体协商建制企业总数达到1295家，独立签订工资集体协商企业数1253家，小微企业签订区域性集体合同和工资协商专项集体合同36份，其中行业性7份，覆盖企业3272家，覆盖职工20.7万人。走访慰问各类困难对象近300户，助学119人，奖学11人，助医65人，共计发放救助金近100万元。征集并落实特困和困难职工"微心愿"。拓宽职工入沪医疗绿色通道，及时挽救5名职工生命。开展夏季高温慰问，走进百家企业，发放高温慰问品18000份，慰问资金近80万元。全市集体协商建制企业总数达到1295家，独立签订工资集体协商企业数1253家，小微企业签订区域性集体合同和工资协商专项集体合同36份，其中行业性7份，覆盖企业3272家，覆盖职工20.7万人。

"五一"庆祝大会

全市工资集体协商指导员及工会劳动法律监督员培训班

劳动法律知识广场宣传

全市安全生产劳动法律知识竞赛

金秋助学仪式

大唐电厂武装职工关爱角

50强企业工会主席沙龙活动

启东市公安局

QI DONG SHI GONG AN JU

省委常委、省政府党组成员、省委政法委书记、公安厅党委书记、厅长王立科接见启东“江苏最美警察”黄建生

抓获“2.05”东辰公寓爆炸案嫌疑人

2015年，全市公安机关在市委、市政府和上级公安机关的统一领导下，主动适应经济发展和维稳形势新常态，按照公安部深化公安改革、推进“四项建设”和省公安厅“一体两翼”总体布局，全力做好维护社会平安稳定工作，努力为“强富美高”新启东建设营造良好治安环境。

边防民警开展涉危涉爆企业安全大检查

边防辖区协同太平洋重工开展反恐处突演练

处突小分队战术演练

公安、公交会同车站开展反恐处突演练

特警车站巡逻

启东市人民检察院

检察院召开人大代表座谈会

镇江检察院在启学习交流

2015年，市检察院以司法规范化建设为主线，以业务和队伍建设为主业，立足检察职能，主动融入“四个全面”战略布局，凝心聚力，攻坚克难，务实创新，奋力推动各项检察工作不断开创新局面、迈上新台阶、入轨新常态。全年共获得市级以上集体类奖项22个，有39人次受到市级以上表彰奖励，被评为“全国检察宣传先进单位”。

检察院在海工园为领导作专题讲座

张利国同志荣获“南通市十佳公诉人”称号

检察院庆祝中国共产党成立94周年

检察院获得启东市首届职工文化节表演比赛二等奖

南通市检察机关第十三届检察业务技能团体三等奖

检察院领导走访慰问困难户

检察院未检科赴大陆村开展七彩夏日护苗行动

检察院举行工会活动庆五一

检察工作情况汇报会

启东市教育局

“三严三实”专题教育党课

全市素质教育考评工作暨教育现代化建设推进会

推进教育现代化建设。公办幼儿园、省优质幼儿园占比分别为61%、76%。校安工程建设扎实推进，全年加固校舍2.9万平方米，第一中学全面启用，实小开发区分校、紫薇小学英邦分校等开工建设。38所中小学创建为中小学数字化校园，46所中小学达到现代化学校办学标准。

深化课堂教学改革。举办“东疆之春”“江海星光”等大型教科研活动，承办江苏省小学特级教师论坛等课堂教学竞赛，搭建教师专业成长平台。三段四模块课堂教学改革经验在全省教研室主任会议和南通教科研中心作专题介绍。以高考为代表的学科教学质量继续保持全省领先。

全面实施素质教育。制定出台《义务教育阶段学校素质教育考评实施方案（试行）》，全面规范中小学办学行为。体艺“2+1”全面开展。举办了中小学校园艺术节、合唱节等活动，全面展示中小学艺术教育成果。实验小学乒乓球队、北新小学足球队、南苑中学篮球队、海复小学、汇龙中学排球队等运动队在省市比赛中屡获桂冠。《启东市少先队地方课程的开发与运用研究》获省少工委2014年度少先队工作优秀项目。

中学校长管理研讨会

加强师资队伍建设。积极实施“三名”工程，组建了15个名师工作室，名师效应不断放大。先后有5人次获江苏省优（微）课评比一等奖，有32人次获南通市优课和基本功竞赛一等奖。在首届全国“一师一优”活动中，有60节课获省优，入围数居南通市第二。在“第八届教师专业成长优秀论文”的评选中，参赛人数与获奖比例均位列南通第二。

名师工作室现场展示

完善公共体育服务体系。建成健身步道27公里，新增全民健身路径16套。市体育馆10月1日起对公众开放。全市现有体彩站点94家，全年完成销售额1.1018亿元，积累公益金616.9万元。建成省公共体育服务体系示范区。

强化行风建设。出台了《关于进一步规范启东市义务教育阶段学校招生工作的意见》，规范招生行为。在南通市率先实施学校食堂采购管理信息及满意度评价网上公示机制。建立了教育系统党风廉政巡检工作机制，把学校（单位）领导班子及成员执行《廉政准则》的情况及学校（单位）招生管理、教育收费、物品采购、财务收支、后勤服务等方面的情况作为巡检工作重点，全面推进阳光教育工程。

全面健身启动仪式

东疆之春教研活动

启东市卫生和计划生育委员会

全市卫生计生工作会议

国家卫计委李斌主任在启调研医改工作

2015年，全市卫生计生工作以“建立现代医疗卫生体系，创人民满意卫生计生”为目标，突出“深化医药卫生体制改革，创建人口协调发展县（市）”两大主题，圆满完成各项工作任务。深化医改工作全省先行先试，公立医院综合改革争创国家示范，10月18日，国家卫计委李斌主任专程来启调研，充分肯定我市医改工作。卫生计生机构平稳整合形成新合力，计生工作凸现新优势。医院能力建设进一步加强，人民医院被国家卫计委列为全面提升县级医院综合能力建设第一阶段单位，陈黄秀珍医院中医科评为省乡镇卫生院示范中医科，第七人民医院被评为国家级群众满意乡镇卫生院。基本公共卫生服务不断加强，人均基本公共卫生服务经费达50元，年度动态管理健康档案50万份，老年人免费健康体检率93.5%。基层妇幼保健和计划生育技术服务资源平稳整合，重大妇幼卫生服务项目规范实施，卫生监督执法能力不断提升，爱国卫生工作不断深化。基层基础不断夯实，南阳镇卫生院通过省示范乡镇卫生院验收，53家村卫生室达到省示范村卫生室标准，全市示范村卫生室增至36.8%。聚南、向阳医院完成医养结合型转型改造，东海、聚阳、永和卫生院新病房楼竣工使用。新增DR12台、彩超21台、生化仪7台。为基层医院招聘本科毕业生24名，编外卫技人员51名，为村卫生室定向培养农村医学专业生40名。卫生行风呈现新面貌，廉政教育“四常”模式全面实施，廉政风险防控机制不断健全，卫生计生行风满意度再上台阶，党风廉政建设和作风建设持续推进，卫计委机关成功蝉联“五星级机关”。

启东市卫计委与上海瑞慈医疗集团合作签约仪式

居民健康小屋

国务院医改办在启调研

市深化医改领导小组会议

全国基层中医药工作先进单位验收

健康管理团队在社区开展活动

启东市农业委员会

国家农业部农业走出去与农产品出口工作座谈会

2015年，全市农业实现产效并举。传统农业生产总体平稳，4600亩水稻试种成功，取得亩产550千克，为全面推广旱改水积累了经验；现代农业稳步发展，新建规模以上设施大棚面积0.7万亩，高效设施农业面积累计达22.12万亩,占总耕地面积的20.7%，获评省发展现代高效农业成效显著县；全年农机总动力达56.89万千瓦，农机化综合水平达75.9%；高标准农田新增3.1万亩。全市农业结构调整取得了初步成效，四青产业、果蔬产业、特色产业稳步发展，三品产量占比已超25.4%。青皮长茄获评国家级地理标志。农产品出口创汇9937.9万美元，列南通六县市区第二。新增成片造林合格面积4.05亩，列南通市第一，获评省造林绿化成效显著市。农业安全生产工作到位，获评全国“平安农机”示范县、启东市安全生产先进集体。

南通市委常委秦厚德一行在启调研农业生产“全托管”工作

南通市项目农业暨国家现代农业示范区建设推进会在启召开

南通市农村清洁能源及农业生态环保工作现场推进会在启召开

江苏省农机事故应急救援演练在启举办

省第九次森林资源调查

南通作栽站指导启东旱改水工作

智能温室-穴盘育苗

启东市水务局

QI DONG SHI SHUI WU JU

全市水环境综合整治工作现场推进会

全市水利站工作会议

2015年，启东市水务局认真贯彻“抓项目、强基础、惠民生、促发展”的水利发展理念，始终立足社会发展对水利的需求，加大水利前期规划工作力度，加快提高农田水利保障能力、防洪减灾保安能力、水环境生态能力建设，以民生水利、重点工程建设为抓手，全面做好水利基础设施建设、水利工程管理、水环境综合治理、水政水资源管理、防汛防旱和水务一体化建设工作，超额完成多项工作指标，荣获全市“五星级机关”、“党建工作先进集体”、“2015年度人大建议政协提案办理先进单位”及“2013-2014年南通文明单位”等诸多荣誉。

南通市水利局局长刘新华在启检查水环境

局领导走访慰问挂钩村困难户

局长顾冲走访慰问一线施工人员

打击长江非法采砂

施工建设中的连兴港套闸

集中销毁电捕鱼工具

整治后的河道

中央财政农田水利重点县工程施工现场

启东市民政局

QI DONG SHI MIN ZHENG JU

全市民政工作会议

机关党员进社区开展志愿服务活动

民政局在南苑中学开展防灾救灾现场演练

养老服务员同老人其乐融融

机关党员参观抗大九分校

启东市国家税务局

QI DONG SHI GUO JIA SHUI WU JU

省国税局局长胡道新在启调研税收管理改革推进情况

2015年，全市国税系统积极适应税收新常态，以服务经济发展为己任，以税收管理现代化改革为引领，坚持组织收入中心，深入推进依法治税，倾力提升服务质效，圆满完成了各项税收工作任务，整体工作稳中有为、稳中有进、稳中有新。全年共组织入库工商各税35.45亿元,同比降低3.4%；实现公共财政预算收入10.26亿元,同比增长2.3%,圆满完成了市人大确定的目标任务。与此同时，重点加大科技创新、小微企业、促进消费、保障民生等方面的税收政策支持力度，深入落实各项普惠性税收政策，充分发挥税收政策在推动经济发展方式转变中的引导、管理与服务作用。全年办理各类政策性减免1.12亿元，出口退（免）税19.92亿元，有力地支持了企业的发展。在政府考核中，国税局连续十年获“五星级机关（单位）”殊荣。

五星级机关十连冠

国地税合作开设联合办公窗口

宪法日—国地税联合税法宣传

志愿服务推进仪式

启东市红十字会

“关爱最美环卫工人”项目慰问金发放仪式暨公益性应急救护培训

发放博爱助困“613助老”项目慰问金

2015年，市红十字会紧紧围绕“三救三献”核心业务工作，抓常规、重建设、谋创新、求实效，努力开创工作新局面。（一）**抓常规。**市红十字会通过将常规工作做全、做细、做实、做好，达成工作效果的自然显现，为永续发展奠基，特别是配合上级红十字会在启东落地的常规项目，做到“不折不扣、既全又好”。开展“博爱在启东，人道万人捐”主题活动，募得人道救助款22.7万余元，并每月集体讨论救助对象，对68名重症患者及特困家庭发放人道救助金14.3万元。开展“红十字博爱送万家”活动，共筹集款物价值41万元，并隆重举行启动仪式，影响力和救助力度为历年之最。认真实施在启的南通红十字会“613项目”，选择200户资助对象，开展配套活动，全力扩大活动影响。开展关爱最美环卫工人活动，回应特殊群体生活需求。志愿捐献造血干细胞工作取得了长足发展，得到了各界支持和关心。6月14日，在百老汇广场成功举行造血干细胞集中采样活动，通过现场讲解、悬挂横幅、布置展板、散发传单等形式广泛宣传献血及造血干细胞相关知识。活动当日，有10名志愿者加入中华骨髓库。全年共有17名造血干细胞志愿者初配成功。上半年，对机动车学驾人员进行救护培训，受训学员达10457人。全年培训初级救护和普及性应急救护人数达10056名。（二）**重建设。**加强红十字会的基层建设，特别是对红会自身联系挂钩的四个村居和南通市机关干部担任第一书记所在村的红会工作作为示范点加以打造，发挥以点带面的引领作用。继续办好博爱超市，并不断加强管理，及时补充货源，拓宽为弱势群体服务的救助平台。扩大志愿者队伍，鲜明亮出红十字会的旗子。（三）**谋创新。**促进与教育系统深度融合，构架战略合作机制，同筑持续共赢格局。与教育系统携手开展“一路阳光”系列活动，首办启东市中小学生“博爱杯”自护情景剧比赛，借助新生军训，开展救护知识培训。在如何提高救护培训质量上，注重应知应会，创新互动环节，激发学员兴趣，提高培训效果。我们购置了小礼品在培训过程中奖励抢答互动优胜者和技能优异者，创举虽小，质量高、效果好。（四）**求实效。**践行“以活动展现活力，以实效凸显实力”的理念，精心策划每次活动，并全力以赴加以组织。5月19日下午，市红十字会参与民政、教育、公安等9个部门在南苑中学举办防灾减灾综合演练观摩会。切实按照初中生特点和学校情况，在紧急救护培训内容与形式的选择、现场心肺复苏技能操作展示及其地点确定等方面充分准备。顺畅高效的培训和展示，赢得了师生和观摩对象的高度赞誉。

博爱助困“613助老”项目上门慰问

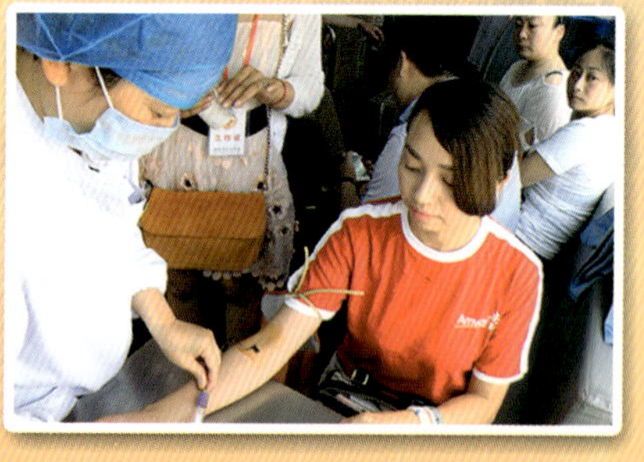

造血干细胞集中采样现场

“博爱送万家”活动物资发放现场

启东市福利彩票发行管理中心

2015年，在民政局党委的高度重视、上级主管部门的正确领导和全体福彩人的共同努力下，全年实现销售1.52亿元，募集福彩公益金1370万元，连续第三年蝉联全省十强，排名从上年的第九位前移至第八位，继续位列南通各县（市、区）第一，展示了我市福彩销售稳中有进、稳中向好的发展态势。

这一年，福彩中心认真执行《彩票管理条例》，秉承中国福利彩票“扶老、助残、救孤、济困”的发行宗旨，坚持“规范操作、安全运行”的指导方针，开展了多种形式的公益行动——出资城乡医疗救助，扶助养老机构建设，开展“福彩圆你大学梦”助学、“福彩献爱心”助困、“福彩公益行”送温暖等活动，展示品牌形象。这一年，福彩中心加强规范管理，将“社会福利有奖募捐委员会办公室”更名为福利彩票发行管理中心，与上级对接，体现机构职能，同时以制度来强化规范，加强合同约束，突出行业管理，开展销售员培训，提升站点形象，提高整体素质，为社会福利事业做出了贡献。

公益行动

圆梦大学

业务培训

挂钩帮扶

社区宣传

启东农商银行

QIDONG RURAL COMMERCIAL BANK

市长黄卫锋一行莅临启东农商银行调研

第二届股东大会

2015年，启东农商银行坚持为“三农”服务的宗旨，以支农、抓降、增效、案控为工作主线，积极推进商务转型工作，形成了业务发展与内部管理齐头并进的良好局面。截至年末，各项存款余额3129352万元,比年初增加429842万元，增幅15.9 %；各项贷款余额1889673万元，比年初增加200435万元，增幅11.9%；其中实体经济贷款比年初增加150862万元。五级分类不良贷款余额32715万元，占比1.73%。实现利润总额40106万元，增幅9.3%；净利润28981万元，增幅4.6%。

启东农商银行积极服务城乡经济发展，结合启东行业集聚和分布情况推进特色支行建设，已建成文峰建筑特色支行、吕四海洋经济支行、天汾电工工具特色支行、和合海工特色支行、北新精细化工支行、滨海新城支行等6个特色支行，通过专业队伍来支持地方产业经济发展。积极推进产品创新工作，针对小微企业推出了“还款30%即可全额转贷”的升级版“流转贷”产品；针对全市新型农业经济主体量身设计开心农场“惠农宝”信用或简单担保信贷产品；针对电动工具行业推出依托核心企业的“商誉贷”产品；针对水产行业推出“船易贷”产品；针对农户、城镇居民消费环节推出升级版“方便贷”产品；有效地满足了城乡居民和企业的信贷服务需求。

“富盈东疆-好礼送到家”活动开奖现场

业务知识竞赛

第四届职工运动会

在校大学生在启东农商银行进行暑期社会实践

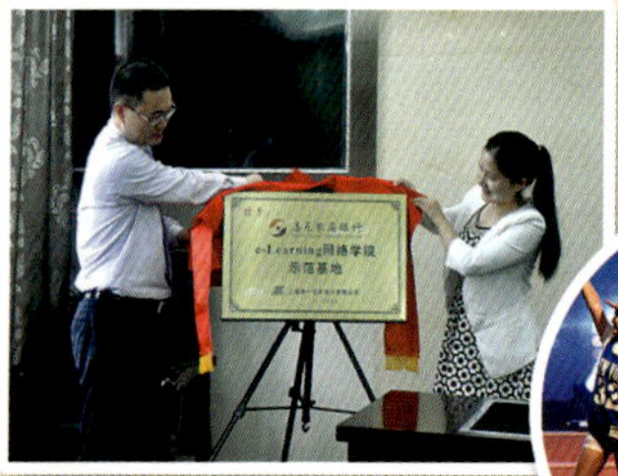

员工网络学院正式揭牌

第四届青年风采大赛

金融知识宣传进社区

“践行三严三实、推进作风建设”主题演讲比赛

金融知识宣传进企业

中国农业银行 启东市支行

AGRICULTURAL BANK OF CHINA

中国农业银行启东市支行，是一家“立足县域、服务三农”的大型现代商业银行——中国农业银行股份有限公司的分支机构，现有员工331名，内设六个部室，拥有遍布启东城乡的23个营业网点。该行依托覆盖面广泛的网点网络体系、门类齐全的金融产品系列和便捷可靠的信息科技手段，为企事业单位和广大市民提供优质、安全、高效的全方位金融服务。

市长黄卫锋在农行视察慰问

服务三农小分队走进葡萄园了解信贷需求

开展小小银行家活动

农行志愿者走进特殊学校传递关爱

进行新版人民币反假宣传

农行青年走进蔬菜园了解信贷需求

农行送电影下乡传递正能量

打造学雷锋银行

举办“久久相伴 爱在重阳”公众日活动

中国建设银行 江苏省启东支行

China Construction Bank

“讲规矩正风纪守廉洁”思想教育讲座

新入行员工“转型发展青年先行”座谈会

2015年，中国建设银行股份有限公司启东支行以“抓转型，促发展、控风险”为基本思路，引导全行上下强化落实大资产、大负债业务，主动应对利率市场化、经济新常态等挑战，全年实现中间业务收入12983万元，当地份额占比33.7%，列当地第二、系统六县第一,较上年净增1823万元，增长16%；主营收入4.09亿元，较上年减少2200万元。完成拨备前利润2.99亿元，较上年减少1900万元；税前利润2.62亿元，较上年减少6500万元。

为中高端个人客户开展理财咨询推介服务

开展“防电信诈骗”金融知识普及宣传服务

新老员工“一帮一”结对苦练业务基本功

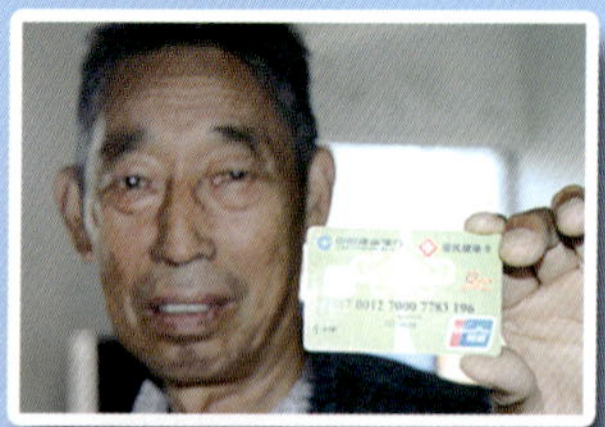
建行发行的第一张居民健康卡

启东市人民医院
启东肝癌防治研究所

启东市人民医院/启东肝癌防治研究所位于城区江海路、民乐路交汇处，是一所集医疗、教学、科研、预防和急救为一体的三级综合性医院，是创建医改示范县的先行先试单位之一，是卫生部肝癌早诊早治示范基地，全国肿瘤登记示范基地，中国医学科学院肿瘤医院、上海中山医院肝癌防治合作中心，上海第十人民医院启东医院，上海华山医院普外合作中心，南京医科大学、南通大学教学医院，国际癌症登记协会（IACR）的会员单位之一，登记资料收录在《五大洲癌症登记汇编》。

江苏省卫生厅、江苏省中医药局授予“全国综合医院中医药工作示范单位”称号；江苏省总工会授予“十佳基层工会”；省万人评议“最佳满意医院”；江苏省首批准许开展血液净化技术医疗机构及省级培训基地；全省临床检验质量管理先进单位；是南通市平安医院、价格诚信先进单位、红十字会系统先进集体、红十字人道救助荣誉单位、无红包医院、文明单位。

医院现有职工1313人，其中高级职称174人(三级专业技术人员44人)，享受国务院政府特殊津贴2人，江苏省有突出贡献中青年专家4人。医院占地面积63926平方米，拥有总建筑37000平方米的现代化病房楼和普通病房楼，以及建筑面积为20866平方米标准化门急诊楼和26384平方米的医疗辅助用房。新规划的50095平方米的十九层内科大楼正在筹建之中。医院现有编制床位800张，实际开放床位1018张，净资产6.72亿元。年门急诊量约57万多人次，住院病人4.8万多人次，为启东百万人民的健康作出了应有的贡献。

医院实施树名医、建名科、创名院的“三名”战略，注重人才队伍建设，通过外出进修学习、同国内外医院合作开展项目、引进新技术等多种办法，培养专业技术人才，促进业务技术建设，努力建成国内知名、省内一流的县级医院。长期与国际癌症研究中心、国际癌症登记协会、美国国家癌症研究所、美国约翰霍普金斯大学、英国皇家癌症基金会以及中国医学科学院肿瘤医院、上海市肿瘤研究所、复旦大学医学院、上海东方肝胆外科医院等国内外科研机构、医学院校的协作课题。先后承担并实施了省级课题53项，国家级课题39项目，国际间协作课题30项；曾获国际癌症免疫奖1个，先后获国家、卫生部、中华医学会、省、市多项科技进步奖和中华医学科技奖等成果奖励41项。在国际和国内杂志上发表论文数百篇。

医院科室设置齐全，其中心血管内科、呼吸科、骨科、儿科、妇产科、肝胆外科、中医科和影像科为南通市重点临床专科，检验科为南通市重点专科建设单位，流行病学室为南通市重点学科。医院还设有启东市120急救中心、南通市中心血站启东采血点、司法鉴定所、上海心脏中心启东分中心、白内障复明中心、体检中心、血液净化中心。为有效发挥两院合并后在肿瘤治疗方面的综合优势，成立了拥有近300张床位的肿瘤诊疗中心，配有直线加速器、聚焦刀、射频治疗仪、DSA等高端肿瘤诊疗设备，形成了放疗、化疗、介入、手术、超声聚焦、中医中药等多种治疗方法为一体的肿瘤综合治疗体系。

医院拥有1.5T高场磁共振、64层螺旋CT、大型C臂数字减影血管造影机、高级医用直线加速器、DR-X线数字摄片机等100多件大中型现代化医疗设备，为临床新技术、新项目的开展提供了强有力的硬件保障。医院利用区位优势，加强同上海、南京、南通等大医院的合作，建立就医快速通道，通过请进来会诊、送出去治疗的办法，使危重患者及时得到救治。

医院在抓好业务技术建设的同时，注重文化内涵建设，坚持树立“以人为本，患者至上”的核心价值观，围绕“关爱生命、精心施治、诚信服务”的宗旨，强化政治思想建设和职业道德建设，发扬“团结、求实、爱院、奉献”的医院精神，大力营造亲情、温馨、便捷、和谐的诊疗环境，打造相互包容、相互理解的和谐医患关系，塑造新时代医务人员的新形象。

儿科医护人员在查房

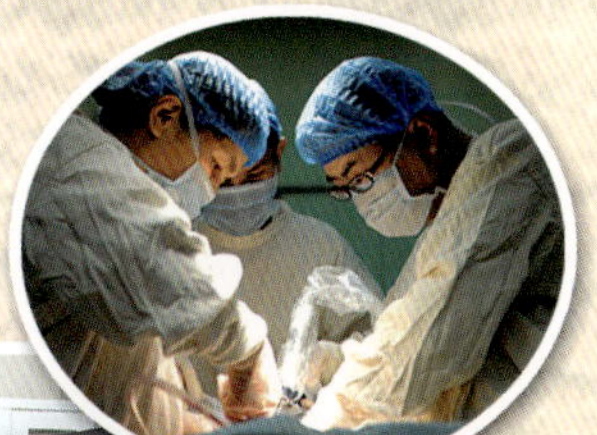

外科医生
实施腔镜手术

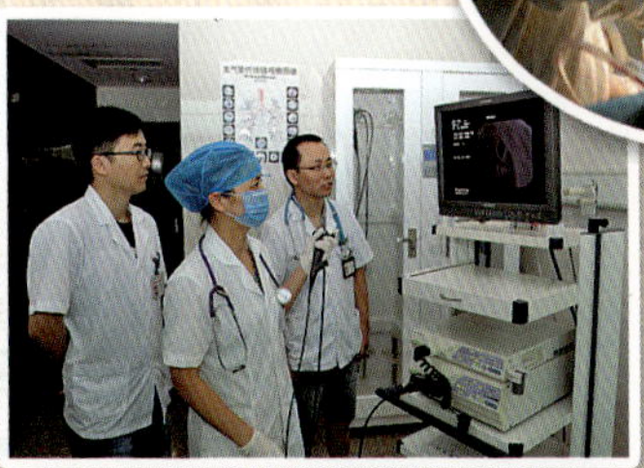

呼吸内科主任实施支气管镜检查术

启东市中医院

国家卫计委主任李斌在院视察

省卫计委领导一行在院调研

启东市中医院创建于1977年，迁址新建于1991年。经过近四十年的不懈努力，医院规模与声誉日益扩大，现已发展成为一所具有中西医结合特色的,集医疗、教学、科研为一体的三级乙等中医医院、国家级爱婴医院、南京中医药大学教学医院、上海第十人民医院启东分院、启东市华侨诊疗中心。

上海同济十院医疗集团会议

医院拥有16层高的综合病房大楼以及10层的门诊楼等现代化诊疗环境。拥有东芝64排螺旋CT机、西门子1.5TAVanto18通道核磁共振仪、西门子双板DR机、进口彩超、进口全自动生化仪、血气分析仪、CCU中央监护系统、多功能血透仪、体外冲击波碎石机、多人高压氧舱、全自动呼吸机、进口高清腹腔镜、膝关节镜、电切镜、电子胃肠镜、支气管镜等等大中型医疗设备。现有高级职称75人，中级职称138人，硕士研究生38人，在职在读研究生118人。江苏省及南通市各类专家14名。医院设有临床科室18个，医技科室8个，其中江苏省中医重点建设专科1个（耳鼻咽喉科）、南通市中医重点专科3个（耳鼻咽喉科、外科、骨伤科）；南通市中医重点建设专科3个（妇科、康复科、心病科）。

新员工岗前培训

2015年，中医院紧紧围绕全省中医药工作会议和全市卫生工作会议部署的工作目标，始终坚持中医为主的办院方向，积极探索医院科学管理长效机制，不断加强自身建设，深化改革、完善服务、提升层次，在顺利取得三级乙等中医医院的基础上，大力发挥中医特色优势，促进医院内涵建设，提高综合服务能力。2015年完成总门诊量294927人次，收住病人81337人次，平均住院日9.4天。中药饮片占比逐年上升，并且根据名老中医药专家提供的临床验方，医院制剂室常年生产多个品种的特色制剂，深受广大患者的欢迎。

研究生结对拜师仪式

国际护士节演出

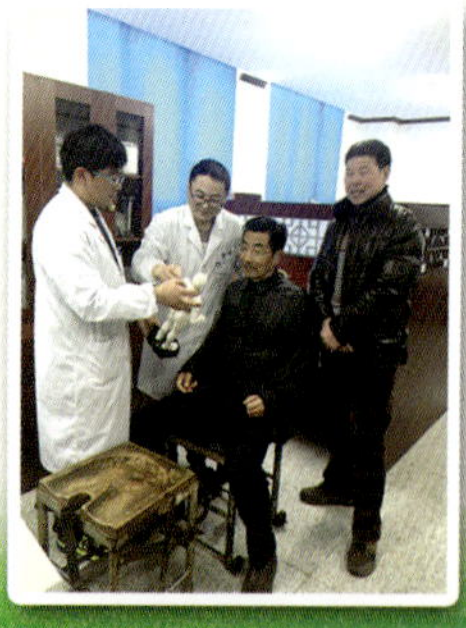

传统中医诊疗技术

第五届膏方养生节

启东市第三人民医院

团结奋进的领导班子

健康管理团队

启东市第三人民医院创建于1976年，是一家集医疗、科研、教学、预防、保健为一体的二级综合性医院，是全市唯一传染病及精神病人指定收治医院。

医院占地面积42亩，建筑面积近3.4万平方米，拥有1.8万平方米新综合病房大楼。现有职工523人，其中高级职称56人。拥有16排螺旋CT、美国金宝血液透析系统、史赛克高清腹腔镜等先进诊疗设备。

门诊科室设置齐全，开设内科、儿科、外科、妇产科、传染科、精神科、皮肤科、五官科、口腔科、中医科、针灸理疗科、肛肠科等科室，并设有脂肪肝、酒精肝专科、失眠专科、癫痫专科等特色门诊，资深专家常年坐诊。

住院部开放床位500张，有内科、外科、妇产科、传染科、精神科、急诊科、手足外科七大科室十一个病区，设有血透中心、腹腔镜治疗中心、碎石专科。

与上海、南京、苏州、南通等多家三甲医院保持业务往来，便捷提供外院专家会诊等优质医疗技术服务。医院将以优质的诊疗技术、合理的收费价格、温馨的医疗服务，一如既往为启东市民服务！

地址：启东市汇龙镇人民东路78号

联系电话：0513-83313036

邮编：226200

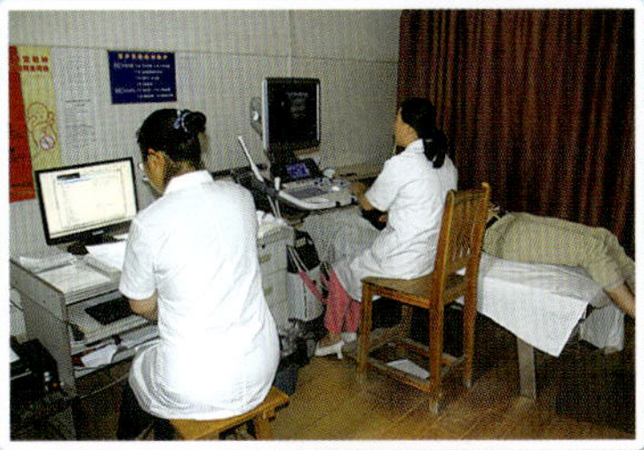

先进的B超设备

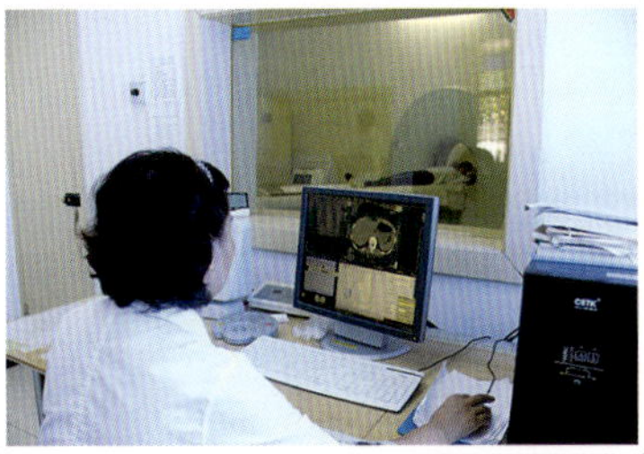

全身螺旋CT机

单位荣誉

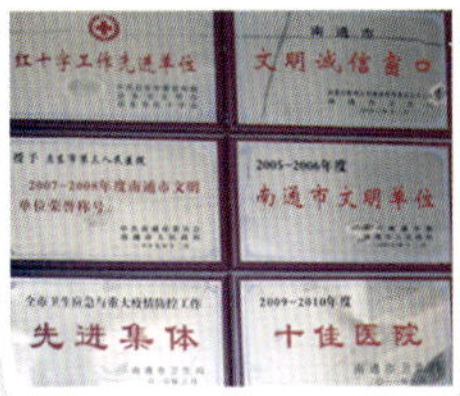

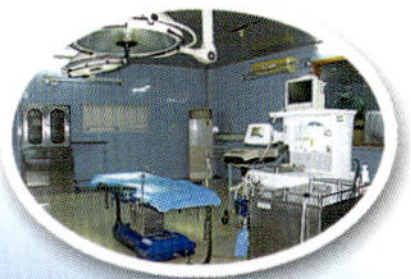

手术室

生化室

全自动生化分析仪

启东市第七人民医院

QI DONG SHI DI QI REN MIN YI YUAN

“两学一做”学习教育专题党课

大型义诊活动导医

启东市第七人民医院是南通市卫生局首批命名的一级甲等中心卫生院、江苏省爱婴医院、江苏省示范乡镇卫生院，获得“无红包医院”、“平安医院”、“文明单位”等多种荣誉称号，是职工医疗保险、新型农村合作医疗定点医疗机构，同时承担北新镇社区卫生服务中心的职能，下设一个分中心、三个分院。

医院现有医职员工178名，卫技人员占95%，其中高级职称11名，中级职称88名，设有内科、外科临床一级科室，门诊部设有口腔科、眼耳喉鼻科、肛肠科、皮肤科、中医骨伤、中医针灸、理疗科、中西医结合专科等门诊科室，各科室均由临床经验丰富的专家医师坐诊。为了满足患者的需求，院成立启东首个风湿病诊治专科，定期邀请南通附院专家来院坐诊，方便广大群众。院设置了检验、超声影像、内镜、心电图、DR、CT、病理等辅助科室，拥有CT、DR、电子胃镜、彩超、C臂机、心电工作站、24小时动态心电图、全自动生化分析仪、尿液分析仪、前列腺汽化仪、血球计数仪、电视透视等一批先进的检查设备，为临床诊疗提供真实可靠的依据。

为赢得更多的社会效益，医院于2013年4月专门成立了风湿免疫专科，并成为南通大学附属医院风湿免疫科对口支援启东站，邀请到了通大附院风湿免疫科达展云、朱欣航等五位著名风湿病专家来院进行大型义诊。三年来，通大附院风湿病专家于每月21日不间断的来院义诊，为周边群众解决了很多病痛，提高了患者的健康指数和生活质量。去年5月在风湿病专科成立两周年之际，医院邀请了4名著名的治疗风湿病专家集中来院义诊。通过专家定期来院坐诊指导、组织学习班、研讨会、义诊等多种多样的活动，大大提高了患者对疾病的认识，做到早发现、早诊断、早治疗，造福广大风湿病患者。继医院风湿病专科成立以来，去年5月份创建了第二个特色专科“口腔种植中心”，种植牙不具有破损性，其功能和美观上几乎和自然牙一样，被口腔医学界公认为第三副牙齿,因此造福了周边百姓，产生了良好的社会效益。

医院临床、辅助检查科室均实行24小时值班，节假日不休息；对特殊病人开通绿色救护通道，为诊疗赢得时间，为广大群众的健康保驾护航。

联系电话：83812274

地址：启东市新港镇

口腔种植中心

大型义诊活动

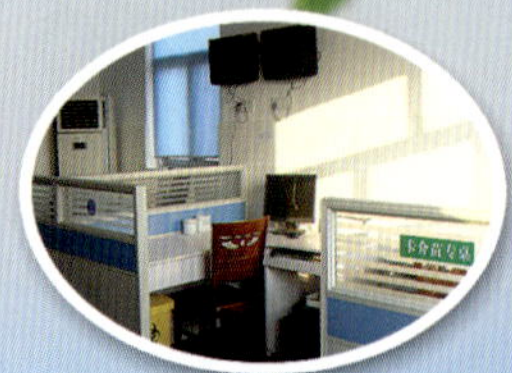

免疫接种室

江苏省启东实验小学

江苏省启东实验小学，现有教学班87个，学生3500名，教职工267人，学校培养了江苏省特级教师4人，南通市名校长1人、南通市中青年科技拔尖人才3人，南通市名师培养对象第一梯队成员2人、南通市学科带头人10人，南通市骨干教师12人，南通市教坛新秀22人；启东市学科带头人25人，启东市骨干教师27人。

学校占地面积71027平方米；建筑面积52752平方米；室外活动场地17778平方米；绿化面积26711平方米；穿梭在教学楼间的活性水面3500平方米。学校建有少年科学院、师生作品展览收藏馆、启东市少儿版画苑、金海豚少儿电视台，搭建起较为成熟的校本课程体系。

学校设施齐全，办学条件达到省实验小学标准建设要求，拥有藏书8万多册，学生计算机网络教室（电子阅览室）5个，多媒体教室100个，课件制作室1个，校园网络管理中心1个，美术专用教室9个，音乐专用教室12个，舞蹈房1个，科学实验室5个；整个校园建有安全监控系统。

校长 季国栋

学校秉承江苏省启东实验小学八十多年的丰厚教育教学文化传统，坚持明确育人目标：让每位师生都成为创造幸福和幸福生活的人。在上级主管部门的领导下，依靠全校教职员工的共同努力，通过独特的校园文化环境营造，优秀的教师队伍创建，丰富的课程资源建设，学校各项工作得以不断完善与推进。梁蕾老师获南通市基本功大赛一等奖；樊英老师获班主任话细节“征文”特等奖；范钟月老师参加南通市“情境教育”课堂教学大赛荣获一等奖；陈骁骁等老师参加南通市中小学教师网络团队教研比赛获小学音乐组一等奖；学校承担省、市“十二五”教育规划课题23项。学校先后被评为全国百强特色学校、全国教科研百强校、全国幸福教育联盟江苏区骨干学校、江苏省文明单位、江苏省名校、南通市依法治校示范校、江苏省广播总台“2015年度最具社会责任感教育基地”称号、南通市三好标兵竞赛评选活动常态化建设先进单位、南通市优秀家长学校、启东市先进校务监督委员会。学校荣获南通市教育工会教职工文化品牌二等奖、启东市“东疆引航·中小学经典诗文朗诵会暨校园戏剧节”展演活动评比一等奖；启东市第四届“小学英语文化周”汇报展示活动团体一等奖；启东市青少年科技创新大赛小学组团体金奖。

北京教育科技院一行在校参观

小学数学课程教学改革论坛

启东市小学语文写字（书法）区域推进活动现场

亲子运动会

南通市名师培养第一梯队成员会课研讨活动

体育节

实小好少年

江苏省启东中学

JIANG SU SHEN QI DONG ZHONG XUE

市长黄卫锋（左一）一行在校视察

南通教育局领导在校调研

高雅艺术进校园–南京大学交响乐团走进启东中学

江苏省启东中学是一所全日制公办普通高中，创办于1928年，现占地270亩，55个教学班，教职工320多人，在校学生近3000人。1990年4月，成为江苏省首批办好的重点中学；1998年4月，顺利通过“国家级示范性普通高中”评估验收，2003年12月成为江苏省首批四星级学校。

学校办学条件优良，有设备一流的实验室、图书艺术馆，是江苏省中学一级实验室、图书馆。为实现教育现代化，学校投入巨资用于现代信息技术的软硬件建设，为每个班级配备了多媒体网络设备，校园计算机系统、校园广播电视系统、图书管理系统和校园监控系统的建成，为全面开展素质教育奠定了坚实的基础。

学校大力加强教师队伍建设，促进教师专业化发展。近年来学校每年举办全国、省市级大型教研活动，展示启东中学高效课堂、特色课堂。选派30多位教师赴美国、英国、加拿大、澳大利亚、马来西亚等国家学习培训，40多位教师参加国家级、省级新课程培训。注重学科组、备课组建设，物理学科组被省教育学会物理专业委员会评为先进集体，数学学科组被评为南通市师德先进集体。在职教师中，有硕士50多人。全国教育系统劳动模范2人，特级教师5人，省中青年专家3人，省333工程

启东中学第十三届教职工代表大会

南京大学交响乐团在校演出

南大交响乐团进校园

"三段四环自主学习"教学模式推进会

程培养对象4人，高级教师150多人，其中教授级高级教师4人。名师梯队建设得到了加强，一支素质精良、结构合理、充满生机和活力的教师队伍业已形成，为学校的可持续发展提供了强有力的人才支撑。

学校确立现代办学理念，提出了培养具有创新精神、实践能力、素质全面、特长鲜明、具有国际视野的学生和建设高质量、现代化、有特色、国内一流、国际知名的现代名校的办学目标，培养了大批创新型人才。积极探索高效课堂教学模式，教学质量20多年持续高位走强，每年有15名左右学生录取清华北大。2015年高考有5名学生进入省前100名。学科竞赛成绩显著，1995年以来在国际中学生学科竞赛中共获得14金2银，2015年下半年，严淳译、徐蔡博同学入选第31届中国数学奥林匹克江苏代表队，邵浚哲入选第32届全国中学生物理竞赛江苏代表队，王馨儿入选第29届全国高中学生化学竞赛江苏代表队。体育、文艺、科技等方面也培养了不少特长学生。2015年北大在全国招收2名二胡特长生，被启东中学两名学生包揽。位于美国华盛顿的中国研究中心推出2013年中国260大最佳高中，启东中学与北京人大附中、北京四中、湖北华中师大第一附中以满分100分排名并列第一。

十八岁成人礼

作为江苏省理科课程基地项目学校、江苏省普通高中创新人才试点学校、江苏省科学教育特色学校，启东中学全面深化教育改革，努力办好对人民负责的教育，取得了显著的业绩。近年来，学校获得了全国文明单位、全国精神文明建设先进单位、全国体育卫生工作先进单位、全国体育科研明星学校、江苏省文明单位标兵、江苏省先进基层党组织、江苏省模范学校、江苏省德育先进学校、江苏省体育工作先进单位、江苏省健康促进学校金奖单位等荣誉。

江苏省启东中学·南京大学日启动仪式暨南京大学知名教授进中学报告会

启东中学庆祝第31个教师节

消防演练

启东市自来水总公司

QI DONG SHI ZI LAI SHUI ZONG GONG SI

南通市先进基层党组织考核验收

市领导慰问公司员工

2015年，启东自来水公司在上级党委的支持、相关部门的鼎力配合之下，累计完成供水量4708万吨，售水量3990万吨，水费回收率98%，漏损率18%，水质综合合格率100%。

一、做好供水核心工作，确保全市安全供水

1、公司将建立中心调度与控制室，目的为进一步规范抢修流程，建立健全接报、派工、维修、回访等相关制度，进一步提高抢修反应速度、进一步提升服务质量，努力打造一支领导放心、群众满意的抢修专业队伍。

2、针对全市备用水源水质恶劣的情况，公司多次与省住建厅联系沟通，相关专家已入驻公司，针对全市头兴港河水质已经做了大量的实验，公司也派相关技术人员全过程参与到实验中去，经过大量数据分析及多次摸索，中试成果满意。

二、抓紧重大工程推进

1.通久线工程横穿南通、通州、海门，直至久隆，全市投资4.8亿元，分摊水量18万吨，年前该工程已经全线进入施工阶段。2016年力争完成通久线启东专线（海门段）的管线铺设工程及海门常乐泵站招投标工作，同时尽量完成启东段的管网及泵站的初设和施工图设计。

2.惠阳线主要服务于全市东部区域供水，总投资1.2亿元，目前基本已经完成了管线铺设，惠萍泵站也在加紧建设，保证在今年5月底完成全部土建工程，并组织设备调试，力争7月份进入正常供水，确保今年夏季高峰用水时全市东部地区正常供水。

3、备用深井工作，南通市水利局已经通过了规划大纲评审，省水利厅也已经基本同意全市取水申请，公司确证3月底8口试验井开工，9月底完成试验井施工并做好水质分析工作。

学雷锋志愿行动

收费技能比武

修理技能比武

廉政专题讲座

公司员工参加文艺演出

《基于胜任力的水务中层干部管理素质提升》培训

抄表工获用户赞赏

三、加强队伍建设，提高队伍整体素质

1、抓学习中求创新。针对公司人员较多，工作时间受限等实际情况，公司将邀请专业人员，对员工的业务技能进行再培训，做到在“精”字上有所突破，在“深”字上有所提高，在“细”字上狠下功夫，在“新”字上有所收获，不断提高队伍的综合业务技术能力及整体协作能力。

2、抓考核中寻突破。2015年开始，公司已经和“用友”软件公司合作开发了适合公司业务开展的ERP办公软件已经进入了调试阶段，软件将围绕工作效率及完成情况进行考核，目标做到“事事有落实，人人有考核”，进一步建立完善绩效考核机制，激发队伍内在活力；进一步完善制定岗位目标责任制等考核制度，规范岗位职责，规范工作标准，使“千斤重担大家挑，人人肩上有指标”，使职工的工作积极性得到充分发挥。

四、党建廉政工作不放松

公司党支部加强政治理论和业务知识的学习，做到政治敏感、业务精通。把走群众路线作为最严明的政治纪律，把加强学以致用作为干部队伍建设的基础，把完善党建工作责任制作为党建工作的重要抓手，把落实党风廉政“两个责任”作为首要任务。使干部职工巩固廉洁意识和拒腐防变能力，做到面对诱惑能把持住自己，坚决杜绝以权谋私，达到党员干部“讲党性、重品行、作表率”，引导干部塑造“勤廉双优”的个体形象，成为自觉遵守社会公德的表率。

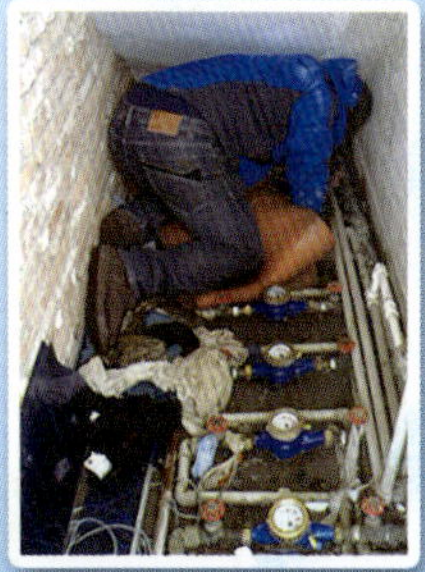

严寒抢修现场